CHINESE YEARBOOK
OF
LEGAL EDUCATION

中国法学教育年刊

Chinese Yearbook of Legal Education

主　办／中国法学教育研究会
主　编／张文显
副主编／韩大元

2017
（第五卷）

法律出版社
LAW PRESS·CHINA

编辑说明

《中国法学教育年刊》由中国法学教育研究会主办，中国法学会副会长、中国法学教育研究会会长张文显教授任主编，研究会常务副会长韩大元教授任副主编，是以法学教育研究为主题的学术文集，也是中国法学教育研究会的学会文集。

在中国法学会的指导下，中国法学教育研究会和编辑部全体工作人员的共同努力下，《中国法学教育年刊》(2012～2013)、《中国法学教育年刊》(2014·第二卷)、《中国法学教育年刊》(2015·第三卷)以及《中国法学教育年刊》(2016·第四卷)分别于2014年、2015年、2016年和2017年顺利编辑出版，在中国法学教育界产生了深远且良好的影响。2018年，编辑部在广泛征求稿件和2017年年会论文集中遴选的基础上，《中国法学教育年刊》(2017·第五卷)顺利编辑并交付出版。现就本书的各部分内容作如下说明：

笔谈部分为学习新时代习近平法学教育思想专题，收入5篇论文。代水平探讨了习近平新时代法学教育思想的理论内核、思想来源与指导意义。田宝会分析了习近平新时代中国特色社会主义法治思想与法治人才培养思想。黄锡生、陈先根分析了法育在依法治国实践与制度构建层面的意义。张生教授指出，中国的法律史学一直是道器一体的。杜承铭、戴激涛以问卷调查的形式实证分析全面依法治国与行业法治人才培养的关系。

法学学科体系建设与改革部分共收录7篇论文，主要讨论法学学科体系建设与改革的问题。如崔艺红的《法学学科体系基本要素探析》和刘向林、刘俊宜的《法律硕士专业品牌建设的SWOT模型分析》分别从不同视角去分析新时代法学这门理论与实践相结合的学科该如何构建自己的体系以更好地与时代以及需求相衔接。何丽新的《海商法的自体性之反思》以及唐双娥、雷秋玲的《环境法学科与环境法教育的比翼发展》，从海商法与环境法这两个既具普通性又具特殊性的部门法的独特视角，分析部门法如何在自体性构建中更适合法律体系以及实践需要。徐汉明、王玉梅的《现代网络社会治理法学学科建设的思考》从现代社会网络已普及与发达的现状出发，分析如何将网络治理与法学学科建设相结合，很具有针对性和现实性。

法学教学体系与人才培养部分共收录8篇论文。如许身健的《完善法学教育：路径与方法》和吕涛的《立德树人　德法兼修　培养A型法治人才》深入分析了在法学教育的过程中，如何权衡知识的传授与学生素质之间的关系，以及如何培养学生的品德问题。才让塔的《新时期地方民族院校法学本科培养目标与定位》结合自身所在学校的实践，分析了在新时期如何建设民族地区的法学院校与法学学科建设。

法律职业需求与法学教育部分共收录7篇论文。这些论文都是从在新时期各个事业都需要法律人才的角度出发,分析在新时期的综合性大方向下该如何将法律人才与各个方面的事业建设相结合,并给出了具体建议。

信息化对法学教育的影响部分共收录6篇论文。这些论文都是从现代社会网络已普及与发达的现状出发,分析如何将网络与法学教育相结合,如何将科技与书本以及实践相结合,具有针对性和现实性。

域外法学教育经验与启示部分共收录4篇论文,一篇介绍英国法学教育的经验,两篇介绍俄罗斯法学教育的经验,还有一篇介绍德国法学教育的经验。

信息动态部分收录了教育部高校法学类专业教学指导委员会、中国法学教育研究会2017年年会暨"中国特色法学学科体系建设"论坛、中国法学教育研究会诊所法律教育专业委员会2017年年会、中国法学教育研究会模拟法庭教学专业委员会案例研讨会,以及包括北京等9个省市法学教育研究会的2017年年会综述。

研究资料部分主要包括法学教育研究著作目录和法学教育研究论文目录,提供有关法学教育研究的相关著作和学术论文,供有兴趣的同人进一步检索参考。

《中国法学教育年刊》(2017・第五卷)的顺利出版,得到中国法学会和曾宪义法学教育与法律文化基金会的支持。本书的出版也离不开法律出版社的支持,责任编辑负责、高效、专业的工作,使本书增色不少。当然,在本书编辑过程中不免存在一些不足,在论文收集、论文选择等方面也可能不够周全,恳请各位读者、各位理事的理解和支持,并提出批评和建议,努力使《中国法学教育年刊》日臻完善。

联系邮件:zgfxjy821@163.com

《中国法学教育年刊》编辑部

2018年7月

目　录

新时代习近平法学教育思想

法学学科体系建设与改革

法学教学体系与人才培养

法律职业需求与法学教育

信息化对法学教育的影响

域外法学教育经验与启示

信息动态

研究资料

Contents

Legal Education Thought of Xi Jinping in New Era

The Construction and Reform of the Legal Discipline System

Legal Teaching System and the Cultivation of Talents

Legal Profession Demand and Legal Education

The Influence of Informatization on Legal Education

Enlightenment of Legal Education Outside the Region

Academic Information

Research Materials

新时代习近平法学教育思想

习近平法学教育观:理论内核、思想来源与指导意义

代水平[*]

教育关系着国家的兴衰,民族的命运。我国历来有重视教育的传统,科教兴国和人才强国两大战略实施多年以来,教育事业取得了长足进步。党的十八大以来,在全面深化改革和全面推进依法治国的大背景下,习近平总书记特别重视法学教育,在多种场合提出了系列主张,形成了符合新时代发展的法学教育观。贯彻落实习近平法学教育观不仅要知悉其理论内核,更要领悟其思想来源,即"知其然,更知其所以然",如此才能更好地把握它的指导意义,本文就此略陈己见。

一、习近平法学教育观的理论内核

(一)坚持一个教育理念:唯物辩证法的科学指引

习近平总书记在长期的学习工作中,十分注重运用马克思主义唯物辩证法这一科学方法来思考和解决中国问题,在法学教育方面也有直接体现。综观他对于法学教育的一些论断可以看出,习近平总书记始终坚持的一个教育理念是唯物辩证法的科学指引,他在多个场合谈及中国特色的法治理论、法治人才的培养目标和培养方式等问题,而这些论断均反映出习近平总书记对这一科学方法的坚定遵从与娴熟运用。具体来说,其主要体现在以下几个方面。

第一,理论指引的辩证法:根植现实国情,扬弃古今中外。

习近平总书记强调全面推进依法治国,需要正确的法治理论指引,在我国,就是要坚持和发展有中国特色的社会主义法治理论。这一理论的创新发展既要注重现实国情,又要扬弃古今中外。他强调,我们国家有自己的历史文化土壤和法治传统,建设法治国家务必考虑我国的基本国情。习近平总书记指出:"我们一定要以我国改革开放和现代化建设的实际问题、以我们正在做的事情为中心,着眼于马克思主义理论的运用,着眼于对实际问题的理论思考,着眼于新的实践和新的发展。"①与此同时,他强调"对世界上的优

---

* 西北大学法学院副院长、副教授。

① 习近平:《习近平谈治国理政》,外文出版社2014年版,第24页。

秀法治文明成果,要积极吸收借鉴,也要加以甄别,有选择地吸收和转化,不能囫囵吞枣、照搬照抄”。① 众所周知,在法治国家建设和法治理论创新方面,一直有“普适论”和“国情论”两种针锋相对的观点。应该说各自均有一定道理,如能辩证地看待,争论自然消解,也更符合建设法治中国的客观实际。

第二,培养目标的辩证法:德与能、博与专的有机统一。

关于法治人才的培养目标,习近平总书记强调德与能、博与专的有机统一,同样反映出他对法学教育的辩证思考。他突出强调,教育的根本问题是“培养什么样的人、如何培养人以及为谁培养人”。关于培养什么样的人的目标定位,他强调首要的是要立德,特别指出“国无德不兴,人无德不立”,在全国思想政治工作会议上,他希望广大教师要以德立身,坚持教书和育人相统一。具体到法律人才的培养,不单是重视法学知识的传授,更关注学生思想道德素养的提升,要引导广大青年积极践行社会主义核心价值观。人无德难以致远,但是有德无才也不行。习近平总书记于 2015 年 7 月 24 日给中华全国青年联合会第十二届全委会发的贺信中指出,广大青年要做到志存高远、德才并重,既强调品德,也强调才能。如何才能成为符合时代要求的人才?他在北京大学考察时曾提出要“勤学”“笃实”,“勤学”就要“下得苦功夫,求得真学问”;“笃实”就得“于实处用力,从知行合一上下功夫”。此外,习近平总书记强调学习知识和技能要注重博与专的有机统一。2017 年 5 月 3 日,他在中国政法大学考察时强调,广大青年抓学习,要突出主干、择其精要,努力做到又博又专、愈博愈专。由此可见,习近平关于人才培养目标的“德与才”“博与专”的思考同样闪烁着唯物辩证法的光辉。

第三,培养方式的辩证法:多方联动、多种方式的综合运用。

习近平总书记针对我国人才培养方式存在的突出问题也有过论述和指示。特别是针对法学教育,要注重社会、学校、教师等多方主体的良性互动,要注重课堂教学、社会实践等多种方式的综合运用。他在中国政法大学考察时指出,“法学学科是实践性很强的学科,法学教育要处理好知识教学和实践教学的关系。要打破高校和社会之间的体制壁垒,将实际工作部门的优质实践教学资源引进高校,加强法学教育、法学研究工作者和法治实际工作者之间的交流”。他要求法学教师在做好理论研究和教学工作的同时,要多了解实际情况,促进理论与实践的结合。在座谈会上,特意安排北京市朝阳区人民法院奥运村法庭庭长发言,讲法治实践与法学人才培养,也反映出习近平总书记对法学人才协同培养方式的肯定与期许。

(二)实现两个根本目标:立德树人,德法兼修

“培养什么样的人?”是习近平总书记对教育工作提出的诘问,他的回答是“立德树

---

① 参见陈菲、罗沙、白阳、丁小溪、涂铭:《为全面依法治国培养更多优秀人才——习近平总书记在中国政法大学考察时的重要讲话引起热烈反响》,载中国法院网:http://www.chinacourt.org/article/detail/2017/05/id/2848407.shtml,最后访问日期:2018 年 6 月 14 日访问。

人,德才兼备”。具体到法学教育,他在中国政法大学考察时提出要“立德树人,德法兼修”。“立德树人,德法兼修”这两个根本目标蕴含丰富的信息,既有对法科学生的要求,也有对法学教育工作者的要求,更有对法学教育机构的要求。可以说,这是习近平总书记对法学教育根本目标的高度概括。如上文所述,“立德树人”是习近平总书记在青年思想教育上一贯坚持的理念。在全国高校思想政治工作会议上,他专门强调,要坚持把立德树人作为中心环节,高校立身之本在于立德树人,要让学生成为德才兼备、全面发展的人才。立德树人也可理解为理想信念教育。他认为理想信念决定着人生的方向和事业的成败,关乎我们培养的人能否承担起实现中华民族伟大复兴的中国梦,也关系到我们中华民族能否为世界的和平与发展作出应有的贡献。“德法兼修”则是对才能提出要求,他主张法学教育要面向全面依法治国的战略实施,要从推进国家治理体系和治理能力现代化,确保党和国家长治久安的战略高度来认识法学教育的重要性。

(三)把握三个关键环节:修品德、多读书、重实践

如何才能实现“立德树人,德法兼修”的培养目标呢?习近平总书记在多个场合谈及自己的看法。他在北京大学同师生座谈时指出:“学生们要坚持四点:勤学、修德、明辨、笃实。”而后又在中国政法大学与学生座谈时强调,学生们要勤学苦练,耐住浮躁,静下心来多读书。广大青年惜时如金抓学习,下一番心无旁骛、静谧自怡的功夫,特别是要克服浮躁之气,静下来多读经典,多知其所以然。2013 年 5 月 4 日,习近平总书记在同各界优秀青年代表座谈时教诲广大青年:要“增强知识更新的紧迫感,如饥似渴学习,既扎实打牢基础知识又及时更新知识,既刻苦钻研理论又积极掌握技能,不断提高与时代发展和事业要求相适应的素质和能力。要坚持学以致用,深入基层、深入群众,在改革开放和社会主义现代化建设的大熔炉中,在社会的大学校里,掌握真才实学,增益其所不能,努力成为可堪大用、能担重任的栋梁之材”。[①] 2013 年习近平总书记在中央党校建校 80 周年庆祝大会暨 2013 年春季学期开学典礼上的讲话中,强调各级干部要“博学之,审问之,慎思之,明辨之,笃行之”。同年,他在全国组织工作会议上强调“耳闻之不如目见之,目见之不如足践之”。虽然上述教导是针对领导干部讲的,但同样适用于法学教育和法治人才的培养。基于以上论述,我们可以看出,习近平总书记认为“修品德、多读书、重实践”是法治人才培养十分关键的三个环节,也是他法学教育观理论内核的重要组成部分。

(四)厘清四方角色定位:社会、学校、教师与学生

教育是一个系统工程,社会发展的态势、对教育的重视程度以及社会风气影响教育的发展。学校的办学宗旨和办学实力影响人才培养的质量,教师的品德和能力对学生的成长至关重要。当然,学生自身的努力是成人成才的根本。所以,良好的教育成效取决于各方主体的协同努力。对此问题,习近平总书记也有清醒的认识,从他的相关论述中

---

① 参见张铁群:《习近平在同各界优秀青年代表座谈时的讲话》,载新华网:http://news.xinhuanet.com/politics/2013-05/04/c_115639203.htm,最后访问日期:2018 年 6 月 25 日。

可以看出,他主张厘清社会、学校、教师与学生四方主体的角色定位,以期在明确各自职责的基础上协同育人,处理好分工与合作的辩证关系。

首先,在社会层面,最关键的是坚持党的领导,这是回答“为谁培养人”的关键。教育主管部门和各地党委政府的职责就是确保党的路线方针在高等教育领域得到有效贯彻执行,要支持高校提高治理能力和办学水平,为他们提供优质服务。为此,习近平总书记指出,“办好我国高等教育,必须坚持党的领导,牢牢掌握党对高校工作的领导权,使高校成为坚持党的领导的坚强阵地。各地党委书记和有关部门党组书记要多到高校走走,多同师生接触……多听他们的意见,真听他们的意见”。[①] 此外,就法学教育来说,整个社会尤其是领导干部的法治思维和法治能力对法学教育也有直接影响。如果党员领导干部不讲法治,违法乱纪横行,则必然影响教师和学生对法治的信仰,影响他们研习的积极性。为此,习近平强调,“各级领导干部要带头守法用法懂法,以实际行动带动全社会崇德向善,尊法守法”。“抓住领导干部这个‘关键少数’”“提高党员干部的法治思维和依法办事能力,牢固树立宪法法律至上、法律面前人人平等、权由法定、权依法使等基本法治理念,彻底摒弃人治思想和长官意识,当好尊法学法守法用法的模范”。[②]

其次,在学校层面,必须以学生为中心,围绕“培养什么样的人,如何培养人”这个根本命题,探索“立德树人、德法兼修”的规律,努力为教师安心教书育人、学生用心读书成长创造良好条件。对此,习近平在全国高校思想政治工作会议上强调,学校必须围绕学生、关照学生、服务学生,不断提高学生思想水平、政治觉悟、道德品质、文化素养,让学生成为德才兼备、全面发展的人才。引导大学生树立正确的世界观、人生观、价值观,帮助他们“系好人生的第一粒扣子”。

再次,在教师层面,教师的职业道德和教学科研教学能力对培养人才的重要性不言而喻。习近平总书记明确指出,“教师是立教之本、兴教之源”。习近平总书记在2014年9月同北京师范大学师生代表座谈时提出,“希望广大教师认清肩负的使命和责任,努力为发展具有中国特色、世界水平的现代教育,培养社会主义事业建设者和接班人作出更大贡献”。那么,教师肩负的使命和责任是什么?最根本的是要履行好“立德树人”的责任。而要履行好这一重大责任,首要的是自己注重提升道德素养,努力提高“传道、授业、解惑”的能力。

最后,在学生层面,学生是学习的主体,从内外因的关系来看,社会、学校和教师是外在因素,学生才是内在决定因素。学生要努力使自己在德智体美上全面发展,争取做学习的主人,把握好人生方向。要像习近平总书记号召的那样,充分发挥青年人的积极性和创造力,立志探寻真理,并将其用于创新实践,养成良好的思维习惯。要积极践行社会

① 习近平:《把思想政治工作贯穿教育教学全过程》,载新华网:http://news.xinhuanet.com/politics/2016-12/08/c_1120082577.htm,最后访问日期:2018年6月21日。

② 中共中央文献研究室编:《习近平关于全面依法治国论述摘编》,中央文献出版社2015年版,第121页。

主义核心价值观,不断培养高洁情操和家国情怀,努力使自己成为德才兼备的高素质人才。

（五）做好五项基础工作:学科、教材、教师、教学、就业

法学人才培养目标的实现,最终需落实到每一项细致的工作中去。梳理总结习近平总书记对法学人才培养的指示和论述可以看出,他十分注重做好以下五项基础性工作,即完善学科体系、建设教材体系、提高师资水平、创新教学方式以及重视就业工作。第一,关于完善学科体系。党的十八届四中全会决定,对创新法治人才培养机制作出了全面的安排:坚持用马克思主义法学思想和中国特色社会主义法治理论全方位占领高校、科研机构法学教育和法学研究阵地,加强法学基础理论研究,形成完善的中国特色社会主义法学理论体系、学科体系、课程体系。组织编写和全面采用国家统一的法律类专业核心教材,纳入司法考试必考范围。习总书记强调,法学学科体系建设对于法治人才培养至关重要。习近平总书记在中国政法大学考察时特别强调,要建设和完善我们自己的学科体系。他深刻地指出,“我们有自己的历史文化、体制机制,学科建设上也要立足本国国情,我们有他国不可比拟的法律现实,也有我们长期积累的经验和优势。对适合本国发展情况的学科要引入资源,鼓励学科建设和发展,优化学科建设资源配置。同时,在借鉴国外建设经验时,要坚持以我为主,兼收并蓄”。① 第二,关于建设教材体系。习近平总书记在全国高校思想政治工作会议上指出:“教材建设是育人育才的重要依托。建设什么样的教材体系,核心教材传授什么内容、倡导什么价值,体现国家意志,是国家事权。对意识形态属性较强的哲学社会科学教材解析国家层面规划,是许多国家的通行做法。”②具体到法学学科,要组织力量编写有中国特色的社会主义法学教材。第三,关于提高师资水平。习近平总书记强调:教师是人类灵魂的工程师,承担着神圣使命。传道者自己首先要明道、信道。高校教师要坚持教育者先受教育,努力成为先进思想文化的传播者、党执政的坚定支持者,更好担起学生健康成长指导者和引路人的责任。要加强师德师风建设,坚持教书和育人相统一,坚持言传和身教相统一,坚持潜心问道和关注社会相统一,坚持学术自由和学术规范相统一,引导广大教师以德立身、以德立学、以德施教。③ 在中国政法大学考察时,习近平总书记强调教师在搞好教学研究的同时,要关注生动的司法实践,倡导法学教学研究人员同司法实务部门合作,打造熟悉国情、立场坚定、学术造诣高深、教学能力突出的师资队伍。第四,关于创新教学方式。习近平总书记针对法学学科实践性较强的特点,指出法学教育要处理好知识教学和实践教学的关系。此外,习近平总书记特别注重思维方法和思维能力的训练,要处理好“授人以鱼”和“授人

---

① 参见习近平总书记在中国政法大学考察时的讲话。

② 张文显:《关于构建中国特色法学体系的几个问题》,载中国法学网:http://www.iolaw.org.cn/web/special/2015/new.aspx? id =59406,最后访问日期:2018 年 6 月 20 日。

③ 参见习近平总书记在全国高校思想政治工作会议上的讲话。

以渔”的关系。他指出,“青年时期是培养和训练科学思维方法和思维能力的关键时期,无论在学校还是在社会,都要把学习同思考、观察同思考、实践同思考紧密结合起来,保持对新事物的敏锐,学会用正确的立场观点方法分析问题,善于把握历史和时代的发展方向,善于把握社会生活的主流和支流、现象和本质”。第五,关于重视就业工作。习近平总书记在多个场合,就青年学生的就业工作向各级党委和政府提出明确要求,指出“要强化就业创业服务体系建设,支持帮助学生们迈好走向社会的第一步”,要求各级领导干部“关注青年愿望、帮助青年发展、支持青年创业,做青年朋友的知心人,做青年工作的热心人”。2013 年 5 月他在考察天津时就指出,“就业是民生之本,解决就业问题根本要靠发展。要切实做好以高校毕业生为重点的青年就业工作”。他勉励当代大学生要志存高远、脚踏实地,转变择业观念,坚持从实际出发,勇于到基层一线和艰苦地方去,把人生的路一步步走稳走实,善于在平凡岗位上创造不平凡的业绩。以上指示可以看出习近平总书记把就业作为人才培养的重要环节予以重视,对高校学生的就业问题极为重视和关注。

二、习近平法学教育观的思想来源

“知其然,更要知其所以然”,我们知悉习近平法学教育观的理论内核的同时,更要领悟其思想来源,如此才能更加自觉地把它贯彻到实践中。毛泽东同志曾经写过《人的正确思想从哪里来?》的短文,他的答案是人的正确思想只能从社会实践中来。上文对习近平法学教育观所做的概括大都源自他担任总书记以后的一些讲话和部分党的文献,如果我们把视野拓展到习近平总书记的整个成长历程中,就能体味他之所以能够形成上述思想,是源于他热爱学习、勤于思考、善于总结,源于他多岗位工作历练的切身体验,源于他对新时代国情世情的精准把握。

(一)理论学习:爱学习勤于思考的科学总结

习近平总书记热爱读书,也曾在多个场合强调读书的重要性。他曾经说过,书籍是人类知识的载体,是人类智慧的结晶,是人类进步的阶梯。读书的好处很多,如可以获取信息、增长知识、开阔视野,可以陶冶性情、培养和提升思维能力等。① 近年来,习近平总书记多次在重要场合谈及他的“书单”,不难发现,他的教育观、人才观与他多读书、读好书密切关联。他之所以能够以马克思主义唯物辩证法为科学指引分析法学教育问题,与他大量阅读马克思经典著作密不可分,马克思的《资本论》、恩格斯的《社会主义从空想到科学的发展》以及列宁的《国家与革命》都是他的案头读物;之所以能够对教育规律有深刻认识,得益于他熟读《论语》《大学》;之所以强调中国法治建设和法治教育要兼收并蓄,与他读过汉密尔顿等人《联邦党人文集》、托马斯·潘恩的《常识》、孟德斯鸠的《论法的精神》关系极大;之所以强调法治教育的中国特色,主张建立自己的学科体系、教材体

① 参见习近平总书记在中央党校春季学期第二批进修班暨专题研讨班开学典礼上的讲话,2009 年 5 月 13 日。

系、主张加强和改进高校思想政治工作,与他熟悉党史、国史密不可分。谈及学习历史,尤其是近代中国历史和中国共产党党史,习近平指出,“各级领导干部还要认真学习党史、国史,知史爱党,知史爱国。要了解我们党和国家事业的来龙去脉,汲取我们党和国家的历史经验,正确了解党和国家历史上的重大事件和重要人物。这对正确认识党情、国情十分必要,对开创未来也十分必要,因为历史是最好的教科书”。[①] 一个人的思想绝非空穴来风,一定与他热爱学习、勤于思考、善于总结密不可分。在这一方面习近平总书记堪称表率,也是其法学教育观的重要思想来源。

(二)实践经验:多岗位工作历练的切身体验

“纸上得来终觉浅,绝知此事要躬行。”习近平总书记法学教育观得益于他博览群书和深入思考,但更重要的是他丰富的实践经历。从青少年时代的上山下乡,到后来一步步走向领导岗位,从陕北穷乡僻壤的延川县梁家河村到河北正定县,再到东部发展较快的福建、浙江、上海等地的工作历练。几十载春秋,习近平总书记在读万卷书的同时,行走万里路,在行走中思考如何做好人民的公仆,如何建设强大的国家,也在总结治国之道。我们可以从一些小事中管窥习近平法治教育观与其生活工作经历的相互关联。

习近平总书记的法学教育观特别强调“立德树人”,强调锤炼品德意志的极端重要性,强调高校毕业生要勇于到基层、到艰苦的地方去锻炼。他在中国政法大学考察时特别强调,青年学生要正确对待一时的成败得失,处优而不养尊,受挫而不短志,使顺境逆境都成为人生的财富而不是人生的包袱,这些谆谆教诲与他在青少年时期的特殊磨炼密切相关。他在“文化大革命”期间到陕北延川县插队七年,和当地农民打成一片,并担任梁家河村党支部书记。他曾经说过,七年上山下乡的艰苦生活对我的锻炼很大,让我懂得了什么叫实际,什么叫实事求是,什么叫群众。这些生活经历让他懂得了中国社会的实际情况,想必对他的法学教育观影响极大。他主张要最大限度地结合中国的实际,而不是盲目照搬西方的做法,要建立自己的学科体系、教材体系。应该说,上述主张都能映衬出他早年工作实践打下的思想底色。

习近平总书记在浙江担任省委书记期间,力推法治建设,浙江省于2006年颁布实施了《中共浙江省委关于建设“法治浙江”的决定》,这个决定吸收了习近平总书记关于法治建设的若干思考,习近平强调在推动法治浙江的建设过程中,高校法学专家和实务部门的工作人员要在提高立法质量、进行法治评估方面密切合作。在他的指示下,余杭领导干部与来自司法部、浙江大学、中国人民大学等各单位的专家学者一起商讨“法治余杭”建设的具体推进计划和各项措施,形成了影响较大的“余杭法治指数”。由此可见,习近平总书记在工作实践中强调理论和实践的结合,同样,他在法学教育中也特别强调课堂教学和实践教学的结合。

---

① 中央党校中共党史教研部:《学习习近平总书记关于党史国史的重要思想》,载《学习时报》2016年6月30日,第2版。

(三)时代背景:新时代国情世情的精准把握

党的十九大把习近平新时代中国特色社会主义思想确立为我们党必须长期坚持的指导思想,这一思想内涵丰富、立意高远。其中,习近平法治思想、教育思想是新时代中国特色社会主义思想的重要组成部分。上述思想的科学性建立在习近平总书记对新时代国情世情的精准把握基础上,也是习近平法治教育观思想来源的时代背景。习近平总书记从我国国情出发,深刻阐释法治与教育的基础地位,我国要实现中华民族的伟大复兴,必须走依法治国的道路,必须把教育摆在优先发展的战略地位上,二者相结合,法治教育的重要性自然不言而喻。习近平总书记多次强调法治教育要立足本国国情,同时要吸收借鉴国外先进理念。背后的根源在于他认识到了中国与世界的内在关联——人类命运共同体,既然是命运共同体,就得遵循一些根本准则,法治已然成为大部分国家的理性选择;在于他看到了不少国家出现了"中等发展陷阱",而走出或跨越这一陷阱的关键是能否厉行法治,能否发展教育;还在于他认识到了德治、法治、自治的在各国的丰富实践与成效差异,才使他提出要"依法治国与以德治国"相结合,着力提升国家治理能力,进而从教育现代化的角度提出法学教育的根本目标是"立德树人,德法兼修"。总而言之,习近平法治教育观的思想来源不仅是他理论学习和实践经验的科学总结,也得益于他对时代背景的精准把握。

三、习近平法学教育观的指导意义

习近平法学教育观对新时代中国高等法学教育具有重要指导意义,结合上文所概括的理论内核及其思想来源,当下我们需要进一步做好以下几项工作。

(一)明确指导思想

党的十八大以来,习近平总书记针对高等教育有很多论述,尤其在中国政法大学考察时,对大学法学教育作出了具体指示,这些都已融入习近平新时代中国特色社会主义思想中。因此,今后很长一段时期,我们要以此为指导来回答"培养什么样的人、如何培养人以及为谁培养人"这个根本问题。习近平中国特色社会主义思想的诸多内容均与法学教育密切相关,最直接的如"建设社会主义法治体系,全面推进依法治国""推进国家治理体系和治理能力现代化",甚至包括基本矛盾中的"人民对美好生活的向往"。这些奋斗目标均给我们的法学教育提出了要求,我们培养的人要能够担负起实现中华民族伟大复兴的光荣使命。高等法学院校要深刻领会习近平新时代中国特色社会主义思想,既要领会相对具体的习近平法治思想和教育思想的精髓,又要把握贯穿这一思想的主线和灵魂——马克思主义唯物辩证法,以此为指导来谋划法学学科体系建设、教材体系建设、教师职业能力塑造和学生培养环节的设计。

(二)修正培养目标

法学教育的培养目标实际上就是对"培养什么样的人"和"为谁培养人"的回答,我们习惯的表达是"德才兼备",或者叫"德智体美劳全面发展",为了凸显"德"的重要性,也有"多育并举,德育为先"的提法。上述目标本身是科学合理的,但是近年来,部分学校和教师在落实上下的功夫不够,存在轻视“德育”的倾向。“德”是指引方向,如果所培养的学生有才无德就偏离了根本方向,有可能成为社会进步的阻碍者和破坏者,而非社会主义事业的建设者和接班人。这里的“德”既包括对马克思主义的信仰,也包括对社会主义核心价值观的践行,这是我们法学教育的底色。落实这一培养目标,需要推动德育课程的改革,尤其是课程内容的改革和授课方式的改革,要真正解决“进课堂、进教材”但“进不了头脑”的问题。关于“为谁培养人”,习近平总书记指出,我们培养的人要“为人民服务,为中国共产党治国理政服务,为巩固和发展中国特色社会主义制度服务,为改革开放和社会主义现代化建设服务”。如何让学生树立上述理想信念?最主要的是要让学生充分了解我国基本国情,要在社会实践活动中,组织青年学生切实感受我国社会的实际情况,在感受可喜变化中坚定理想信念,在了解群众疾苦中磨炼坚强意志,在奉献社会中增长才干。各高校可以结合自身状况进一步明确更为具体的目标,如沿海发达省份的院校可以着重以“国际化”为目标,培养涉外法律人才,西部地区的高校可以为基层司法部门培养实用人才,一些民族院校可以为本民族特定地区培养法治人才。总而言之,不同类型的学校可以根据具体培养目标来设置课程体系和培养环节。

(三)完善培养体系

习近平总书记在中国政法大学考察时专门提及培养体系的问题,具体包括学科体系、教学体系、教材体系、教师队伍及学生自主学习方面,也就是上文所概括的“四方主体作用”和“五项基础工作”,做好了这些工作,就很好地回答了“如何培养人”的问题。关于学科体系,需要结合现实进行适度调整。以立法学为例,有学者提出该学科在法学二级学科中要有独立的地位,从当前及今后一段时期社会需要的角度来看确有必要。在新时代,我国法治建设中一个非常重要的问题就是立法,十九大报告专门强调科学立法、民主立法、依法立法及推进合宪性审查,这对立法理论和实践都提出了新的课题,立法学在法学学科体系中究竟该处于什么位置?值得探讨。关于教学体系,需要进一步理顺知识教学和实践教学的关系。目前,许多高校重课堂教学、轻实践教学的情况普遍存在,实践教学往往流于形式。在实践教学中,由于法学院校基本上都在大城市,学生较少有机会深入基层一线的法院了解情况,这些情况均需改变。关于教材体系,可以通过竞标的方式,每门课程推出两三个版本作为统编教材供教师和学生选择,也允许教师根据学生的特点和培养目标来自编讲义。关于教师队伍,要注重师德建设,要提升教师的法治理想和法治思维,要推动建立教师和实务部门的有效交流机制。在教学和科研活动中,要本着“课堂讲授有纪律,学术研究无禁区”的原则,倡导学术创新和学术自由。关于学生自主学习,要注重发挥学生会和学生社团这些自治组织的作用,让学生做学习的主人。

习近平新时代中国特色社会主义法治思想与法治人才培养*

田宝会**

党的十八大以后,习近平总书记针对全面改革、依法治国、改革与法治关系、反腐倡廉和党的建设等一系列重大问题,发表了一系列重要讲话,做出了一系列重要批示以及进行了一系列重要谈话,并不断强调和告诫各级干部要学会运用法治思维和法治方式解决问题。这些讲话、批示和谈话指导着党的十八大以来各次中央全会报告和决定的形成、出台,并在其中得到了具体体现和反映,标志着习近平总书记对全面推进依法治国、建设法治中国的战略性新思考和布局,形成了习近平新时代中国特色社会主义法治思想。习近平新时代中国特色社会主义法治思想对于法治人才培养具有极大的理论价值和应用价值,同时也对法治人才的培养提出了新要求。

一、习近平新时代中国特色社会主义法治思想形成于新时代的伟大实践和斗争

党的十八大开启了社会主义法治建设新时代,形成了法治新理念,开始了法治新实践。从习近平总书记在党的十八大后的新一届中央政治局常委同中外记者见面时,庄严宣告"人民对美好生活的向往,就是我们的奋斗目标"这一执政理念,到党的十八届三中全会通过《中共中央关于全面深化改革若干重大问题的决定》,再到党的十八届四中全会确立依法治国的新坐标,我国的社会主义法治建设开始进入新时代。

(一)法治改革新实践

2012年11月8日,党的十八大提出"两个一百年"奋斗目标,提出实现中华民族伟大复兴的中国梦,提出全面建成小康社会。

2013年11月9日,党的十八届三中全会通过《中共中央关于全面深化改革若干重大问题的决定》。全面深化改革的总目标是完善和发展中国特色社会主义制度,推进国家治理体系和治理能力现代化。

---

* 本文系2018年河北经贸大学教学研究项目"习近平新时代中国特色社会主义法治思想与法学教学改革研究"(项目编号:2018JYY22)的阶段性研究成果。

** 河北经贸大学法学院教授。

正如习近平总书记强调的："治理和管理一字之差，体现的是系统治理、依法治理、源头治理、综合施策。"国家治理体系和治理能力现代化，是继"工业现代化、农业现代化、国防现代化、科学技术现代化"后的第五个现代化。形成法治国家、法治政府和法治社会三位一体的法治中国建设战略方针，提出国家治理体系和治理能力现代化，表明我们党对社会政治发展规律有了新认识，标志着以习近平同志为核心的党中央形成了法治新理念。

主题为"全面深化改革"的党的十八届三中全会决议，包含经济体制、政治体制、文化体制、社会体制、生态文明体制和党的建设制度等 15 个领域 60 项改革任务。党的十八届三中全会后不到一年的时间，单独二孩、废除劳教、新型城镇化、户籍、纪检、简政放权等领域的改革就开始实施或揭开面纱；司法、财税、文化等领域的改革方案也获深改组审议或通过；在外界看来富有神秘色彩的军队改革也已悄然进行，而且这些改革都是在法治轨道上进行的。

实现全面改革的总目标，必然要求推行法治。2014 年 10 月 20 日党的十八届四中全会，第一个以法治为主题的中央全会，通过《中共中央关于全面推进依法治国若干重大问题的决定》，开辟了法治中国的新天地。党的十八届四中全会带来了 180 余项法治领域的改革举措，体现改革对法治的全面呼唤，体现全面建成小康社会、全面深化改革、全面推进依法治国这"三个全面"之间的逻辑联系。

短短几年时间，包含经济体制、政治体制、文化体制、社会体制、生态文明体制和党的建设制度等社会各领域的全面改革，还有军队改革以及作为全面改革法治保障的法治领域的改革，都在法治轨道上得以顺利展开和推进，这是前所未有的。

(二)法治反腐实践和斗争

党的十八大以来，以习近平为核心的党中央强力反腐，特别是对贪腐高官的查处引人瞩目，反腐力度前所未有，开创了反腐倡廉的新局面。党的十八届中纪委二次全会提出，有腐必反、有贪必肃，"老虎""苍蝇"一起打。党的十八届中纪委三次全会提出，坚持以"零容忍"态度惩治腐败。党中央多次表达了坚定不移惩治腐败的坚强决心。

与此同时，党内法规建设快速推进，制度之"笼"越织越密。党的十八届四中全会后出台了《中国共产党党内法规制定条例》和《党政机关厉行节约反对浪费条例》等规章制度。2015 年 7 月《中国共产党巡视工作条例(试行)》正式印发。2016 年 10 月 24 日，党的十八届六中全会通过了《关于新形势下党内政治生活的若干准则》和《中国共产党党内监督条例》。随着反腐机制不断创新、巡视制度化和反腐法制化与制度化，反腐开始从治标向治本转变。

(三)党内法治建设实践：重视和大力推进党内法规建设，全面从严治党

党的十八大以来，中国共产党极为重视和快速推进党内法规的制定。2014 年 10 月 20 日，党的十八届四中全会提出要加强党内法规制度建设，完善党内法规制定体制机制，形成配套完备的党内法规制度体系。2016 年 10 月 24 日，党的十八届六中全会通过了

《关于新形势下党内政治生活的若干准则》和《中国共产党党内监督条例》,作为党内法规体系的一部分,属于整个中国特色社会主义法治体系的重要组成部分。《关于新形势下党内政治生活的若干准则》是要立规矩、立准则,《中国共产党党内监督条例》则是要加强监督,建立健全党内的监督体系。可见,党的建设真是标本兼治,更多的是治本之策。

以习近平同志为核心的党中央身体力行、率先垂范,坚定推进全面从严治党,坚持思想建党和制度治党紧密结合,集中整饬党风,净化党内政治生态。党内政治生活展现新气象,赢得了党心民心,为开创党和国家事业新局面提供了重要保障。

习近平新时代中国特色社会主义法治思想形成于全面建成小康社会、全面深化改革、全面依法治国、全面从严治党的伟大实践和斗争中,指导和伴随着依法治国、加快建设法治中国的新阶段和新征程。

二、习近平新时代中国特色社会主义法治思想的主要内容

(一)党的领导贯穿全面推进依法治国全过程

2014 年 10 月 23 日,党的十八届四中全会通过的《中共中央关于全面推进依法治国若干重大问题的决定》强调,"党的领导是全面推进依法治国、加快建设社会主义法治国家最根本的保证。必须加强和改进党对法治工作的领导,把党的领导贯彻到全面推进依法治国全过程"。

正确认识和处理党的领导与依法治国的关系,不断加强党的建设、改善党的领导,把党的领导贯彻到全面推进依法治国全过程,意义重大,任重道远。

首先,党要依法执政。依法执政是依法治国的关键。早在 2013 年 2 月 23 日党的十八届中央政治局第四次集体学习时,习近平总书记强调,我们党是执政党,能不能坚持依法执政,能不能正确领导立法、带头守法、保证执法,对全面推进依法治国具有重大作用。各级党组织必须坚持在宪法和法律范围内活动。各级领导干部要带头依法办事,带头遵守法律,对宪法和法律保持敬畏之心,牢固确立法律红线不能触碰、法律底线不能逾越的观念,不要去行使依法不该由自己行使的权力,也不要去干预依法自己不能干预的事情,更不能以言代法、以权压法、徇私枉法,做到法律面前不为私心所扰、不为人情所困、不为关系所累、不为利益所惑。

2014 年 1 月 7 日,习近平总书记在中央政法工作会议上讲话时再次强调:各级领导干部要带头依法办事,带头遵守法律,牢固树立法律红线不可逾越、法律底线不可触碰的观念,不要去行使依法不该由自己行使的权力,更不能以言代法、以权压法、徇私枉法。

其次,要加强党内法规制度建设。党的十八届四中全会的决定明确了党内法规同国家法律的关系,指出党内法规既是管党治党的重要依据,也是建设社会主义法治国家的有力保障。注重党内法规同国家法律的衔接和协调,通过提高党内法规执行力落实从严治党,促进党员、干部带头遵守国家法律法规。强调党的纪律是党内规矩,党规党纪严于国家法律。

最后，要提高党员干部法治思维和依法办事能力。党的十八届四中全会的决定指出，党员干部作为全面推进依法治国的重要组织者、推动者、实践者，必须要自觉提高运用法治思维和法治方式深化改革、推动发展、化解矛盾、维护稳定能力，高级干部尤其要以身作则、以上率下。同时，还要建立法治建设成效的政绩考核机制。

党的领导贯彻全面推进依法治国全过程，是习近平新时代中国特色社会主义法治思想的首要内容。

（二）中国特色社会主义法治体系五大要素论

党的十八大以来，以习近平同志为核心的党中央极为重视和快速推进党内法规的制定。2014 年 10 月 20 日，党的十八届四中全会不仅提出要加强党内法规制度建设，完善党内法规制定体制机制，形成配套完备的党内法规制度体系；而且，前所未有地把加强建设和完善党内法规制度提升到构建法治体系的高度，明确指出中国特色社会主义法治体系包含五大体系，即完备的法律规范体系、高效的法治实施体系、严密的法治监督体系、有力的法治保障体系及完善的党内法规体系。

党的十八届四中全会标志着以习近平总书记为核心的党中央在全党全国范围内明确提出和宣告了一个根本命题，即党内法治建设与法治中国建设并行不悖，完善的党内法规体系是中国特色社会主义法治体系的重要组成部分。这一命题构成了习近平新时代中国特色社会主义法治思想的一个重要内容。

（三）依良法治国

党的十八大以后，习近平总书记多次提到立法质量、依良法治国问题。2013 年 2 月 23 日，习近平总书记在党的十八届中央政治局第四次集体学习时发表重要讲话，明确指出："人民群众对立法的期盼，已经不是有没有，而是好不好、管用不管用、能不能解决实际问题；不是什么法都能治国，不是什么法都能治好国；越是强调法治，越是要提高立法质量。这些话是有道理的。我们要完善立法规划，突出立法重点，坚持立改废并举，提高立法科学化、民主化水平，提高法律的针对性、及时性、系统性。要完善立法工作机制和程序，扩大公众有序参与，充分听取各方面意见，使法律准确反映经济社会发展要求，更好协调利益关系，发挥立法的引领和推动作用。"①

2014 年 9 月 5 日，习近平总书记在庆祝全国人民代表大会成立六十周年大会上的讲话中又再次强调："要抓住提高立法质量这个关键，深入推进科学立法、民主立法，完善立法体制和程序，努力使每一项立法都符合宪法精神、反映人民意愿、得到人民拥护。"

这样，习近平总书记不仅提出了依良法治国问题，而且准确、具体地揭示了良法的实体标准和良法的程序标准。良法的程序标准是，立法规划完善，立法科学化、民主化水平高，立法工作机制和程序完善，公众有序参与立法等。良法的实体标准是法律有针对性、及时性、系统性，准确反映经济社会发展要求，符合宪法精神、反映人民意愿。

---

① 参见习近平总书记在中央政治局第四次集体学习会上的讲话。

2014年10月23日,习近平总书记关于依良法治国的论述完全被党的十八届四中全会所接受和认可,并在党的十八届四中全会公报中得到了具体贯彻和体现。

(四)宪法至上,依宪治国

2012年12月4日,习近平总书记在首都各界纪念现行宪法公布施行30周年大会上发表讲话,他不仅重申了党的十八大报告的提法,即"依法治国是党领导人民治理国家的基本方略,法治是治国理政的基本方式",而且强调了宪法至上,要依宪治国。

首先,习近平总书记强调了宪法高于一切的基本属性。他指出:"宪法是国家的根本法,是治国安邦的总章程,具有最高的法律地位、法律权威、法律效力,具有根本性、全局性、稳定性、长期性。全国各族人民、一切国家机关和武装力量、各政党和各社会团体、各企业事业组织,都必须以宪法为根本的活动准则,并且负有维护宪法尊严、保证宪法实施的职责。任何组织或者个人,都不得有超越宪法和法律的特权。一切违反宪法和法律的行为,都必须予以追究。"①

其次,习近平总书记强调了依宪治国。他在强调要坚持党的领导,更加注重改进党的领导方式和执政方式问题时明确指出:"依法治国,首先是依宪治国;依法执政,关键是依宪执政。"这也是党的最高领导人第一次提到依宪治国和依宪执政。

在实践层面,2013年年底全国人大常委会就通过决定,废止劳动教养制度。与此同时,信访制度也有较大改革,信访不再进行全国排名,涉诉涉法信访全面纳入法制轨道。由此可见,宪法至上、依宪治国是习近平新时代中国特色社会主义法治思想的重要内容。

(五)严格依法办事,凡属重大改革都要于法有据

党的十八大以来,尤其是党的十八届三中全会以后,习近平总书记在多个场合反复强调,"凡属重大改革都要于法有据",要确保在法治轨道上推进改革。中国共产党人对法治思维和法治方式重视达到了前所未有的高度。

2014年2月28日,习近平总书记主持召开中央全面深化改革领导小组第二次会议并发表重要讲话。他强调,凡属重大改革都要于法有据。在整个改革过程中,都要高度重视运用法治思维和法治方式,发挥法治的引领和推动作用,加强对相关立法工作的协调,确保在法治轨道上推进改革。

2014年9月5日,中共中央、全国人大常委会在人民大会堂隆重举行庆祝全国人民代表大会成立60周年大会,习近平总书记再次强调:"我们要加强重要领域立法,确保国家发展、重大改革于法有据,把发展改革决策同立法决策更好结合起来。"

法治引领改革,法治推动改革,说易行难。改革,意味着除旧布新;法治,意味着秩序与稳定。正确处理改革与法治的关系,是一道国际性难题。在党的十八大以来波澜壮阔的全面深化改革和法治中国建设实践中,以习近平总书记为核心的党中央对改革与法治的关系这道国际性难题给出了中国式解法,这就是以法治思维和法治方式推进改革。基

① 参见习近平总书记在首都各界纪念现行宪法公布施行30周年大会上的讲话。

于此,我们认为,依法办事、重大改革于法有据,是习近平新时代中国特色社会主义法治思想的又一重要内容。

(六)将权力置于宪法和法律的制度笼子里

党的十八大以来,习近平总书记在一些重要会议上多次强调和阐释"要把权力关进制度的笼子里,任何人都没有法律之外的绝对权力"的法治理念。

2013年1月22日,习近平总书记在中国共产党第十八届中央纪律检查委员会第二次全体会议上发表重要讲话。他强调,"要加强对权力运行的制约和监督,把权力关进制度的笼子里,形成不敢腐的惩戒机制、不能腐的防范机制、不易腐的保障机制。各级领导干部都要牢记,任何人都没有法律之外的绝对权力,任何人行使权力都必须为人民服务、对人民负责并自觉接受人民监督。要加强对一把手的监督,认真执行民主集中制,健全施政行为公开制度,保证领导干部做到位高不擅权、权重不谋私"。

2014年9月5日,中共中央、全国人大常委会在人民大会堂隆重举行庆祝全国人民代表大会成立60周年大会,习近平总书记发表讲话。他明确指出:"各级行政机关必须依法履行职责,坚持法定职责必须为、法无授权不可为,决不允许任何组织或者个人有超越法律的特权。"

2015年2月2日,习近平总书记在省部级主要领导干部学习贯彻党的十八届四中全会精神全面推进依法治国专题研讨班上讲话时明确指出:"我们说要把权力关进制度的笼子里,就是要依法设定权力、规范权力、制约权力、监督权力。"

显而易见,将权力置于宪法和法律的制度笼子里,也是习近平新时代中国特色社会主义法治思想的重要内容。

三、习近平新时代中国特色社会主义法治思想的本土特色

社会主义初级阶段,是我们党从社会性质和发展阶段上对中国国情所作的全局性、总体性判断。习近平新时代中国特色社会主义法治思想从社会主义初级阶段这一最大国情出发,探索中国社会主义法治建设实践问题,重视本国的法治资源和优势,具有鲜明的本土特色。

(一)把握和立足社会主义初级阶段的最大国情

"社会主义初级阶段是当代中国的最大国情、最大实际。"这是习近平总书记在2012年11月的党的十八届中共中央政治局第一次集体学习时作出的判断。

2013年3月17日,习近平总书记在第十二届全国人大第一次会议上的讲话再次强调指出,我国仍处于并将长期处于社会主义初级阶段,实现中国梦,创造全体人民更加美好的生活,任重而道远,需要我们每一个人继续付出辛勤劳动和艰苦努力。

2017年7月26日,习近平总书记又在省部级主要领导干部专题研讨班上讲话强调,"认识和把握我国社会发展的阶段性特征,要坚持辩证唯物主义和历史社会主义初级阶段唯物主义的方法论"。他指出:"全党要牢牢把握社会主义初级阶段这个最大国情,牢牢立足社会主义初级阶段这个最大实际,更准确地把握我国社会主义初级阶段不断变化的特点,坚持党的基本路线,在继续推动经济发展的同时,更好解决我国社会出现的各种问题,更好实现各项事业全面发展,更好发展中国特色社会主义事业,更好推动人的全面发展、社会全面进步。"

(二)明确提出和坚持四个自信

2016年7月1日,习近平总书记在庆祝中国共产党成立95周年大会上明确提出:中国共产党人"要坚持中国特色社会主义道路自信、理论自信、制度自信、文化自信,坚持党的基本路线不动摇,不断把中国特色社会主义伟大事业推向前进"。习近平总书记强调,"文化自信,是更基础、更广泛、更深厚的自信"。

习近平总书记精辟地论述,"我们要坚信,中国特色社会主义道路是实现社会主义现代化的必由之路,是创造人民美好生活的必由之路。我们要坚信,中国特色社会主义理论体系是指导党和人民沿着中国特色社会主义道路实现中华民族伟大复兴的正确理论,是立于时代前沿、与时俱进的科学理论。我们要坚信,中国特色社会主义制度是当代中国发展进步的根本制度保障,是具有鲜明中国特色、明显制度优势、强大自我完善能力的先进制度"。

(三)把党的领导贯彻到全面推进依法治国全过程

习近平总书记准确深刻地阐明了党与法、党的领导与依法治国的关系。我们认为,正确认识和处理党的领导与依法治国的关系,不断加强党的建设、改善党的领导,把党的领导贯彻到全面推进依法治国全过程,不仅是习近平新时代中国特色社会主义法治思想的首要内容,也是习近平新时代中国特色社会主义法治思想的最大特色。

1.党的领导与依法治国的一致性

党的领导和依法治国的关系问题,涉及"走什么路"的大问题,全面推进依法治国方向要正确,政治保证要坚强。

2014年1月7日,习近平总书记在中央政法工作会议上的讲话指出:党的领导和社会主义法治是一致的……不能把坚持党的领导同人民当家作主、依法治国对立起来,更不能用人民当家作主、依法治国来动摇和否定党的领导。党和法的关系是政治和法治关系的集中反映。法治当中有政治,没有脱离政治的法治。

2014年2月17日,习近平总书记在省部级主要领导干部学习贯彻党的十八届三中全会精神全面深化改革专题研讨班上讲话指出:"我们必须搞清楚,我国人民民主与西方所谓的'宪政'本质上是不同的。中国共产党领导是中国特色社会主义最本质的特征。"

2015年2月2日,习近平总书记在省部级主要领导干部学习贯彻党的十八届四中全会精神全面推进依法治国专题研讨班上讲话,指出:我们必须牢记党的领导是中国特色社会主义法治之魂,是我们的法治同西方资本主义国家的法治最大的区别。……全面推进依法治国绝不是要虚化、弱化甚至动摇否定党的领导,而是为了进一步巩固党的执政地位、改善党的执政方式、提高党的执政能力,保证党和国家长治久安。任何人以任何借口否定中国共产党领导和我国社会主义制度都是错误的、有害的,都是违反宪法的,都是绝对不能接受的。

2. 党大法大与权大法大:伪命题和真命题

习近平总书记明确指出,“党大还是法大”是一个政治陷阱,是一个伪命题。我们说不存在“党大还是法大”的问题,是把党作为一个执政整体而言的,是指党的执政地位和领导地位而言的,具体到每个党政组织、每个领导干部就必须服从和遵守宪法法律,就不能以党自居,就不能把党的领导作为个人以言代法、以权压法、徇私枉法的挡箭牌。

习近平总书记辩证地指出,如果说“党大还是法大”是一个伪命题,那么对各级党政组织、各级领导干部来说,权大还是法大则是一个真命题。这样,习近平总书记就辩证地阐明了党与法的关系问题。

四、习近平新时代中国特色社会主义法治思想指导下的法治人才培养路径与机制

(一)加强干部队伍建设,提高干部运用法治思维和方式解决问题的能力

在当今法治社会,领导干部的决策行为总会直接或间接地与法律发生关系。由此要求各级领导干部不仅要熟悉和运用法律,还要加强对法治思维的培养,善于运用法律的思维方式认识和解决当前面临的许多问题。为此,必须采取切实可行的途径和办法,努力培养和提高领导干部的法治思维方式和能力。

1. 创新领导干部法治人才培养方式

(1)加大对各级领导干部的法治培训

第一,在法治教育培训的形式上,可以采取党委常委会、政府常务会议会前学法、举办法制讲座、举办领导干部依法执政和依法行政专题研讨班、定期组织领导干部参加专门法律知识轮训和新法律法规专题培训、采取案例教学等形式来组织领导干部学习法律。

第二,在法治教育培训的内容上,既要加强对领导干部学习宪法、通用法律知识以及与履行职责相关的法律知识的培训力度,又要重视对领导干部法律原则、法治精神等法治思维能力方面的学习培养。

第三,各级党委和政府应将学法活动纳入工作计划。要定期聘请卓有建树的教授、专家、学者为领导干部进行专题性的法治讲座培训,提高领导干部的依法决策水平和防腐拒变的能力。

(2)将领导干部的法治思维能力纳入考核机制

要建立法治建设成效的政绩考核机制。把领导干部运用法治思维和法治方式推动经济社会发展和解决社会矛盾纠纷的能力纳入考核机制,作为领导干部业绩考核的重要指标之一。在领导干部的晋升过程中,应该充分体现对他们的法治意识、运用法治方式解决问题的能力考察,推行领导干部法律知识任职资格制度、任前法律知识考试制度,把具备必要的法律知识和相应的法律素质作为提拔任用领导干部的重要标准和条件。

(3)邀请法律专家、资深律师为政府及领导干部决策提供法律帮助

建议各级政府邀请专家、资深律师作为政府法律顾问参加领导班子常委会、政府常务会,为领导干部的议事决策提供合法性论证,为各级党组织和政府在宪法和法律范围

内活动提供法律保障。同时,为各级领导配备法律顾问,提高他们解决复杂问题的能力。

(4)建立健全相互制约又相互协调的权力运行机制

为了培养领导干部的法治思维,必须加强对权力的监督制约。而监督和问责是促进领导干部依法行政的重要保障。因此,要注重行政监督和问责,建立领导干部学法用法舆论评价机制,将领导干部学法用法情况置于社会公众监督之下,使社会评价和社会监督真正成为领导干部依法办事的"推进器"。推进问责制度的完善与实施工作,不断健全质询、问责、经济责任审计、引咎辞职、罢免等制度,要按照有权就有责、滥权应担责、侵权要赔偿的要求,强化领导干部的责任意识和担当意识。

2.各级领导干部要积极运用法治思维推动经济社会发展

(1)运用法治思维和法治方式化解矛盾、维护稳定

法治是利益协调、权益保障的根本依据,也是化解矛盾、维护稳定的有效手段。面对各种社会矛盾多发频发的现实,领导干部应更加注意运用法治思维和法治方式妥善协调利益关系、有效化解矛盾纠纷、不断促进社会公平正义,努力实现好、维护好、发展好最广大人民的根本利益。特别是在应对人民群众各种诉求和处理各种突发事件时,既要注意运用经济、政策、行政等手段,更要注重运用法治手段,确保解决办法和处理结果经得起实践检验,从而更好地维护社会和谐稳定。

(2)运用法治思维和法治方式深化改革、推动发展

法治具有普遍性、稳定性和可预期性等特点,与科学发展有内在联系。坚持运用法治思维和法治方式解决发展中的问题,有利于推动科学发展。法治不仅是治国理政的基本方式,也是实现经济社会全面协调可持续发展的重要法宝。特别是在经济社会转型时期,领导干部应更多更自觉地用法治眼光审视发展问题、用法治思维谋划发展思路、用法治手段破解发展难题,进一步建立健全适应科学发展要求的法律法规,为经济社会全面协调可持续发展和市场一体化发展提供法律保障。

(二)加强法学学科建设,创新法学高等院校法治人才培养机制

全面依法治国是坚持和发展中国特色社会主义的本质要求和重要保障,事关党和国家事业发展。法治人才培养对于全面依法治国至关重要。而法学学科建设是法治人才培养的重要途径和关键环节,必须以习近平新时代中国特色社会主义法治思想为指引。

1.明确法学学科建设的指导思想

法学院校的法学学科建设和教学改革,必须坚持用马克思主义法学思想、习近平新时代中国特色社会主义法治思想全方位占领法学教育和法学研究阵地,突出培养和提高学生的法治思维方式和能力。

2.确定法学高等院校的培养目标

法学高等院校的教学培养目标是,培养造就熟悉和坚持中国特色社会主义法治体系的法治人才及后备力量。建设通晓国际法律规则、善于处理涉外法律事务的涉外法治人才队伍。

3. 加强法学高等院校的教材建设

法学高等院校的教材建设必须解决好三个关键问题。一是教材编写和采用。要组织编写和全面采用国家统一的法律类专业核心教材或统编教材。二是教材内容。法学高等院校的教材内容要与司法考试或法律职业资格考试相衔接,要纳入法律职业资格考试必考范围。三是教材编写的指导思想。法学高等院校的教材编写要以习近平新时代中国特色社会主义法治思想为指导。

4. 改进法学高等院校的课堂教学

完善新时代法学教学内容,研究和探索习近平新时代中国特色社会主义法治思想"进教材、进课堂、进头脑"的方式方法,使学生及时准确学习、理解习近平新时代中国特色社会主义法治思想的主要内容和深刻内涵。

法学高等院校的课堂教学,要注意解决好三个重要问题。第一,立德树人、德育为先问题。必须坚持立德树人、德育为先导向,教育青年学生要学习焦裕禄精神,坚定跟党走;要立志做大事,树立符合时代主题的理想信念,勇于担责任。第二,法学高等院校的课堂教学内容要以阐释中国特色社会主义法治体系为重点,以解决法治中国建设问题为依归。第三,法学专业教师要实践核心价值观、用正确的法治理论引领法学教学实践等问题。

当然,现代法学教育也要注意培养和训练法科学生的科学思维方法、多元思维方式和思维能力问题等。

5. 推进法学高等院校的高素质教师队伍建设

法学高等院校的高素质教师队伍建设,必须正确处理和解决好三大关系问题。包括正确处理知识教学和实践教学的关系问题,正确处理注重发挥法学专业教师的知识资源与大力引进实际工作部门的优质实践教学资源的关系问题,正确处理法学教育研究工作者和法治实际工作者之间交流互动关系的问题。这样,就不难建设出一支政治立场坚定、理论功底深厚、熟悉中国国情的高水平法学家和专家团队,建设高素质学术带头人、骨干教师、专兼职教师队伍。

论法育在依法治国实践中的重要意义及制度完善

黄锡生[*] 陈先根[**]

2014年10月,党的十八届四中全会通过的《中共中央关于全面推进依法治国若干重大问题的决定》指出"把法治教育纳入国民教育体系,从青少年抓起,在中小学设立法治知识课程"。2016年6月,教育部、司法部、全国普法办联合印发《青少年法治教育大纲》,对青少年法治教育的要求、目标、内容及实施路径等作出了规定。随着全面依法治国的深入推进,法治教育被提升到前所未有的新高度。坚持全面依法治国是习近平新时代中国特色社会主义思想的基本方略,习近平总书记在党的十九大报告中指出,坚持全面依法治国,必须坚持依法治国、依法执政、依法行政共同推进,坚持法治国家、法治政府、法治社会一体建设,坚持依法治国和以德治国相结合,并且进一步指出要提高全民族法治素养和道德素质。① 党的十九大报告对新时代全面依法治国提出了新要求,开出了新药方,那就是要大力加强法治教育在全面依法治国实践中的作用。

一、法育的基本内涵

(一)法育即法治教育

在全面依法治国的背景下,法育就是法治教育似乎是理所当然、毋庸置疑的。然而,对于"法育"这一简称的恰当指向,不同的学者有着不同的理解,同时对于"法治教育"这一概念的具体含义也尚需进一步明确。首先需要说明的是,本文所称的"法育"是与德育、智育、体育、美育并列的"法育",其所指向的教育对象不仅包括在校学生,还包括所有其他社会成员。因此,在探讨与德育、智育、体育、美育并列而居的"法育"之于依法治国的重要意义及制度完善之前,明确"法育"的基本含义十分重要且必要。

首先,"法育"是"法治教育"的简称,而非"法制教育""法律教育""法学教育"的简

---

* 重庆大学法学院院长,教授。

** 重庆大学法学院博士研究生。

① 参见习近平:《决胜全面建成小康社会 夺取新时代中国特色社会主义伟大胜利》,载《人民日报》2017年10月19日,第2版。

称。在笔者看来,法治教育、法制教育、法律教育和法学教育是四个既相互联系又有重大区别的概念。其中,内涵最丰富,意义最重大,能够简称为"法育"且可与德育、智育、体育、美育并谈的只有"法治教育"。法制教育,顾名思义就是法律制度的教育,其强调的是围绕法律制度,对受教育者传授法律制度的基本知识、基本理论、基本技能等内容的教育实践活动。法律教育是指教育内容为法律及相关知识的一种广泛的教育实践活动,其在一定程度上近似于前述法制教育的基本内涵。相较于另外三个概念,该概念的特点在于使用范围广,指向对象多,语义常常较含糊。法学教育,即法学学科教育,是指围绕法学科学研究、法学人才培养、法学学科发展而展开的一门学科教育活动。其特点在于,具有鲜明的专业性、科学性和实践性。

其次,"法治教育"的概念具有十分丰富的内涵。对于"法治教育"的概念,不同的学者有不同的解读。有学者给法治教育下定义,认为"法治教育是指通过对公民有目的、有计划、有组织地进行'依法治国'方略的宣传和教育,培养和发展公民法治意识及其用法治意识指导自己行为的一种活动"。[①] 有学者强调法治教育的使命,认为"全面推进依法治国,法治人才是保障,法治教育是基础。培养法治人才是法治教育的使命,创新法治人才培养机制、提高法治人才培养质量是法治教育的紧迫任务"。[②] 但是,不管怎么界定,在全面依法治国的当今中国,对法治教育的理解至少应涵盖以下核心要点。其一,法治教育以提升全民法治素养为基本目标;其二,法治教育以法治知识、法治技能、法治理念、法治思维和法治信仰为主要教育内容;其三,法治教育的实践具有广泛性、多样性、针对性和持续性等特点;其四,法治教育对公民个人的成长发展和社会的发展进步都具有重要意义。

笔者认为,法育即法治教育,是指为了提高全民法治素养,对自然人展开的法治知识、法治技能、法治理念、法治思维、法治信仰等方面的教育实践活动。法育是一种贯穿于家庭教育、学校教育和社会教育始终,与德育、智育、体育、美育一样重要的教育领域,其根本目的是促进人与社会的全面发展和进步。

(二)法育不同于德育

2016年4月教育部办公厅发布了《关于2016年中小学教学用书有关事项的通知》。该通知明确,从2016年起,将义务教育小学和初中起始年级"品德与生活""思想品德"教材名称统一更改为"道德与法治"。[③] 这是中华人民共和国成立以来,"法治"二字首次出现在义务教育的课程名称中,是教育部落实党的十八届四中全会"在中小学设立法治

---

① 石雁:《法治教育中的思想政治教育渗透》,载《思想教育研究》2013年第2期。

② 付子堂、朱林方:《中国特色社会主义法治理论的基本构成》,载《法制与社会发展》2015年第3期。

③ 教育部办公厅:《关于2016年中小学教学用书有关事项的通知》,载中华人民共和国教育部官网:http://www.moe.edu.cn/srcsite/A26/moe_714/201604/t20160428_241261.html,最后访问日期:2018年6月29日。

知识课程”要求的直接体现。在此之前,法治教育的相关内容多被包括在道德教育和政治教育的课程中间,而缺乏一个相对独立的地位和统一的称谓。例如,小学阶段是“品德与生活”或“品德与社会”,初中阶段是“思想品德”或“思想政治”,高中阶段是“思想政治”,高等教育阶段则是“思想道德修养与法律基础”。从这些课程名称中,我们不难看出教育部门对德育持高度重视的态度,而对法育则存在不够重视的问题。此次“法治”二字在中小学课程名称中出现,无疑是一个巨大进步,是对过去做法的一个纠正。

笔者认为,要想彻底改变这种法育夹混在德育中推进,法育德育含混不分的情况,关键在于明确法育和德育之间的联系和区别,进而正确处理二者的关系,以发挥其最大的价值和功能。就二者教育的内容而言,不管是德育还是法育,社会规范教育都是其非常重要而基本的方面;就二者教育的目的而言,德育和法育都是力图通过教育的方式,树立受教育者的规则意识,形成符合道德要求和法治要求的思维方式和行为模式,提高受教育者的内在品质,使其更加适应社会发展的需要,从而推动个人的全面发展和社会的整体进步。由此可见,德育和法育之间存在内在的契合性和一致性,这也正是过去把法育包括于德育之中的一大原因。但是,二者之间的区别也是显而易见的,而这正是笔者要着重探讨的。

首先,尽管德育和法育都特别强调社会规范教育,都要求受教育者能够了解规范、遵守规范并运用规范。但是,道德与法律毕竟是两种并不等同的社会规范,此二者对于人的意义和要求也存在较大差异。关于道德和法律的关系,长久以来不断有学者对这一问题展开探讨。其中,德国法学家耶林“法律是最低限度的道德”的论断影响深远。笔者认为,这一论断也基本上描画出了人们对于法律与道德之间关系的直观感受。从道德和法律对于人的行为评价来讲,法律所否定的基本上也是道德所不认可的,法律所保护的基本上也是道德所提倡的。从道德和法律的适用范围来讲,法律的适用具有普遍性和国家强制性,而无论当事人是否认可、是否接受;道德的适用则依赖于一定范围内的人们的普遍认可与遵循,尽管也依赖于一定的强制力保障实施,但却并不具有国家强制力,更多的是依靠人们的自我约束。从道德和法律的内容来看,尽管自然法学派和实证法学派对于法律与道德之间的关系存在根本的分歧,但不可否认的是,绝大部分的法律所规定内容都是道德所要求的内容。因此,二者是一种包含与被包含的关系或者说是绝大部分涵盖的关系。从违反道德和法律的后果来看,道德责任和法律责任之间也存在明显的轻重之别。由此可见,就二者的规范属性而言,道德与法律存在明显的差异。因此,作为推动道德和法律实施的重要手段的德育和法育,它们之间显然也存在巨大的差异。

其次,尽管德育和法育的目的都是促进人的全面发展和社会的发展进步,但是二者的具体目标和任务是不同的。以青少年德育和法育的总体目标为例。国家规定,青少年德育的总体目标是“培养学生爱党爱国爱人民,增强国家意识和社会责任意识,教育学生理解、认同和拥护国家政治制度,了解中华优秀传统文化和革命文化、社会主义先进文化,增强中国特色社会主义道路自信、理论自信、制度自信、文化自信,引导学生准确理解和把握社会主义核心价值观的深刻内涵和实践要求，养成良好政治素质、道德品质、法治意识和行为习惯，形成积极健康的人格和良好心理品质，促进学生核心素养提升和全面发展，为学生一生成长奠定坚实的思想基础”。[①] 青少年法育的总体目标是“以社会主义核心价值观为引领，普及法治知识，养成守法意识，使青少年了解、掌握个人成长和参与社会生活必需的法律常识和制度、明晰行为规则，自觉尊法、守法；规范行为习惯，培育法治观念，增强青少年依法规范自身行为、分辨是非、运用法律方法维护自身权益、通过法律途径参与国家和社会生活的意识和能力；践行法治理念，树立法治信仰，引导青少年参与法治实践，形成对社会主义法治道路的价值认同、制度认同，成为社会主义法治的忠实崇尚者、自觉遵守者、坚定捍卫者”。[②] 不难看出，德育着眼于青少年思想基础的全面教化与塑造，而法育则专注于青少年法治素养的培育与法治事业传承者的培养。相应地，为了实现德育和法育各自的目标，在具体实践中的教育内容和需要完成的任务也不一样。德育的内容不仅包括政治素质、道德品质、法治意识和行为习惯的培养，还包括积极健康的人格和良好心理品质的塑造。法育的内容则更加具体化，其不仅包括法治知识、法治观念的教育，还包括法治理念和法治信仰的培育以及具体法治技能的传授。因而二者呈现出较大的差异性。

综上所述，法育和德育之间存在内在的契合性和一致性，同时又存在巨大的差异性。这种差异性，一方面蕴藏着法育本身所具有的独立价值；另一方面从“法律是最低限度的道德”这一角度来看，对于人的全面发展和社会的发展进步而言，相较于德育，法育处于一个更基础的地位。很难想象，一个法治素养低下的人道德素质会是高尚的。党的十九大报告指出，要提高全民族法治素养和道德素质。因此，为了巩固法育在依法治国和以德治国相结合的法治中国建设中的基础作用，必须坚持一手抓德育一手抓法育，双管齐下。笔者认为，法育在义务教育的课程名称中得到体现和彰显是一种进步，但这还远远不够，应当把法育从德育中独立出来，开设专门的课程，构建独立的法育体系。

（三）法育是依法治国的基本前提

党的十九大报告指出，“全面依法治国是国家治理的一场深刻革命，必须坚持厉行法治，推进科学立法、严格执法、公正司法、全民守法”。[③] 要推动这场深刻革命向纵深发展，首先离不开的是全民族法治素养的提高和全社会法治氛围的形成，而这必须依靠法育。无论是科学立法、严格执法还是公正司法、全民守法，都必须依靠人去运作和执行。如果主导这四个环节的人的法治素养不高，那么全面依法治国实践的推进将是非常困难的。因此，从这个意义上来讲，法育是依法治国的基本前提，依法治国的顺利实施离不开

---

① 教育部《关于印发〈中小学德育工作指南〉的通知》。

② 教育部、司法部、全国普法办《关于印发〈青少年法治教育大纲〉的通知》。

③ 习近平：《决胜全面建成小康社会　夺取新时代中国特色社会主义伟大胜利》，载《人民日报》2017 年 10 月 19 日，第 2 版。

法育的保驾护航,推进全面依法治国必须大力发展法育。

二、法育对全面依法治国的重要意义

建设法治中国,实现国家治理体系和治理能力的现代化,是全面依法治国的重要目标。这一目标的实现有赖于全民法治素养的提高和依法治国各环节的顺畅运行。推行法育有利于全民法治素养的提高和依法治国各环节的顺畅运行,对建设法治中国,实现国家治理体系和治理能力现代化具有重要意义。

(一)法育是提高全民法治素养的根本途径

推进国家治理体系和治理能力现代化与加强法治国家、法治政府、法治社会一体建设,其根本在于人的现代化与人的思维、行为的法治化。美国社会学家英格尔斯指出:“如果一个国家的人民缺乏一种赋予这些制度以真正生命力的广泛的现代心理基础,如果执行和运用着这些现代制度的人,自身还没有从心理、思想、态度和行为方式上经历一个向现代化的转变,失败和畸形发展的悲剧结局是不可避免的。”①因此,建设法治中国必须大力提高全民族法治素养。笔者认为,所谓法治素养是指人们熟悉法治知识、掌握法治技能、拥有法治思维和树立法治信仰的能力。众所周知,教育是提升人的能力,促进人的发展的基本手段。在现代社会中尤其如此,教育对于人的塑造扮演着越来越重要的角色。马克思认为教育与生产劳动相结合是“改造现代社会的最强有力的手段之一”,②并进一步指出教育与生产劳动相结合“不仅是提高社会生产的一种方法,而且是造就全面发展的人的唯一方法”。③ 法治素养作为人的一种重要素质,对于人的生存与发展具有十分重要的意义。人的法治素养的提高是人的全面发展的重要方面。全社会、全民族法治素养的全面提高,其根本出路在于教育。套用马克思的话来说就是,法育与法治实践相结合是提高全民法治素养的唯一办法。

(二)法育是促进依法治国各环节顺畅运行的重要保障

党的十九大报告指出,深化依法治国实践,必须推进科学立法、严格执法、公正司法、全民守法。这不仅为我们指明了依法治国的基本方针,实际上也点出了依法治国的四个重要环节及其基本要求。那就是立法机关的立法要科学,执法机关的执法要严格,司法机关的司法要公正,一切组织和个人都要自觉守法。推行法育有助于这四个基本要求的实现,有助于立法、执法、司法、守法这四个环节的顺畅运行。首先,法育是促进科学立法的重要保障。关于立法的科学性的标准,有学者认为包括合理性标准、合法性标准与合逻辑性标准,是一个庞杂的体系。④ 为此,立法者需从客观实际出发认知社会价值、社会

① [美]阿历克斯·英格尔斯:《人的现代化》,殷陆君译,四川人民出版社 1985 年版,第 4 页。

② 《马克思恩格斯选集》(第 3 卷),人民出版社 1972 年版,第 24 页。

③ 同上书,第 332 页。

④ 参见冯玉军、王柏荣:《科学立法的科学性标准探析》,载《中国人民大学学报》2014 年第 1 期。

秩序和社会规律,然后通过科学合理的立法活动加以确认,实现科学立法。[①] 这极大地考验着立法者的法治素养和专业的立法技术,不光需要一系列的制度加以保障,还依赖于参与立法活动的个人能力。这种能力并非天然自有,而必须依靠教育获得。其次,法育是促进严格执法的重要保障。执法的实质是将法定的权利和义务转变为现实的权利和义务的过程。执法关涉当事人切身利益的维护,因此必须严格。这不仅需要执法者了解法律规定本身,还需要执法者了解其背后现实的权利义务关系以及权利义务所指向的法律主体的基本情感逻辑。这同样需要法育的积极作用。再次,法育是促进公正司法的重要保障。司法是对权利受损的一种救济,是当事人对公平正义感受最深的一个环节,不仅关涉公平正义本身,对消解社会矛盾,维护社会稳定同样意义重大。习近平指出,要努力让人民群众在每一个司法案件中都感受到公平正义。这是司法机关的追求,也是司法机关的责任。然而如此重要的追求,没有良好的法治素养作保障,错案、冤案的产生很难避免。最后,法育是促进全民守法的重要保障。如果说立法、执法和司法需要大量专业的技能和素养,针对的都是特定群体,那么,遵守法律则是一切组织和个人的权利和义务。任何组织和个人都有履行法律义务的责任和行使法律权利的自由。法育通过传授法治知识,培养法治技能和法治思维,树立法治信仰,提高受教育者的法治素养,使他们自觉遵守法律履行义务;同时能够依照法律行使自己的权利,运用法治的手段解决生产生活中遇到的各种问题,信奉通过法律手段解决纠纷的信仰和思维。因此,无论是专业性强的立法、执法、司法,还是普遍性的守法,其顺畅运行都需要法育的保障。

三、我国法育实践的现状和主要问题

虽然我国尚未建立独立而完备的法育制度,但是法育实践自新中国成立以来一直存在并不断发展。党的十九大作出了“中国特色社会主义进入了新时代”的重要判断,新时代有新目标和新要求。新时代的全面依法治国对法育实践提出了新要求,考察我国当前实际,我国法育实践主要存在以下几方面的问题。

(一)法育的体系不完备

前文提及,法育应当贯穿于家庭教育、学校教育和社会教育三大板块。家庭是人在社会上生存的一个重要场所,同时也是人所处的一个重要群体,对于人的发展至关重要,在法治社会中也起着十分关键的作用。“不仅家庭伦理和道德是法律伦理与精神的来源,而且家庭关系与家庭秩序也是社会关系和秩序的根本;更重要的,家庭能力还是国家整体能力的基石。”[②]因此,按理来说家庭法育十分重要,应当予以重视。但是,目前家庭法育这一实施途径是被弱化的,仍停留在鼓励倡导层面。学校法育在法育中处于核心主导地位,它同时连接家庭法育和社会法育两大法育实施途径。《青少年法治教育大纲》对义务教育阶段、高中教育阶段和高等教育阶段的法育作出了一定的部署。但是一方面,

① 参见冯玉军、王柏荣:《科学立法的科学性标准探析》,载《中国人民大学学报》2014 年第 1 期。

② 方乐:《法律实践如何面对“家庭”?》,载《法制与社会发展》2011 年第 4 期。

目前还只是政策推进层面还未落实到制度层面;另一方面,学前教育、老年教育、特殊教育等内容还未纳入学校法育的范畴。社会法育是学校法育的重要补充,对于公民法治素养的提高具有重要意义,特别是对非在校学生的其他社会成员而言,是接受法育的主要场所。目前主要是靠开展了30余年的全国法治宣传活动和送法下乡、社区普法等在推进这一实践。总的来讲,社会法育呈运动式特点,缺乏常态化和持续性。由此可见,我国法育体系还不够完备,亟须完善。

(二)法育的师资力量薄弱

首先是学校法育的师资力量薄弱。目前,我国从事法育教学工作的教师在小学阶段一般是由从事德育的教师或者班主任担任;高中阶段没有专门的法治课程,相关内容由讲授"思想政治"课的教师讲授;高等教育阶段,学校开设"思想道德修养与法律基础"一般由思想政治教育的教师授课,其中少有法学专业文凭的教师。因此,从学校法育来看,目前法育的师资紧缺,且专业性不强。2016年7月,教育部印发《全国教育系统开展法治宣传教育的第七个五年规划(2016~2020年)》,指出要加强教育普法队伍建设,"配齐法治教育课教师,在核定的编制总额内,中小学要配备1至2名专任或兼任法治教育课教师"。[①] 由此可见专职的法育教师是多么紧缺。学校法育师资薄弱不仅表现为数量少,还表现为专业能力薄弱,缺乏专业的法育教师。随着法育的深入推进,简单的知识传授已经不能满足学生对法育课程的需要,受过专门法律教育和训练的专业法育教师越来越需要。其次是社会法育的师资力量很薄弱。就社会法育而言,除一些专门的法制宣传机构和一些法律援助中心较为专业外,很多普法人员的实际专业水平其实并不高。另外,类似的社会法育通常都是次数非常有限的,和社会法育的实际需求相比相去甚远。

(三)法育的内容不科学

我国法育实践中存在的另一个突出问题就是法育的内容不科学,不具有针对性,不完全符合受教育者的实际需要和客观发展规律。在学校法育方面,以《青少年法治教育大纲》为例,该大纲对义务教育(包括小学低年级、小学高年级和初中阶段)、高中教育和高等教育的进行分学段地规定了相应的教学内容。[②] 该大纲对各个学段的学习内容基本上科学合理的,但是也存在一些细微处还需进一步完善。比如,对未成年人的特定保护的相关内容是从小学高年级(3~6年级)才开始要求,实际上对于未成年人的保护的相关内容应当再提前。又如,在高等教育阶段,对于非法律专业的学生,仍然是统一的教学内容,而且内容繁多又偏专业,实际上并不适合非法学专业的学生过多涉及。另外,又并没有针对专业差异而提出的更具针对性的教学安排。在社会法育方面,教学内容通常事先并没有深入调查受众所需,难以满足群众所急所需。

---

① 教育部《关于印发〈全国教育系统开展法治宣传教育的第七个五年规划(2016~2020年)〉的通知》。

② 参见教育部、司法部、全国普法办《关于印发〈青少年法治教育大纲〉的通知》。

（四）法育的效果不理想

法育的效果不理想是多个原因的综合，既有师资力量的因素，也有教育内容的因素，还有教育手段的因素。总的来说，我国法育的效果不理想主要表现在四个方面：一是法治知识教育的效果不理想，二是法治技能教育的效果不理想，三是法治思维教育的效果不理想，四是法治信仰教育的效果不理想。法治知识教育的效果不理想表现为法育更多地停留在法律知识的传播上。而且这种知识的传播表现出一种静态的功利的倾向，并且导致学生不重视，没兴趣。以广州的一项调查为例，只有 19.77% 的学生能正确理解"依法治国"中"法"的具体含义，仅 29.81% 的学生能回答出"法律至上"的含义。① 法治技能教育的效果不理想的集中表现是不懂得如何行使权利，维护自身合法权益。2007 年，一项源自对广州市 5 所高校本科生进行的调查显示，68.4% 的学生参加了 2006 年年底举行的区人大代表选举。② 法治思维教育的效果不理想的典型表现是未能真正用法治的观点和方法去思考问题，对于法治思维的理解片面解读为守法。以一项对西南大学二、三、四年级同学展开的调查显示，74.13% 的大学生表示能够自觉遵守校规校纪，65.28% 的同学在面对诱惑、胁迫时仍然认为遵守法纪是第一要务。③ 法治信仰教育的效果不理想的表现是面对复杂的社会时，未能如愿的情况下会漠视法律或是怀疑法治的现状。在对上海、天津、湖北等省市 3916 名本科生的调查中，37% 的学生肯定"权大于法"。④ 上述调查说明我国目前的法育效果并不理想，必须提出系统的完善之策。尽管上述调查距今已有一些年头，不能完全反映当下的法育实际效果。但是，从近年来网络上和媒体上曝光的一些法治事件来看，虽然随着国家依法治国实践的推进和法治国家、法治政府、法治社会一体建设的加强，社会整体的法治素养有了长足进步，但其中仍然存在巨大的提升空间。

四、我国法育制度的完善

针对我国法育实践中存在的问题和突出表现，必须从构建全覆盖的法育体系、加强法育师资力量、完善法育内容的科学化以及完善具体教育手段等方面入手进行系统性改造。

（一）构建全覆盖的法育体系

构建全覆盖的法育体系要确立家庭法育的基础地位，采取有力措施，为家庭法育的开展提供切实支持，譬如，国家组织编写和发放家庭法育读本，帮助家长对孩子开展法

① 参见詹明鹏、钟晓玲：《当前大学生法律意识状况的调查与分析——以广州地区大学生为例》，载《高校辅导员学刊》2009 年第 4 期。

② 参见陈晓萍：《大学生公民意识调查——以广州石牌五所高校为例》，载《思想教育研究》2007 年第 5 期。

③ 参见倪怀敏：《大学生的法律意识状况分析及其对策》，载《思想教育研究》1996 年第 1 期。

④ 陈大文、陈锦文、吕新：《关于大学生法律素质教育的调查与思考》，载《武汉科技大学学报》2005 年第 4 期。

育。同时,还要进一步巩固学校法育的核心主导地位,加快学校法育课程的专门教学,建立独立完备的学校法育体系,把学前教育、特殊教育等其他教育形式同步纳入法育体系。此外,还要进一步发挥社会法育的补充作用,调动广泛的社会力量,营造良好的法育风尚,积极推进社区法育、网络法育等多种创新社会法育形式。

(二)加强法育师资力量

加强法育师资力量主要包括两方面:一是增加法育教师的数量,二是提高法育教师的教学质量。在学校法育方面,首先,要加大法育的专任或兼任授课教师。在中小学要配备1至2名专任或兼任法治教育课教师的基础上进一步加大中小学法育教师的配备以及高中教育阶段和高等教育阶段对专任法育教师的配备。其次,逐步加大法律专业背景的教师在法育教师中的比重,并最终实现全面配备法律专业背景的法育教师,保障教学质量。最后,强化法育教师的综合素质考核,提高法育教师的教学水平。在社会法育方面,要加大社会法育的频度,深度和广度,即法育教师要多参加社会法育活动,多深入若干领域,提供切实可操作的指导和帮助,同时扩大教育范围,惠及更多群众。

(三)完善法育内容的科学化

完善法育内容的核心是要做到因材施教,尊重规律,顺应人与社会发展需要。法育的对象是人,其直接目的是提高人的法治素养,根本目的是促进人的全面发展和社会的发展进步。无论是人的发展,还是社会的发展都必然遵循一定的客观规律。发展法育也必须遵循客观规律,包括人的发展规律和教育本身的规律。从人的发展规律来看,人在不同的发展阶段所面临的主要问题是不同的,对教育的需要也是不一样的,其本身可接受的教育的复杂度也有所差异。因此,如果以学校法育这个阶段作参照,小学低年级阶段实际上更重要的是一种规则意识的培养和与自身健康安全相关的一些法治知识的学习。小学高年级阶段则是与少年儿童健康安全相关的一些法治知识的进一步学习和对一些基本技能的掌握,以及对于国家、法治、社会等一些基本的框架性知识的了解。对于初中阶段的孩子而言,法育要结合这个年龄段孩子智力、理解能力的一个飞速发展期和身体成长带来的性格形成期,除法治知识、法治技能的进一步深入教育外,更重要的是一些这个年龄段的孩子常涉及的一些基本法律规定的熟悉掌握和正确引导以及法治思维、法治信仰等方面的发掘。对于进入高中阶段的孩子,除继续前面的内容深化教育外,还要特别注重人在生产生活、劳动、经济往来、预防犯罪等方面加以强化和普及,以帮助其在进入社会前获得一个较好的法治素养。就高等教育阶段的学生而言,法育应当特别注重和专业、就业等紧密结合,在广度和深度两方面共同加强法育的针对性。从教育本身的规律来看,法育也必须是一个渐进的过程。不同阶段的法育要有不同的特点,相互间有个良好的衔接和支撑,避免简单重复,避免过泛过深。对于家庭法育和社会法育而言,它们的展开要始终围绕着其各自在法育中的基础地位和补充地位来实施和调整。家庭法育应着重聚焦规则意识的培养、和谐社会关系的倡导以及法治思维的启蒙,包括亲子关系、师生关系、社会交往关系等的积极引导以及遵纪守法观念的培养等方面。社会法育则应当聚焦于社会矛盾的化解与和谐社会的构建,以及新思想、新政策、新举措、新理念的宣传普及等,进一步推进法治素养在人民群众中落地生根,进一步促进法治社会的深入发展。

(四)完善具体教育手段

前面提到,过去法育实践效果不好的原因是多方面复合的。教育手段不健全是其中非常重要的一方面。枯燥的说教、灌输,效果必然一般。对我国法育实践的系统性改造必然涉及教育手段、教育方法的革新和发展。教育手段和教育方法实际上是教育双方的一个连接媒介。因此,健全法育手段要从强化这一媒介的连接的牢固性、快捷性和准确性着手。健全法育手段主要通过以下三种方式:一是牢固的师生互动关系,教师要加强师德建设和提高专业水准,提升学生对法育课程的黏度;二是建立师生间及时快捷的沟通渠道,因此要加强课堂内外师生间的良性互动;三是要采用直观的体验式教学工具和场所,如多媒体教学和教育基地参观教学等。通过牢固的师生互动关系、快捷的师生沟通渠道以及直观的切身体验,进一步促使受教育者在法育实践中能够静得下来、学得进去、用得出来,真正全面提升法育效果。

五、结语

法育是提高全民法治素养的根本途径,对于推进全面依法治国具有重要意义,社会对于法育的关注度越来越高,相关的改革已经在一点点铺开。法育的繁荣发展离不开政策的推动,更离不开制度的保障。只有深刻认识到法育对于依法治国实践的重要意义,从思想上和行动上真正重视起来,才能真正让法育在国家治理体系和治理能力现代化进程以及法治国家、法治政府、法治社会一体建设的伟大实践中展现出更加耀眼的光芒;为全面依法治国这场“深刻革命”提供强大的内生动力。

学习新时代中国特色社会主义思想构建道器一体的中国法律史学

张 生[*]

一、序说

党的十八大以来,习近平总书记多次提及传承发展传统文化,"文化自信是更基本、更深层、更持久的力量""历史和现实都表明,一个抛弃了或者背叛了自己历史文化的民族,不仅不可能发展起来,而且很可能上演一场历史悲剧"。中共中央办公厅、国务院办公厅发布的《关于实施中华优秀传统文化传承发展工程的意见》提出,"到2025年,传承发展传统文化的体系基本形成"。这就为中国法律史学科提出了更高的新的要求。学习习近平新时代中国特色社会主义思想有感,本文对构建道器一体的中国法律史学加以探讨。

任何一种能够长久存在的知识体系或一门学科,皆有其内在价值和现实效用。在理论上有价值而无效用,或有一时之效用而无恒久价值的,这样的学科都难以长久存在。成功的学科则在于,能在价值上指引社会发展的方向,在技术上能够解决社会实际问题。如果以中国传统的学术范畴"道"与"器"来衡量学科,可以概括将其为"道器一体"。《易·系词》中有言:"形而上者谓之道,形而下者谓之器。""道"为天地万物、人类社会的运行规律与内在价值,"器"为可见诸形状的事物、制度及其效用。"道器一体"即为形而上之内在价值与形而下之现实效用之结合,"道"融贯于器形之中,"器"承载了道之神韵。

中国法律史学作为一种知识体系始于古代,自近代随着法学的发展而逐渐成为一门相对独立的学科,中华人民共和国成立后中国法律史学得到了极大的发展。① 按照社会发展的不同阶段,中国法律史学的内在价值与时代效用也可分为古代、近代与现当代形

---

* 中国社会科学院法学研究所研究员、法制史研究室主任。

① 根据赵九燕、杨一凡编辑之《百年中国法律史学论文著作目录》(社会科学文献出版社2014年版)所作统计,"19世纪末至2010年100余年,在各种中文报刊、论文集发表的法史论文索引21000余条,公开出版的法史图书索引3100余条",其中80%以上的著述是中华人民共和国成立以后我国大陆学者的作品。

态。以下依照“道器一体”的知识形态，来考察中国法律史三种历史类型的价值与效用。

二、古代叙述法律史学

在《尚书》中已有较为系统的刑制历史的记述。至司马迁所著的《史记》，在“本纪”“世家”“列传”“书”之中对法律人物、法律思想、典章制度有了更为翔实的记述。《汉书》在《史记》“书”的基础上，创立了“典志”，其所包括之刑法志、食货志、职官志等均为前朝各种典章制度的专门记述。此后的官修史书大体沿袭《汉书》的体例，在“典志”中分门别类地记述各种制度的演变。此外，还有唐代的《通典》、宋代的《资治通鉴》等专书，在诸如《贞观政要》等政书中也包括了对法律制度演变、治理经验的记述。古代形态的中国法律史学散见于正史的不同篇章之中，它们共同记述政教治道与典章制度，形成了一个相对系统的叙述性知识体系：哪些人基于何种思想、理论，经历了什么事件，创设或修改了什么样的制度，这些制度又发挥了怎样的社会效果等。古代的这套法律史知识系统，可以概括为“叙述法律史学”，存在着一脉相承的内在价值和可以直接借鉴的现实效用。

“叙述法律史学”在知识形态上表现为对法律人物、法律思想、法律事件、典章制度的叙述。一方面，这些知识来自前朝的客观历史材料；另一方面，这些客观材料的选择、组合方式都符合一套“叙述价值与应用需要”。各个朝代的史官既是对前朝法律的叙述者与反思者，同时他们也往往是本朝的执政者，其叙述也直接为本朝的法律治理提供借鉴。各朝史官对政教治道的表述并不一致，笔法虽异，但其核心思想万变不离其宗；其所叙述的人物、思想、事件、制度都可以作为现实治理的直接借鉴。以下将唐太宗作为叙述法律史的典型人物来说明“道器一体”如何体现于宏大的叙述之中。

唐太宗李世民被《旧唐书》和《新唐书》一致推崇为有唐一代的圣明君主，甚至成为古代帝王的楷模，他所尊崇的儒家政教治道及亲自参与修订的《唐律》都被后世奉为圭臬。孟子为民本与仁政思想的开创者，曾有言：“人有恒言，‘皆曰，天下国家’。天下之本在国，国之本在家，家之本在身。”①《大学》中又讲道：“物有本末，事有终始，知所先后，则近道矣。”②唐太宗君臣对儒家“务本”理论总结道：“凡事皆须务本。国以人为本，人以衣食为本，凡营衣食，以不失时为本。”③其将适应天道的民本仁政思想确立为政教治道，并将其贯彻于典章制度，以及治国理政的活动之中。在议定《唐律》的过程中，“降大辟为流者九十二，流为徒者七十一”，④大幅度削减了死刑和流刑，使唐朝初期死刑的条款数量是中国古代最少的时期。唐太宗还亲自审录在京的囚犯，严格控制死刑的执行程序，将在京死刑案件的审录程序由三复奏改为五复奏。在国家财政支出方面，爱惜民力，尽量节俭。贞观初年，大臣们建议建造一台阁，供皇帝居住，以避暑热低湿，唐太宗却否

① 《孟子·离娄上》。

② 《礼记·大学》。

③ 《贞观政要》卷八，《务农》。

④ 《旧唐书》《新唐书》的“刑法”部分有相同的记述。

定了大臣们营造计划,他说:“朕有气病,岂宜下湿。若遂来请,靡费良多。昔汉文帝将起露台,而惜十家之产。朕德不逮于汉帝,而所费过之,岂谓为民父母之道也!”①唐太宗以帝王为民父母之仁义责任为约束,以汉文帝为表率,纵有大臣们的建议,还是能严格约束私欲。他还曾亲自拟定《帝范》十二篇,教育规制太子如何做一个好的君主,其中专有一篇名为《崇俭》,阐明盛世明君的节俭守则:“夫圣世之君,存乎节俭。富贵广大,守之以约;睿智聪明,守之以愚。不以身尊而骄人,不以德厚而矜物。茅茨不剪,采椽不斫,舟车不饰,衣服无文,土阶不崇,大羹不和。非憎荣而恶味,乃处薄而行俭。”②

《旧唐书》《新唐书》《贞观政要》等政书都在将唐太宗叙述成一位圣明的君主。但叙述法律史的客观性也并没有回避唐太宗的阴暗的一面,诸如玄武门之变、错杀张蕴古以及选用人才方面的失误等,这些只是一笔带过却也并未彻底忽略。从正史连续完整的叙述来看,唐太宗的虚伪的一面也是巨细无遗的。

唐太宗在其晚年,不免居治平天下之功,他为自己营建的陵寝,打破了以民为本、崇尚节俭的守则。从五代时期驻守关中地区的节度使温韬的盗墓叙述可以看到,唐太宗昭陵的奢华:“韬在镇七年,唐诸陵在其境内者,悉发掘之,取其所藏金宝,而昭陵最固,韬从埏道下,见宫室制度闳丽,不异人间,中为正寝,东西厢列石床,床上石函中为铁匣,悉藏前世图书,钟、王笔迹,纸墨如新,韬悉取之,遂传人间,惟乾陵风雨不可发。”③还可以看到,唐太宗当年所教诲的太子,即后来的唐高宗及武则天,他们的陵寝——乾陵,所投入的智慧和金钱更远超过昭陵。

古代叙述法律史建立在对大量历史材料选择与编排的基础上,其叙述并非完全客观,而在很大程度上根究总体史的内在价值和现实效用需要来设计叙述。就如同对唐太宗的叙述,“民本与仁政”是皇帝奉天承运治理天下的合法性基础,古代帝王难有几人符合这样的要求,唐太宗在政教治道的大是大非问题上,在立法施政方面总体上无疑是一位好君主。正史在很大程度上更侧重于对唐太宗弘道的正面叙述,也是希望为后世君主树立一位近乎完美的楷模,将带有很大任意性的君主制度执行得更好。从“天下之本在国,国之本在家,家之本在身”这一治道出发,叙述法律史的效用大体可以包括三个方面:其一,教化天下,我们以往比较多地关注,包括法律史在内的正史是用来教化民众的,其实正史的叙述可能更加侧重教化帝王和官吏“遵从治道、奉法行事”;其二,客观约束,任何事关国家和社会的重要决策、典章制度及其实施都会被历史记述,任何人都不要心存侥幸,以为可以逃过历史叙述的审判,这未尝不是对掌权者的一种内在约束;其三,为国家治理提供法律思想理论、典章制度乃至具体事务处理的经验。

① 《旧唐书》卷二,《太宗本纪上》。

② 《帝范·崇俭》。

③ 《新五代史》卷四十,《杂传》第二八。

三、近代批判法律史学

由于鸦片战争以来的一系列失败,清末民国时期,为挽救危亡,中国带着急迫和自卑的心理展开了全面的政治法律改革,"进化论"成为改革时期主导的社会思潮。中国法律史学作为一门独立的学科,就是在清末改法修律进程中诞生的。在新式法律学堂讲授诸多外国法律知识的同时,旧式的律例成为仅存的一门本国课程。清末修律大臣沈家本在删修旧律、修订新律的过程中,完成了《中国历代刑法考》,该著作是对中国传统刑法的总结之作,无疑是中国近代法律史学的标志性著述。但是,清末以来的法律界更多地在求新求变,在关注如何借助外国法律实现中国法律的进化。这一时期也不乏诸如杨鸿烈的《中国法律思想史》《中国法律发达史》《中国法律在东亚诸国之影响》等法律史著作,然而进化论所衍生的法律进化论,更多的是对中国传统法律的批判,而不是理解、分析与继承。

在清末民国时期,沈家本、梁启超、居正三位是颇具代表性的法律界人物,他们基本上都是批判法律史学的代表性人物。沈家本所作《历代刑法考》是中国刑法的传承之作,但在修订新的法律过程中,他却扮演了传统法律终结者的角色。1911 年颁行的《钦定大清刑律》基本是德国、日本刑法的仿效之作,只是迫于反对派的要求才附加传统法律的五个条款。梁启超在清末民国时期作为知识界的领袖,也曾出任民国北京政府的司法总长,他所发表的《论不变法之害》《论变法不知本原之害》《论中国成文法编制之沿革得失》等政法论文,在当时有着极大的影响力。其《论中国成文法编制之沿革得失》一文,借助日本法学家的研究成果,特别是梅谦次郎的《民法原理》和穗积陈重的《法典论》,从法律史的角度深入探讨了中国古代成文法的四大缺失,同时对欧陆法典化的法律体系推崇备至。

其一,法律之种类不备。梁氏认为,由于"君主专制政体,亘千年未尝一变",以及"学派之偏畸";致使"我国法律界,最不幸者,则私法部分全付阙如之一事也"。

其二,法律之固定性太过。梁氏征引英国硕学梅因之言,谓:"法律与社会的需要,两者之间,恒有一鸿沟焉,立法者宜思有以填之。其鸿沟之广狭,与填之之迟速,是即人民幸福之多少所攸判也(Maine, Ancient Law)。"而中国古代法典之迂旧,导致"法律与社会之鸿沟太相悬绝也"。

其三,法典之体裁不完善。梁氏认为,中国古代成文法之体裁存在三个方面的缺陷:一则,"主法"与"助法"范围不确定,"宜为主法者而入诸助法","宜为助法者而入诸主法";二则,"主义不一贯""去取之间,绝无一贯的条理以为之衡";三则,"纲目无秩序",我国旧律之"名例篇"有总则之名,而无总则之实际功能,法典体系"支离灭裂,而终不足以周社会之用也"。

其四,法典之文体不适宜。梁氏以边沁"法律文辞三要件"(一曰明,二曰确,三曰弹力性)相衡,认为:"我国法律之文'明'则有之,而'确'与'弹力性'两种,皆甚缺乏"。再者,中国古代法律文辞工拙,而失之优美;法律职业未能专业化,法律解释未能学术化。

梁启超还特别强调“将来若无编纂法典之事也则已,苟有之,则此诸阙点其最当注意也”。[①] 后来,民国时期的立法风潮可谓迅猛,“六法全书”体系在短短的几年时间之内(1927~1930年)初步完成,蔡枢衡在《中国法律之批判》[②]一书中曾批评指出:中国近代以来新制定的法典存在着一个普遍的文化倾向,那就是贯彻西方的“立法旨趣,立法例和解释的学说”,而“十之八九的法学著作都显示着法和社会,法和哲学的脱节”“法学的科学性之不显明,充其量只算成功了政治或立法政策的法律学,遗弃了法学的哲学性和社会科学性”。

居正于1946年在大东书局出版了《为什么要重建中国法系》,该书结合抗战胜利后的形势,提出了“重建中华法系”的主张以及四点具体措施:其一,由过去的礼治进入现代的法治,要在新的历史条件下,选择旧礼中有利于维护道德人心的内容,加以发扬光大,并与新的法律相融合,使法律更有效地发挥作用;其二,由农业社会进入农工业社会国家,亟待建立市民社会的法律;其三,由家族本位进入民族生活本位;其四,以“三民主义”作为重建中华法系的最高指导原则。然而,居正在长期担任司法院院长的过程中致力于建立“中国本位新法系”,但诸多建设基本上仍仿效外国,以至于有学者深刻指出此一时期的“中国法律‘看不见中国’”。[③]

批判法律史学的理论根基在于由进化论衍生而来的法律进化论,由此认为西方的法律理念和立法技术是先进的,且具有普遍性;我们的传统法律是落后的;进而将西方作为参照系,奉行“超前立法”,希望以先进的法律制度引导社会进化。近代批判法律史学,以西方法律作为批判中国传统法律的标准,其实对西方法律的社会历史性不求甚解,对中国传统法律也未能回归于社会加以理解,而简单地判定为“落后”“专制”“野蛮”。近代批判法律史学通过批判传统法律的“落后”,为移植西方法律开辟了道路,同时也无情地抛弃了中国法律的传统根基。

四、“道器一体”的建构法律史学

中华人民共和国成立后,特别是经历了40年的改革开放,社会主义法治事业取得很大成就,“到2010年底,一个立足中国国情和实际、适应改革开放和社会主义现代化建设需要、集中体现中国共产党和中国人民意志,以宪法为统帅,以宪法相关法、民法商法等多个法律部门的法律为主干,由法律、行政法规、地方性法规等多个层次法律规范构成的中国特色社会主义法律体系已经形成”。[④] 我国目前的法律体系在技术层面已经可以和一些大陆法系国家相媲美,然而在与社会实际相结合、与文化相互支持方面依然存在很多问题,很多法律制度还不能发挥出其应有的效用。在很大程度上由西方法学发展而来

① 梁启超:《饮冰室合集·文集十六·论中国成文法编制之沿革得失》,中华书局1989年版。

② 蔡枢衡:《中国法律之批判》,正中书局1947年(沪)版。

③ 江照信:《中国法律“看不见中国”——居正司法时期(1932~1948)研究》,清华大学出版社2010年版。

④ 参见国务院新闻办公室2011年10月27日发布《中国特色社会主义法律体系》前言。

的部门法，在国家治理的实践中遭遇了现实困难。同样，中国法律史学也遭遇了缺乏现实效用的困难。长久来看，如果一个学科对于解决现实问题没有任何作用，那么这样的学科必然会走向衰落，乃至消亡。

中国法律史学在当下面临着如何实现"道器一体"的自身发展问题。从古代叙述法律史学，到近代批判法律史学的演变，当下的中国法律史学承担着赓续传统与面向现实解决问题的双重使命。为了回应时代的需要，当下的中国法律史学应当是"道器一体"的建构法律史学：贯通古今中西的法律价值，支撑现实有效的法律制度。

从"道"的层面来看，中国法律史学在贯通中国古代"民本与仁政"与近现代"人权与民主"上具有历史的兼容能力，消解近代以来批判法律史学语境中传统"人治""专制"与近代"法治""民主"的对立，建构"在公正的法律秩序下实现人权、民主与法治"的国家治理价值理念。中国古代"民本与仁政"的价值理念，是个体与群体相融汇，自治与共治相联结。孟子所谓："人有恒言，'皆曰，天下国家'。天下之本在国，国之本在家，家之本在身。"[①]这是从共治领域的天下到国家，再到自治领域的社会家庭（族）、个人。个人是更大的自治群体的根本，也是共治的国家、天下的根本。《大学》中说："古之欲明明德于天下者，先治其国；欲治其国者，先齐其家；欲齐其家者，先修其身……身修而后家齐，家齐而后国治，国治而后天下平。"古代的修身既是一种个人修养身心的道德历程，未尝不是个人自治，理性的个体发展的过程。个体的道德与理性的均衡发展，为群体的自治和谐奠定了基础，群体的自治又为国家治理奠定了基础，国家的强大安定，则可以达至天下安定。《大学》还讲道："自天子以至庶人，壹是皆以修身为本。"[②]在古代从天子到庶人，从公共治理的身份等级而言，自然是极不平等的，但是从人的主体性而言，从道德与理性而言，天子与庶人"壹是皆以修身为本"，又是平等的。由此，中国法律史学可以在国家治理的价值层面，将传统的"民本和仁政"与近现代社会"人权""人民主权""民主""法治"等核心价值相贯通：个体的道德与理性的均衡发展是构建群体秩序、国家天下秩序的基础，尊重和保障个体合法权利是国家天下安定的基础，权利的保障、构建秩序的公权力皆以法律定其边界，是为法治。

从"器"的层面来看，中国法律史学通过考证与叙述的功能，建构起连续的法律生成与治理运作的记录，各种法律人物、法律思想、法律形式、法律事件、裁判先例也被客观地记载。通过检讨与借鉴传统法律资源，建构起当代法律体系的评价与选择机制，总结法律治理的经验与规律以及具体的制度都可以为完善现行法律体系，为构建公正法律秩序提供直接的支持。中国三千多年有文字记载的法律史，其间经历了多次重大的政治文化变革、法律转型，保存了丰富的法律档案文献，不仅限于刑事法律方面，还有更多关于经济管理、政府机构、官吏选任等多种法律规范。这些法律规范从国家强制力较弱的软法，

① 《孟子·离娄上》。

② 《礼记·大学》。

到国家强制力较强的硬法,构成了完备的法律体系,各种法律规范发挥着不同的作用,为构建和维护法律秩序共同发挥作用。

中华法律文明已经延续发展了数千年,虽历经磨难而不曾衰亡,其生命力之强韧,在很大程度上在于自身的检讨与更新能力,而自身的检讨与更新能力又源自符合现实需要的法律史学。当前中国法治事业面临着诸多的挑战,时代需要"道器一体"的建构法律史学,形而上层面的"道"与形而下层面的"器"密切结合:将传统的"民本仁政"与当代法治理念相贯通,以传统文化滋养现行法律体系、法律制度、法律思想;以文化共识调适现行法律,使之适应社会的需要,行之有效。

全面依法治国与行业法治人才的培养*

——基于对597份法律工作者调查问卷的分析

杜承铭** 戴激涛***

中华人民共和国成立以来，我国法学教育取得了巨大成就，成为世界上发展速度快、规模最大的法学教育大国，①建立了以学位教育为主、其他教育为辅、学历教育和在职培训相互衔接的法治人才培养体系，有中国特色的社会主义法学教育体系基本形成。② 但同时也面临诸多困难和挑战，③"在建设法治中国的背景下……中国法学教育理应进入真正的'黄金时代'，但实际上却面临着'饱和危机'和巨大的竞争压力"。④ 党的十九大报告提出，"全面依法治国是中国特色社会主义的本质要求和重要保障""全面依法治国是国家治理的一场深刻革命，必须坚持厉行法治，推进科学立法、严格执法、公正司法、全民守法"。在当前全面依法治国的新形势下，法学教育改革首先应明确新时期对法治人才培养提出的新任务，方能准确定位法学教育的改革目标，找准创新法治人才培养机制的基本路径。面对当前法治国家、法治政府、法治社会一体建设对不同层次和不同类型

* 本文为2015年度教育部哲学社会科学研究重大课题攻关项目"创新法治人才培养机制"(编号15JZD008)阶段性研究成果。

** 广东财经大学副校长、教授。

*** 广东财经大学法学院副教授。

① 参见王健:《法学教育改革与发展的新动向》，载《中国大学教学》2009年第12期。

② 参见何勤华:《全面推进依法治国视野下的法学教育改革》，载《中国高等教育》2015年第6期。

③ 有学者将当前法学教育所面临的现实问题归纳为"八个滞后":法学教育滞后于治国理政、治党治军、内政外交的精英人才总规模要求;法学教育提供的通用人才滞后于基层社会治理法治化的人才总需求;法学教育滞后于善于运用法治思维法治方式的战略企业家、职业经理人人才的总量需求;法学教育提供的综合人才滞后于具有创新能力的高素质综合性人才的急迫需求;法学教育提供的人才滞后于公职律师、公司律师、社会律师等法律服务的庞大人才总量需求;法学教育提供的专门人才滞后于与大数据时代涉外法律人才总需求;法学教育滞后于立法、执法、司法，法学研究、法学教育对"三型"(综合型、创新型、能力型)人才的需求;以学科导向形成的导师专业教学科研能力滞后于对卓越人才培养的高要求。参见徐汉明:《创新法治人才培养机制》，载《学习时报》2017年3月29日，A7版。

④ 季卫东:《中国法学教育改革与行业需求》，载《学习与探索》2014年第9期。

的法治人才需求,如何逐步构建起符合全面依法治国所需的多元化法治人才培养体系和培养模式,在此基础上形成既符合一般法学教育基本规律,又能够适应中国特色社会主义法治国家建设需求的法学教育体制,是实现中华民族伟大复兴、深化依法治国实践的重要课题。①

一、传统法学教育人才培养的目标定位及其局限性

(一)传统法学教育以培养司法职业人才为中心

要培养什么样的法治人才,是法学教育的基本定位,也是推进法学教育改革首当其冲必须解决的问题,因为这关系法学教育在整个国家和社会教育中的地位和作用、法治人才培养的课程体系设置、法治人才培养的具体机制及法治人才培养评估标准等问题。关于法学教育的目标定位,分歧和争论由来已久。法学教育究竟是精英教育还是大众教育,是职业教育还是通识教育,还是二者的兼容或结合,理论界和实务界一直难以达成共识。② 有学者认为,法学教育首先应具有通识教育和公民教育的性质,"法学教育的首要任务乃培育高素质公民"。③ 也有学者认为,法学教育主要是职业教育和精英教育,"培养理论功底深厚且实践技能丰富的法律专业人才,是我国高等法学教育的一个明确的目标"。④ "法学教育的核心,应在于培养学生对于我国主要的实体法、程序法具备全面的知识,以及进行法律解释与适用的能力。这些知识和能力应足以胜任法院的民事(包括商事)、刑事、行政审判的基本工作,将来经过短期学习即可胜任全部类型的审判工作。"⑤"从事法律职业的人员应当掌握法学学科体系的基本知识,具备法律职业的基本素养,具备从事这一职业的基本技能。"⑥还有学者对以上两种观点进行了折中,认为法学教育的目标是造就具有健全人格的大批的法律职业者、培育职业法律家群体,培养大

---

① 党的十八届四中全会通过的《中共中央关于全面推进依法治国若干重大问题的决定》强调,"加强法治工作队伍建设""创新法治人才培养机制"。推进法学教育改革、创新法治人才培养机制,首先需要了解当前我国法治人才培养的基本情况。本文在通过对597份法律工作者进行问卷调查的基础上,结合法治国家建设的现实国情对创新法治人才培养机制等问题进行分析和探讨,以期为全面依法治国时期的法学教育改革提供些许参考。

② 参见曾宪义、张文显:《法学本科教育属于素质教育——关于我国现阶段法学本科教育之属性和功能的认识》,载《法学家》2003年第6期;徐显明:《法学教育的基础矛盾与根本性缺陷》,载《法学家》2003年第6期;吴汉东:《试论法律专业教育与素质教育的关系》,载《法学家》2003年第6期;黄进等:《中国法学教育向何处去》,载《中国法律评论》2014年第3期;冯玉军:《我国法学教育的现状与面临的挑战刍议》,载《中国大学教学》2013年第12期;公丕祥:《变革时代的司法需求与卓越法律人才教育培养计划》,载王瀚主编:《法学教育研究》(第8卷),法律出版社2013年版,第56页;韩大元:《法学教育改革的理念与发展趋势》,载《人民法院报》2010年9月17日,第7版。

③ 张文显主编:《法理学》,高等教育出版社、北京大学出版社2007年版,第14~15页。

④ 钱锦宇:《国际模拟法庭竞赛参赛队伍建设研究》,载王瀚主编:《法学教育研究》(第8卷),法律出版社2013年版,第256页。

⑤ 葛云松:《法学教育的理想》,载《中外法学》2014年第2期。

⑥ 霍宪丹:《法律职业与法律人才培养》,载《法学研究》2003年第4期。

量高素质的法律人。特别是在中国目前的国情下,开展法学教育应兼顾职业教育与素质教育,实现精英教育与大众教育相结合。①

在实践中,由于当前我国法学教育的目标定位及人才培养模式尚未明确,大多数高校都将培养以法官、检察官、律师为代表的具有法律专业知识的人才作为法学教育的基本目标,认为让学生获得从事法律职业所必须具备的专业知识、基本素养和基本技能是法学教育的主要内容。在教学过程中,都比较注重以法律的司法适用为中心开展教学,以法庭为中心进行人才培养。在这种教育理念的指导下,直接的结果是导致各校人才培养同质化严重,尽管一些重点大学法学院的学生就业率依然在90%以上,但从全国范围看,法科学生在相当一个时期内都将面临总量供给过剩以及因法学职业化不足而导致的人才供应结构性失衡局面(法院、检察院等用人单位想要的无法供应、供应的却不适合岗位)都将存在,高校培养的法律人才与法院、检察院等单位的要求有较大差距,不能"适销对路"。② 实践中,由于各方面的因素,导致现行法学教育人才培养体系和模式很难适应我国当前全面依法治国的需求,"一方面国家发展需要更多的卓越法律人才,另一方面法学毕业生又遭遇就业市场上的严冬;一方面法治随着全面推进和深化改革的步伐要进入诸如社会保障、医疗服务、公司治理、政府法治、国际法律服务等所有主要社会领域;另一方面法学教育培养出的大批毕业生又捉襟见肘,无用武之力或进入这些行业的机会;一方面社会多元化、多层化和多样化的发展需要大量不同类型的高层次法律人才,另一方面千篇一律和千人一面的培养和考核模式又无法满足社会的多样化需求;一方面,社会结构、经济形势、政治环境和全球格局处于急剧变化的新常态,另一方面,法学教育故步自封和闭关锁地而拒绝多学科和职业交叉融合的态势却毫无松动"。③ 法学教育人才培养的现状与法治建设对法治人才的需求脱节表现在各个方面,法学教育难以满足当前多元社会对法治人才的多样化要求。

(二)传统法治人才培养目标的局限性

事实上,尽管我国法学教育的规模较大,但法学本科毕业生中只有极少一部分人从事律师、检察官和法官等法律职业,更多的是到政府部门、企事业单位或其他社会组织等机构就业。特别是司法考试(现称为法律职业资格考试)改革前,非法科专业毕业生一旦通过国家统一司法考试,与法科毕业生相比,显然更具"复合型人才"的优势,更易为用人单位所青睐;而法科毕业生则相对显现出知识和实践能力上的劣势。④ 因此,当前法学教育的人才培养目标如果仅仅强调司法职业人才的培养,无疑难以适应全面推进依法治国时期对社会各行业所需大量法治人才的现实要求。"现行法学院校教育中突显司法中心

① 参见韩大元:《全球化与法学院的社会责任》,载《中国高等教育》2012 年第 Z2 期。

② 冯玉军:《略论当前我国法学教育体制存在的问题》,载《政法论丛》2014 年第 1 期。

③ 王晨光:《法学教育改革现状与宏观制度设计》,载《法学》2016 年第 8 期。

④ 参见申欣旺:《法科生就业率低折射法学教育体制问题》,载《检察日报》2008 年 4 月 17 日,第 1 版。

主义,集中反映在法学院校教育中以单一培养司法人才(法官、检察官、律师)为导向,制定培养方案,以案件为中心组织教学资源,培养学生司法的技能,并最终以毕业生是否到司法部门就业和是否胜任司法部门工作为标准评价。"①加之传统的法学教育还存在培养方案千篇一律、低水平重复建设严重,法学课程体系设置雷同僵化、法学各专业教学大同小异等问题,导致培养的法科学生在毕业后难以胜任工作单位的要求,从而引发建设法治国家日益增长的巨大的法治人才需求与法学教育发展滞后的现状之间的矛盾。总的说来,法科教育大致可培养三种法律人才:一是职业法律人,法律专业领域的人才,如法官、检察官和律师。二是党政机关法治人才,比如立法和行政机关的法务人才,中国社会转型期,在体制内尤其需要这方面的人才。三是行业法人才,从事各行各业的法务的人才。② 笔者认为,在社会主义初级阶段,尤其应强调行业法治人才的培养,因为只有行业法治人才的极大丰富才能满足当前社会基层治理对多元化法治人才的需求,行业法治人才与人民群众利益的保障息息相关。毋庸置疑,无论法学教育如何开展,其最终目的都应积极回应时代与人民的要求,培养为国家、为社会、为人民服务的法治人才。为此,法学教育的人才培养目标应置于全面依法治国背景下,以适应建设法治国家对法治人才多元化需求,而传统法学教育以司法职业人才为中心的培养模式存在以下局限性。

一方面,从全面依法治国所要求的法治国家、法治政府和法治社会一体建设来看,以培养司法职业人才为中心的法学教育模式,难以满足建设法治国家和法治政府对大量法治人才的需求,导致法治人才培养的"产出"和"供给"之间出现矛盾。在改革开放之初,由中央教育主管机构提出的法学教育多形式、多层次、多渠道发展的办学方针,与目前全面依法治国所需高素质法治人才要求已经完全不相适应,以培养司法职业人才为中心的培养模式也正遭遇着前所未有的尴尬境地:司法职业需求的模糊性给法学教育带来盲目性;而法学教育供给的虚胀性又给司法职业带来负面感,导致法学教育与司法职业互动性欠缺。③ 根据有关统计,大多数法学专业的本科生和硕士生毕业以后将从事法律实务工作,而非理论研究,并不仅仅是进入法院、检察院或者从事律师职业。④ 根据调查结果,既具有专业知识,又具备相关行业领域基础的复合型法治人才更容易融入社会对各行业分工精细化的要求,全面依法治国更需要既具法律专业知识又有行业业务知识的复合型应用型法治人才。再者,就建设法治社会而言,以培养司法职业人才为中心的法学教育不利于全社会形成法治思维,不利于全社会养成尊法守法的法治理念和法治文化,"在人

① 邓世豹:《超越司法中心主义——面向全面实施依法治国的法治人才培养》,载《法学评论》2016 年第 4 期。

② 孙笑侠:《论行业法》,载《中国法学》2013 年第 1 期。

③ 参见徐清宇:《法学教育供给与司法职业需求的不对称及其校正——中国大学法学本科教育改革的基本出发点》,载《政法论坛》2008 年第 2 期。

④ 参见杜晓:《法学大类毕业生就业率倒数第二引反思:中国法科毕业生就业之路为何越走越窄?》,载《法制日报》2009 年 6 月 19 日,第 4 版。

类社会文明发展史上,法律教育的本质理念即核心价值就是维护社会的公平正义,法律教育除了培养适合国家、社会乃至民众生活需求的各类专业人才、契合实际并服务于社会以外,还担当着培养人性、铸造法律信仰、传承法律文明的历史重任”。[①] 在全面依法治国时期,法治教育应当纳入精神文明创建内容,法治社会公平正义理念与法治思维的形成需要全民参与,遵法守法应通过普遍的法学教育成为全体人民的共同追求和自觉行动。唯有如此,才能实现法治国家各行业的依法治理目标。

另一方面,从全面依法治国所要求的建设一支忠于党、忠于国家、忠于人民、忠于法律的社会主义法治工作队伍来看,以培养司法职业人才为中心的法学教育模式难以满足各高校法学教育的自身发展和法治人才培养的办学特色的需求,也不利于学生自主学习的积极性培养。“教育理念的滞后,最直接的表现即是培养目标的整齐、划一。不管办学的历史长短、生源的优劣、基础的强弱及教育资源的好坏,一律强调高级专门法律人才的培养目标,人云亦云,不考虑办学特色,不考虑市场经济的需要。”[②]一般而言,高等院校的法学教育在课堂讲授时多采取传统法学教育的讲授法形式,偏重背诵条文、标准答案以应试,缺乏专业素养和技能的严格训练。科目设置、教学方法等比较因循守旧,与法律实务和社会需求脱节,更与国际标准相去甚远。在法学院剧增的过程中,重数量、轻质量的风气很浓厚,导致低成本扩大再生产的同一化模式普及。[③] 根据教育部《全面提高高等教育质量的若干意见》的要求,提高高等教育质量、发挥学生学习自主性,突出高校办学特色已经成为提高高等教育质量的关键。因此,在遵循国家法学教育教学质量基本标准的前提下,各高校应当充分发挥自主性和积极性,结合各学校的优势学科资源,凸显自身的办学特色,不断创新法治人才培养机制。对于法学教育本身而言,以学生为本、从学生的未来发展着眼是法学教育的根本。以培养司法职业人才为中心的法学教育可能禁锢学生的职业意向,影响学生自主学习的积极性,不利于多样化和特色化法治人才的成长。在全面推进依法治国的新时期,法学教育应以更开放、更包容、更多元的视野来迎接全球化挑战,单一的司法职业人才培养目标并不符合学生就业多元化的趋势,在一定程度上可能影响学生的学习自主性和积极性,不利于学生自我价值的实现和未来发展。质言之,法学教育不仅要为法律职业培养后备人才,而且还要面向全社会培养法治国家的建设者与管理者,培养各行业所需的高素质法治人才。

总的说来,在传统的“司法中心主义”法学教育观的导向下,各高校开展法学教育主要是以司法职业人才培养为目标。从狭义上对法律职业人才进行理解,认为法律职业者主要包括法官、检察官、律师、公证员、基层法律服务工作者;而广义的法律职业人才除包含上述职业外,还包括人大和政府工作部门的立法工作者及执法工作者与企事业单位中

① 魏琼:《法律教育的起源:兼议对当下中国法律教育改革的启示》,载《中国法学》2014 年第 2 期。

② 焦富民:《地方综合性大学法学素质教育的目标与法学教育的改革》,载《法学家》2003 年第 6 期。

③ 参见季卫东:《中国法学教育改革与行业需求》,载《学习与探索》2014 年第 9 期。

从事法律事务的职业岗位,如法务专员、法务主管、法务部门的其他人员。全面依法治国要求从广义上理解法律职业人才,我国法律职业的从业人员不仅包括法官、检察官、律师,而且应包括在政府、机关、企事业单位及社会各行业中从事与法律相关工作的人员。但迄今为止,由于我国对法学本科生与法律专业硕士生的培养目标、课程设置、培养模式及评估机制等并未进行非常清晰明确的界定,这就导致了实践中的混乱。这些问题绝不仅仅是某些方面的问题,既有数量、质量和结构上的原因,也有机制体制方面等深层次的原因。鉴于明确时代需求是改革法学教育的起点所在,为此,了解社会各行业对法治人才的具体要求非常必要。①

二、全面推进依法治国急需大量高素质行业法治人才:基于调查问卷的分析

(一)当前法治人才培养存在的主要问题

根据问卷的统计结果,可以发现法律工作者群体对当前法治人才培养达成的共识有以下几个方面。

一方面,法学教育改革存在体制壁垒,导致实践中法治人才培养与社会各行业的实际需求脱节。法学教育自20世纪70年代末恢复以来,一直是以培养司法职业为人才培养目标的。至今没有注意到社会对行业法人才的迫切需求,麻木甚至盲目,如果再保持现状,法律人才培养也就失去重要的目标和机会。循环往复,则对法学教育、人才培养以及对法治建设都将构成极大的危害。② 由于法治人才培养难以适应社会多元化职业需求,导致法学教育的"产出"不能够满足法治国家建设的现实需求。根据相关统计,"到2010年,设置法学本科的高等院校数达640所,在校生大约35万人,加上各类研究生就是近50万之众,但平均就业率却在文科各类专业中排在末位。据悉法科毕业生的年平均司法考试合格率设定在大约10%,但司法合格者中却只有半数从事律师、法官、检察官工作;法务低端市场的人才供应严重过剩,但法务高端市场的人才却极其匮乏。不得不承认,法学教育的投入、产出以及需求之间关系是显著失衡的"。③ 在全面依法治国时期,法治正成为国家社会生活各方面的价值引领,法学教育正面临着前所未有的良好发展契机,而现实中的法治人才培养依然面临着巨大压力,法学教育改革势在必行。结合问卷统计结果,法律工作者群体认为,当前法治人才培养存在的不足主要有如下表现:法学教育的目标不明确,定位不清晰,法学课程体系设置不合理;法律类专业扩张迅速,低

① 为了解当前法律工作者对于法学教育及法治人才培养的看法,"创新法治人才培养机制"课题组在2016年9月~12月在全国范围内对各行业的法律工作者进行了问卷调查,分成纸质版问卷和网络版调查两种方式,其中纸质版发放问卷500份,回收有效问卷442份;网络版法发放有效问卷155份;共回收有效问卷597份。对法律工作者的问卷设计具体包括七大指标体系,分别是"您的基本情况""法学教育与法治人才培养目标""法治人才培养课程体系与课程设置""法治人才培养与法律职业资格""法治人才培养模式""法治人才的协调培养与评价""法治人才培养机制的创新和保障"。

② 孙笑侠:《论行业法》,载《中国法学》2013年第1期。

③ 季卫东:《我国法学教育改革的理念和路径》,载《中国高等教育》2013年第12期。

水平重复建设较多；人才培养模式单一，难以满足社会对多样化法治人才的需求，尤其是复合型人才和涉外高端法律人才严重不足；法学教育与法律实践工作严重脱节，高校实践教学资源严重不足，学生实践能力弱；高校学生考评机制不合理，学生毕业无压力，学习动力不足，学习功利性过强，各种原因所占比例如图 1 所示。

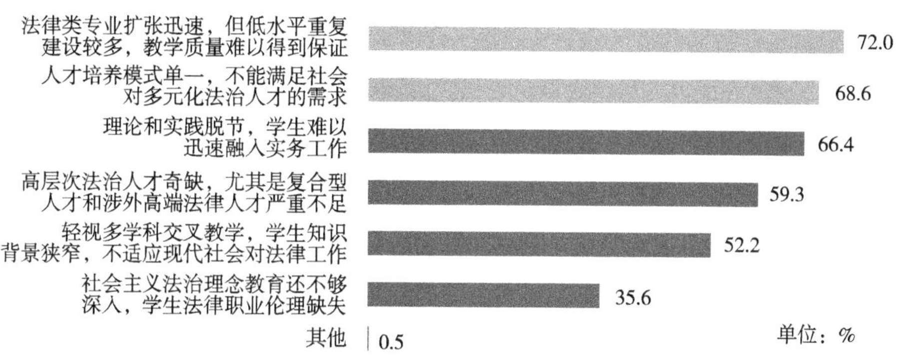

图 1　法律工作者群体认为当前法治人才培养存在的主要问题及比例

另一方面，实践教学是法治人才培养的重要环节，培养行业法治人才所需的法律专业技能和行业业务能力应当提高实践教学比例。根据调查结果（见图 2 ~ 图 6），大多数法律工作者均认为当前法学本科课程体系设置中实务课程所占比例过低，应当加大实务课程比例，将高校理论资源与法院、检察院、律师事务所、金融机构、公司企业等实务部门的实践资源进行充分整合，围绕提高法治人才培养质量的核心任务不断创新法治人才培养机制，如通过签订合作协议共同制定培养目标，共同设计课程体系，共同开发优质教材，共同组织教学团队，共同建设实践基地，共同完成专业考核的形式，探索形成常态化、规范化的法治人才培养机制，实现学校与实务部门的协同育人目标。

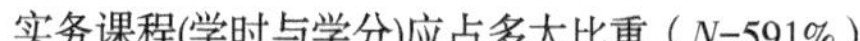

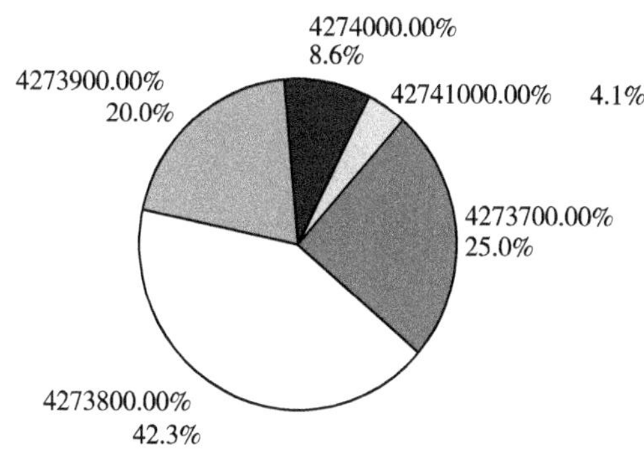

图 2　您认为法学本科课程体系设置中实务课程（学时与学分）应占多大比重

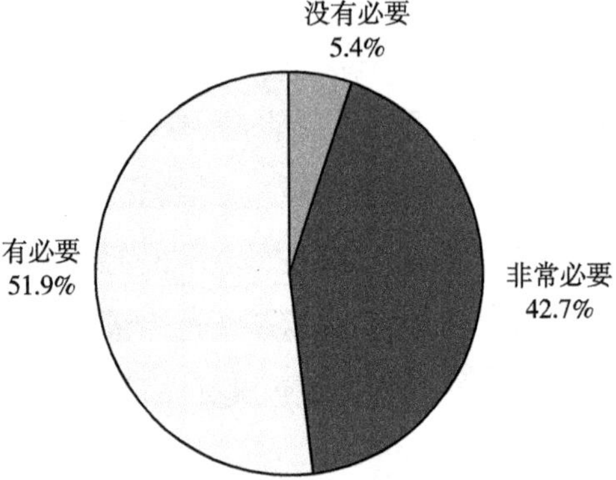

图3　您认为目前法学本科课程体系设置中是否有必要设置校内教师与校外实务"双"导师队伍

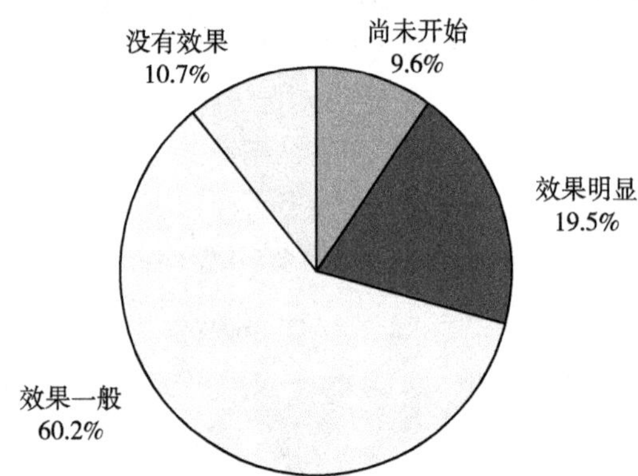

图4　您认为当前实务部门和高校双向交流机制实施的效果如何

有无参与过高等学校法学院系的教学或学术活动（N=586%）

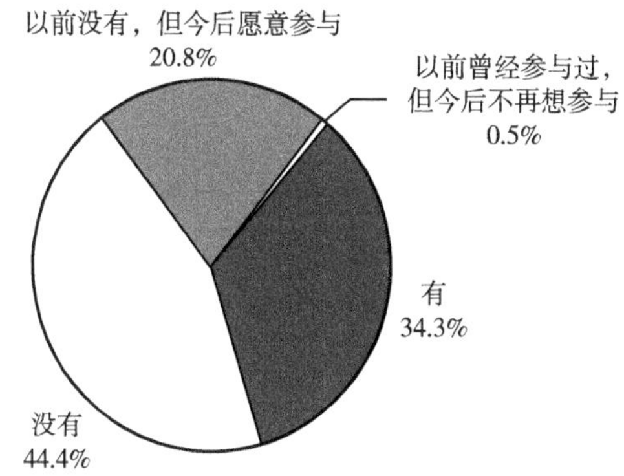

图5　您有无参与过高等学校法学院系的教学或学术活动

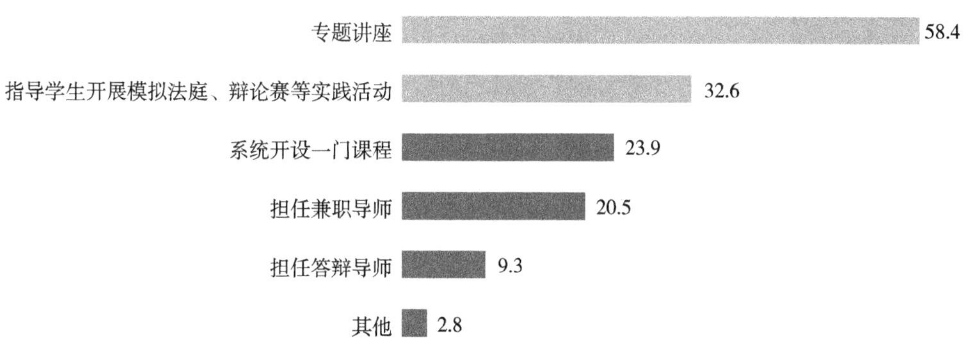

图6　若您参与过高等学校法学教学或者学术活动，具体方式是

（二）深化全面依法治国实践需要大量高素质行业法治人才

我国正处于社会主义初级阶段，法治水平处于较低层次，需要大量行业法治人才，如在医疗服务行业，虽然在大数据的信息技术支持下，各种健康数据、各种生命体征的指标都可以存入每个人的数据库和电子健康档案中，但对于个人的隐私权保障及与国外企业进行合作时还面临挑战，特别是在法律法规配套、法治人才培养等方面仍有“瓶颈”制约，亟须大量既懂法律又懂医学，既会大数据应用又懂金融业务技能专门行业法治人才。[①] 大致说来，我国目前国民经济行业主要包括农、林、牧、渔业，采矿业，制造业，电力、燃气及水的生产和供应业，建筑业，批发和零售业，交通运输、仓储和邮政业，住宿和餐饮业，信息传输、计算机服务和软件业，金融业，房地产业，租赁和商务服务业，科学研究、技术

① 参见汪军：《健康医疗大数据助力医改培育新业态》，载《经济参考报》2017年2月10日，A07版。

服务和地质勘查业,水利、环境和公共设施管理业,居民服务和其他服务业,教育业,卫生、社会保障和社会福利业,文化、体育和娱乐业,公共管理与社会组织业,国际组织业等。

然而,我国目前的法学教育显然不能满足上述各行业法治化所需的法治人才需要,具体表现如下:尚未建成一支高素质的立法、行政、司法专门队伍;难以提供全面依法治国战略要求的推进多层次、多领域依法治理所需的高素质复合型法治人才;难以提供善于运用法治思维和法治方式进行企业管理和基层社会治理的法治人才;难以提供边疆地区、民族地区和欠发达地区的法治专门人才和法律服务人才;难以提供大数据时代通晓国际法律规则、善于处理涉外法律事务的法治人才。在我国当前全面推进依法治国的新时期,对行业法治人才的需求无疑是多方面、多层次的,法学教育改革必须考虑多元行业法治化所需的多样化法治人才需求,适应全面推进依法治国的实际需要。“作为国家与个人在经济、教育、家庭甚或宗教方面的中介的各种制度,它们之间需要沟通,这样才不致被禁锢在一种与国家的奇特的和不平衡的关系中。……教育制度如果与职业的需要无关,那有什么用呢?”①这意味着,我国法学教育改革一定要联系中国的实际,联系中国法治发展的实际,联系全面依法治国所需大量行业法治人才的实际。从当前全面依法治国的最大国情出发,我国法学教育的基本目标是培养坚持和发展中国特色社会主义法治道路所需的法治人才,培养能为建设社会主义法治国家作贡献的法治人才,培养促进行业依法治理和法治社会建设所需的多元法治人才。

其实,早在2011年教育部、中央政法委发布的《关于实施卓越法律人才教育培养计划的若干意见》就提出,法学教育应“适应多样化法律职业要求”“培养造就一批信念执著、品德优良、知识丰富、本领过硬的高素质法律人才”。那么,在全面依法治国的新时期,法学教育改革应当以深化依法治国实践和社会实际需求为导向,即以培养高素质行业法治人才为主要目标,使法学教育培养出的法治人才能够真正适应社会的多样化需要,在社会各行业中都能够为建设法治中国添砖加瓦。

首先,全面依法治国要求加强重点领域立法,促进各行业依法治理,这内在要求加快行业法治人才培养。尽管中国特色社会主义法律体系已经建成,但精细化、专业化的行业领域的法律规范和法律制度依然有待建立健全。全面依法治国是建设中国特色社会主义现代化国家的重要内容。我国宪法在序言中明确规定,要发展社会主义民主,健全社会主义法制,逐步实现工业、农业、国防和科学技术的现代化,把我国建设成为富强、民主、文明的社会主义国家。建设中国特色社会主义现代化强国,实现中华民族伟大复兴中国梦的奋斗目标,离不开法治的规范和保障。事实上,全面依法治国涉及国家政治、经济、社会和文化生活的方方面面,各行各业都要按照法律规定来规范运作。社会主义市

① [法]阿兰·图海纳:《我们能否共同生存?——既彼此平等又互有差异》,狄玉明、李平沤译,商务印书馆2003年版,第356~357页。

场经济本质上是法治经济,维护公平竞争的市场秩序需要法治的规范和保障。只有遵从法律的规定,才能使市场在资源配置中起决定性作用,从而促进我国经济持续健康发展。我国目前正处于全面建成小康社会的决胜阶段,也是战略性新兴行业发展大有可为的关键时期;而且,随着信息技术的持续快速发展,物联网、云计算、大数据、人工智能等技术广泛渗透于经济社会各个领域,信息经济繁荣程度成为国家经济实力增长的重要标志;新兴行业投资发展急需法律规范,部分行业国际化拓展加速,整个新兴行业体系渐趋完备。尤其是在"一带一路"的建设契机下,推进国际重要行业间的对话合作,构建起开放型创新体系,鼓励技术引进与合作研发,促进引进消化吸收与再创新,都需要法律的规范和保障,需要大量既懂战略性新兴产业技术技能,又知晓行业法律知识的复合型法治人才。众所周知,人才是社会经济发展的第一资源,是发展壮大战略性新兴行业的中流砥柱。2010 年发布的《国家中长期人才发展规划纲要(2010 ~ 2020 年)》指出,人才是指具有一定的专业知识或专门技能,进行创造性劳动并对社会作出贡献的人,是人力资源中能力和素质较高的劳动者。因此,培养符合国家经济发展特别是新兴行业发展所需的法治人才,必须加快推进人才发展的政策和体制创新,整合各种力量和资源为新兴行业培养高素质专门法治人才。

其次,深入推进依法行政,建设法治政府客观要求培养大量行业法治人才。建设法治政府要求政企分开、政资分开、政事分开、政社分开,在法治框架下理顺政府与市场、政府与社会的基本关系,切实转变政府职能,依法全面履行政府的宏观调控、市场监管、社会管理、公共服务、环境保护等职责,这就内在要求行政执法人员应坚持宪法法律至上、法律面前人人平等、权由法定、权依法使等基本法治理念,恪守合法行政、合理行政、程序正当、高效便民、诚实守信、权责统一等依法行政基本要求,而这些理念和意识的树立并非朝夕可成,而是需要通过系统的法学教育才得以培养。全面依法治国所要求的法治政府建设必须在法治轨道上开展各项工作,不断创新执法体制、完善执法程序,推进综合执法,建立权责统一、权威高效的依法行政体制,加快建设职能科学、权责法定、执法严明、公开公正、廉洁高效、守法诚信的法治政府。为此,建设一支知晓法律专业知识与行业领域技能的法治工作队伍以有效开展行业管理工作非常重要。一方面,懂法律专业知识的政府法治工作队伍可以促进政府管理行业严格规范公正文明执法,推进政府机构的职能法定化和责任法定化,促进行政机关法定职责必须为、法无授权不可为,有利于纠正行政机关不作为、乱作为的现象,消除权利设租寻租空间。为此,政府工作人员特别是领导干部要系统学习中国特色社会主义法治理论,认真学习宪法以及与自己所承担的行业领域工作密切相关的法律法规。另一方面,懂行业技能的政府法治工作队伍有利于帮助行业协会建立健全行业规章制度,有助于促进政府行业规范执法,加强行业领域的行政立法,促进行业自治,特别是在食品药品安全、工商质检、公共卫生、安全生产、文化旅游、资源环境、农林水利、交通运输、城乡建设、海洋渔业、商务等领域内推行的综合执法及跨部门综合执法也需要大量行业法治人才。同时,政府部门的执法人员如果知晓行业领域知识,也有助于其提高执法和服务水平,促进行业的依法治理。

最后,建设法治社会,传承法治文明,提高社会治理的法治化水平需要培养大量行业法治人才。"法律教育必须始终贯彻理论联系实际并以社会实践需求为导向,以及由此推演出的法律教育的课程设置、学制年限划分、师资队伍建设、教学方法改良、招生就业的取舍、学位授予,等等,都是人类数千年法律文明发展的结果,都是获得古今中外有识人士一致认可的法律教育之基本内涵,都是契合社会发展与时代需求的内在规律,应该受到尊重,获得坚守。"①行业依法治理是实现法治社会的必备条件和重要内容,各行业领域的法治化水平是法治社会建设的基本标尺。在社会治理中,发挥重要作用的除了国家制定的法律法规外,还有各行各业的自治规范,制定行业自治规范是实现行业依法治理的前提。但从行业发展的现状来看,许多行业协会尚难以有效承担起制定本行业自治规范的职责,粗糙简单的行业自治规范又较易引发各种争议和纠纷。"在市场经济条件之下,行业协会制定行业自治规范的行为也是'国家立法'、'行业立规'、'社会立德'的多元化秩序建设中的重要环节之一。"②在建设法治社会的过程中,无论是推进行业的依法治理,还是建设完备的行业法律服务机制;无论是处理和化解行业间的纠纷和矛盾,还是依法维护民众权益,保障民众合理合法的利益诉求,都需要培养大量高素质行业法治人才作为保障各种依法维权和化解纠纷机制的良好运转。唯有社会各行业从业人员都能自觉运用法治思维和法治方式推动行业发展,化解社会矛盾,维护社会稳定,依法协调和处理各种利益问题,才能有效营造起办事依法、遇事找法、解决问题用法、化解矛盾靠法的良好法治环境。一言以蔽之,建设法治社会需要更多懂行业领域知识的应用型法治人才。不仅如此,在全社会培养起普遍的法治观念和法律思维,树立起法律至上、公平正义的普遍价值,都内在要求高素质法治人才必须既是通才又是专才,必须具备以公平正义为世界观价值观,拥有法律思维和对法律的至上信仰。由此可见,全面依法治国内在要求推动新一轮中国法学教育改革,培养高素质行业法治人才。

三、面向深化依法治国实践培养行业法治人才:理念与路径

实践证明,任何脱离国情、无视社会现实的改革都是难以成功的,法学教育改革必须以当前全面依法治国对法治人才培养提出的新要求为导向。特别是随着经济全球化、政治多极化、文化多元化、信息现代化的迅速发展,法学教育改革既要符合中国特色社会主义法治队伍建设所提出的普遍性要求,又要适应社会不同行业对多元行业法治人才培养提出的专门性、特殊性要求。这就要求法学教育改革应根据全面依法治国提出的法治人才培养的具体要求,在新时期法治人才培养理念的指引下,高瞻远瞩全方位设计法学教育改革路径,逐步建立起符合全面依法治国要求的法治人才培养模式。

① 魏琼:《法律教育的起源:兼议对当下中国法律教育改革的启示》,载《中国法学》2014年第2期。

② 黎军:《基于法治的自治——行业自治规范的实证研究》,载《法商研究》2006年第4期。

（一）确立培养德法兼修行业法治人才的理念

一方面，以社会需求为导向培养高素质行业法治人才，应符合全面依法治国对建设社会主义法治工作队伍所提出的普遍性要求。2017 年 5 月 3 日，习近平总书记在中国政法大学考察时指出，全面推进依法治国是一项长期而重大的历史任务，要坚持中国特色社会主义法治道路，坚持以马克思主义法学思想和中国特色社会主义法治理论为指导，立德树人，德法兼修，培养大批高素质法治人才。换言之，法治人才既要知晓法学专业知识、理论、技能，又应具备高尚的道德品质。为此，全面依法治国新形势下的行业法治人才培养，一是必须将培养学生的思想道德素养摆在行业法治人才培养的首位，在行业法治人才培养中应加强理想信念教育，深入开展社会主义核心价值观和社会主义法治理念教育；二是行业法治人才必须有过硬的法律职业技能和道德水准，忠于党、忠于国家、忠于人民、忠于法律是法治人才培养的根本要求；三是在行业法治人才培养中应坚持立德树人、德法兼修，推动中国特色社会主义法治理论进教材、进课堂、进头脑，新时期的行业法治人才应熟悉和坚持中国特色社会主义法治体系；四是新时期行业法治人才培养应契合时代需要，建设通晓国际法律规则、善于处理涉外法律事务的涉外法治人才队伍。总的说来，建设法治国家、法治政府、法治社会，实现科学立法、严格执法、公正司法、全民守法，都离不开一支高素质的法治工作队伍，而培养行业法治人才本身就是建设一支高素质的社会主义法治工作队伍的组成部分，培养德法兼修的高素质行业法治人才是全面依法治国对法治人才培养提出的基本要求。

具体来说，全面依法治国所需的高素质行业法治人才首先必须有坚定的理想信念，无论是诉讼业务方面的法治人才，还是非讼事务的法治人才；无论是高端金融、投资法律服务方面的法治人才，还是基层治理方面的法治人才；无论是传统领域的立法、执法和司法职业人才，还是新兴的医疗服务与信息技术服务方面的法治人才；无论是法学教育与法学研究方面的法治人才，还是国际法律服务方面的法治人才，都必须认同并自觉践行社会主义核心价值观和社会主义法治理念，坚持党的事业、人民利益、宪法法律至上。这就要求在行业法治人才培养过程中，必须把理想信念教育放在首位，时刻牢记建设中国特色社会主义法治国家的历史使命，在充分了解中国当下国情、深刻理解马克思主义法学思想和中国特色社会主义法治理论的基础上，明确法治人才培养的总目标和总要求。

另一方面，以社会需求为导向培养高素质行业法治人才，应符合全面依法治国为实现“行业依法治理”“提升行业治理法治化水平”对法治人才培养提出的具体行业领域的职业素养要求。多元社会的职业分工必然会对法治人才有多元化需求，对行业法治人才多元化的需求既是应然的价值命题也是现实的选择，面对多元行业法治人才需求，建立起与全面依法治国相适应的多元化行业法治人才培养模式是高等学校法学教育的发展趋势。也就是说，在全面推进依法治国的大环境下，行业法治人才的培养目标决定了法学教育改革应当依据多元行业的不同需求进行分类培养，根据行业领域的不同需求、不同特点重新审视和设计法学教育的各个环节，科学合理地设置行业法律课程体系，使法学教育的目标定位与教学内容与行业法治的客观要求相一致,逐步建构起符合全面依法治国的行业法治人才培养模式,造就和培养建设社会主义法治国家所需的各类法律人才。比如,在医疗卫生行业、新闻传媒行业、知识产权行业、农林渔牧业、水利环境保护行业等领域,都可以结合本院校的优势学科资源进行整合创新,推动行业法治人才的培养。①

从全面依法治国所要求的高素质行业法治人才培养目标出发,行业法治人才的培养除了符合法治人才培养的一般要求,还应适应各行业具体的职业素养要求。比如,新闻传媒行业的法治人才培养,既要有丰富的法律知识和娴熟的法律技能,更要对传媒行业的知识有广泛的了解,特别是对著作权等知识产权相关领域有相当的知识储备,这样才能在问题产生后,由新闻传媒行业的专门法治人才对此提供专业法律服务进行善后处理,尽早地解决问题。为此,"要针对新闻出版广电(版权)领域的行业特点、工作属性、人才结构,有指向性地培养专门服务于新闻出版广电(版权)领域的法治人才"。② 这就要求各高等学校在培养行业法治人才时,应尤其注意法学学科与其他学科之间的整合创新,通过法学学科与其他学科的交叉融合,加快学科之间的资源重组与优化配置,如经济学、金融学、会计学、工商管理、行政管理等,可以与法学学科进行整合式创新,以发展新兴学科和交叉学科、跨学科项目研究、建设特色学科和跨学科教学团队等形式促进行业法治人才培养,以适应社会不同行业对法治人才的不同需求。

(二)"三位一体":高素质行业法治人才的培养路径

行业法治人才培养路径,主要是指由依据行业法治人才培养理念、专业设置模式、课程设置方式、教学内容安排、教学组织形式、教学管理模式与教育评价方式等要素构成的行业法治人才培养过程的理论模型与实施路径。行业法治人才培养作为一项系统工程,当然涉及培养方案、培养模式、培养机制和考核评价等方方面面的内容,要以全面依法治国新时期的新要求对这个系统过程进行改革,可以引入"三位一体"的培养路径:"三位"主要是指完善课程体系与教学内容、师资队伍建设与教学方法改革、行业法治人才培养评估与保障三个层面的改革;"一体"主要是以创新法治人才培养机制为中心,实现三个层面齐头并进的改革,从而逐步形成适应我国全面依法治国行业法治化需求的人才培养体系。③

---

① 如武汉大学和复旦大学的环境法学科、传媒大学的传媒法学科、中国农业大学的农业法研究、医科学校的医疗卫生法学科、海事学院的海事法学科等。

② 王丽璇:《亟待完善行业法治人才培养机制》,载《中国广播新闻出版广电报》2016 年 5 月 3 日,第 4 版。

③ 有学者认为,基于全球化对我国法学教育的影响,我们不仅要培养懂得主权的中国的公民,也应该培养具有全球化意识的,关注人类生存与发展,不以某一个国家、民族或国家利益作为优先的世界公民,体现在法治人才培养上应促进从统一模式向"分类培养"的差异化行业法治人才培养模式转变。如上海交通大学凯原法学院就根据行业需求推出了人才培养模式的创新举措"三三制(3+3)"法科特班。参见季卫东:《中国法学教育改革与行业需求》,载《学习与探索》2014 年第 9 期。

首先,优化法学核心课程体系,完善行业法课程体系是培养高素质行业法治人才的关键。与符合全面依法治国需求的、熟悉和坚持中国特色社会主义法治体系的多元行业法治人才培养目标相适应的是,建设“鲜明的中国特色、完整的知识结构、适度的学分要求、丰富的选择空间”的法学课程体系。目前,已有部分高校根据自己的专业特色自主设计课程,比如邮电大学法学院开设邮政法,矿业大学法学院开设矿业法,农业大学开设农业法,但法学教育的十四门核心课程框定了基本课程体系,留给各法学院系自主增加学时的余地已经很小。法学教育中依旧是原来的课程体系格局,毕业生不能满足各行业对法律人才的需求,这种不适应的局面仍然在继续,因而行业法教育不能跟随行业发展的要求。① 由于法学本身具有非常强的实践性,合理的课程编制对于培养学生掌握必需的法律职业技能及素养、促进未来就业中的自我实现和全面发展具有非常重要的战略性价值。② 因此,法学课程体系设置首先应有一个共同的规范标准,法学课程体系设置的规范化意味着法学教育应当将培养法律职业共同体所必备的法律知识、法律技能、法律思维和法律信仰贯穿到法学课程体系的设置之中,形成统一的法治人才培养的基本认同和基础共识。早在21世纪初,教育部高校法学教学指导委员会、中国法学会法学教育研究会就共同制定了《法学专业设置标准》《法学专业本科教学合格评价方案》《法学专业教育优秀评价方案》等文件,为法学本科教育设置了基本的规范标准。2015年12月20日,中共中央办公厅、国务院印发《关于完善国家统一法律职业资格制度的意见》,提出了完善国家统一法律职业资格制度的目标任务和重要举措。这为以后制定规范化的法学类专业教学质量国家标准提供了重要依据。

以行业需求为导向进行法治人才培养,在进行课程体系改革时,要遵循教育教学的基本规律,形成精炼的法学核心必修课程体系,保证法学专业知识结构的完整性,形成丰富的选修课程模块供学生选择性修读,为个性化法治人才的成长成才创造自主学习与自由发展的空间,这要求:一方面,优化核心课程体系,以《法学类专业教学质量国家标准》保障法律职业共同体。具有共同的法律知识背景、共同的法律职业技能及共同的法律思维方式,这也是保障法学专业教学质量的内在要求。另一方面,在建立完善的行业法课程体系时,应突出行业法课程设置的交叉性和综合性,同时引入行业发展指标为行业法课程设置提供规范性标准,这就要求各法学院校充分发挥其自主性,突出自身办学特色,改变千校一面的现状,结合自身的优势学科资源根据行业需求进行整合创新,在传统法

---

① 参见孙笑侠:《论行业法》,载《中国法学》2013年第1期。

② 根据调研,发现大部分法学院校的毕业生除在公安局、检察院、法院和司法局等传统法律职能部门和律师事务所工作外,从事行政管理、公司法务、公共管理、商务管理及其他部门和机构的人数也非常多,但是法学院的课程设置中很少有针对性地对这种需求进行有计划、有体系的设计。因此,按照法治国家、法治政府和法治社会一体化建设的要求去满足多元化的法治人才需求,应当调整法学课程设置,特别与本校的优势学科、特色专业等进行联合,共同开设行业必修课或行业选修课。时机成熟时,可制定院系之间的联合培养行业法治人才教学方案和教学模式。

学课程与新兴行业课程设置之间进行平衡,同时通过调整培养方案,强化法律实践教学。最好能在培养方案中明确实践教学及相应比例要求,明确实践教学应以法律诊所、模拟课程和校外实习实践为基本课程类型,以问题式教学为教学导向,以法律职业技能和行业业务能力训练为基本教学内容,从而更好地适应全面依法治国所要求的"促进行业依法治理"对大量高素质行业法治人才的需要。①

其次,改善师资队伍,引入行业精英,改革教学方法,建立高等学校与行业部门的资源共享与交流机制。通过行业法律实务寻找法律适用的路径,以满足多样化法律职业的要求。改革开放以后,尽管从整体上我国法学教育师资队伍发展很快,但结构较单一,基本上是纯理论的学术型人才,具有丰富的行业实践经验的教师较少。在教学内容上,也偏重理论传授和概念分析,实践教学部分所占比例较低。法律的生命在于实践,培养高素质的行业法治人才要注意法学理论与行业实践的结合。目前,各法学院与法院、检察院及律师事务所等实务部门在课程设置、授课教师选任、培养模式、案例库建设、实习实践形式等方面已经进行了有效的资源整合。但总的来说,虽然过去几年也有"双千计划"之类的促进法律实务部门与高等学校进行双向交流的协同培养项目,但由于各种原因,效果并不是非常理想。有些学校也实行了"校内理论导师 + 校外实践导师"双导师制度,并且制定了相关的规范性文件进行保障,但由于现有人事制度的限制及实践导师授课经验及自身工作的繁杂等原因,效果也非常有限。目前,高校中行业精英对学生的引导主要通过座谈及学术讲座的方式来实现,时间有限,也难以形成长久的制度化安排。因此,改善法学教育的师资队伍,引入具有丰富实践经验的行业精英参与法学教育非常必要。这可能需要打破现有的人事制度与师资评价体系,进一步创新法治人才协同培养机制。在法学专业教材的开发和编写过程中,还可以充分发挥行业组织的作用与功能,建立高等学校与行业组织协同研发优质教材的规范化机制,不断优化法学教材体系;在实践教学方面,高等学校与行业组织也应建立起规范化的协同育人机制,待时机成熟时修改我国《法官法》《检察官法》和《律师法》等相关配套法律,将实务部门对法治人才培养所应承担的义务明确以法律规定的形式予以规范,切实让实务部门成为法治人才培养的责任主体,承担起分类培养行业法治人才的实践教学的应有责任。②

最后,将行业评价引入法治人才培养质量评价体系,建立起科学的行业法治人才评价机制与完备的行业法治人才培养保障体系。根据全面依法治国的总体要求,必须健全党委统一领导和各方分工负责、齐抓共管的责任落实机制,建立科学合理的法治人才评价机制与坚实完备的法治人才培养保障体系,为创新法治人才培养机制提供科学规范的

---

① 比如,地方高校的法学院系大多具有依托行业、立足企业需要培养应用型人才的传统,为此可邀请行业企业专家参与行业性法治人才培养方案调研、论证、修订全过程,充分吸纳行业企业专家意见,使课程体系和教学内容充分反映社会实际需要,使人才培养方案充分体现行业依法治理的实际需要。

② 参见黄进:《坚持立德树人、德法兼修培养高素质法治人才》,载《中国高等教育》2017 年第 10 期。

评价机制和坚实可靠的制度保障。具体到行业法治人才培养质量评价体系的建构中,科学的行业法治人才评价机制,应通过一定形式对行业法治人才的法律专业知识及行业业务能力、理论水平、职业技能作出客观、公正的评估。深化依法治国实践要求通过改革法学教育培养大量不同类型的高素质行业法治人才,迫切要求突破传统的、狭隘的、机械的单一法治人才评价模式,从宏观体制上建立与国情发展相配套的、科学规范的行业法治人才评价机制。在建立完备的行业法治人才培养保障体系方面,要整合行业法治人才培养多方合作资源,努力建设高等学校与国家行业组织之间的规范化联合培养机制,着力增强行业法治人才的实践能力,推动专业学位与行业执业资格的有机衔接,逐步提高行业法治人才的培养质量和使用效益。同时,加强行业法治人才培养的政策配套建设,也是建设完备的行业法治人才培养保障体系的重要内容。唯有如此,才能打破高校和社会之间的体制壁垒,将行业优质实践教学资源引进高校,加强法学教育、法学研究工作者和行业法治工作者之间的交流。

四、结语

当下的时代是机遇和挑战并存的时代,法学教育在一定程度上决定着国家的前途与民族的命运。在全面依法治国的今天,建设法治国家、法治政府、法治社会,实现科学立法、严格执法、公正司法、全民守法,都离不开一支高素质的法治工作队伍,这就内在要求法学教育必须以多元化法治人才需求为导向,面向深化依法治国实践各行业的实际需求创新法治人才培养机制。而且法学教育还肩负着让受教育者在接受教育后能够在其职业生涯中打下坚实基础,更好地实现自我价值和全面自由发展的重任。由于每个受教育者都有其独特性,因此,法学教育也应具有多样性,在保证法学院社会责任和教育理念的前提下,应当允许、提倡、鼓励和支持不同地域、不同层次、不同类型的法学院按照自身学科优势和办学特点培养多元行业化法治人才,以适应全面依法治国各行业依法治理的需求。高校作为行业法治人才培养的重要阵地,应充分利用自身优势学科资源,在培养德法兼修高素质行业法治人才理念的指引下,加强行业法治及其相关领域基础性问题的研究,通过开放共享的制度化平台促进各主体间的协同育人,以形成有机统一的规范化行业法治人才培养制度体系。

法学学科体系建设与改革

法学学科体系基本要素探析

崔艺红*

习近平总书记指出："着力构建中国特色哲学社会科学，在指导思想、学科体系、学术体系、话语体系等方面充分体现中国特色、中国风格、中国气派。"中国特色法学体系是中国特色哲学社会科学体系的有机组成部分，中国特色法学学科体系则是中国特色法学体系的重要元素，而中国特色法学学科体系的构成要素更是其基础构件，其构成要素与格局决定着法学学术体系、法治话语体系、法治人才培养体系的形成路径与基本特色，对于中国特色法学体系的形成与发展具有至关重要的影响。

一、中国特色法学学科体系的规范解读

学科是构成学科体系的基本要素，学科分类是学科划分的依据，也是学科体系形成的逻辑线索。目前，国内学科建设中界定"法学学科体系"的内容及构成的依据主要有两个：一是1993年国家技术监督局发布的《学科分类与代码表》(GB/T 13745－92)，二是1998年教育部高等教育司编写的《全国高等学校法学专业核心课程教学基本要求》。

根据上述《学科分类与代码表》的规定，学科分类的依据包括学科研究对象、研究特征、研究方法、学科的派生来源、研究目的、研究目标等；学科分类的原则是科学性原则、实用性原则、简明性原则、兼容性原则、扩延性原则、唯一性原则。[①] 据此，法学学科被分为五个子学科，即理论法学、法律史学、部门法学与国际法学以及法学其他学科，它们共同构成了法学的学科体系。

根据教育部高教司《全国高等学校法学专业核心课程教学基本要求》的规定，法学专业核心课程包括法理学、中法史、宪法、行政法与行政诉讼法、刑法、刑事诉讼法、民法、知识产权法、商法、经济法、民事诉讼法、国际法、国际私法、国际经济法14门课程。2007年，教育部高等学校法学学科教学指导委员会在原14门法学学科核心课程的基础上又新增了环境资源法、劳动与社会保障法两门课，而这16门课程则构成了法学的学科体系。

---

* 西安财经学院法学院副院长、教授。

① 参见蔡立东：《加快构建中国特色法学学科体系》，载《中国大学教学》2017年第5期。

上述国家相关职能部门关于法学学科划分的规范标准,相较而言,《学科分类与代码表》立足于学科建设与法学理论研究的视角,其规定较为抽象和概括;而《全国高等学校法学专业核心课程教学基本要求》则立足于法学教育与人才培养的视域,其规定较明确和具体。二者的共性是均以课程体系为基础,因为后者所确定的16门法学核心课程,均被内含于前者关于法学五个子学科的范围之内。

二、中国特色法学学科体系的学理解读

前述规范的法学学科体系中的核心课程尽管仍然是法学学科体系的核心部分,但自从我国加入WTO(世界贸易组织,World Trade Organization,WTO),特别是党的十八大以来,随着我国"四化"的加速推进和全球化进程的提速,其已滞后于飞速发展的中国司法改革和法治实践,客观上阻碍了法学学科的发展和完善。诸如一些课程的内容严重脱离法治实践,而一些为法治实践所急需的重要理论知识却没有及时纳入学科体系,如国家安全法学、网络法学等,影响了应用型创新法治人才的培养,引起了学界和实务界的普遍关注。因此,立足于法学学科发展的客观现实,基于内涵式发展的需要,顺应学科发展的内在规律与现实需求,形成关于法学学科体系的新认识成为当务之急。基于前述规范的法学学科体系所凝聚的法学基本智识资源,学界提出了法学的新兴学科和交叉学科的理论观点。

法学学科是实践性极强的学科。法学新兴学科尽管是在传统学科基础上发展衍化形成的学科,却是法学对客观社会经济文化生活与法治实践新问题与新需求的时代回应。在21世纪信息科学技术突飞猛进的发展过程中,随着人们之间交往方式的改变,必然引发新的利益关系的建立、变更和终止,其间总会出现新情况,产生新问题。面对前所未有的研究对象,顺应客观物质生活的发展需要与学科发展的客观规律,法学新兴学科必须以新的研究思路、研究范式和研究方法,形成新问题的解决方案,进而创设新的制度,凝练新的理论,形成新的法律关系与法律秩序,因而具有鲜明的理论意义与实践价值,如信息法学等。与前述规范的法学学科及交叉学科相比,近年来,新兴学科不断涌现且发展较快,正是其鲜明的时代感,日益成为法学研究与法治人才培养的中心。

法学交叉学科是指,因为研究对象或研究方法的交叉,在法学与其他学科之间形成的学科。前者如法社会学,后者如法经济学。交叉学科产生于现代学科与学术发展的进程中,是当代自然科学与社会科学科学综合性发展的必然结果,其不仅打破了学科壁垒导致的智识隔绝,丰富了解决新的社会问题的方法,提高了问题解决的效率,而且有力推动了相关领域的知识生产,极大扩充了法学的学科体系,给后发国家和地区提供了"弯道超车"的机遇,使其有可能做出领先世界的贡献,①进而推进人类文明的丰富和发展。

基于法学新兴学科与交叉学科的上述发展现状,学界将前述国家规范文件中的法学学科体系定义为"法学传统学科"。立足于建设世界一流法学学科的视角,应在着力推动

① 参见蔡立东:《加快构建中国特色法学学科体系》,载《中国大学教学》2017年第5期。

法学传统学科升级与转型的基础上，大力推动法学新兴学科与交叉学科的发展，积极推动法学新兴学科、交叉学科与传统学科的相互支撑，统筹规划、共同发展。由于无论是法学传统学科，还是法学新兴学科或者交叉学科，其建设与发展均有赖于其诸基本要素的建设与发展之上，因此，梳理中国特色法学学科体系的构成要素则是应有之义。

三、中国特色法学学科体系构成要素的厘定

无论是法学传统学科还是法学新兴学科或者交叉学科，其均属于法学学科，根据《中国大百科全书·教育卷》关于学科的定义，①法学学科即法学这门科学的教育科目。若站在学生的视角审视，法学学科即法科学生学习的科目。在教育部的学科划分中，学科门是最高级别的学科，包括法学在内共有13个；比学科门低一级的学科称为学科类，学科类（不含军事学）共有71个；比学科类再低一级的学科称为专业。在高考生填报的志愿中，包括法学在内的本科专业（不含军事学）共有258个。据此，法学学科体系从逻辑上看至少应当包括专业设置、课程体系、师资队伍、教材体系、科学研究、人才培养等要素。

（一）专业设置

所谓专业，是个社会学概念，意指专门学业或专门职业，是高等教育部门根据科学分工和产业结构的需要所设置的学科门类，是人才培养规格的重要标志。法学专业是培养系统掌握法学知识，熟悉我国法律和党的相关政策，能在国家机关、企事业单位和社会团体，特别是能在立法机关、行政机关、检察机关、审判机关、仲裁机构和法律服务机构从事法律工作的高级专门人才。1999年之前，国内政法院校或综合类大学的法学院系开设的法学类专业较为混乱，很多法学类专业均或按照法学二级学科名称设置专业，或根据社会对法学类人才的需求设置专业，为此，1999年，教育部规定国内本科院校的法学院系的法学专业，均实行“大法学”办学。目前，我国的法学类专业共有三个，分别是法学、知识产权和监狱学。

（二）课程体系

课程是个教育学范畴，是指在校学生所应学习的学科总和及其进程与安排。“课程体系是指按照人才培养目标、教学要求和学生学习心理，根据学科知识之间的内在联系而设计的各门课程的系统。”②因此，学科不同，知识的范围和课程的系统不同，因而需要科学设置不同学科的课程体系。从传统法学学科课程体系的设置来看，其目的在于既要有利于既有知识体系的传授，还要便于统计和管理的规范化与科学化，所以我国传统的法学课程体系是基于“知识体系及相应课程体系”形成的。但对于当前法治人才培养和

---

① 学科是指“教育科目，也称科目，依据一定的教学理论组织起来的科学基础知识的体系。为了教学的需要把某一门科学的浩繁的内容加以适当的选择，合理的组织和排列，使它适合学生身心发展的水平和某一级专门学校教育应达到的程度。这就形成了同这门科学相应的学科”——《中国大百科全书·教育卷》。

② 蒋慧：《一般院校法学专业本科课程体系设置初探》，载《广西教育学院学报》2005年第3期。

回应时代问题的法学研究,学科分类的目的则不仅要能够满足知识传授、统计管理的需要,更需要回应社会发展与法律实践中的新问题与新需求,进而推动本学科体系的发展和完善。因此,学界普遍认为,以知识分类为主要标准和逻辑线索来划分法学学科的课程体系并非唯一选择。

鉴于此,尽管建立在法学传统学科基础上的课程体系在发展过程中积累了丰富的智识资源,并持续不断地为法治建设提供智力支持,但相较于我国法治建设的实践创新,智识隔绝、知识老化、方法陈旧等问题日益显现,因而需要通过深入的调查研究,进而推动这些传统课程体系的升级和改造。同时,面对科技进步和社会发展以及法律实践中产生的新问题和新需求,需要新的研究思路和范式。因此,立足于高校教学、科研和社会服务的三大职能,在支持、鼓励和培育交叉学科、发展新兴学科的基础上,构建具有中国特色的法学课程体系成为我们面临的历史重任。

(三)师资队伍

百年大计,教育为本;教育大计,教师为本。由此可见,师资队伍是学科建设和发展的前提与基础。尽管自1995年党中央提出科教兴国战略至今,“211工程”和“985工程”政策对重点大学的师资队伍建设起到了巨大的推动作用,使我国的高等教育水平、学术研究水平和社会服务能力均得到了大幅提升,但是,能获得上述资源用以开展师资队伍建设的政法类院校或综合大学中的法学院系占比极低,以至于我国东、中、西部地区之间、重点大学和普通高校法学院系之间师资队伍的发展状况存在着较大差异,客观上拉低了我国法学教育、法学研究和人才培养的质量与水平。由于世界一流大学的基础是世界一流学科,而世界一流学科应具备四个特征,即一流的学术队伍、一流的科研产出、一流的学生质量和一流的学术声誉。由此可见,“双一流”建设的主体就是师资队伍建设,师资队伍建设是“双一流”建设的重要保障。因此,面对建成一批世界一流大学、一流学科的重任,从宏观层面看,国内政法院系必须立足国际化视野,以开放的姿态,高度重视师资队伍建设,按照国际公认的一流标准和权威性的综合评估体系开展师资队伍建设,可以从国际高水平教师市场聘用大量海归甚至外籍教授,同时输出大量国内教师到国外开展讲学和合作研究,建立全球化的教师健康流动机制。从微观层面看,从学科或专业领军人物的培养和遴选到师资队伍的学历结构、学缘结构、年龄结构、职称结构,从教师的教学、实践能力与水平到教师的师德师风与社会评价,进行全面的发展和建设,为学科、专业和课程建设提供人力、智力保障,从而切实履行高校人才培养、科学研究和服务社会的社会责任。

(四)教材体系

知识传递的载体是教材。习近平总书记在哲学社会科学工作座谈会上的讲话中指出:“学科体系同教材体系密不可分。学科体系建设上不去,教材体系就上不去;反过来,教材体系上不去,学科体系就没有后劲。”对于法治人才培养而言,法学学科体系的实践方式是法学课程体系,而法学课程体系的基础与载体就是教材体系,构建中国特色的法学学科体系必须有与之匹配的教材体系。目前的教材体系以现有课程体系为基础，从学科内容来看，传统学科基本上都有与之对应的教材。但新兴学科、交叉学科或者没有相应的教材，或者虽然个别法学院系根据自身学科优势编写了相关教材，如国家安全法学、空间法学、科技法学等，但这些教材建设没有纳入统一的规划与管理，其内容是否与中国特色法学学科体系相适应并没有可行的衡量标准。因此，必须着力建设与中国特色法学学科体系相适应的教材体系。根据当前的实际，教材体系建设也应对应于传统学科、新兴学科和交叉学科，区别对待。教材，特别是纳入马克思主义理论研究和建设工程的传统学科教材的编写、审读应保持现有状况；对于已达成共识性的基本内容、基本理论与基本方法的部分新兴学科、交叉学科，则需提出相关教材编写的原则性标准与要求，并逐步纳入马克思主义理论研究和建设工程。同时，应当根据完善法学学科体系的要求，将制定课程与教材目录作为明确的任务与要求予以落实，选择一批适应中国特色社会主义法治发展要求、指导思想正确、立足国际学术前沿的教材编入目录，供各高等学校法学院系选择使用。在此基础上，还要建立教材目录的动态管理制度，及时修订进入目录的课程与教材。①

（五）科学研究

教育部将科学研究定义为："为了增进知识包括关于人类文化和社会的知识以及利用这些知识去发明新的技术而进行的系统的创造性工作。"科学研究的基本特点是继承性和创新性，从研究过程审视，科学研究可分为基础科学研究和应用研究两种类型。其中的基础科学研究是指认识自然现象、揭示自然规律，获取新知识、新原理、新方法的研究活动；而应用研究则是指为获得新知识而进行的创造性研究。历史上的任何一个社会都需要通过繁荣学术研究来为政治经济文化的发展提供思想资源、科学思维、先进理论和精神动力。但是，改革开放以来，我国主流的法学研究过于推崇西方法学的具体理论，将其作为分析和解决中国法律问题的理论前提。这导致法学研究者主体意识的丧失，也使法学研究无法对转型中的中国社会和法律制度做出基本的理论回应。党的十八届四中全会首次以依法治国为主题，为未来中国建设法治国家描绘出新的路线图，掀开了全面推进依法治国的崭新一页，法学研究也迎来了新的春天。我国当前正处于社会转型期，各种问题层出不穷，实践形式多样，各种社会矛盾和利益纷争纷至沓来，必然带来对于新的法律制度的巨大需求，客观上要求法学理论研究也必须紧跟社会发展的步伐，调研和解决现实问题。② 因此，唯有引入社会科学的方法，将法律制度和法律实践视为一种社会现象，对其中的中国问题作出分析，对其中的中国法制经验作出总结，直面时代发展、回应时代主题、肩负时代使命、解决时代命题，提出中国的法学理论，才能作出中国法

① 参见蔡立东：《加快构建中国特色法学学科体系》，载《中国大学教学》2017 年第 5 期。

② 参见张颖：《法学研究的繁荣与法学期刊的使命》，载《天津市工会管理干部学院学报》2015 年第 6 期。

学的原创性贡献,[①]从而拥有中国话语权。中国特色社会主义法治理论不是无本之木、无源之水,而是有着深刻的理论基础、实践基础和制度基础的,法学研究应当按照立足中国、借鉴国外、挖掘历史、把握当代、关怀人类、面向未来的思路,不断创新和发展,努力以中国智慧、中国实践为世界法治文明建设做出贡献。

(六)人才培养

人才培养是学科建设与高等教育的核心。随着我国全面推进依法治国进程的不断加快,社会对法学专业人才的需求不断加大,但法学专业毕业生的就业率却连续多年垫底。有学者认为,当今我国法科学生普遍存在着"四有余四不足"的问题,即专业有余而广博不足,理论有余而实践不足,动口有余而动手不足,考试成绩有余而办事能力不足。[②]主要原因是学院教育脱离社会实际,培养的学生高分低能,应用型创新法律人才稀缺,绝大多数法科毕业生的专业实践能力无法满足社会需要。所谓应用型创新法律人才是指有较强的法律思维,面对法律事务能够运用法学专业理论知识独立思考、分析、表达和解决与处理的法律实践能力。培养应用型创新法学人才应该既追求强化专业知识和专业技能,同时也注重强化人才的实践能力。应用型创新法学人才的应用性主要体现在以下四方面:一是法学专业理论知识的强化。全面扎实的知识体系是培养应用型创新人才的理论基础,没有了法学专业的基本理论,法律实务就是无源之水、无本之木。二是法学专业基本技能的强化。基本技能是培养应用型人才的技术基础,这些技能包括语言表达能力、逻辑推理能力、司法文书撰写能力、诉讼程序的操作能力等。三是学习能力的强化。法律不是一成不变的,社会现实也在不断地发展变化,只有培养学生主动学习和善于学习的能力,他们才能与时俱进,不断学习,以适应社会发展对知识的需要。四是创新能力的强化。即培养学生善于运用所学的专业知识妥善解决法律问题的能力。[③] 党的十八届四中全会提出,要加快法治队伍建设,创新法治人才培养机制。可见国家对法治以及法治人才的培养极为重视,因此,培养应用型创新法律人才适应社会经济文化生活的需要是时代的要求。因此,必须改革创新法律人才培养模式,强化实践教学体系建设,培养适应法治社会需求的应用型创新法律人才,提升其就业竞争力和服务地方经济社会发展的能力。

中国特色法学学科体系的构建要借助一流大学和一流学科建设的战略机遇,以建设世界一流法学学科为引领,瞄准建设世界一流学科的目标,按照世界一流法学学科的规格,以中国问题为引领,以新兴学科、交叉学科为突破,实现由追随到自主的根本转型,[④]

---

① 参见陈瑞华:《法学研究的社会科学转型》,载《中国社会科学评价》2015 年第 4 期。

② 参见童丽珏、周伯煌:《独立学院法学专业应用型创业人才培养模式的改革与实践》,载《法制博览》2015 年第 8 期。

③ 参见杨积堂:《法学教育中应用型人才培养模式的思考》,载《民族教育研究》2007 年第 5 期。

④ 参见蔡立东:《加快构建中国特色法学学科体系》,载《中国大学教学》2017 年第 5 期。

从专业设置、课程体系、师资队伍、教材体系、科学研究和人才培养等基本要素入手,全面提升法学学科体系的建设层次,形成以传统学科建设为基础,主干学科建设为支撑,交叉学科新兴学科建设为前沿的法学学科体系。

法律(学)方法论在法学学科体系建设中的功能与地位

——以法律(学)方法教学现状及改革进行分析

马慧娟* 张 睿**

我国的法学学科是伴随着改革开放以来我国社会主义特色法治建设事业发展起来的,经过近40年的发展建设,法学学科已然是我国哲学社会科学的重要组成部分,在为我国法律人才培养和法学理论研究作出巨大贡献的同时,也奠定了我国法学学科的培养体系和研究体系。然而,随着经济、社会、政治、文化以及国际形势的不断变化,法学学科体系也面临着新问题和新挑战。2017年5月3日,习近平总书记在考察中国政法大学时就深刻指出:我国法学教育还存在一些不足,如法学学科结构不合理、学科体系不完善、新兴学科开设不足、学科交叉交融不够、知识容量需要扩充、不能解决现实问题,有的教材偏重西方理论,缺乏批判精神,对中国特色社会主义法治理论研究不够,存在重专业轻思想素质等问题。如何解决这些问题成为当下法学学科体系继续发展完善的关键。

一、我国法学学科体系存在的问题

根据教育部教育司1998年的《全国高等学校法学专业核心课程教学基本要求》及2012年9月由教育部正式颁布实施《普通高等学校本科专业目录和专业介绍(2012年)》,目前我国法学专业核心课程包括法理学、宪法学、行政法与行政诉讼法、刑法学、刑事诉讼法学、民法学、知识产权法、商法学、经济法学、民事诉讼法学、国际法、国际私法、国际经济法、环境资源法、劳动与社会保障法15门课程。这也就意味着所有开设法学专业的高校在进行法学学科体系设置时,均是以这15门核心课程作为基础进行设置的,主要分为法学理论、宪法与行政法学、刑法学、民法学、诉讼法学、经济法学、国际法学、环境法学等二级学科,这种以部门法为标准进行的学科分类深深受到苏联的法学学科体系影响,同时也体现出大陆法系的教义学特征。尽管这种分类方式具有一定的科学性,但也

* 云南财经大学法学院副院长、教授。

** 云南财经大学法学院教师。

存在许多不合理的地方,主要体现在以下几个方面。

1.法学学科内部存在隔阂,难以体现法律问题的复杂性和综合性。部门法的区分依据主要在于调整的社会关系和调整的手段、方式上的区别,社会问题的纷繁复杂却难以以人为理性构建的部门法切割进行归类,譬如,土地纠纷问题往往同时涉及行政法、民法以及诉讼法的知识,但却由于学科的细分,使教学和研究均只将问题局限在某一特定部门法内审视,无法提供通盘的解决方案。所以王利明教授指出,不仅"法学内部各部门之间的隔阂很深。甚至同一学科内部又有更进一步的知识壁垒,如民法学分为总论、物权法、合同法、侵权法等,有的学者据此而有主要的研究领域,以至于研究物权法而不关注侵权法……这样的知识分裂表明,我国法学内部诸领域之间基本上没有形成有效的知识通道,长此以往,知识隔膜只能愈来愈厚,各学科只能更加自说自话,学科之间也就更难沟通"。①

2.法学学科在获得独立性地位后,与其他学科的交汇减少。基于中华人民共和国成立后的政治与法制环境,法学学科长期以来都是依附于政治学的,直至改革开放以后进行全面法制建设,法学学科才逐渐形成了自己独有的研究对象和研究方法,以其特有的规范性区别于政治学。但法学学科立足于规范的思维方式和研究方法,在强化学科独立性的同时,也疏远了与其他学科的交流,使许多需要凭借其他学科知识才能解决的问题不断被法学学科回避,也导致在环境保护、知识产权、技术贸易等需要大量其他学科知识做支撑的部门法领域中,始终难以取得突破和发展,法学学科的大量研究工作仍停留于传统的法学领域。并且,法教义学的思维方式在确保法秩序的统一性和树立法律权威上功不可没,但就规范本身的论证而言,仅依靠教义学的方法是远远不够的,还有赖于社会学的研究方法和经济学的研究方法,现行法学学科体系设置既缺乏交叉性学科知识的融入,也缺乏其他学科的方法引介。

3.法学学科体系以理论性传授为主,方法传授严重不足。从现有法学学科设置来看,除了法学理论和法制史之外,其他二级学科均以某一部门法为基础,课程设置上亦以各部门法知识传授为主,主要是立足于我国制定法进行法条阐释性教学,即以传授制定法的内容为主,对如何运用这些法条解决实际问题的教学付之阙如。即便是在法学理论的教学中,也多集中于法学基本概念和基础理论的讲授,目的在于引导法学新生对学科知识体系形成基本认识,而不在于传授运用部门法知识的方法。由此导致教学和研究多集中于概念传授和阐释,既缺乏将法条运用于实际的能力训练,也无力于解决社会发展中出现的大量新问题,禁锢了法学知识体系通过实践运用进行拓展的可能性。

综上所述,现有法学学科体系与课程体系设置还停留于研究和传授法学理论和制定法知识的阶段,尽管随着社会情势的发展和复杂化,出现了诸如体育法学、卫生法学、环

① 王利明、常鹏翱:《从学科分立到知识融合——我国法学学科30年之回顾与展望》,载《法学》2008年第12期。

保法学等新兴学科门类,但总体上发展较为薄弱,并不足以应对新时期下国际和国内形势出现的新问题和新挑战。二级学科日趋固化的情况尽管有利于各二级学科的研究范围不断深入和具体,但也导致研究视域局限和研究方法单一。

此外,法学学科本身知识体系的更新与拓展无法依赖法规范体系内的自身证成,而有赖于经验知识的积累与更替,无论是经济立法依赖的经济情势、行政立法依赖的行政管理面临的社会情势发展还是刑事立法面临的犯罪行为的多样化和新型化趋势,均需要凭借社会实证考察、经济模型分析以及来自心理学、犯罪学、管理学等诸多领域的知识论证作为支撑,在科技性立法方面更是脱离不了理工科的知识作为立法理据。然而,目前的法学学科仅仅传授规范本身,而并不注重规范背后的经验性知识的交融,无论是对于法规范的发展还是正确适用都是不利的。

如果说,经验性知识还可以通过学科之间的合作予以解决,那么法律方法论教育的缺失或不足,则严重影响了法学学科作为实践性学科应有的特质,并造成当前我国法学教育培养的人才不能满足法律实践的需求,与此同时,也导致了法学理论研究与实践的脱节,高校培养的法科学生往往知晓概念、法条但不懂得解决实务问题,而学者的研究成果往往不是实务部门需要的。因此,在基础理论学科和部门法学科均已在法学学科体系中形成稳固态势的当下,对它们的重构应主要是打通二级学科之间的壁垒形成以问题为导向的“临床法学”教育模式,在这种学科体系的转向中,法律方法论无疑具有重要的作用和价值。

二、我国法律(学)方法教育现状

需要明确的是,本文所指法律(学)方法是包含了法律方法和法学方法的综合概念,通说认为这两个概念存在本质差异,笔者仅仅为了行文简便而将二者合称为法律(学)方法,但绝不意味着将二者的内涵等同起来。按照目前学界比较主流的观点,“法律方法是运用法律的方法,法学方法则是研究法律和法律运用的方法;法律方法重视知识和理性的运用,法学方法则重视价值和意志的实现;法律方法的运用是一种‘技术’活动,法学方法的运用则是一种人文活动”。[①] 即葛洪义教授所谓:法学方法是“关于法律的思考”,而法律方法是“根据法律的思考”。[②] 正如前述,法学学科体系的设置不仅关乎教学,同时也关乎学术研究能否科学展开。所以从广义的角度考量,方法论在法学学科的置入应当同时涵盖法学方法论和法律方法论,事实上,无论是法律方法还是法学方法在我国的法学学科体系中都是缺失的。下面详细分析。

1. 从法律(学)方法的自身体系和内容来看,还不够清晰确定。尽管20世纪90年代以来,我国学者在引介国外法规范体系相关知识的同时,即缓慢展开了法律解释、法律推理和法律论证等法律方法的研究,但法律(学)方法真正引起学界的重视还是近10年的

---

① 戚渊:《法律方法与法学方法》,载《政法论坛》2009年第2期。

② 葛洪义:《法律方法与几个相关概念的比较》,载《法治与社会发展》2010年第3期。

事情。随着2006年中国政法大学举办第一届全国法学方法论论坛，法律（学）方法论的研究才逐渐成为“显学”，这是在法价值论指导我国社会主义法律体系基本构建完成后，学界从规范的价值论证转向规范的适用问题上的必然选择。然而，在法律（学）方法论的研究过程中，伴随着各种争议，极端者甚至否定法律（学）方法的存在，“否定论者则反对这种方法体系的存在，甚至认为法律方法完全是人为虚构出来的，人们无法根据法律方法来处理案件”。[①] 其中的关键分歧在于法教义学所提倡的以规范为基础的逻辑化、体系化法律方法能否在实践中发挥实际作用。在现实主义法学和批判法学看来，真正影响法律实践的因素绝不是那些概念解释和形式推理，而可能来自意识形态、权威力量、心理因素和经济考量等，所以如果有某种方法可以运用于法律实践，也不是法律特有的方法，只不过是倚借社会学方法和经济学方法而已。

即便是承认法律（学）方法存在的学者，也对法律（学）方法论的内容体系持有争议，传统的法律方法仅关注司法实践中法官如何得出结论，主要是对法律解释方法和法律推理方法的运用，并且主要是通过传统逻辑的方法进行，包括概念、命题和形式推理的逻辑规则。随着现实主义法学对概念法学的冲击，以及社会实践的复杂化，恪守传统的法律方法显然已不足以应对规范不周延性以及规范滞后性所产生的问题，因此，利益衡量以及漏洞续补等方法开始成为法律方法的重要组成部分。与此同时，无论是法规范本身还是依据规范进行裁判的结果，其正确与否均难以通过经验予以验证，这也就意味着通过传统的司法三段论无法确保结论的正确，人们转而放弃对于法律结论科学意义上真的追求，而以可接受性作为判断法律结论正确与否的标志，哈贝马斯构建的法律论证理论就是试图通过充分的法律论辩得出一个足以令各方接受的结论。自此，法律论证开始取代传统逻辑的推理方法成为法律方法的核心组成部分。但法律论证的模型和进路是多样的，其究竟能否取代和以何种方式取代传统的法律推理方法都是存在争议的，由此导致当前的法律（学）方法论相关著作或教材在体例上存在非常大的差异性。

在引入了包括论证理论、利益衡量等方法后，法律方法论仍面临着自足性的问题，譬如，利益衡量显然是经济学的方法，法律解释中的社会解释需要凭借社会学的方法进行经验性的考证，如果最终仍然需要由其他学科的方法对法律实践进行支撑，那么法律方法显然是不自足的，法学具有独立的方法论这一说法也是难以成立的。所以，反对法律（学）方法的学者认为，逻辑学的方法是所有科学共同使用的方法，不独为法学学科所使用，而利益衡量、社会实证更不是法学独有的方法论，不能因此认为法学具有独特的自足的方法论。[②] 综上，法律（学）方法论的独立性地位尚未获得学界一致确认，其内容体系也尚在建构当中，许多问题尚待进一步研究确定。

---

① 焦宝乾：《法律方法的性质与特征》，载《浙江社会科学》2008年第1期。

② 参见朱苏力：《“法律人思维”？》，载《北大法律评论》编辑委员会：《北大法律评论》（第14卷第2辑），北京大学出版社2013年版，第14页。

2. 从法学学科体系来看,法律(学)方法并不具有独立的学科地位。正因为法律(学)方法论的基础理论体系尚在建构完善的过程中,所以直接影响了其获得独立的学科地位。从当前的学科设置来看,法律(学)方法尚属于法学理论的一个研究方向,尽管这几年成为法学理论研究中的"显学",但仍然具有研究内容上的局限性。

首先,进行法律(学)方法论研究的大都还是法学理论的学者,尽管宪法及民法学者也有参与,但总体上看,部门法学的学者参与不多,实务部门的参与者更少,未能形成法学二级学科各学者之间的对话,也未打通理论与实践的交流。

其次,法律(学)方法论的研究内容还多停留于抽象的理论上,更多的是探讨法律(学)方法论的研究对象、范畴、进路以及对基本概念的界定,与实践结合的研究还比较少,也使法律(学)方法指导法律实践的功能未能得到充分体现。

最后,法律(学)方法论的研究方法和手段还停留于对国外相关知识的引介上,未能针对我国特殊情况进行针对性研究,也未能充分挖掘我国自古而今已有的法律方法的传统资源,使相关研究结论对现实关照不足,"水土不服"。

综上所述,近些年兴起的法律(学)方法研究热潮尚不足以使之具备独立的学科地位,无论是在研究的范围、方法还是人员上,尚不具备一定的广度和深度。重复性研究多而创造性成果不足,抽象的理论探讨多而实践性成果欠缺,法学理论学者研究积极性高而部门法学者参与热情不高等现象严重制约了法律(学)方法发展成为一门独立的学科。但其独立性地位难以确立又反过来制约了它的发展,比较明显的表现就是法理学上对其进行的研究往往局限于法理的抽象层面,部门法在涉及法律方法的运用时又欠缺理论自觉,仅仅将其作为运用部门法知识的工具而未将之上升到理论的高度。由此导致法律(学)方法始终处于理论对理论的尴尬境地,在缺乏部门法实践的情况下,相关研究成果不仅难以得到运用,还难以进行验证,其价值和功能频频受到学者的质疑。①

3. 从法学学科的课程设置来看,法律(学)方法处于边缘地带。在法学教育从"学术型"转向"职业型"之后,法科学生的实践能力培养成为各个高校着力解决的问题。在此大背景下,案例教学、实践教学成为法学教育模式改革中的热点,一些高校也借此设置了诸如法律逻辑学、法律方法论、模拟法庭演练、非诉案例演练、法庭论辩技巧等强调法律方法运用的课程。但综观各高校的课程设置,这些课程均处于比较尴尬的地位,往往是为了应对实践教学模式改革而设置,在课时、内容及教学人员安排上都具有比较大的随意性,体现为:

首先,课程设置不统一,课时安排随意。因为关涉法律(学)方法论的相关课程均未被列入法学专业的核心课程之中,因此,各高校在课程设置上较为随意。在本科教学中较为常见的课程是《法律逻辑学》,但也仅仅是部分高校开设,许多高校的法学专业仍然

---

① 参见桑本谦:《法律论证:一个关于司法过程的理论神话——以王斌余案检验阿列克西法律论证理论》,载《中国法学》2007年第3期。

只开设普通逻辑学。而法律(学)方法论、模拟法庭演练等课程在许多高校要么作为专业选修课,要么直接不开设,具有较大的随意性。在课时设置上也不统一,各高校往往根据专业培养方案确定的课时总数,扣除法学核心课程需要的课时数,在剩下的课时数中灵活调配法律(学)方法类课程的课时,在一些高校法律逻辑课程一周的课时为两节而另一些高校可能为三节,并且会随着其他核心课程课时的调整不断发生变化。在课程开设的时间设置上,也并不根据课程自身的需要,而取决于各学期的剩余课时情况,即将各学期的核心课程安排完毕后,看哪个学期余有课时,就将法律逻辑等法律(学)方法类课程塞进去。就笔者了解的情况,开设法律逻辑学课程的高校中,将这门课放置在大一到大三的各个学期的情况都有,足以看出对于这门课需要的知识基础以及同其他课程之间的关系上很少进行认真考量。

其次,课程内容设置及安排不尽合理。以法律逻辑学为例,法律逻辑作为一门交叉学科,融合了法学与逻辑学的知识,是以逻辑学的知识作为分析工具解决法学领域的问题,在教学内容上如何合理安排逻辑学和法学的知识内容十分关键。现有法律逻辑教材在内容编排上并不统一,大多强化逻辑基础知识的部分,弱化了法律逻辑的法律性质,以至于法律逻辑与普通逻辑两门课没有本质区分,尤其未能有效凸显法律逻辑的重心在实质推理而非形式推理的课程特性。而法律(学)方法论更缺乏权威的教材,往往依赖于授课教师自行组织教学内容,模拟法庭演练等课程的教材建设情况也不容乐观,极大地制约了这些课程教学质量的提升。

再次,教学方法和手段简单,未能适应应用实践人才的培养目标。法律方法类课程主要传授的是方法论知识,因而如何在法律实践中发挥法律方法的作用是相关课程应着力解决的问题,这就决定了法律方法类课程的教学应以如何运用相关的推理方法和论证方法发现事实和法律依据、解决争议作为出发点和落脚点。但现有的教学方法和手段仍停留于老师课堂上对概念和理论的灌输,学生课下复习笔记和做习题的传统教学模式中,学期结束后学生仍未形成法学学科独有的思维模式,也不具备独立分析解决问题的逻辑能力,教学方法和手段未能有效凸显课程的实践品行,偏离了课程设置的教学目标。

最后,法律(学)方法类课程尚未形成统一的教学理念,课程作用未被充分挖掘。正如前述,法律(学)方法类的课程机制并不统一,体现在各高校开课与否、课时数量和开课学期上,部分高校并未专门开设法律逻辑课程,开设法律逻辑课程高校的课时安排从一周两学时到四学时不等,有的学校开设在大一,有的开设在大二或者大三。这些情形反映出各高校对该课程的作用认识不足,并不关心和了解该课程所需的前期知识储备,也不清楚该课程与其他课程之间的关系,许多高校仅仅将其作为普通逻辑在法学专业的特殊形式,另一些学校只是参照其他高校进行了相应的课程设置。在教师安排上也比较随意,大多是由普通逻辑的教师授课,或者由法理学老师授课,很少由专门的法律逻辑学的教师授课,导致该门课程变成走过场和形式化。“教师不愿上,学生不愿听”是法律(学)方法类课程目前普遍存在的窘境,该门课程的资源和作用被严重浪费和低估了。

三、法律(学)方法论的价值与作用

舒国滢教授曾针对我国的法律(学)方法教学现状指出:“我们的法学未曾受到过严格方法论的‘规训’。以至于我们的学者难以保持理性、严谨和科学的问学态度,难以保持思想谦抑的心情,难以抵御形形色色的思想诱惑和恣意表达思想的冲动;在我们的法学思考中常常可以发现学术传统的断裂、思想链条的中断、思想理路的混乱和思想鸿沟的无力跳跃,缺乏细致入微的分析、论证和说理。而法学方法论的研究,从另一个侧面为我们的法学提供了一种关照的镜鉴,一种特殊的精神气质和建立法学知识标准的某种进路。正是这些议论促使我们反思,法律作为息争止讼的手段,它应该采用什么样的方法,这些方法应该是什么样的标准,它们应该具有什么样的品格?”①从中,我们可以看出法律(学)方法在法学学科体系中的重要性,在法教义学看来,法学方法甚至是构成法学学科独立性的根本,“法律者”原本的本事就是,如何打造一套有正式效力的规则,然后又如何把这套规则应用到事端和案件中去。一如从事其他行当而有特殊技艺,“法律者”有自己的法言法语、逻辑体系、程式做派、思维方式。……凭借它们,“法律者”在大千世界中安身立命,并发展出独立的法律职业、别具一格的法律教育。也正是由于法学的这种自给自足性,形而上的法哲学、各式各样的交叉法学,其存在方为可能,其意义才显示出来。②

从法学教育的视角来看,法律(学)方法也具有重要价值。自古罗马时期起,法学教育的主要目标就在于进行法律应用技能的训练,即训练人们解决法律纠纷的技巧、方法与智慧,直至现代大学建立以后,随着法律知识体系的日趋庞杂,法学才作为一门系统的科学知识体系来传授。但西方的法学教育始终与法律职业相关联,其教育的目的在于法律知识的运用和实践,因为法学与自然科学追求“真理”不同,法律纠纷的合理解决必须通过实践来发现,公平与正义也必须通过实践来感知,所以西方的法学家和法学教育者往往也都是从事法律实践工作的法律职业人。正因如此,西方的法学教育理念认为“他们所培养的不是一般意义上的‘知识人’,而是法律职业者;他们所讲授的不是某种外在的客观的知识,而是自己也参与其建构的法律专业共同体的‘行业语言和技能’”。③

自2012年教育部联合政法委启动卓越法律职业人才培养计划以来,应用型和复合型的法律职业人才培养目标成为法学教育的重要目标。这一目标的核心内容在于注重法科学生实践能力的培养,其中,逻辑严谨的法律思维是法律实践能力的关键和核心。从现实情况来看,我国长期欠缺法律思维的教育和训练,导致法学教育严重脱离司法实

① 舒国滢:《我们时代的法学为什么需要重视方法》,载《现代法学》2006年第5期。

② 郑永流:《安身立命,法学赖何——法学的“科学性”及自主性散论》,载《法制日报》2001年1月14日,第3版。

③ 郑戈:《韦伯论西方法律的独特性》,载李猛编:《韦伯:法律与价值》,上海人民出版社2001年版,第140页。

践，即便学生懂得概念、理论和法条，但缺乏分析、推理和论证的能力，难以达到应用型人才培养的目标需求。从法律应用型人才的培养目标来看，其知识体系主要包括法学理论知识体系、法律规范知识体系和法律方法论知识体系，法律（学）方法论的教学主要是针对法律方法论体系的建构和运用法律规范知识能力的训练两个方面起到基础性作用，具体表现在以下几个方面。

1. 培养法律思维能力。法律思维能力是法律人在长期的法律实践中逐步形成的，以法律的逻辑来观察、分析、解决法律问题的职业思维方式。表现在司法实践中，主要包括：在探知法律事实过程中的观察、发现和认知能力；证据操作过程中的搜集、分析、判断和采信能力；归纳、概括案件争议焦点的能力；确定案件性质和认定案件事实的能力；正确阐释法理和使用法律的能力；严谨的法律推理和论证能力。学者普遍认为，法律思维能力的培养比法律专业知识的学习更重要，因为法律专业知识和相关法律条款可随时查询，而法律思维能力则必须通过长期的专业训练才能形成，是法律职业能力中的决定性因素，法学教育"应当培养的是一种法律职业者的独特的批判性和创新性的法律思维……批判性和创新性的法律思维尤为重要。因为法律条文可以随社会的发展而变动，法律院系培养的毕业生不可能在学习期间穷尽所有法律条文，但是只要他们具备了一种综合分析法律和事实、运用法律推理进行思维的额能力，他们就能够有能力应付各种复杂和新鲜的问题，成为合格的法律职业者"。[①] 因此，法律思维能力的培养是决定法学教育成败与否的关键。法律方法与法律思维能力的培养密不可分，在立法和司法活动中，无论是法律规范的合理性证成、法律规范体系的逻辑建构、法庭审判、辩论、法律的适用、司法文书的撰写等均离不开严谨的逻辑思维，离不开准确地运用概念、判断、推理、证明与反驳等法律方法。

2. 锻炼法律思维技巧。霍姆斯大法官强调了经验在司法实践中的重要性，法律不可能事先将一切社会事务进行事无巨细的规定，在纠纷产生之时，如何运用现有法律理论和规范灵活地处理具体问题显得尤为重要。法律的主要功能在于定分止争，采用何种方式解决纠纷和化解矛盾、采取何种辩论策略均离不开法律思维技巧的运用。法律思维技巧一方面来自长期的法律实践经验，另一方面来自法律（学）方法的培养训练，包括修辞方法、论证技巧和目的解释、社会学解释、利益衡量方法等的训练和使用。尤其是在我国这样人情社会当中，单纯依赖西方式的规则之治显然难以收获良好的社会治理目标，如何融情入理，充分发挥我国传统价值观念、伦理道德、人情观念等非正式规范的作用，是每一个法律职业者在实践中必须掌握的技巧，否则书本中的正义难以在社会中落地生根。而当前的法律教育只讲规则和理论，忽略了规则在社会中如何运用的技巧，使法科毕业生在法律实践中屡屡碰壁，从深层次来看，法律思维技巧训练的缺失也是我国近些

---

① 王晨光：《法学教育的宗旨——兼论案例教学模式和实践性法律教学模式在法学教育中的地位、作用和关系》，载《法制与社会发展》2002 年第 6 期。

年来司法裁判为何屡屡与社会民情发生激烈矛盾的主要原因所在。

3.提升社会服务能力。现代社会是法治社会,我国正在着力进行社会主义法治国家建设,人们的决策行为无不渗透着法律的影响。法学这门学科具有极强的实践品性,其实践性主要在于其社会服务功能的发挥。为此,国家提出了“执法为民”和“司法为民”的社会主义法治理念,法学教育的最终目的并不在于单纯的知识性传递,而在于更好地运用所学知识服务社会。法学的社会功能主要包括三个方面:寻找社会规则、促进社会共识的形成、实现社会正义。法律人运用所学的法学知识在社会服务中发挥作用,是法学实践性的充分证明。法律(学)方法论的教育,可以通过法律发现方法的学习有效寻找到社会规则,通过立法论证方法以及实质推理的方法达成社会共识,并最终通过形式合理性和实质正当性的论证确保社会正义的实现。

综上所述,法律(学)方法不仅具有确保法学树立起独立性品格的价值,同时通过法律(学)方法的教育,可以有效实现我国法学教育从理论灌输到能力培养的转变,以适应我国全面社会主义法治建设对于法律职业人才的需求,“在整体的法治观念已经被社会公众所接受的前提下,他们更需要‘具体的法治’,也就是要在法律实践(特别是司法领域)中来获得法治提供和保障的权益。如何在纷繁复杂的社会事实与清晰明细的法律规定之间确定二者的准确关系,是对法律人的挑战,也是仅仅靠抽象概念和原理的灌输无法完成的。此时将基于实践、服务于实践的法律方法引入法学教育,培养出具有法律思维的毕业生才能更好地迎接以上挑战”。①

与此同时,加强法律(学)方法的教育,培养高校学生的法律思维能力,也符合习近平总书记在讲话中提到的要求:“青年时期是培养和训练科学思维方法和思维能力的关键时期,无论在学校还是在社会,都要把学习同思考、观察同思考、实践同思考紧密结合起来,保持对新事物的敏锐,学会用正确的立场观点方法分析问题,善于把握历史和时代的发展方向,善于把握社会生活的主流和支流、现象和本质。要充分发挥青年的创造精神,勇于开拓实践,勇于探索真理。养成了历史思维、辩证思维、系统思维、创新思维的习惯,终身受用。”

四、法律(学)方法教育融入法学学科体系的具体路径

如前所述,我国现有法学教育模式并不能很好地完成法律职业化的培养目标,尤其是法律思维方式和法律技巧训练的缺失,已然成为“中国法学教育的重大缺陷。在某种程度上,也是司法腐败的缘由之一”。(徐显明,2009年)法律职业具有高度专业化、形式化、人格化和伦理化的要求,其中的专业化和法律思维训练需要借助法律方法这样的理性工具来实现。并且,就法律知识体系的发展和建构历程来说,也在很大程度上有赖于逻辑的理性与严谨。因此,加强法律(学)方法的作用,完善法律(学)方法类课程的教学

① 孙光宁:《法学教育视野内的法律方法——法律思维的视角》,载《河北师范大学学报》(教育科学版)2008年第8期。

内容,改革法律(学)方法类课程的教学模式迫在眉睫。为此,笔者认为,在改革和完善我国法学学科体系的过程中,应从如下几个方面将法律(学)方法有机融入法学学科的教学体系当中。

1. 统一法律(学)方法的教学理念。当前各高校在法律(学)方法的教学理念上差别较大,有将其作为实践教学模式改革进行设置的,有将其作为辅修拓展性知识设置的,也有基于培养和锻炼学生的实践能力而设置的。不同的教学理念会直接影响法律(学)类课程的开设、课时以及教学模式,基于前述分析,笔者认为应从培养复合型、应用型的职业法律人才的教育目标出发,将法律(学)方法类课程作为与部门法课程主要传授理论知识相对应的应用能力培养的重要组成部分一并纳入核心课程体系之中。但要注意的是,"法学方法"与"法律方法"并不具有相同的内涵,也意味着二者的价值和功能是不同的,本科教育应以"法律方法"的教育为主,以适应职业化人才培养的需求,着重于训练学生根据法律规范解决法律实务问题的能力;而在学术型研究生教育中,则需要同时注重"法学方法"的教育以适应法学研究的需要,即训练学生对于法律规范本身展开思考的能力。

2. 完善法律方法类课程的教学内容和教学体系。根据学者的研究,"应当将法律方法区分为两个层次,即关于法律方法的理论和学说,它属于知识范畴,具有客观化的属性;另一个是法律人在司法实践中运用这些方法的能力,它属于经验的范畴,具有主观化的属性。二者的关系表现为法律方法知识是法律技能的基础或必要的知识储备;法律技能是法律方法知识的主体内化,是法律方法知识研究和学习的根本目的"。① 按照这样的区分,笔者认为应将法律(学)方法类的课程分为两个类型:法律方法理论课与法律方法应用课。前者主要包括法律逻辑学和法律(学)方法论,后者包括模拟法庭演练、法庭辩论技巧等。在教学体系中,法律方法理论课应设置为必修课程,法律方法应用课程根据需要设置为专业辅修或选修课程。在教学人员安排上,前者应由具备法律(学)方法论理论知识的教师任课,后者则应由从事法律实践工作的教师任课。此外,各部门法的教学也应摄入法律方法的知识,目前进行的法学实践教学模式改革中,大多数部门法教学已经实现了案例教学的改革,但仍存在诸多问题,如案例的过分裁剪与实践的复杂性不匹配,案例分析的视域过于局限等。其中关键的问题还在于各部门法教学中没有将法律方法上升为一种理论自觉,在分析探讨案例的时候往往结论正确与否,而不注重结论得出的过程是否正确及合理,这就需要部门法教师在案例教学中将思考过程的方法与技巧进行更加充分的讲解,从而将法律方法的教学贯穿整个法学教育的全过程,真正实现法律方法的应用性和实践性。

3. 合理设置和安排法律(学)方法类课程的课时。从课程的设置时间来看,法律逻辑学应设置在低年级,因为法律逻辑学的教学内容仍是以普通逻辑的内容为主,而逻辑思维具有普适性和通用性,是所有科学研究以及理性思考必须遵循的基本思维方法和规

---

① 房文翠:《我国法律方法教育的反思》,载《现代法学》2008 年第 4 期。

律,所以应在大学学习之初让学生掌握正确的思维方式和基本的方法论。但法律逻辑与普通逻辑又有所区别,即其分析和讨论的对象是法律问题,因而又需要学生具备初步的法律知识,否则课程内容难以有效展开。基于此,笔者建议将其设置在大二第一学期,以每周三个学时为宜;本科的法律方法论教学应设置在大三或大四,课程着重于传授具体应用法律知识分析案件的方法和能力,需要学生具备相当的部门法知识,能够有效进行疑难案件的分析和讨论,以每周两学时为宜;模拟法庭演练等实训实践课程也宜安排在本科高年级,有利于高年级学生通过相关课程尽快熟悉毕业后需要面临的实务工作,因为该类课程不以理论讲授为主,所以课时可以根据需要灵活调整;研究生的法学方法论则适宜开设在研究生一年级,有利于培养其进行法学研究的能力。

4. 改革现有法学教学模式及教学方式。从现有的开设法律逻辑与法律方法论的学校的教学模式来看,其仍然未能脱离理论灌输的窠臼,教学手段单一、教学方式落后使得法律(学)方法的教学未能实现其应有功能,也导致学生不感兴趣,因为这些所谓的应用知识课程无外乎是另一些概念和教条的灌输和背诵而已。笔者认为,在法律逻辑学的教学中,应以理论教学和案例教学方法并重,因为逻辑学基础知识只能通过理论传授的方式进行,而部门法知识的不完备也难以展开复杂的案例分析,所以以简单的案例说明相关知识即可。而法律方法论和法学方法论的教学则应偏向于案例教学,以老师引导、学生分析、老师点评的教学模式训练学生自行解决法律问题的能力。此外,还应创造条件积极推进法律诊所教学模式,让法律诊所成为法律方法实际应用的重要场所。但法律诊所的教学模式在我国还属于起步阶段,一方面,许多高校受制于资金、人员和场所的限制没办法建立;另一方面,也与我国高校对法律诊所的教学模式研究不够有关,使建立了法律诊所的高校也往往将其作为形式性的摆设,对于法律诊所的各方主体关系(老师、学生、当事人)界定不明确,学习的阶段、考核模式等均模糊不清,笔者认为应积极展开这方面的探索与研究。

习近平总书记在中国政法大学考察的讲话中明确指出:“法学学科是实践性很强的学科,法学教育要处理好知识教学和实践教学的关系。要打破高校和社会之间的体制壁垒,将实际工作部门的优质实践教学资源引进高校,加强法学教育、法学研究工作者和法治实际工作者之间的交流。法学专业教师要坚定理想信念,带头践行社会主义核心价值观,在做好理论研究和教学的同时,深入了解法律实际工作,促进理论和实践相结合,多用正能量鼓舞激励学生。”这也意味着法律(学)方法的教学人员需要具备相当的实践经验,因此,除加强法律(学)方法类课程建设外,还需要进一步加强相关教学和科研人员的综合能力。与此同时,也需要大力吸引具备丰富法律实践经验的人才通过第二课堂和讲座的方式进入高校传播法律(学)方法的相关知识。

我国法学学科体系的建设应加强和重视法律(学)方法的作用,并且,法律(学)方法不应停留于法理学研究当中,其自身的发展离不开教学的推动,也离不开与实践的结合。唯有如此,才能推动我国法学学科体系面向实际,继而在国际学术界获得话语主导权。

法律硕士专业品牌建设的SWOT模型分析

刘向林[*] 刘俊宜[**]

随着我国法治建设深入发展和高等教育事业深化改革,对法治人才的社会需求促进了法律硕士专业发展。经过多年努力,我国法律硕士专业建设取得了一定成就,但随之也产生一些新问题,因而在反思中寻求法律硕士专业科学发展的建设性方案是十分必要的。

一、当前法律硕士专业面临的挑战与机遇

(一)法律硕士专业的困境

当前我国法律硕士专业在发展中遇到一些困境,主要表现在以下三方面。

第一,认知困境。我国研究生教育发展模式长期以学术研究为导向,使我国的法律硕士研究生教育在一些高校有较明显的被边缘化倾向。专业学位研究生总是面临着“质量不高”的质疑,甚至被冠以“山寨”之称。① 在社会上,法律硕士研究生学位与法学硕士学位相比,也存在认同度不高的尴尬局面。有的法律硕士生在面对激烈的就业竞争时,自我定位不清晰,缺乏自信和勇气;有的法律硕士生仅仅把获取学位当成一个求职的手段,轻视法律专业的学习和锻炼,以致在相关法律工作机会出现时由于自身专业能力问题而错失良机。

第二,教学困境。经批准有法律硕士专业招生资格的院校逐渐增加,由于招生院校数量的迅速扩张,导致法律硕士专业的招生数量猛增,随之引发学生与导师的比例失衡,教学质量堪忧。② 当前对于法律硕士的教育主要存在三种方式:一是为传授法律基本知识而采取的概念教学法,二是为应对司法考试而采取的法条教学法,三是培养法律思维的案例教学法。这三种传统的法学学生教学方法,对于学生掌握法律基本知识发挥了重

---

* 延安大学政法学院副院长、副教授。

** 延安大学政法学院讲师。

① 参见赵婀娜、段永正:《专业学位研究生——摆脱“山寨”之名,擎起半壁江山》,载《人民日报》2011年2月18日,第18版。

② 参见刘磊:《法学研究生与导师比例失衡问题研究——基于法律硕士招生的实证考察》,载《江汉大学学报》(社会科学版)2015年第1期。

要作用。但是,它忽略了法律硕士复合型、应用型的培养目标,不利于培养专门的法律硕士高级人才。由于法律硕士培养定位不明确,导致教师教学不知所措。法律硕士教育自举办以来,虽然培养了大量的毕业生,但其质量令人担忧。

第三,就业困境。由于大学毕业生逐年增多,社会高层需求有限。大学生就业形势整体比较严峻。由于扩招导致师资力量跟不上造成的教育质量下降,使毕业生在就业市场缺乏足够的竞争力。即使有的高校提供了优良的教学条件,但由于个别学生尤其是部分非法学法律硕士学生当初填报志愿时存在盲目性,对法律学习缺乏足够的兴趣与毅力,在研究生阶段并未较好掌握相关法律知识与技能,在面临就业时,遇到相关法律部门或相关法律岗位招聘时,因能力有限而失去难逢的机会。而他们对第一学历学习和掌握的知识也已有些生疏了,这时很难寻找相关工作机会。

(二)法律硕士专业的优势

法律硕士专业之所以存在并在招生上有较大市场是基于其内外优势,主要归纳为如下方面。

第一,国家支持。1995 年 4 月召开的国务院学位委员会第 13 次会议全票通过《关于设置法律专业硕士学位的报告》,标志着中国法律硕士教育制度的创立。经过 20 多年的发展,我国已确立了法律专业硕士学位教育的基本框架和制度体系,截至 2017 年,招生培养单位也增加到 200 多所院校,其数量占我国开设了法学专业的高校数的 1/3。2010 年国务院学位委员会第 27 次会议审议通过的《硕士、博士专业学位研究生教育发展总体方案》指出:到 2020 年,实现我国研究生教育从以培养学术型人才为主转变为学术型人才和应用型人才培养并重,专业学位教育体系基本完善,研究生教育结构和布局进一步优化,培养质量明显提高,研究生教育能够更好地适应经济社会发展需要和满足人民群众接受研究生教育的需求。专业学位教育日益受重视。《法律硕士专业学位研究生指导性培养方案》(学位办〔2017〕19 号)不论针对非法学毕业生还是针对法学毕业生,培养目标都定位于高层次应用型法治人才。可见在国家政策层面,法律硕士专业就业定位起点高。

第二,社会需要。虽然近些年司法机关对法治人才的需求有所下降,但社会总体上对法治人才需求还是很大。由于地域差异,农村地区、西部地区仍需要大量的法治人才。而且随着我国市场经济的完善,企业法务的需求空间也比较大。有专业人士指出,“完善的公司法人治理结构会对企业法律事务工作提出更高的要求,相应法律机构也会迎来更多的发展”。①

第三,学科交叉。法律硕士学生更为直接的优势是多元化的教育背景。② 法律硕士

① 孙永刚:《首钢总公司副总经理孙永刚:企业法律事务的变化与未来发展方向》,载《法人》2012 年第 9 期。

② 参见方流芳:《法律硕士教育面临的三个问题》,载《中国政法大学学报》2007 年第 1 期。

专业具有复合型专业的优势，这使法律硕士毕业后不仅可以从事司法行政、法律服务，还可以从事公共管理、经济管理等工作，就业前景广阔。这也正是吸引越来越多跨专业的学生报考的原因。法律硕士属于研究生教育，是在高起点上的择业。这就给对原有专业就业不理想的考生提供了一个重新选择职业发展方向的机会，也给想从事法律事业的有志者创造了一个更高层次学习深造的机遇。

二、对法律硕士专业 SWOT 模型分析

SWOT 模型（也称道斯矩阵）是 20 世纪 80 年代初由美国旧金山大学的管理学教授韦里克提出的，它是一种对组织和个体进行系统分析的概念框架，这种分析有利于把外界的威胁和机会与组织内部的优缺点结合起来。SWOT 模型中，用"S"代表优势、"W"代表弱点、"O"代表机遇和"T"代表挑战，前两者是决策的内部因素，后两者是决策的外部因素。该分析方法以应对挑战为开始，因为在很多情况下是由于觉察到危机与问题才采取策略性计划工作。[①] 专业与组织类似，它也面临着解决发展自身的问题，所以可以采取 SWOT 模型对专业进行分析。根据前述当前法律硕士专业面临的机遇及挑战的总结，运用 SWOT 模型分析法律硕士专业如下。

对于当前我国法律硕士专业，就内部因素而言，它的弱点在于师资力量相对不足，学生法律基础薄弱。因为以前法学教育以学术为主，教师的优势主要在于理论方面而法律实务教学方面相对不足。学生中有相当一部分是本科非法学专业，存在对法律基础理论掌握薄弱的情况。它的优势是该专业教学的多学科交叉，能培养学生的综合能力与素质，择业面增大，既满足社会需求又解决学生就业之忧。就外部因素而言，它面临的挑战是就业市场紧张、专业歧视现象。就业市场紧张与整个研究生扩招有关，加之不少学生向往的公检法机构需求有限，所以在有关司法机关就业机会是下降的。毕竟专业硕士是后来兴起的，在社会上得到高度认同需要时间的检验，它的机遇在于当前得到国家政策支持与不断扩大的社会需求。从《全日制法律硕士专业学位研究生指导性培养方案》《硕士、博士专业学位研究生教育发展总体方案》可以看出当前国家对于法律硕士在政策上是大力褒扬与支持的。"一国法制对该国法学教育总是有主导性影响，法学教育在一个国家中的职能通常是该国法制的一般性质所决定的。"[②]社会需求是与我国政治与经济发展形势分不开的，党的十八大以来，国家对法治日益重视，推进全面依法治国，市场经济的完善与发展从客观上必然加大对法治人才的需求。

面对当前我国政治与经济形势，法律硕士专业应采取何种发展方式较好，依据内部因素和外部因素，有这样几种策略可供选择。（见表 1）（1）WT 策略要把弱点和挑战减

① 参见［美］哈罗德·孔茨、海因茨·韦里克：《管理学》，郝国华、金慰祖、葛昌权等译，经济科学出版社 1993 年版，第 131～132 页。

② 方流芳：《中国法学教育观察》，载贺卫方主编：《中国法律教育之路》，中国政法大学出版社 1997 年版，第 6 页。

至最少。具体措施是增强师资力量,加强政策支持。这种策略的特点是加大投入,虽然短期效果明显,但是从长期来看,整体效益很难得到保障。(2)WO策略力图使缺点减到最少,使机遇增加到最大。具体措施是加强学科建设,计划分配就业。它的特点是国家计划性与福利性强,由于国家财力有限,在当前并不现实。(3)ST策略是根据组织的优点去对付环境中的挑战。具体措施是加强专业学习,适应社会需求。这种策略的特点是随遇而安,缺乏创新性精神,发展前景不明朗。(4)SO策略组织能够运用它的优点去利用机遇。具体措施是强化教育质量,寻求社会需要。这种策略的特点是内外兼修,积极主动迎接社会需求,用质量赢得发展,是发展的根本之道。目前这种策略相对最理想。

表1 法律硕士专业SWOT模型矩阵

内部因素 / 外部因素	弱点(weakness)	优势(strength)
	师资力量相对不足 学生法律基础薄弱	教学的多学科交叉 培养综合能力素质
挑战(threats)	WT	ST
就业市场紧张 专业歧视存在	增强师资力量 加大政策支持	加强专业学习 适应社会需求
机遇(opportunities)	WO	SO
国家政策支持 社会需求扩大	加强学科建设 计划分配就业	强化教育质量 寻求社会需要

三、用品牌建设塑造法律硕士专业特色

法律硕士专业通过SWOT模型分析选择SO发展策略,其核心就是面对市场、打造特色。通过品牌建设塑造法律硕士专业是一种立足创新的务实方法。

(一)品牌建设的基本思路

品牌是一个名称、术语、符号、标志、设计,或者所有这些的组合。[①] 品牌建设是指品牌拥有者对品牌进行的设计、宣传、维护的行为和努力。由此引申出专业品牌建设可以理解为教育工作者对一门专业按照品牌的要求从培养方案到学生就业全程进行教育质量的维护与提高。法律硕士专业品牌建设就是适应社会法律工作需要,依据教育规律,打造专业特色,培养具有高素质的法律专业人才。

法律硕士品牌体系,主要包括物质文明和精神文明两个方面:一方面是物质文明,主要体现在教育教学设施、设备等硬件建设,目标向现代化、数字化和网络化方面发展;另

① [美]科特勒、[美]阿姆斯特朗:《市场营销原理》,赵平、戴贤远、曹俊喜译,清华大学出版社1999年版,第210页。

一方面是精神文明,集中体现在"以人为本"培养和"综合管理"教育上,建立高水平师资队伍和管理服务团队,确保教学质量和管理服务质量稳步提高。在法律硕士品牌建设过程中需要解决的关键问题主要有两个:一是制定特色鲜明的法律硕士品牌战略,二是法律硕士专业高水平师资队伍建设和品牌管理团队的组建。

品牌建设工作的基本规律就是"核心创造""精细管理"和"周期评估"这三个相互依存的工作阶段。① 在法律硕士品牌建设过程中,通过科学、有效的资源整合手段,制定特色鲜明的法律硕士品牌战略。在此基础上,采用一定的品牌管理方法,塑造出一个有影响力、有竞争力的基础品牌。在明确法律硕士品牌核心价值前提下,深入挖掘其独特性,培养和打造专业、专注、一流的法律硕士品牌管理团队。优秀的法律硕士品牌建设团队能够整合优势资源合力打造品牌,达到低投入高回报的效果。

(二)品牌建设的现实经验

品牌是以某些方式将自己与满足同样需求的其他产品或服务区分开来的产品或服务。② 品牌的一个重要属性就是特色。我国法律硕士专业自从开设起,经过全国各地许多高校多年摸索,逐步形成了这样四类特色。

第一类,依托传统法学学科优势,在教学上发挥优势。例如,北京大学积极探索法律硕士专业特色的培养方案,进行阶梯式教学进度的安排和课程设置。中国人民大学法学院在法律硕士培养上最主要的特色就是启动编写"21 世纪法学系列教材·法律硕士研究生用书"的工程。③

第二类,开拓国际视野,培养面向世界的法治人才。例如,武汉大学法学院依托武汉大学国际法所的学科优势开设的"涉外案例分析""国际经济法"等课程,旨在通过系统的学院教育,在法律硕士中打造涉外高端卓越应用型法治人才。清华大学于 2005 年在全国率先开办面向国外、全英文讲授的法律硕士项目。④

第三类,面向法律实务,加强实践训练。例如,华东政法大学与上海市高级人民法院联合开展的"法律人才培养"创新型教育项目——法律助理,在全国均具示范意义。西南政法大学与重庆中豪律师集团在开展了联合订单培养试点工作中取得了一定成效。⑤

第四类,发挥多学科结合优势,开拓更广阔的就业市场。例如,中山大学是在国内

---

① 参见徐晓东:《成功做品牌:品牌建设难题全破解》,南方日报出版社 2008 年版,第 7 页。

② 参见[美]科特勒、[美]凯勒:《营销管理》(第 13 版),王永贵等译,格致出版社、上海人民出版社 2009 年版,第 274 页。

③ 参见洪小潞:《各大高校法律硕士教学培养的特色经验》,载《决策与信息》2011 年第 9 期。

④ 参见邓海峰、魏晶:《锻造"顶天立地"的精英型法律实务人才——清华大学全日制法律硕士研究生教育综合改革与创新》,载《学位与研究生教育》2013 年第 12 期。

⑤ 参见李燕、王路:《法律硕士研究生培养机制改革反思——兼论法律职业化导向的联合订单培养制度设计》,载《全国学位与研究生教育文理科工作研讨会暨 2011 年学术年会论文集》2011 年 11 月,第 223 页。

最早开展医事法律硕士教育的院校。① 中国地质大学依托地质、勘探、石油和环境等优势主流学科,明确资源环境特色法律硕士教育的培养,建立完善的教学质量评价和反馈体系。②

众多高校在教学实践中形成法律硕士专业教育的一些特色,这些特色展现了该专业品牌的属性,也体现了法律硕士专业品牌建设的规律。

(三)品牌建设的三项原则

以上研究表明法律硕士专业教育模式需要在实践教育方面与法律实务单位合作,让学生充分了解实务内容。理论教育,尤其是训练法律人思维必不可少,也十分重要。对于法律硕士专业学生,只有通过理论联系实际的务实教学和扎实的实践锻炼才能培养学生的综合能力,从而为我国社会输送优秀的法治人才。法律硕士专业品牌建设是针对我国目前在培养法律硕士方面存在的现实问题而提出的解决问题方案。法律硕士专业品牌建设重在学生实践能力的培养,为此,不论在硬件还是软件方面都应为其提供充足条件。由此,进行法律硕士专业品牌建设应遵循三项原则。

第一,优化教育资源配置。"一个特定社会的精通法律学,它所依靠的条件,和它在任何其他种类研究中所依靠的条件终究是完全相同的;而条件中最主要的是全国智力花费的比例,以及时间的长短。"③教育要投入,在人力、物力有限的情况下需要优化资源。优化教育资源配置要做到以下几点。首先,校内师资配置要优化,教学内容应理论结合实际。教师要理解法律硕士教学的特殊性,可以学习与借鉴国外优秀教学经验。美国法律教育是以职业培训为起点,再回到法学研究,最后以法学理论促进实务的进程,这种先实务后理论,由实务到理论的做法值得借鉴。德国作为大陆法系的代表,法学教育是十分严格的,也是真正意义上的精英式的教育,有讲授课、实习课、讨论课、模拟考试、对话课等形式。④ 其次,可以吸收法律实务界有一定教学能力也愿意为教育做贡献的职业人士担当兼职教师,以弥补学校师资特别是实务教学的不足。案例教学要求教师既有较深的学术造诣,又有丰富的实务经验。针对校内教师研究偏重理论的情况,可以聘请部分实务部门专家参与教学工作。最后,要保障教学所具备的教学环境。校内可以建立设施齐备的模拟法庭,校外联系有优秀实习资质的单位作为经常性学习与实践基地。

第二,强化教学质量管理。"理念的物化过程就是模式,模式保证质量,质量造就品牌。"⑤专业的教学质量决定着专业发展的生命周期。强化教学质量管理要做到以下几

① 参见刘恒:《中国法律硕士培养模式的思考》,载《中山大学学报》(社会科学版)2005 年第 4 期。

② 参见蓝楠、才惠莲:《资源环境特色法律硕士教育的思考——以中国地质大学(武汉)法律硕士的培养为例》,载《科教导刊》2012 年第 6 期。

③ [英]梅因:《古代法》,沈景一译,商务印书馆 1959 年版,第 203 页。

④ 参见戴莹:《法学硕士和法律硕士培养方式之比较》,载《华东政法学院学报》2005 年第 3 期。

⑤ 张金山主编:《开放教育品牌建设与可持续发展:浙江省现代远程教育学会 2008 年学术年会文集》,中央广播电视大学出版社 2009 年版,序第 2 页。

点。首先,选拔好的生源为法律硕士教育奠定基础。生源是保证培养质量的关键,为此,必须完善招生制度和方法。应该把考生的综合素质与能力作为考核的重要内容,考核突出基础性、宽广性的内容,着重评价考生有无从事法律实务和创新的潜在素质。考核方式坚持笔试与面试相结合、考生与导师双向选择。其次,规范课程培养,提升法律硕士专业水平。我们常说"以本为本"是举办法学教育必须坚持的一个基本原则,这是因为法学专业的主体知识的系统讲授都是在本科阶段完成的,而法学硕士、博士只是在此基础之上的进一步的深入和细化。因此,离开了这一基础,也就谈不上研究生阶段的教育了,就此而言,法律硕士专业学位教育也不能例外。[①] 课程培养是一个重要环节,建立合理有效的课程体系就要紧紧围绕教育和教学的目标,安排结构合理、循序渐进的阶梯式培养课程,课程设置要把握好法律理论教学和法律实践教学之间的平衡,把树立学生的法律理念和掌握法律实务技术结合起来。课程内容应根据最新实际案例编写,具有一定广度与深度,授课方式应灵活多样,因材施教。美国卡林顿教授认为,就像把诊所式教育当成促使法学教育更具应用性的适合模式一样,我们现在面临另一个危险,即把研究生学院误解为提升法学教育学术性的好模式,应发展出法学职业教育的模式,使其比医疗诊所更具有学术人文气息,比研究生训练更具实践性。[②] 法律硕士专业培养立足于高级法治人才的培养,既要重视理论,也要重视实践。最后,完善最终毕业成果的考核机制。目前,法律硕士毕业要求可以是调研报告、重大疑难案例的解决方案或分析报告,也可以是研究论文。实际上很多学生选择的是研究论文形式。然而,根据笔者多年审阅本校和外校硕士毕业论文经验发现法律硕士论文水平一般较法学硕士论文差。因为毕竟学生在校学习时间有限,对于法律硕士的培养的重点不仅仅在理论研究,相对于研究论文而言,调研报告、重大疑难案例的解决方案或分析报告应该是更适宜的考核方式。然而之所以很多学生选择提交研究论文形式还是与当前教学模式没有脱离于传统的法学硕士教学方式有关。这需要校内与校外老师共同努力引导并指导学生对现实中的实务法律问题积极思考,不刻意追求理论创新,但要体现实践中理论表达与运用能力。

第三,细化学生就业指导。专业设置的出发点是满足社会的需要,高等教育的一个直接目的就是为学生就业创造条件。设置法律硕士专业学位的初衷是要改变我国法学教育与法律职业严重脱节的现状。纵观历史,法律仍交由专业的法律专家、立法者、法官、律师和法律学者们培植是保留至今的西方法律传统。[③] 在中华人民共和国成立后很长一段时间,我国存在法学教育与法律职业相分离的想象,即没有接受法律教育背景的

① 参见霍宪丹:《中国法律硕士专业学位教育制度的实践与反思》,载《河南省政法管理干部学院学报》2008 年第 5 期。

② See Paul D. Carrington, "Dangers of the Graduate School Model", *Journal of Legal Education*, 1986, p. 36.

③ [美]哈罗德·J. 伯尔曼:《法律与革命——西方法律传统的形成》,贺卫方、张志铭、高鸿钧、夏勇译,中国大百科全书出版社 1993 年版,第 43 页。

人担任法官、检察官、律师。这种状况从2001年全国人大常委会第22次会议通过《法官法》《检察官法》的修正案后开始转变,因为法律规定国家对初任法官、检察官和取得律师资格实行统一的司法考试制度。司法考试制度使法律硕士专业的学生从事司法工作的机会增加。然而,随着司法机关的人员逐渐饱和,这方面的需求空间相应减小。与此同时,随着我国经济的发展与新的法律问题的出现,其他社会需求日渐增加。作为培养单位应该引导学生拓展法律就业的视野,在发挥法律专业优势的同时结合相关专业知识与能力从事更大范围内的法律工作。并且,就业的眼光不能仅盯国内市场也要尝试进入国际舞台。从学生入学起,培养单位就应根据学生实际情况指导其进行职业生涯规划,这不仅有利于学生未来的就业,也可为专业的品牌建设打下人气基础。

结束语

"教育要面向现代化,面向世界,面向未来"①为我国教育事业指明了发展方向。法律硕士教育是整个教育的一个重要组成部分,也是实施依法治国重要方略的需要。品牌建设不仅使法律硕士专业更好地发展,而且为我国国家建设培养法治人才机制的创新奠定了基础。

---

① 中华人民共和国教育部编:《邓小平论教育工作》,北京师范大学出版社1998年版,第31页。

海商法的自体性之反思

何丽新*

海商法的定位问题是海商法理论研究中的重要问题。历经20多年海事司法实践，我国海商法的修订呼之欲出，但相关研究内容多以挖掘海商法的自体性为主，忽视与民商法理念、制度的共通性，认为海商法不是根植于民商法，相反是自身进化的结果，海商海事诸多法律制度为海商法所特有，共同集中和代表着海商法的特点，不符合民商法的一般原理，是民商法的异类。基于海商法的历史沿革、海商法的特性、海商法律制度等综合研究，海商法理论界长期极力强调海商法的特殊性和独立性，在某种程度上重塑海商法自身法学理论发展史，缺乏厚重的理论基础支撑，导致海商法游离于我国民商法体系之外，无法为海商法的修订树立统一的理念与范式，陷入“治标不治本”的境地。不少学者为此感到忧虑，海商法封锁在孤立的空间，脱离整个法学理论体系的支撑，海商法有可能成为无本之木，无源之水。①

一、海商法自体性的根源

海商法的内涵是研究海商法定位的前提和基础。海商法是调整海上运输和船舶有关的社会关系法律规范的总和。② 海商法的自体性源于“一般海商法”（general maritime law），原意是指在海商法中，人们普遍认为存在一套从古代沿袭下来，以习惯为基础，通行于全球，在海运世界里尽人皆知的规则。海商法的历史渊源逐渐形成其独特精神和制度构成。因海商法起源于一定海域内通行的商业惯例，其效力不是源自一国主权，这种自体法曾被认为是独立于一国法律之外并应为一国法院直接适用的法律渊源。但现代国家越来越注重主权意识，几乎没有国家愿意接受高于主权的海商法。“海商自体法”虽然在法律适用上没有得到接受，然而，就此奠定了海商法自体性的根源。因此，海商法自体性的实质是海商法所固有的特殊法律制度以及这些制度在法学体系中的地位和归属，

* 厦门大学法学院教授。

① 参见张永坚：《法之家庭的游子—我国海商法的回归与发展》，载北京大学法学院海商法研究中心主办：《海商法研究》2001年第2辑，法律出版社2001年版，第222页。

② 关于海商法的调整对象，各国立法例存在很大的差异。我国《海商法》第1条规定：“为了调整海上运输关系、船舶关系，维护当事人各方的合法权益，促进海上运输和经济贸易的发展，制定本法。”

更多的是认为在法律体系中海商法自成一体。

(一)商人习惯法的历史渊源

罗得法(Rodian Law)被视为海商法的萌芽,记载的是公元前罗得岛处理某些海事案件如共同海损和海上保险的习惯性规则,"这些习惯和规则,都由海上贸易行会选出的特殊的海事法院加以实施,而不是由一般的国王或领主的法院来实施的"。[①] 罗得法被称为商人为维护自身利益,将在海上贸易形成的大量海事习惯经过汇集和编纂而成为一部综合性的法典,为以后的海事立法奠定了基础。中世纪,随着航海贸易的发展,产生了各种海事习惯法,相继由私人编纂成册,其中对后世影响最大的是中世纪的三大海法:《奥列隆惯例集》(Lex Oleron)、《康索拉度法》(Lex Consolato)、《维斯比法》(Laws of Visby),被视为是海事法系形成的标志,成为海商法的另一共同的法律渊源。可见,追溯海商法的起源可知海商法是商人造法的产物,是对航海贸易中形成的习惯总结,成为人们普遍认为存在的一套从古代沿袭,以习惯为基础的规则。由于海事习惯在实践中不断发展和完善,因而使其具有很强的历史延续性。

(二)自成一体的规范体系

从法律表现形式分析,海商法是法律规范的综合体。海商法的规范表现形式多样化,既有调整船舶登记、船员配备等公法性质的行政法规范;又有调整海上运输合同、船舶物权关系、海上保险合同、海上侵权产生的损害赔偿关系等涉及合同、侵权关系的民商法规范。同时,由于海商法的国际统一性强,存在共同的法律渊源,各国海商法又不同程度地移植或借鉴大量的海事国际公约、国际惯例和国际通行的标准合同,加上海商法调整对象具有跨国性,海商法还表现为大量的国际海运协定、冲突规则等涵盖国际公法、国际私法的国际法规范。另外,海商法规范不仅停留在实体法规范层面,还存在涉及管辖、法律适用等程序法规范。因此,就规范表现形式而言,海商法涵盖公法性质和私法性质的规范,涵盖国际法性质和国内法性质的规范,涵盖实体法性质和程序法性的规范,其本身难以归属一个传统意义上的、单一的法律部门,而是由属于各个法律部门的法律规范所组成的一个综合性的规范体系。在我国海商法颁布时,由于该法是当时所公布或生效的法律、法规中条款最多的一部,加之该法确立了诸多具有中国特色的海商法律制度,理论界不少人称其为"海商法典"。我国在1999年又颁布了《海事诉讼特别程序法》,在程序上保障海商法的贯彻实施。这样,我国形成一套自成一体的海商法的法律体系。

(三)复杂多重的调整对象

调整对象作为特定的社会关系,是划分法律部门的基本依据和出发点,不同的法律部门存在不同的调整对象。我国海商法开宗明义规定,海商法调整海上运输关系以及其他与船舶有关的各种关系。尽管形式意义上的海商法和实质意义上的海商法的调整对象范围略有不同,但即使就形式意义的海商法而言,我国海商法所调整的法律关系远不

---

① [美]约翰·H.威格摩尔:《世界法系概览》,何勤华译,上海人民出版社2004年版,第774页。

是海上商业活动所能包容的。海商法调整的法律关系呈现多种类性,有船舶物权关系、运输合同关系、海上侵权关系、分担海上风险的特殊法律关系、船舶管理监督关系等等。可见,海商法既调整平等主体之间的横向民事关系,又调整非平等主体之间的纵向行政关系。海商法不仅表现为调整不同法律部门的法律关系,而且海事法律关系所涉及的主体更是复杂,除自然人、法人构成海商法所调整的特定社会关系的主体的主要部分外,国家、国际航运组织等也构成海事法律关系的主体,且海事法律关系多发生在三方或三方的主体之间,如在运输关系中,就存在承运人及其代理人、实际承运人、托运人、提单持有人或收货人、国际货运代理人、保险人等,不同的主体之间交织形成多方的权利义务关系,比一般民事法律关系复杂许多。因此,不少学者认为,海商法所调整的都是特殊的法律关系,存在一套独立的法学理论、立法原则,已形成自己的法律体系,作为一个独立的法律部门条件已经成熟。①

(四)英美法系的法律脉络

海商法具有广泛的实践基础,海商法大部分规则是英美法系国家海事法律实践的成果。英美法系的普通法规范不少也来源于海商法的判例、原则和精神,如合同落空、根本违约、合同的条件、合同的担保等都可以追溯到海商法起源,海上保险更是陆地保险特别是财产保险的起源。毫无疑问,英美法对于海商法的产生和发展奠定了坚实的基础。各国海商法均不同程度地受英美法系影响,就如英国 1906 年海上保险法,世界上大约 1/2 的国家的海上保险立法受其影响,我国海商法中的海上保险亦无例外。可见,海商法在漫长的历史长河中积淀成为自成一体的法律制度和规范形式,并影响着其他部门法的进展。海商法厚重的法价值,使海商法在英国等航运发达国家法律体系中处于不可比拟的地位,其独立成为霸主地位就无可厚非。由于英国对于世界各国海商法的影响非同一般,因此,尽管我国海商法颁布时间较晚,但亦熏陶海商法地位的传统优越感,海商法的自体性亦在所难免。

(五)多元交织的法律品性

利益最大化是海运主体追求的目标。海商法所调整的海上主体,根本在于保证其主体的营利性,海商法也就是保障海运主体正当营利活动的法律,因此,海商法的首要价值在于营利性。同时,各国为保护本国航运业的发展,国家意志介入海事立法中,海商法的内容和形式上渗透公法因素,使海运主体私法性受到必要限制和制约,海商法因此具有公法性。更不容忽视的是,海商法作为与航海技术和航运业务紧密联系的法律,具有较强的技术性和专业性。海上运输及其他海上活动较之陆地活动存在明显的特殊风险,海上风险的特殊性使海商法领域形成独特的调整方法、适用原则、衡量标准、通行习惯等,海商法形成一系列独具特色的法律制度如海事赔偿责任限制制度、船舶优先权制度、海

① 参见司玉琢主编:《海商法》,法律出版社 2003 年版,第 6 页。

难救助制度、共同海损制度、船舶抵押权制度等。同时,就我国海商法的调整范围而言,①海商法所调整的关系大多数是涉外关系或具有涉外因素的关系,其效力范围不仅涉及本国海域的外国船舶、外国海域的本国船舶,而且涉及外国海域的外国船舶等。因此,海商法具有营利性、公法性、技术性、专业性、涉外性以及法律制度的特殊性等多重法律品性。

二、海商法自体性的误区

(一)重视国际化,忽视本土化

海上运输的涉外性,使调整海上运输关系的海商法具有很强的国际性。我国海商法立法技术上也选择大量移植国际海事公约、国际海事惯例和国际标准合同的捷径,只要同我国公共秩序、善良风俗和强制性法规没有抵触的,我国严格按照国际标准制定海事规则。② 海商法的国际统一化进程非但没有削弱其自体性,反而在某种程度上凸显了海商法作为独立法律体系的内涵。但捷径往往也是险途,法律承载着国家利益,存在国界,法律移植如果没有因地适宜地加以本土化改造,必然导致法律适用的尴尬境地,这在我国海事司法实践中已经有所体现。同时,我国海商法研究过于强调传承英美法而忽视本土化,言必称英美,一些文章将"英美学者曾指出""英国法院判决"等视为最高准则,作为最有力的论据,③完全是法律的拿来主义。的确,英美法对近现代的海商法的形成和发展有着重大的影响,但因长期停留和禁锢于英美法,海商法学方法论陷入英美法系的思维模式中,海商法的法律解释过于依赖英美法的判例解答和法理分析,缺乏本土资源的适用,缺乏丰富深厚的理论支撑,将严重影响中国本土海商法的深入研究,海商法成为支离破碎的实务经验的简单堆砌。我国法律传统毕竟传承大陆法系。虽然随着经济全球化,两大法系正进一步走向交融,但法律传统的区别仍是根深蒂固。大陆法系强调理论为先导,而英美法系的重点在规则、制度和判例上。我国海商法的研究长期以英美法系为模本,势必导致海商法游离法的体系之外。同时,各国海商法都是维护和促进本国海运业发展的重要武器,淡化对本国法律内部系统性的考虑,就很难充分保护本国不同群体之间的利益。

(二)局限实务性,缺乏理论性

海商法产生于商务实践,很多制度和理论是在航运实践中总结归纳出来的,同时又反馈或指导着海事实践,因此,海商法具有广泛的实践基础。但是,海商法界不少学者基此而强调海商法扎根于海事实践,认为海商法是按照自己的规律发展的,与民商法理论相背,无须借助民商法原理加以解释。④ 离开民商法体系的支撑,海商法恐将成为无源之

---

① 参见《海商法》第2条。

② 参见郭日齐:《我国〈海商法〉立法特点简介》,载交通部政策法规司编:《〈海商法〉学习必读》,人民交通出版社1993年版,第29页。

③ 编委会:《关于海商法论文写作的几点看法》,载郭瑜执行主编:《海商法研究》(2001年第1辑),法律出版社2001年版,第2页。

④ 参见郭瑜:《海商法的精神——中国的实践和理论》,北京大学出版社2005年版,第77页。

水。众所周知,就海商法的产生而言,其存在先天不足。海商法发端于中世纪商人习惯法,缺乏厚重的理论基础支撑。同时,我国海商法诞生早于大部分民商基本法,受限于时代法制发展状况的约束,海商法制度设计的严谨性及术语使用的规范性难免存在缺陷。理论是先导,海商法研究缺乏法学理论特别是民商法理论的支撑,海商法的法律思维受限以问题为中心,一些问题停留在就事论事的基础上孤立地研究,某些在民商法理论上容易解决的问题,在海商法界却成了反复争论不休的难点。提单被公认为是海上货物运输法律制度的基石,关于提单的权利归属却成了海商法悬而未决的问题,人们借助在英美法对提单的认识"document of title",产生提单是所有权凭证、物权凭证、提货凭证、占有权凭证、债权凭证等多种观点。[①] 因此,忽视法学基础理论体系以及发展成果,不但不利于海商法自身理论的完善和提升,而且也使我国现行的海商法研究与整个法的体系之间存在明显的隔膜。

(三)强调特殊性,轻视普遍性

海上风险是海商法的起点和终点,为分担海上风险,海商法创设了船舶优先权、共同海损等一般民商法所没有的法律制度,同时,由于海商法先于一般商法的发展,其本身具有一定的自主性,民商法某些规定和原则适用于海商法多少存在水土不服的现象。因此,海商法界总是将海商法的特点发挥和挖掘得淋漓尽致,将海商法中的各种独特制度的有机结合构成海商法体系,在法之体系中彰显其独立性。但是,法律都具有普遍性,海商法的自主性只不过是相对的、偶然的现象。民商法的基础理论和基本原则乃至民商法的精神是互通的,海商法的许多制度,究其根源,仍然是民商法原理在海上运输关系和船舶关系的应用,虽然不是必然的一一对应关系,有的甚至在民商基本法中找不到相应的概念或制度,但海商法本质上仍具有民商法的平等性、普遍性、权利互惠性的特性,同时也追求商事领域的交易的简捷、安全以及公平,奉行私法的真谛——权利法的观念。

(四)关注行业性,疏忽平等性

海商法最初的形式是商人习惯法,是商人为维护自身利益而将海上贸易中形成的海事习惯汇集或编纂而成。因此,海商法沿袭对航运发展的倾向性保护,通过航海过失免责、海事赔偿责任限制等制度,体现以船东等承运人利益的保护为显著特点。但法律的目标在于平等,反对将特权或不合理揉入法律体系。我国是航运大国和贸易大国,货主利益和航运利益的平衡一直是海商法所必须关注的问题,为了更好地维护航运秩序,协调船货双方的利益和权利义务关系,我国虽然没有参加代表船东利益的《海牙规则》和代表货主利益的《汉堡规则》,但是在承运人责任制度上却是以《海牙-维斯比规则》的规定为基础,吸收了《汉堡规则》中适合我国国情并在航运实践中行之有效的规定,应该说,

① 参见何丽新:《无单放货法律问题研究》,法律出版社2006年版,第51~65页。

我国海商法在立法层面上做出很大的努力,较好地体现了船货利益平衡原则的国际性规律。① 但在海商法实践中,由于货主范围宽泛,难以形成有力的力量与航运利益抗衡。因此,一定程度上出现了部门利益化和行业利益化的现象,航运业内人士多是基于海商法的特殊性和独立性来认识海商法所产生的行业保护特性。

三、海商法的自体性非民商法异化

(一)海商法历史渊源的私法属性

考究海商法的历史渊源,约公元前20世纪的《苏美尔法典》就存在有关船只航行规则以及航行事故的处理法则,该法第3条规定:"不依照指定他的航线行驶而使船只失事者,除船价本身外,应对船主人按……计算租船之费。"②该规则就是一项损害赔偿规则。古代两河流域的《汉谟拉比法典》对海商法的发展亦有重大贡献,该法典与海商法有关的条款约有10条,主要涉及船舶建造的报酬与责任规则、船舶碰撞的损害赔偿规则、货物运输规则及水上航运规则、船舶租赁与租金规则等,这些规则都是涉及民商事规则。目前被公认为世界上第一部成文的海商法规范是公元前8世纪的罗得法,其形成于罗马—拜占庭帝国时期,当时法律文化的基本特色就是私法文化的传统与发达,罗得法是在商品经济高度发达的基础上形成的,将地中海沿岸地区的商业习惯吸收、融合,并经过整理编纂,以满足商业发展的需要。罗得法分为序言,人法篇(船上工作人员、乘客与货主、海盗等),物法篇(有体物、无体物),债法篇(债的一般理论、契约之债、准契约之债、私犯之债)。近现代海商法的大量规则与理念皆是自罗得法发展而来的。因此,海商法的产生与形成是当时海上商业关系的再现,是海上商业关系在法律获得承认与固定的结果。③按照罗马法的公法与私法的划分标准,是以法的创制渊源为根据而作出的。④ 后人对其划分标准的理解不尽一致,但多数学者以法律所保护的利益作为区分标准,认为保护公益为目的的法是公法,保护私益的法是私法。可见,海商法与一般民商法,虽各有其历史背景和独特制度,原不能相提并论,但纵观海商法的历史渊源,海商法的私法属性不断被肯定和坚持,在海商法的理论体系中,深深地留下了民商法规范的痕迹。因此,与航运业息息相关的海事法历史悠久,在不间断的发展中形成了独特的国际惯例而自成一体,但仍保持许多联系的陆上运输分支法律。⑤ 著名的海商法学者威廉·台特雷如是说:"不可否认的是,民法在海商法早期阶段所起的核心作用。作为唯一可获得的全面的书面海商法渊源,民法为法官们提供了权威的法规参考。"⑥

---

① 参见李天生:《船货利益平衡原则研究》,法律出版社2012年版,第316页。

② 参见林志纯:《世界通史资料选辑·上古部分》,商务印书馆1962年版,第42页。

③ 参见王小波:《〈罗得海商法〉研究》,中国政法大学出版社2011年版,第69页、第175页。

④ 参见黄风:《罗马私法导论》,中国政法大学出版社2003年版,第7页。

⑤ 参见[美]G. 吉尔摩、C. L. 布莱克:《海商法》,杨召南等译,中国大百科全书出版社2000年版,第1页。

⑥ [加拿大]威廉·台特雷:《国际海商法》,张永坚等译,法律出版社2005年版,第14~15页。

（二）海商法与民商法价值取向趋同

以自治为核心的理念，是私法赖以生成和发展的根基。民商法是以自治为核心的最基本私法规范的总和，其崇尚民商事主体依意思自治原则处分自身的民商事权利和义务，法律不得非法干预。私法自治理念在合同领域体现得最为充分，契约自由理念是近代民法三大基石之一。在海商法领域，海商法的演变最好地诠释了严格的契约本位向限制的契约本位的过渡。古代海商法以海事商人的特权地位为基础，通过商人自制规则和裁判而形成海事习惯法。近代海商法走向国家立法道路，随着海事主体特殊身份地位的湮灭，契约自由原则加以确立。海上货物运输合同、提单背面管辖权及法律适用条款的效力、租船合同条款的并入等彰显契约自由在海上货物运输领域的活力。然而，随着社会本位对个人本位的修正，基于对交易安全的重视及对弱势群体的保护，私法自治受到的限制不断强化。法律以强制性手段介入民事活动日益频繁，诚实信用原则和公序良俗原则的引入、反垄断法的出现、契约相对性理论的突破、不利解释原则的运用均体现法律对私法自治的限制。而在海商法领域，当契约自由理论沦为强权者压榨弱小者的工具，出现承运人滥用该原则而肆意增加免责条款侵害货主利益的现象时，法律的价值取向也由原先的形式平等转而追求实质平等，海商立法从价值目标、法律原则到具体的法律规则的设计都围绕自治与管制的关系而展开。因此，海商法亦坚持私法自治的民商法核心理念，辅之以法律强制手段，通过海运主体平等法律地位的实质矫正，达到对私法自治原则进行必要限制，以平衡海运主体的合法权益。

同时，民法以平等、公平等原则最大限度确认人的权利，公平、平等的价值理念体现于民法制度的各个方面，贯穿于民法规定的始终。海商法所追求的价值理念亦是实质公平。海商法不仅关注船货双方实体上的权利义务的公平，还关注双方背后风险承担的多寡，从而在船货双方之间合理分配经营中面对的海上风险，体现了对实质公平的追求。海商法实践表明，海商法无法脱离民商法而自立。海商法的特殊性不容忽视，但海商法也应当遵循民商法普遍性的立法理念。

（三）海商法律制度定位在民商法体系下

海商法有独立的调整对象和完整的规范体系，与民商法是平行关系还是隶属关系？海商法的调整对象大多属于民商法调整之范畴，海商法与民商法是特别法与一般法的关系。在我国，海商法不可能脱离民商法而自存，它要使用民商法的基本概念，如物权、债权、合同、侵权等；要借助民商法的基本制度，如合同订立的要约承诺制度、违约赔偿的计算方法、共同侵权的连带责任等；要遵守民商法的基本原则，如公平、等价有偿、诚实信用等。脱离了民商法的支撑，海商法就无以自立。[①] 我国海商法共278条，主要围绕船舶物权、海上合同、海上侵权、海上保险等进行规定。船舶物权是以船舶为标的的物权，包括船舶所有权、船舶优先权、船舶抵押权、船舶留置权等，船舶物权具有一般财产物权的共

① 参见郭瑜：《海商法的精神——中国的实践和理论》，北京大学出版社2005年版，第66页。

同属性,与民法物权有着一定的固有性和历史上的渊源。① 海上合同包括海上货物运输合同、船舶租用合同、海上旅客运输合同、拖航合同、救助合同、海上保险合同、船舶建造合同、船舶买卖合同、货运代理合同、海洋勘探开发合同等,这些海上合同属于合同特别法;海上侵权包括船舶碰撞、船舶油污、船舶燃油损害、船载有毒有害物质损害等,这些海上侵权行为属于侵权特别法。② 可见,海商法本身并没有提供统一规则来调整船舶物权、海上合同和海上侵权,这些都是民法制度在海运领域的体现。尽管海商法的调整对象不局限于民商事关系,还包括海事行政关系,海商法起源和发展中也形成了诸多民商法所不曾有的制度和规则,但从法理上来说,界定法律体系是一个按照不同的法律部门分类组合而形成的一个成系统的有机联系的整体,我国海商法对船舶地位、船舶安全、船舶管理等行政法律关系几乎没有规定,除个别条款外,主要调整海上运输和船舶中所发生的物权关系、合同关系、侵权关系等平等主体的人身关系和财产关系。因此,从法律概念、法律制度、法律原则、调整范围来分析,将海商法律制度定位在民商法体系范畴是合理的。

综观之,海商法本身非但没有提供统一的规制来调整“海上合同”“海上侵权”,其对应的合同和侵权来自民法中大的制度,而且即使船舶优先权、海事赔偿责任限制制度等海商法独具特色的法律制度亦不与民法理论和原则相悖,仍需要借助民法原理加以解释。如共同海损,就存在合同说、不当得利说、无因管理说、代理说等。虽然我们不支持海商法与民商法的类似制度建立简单的对应关系,但是海商法律制度是民商法原理在海上环境上的特殊运用。海商法不是若干特殊规则的集合,海商法各制度之间相互联系和协调,其特殊性不足以支撑和寻求海商法的一般性规定,只能定位在民商法体系内。海商法脱离民商法体系,不仅会使海商法成为我国法律制度中的异类,也会使海商法失去深厚的基础。

四、海商法在民商法体系下进化

(一)以民商法理论为先导,尊重海商法特殊性而非独立性

海商法与民商法存在血脉相通的内在联系,与民商法不可能是平行的关系,不可能脱离民商法而自立。海事主体承担着陆地所无法比拟的特殊风险,为分担这些海上风险,逐渐形成一系列特殊的法律制度,如海事赔偿责任限制制度、船舶优先权制度等,海商法的特殊性是不容忽视的。但是,海商法的普遍性是永恒的,共性与个性的协调是现代社会的基本价值观,民商法经过几个世纪的发展形成了独特的价值理念,并随社会不断发展得以更新完善。海商法作为民商法之特别法,在法律适用上遵循特别法优先原则,但是,价值理念作为法的内在精神,是立法者精神意志的体现,作为特别法之海商法也应当遵循民商法之一般立法理念,才能实现法律体系的和谐统一。注意海商法与民商

① 参见司玉琢、李志文主编:《中国海商法基本理论专题研究》,北京大学出版社2009年版,第55页。

② 参见韩立新主编:《海上侵权行为法研究》,北京师范大学出版社2011年版,第10页。

法的交融，使海商法脱离孤立的状态，在保持与民商法体系的同一性和相关性的前提下，关注海商法独特的制度，是海商法健康发展的方向。因此，在民商法体系下强调和坚持海商法的特殊性，并非是将海商法独立，这是我国海商法应坚持的基本原则。

在海商法研究过程中，不能厘清海商法与民商法的关系，将严重影响海商法研究的深度和广度。海商法实务工作者和研究者过分强调个性化和行业特征，忽视海商法与法的整体体系中其他相关各法之间内在联系的学习和探讨，以致缺乏坚实的法学理论的有力支撑而难以推动海商法向纵深发展。[①] 因此，应重视民商法的法学基础理论对于海商法问题的借鉴和指导作用，同时，也应正确认识海商法研究成果对民商法的影响、贡献。海商法在理论上表现出与包括民商法在内的其他各相关法的有关理论、原则、制度相融合的趋势。离开博大精深的民商法体系的支撑，海商法研究只能在纵向上发展，而无法在横向上比较和广度上挖掘，最终必将影响纵向研究的深度。只有坚持丰富的民商法理论为先导，才能渗过海商法的表象，揭示海商法的法律本质和发展规律。

同时，民商法和海商法共同进化表现为该过程中的相互依存和借鉴，相互从对方的制度中吸取营养，而并非将海商法的概念和制度中与民商法的概念和制度一一对应，以寻求定位民商法的正当性，应充分尊重和保留海商法的相对独立性，尊重海商法固有的习惯法传统和独特的法律制度，使海商法内在的品性在民商法体系的演进中得到彰显，但海商法的相对独立性并没有达到自足性，民商法为海商法的适用提供一个大的框架，且在必要时弥补其不足。

（二）以实质公平为原则，平等保护海事主体的合法权益

民商事主体权益的平等保护，是民商法公平原则的实质体现，民商法的一切制度设计均是围绕确认和保护民商事权益而展开的。我国海商法为海事主体创设符合航运实践的基本权利，明确相关海事主体的权利义务，是确实维护海事主体的合法权益的应有之义。

第一，界定海事主体的权利义务。我国海商法对托运人定义的不合理，导致“船上交货价”（Free On Board，FOB）国际贸易下卖方普遍存在提单风险和救济困难；港口经营主体、货运代理企业定位的不明确，导致法律适用的不确定，滋生民事权利保护的不平等。因此，海事主体的定位是权利保护的前提。同时，权利的行使是有界限的，遵循权利不得滥用的基本原则要求海事主体在行使自身权利时，不得损害他人合法权益，海商法有必要在控制权制度、无船承运人制度、承运人免责制度、留置权制度及目的港无人提货等方面对主体权利行使的界限作出明确的规定，保护海事主体的合法权益。

第二，统一水上货物运输制度。由于海商法立法之初对内河、沿海运输与海上运输的不同认识，我国法律对水上货物运输实行不同归责原则为基础的“双轨”立法机制，使

① 参见吴志攀：《〈海商法研究〉序》，载北京大学法学院海商法研究中心主办：《海商法研究》（1999 年第 1 辑），法律出版社 1999 年版，第 1 页。

内河航运主体与国际海上货物运输主体在货物迟延交付、承运人免责制度、货物留置权的行使、共同海损制度及海事赔偿责任制度的适用等方面存在诸多问题。水上货物运输双轨立法机制有损公平正义理念,在当今国际海上运输归责原则与内河、沿海运输日益靠拢的背景下,应当统一我国水上货物运输法律制度。当然,海上风险与内河、沿海运输风险仍然不可同日而语,在统一水上货物运输制度的同时,也应当注意海上运输的特殊性,适当给予海运主体合理的额外保护。

第三,完善海上风险分摊机制。海上风险分摊机制是以承运人适航义务、承运人免责、海难救助、共同海损、海上保险和海事赔偿责任限制为主要制度构成的风险防范与规制的法律制度体系。"索马里海盗"等事件暴露了海商法在调整人为外来风险方面的不足之处,尤其是海难救助、共同海损与海上保险相关制度适用的不确定性,严重影响了船货整体利益的保护。海商法应当以追求实质公平为己任,以成本分摊理念为基础,保留概括性免责条款,明晰海难救助与共同海损的构成要件,加强外来风险承保力度,合理构建船货责任分摊体系,平衡船货各方的合法权益。

第四,淡化行业保护色彩,合理建构海事主体责任机制。我国海商法制定之初借鉴国际海上货物运输立法,为保护我国航运业发展,在承运人责任归责上实行不完全过失责任制。现代科技的高度发展及船舶安全性能的提高,使海上风险的抵御大大提高,废除航海过失责任已经成为国际立法趋势。同时,从民商立法的最新趋势也可以看出,行业保护色彩将逐渐淡出历史舞台,我国侵权责任法也体现了过错责任在侵权责任归责体系的主导地位。因此,我国海商法应当废除航海过失责任,采用过失推定责任,并合理安排当事人之间的举证责任分配,重塑承运人责任制度。

(三)以交易安全与效率并重,维护海运秩序,保护海洋生态环境

秩序是法律产生和存在的目的,民商法对所有权的保护经历了所有权神圣不可侵犯到以保护交易安全为目的的善意取得制度的变化,体现了民商法关注市场交易主体信赖利益保护的特点。善意取得制度随着交易安全与市场秩序的构建,日益扩展到用益物权和担保物权领域,海商法应当注重交易安全的保护,在留置权、抵押权制度方面实现与担保法、物权法等民商基本法的统一。

第一,完善船舶物权法律制度,奠定交易安全基础。物权法定原则是指物权的种类和内容以法律规定为限,当事人不得自由创设物权。由于我国海商法早于物权法、担保法等颁布,其对相应物权制度的设定缺乏民商法基础理论的支撑,存在许多不合理之处,加之海商法移植国际公约而导致法律协调的内在缺陷,使海商法在船舶物权等章节对船舶所有权、抵押权、留置权所下定义及制度安排,与现行民商法制度存在严重的不协调之处。因此,有必要比照民商法的最新立法成果,统一海商法与其他民商基本法相关物权制度的设置,梳理海商法物权制度的落后及不合理规定,统一相关物权制度的内容,才能确保物权法定原则"定分止争"功能的实现。

第二,合理安排电子商务,保障交易便捷。随着高科技的迅速发展,人类迈入了快速

便捷的互联网时代，电子商务技术遍及各行各业，海运业同样紧跟时代发展潮流。电子单证的出现，将使航运业走向无纸化时代，大大减少海运业的经营成本，必将成为海运单证变革的发展方向。我国海商法应当站在时代发展的前列，为电子单证制度制定必要的规范准则，同时应当注意互联网开放性、虚拟性特征对市场安全秩序带来的负面影响，及时做好防范措施，维护交易安全，保障交易效率。

第三，保护海洋生态环境，实践海洋强国战略。随着生态危机的日益迫切及自然资源过度开发的严重恶化，人与自然和谐发展成为民法调整的范畴。海洋是人类文明发展的摇篮，海洋开发战略强势推进，海洋产业发展的环境负面效应显著，海洋环境保护对人类生存和发展具有至关重要的意义，我国已经将海洋生态环境保护上升到国家立法的高度，海商法也应当体现对海洋环境保护的贡献，在借鉴国际最新公约立法的基础上，结合我国国情的特殊需要，专章设置海洋污染损害赔偿制度，建立海洋生态损害赔偿制度。

环境法学科与环境法教育的比翼发展

唐双娥[*]　雷秋玲[**]

高等教育承担着培养高级专门人才、发展科学技术文化、促进社会主义现代化建设的重大任务。环境法教育由于教育对象明确、针对性强、注重反馈信息，并着眼于教育对象在利用与保护环境上行为的改变，对环境保护的作用是至关重要的。高等学校作为培养具有创新精神和实践能力的高级专门人才的主阵地，开展和加强环境法的教育对于贯彻环境保护基本国策、推进生态文明建设尤为重要。受"重科研轻教学"的影响，高校环境法教育与环境法学术研究的发展存在失衡的现象。而法治国家和生态文明的建设离不开环境法教育的实施。环境法学科与环境法教育的比翼发展是建设美丽中国的必然要求。

一、环境法学科地位之回顾

学科一般指学术的分类，即一定科学领域或一门科学的专业分支，我国国家标准G/TI 3735－92将学科定义为"学科是相对独立的知识体系"。一门独立学科的形成需要如下几个要素：一是研究的对象或研究的领域，即这门学科具有独特的、不可替代的研究对象，具有特殊的规律；二是理论体系，即形成特有的概念、原理、命题、规律，构成严密的逻辑系统；三是研究方法。环境与资源保护法作为独立的二级学科，表明其有相对独立的知识体系，包括独立的研究对象、研究特征、研究方法、研究目的以及研究目标等。从20世纪80年代以来，我国环境法学界无不将环境法作为独立学科看待。

尽管最初的环境法研究具有鲜明的学科意识，但环境法在法学学科中作为独立学科的地位的获得是一个相对漫长的过程。这里分阶段粗略梳理一下。

1984～1989年的阶段。1984年中国法学会在成立的是年，就邀请部分同志对10个法学学科的现状与展望进行了介绍，这10个学科分别是法学理论，法律史学(含中国法制史、外国法制史、中国法律思想史、西方法律思想史)，宪法学，刑法学，民法学，经济法

---

* 湖南大学法学院副教授。

** 湖南大学法学院教务秘书。

学,劳动法学,刑事诉讼法学,民事诉讼法学,国际法学。[①] 尽管1979年我国制定了《环境保护法(试行)》,1982年《宪法》也增加了环境保护条款,中国法学会在对我国法学学科进行介绍时,找不到环境法的影子。这说明我国法学研究严重滞后于我国环境保护的立法与环境保护的现实。这是我国环境法学从产生之初就面临的一个尴尬问题——如何在法学界获得自己的独立地位。这一尴尬处境至今仍或多或少存在。

1989~1997年的阶段。1985年国家教育委员会(以下简称国家教委)组织制定了法学类专业目录,除法学、经济法、国际法、国际经济法、法理学、刑事侦查、劳动改造法学外,增设了环境法、知识产权法两个第二学位专业。国家教委制定的这个法学类专业目录,为环境法的教育提供了保障,无疑推动了环境法学科的发展。如1989年张友渔、刘瀚先生在《中国法学四十年》一文中介绍了环境法学。文章认为,尽管环境法学科起步较晚,但由于现代化建设事业的迫切需要发展迅速,成绩显著;在学科建设上,则以我国环境保护及其经验总结,我国的环境政策与环境立法以及环境法教学为重点,探讨了环境法的定义,环境法的阶级性,环境法律体系,环境立法的目的和任务等。[②]

1997年之后的阶段。1997年,国家对法学学科进行调整,法学一级学科内原有的16个二级学科减少为10个,其中环境法扩充为“环境与资源保护法”。环境与资源保护作为一个独立的二级学科设置,充分体现了法学学科主动适应经济建设与社会发展需要的原则。环境与资源问题不仅已成为一个突出的问题,而且是关系我国经济和社会可持续发展的根本性战略问题。把“环境与资源保护法”作为一个独立的法学二级学科来设置,符合国家社会发展的大趋势,是具有前瞻性的考虑。[③]

二、环境法教育的地位之回顾

(一)环境学科的环境法教育

“学科”与“专业”两个词经常一起使用,但两者的区别是明显的。学科的概念体现着一个研究领域,而专业则明显是一个育人概念的范畴。[④] 从上文可知,我国环境法学科尽管起步晚,但还是得到了蓬勃发展。那么,与环境法学科相比,环境法教育又呈现出一个怎样的状况呢?

环境法教育就是通过提高法制意识来推进人民的认知意识,从而积极、合理地参与到环境保护中,同时懂得利用相关的法律法规来保障自己所享有的环境资源权利。根据《高等教育法》第5条的规定,高等教育的任务是培养具有创新精神和实践能力的高级专门人才。承担高等教育的院校通过设置不同的专业来实现育人的目标。专业的构成主要是由专业培养目标、课程体系和专业中的人。培养目标对整个专业活动起导向和规范

---

① 参见沈宗灵等:《我国法学十个学科的现状与展望》,载《中国法学》1984年第1期。

② 参见张友渔、刘瀚:《中国法学四十年》,载《法学研究》1989年第2期。

③ 参见曾宪义:《我国法学高层次人才培养规划的必要调整》,载《学位与研究生教育》1997年第5期。

④ 参见马陆亭:《学科、专业的同与不同》,载《光明日报》2017年7月29日,第7版。

作用,专业建设在很大程度上取决于对专业培养目标的定位与设计。课程体系直接影响专业建设与发展,即课程体系合理与否、质量高低、实施效果好坏直接影响专业的人才培养质量。①

环境法课程在高校中的开设情况如何呢? 10 多年前的一份调查表明,在环境学本科专业中,由于环境学科专业设置主要是针对特定环境问题集中于培养环境技术型人才,包括清华大学、北京大学、复旦大学、中山大学、浙江大学等在内的大学很少培养环境法律法规的专业人才,环境科学、环境化学、环境监测、环境工程、环境经济学、生态学、环境微生物、环境土壤学、水污染控制、大气污染控制课程的开课率基本上为 80% ~100%;非环境类的学生中将近有 64% 的学生对相关环境法知识毫无所知,36% 的学生了解一些。一方面是由于他们是法律系的学生,上过环境法这门课;另一方面是通过媒体了解到的。②

(二)法学学科的环境法教育

在法学专业中,环境法教育的开展有一个较长的发展过程。1979 年,北京大学法律学系率先在全国法学院校开设环境法学课程;1980 年,开始招收环境法学硕士学位研究生,这是环境法教育的肇始。

1984 年,教育部颁发《综合大学法律系法律专业教学计划》,环境法被列为法学专业本科教学的选修课。1985 年,国家教委组织制定了法学类专业目录,除法学、经济法、国际法、国际经济法、犯罪学、刑事侦查、劳动改造法学外,增设了环境法、知识产权法两个第二学位专业;是年,高等教育自学考试指导委员会将环境法列为法律专业自学考试本科阶段的选考课,1998 年又将其列为必考课。1993 年,国家教委颁布新的法学专业目录,犯罪学、知识产权法和环境法三个专业升格为研究生专业或学科专业下的一个研究方向。因此,自 1984 年以来环境法教育就陆续开展了。但问题在于环境法专业并没有丰富、健全的课程体系予以支撑。有调查表明,我国高校中环境法课程开设率较低,同时相关配套工作没有开展,缺乏可持续性。③ 这种局面直到 2007 年才得以改变。

2007 年,教育部高等学校法学教育专业指导委员会决定将法学专业教育的核心课程由 1998 年的 14 门增加到 16 门,其中新增的一门为环境资源法。至此,环境法教育才被纳入法学专业培养的范畴。

法学教育的专业设置从 20 世纪 70 年代的 1 个专业衍生为 80 年代的 7 个专业,从 90 年代的 5 个本科专业归并为如今的 1 个专业,每一次的调整都折射出社会的变迁。④ 环

---

① 参见洪世梅、方星:《关于学科专业建设中几个相关概念的理论澄清》,载《高教发展与评估》2006 年第 2 期。

② 杨姝文、刘静玲:《中国大陆高校环境法教育现状及途径研究》,载《亚太科学教育论坛》(第 5 期第 3 册)2004 年 12 月。

③ 同上。

④ 参见曹义孙:《中国法学教育三十年:成就、问题与出路》,载《中央社会主义学院学报》2009 年第 5 期。

境法课程在法学教育中地位的变迁,则折射出环境保护在我国经济社会中的地位的变迁。众所周知,尽管1979年通过了《环境保护法(试行)》,1983年第二次全国环境保护会议将环境保护确定为一项基本国策,但20世纪80年代由于坚持"以经济建设为中心"的路线,使经济社会发展走的是"先污染后治理""先破坏后修复"的道路,是以牺牲环境为巨大代价的。2006年,国务院新闻办公室第二次以白皮书的形式发表《中国的环境保护(1996~2005)》,提出中国政府将积极加快实现"三个转变":一是从重经济增长轻环境保护转变为保护环境与经济增长并重;二是从环境保护滞后于经济发展转变为环境保护和经济发展同步;三是从主要用行政办法保护环境转变为综合运用法律、经济、技术和必要的行政办法解决环境问题。① 因此,2007年教育部高等学校法学教育专业指导委员会将环境资源法增加为法学专业教育的核心课程,是环境保护在我国经济社会中的地位得以转变的一个注脚。当然,环境法教育被纳入法学专业培养的做法,也是环境法学科强劲发展势头的有力印证,教育部高等学校教学指导委员会正是在把握国内外有关学科专业教育的发展趋势后才将环境资源法新增为法学专业教育的核心课程的。反过来说,环境法设置为核心课程,意味着环境资源法学科"边缘性"地位的改善②。

三、环境法学科方面制约环境法教育的因素

(一)环境与资源法未被官方确定为独立的法律部门

对于一个学科的建构而言,规范研究是有意义的。规范研究有助于环境法学的独立和自治,形成其专业的体系和术语。但就环境法而言,环境法的这种规范研究面临的问题是环境与资源法律法规较分散,最致命的是其本身未被官方确定为独立的法律部门。

2011年3月,第十一届第四次全国人民代表大会宣布中国特色社会主义法律体系已经形成,国家经济建设、政治建设、文化建设、社会建设以及生态文明建设的各个方面实现了有法可依。判断中国特色社会主义法律体系形成的主要标志为四个方面:第一,涵盖社会关系各个方面的法律部门已经齐全;第二,各个部门法律中基本的、主要的法律已经制定;第三,相应的行政法规和地方性法规比较齐备;第四,法律体系内部总体做到科学和谐统一。③ 按照该标准,环境与资源保护法应当是一个独立的法律部门。不过,在由吴邦国作的第十一届第四次全国人大常委会工作报告中,土地管理法、环境保护都被视为经济领域立法。④

2011年10月,由国务院新闻办公室发表的《中国特色社会主义法律体系》白皮书在

---

① 参见国务院新闻办公室《中国的环境保护(1996~2005)》。

② 参见周卫:《论本科层次〈环境与资源保护法学〉的课程建设》,载《中国法学会环境资源法研究会会议论文集》,昆明,2009年8月3日。

③ 参见法言:《判断法律体系形成的主要标志——话说中国特色社会主义法律体系的形成》(二),载《中国人大》2011年第12期。

④ 完善经济领域立法,继续审议预算法修正案草案和资产评估法草案,修改土地管理法、农业技术推广法、环境保护法、证券投资基金法、商标法等,推动形成有利于科学发展的体制机制。

承认“中国特色社会主义法律体系已经形成,国家经济建设、政治建设、文化建设、社会建设以及生态文明建设的各个方面实现有法可依”后,将中国特色社会主义法律体系的构成表述为“由宪法相关法、民法商法、行政法、经济法、社会法、刑法、诉讼与非诉讼程序法等多个法律部门组成的有机统一整体”。显然,在《中国特色社会主义法律体系》白皮书中,环境与资源法并没有被列为独立的一个法律部门,环境与资源保护法律体系中的法律散见于不同的法律部门中,如规范自然资源合理开发利用的土地管理法、森林法、水法、矿产资源法等法律、促进能源的有效利用和可再生能源开发的节约能源法、可再生能源法、循环经济促进法、清洁生产促进法等,都被规定在经济法这一部门法中。可见,无论是在最高权力机关还是最高行政机关那里,环境与资源保护法都没有被确定为独立的法律部门。这一做法对环境与资源保护法学科的建设是极不利的。

环境与资源保护法未被官方确定为独立的法律部门对于环境法教育的开展而言是一个巨大的障碍与阻力。这反映在司法考试(2018 年已改名为国家统一法律职业资格考试)尤为如此。司法考试是国家统一组织的从事特定法律职业的资格考试。每年的司法考试中环境法方面的题目分值一般只有 6 分,使环境法连应试针对性都没有。相反,在日本,环境法在法科大学院被定位为前沿学科,是一个选考科目,使环境法的教育有一定的应试针对性;尽管实际上应试时选择环境法科目的学生尚属少数,在 2011 年也有 729 人(在 8 科选考科目中占 6.2%)。①

(二)环境法学术共同体尚未较好形成

构建环境法理论体系被认为是环境法学学科走向成熟的标志之一。但是,环境法对于一些基础问题没有达成共识,环境法知识共同体尚未形成。② 这里以环境法的几个基本问题举几例说明之。

一是环境与资源保护法的调整对象。学术界关于环境保护法调整对象是什么存在颇多争论。一种观点认为,“环境法既调整人与人的关系,也调整人与自然的关系”;③另一种观点认为,环境保护法不能直接调整人与自然的关系。④

二是动物的地位。受环境伦理学、生态中心主义理论等的影响,有关动物的法律地位的争论也甚嚣尘上。尤其是随着德国《民法典》第 90a 条的修正“动物不是物”的规定,引起了民法学界和环境法学界的争论。民法学界的杨立新教授认为,法律人格的扩张无法扩张至动物,奥地利、德国、瑞士等国民法典的修正主旨也不是赋予动物以法律人格,

---

① 参见[日]礒野弥生:《日本环境法教育的现状与课题》,载《山东科技大学学报》(社会科学版)2011 年第 6 期。

② 参见吕忠梅:《环境法学研究的转身——以环境与健康法律问题调查为例》,载《中国地质大学学报》(社会科学版)2010 年第 4 期。

③ 蔡守秋:《人与自然关系中的环境资源法》,载《现代法学》2002 年第 3 期。

④ 参见李爱年:《环境保护法不能直接调整人与自然的关系》,载《法学评论》2002 年第 3 期。

在民法中应当将动物作为一类特殊的物来对待,在法律规则的适用上应当有别于普通物。[①]

三是环境法原则。有的将环境法的基本原则概括为环境保护同经济、社会持续发展相协调;预防为主、防治结合、综合治理;全面规划、合理利用自然资源、环境责任;国家干预。[②] 有的将其概括为预防原则、协调发展原则、原因者负担原则、公众参与原则。[③] 还有的将其表述为保护优先原则、预防为主原则、综合治理原则、公众参与原则、损害担责原则。[④]

学术传统和学术精神依托学术共同体而存在。学术共同体尽管以宽容为原则,但对基本学术问题应在求同的基础上保持差异。学术讨论必须依赖于该学科的共同点,如基本的思维方法、问题关怀、价值取向、学术标准。否则,该学术共同体就缺乏交往的基础。如果说上述对环境法基本理论的分歧在环境法学发展初期尚可理解,那么,当环境法学经过近 40 年的发展后,对这些基本理论仍存在如此大的分歧,则从另一方面反映出环境法学术共同体没有很好地形成。环境法这种学术共同体的尚未形成,对环境法教育的开展自然是很不利的。在环境法教育的开展中,因无法传授那些应取得公认的环境法知识,进而影响受教育者对环境法学科的信赖。

(三)环境法作为新兴学科很多理论尚未形成

当然,环境法学术共同体尚未形成的一个重要原因是环境法作为新兴学科所致。新兴学科面对新的研究对象,顺应社会发展和学科发展的客观规律,以新的研究思路、研究范式和研究方法,形成新的问题解决方案,进而创设新的制度,凝练新的理论。[⑤] 具体而言,环境法以环境问题为研究起点,而环境问题在不断的演变之中,决定需要不断突破之前的一些基础理论。以气候变化与温室气体的控制为例。传统上,法律所规制的是污染环境的行为,所管制的物质为污染物。但在应对气候变化上,所管制的温室气体就不一定都是污染物了。例如,二氧化碳、甲烷作为受控的温室气体,显然不是大气污染物,2017 年修订后的《大气污染防治法》第 2 条也规定,"对颗粒物、二氧化硫、氮氧化物、挥发性有机物、氨等大气污染物和温室气体实施协同控制"。这就提出了环境法的核心概念——环境污染提出了挑战。环境问题的新变化,一方面使已经形成的环境法理论继续发展,以适应解决新的环境问题的需要;另一方面决定了有些环境法理论尚未形成,难以对现行环境问题给出很好的理论诠释。这种状况对环境法的教育而言是不小的阻力。正如有观点指出,"与其他传统法学学科相比,环境法学发展时间相对较短,内容更新更

① 参见杨立新、朱呈义:《论动物法律人格之否定——兼论动物之法律"物格"》,载《法学研究》2004 年第 5 期。

② 参见周珂主编:《环境法学研究》,中国人民大学出版社 2008 年版。

③ 参见汪劲:《环境法学》(第 3 版),北京大学出版社 2016 年版。

④ 参见吕忠梅主编:《环境法学概要》,法律出版社 2016 年版。

⑤ 参见蔡立东:《加快构建中国特色法学学科体系》,载《中国大学教学》2017 年第 5 期。

快,这是环境法课程设置过程中的一个不可忽视的现实因素”。①

四、加快环境法教育的建议

党的十九大报告指出,“建设生态文明是中华民族永续发展的千年大计”,要“实行最严格的生态环境保护制度”。环境法教育对于生态文明建设和环境法治建设的作用是举足轻重的。

(一)增强环境法在化工安全专业中的地位

化学工业是环境污染较为严重的部门。2015 年天津滨海新区爆炸案更将化学工业中的生产安全、环评推上了风口浪尖上。鉴于化工安全对于化学工业健康发展的重要性,教育部和原国家安全生产监督管理总局联合发文,要求培养化工安全人才:“化工安全在本科和研究生层次主要涉及化工与制药类、安全科学与工程类、机械类、自动化类部分学科专业;在专科层次主要涉及生化与药品大类、环保气象与安全大类部分专业。”②

化工安全人才的培养,应将环境法课程作为其培养计划的重要课程,尤其是环境法中的化学品安全管理、大气污染和水污染的防治、固体废物的处置等内容,应作为教学的重点,要求学生予以全面掌握。

(二)加强环境法课程在法学专业中的地位

党的十九大报告在提出“建设生态文明是中华民族永续发展的千年大计”“实行最严格的生态环境保护制度”的同时,也提出了“建设中国特色社会主义法治体系、建设社会主义法治国家”的总目标。建设法治国家,其实现以及实现效果都依赖于法律人才的质量和数量。法学教育作为培养高级的专业法律人才的唯一途径,在依法治国建设法治国家、建设生态文明中就显得尤为重要。高校培养的学生是未来社会的建设者和生力军。其中很多人会成为政府机关的决策者、管理者,成为实施环境法的重要主体;还有很多会进入经济领域、社会领域,成为环境法律的重要守法主体。因此,如果高校学生没有接受过环境法教育,对环境法律没有一定的掌握,就会成为环境法盲,对自己违法环境法律法规的行为会毫无认知。尽管公民环境法教育能在一定程度上弥补这种缺陷,但却不能替代专业的环境法教育。

尽管 2007 年教育部高等学校法学教育专业指导委员会将环境资源法增加为法学专业教育的核心课程,但环境法并没有获得应有的地位。一方面是由于师资力量所限;另一方面是由于环境法课程不受重视所致,如课时少、课程单一,除环境资源法课程外,像国际环境法、比较环境法等选修课程都未开设。因此,应当加强环境法课程在法学专业中的地位,增设相关的课程。

---

① 王灿发、于文轩:《论我国环境法学的课程设置与教材建设》,载《当代法学》2008 年第 6 期。

② 参见教育部、原国家安全生产监督管理总局《关于加强化工安全人才培养工作的指导意见》(教高〔2014〕4 号)。

(三)将成熟的学术研究成果转化到课程、课程体系中

从总体上来看,教材体系的"短板"尚未改变,教材建设还不能与中国特色哲学社会科学学科体系和学术体系建设要求相适应,还不能与国家对哲学社会科学人才培养的要求相适应。[①] 这一点在环境法上体现得尤为突出。

环境法作为新兴学科,起步晚,但却呈现出蓬勃发展之势。当然,环境法的发展也呈现出明显的阶段性。例如,在环境法的早期,环境法研究重点在于环境法的学科独立性、环境法的性质、目的以及环境法的性质等方面;之后,环境权、环境侵权、生态补偿等成为研究的焦点。徐祥民、胡中华先生将环境法的学科发展概括为"环境法学在过去的发展中,对于环境法的基础理论作了较深入的探索,取得了较丰硕的理论成果学科渐趋成熟"。[②] 环境法学科研究的这些成果,应当适当地转化到环境法的教材中。教材一方面是环境法学术研究成果的结晶和凝练,另一方面又是环境法教育开展的基础和必备资料。教材起着链接环境法学术与环境法教育的桥梁作用。因此,一本好的环境法教材对于环境法教育的实施是非常重要的。好的环境法教材又是环境法学术研究水平的一面镜子。经过几代人的努力,我国环境法的学术成果较为丰硕,应通过集体的努力凝练进教材,通过环境法教育的实施将这些学术成果以较大的受众对象——学生予以传播。而中国环境资源法学会作为学术共同体,更应在环境法的教材建设中发挥应有的组织作用。

① 参见《教材建设是国家事权——对话国家教材委员会委员》,载《光明日报》2017 年 7 月 14 日,第 6 版。

② 徐祥民、胡中华:《环境法学研究 30 年:回顾与展望》,载《法学论坛》2008 年第 6 期。

现代网络社会治理法学学科建设的思考

徐汉明[*] 王玉梅[**]

一、问题的提出

改革开放40年来,在中国共产党的团结率领下,我国锐意推进经济体制、政治体制、文化体制、社会体制、生态文明体制改革,不断扩大开放;①中华民族迎来了从站起来、富起来到强起来的伟大飞跃,中国特色社会主义道路、制度、理论不断发展,拓展了发展中国家走向现代化的途径,给世界上那些既希望加快发展又希望保持民族独立的国家提供了全新选择,为解决人类问题提供了"中国智慧""中国方案"。与此同时,党和国家提出法治国家、法治政府、法治社会一体建设,推动国家治理能力和治理体系现代化,并逐步把网络治理法治建设作为法治一体建设的重要内容。为应对新时期网络社会治理领域出现的一系列新问题,根据我国网络社会法治建设实践探索的实际情况,党中央从国家顶层制度设计层面提出了"依法规范网络"的网络社会治理宏观战略部署。这标志着我国网络社会治理建设开始向保障运用法治思维和法治方式,"依法治网、依法办网、依法用网、全民护网"现代法治治理模式阶段跨越转型,即"网络社会治理的法治模式"。其是指坚持运用法治思维和法治方式,将网络社会治理要素、治理结构、治理程序、治理功能纳入法治范围及运行轨道协调统一的有机综合体及其治理理论、制度与实践。② 当下,我国已初步建立起了网络社会治理法治体系,这个体系在应对世界多极化、经济全球化、治理多元化、信息现代化迅猛发展,对我国经济社会发展尤其是网络空间主权安全与网络治理社会化、法治化、智能化、专业化水平的提升过程中发挥了应有作用,取得了显性的效果。

网络社会治理法治模式的实践探索,网络社会治理法治体系的初步形成,对彰显中国特色的网络社会治理法学学科体系、学术体系、话语体系以及人才培养体系的基本形

---

* 中南财经政法大学法治发展与司法改革研究中心主任暨湖北法治发展战略研究院院长、教授。

** 中南财经政法大学博士研究生、法治发展与司法改革研究中心研究人员。

① 参见《中共中央关于全面深化改革若干重大问题决定》。

② 参见徐汉明、张新平:《网络社会治理的法治模式》,载《中国社会科学》2018年第2期。

成提出了要求。如何应对发达国家网络治理话语体系"一家独大"挑战,而中国特色网络社会治理法学新鲜理论仅有少数知名学者引领,供给总量不足的问题,构建以中国特色社会主义法治理论为指导,以习近平新时代中国特色网络治理法治理论为指南,以世界的眼光和一切从实际出发的立场深入观察思考的中国宏大网络治理场域不断产生的新经验、新方法、新模式,形成体现时代性、开放性、原创性的网络社会治理法学理论体系;系统梳理网络社会治理法治的基本经验、道路、模式及其理论价值,回答网络社会治理法学的特殊研究对象问题,弥补网络社会治理法律关系的理论体系短板,凝练网络社会治理法的基本原则。如何应对网络社会治理实践对学科智力支持的需求,在抽象概括体现网络治理法治基本范畴、基本理论、制度结构、历史类型、实施方式、法治文化、中外比较的网络治理法学学术体系的基础上,构建以理工科的计算机学、物理学、光学为基础,以法学为主导,以政治学、经济学、社会学、管理学、统计学为补充的现代新型交叉学科——网络社会治理法学。如何应对网络社会治理法治对交叉学科人才的需求,破除轻视网络法治教育的观念和做法,切实树立"网络强国""网络法治护国"的意识,构建起门类齐全、分类实施、统筹协调的现代网络治理法学学科体系、理论体系、教材体系及课程体系,以培养和造就大批"复合型、能力型、创新型"卓越法治人才。而这需要网络社会治理法学做出学科上的回应。在新的历史方位下构建网络治理法学学科,完善网络社会治理法学学科体系、学术体系、话语体系、人才培养体系,为网络社会治理能力和治理体系法治化提供厚重的智力支持,实现由"网络大国"向"网络强国"跨越转型,是当下学术共同体应当关注并亟待回答的重要课题。

二、网络社会治理法学学科构建的必要性

(一)推进网络治理体系和治理能力法治化的需要

网络治理体系法治化是指在党的领导下,立法机关把人民的意愿通过法定程序上升为国家意志所形成的网络治理体制、机制、程序以及相关法律规范的总和。网络治理能力法治化是指国家治理者与社会协同参与者善于运用法治思维、法治方式,凭托国家良法(硬法)与社会组织自治章程、行业规程、乡规民约、城市公约(软法)等所构成结构严密、规范有序、协调运行的制度体系,以优化网络资源配置、有效预防和化解网络风险及社会冲突、实现国家与社会良性互动、合作共治,达成网络社会善治并实现网络社会治理"帕累托最优状态"及其过程。它们对于经济社会发展而言既是动力机制,又是引导、约束及保障机制。它不仅能给经济社会发展提供良好的秩序,而且能给人们提供不断增长的"法福利"需求。现代网络治理法治既是人们在网络领域从事生产、投资、交易、分配、消费的良器,也是人们更公平地享受改革与经济社会发展成果的重器,更是保障和促进人的全面发展的基本途径。

目前,我国网络空间主权安全与个人信息保护等基础性法律制度长期缺位,现有专门法律法规的法律效力级别低,顶层制度设计存在"头疼医头、脚疼医脚"的被动跟进现象;行政法规规章立法体例存在"部门化、碎片化"现象,针对网络安全领域出现险象环生

的网络侵权、网络诈骗、网络恐怖、人肉搜索等复杂形势难以发挥有效治理的作用;部分部门规章和规范性文件中自行增设行政许可事项,造成规章与文件相互打架;部分重要领域存在立法空白,新近发生的e租宝、中晋系、B2B、P2P、众筹、"搜索推广"等网络新型业态违法乃至网络诈骗犯罪等典型案例,都是游刃于法律规则缺失、行业监管滞后、自治规范无序之间成为"法治飞地"的典型;立法解释、司法解释和行政执法解释滞后,网信监管、工商部门解释相互冲突,导致监管、执法、司法无所适从;网络安全法规内容强调政府单一管控,忽视政社合作共治,公民、法人及其他组织网络空间权益保护不力,行政救济、民事救济乃至刑事救济的程序不完备、渠道不畅通。网络安全立法更多的是关注国内网络治理,忽视了对境外网络入侵的规制,给网络空间主权维护埋下了隐患。为此,亟须对网络社会治理法治实践进行系统性研究,形成较成熟的学科体系、学术体系,为建设科学完备的网络治理法律制度体系、高效的网络治理法治实施体系、严密的网络治理法治监督体系、有力的网络治理法治保障体系提供智力支持。

(二)促进法学学科体系发展的需要

改革开放40年以来,我国法学学科体系日益成熟,取得了较大发展,但仍然存在一定的问题。例如,现存法学体系缺乏对国内法治和国际法治的统筹思考,不能适应国内法治和国际法治相统筹的新形势,难以适应中国作为一个已经站在世界舞台中心的负责任大国的使命和担当;缺乏对国家治理体制现代化的智力支持和理论支撑等。[①] 因此,加快构建中国特色法学学科体系的重大任务就是要从根本上补齐中国法学的短板,发展新兴学科,支持交叉学科。习近平总书记指出:"我国高校学科结构不尽合理,课程体系不够完善,新兴学科开设不足,法学与其他学科的交叉融合不够。"随着网络社会的发展,对于网络社会治理过程中出现的诸多新问题,传统的法学理论和方法难以独立解决,网络社会治理法治问题需要法学、经济学、社会学、政治学、信息学等多学科参与,需要文理工多学科协同。在24年网络治理法治理论建设中,理论界、实务界等学术共同体比较重视网络基础设施安全、网络技术安全、网络运行安全等物理技术与法律制度安排等基础理论与应用理论研究,这是必要的。但是,在当下的理论研究层面,亦一度忽视对网络治理过程中公民、法人、非法人组织在网络空间与现实空间相互依存与转换过程中或在相对独立的虚拟空间内,所发生的与传统社会既相区别又联系的新型法律关系,或者公民、法人、非法人组织与公共部门之间的社会关系与法律调整的关系,或者依托网络平台,运用大数据、人工智能等网络技术打造共建、共治、共享社会治理格局所形成的新型社会关系,或者公民、法人、非法人组织乃至主权国家在国际事务中与联合国、世界银行、国际货币基金组织、国际互联网以及其他国际组织之间进行经济、政治、文化、外交、军事事务及其他国际事务合作过程中所产生的新型国际关系的特殊性,缺乏对这种新型法律关系基础理论的研究,导致以理工科的计算机学、物理学、光学为基础,以法学为主导,以政治

① 参见张文显:《关于构建中国特色法学体系的几个问题》,载《中国大学教学》2017年第5期。

学、经济学、社会学、管理学、统计学为补充的现代新型交叉学科——网络治理法学的学科体系、学术体系、话语体系以及传播体系尚不成熟。为此,需要从新时代中国特色社会主义思想寻找政治逻辑,从中国特色社会主义法治体系寻找法治逻辑,从已经建成的社会主义法治体系中提炼理论逻辑,从宪法法律实施中凝练实践逻辑,从而抽象概括体现网络治理法治基本范畴、基本理论、制度结构、历史类型、实施方式、法治文化、中外比较的网络治理法治的学术体系、话语体系及其传播体系。

为贯彻落实党中央关于建设世界一流大学和一流学科的战略决策,国务院于2015年10月发布了《统筹推进世界一流大学和一流学科建设总体方案》(以下简称《方案》)。《方案》明确提出,“引导和支持高等学校优化学科结构,凝练学科发展方向,突出学科建设重点,创新学科组织模式,打造更多学科高峰,带动学校发挥优势、办出特色”,强调推动一批高水平大学和学科进入世界一流行列或前列,加快高等教育治理体系和治理能力现代化。这为构建网络社会治理法学学科建设指明了方向,提供了学科发展的新契机。网络社会治理法学学科的构建有利于推动法学、管理学、经济学、信息学等学科的交叉融合,提升相关专业基础理论研究水平,完善网络社会治理法学基础理论与应用理论创新体系,进一步推动学科整合,促进新型交叉学科发展。

(三)推进网络社会治理法学学术体系建设的需要

法学学术体系,包括法学知识体系和法学理论体系。法学知识体系,即有关我国法律规范体系、法律制度体系和法律实践体系的知识;法学理论体系,是由法学的基础理论、法学的核心理论、法学方法论等构成的理论体系,是法治实践经验的科学化、概念化和理论化。[①] 网络社会治理法学学术体系构建是网络治理法治体系和法治能力现代化的先导。一是网络社会治理法学知识体系层面:加入国际互联网24年以来,我国网络治理领域的知识生产规模迅速扩大,知识体系日益丰硕,但网络治理法学知识体系却存在着总量不足、深度不够的现象。我国的网络治理法律规范体系不够完备,如有关大数据安全、计算机信息安全的基本法律一直缺位;有关个人信息保护、儿童少年网络特别保护、电子商务活动中各方主体的合法权益保障、互联网行为规范等的专门法始终未能出台;行政法规规章立法体例部门化、碎片化;对网络平台法律责任、民间融资模式规范管理方面的行政立法与司法解释滞后;法律制度体系及法律实践体系还未形成。二是网络社会治理法学理论体系层面:多年来理论界、法律实务界、互联网业界比较注重借鉴西方现代流行的“多中心治理理论”[②]“网络化治理理论”[③]“新公共服务管理理论”[④]“合作共治理

① 参见张文显:《关于构建中国特色法学体系的几个问题》,载《中国大学教学》2017年第5期。

② 陈艳敏:《多中心治理理论:一种公共事物自主治理的制度理论》,载《新疆社科论坛》2007年第3期。

③ [美]戈德史密斯:《网络化治理:公共部门的新形态》,张迎春译,北京大学出版社2008年版。

④ [美]罗伯特·B.登哈特、珍妮·V.登哈特:《新公共服务理论:服务,而不是掌舵》,方兴、丁煌译,中国人民大学出版社2010年版。

论”,①形成了移植与克隆国外网络治理理论的热潮,对推进公共管理体制改革、探索政社合作共治模式等提供了有益的智力借鉴。而对总结我国24年来网信管理尤其是网络治理法治实践,应对发达国家网络治理话语体系“一家独大”的挑战,适应建设网络强国战略目标,而提出网络空间主权治理模式及其制度构建的新鲜理论仅有少数知名学者引领、而供给总量不足。因此,须深入观察思考中国宏大网络治理场域不断产生的新经验、新方法、新模式,形成体现时代性、开放性、原创性的网络社会治理法学理论,构建新型的网络社会治理法学交叉学科,并发展完善这一新的学科体系、学术体系、话语体系,为破解网络治理实践中存在的诸多短板和难题提供理论支撑。

(四)满足网络治理法治人才培养的需要

人才是网络安全的基石,缺少网络安全人才,就没有网络安全而言。习近平指出:“网络空间的竞争,归根结底是人才竞争”“要有高素质的网络安全和信息化人才队伍”。当前,我国已有7亿网民和庞大的网络系统,而我国的网络安全人才培养规模和能力还远远不能适应发展需要。因此,该学科的设置能满足网络治理法治人才的需求。该学科的设置还能在一定程度上缓解目前法学毕业生择业难、就业难的困境。网络社会治理法学专业培养应用型、创新型、能力型跨学科专业人才,适应网络治理创新的实践需求,就业面更广更深了。这是破解法学毕业生就业难题的重大举措,是拓宽大学生就业门路的创新之举,也是人民群众对高等教育培养模式改革创新的新要求、新期待。在此背景下,社会对网络社会治理法学高层次专业人才的需求越来越大。

首先,党政机关、司法机关、社会管理部门对网络社会治理法学专业人才的需求。根据测算,截至目前,全国34个省(直辖市、自治区)、680个地级市、3374个县级单位以及数以万计的乡镇需要有大批政治可靠、网络社会治理法律业务精、熟悉群众工作、作风扎实、品行优良的网络社会治理法学人才。按照公务员(780万)自然减员率0.5%,每年需要补充懂法律、讲规矩、善协调、重服务、会治理的公职人员3.9万余人;全国公共财政供养人员5000万,按自然减员率0.5%,每年需要补充人才25万余人;全国注册大中小企业4300万个,按1/3的企业有一个懂法律、善管理的企业人才,需要1400万余人;全国行政村69万个,按每个村有一个懂法律、善治理的社会人才就要69万余人;政府治理、企业自治、社会治理、政社合作共治给网络社会治理法治人才提供了广阔的空间和急迫的供给需求。此外,随着社会对网络社会治理法学建设人才需求的增加,全国开设网络社会治理法学专业的院校数量必将持续增多,对网络社会治理法学专业相关科研和教学人才的需求量必将持续增长。因此,发展网络社会治理法学学科,为网络社会治理法学领域培养复合型、创新型、能力型高层次人才,有利于满足网络社会治理法学高层次人才的社会需求。由于现有法学、管理学、经济学等人文社会科学学科设置相互不融通,学科设置单一,人才培养模式机械封闭,跨学科复合型、创新型、能力型人才培养难以生成,国家

① 朱德米:《网络状公共治理:合作与共治》,载《华中师范大学学报》2004年第3期。

每年不得不从相近专业或转业军人中予以补充;而社会其他领域,比如,各类公共事业单位、非营利组织所需网络社会治理法学类专业人才的数量更大。因此,设置网络社会治理法学学科、培养这方面的专业人才,是实施依法治国方略、建设法治国家,坚持依法执政、建设法治政党,坚持依法行政、建设法治政府,坚持依法管理与社会依法治理、建设法治社会的迫切需要。

其次,高校、科研院所等教研单位的需求。随着社会对网络社会治理法学建设人才需求的增加,全国开设网络社会治理法学专业的院校数量也必将持续增多,对网络社会治理法学专业相关科研和教学人才的需求量必将持续增长。未来5~10年,为培养网络社会治理法学专业的高层次人才,各有关高校、科研院所等教研单位,每年将增加招收一定数量网络社会治理法学专业的博士研究生、硕士研究生,以适应未来网络社会治理法学专业教学和科研工作需要。设置该学科是充实高校师资队伍,提高教学科研水平的需要。

三、网络社会治理法学学科建构的正当性

国家质量监督检验检疫总局、中国国家标准化管理委员会《学科分类与代码国家标准》(以下简称《学科分类与代码国家标准》)"编制原则"第1条明确规定:"本标准所列学科应具备其理论体系和专门方法的形成,有关科学家群体的出现,有关研究机构和教学单位以及学术团体的建立并展开有效的活动,有关专著和出版物的问世等条件。"对照以上基本条件来审视当前网络社会治理法学发展的现状,可以说,近年来,网络社会治理法学研究已经有了长足的发展,其作为一门独立的新兴交叉学科已初具规模,把"网络社会治理法学"确定为一门独立的新兴交叉学科不仅是可能的,而且是法治实践探索和学术研究发展的必然。

(一)网络社会治理法学理论体系的初步形成

伴随网络社会治理模式的转型和网络社会治理法治实践的发展,以应其势,围绕网络社会治理法治问题,学术界及实务界针对网络社会治理法的基础理论、网络治理法律体系、网络治理法律实施、网络社会治理国际合作等问题进行了广泛探讨,研究成果丰硕。学者们侧重于从社会学、伦理学、公共行政学等视角关注网络治理问题,注重利用交叉学科视野,研究网络社会治理的基本理论、治理模式等;在探究网络社会治理的路径中逐渐关注网络社会有效治理与公民权利保障的协调。例如,美国学者约翰·巴罗发表了著名的《网络空间独立宣言》,强烈呼吁互联网应该完全摆脱政府控制,网民在网络空间中实现自我治理。[①] 在我国,近年来网络社会治理问题亦成为学界关注的热点。从相关文献数量来看,据不完全统计,有关网络社会治理相关学术专著类共有179多本、期刊论文类共有6918余篇、学术论文类共有4183余篇,并且成果呈现长期徘徊低迷与近3年突

① 参见[美]约翰·巴罗:《网络空间独立宣言》,李旭、李小武译,载高鸿钧主编:《清华法治论衡》(第4辑),清华大学出版社2004年版。

发增长的态势。[①] 有关网络社会治理法的相关学术专著类7部,期刊论文类393篇,学术论文类共有252篇。研究成果呈现出长期低位与短期爆发增长,2011年至今则呈现"阶梯式"增长态势。[②] 随着研究者网络社会治理法治问题关注的深入,其研究方向日渐收敛和集中,网络社会治理法学研究领域渐次生成,各研究领域通过碰撞、廓清,演化出符合学科特征的自身知识系统。学科理论体系的形成是学科构建的逻辑基础,通过多年实践探索和理论论证,网络社会治理法学的研究对象与研究内容逐渐明晰;网络社会治理法学的研究范畴、学科理论体系及学术话语体系已初步建立,学科构建的智识发展已初步形成,学科形态日益成熟,主要表现为以下几个方面。

1. 学科核心概念的统一

在网络社会治理法治研究领域形成的过程中,学科核心概念逐步成熟并统一。研究者在适应传统社会向网络社会、信息时代跨越大背景下对"网络社会""网络社会治理""网络社会治理法"等核心范畴进行了深入探讨,为网络社会法学理论体系宏构提供了条件和可能。首先是对"网络社会"的界定。关于"网络社会"(network society)一词的由来,最早由荷兰学者简范·戴克于1991年在其 *The Network Society* 一书中提出并使用的,[③]他认为网络社会是由各种不同网络交织形成的,而网络也决定了社会的走向跟目标,影响的层次包括个人、组织以及社会。卡斯特则认为网络社会是指一个社会中关键的社会结构和社会行动都围绕着电子信息网络而展开的社会形式。[④] 我国学者围绕"网络社会"范畴作出多种界定阐释。[⑤] "网络社会"这一基础性概念的清晰界定和统一使用是当前理论和实务界面临的首要课题之一。网络社会是指一种社会形态中各种关系基于互联网技术产生聚合而形成的特定空间,其本质上是现实经济、政治、文化、社会、生态领域各种关系的单一或综合反映、延伸和表达,是社会形态的特定空间,是公民、法人及

① 数据根据超星学术整理,载超星学术网:http://ss. chaoxing. com/ncxreport? sw = 网络社会治理&specialchannel = ksht&field = 0&originalsw = 网络社会治理 &isort = 0&x = 0_7209,最后访问日期:2018年5月15日。

② 数据根据超星学术整理,载超星学术网:http://ss. chaoxing. com/ncxreport? sw = 网络社会治理法治&specialchannel = ksht&field = 0&x = 0_7209,最后访问日期:2018年5月4日。

③ 参见谢耕耘:《新媒体与社会》(第11辑),社会科学文献出版社2014年版,第91页。

④ 参见赵然:《网络社会中集体记忆研究的回顾与反思》,载《新闻研究导刊》2017年第1期。

⑤ 例如,郑中玉、何明升认为所谓的"网络社会"并不代表着一种单一网络形式的社会和高度整合的社会状态,只是一种社会结构形态,它只是信息化社会的超文化和制度的基本结构逻辑和关键特色之一。熊光清认为,从本质上看,网络社会是一种数字化的社会结构、社会关系和社会资源的整合形态,其关系网具有虚拟(virtual)特征,但事实上网络社会是一种客观存在。童星在《网络社会:一种新的、现实的社会存在方式》一文中主张把"网络社会"严格地界定为"通过网络(主要是互联网)联系在一起的各种关系聚合的社会系统"。何明升认为,网络社会存在机制实质上是一种新质的共在模式,它实现了人-机交互的生存方式,使人的心智与计算机的高性能得到了良好的嵌合。戚攻在《网络社会的本质:一种数字化社会关系结构》一文中将"网络社会"界定为数字化的社会关系结构,是一种新的、虚拟的人类生存状态与环境。

其他组织以网络拓扑结构交互连通为基础，通过数字信息和通信技术实现各种社会关系整合、再造而形成的一种特殊的社会结构形态，是一个国家或地区占有一定网络资源、机会的社会成员的组成方式及其网络关系格局。① 其本质上是公民、法人及其他组织等主体之间的各种关系基于互联网技术产生聚合而形成的新的社会关系格局和结构形态，是现实经济、政治、文化、社会、生态领域各种关系的单一或综合反映、延伸和表达。② 对"网络社会"概念的界定，为理论与实践中分析和研究网络社会这一新型形态的社会活动，确认他人在这一社会结构中的地位作用提供了智力支持和现实指导。其次是网络社会治理。有关网络社会治理范畴的界定，诸多学者和机构都作了较为深入的研究。荷兰学者沃尔特·科克特则认为网络治理是一种特殊的治理模式。③ 联合国互联网治理工作组(Working Group on Internet Gorernance，WGIG)认为，所谓网络社会治理是指政府、私营部门和民间社会根据各自的作用制定和实施的旨在规范互联网发展和运用的共同原则、规范、规则、决策程序和方案。④ 我国有关网络社会治理范畴的界定，可综述概括为"实践说""工具说""治理说"。"实践说"认为，网络社会治理是在借鉴并适当沿用现代社会治理的理念制度和手段方式等基础上，以互联网和网络社会为主要指涉对象，由政府、企业、社会组织以及个人等多方主体和多种社会力量参与其中，彼此通过协同努力来实施的社会治理的一种现实实践类型；⑤"工具说"认为，虚拟社会治理在微观形态上表现为网民生活样态的范式化，在宏观形态上表现为网络合作关系的模式化，而其历史形态则是自由与秩序的网络均衡，是一种形成范式模式和实现自由秩序的工具；⑥"治理说"认为，网络社会治理是指以网络社会为对象，通过借鉴治理的价值理念、制度架构和手段方式，由政府、企业、社会组织以及公民个人等多种社会力量共同参与、协同实施的社会治理。⑦ 这些学说从不同角度对网络社会治理进行了阐释，为进一步开展网络社会的特点、形态、治理主体、治理范围等理论的研究提供了理论依据和借鉴。再次是"网络社会治理法"。网络社会治理法是20世纪90年代后期，因国际互联网的广泛应用而产生的一个新的法学概念，是指运用网络技术与依托社会规则规范，对网络信息技术、物理、设施运行安全进行规范调整，对网络主体"治网""办网""用网""护网"的权利(力)

---

① 参见徐汉明、张新平：《网络社会治理的法治模式》，载《中国社会科学》2018年第2期。

② 同上。

③ 参见张康之、程倩：《网络治理理论及其实践》，载《新视野》2010年第6期。

④ Working Group on Internet Governance，"Report from the Working Group on Internet Governance"，Document WSIS - II/PC - 3/DOC/5 - E，August 2005，p. 3.

⑤ 参见李一：《网络社会治理的逻辑起点、运作机制和界域指向》，载《中共杭州市委党校学报》2015年第3期。

⑥ 参见何明升：《虚拟社会治理的概念定位与核心议题》，载《湖南师范大学社会科学学报》2014年第6期。

⑦ 参见熊光清：《中国网络社会治理与国家政治安全》，载《社会科学家》2015年第12期；王建民：《转型期中国网络社会治理：内涵与主要议题》，载《科学社会主义》2017年第2期。

与义务进行界分,以维护网络空间安全和网络主体合法权益,保障国家网络空间秩序的网络社会治理法律关系之总和。① 最后是网络社会治理法学。网络社会治理法学是以网络社会治理法现象及其发展规律为研究对象的一门法学学科。随着网络社会的不断发展变化,新型的社会关系不断涌现,反映网络社会关系变化的法律规范也处在持续变动中,其必然催生新学科的诞生。在网络之于经济社会的影响力日益增大的背景下,各国纷纷进行网络方面的立法。网络时代下网络立法数量的累积,网络监管执法、网络司法、网络法律监督等丰富实践活动以及网络社会治理法律关系的独特性,都促使网络社会治理法从传统的法学部门中独立出来,成为新的法学学科。

2. 学科研究内容的明晰

随着理论研究及实践探索的不断发展,网络社会治理法学学科定位逐渐清晰,网络社会治理法的基础理论、基本范畴、框架体系及学科发展趋向等内容日益明晰成熟,其研究内容逐渐体系化。作为一个新兴交叉学科,网络社会治理法学旨在通过分析和研究大量的网络社会治理法现象和网络社会治理法律关系,以揭示网络社会治理法规律。具体来说,网络社会治理法学主要研究内容有以下几个方面。

其一,网络社会治理法学基础理论。网络社会治理法学作为法学的分支学科,须遵循法学的基本原理、基本原则和制度逻辑。但是,网络社会治理法学学科作为一门与法学其他学科具有共通性又有极大差异性的交叉新兴学科,除研究法学普适性问题之外,亦须关照自身的独特性。某个学科之所以成为一门独立学科,一定是因为学科创设了自身特有的,独立于其他同类学科的理论体系、概念范畴、知识内容体系;同时,也是因为存在着实践对学科本身的需求,是现行相类学科不能或者不能完全解决实践中的问题,实践运行的需要推动了学科的兴起和发展。从当下网络社会治理法的理论研究和实践需求来看,本学科主要研究网络社会治理法的基本范畴、性质地位、价值功能、基本原则,以此塑造学科独立的理论体系,在法学的一般规律之上探索学科自身的独特逻辑,为学科的生成提供理论依据;研究网络社会治理法与其他部门法的关系,以此区别本学科与法学其他学科的交叉、冲突和差异,以证成网络治理法学需要从法学其他学科门类中分立出来形成独立学科;研究网络社会治理法律关系的主体、客体、内容、法律责任,网络社会治理法的路径选择,网络社会治理要素、治理结构、治理程序、治理功能等,构建学科理论研究体系,推动学科的发展和成熟;比较研究中外网络社会治理法,分析国际社会如联合国、欧盟与不同法系国家如大陆法系、英美法系、独联体法系、伊斯兰法系国家以及其他发展中国家网络社会治理法律制度理论与实践的发展现状,结合中国现阶段网络社会治理法律制度存在的问题及原因,借鉴国际社会就网络治理法律制度中有益的立法技术。

其二,网络社会治理制度史。历史是重要的,其重要性不仅在于我们可以从历史中获取知识,还在于种种社会制度的连续性把现在、未来和过去联结在一起。现在和未来

① 参见徐汉明、张新平:《网络社会治理的法治模式》,载《中国社会科学》2018 年第 2 期。

的选择是由过去所形塑的,并且只有在制度演化的历史话语中,才能理解过去。[①] 梳理网络治理制度的变迁是分析制度成因的最好途径。所谓的"路径依赖,就是从过去衍生而来的制度和信念影响目前的选择"。[②] 网络社会治理现象是存在于一定的历史环境和条件之下的,与其他法学门类调整对象不同,网络社会治理是伴随着人类社会的发展并与一国的治理理念、治理方式相关联的。网络社会治理表现为一种社会政治制度现象,其发展受社会环境因素及国家治理理念制约。网络社会治理法学研究网络社会治理法律制度的起源、发展,网络社会治理法律制度在不同历史时期表现及其质的规定性,通过对制度变迁主角及其形塑制度变迁方向的可能途径进行分析,认识网络社会治理的基本规律和发展趋势,为推动当代中国网络社会治理法律制度建设提供借鉴。网络社会治理法以网络社会的实践需求为推动力,是在网络迅猛发展这一宏大背景下产生的一种治理模式。因此,本学科同时也研究网络发展的历史及网络治理的制度变迁,以分析这一社会现象的出现对传统法律体系和实践造成的冲击和挑战,以及传统法律体系的时代性调整问题。

其三,网络社会治理制度规范。网络社会治理法学理应将网络社会治理视为独立的系统,研究网络治理制度现象,以网络社会治理制度规范为核心研究内容。全面探讨网络社会治理制度结构和法律规范体系,网络社会治理部门法的法律形式、渊源与基本法律制度;探寻网络社会治理法治的建设路径和方式,完善网络社会治理部门制度规范建设,构建由宪法、网络安全法、网络社会治理法等组成的体系完整、结构合理、层级分明的网络社会治理法律体系;构建网络信息安全与规范,研究信息安全管理和标准化建设、信息安全组织体系和安全管理责任制、网络与信息安全保障体系。

其四,网络社会治理法实践。网络社会治理法学不仅研究理论上的法,还以实践中的法作为研究对象,网络社会治理法实践是指网络社会治理法律的制定和实施,即根据宪法性授权立法、执法、司法、监督,社会公众尊法、用法、守法、护法;网络社会治理法治建设指标体系及考评标准;网络社会治理体制机制等具体的实践形态。通过网络社会治理法建设和网络社会治理法治实践,完善中国网络社会治理法律制度,为网络社会治理创新提供"法治保障",推动国家治理体系现代化、法治化。

3. 学科研究方法的创新

基于网络社会治理法治实践的涵摄作用,网络社会治理在承袭法学学科规范研究、比较研究与实证研究等传统方法的基础上,需结合学科特色创新研究方法,引入交叉学科视野,强调动态调研等研究方法。其一,交叉学科分析法。网络社会治理法学是新型

---

① 参见[美]道格拉斯·C. 诺思:《制度、制度变迁与经济绩效》,杭行译、韦森译审,格致出版社、上海三联出版社、上海人民出版社 2014 年版,第 1 页。

② [美]道格拉斯·C. 诺思:《理解经济变迁过程》,钟正生等译,中国人民大学出版社 2007 年版,第 20 页。

交叉学科,不仅属于法学领域,而且涉及政治学、社会学、管理学、经济学、网络信息学、网络安全学等学科领域。网络社会治理法学应走出传统法学相对封闭的体系,与其他学科实现信息和知识的借鉴与对流,遵循学科发展规律,体现人文社会科学"破垒融通、交叉聚合"发展趋势,充分利用其他学科原理,构建完善的网络社会治理法学学科理论体系。其二,规范分析法。传统法学强调规范研究,作为一门新兴学科,网络治理法的研究同样须注重规范研究方法。在学科生成及发展的过程中,网络社会治理法治建设过程中,我们须注重各种新兴的网络社会现象与其他现象之间的联系和制约,厘清网络社会治理法律关系,以法律关系为研究进路,围绕法律关系的构建推动网络社会治理法学学科理论的体系化。其三,动态分析法。传统法学更重视静态分析法,但网络社会治理有其特殊性,它不仅是一门新兴学科,更是人类社会面临的崭新的领域,与传统社会关系有实质上的不同。因此,对网络社会治理法治问题的研究不能囿于惯常的静态分析思维方式,需要对网络社会治理的运行实践深入考察调研。将网络社会治理活动置于具体的情境中,关注具体的网络社会治理个案的"前因后果",历史地研究网络社会治理法的实施,将个案与宏观的社会结构联系起来分析,总结其特殊性和规律性,深入探究网络社会治理法运行的现实。其四,比较研究法。网络具有无国界特征,但又受制于一国国家利益及国家治理理念的影响,网络社会治理法律制度的构建既有普适性,也有国别性。在研究过程中,需要利用比较分析方法,比较不同网络社会治理法实施的差异,概括不同网络社会治理实施的特征,寻找导致不同网络社会治理实施效果差异的原因。

学科是作为人类知识领域的专门化分支而被创造出来的巨型复杂知识系统,无论其是在学科门类的意义上存在,还是在一级学科、二级学科抑或更细的分支学科意义上存在,它们都被看作人类为了便于自我认识世界而制度化地建构起来的知识分类体系及其规范。① 通过前述对网络社会治理学科基本概念、研究内容、研究方法等问题的论证分析,我们可以发现,网络社会治理法学学科外延的明确保障了学科研究范畴的稳定。网络社会治理、网络社会治理法以及网络社会治理法学的基本概念已经形成;网络社会治理法学的研究范围日趋明确,主要包含网络社会治理法的基本范畴、性质地位、价值功能、基本原则等;学科逻辑结构清晰,遵循法学发展的基本规律,以网络社会治理法律规范及法律现象为研究对象,关注网络社会治理法治的实践运行;初步形成了一套专业化的话语结构;有自己独特的研究方法。网络社会治理法学形成了独立的学科形态,各命题之间具有一致的逻辑起点和通适性,在学科日臻成熟的过程中,理论研究的争鸣、研究命题的修订以及实践探索的失败都不会对学科的总体发展方向发生干扰。

(二)网络社会治理法学学科制度化

依学科发展的通常路径,学科在完成基本智识的有序积累后,则产生知识系统化的诉求,随着对知识系统化的不断完善,最终形成独立的学科形态。网络社会治理法学亦

① 参见龚怡祖:《学科的内在建构路径与知识运行机制》,载《教育研究》2013 年第 9 期。

遵循这一知识生产的发展轨迹，随着学科研究的日益成熟、学科知识的系统化，学科在完成建构后也将逐步迈向学科的制度化。网络社会治理法学学科与网络社会治理法学研究的发展是密不可分，相互回应的。作为网络社会治理基本法的《中华人民共和国网络安全法》正式通过，若干法律也随后相继制定与实施，网络社会治理法律体系初步形成，大大推动了网络社会治理法学的理论研究工作；相关理论问题的发掘与深化也促使网络社会治理法学学科制度蓬勃发展，网络社会治理法学专业期刊和学术研究机构渐次创办。网络社会治理法学学科的制度化主要表现在以下几个方面。

1. 职业化的研究群体

学科建设需要职业化和专业化的研究群体，研究者通常围绕学科问题，进行富有成效的创造性劳动，在学科理论构建层面逐渐积累，从而夯实学科智识基础，为学科构建创造生成要件。网络社会治理法学学科经过多年的发展，积聚了大批的研究者，通过研究者们优质高效的创造性智力劳动，网络社会治理法学的学科认同和职业身份在研究者自身及法学学术体内部逐步形成，无论是法学领域抑或网络信息安全领域，目前都集聚了一批研究队伍，学术共同体初具规模，例如，中国法学会互联网与信息法学研究会联合了国内若干科研机构组建了“网络法治研究方阵”，并打造了智库型论坛——“中国网络法治 30 人论坛”。

2. 规范化的研究平台

截至目前，我国已成立若干专门的网络社会治理法治研究的全国性及地方性学术社团。中国法学会在 2016 年中国法学会互联网与信息法学研究会改建成立，研究会作为组织开展网络社会治理法学研究、服务网络社会治理法治建设主力军、主阵地和高端智库，为学科发展提供了坚实的平台。2017 年 4 月 8 日，互联网金融法治研究会成立，并举办了“互联网金融创新与法治保障”研讨会，该会是北京市法学会下设的互联网金融以及相关领域的专业法学研究组织，是首都互联网金融法治研究学术团体和群众团体。相类似的研究团体还有北京邮电大学互联网治理与法律研究中心、中山大学互联网与国家治理研究中心、复旦大学网络空间治理研究中心、中国政法大学网络法治研究院等。研究平台的建设有利于汇集各方面的专家学者，为之提供沟通对话、交流合作的学术场域，从而促进学科基础理论和应用研究。

3. 国际国内学术交流

当前，我国以网络安全法为核心的网络安全治理法律框架体系逐步建立，配套的法规标准体系不断制定和完善，网络安全治理司法和执法实践取得重大进展，国家网络与信息安全法治化进程进入全面完善时期。为完善我国网络社会治理创新体系，推动我国网络空间安全立法和信息安全法制建设，丰富和发展网络与信息安全法学基础理论，网络社会治理法学领域国际国内学术交流活动繁荣发展。例如，2015 年 9 月，北京大学举办了“网络信息安全与法律治理”研讨会，并举行了《论网络言论自由与政府规制》新书发布会；2016 年 5 月，中南财经政法大学法治发展与司法改革研究中心举办的“法治社会·长江(国际)论坛2016——网络社会治理法治化”在武汉召开。论坛主题为“以习近平网络治理法治思想为引领,加快推进社会治理法治建设”,专家学者从理论、制度、实践三个维度展开研讨和争鸣,取得了丰硕成果。2016年11月18日,中国法学会主办以“互联网治理与法治发展”为主题的“第十一届中国法学青年论坛”召开,研究者围绕“互联网时代的国家与社会治理”“互联网经济与法律规制”“互联网与刑事司法保障”等问题展开了广泛讨论。2016年12月,西南政法大学举办“金砖国家互联网发展与法律治理合作论坛”,研究者围绕网络社会治理相关核心问题进行了充分交流。2017年7月16日,浙江乌镇举行了以“互联互通、共享共治——构建网络空间命运共同体”为主题的第二届世界互联网大会。中国信息安全法律大会拟于2017年12月15日在北京举办第八届大会,大会将以“数据治理、安全文化”为主题,设大会主论坛和“网络安全等级保护与关键信息基础设施保护”“网络社会治理”“数据治理”“密码法”四个分论坛进行研讨。通过学术交流活动,专家学者们积极参与网络社会治理法治实践,提供了一批高质量的决策咨询报告和立法专家建议稿。

四、网络社会治理法学学科的发展

(一)完善学科理论体系

1.加强基础理论研究

网络社会治理法学以网络社会治理法治现象为研究对象,是一门融合政治学、法学、网络信息安全学、社会学、管理学等多学科领域的新型交叉学科。网络社会治理法学作为法学学科的重要分支学科,在遵循通常的法学原理、研究规律的基础上,理当有自己特殊的学科生成发展逻辑,学科发展需形成独立共识的概念范畴、知识体系和理论系统。因此,需加强网络社会治理法学学科理论体系建设,加强网络社会治理法学学科的基础理论与应用研究,使之逐步成为一门独立而成熟的学科。针对当前网络社会治理法学理论基础中法学理论基础比较薄弱等状况,需要加强学科自身建设,着力研究其基本概念、理论基础、规范体系等就成为网络社会治理法学学科发展的首要任务。这既是当前我国网络社会治理法学理论研究的急迫需求,也是网络社会治理法治实践的现实需要。笔者认为,开展网络社会治理法学研究,必须从静态网络社会治理法制与动态网络社会治理法治的结合上考察网络社会治理活动中的法律现象,既探究“文本中的网络社会治理法”的表现及逻辑,又深研“行动中的网络社会治理法”的现象及规律,使二者有机结合。具体来说:

其一,网络社会治理法学导论。主要包括网络社会治理法学的意义、基本思想理论指导、研究方法、理论价值。须坚持理论引领,以中国特色社会主义法治理论为指导,从我国作为全球第一超级“网络大国”的国情出发,在践行“以我为主、兼收并蓄、突出特色”原则的过程中,在对马恩经典作家关于国家与社会治理的经典观点、毛泽东思想、邓小平理论、“三个代表”重要思想、科学发展观系统研究诠释的基础上,以习近平新时代中国特色网络治理法治理论为指南;融合管理学、经济学、社会学、信息网络学等学科的基础理论,搭建网络社会治理法学的理论基础。

其二,网络社会治理法基本范畴。主要包括以下方面:首先,关注基础性问题研究,如网络社会治理法的内涵特征、研究对象、基本原则,网络社会治理法的历史演进,网络社会治理法治的中外比较等。其次,明晰网络治理法律调整的范围。准确界分网络治理领域的法律调整范围是衡量网络治理法律制度的调整对象的精准性、调整范围的全面性、各个法律调整对象之间的协调性,从而彰显网络治理法律制度科学性的标志。对国家大数据安全保护、电子商务活动规范、网络行为规范、公民信息权利保护、未成年人网络权益保护、人工智能社会风险防控、网络平台责任风险防控的调整范围予以明确界定,从而形成科学的网络社会治理基本法调整范围体系。最后,精准界定网络治理法律关系。需要深入研究网络治理法律关系等基本范畴,厘清公民、法人、非法人组织在网络空间与现实空间相互依存与转换过程中或在相对独立的网络空间内,通过运用网络基础设施、网络技术、网络平台而产生新型法律关系;研究的重点应当是注重网络社会治理法律关系的特殊性。一是主体的扩张性,网络社会治理的主体制度包容性强,融合了传统法学的私主体与公主体,既有国家、政府等公权力主体,也有社会组织、平台、网民等私主体,治理的主体与对象的关系极为复杂。网络社会治理主体的界定应与宪法、民法通则、侵权责任法、合同法等一致,包括国家网信部门,有关行业主管部门及各级政府、行政执法、司法机关,公民(网民)、法人(网络组织)及其他组织等,废除网络安全法草案的传统界分方法。二是法律关系的多元化。网络社会治理主体的扩张性决定了其法律关系的多元化。以互联网技术为支撑的新的社会行为模式的产生,使社会治理在互联网背景下呈现出“线上”治理与“线下”治理融合、虚拟社会治理与现实社会治理并举的态势,从而极大地拓宽了社会治理的途径,丰富了社会治理的内容,使社会治理长期以来所依托的“硬法”规范、“软法”规范开始与技术规范糅合在一起,互联网技术要素资源在社会治理资源配置中常常发挥着举足轻重的作用,从而构成了当代社会治理中一幅以互联网技术平台为依托、以公权力控制功能的适度平抑与政社联动融合、开放共治功能的彰显并协调有序的新型法律关系样态。

其三,网络社会治理法律制度。需注重探究静态的网络社会治理法律体系,研究网络社会治理法律规范的内在结构、逻辑关联和框架体系,为完善网络社会治理法律制度体系提供方向指引。网络社会治理法律制度顶层设计须遵循、体现、反映和符合我国宪法关于国家安全与社会秩序,保护通信自由和通信秘密,保护公民、法人和其他组织合法权益不受非法侵犯等授权性规定;立法既要关照网络安全法、数据保护法、个人信息保护法的立法构建,又要关注行业自律公约的形成等;通过相关立法规定把网络运营商、网络服务商、网民的网络活动纳入网络安全法律规范体系之中;网络空间安全更是多维度、更宽广领域的立体动态化概念,是指地面、地下网络物理、技术、运行安全,外太空、太空,以及深海领域等三个维度的网络空间主权及司法管辖权;适时制定网络专门法如个人信息保护法、网络证据法,完善民事诉讼、行政诉讼、刑事诉讼中涉及网络诉讼的程序,设专章或专篇予以细化实化可操作化,形成网络空间治理的“门类齐备,结构合理,功能健全,保障有力”的网络社会治理法律制度体系;规制公权力,通过优化程序,防止其权力(利)滥用。具体来说,网络社会治理法的法律制度体中主要包括网络设施安全管理制度、网络安全技术与服务标准制度、网络服务市场许可准入制度、网络域名、IP 地址管理制度、网络安全等级防护与病毒攻击防范制度、网络传输内容、网络身份管理制度、网络使用活动数据留存制度、个人信息保护制度、网络信息安全公众监督举报制度、互联网行业自律制度、互联网金融管理制度、国际互联网安全管理制度、应急通信保障与管制制度、网络安全应急处置制度、分工协作管理制度、网络安全责任制、网络安全监督检查制度、网络社会治理法治保障制度等内容。

其四,网络社会治理法的实施。主要包括网络社会治理法的实施基础、实施方式以及网络社会治理法治建设指标体系和考评标准,网络社会治理法治建设的基本经验、反思及展望等内容。需注重研究动态网络社会治理法的活动——立法、执法、司法、守法、法律监督、实效评估等,探求网络社会治理活动中法的运行状态及规律,揭示网络社会治理法治建设自身及其与社会主义法治体系建设、国家治理现代化建设、经济、政治、文化、社会、生态文明建设的关系及规律,为网络社会治理法治化提供实践依据,从而实现网络社会治理法理论体系、规范体系、运行体系的整体研究,加深对网络社会治理与法律之间内在关系的认知,繁荣网络社会治理法学学科建设,提升网络社会治理法治化水平。

2. 拓宽研究视野

其一,强化问题研究意识。“社会不是以法律为基础的,那是法学家的幻想,相反地,法律应该以社会为基础。”①外在的社会需求,开发着学术研究的制度结构资源,并使其进行再生产,从而促进相关学科智识的发展,提供应对现实社会问题的合适策略。网络社会治理不同于传统的社会治理活动,有其特殊性。在我国国家治理理论及治理方式的转型大背景下,网络社会治理法学的研究视野应以网络治理法治实践过程中的问题为导向。其二,重视制度规范研究。网络社会治理法学是一门新兴学科,而网络社会治理法亦同样处于探索完善阶段。网络社会治理法学作为法学学科的重要分支学科,需遵循通常的法学原理、研究规律,主要研究网络社会治理法律制度原理和运行机制,以及网络社会的特殊规律和治理逻辑,我国现阶段的网络社会治理法律制度仍处于建设时期。因此,研究也不应忽略网络社会治理法律制度规范。其三,注重学科融合。网络社会治理法学作为交叉学科,须重视不同学科领域的沟通对话和交流合作,搭建多学科共同关注的实践场域和共同参与的学术场域,形成多学科交叉研究、跨学科研究的局面,利用不同学科优势,从不同视角研究网络社会治理法治理论及实践问题,形成新的学术增长点,进而推动法学学科体系建设。

3. 创新研究进路

网络社会治理法学交叉学科研究的“壁垒阻隔”,割裂了网络社会治理法学研究和学

① 《马克思恩格斯选集》(第6卷),人民出版社2012年版,第291页。

科自身整体性的内在联系，局限了研究者的视野和思维空间，其不仅不利于该学科理论体系、研究范式的形成、规范和发展，而且容易导致新型法学学科理论创新“洼地现象”，难以形成“异军突起”之势。为了缓解这一问题，当前及今后的网络社会治理法学研究，亟须在现有基础上取得新的突破。因此，应突破网络社会治理法学对其他法学研究的依赖性，需要把网络社会治理法学原创性问题研究摆在学科建设优先发展的位置，倡导多学科方法的融通运用，力求对这些研究方法和研究范式进行系统整合，使之有效运用于社会治理法学研究中，并力求在原有学科范式的基础之上取得新的进展，呈现特有的交叉融通优势，形成网络社会治理法学自身的学科体系、理论体系和话语体系。

（二）完善人才培养机制

2016 年《关于加强网络安全学科建设和人才培养的意见》中明确提出加强网络安全学院学科专业建设和人才培养的意见。鼓励高等院校、科研机构根据需求和自身特色，拓展网络安全专业方向，合理确定相关专业人才培养规模，建设跨理学、工学、法学、管理学等门类的网络安全人才综合培养平台。[①] 网络社会治理法学人才培养的关键有三。

1. 创新人才培养模式

人才培养是学科建设的重要目标，通过人才培养，实现学科的社会功能，为网络社会治理法治实践提供人才支持，为学科的进一步发展训练新鲜血液。习近平总书记提出，加大引进人才、深化人才体制改革、制定吸引人才举措的力度，制定吸引人才、培养人才、留住人才的办法，对待特殊人才要有特殊政策；强调要建一流的网络空间安全学院，请优秀的老师，编优秀的教材，招优秀的学生，培养网信人才。提出构建网络化、数字化、个性化、终身化的网络教育数字体系，建设“人人皆学、处处能学、时时可学”的学习型社会，培养大批创新人才，推动信息技术与教育融合创新可持续发展。[②] 但当前从总体上看，我国网络安全人才还存在数量缺口较大、能力素质不高、结构不尽合理等问题。[③] 2016 年《关于加强网络安全学科建设和人才培养的意见》中即明确提出，随着信息化的快速发展，网络安全问题更加突出，对网络安全人才建设不断提出新的要求。网络社会治理法学学科发展需要重视人才培养机制的建立。国家提出一流学科应坚持立德树人，突出人才培养的核心地位，本学科须着力培养具有历史使命感和社会责任心，富有创新精神和实践能力的各类创新型、应用型、复合型优秀人才。具体来说：其一，培养目标层面。网络社会治理法学专业旨在培养具有坚定正确的政治方向、良好的职业道德、德智体全面发展，熟悉我国法学、管理学、网络安全学、经济学、社会学、政治学等多个学科的理论体系、研究范式和前沿问题，并具体了解相关边缘学科和交叉学科的知识范畴和科学方法；富有探索网络社会治理法治基础理论与实务前沿的前瞻意识，勇于开拓和创新，既能承担国家

① 参见《关于加强网络安全学科建设和人才培养的意见》（中网办发文〔2016〕4 号）。

② 参见《在网络安全和信息化工作座谈会上的讲话》，新华社 2016 年 4 月 25 日。

③ 参见《关于加强网络安全学科建设和人才培养的意见》（中网办发文〔2016〕4 号）。

机关的专门性技术工作,也能在高等院校、科研机构从事教学与科学研究工作的高素质"复合型、创新型、能力型"人才。其二,培养模式层面。首先,坚持开放与合作的培养方式,改革传统学院制培养模式,充分利用互联网,创新在线学习、在线培养的开放性人才培养模式;其次,坚持"问题导向",实行"双导师制"培养模式,充分发挥本学科学术群体理论与实践相结合的整体优势,营造一个有利于人才创新培养的氛围。在专业学习和科学研究上,根据网络社会治理法学应用性、综合性强的学科特点,鼓励并支持学生深入各地、各级实务部门进行调研或学习。其三,探索国际合作交流培养,打造"国际化"开放型人才交流机制。一方面,通过创造和增加学生国际交流项目,设立教师及研究生互访交流制度协同培养人才;针对国际热点问题,与国际组织、学术机构等合作开展研究,吸纳借鉴集聚全球优质智识资源,探索打造具有国际化视野的新型人才。另一方面,建立联和型高端人才培养模式,创办国际实践基地。

2. 建立健全课程体系

网络社会治理法学学科课程设计须保障服务现代网络治理法治体系和治理能力现代化要求,建立同网络安全一级学科相匹配的课程体系,课程设置侧重于以法学基本原理为基础,整合"法学+经济学+管理学+社会学+政治学+计算机学+信息技术学"等学科资源,实现法学与其他人文社科学科和理科、工科多学科知识的破垒融合,形成新型交叉网络社会治理法学课程体系。其实施方式在于把网络法学教育纳入国民经济与社会发展中长期规划,让网络法治理论进学校、进教材、进课堂、进头脑,培育和造就出一大批"复合型、创新型、能力型"的网络治理卓越法治人才,为网络空间的治国理政、治党治军、内政外交提供源源不断的人才生力军,为由"网络大国"向"网络强国"跨越提供强有力的人力资源与法治人才保障。

3. 加强教材体系建设

网络社会治理法学教材建设须同中国特色社会主义网络社会治理法治道路、法治理论、法治体系建设相符合,同网络社会治理法学学科体系相配套;以网络社会治理的法治实践和社会需求为第一信号,以新兴、交叉学科深度融合为第一取向,以培养"综合型、创新性、能力型、外向型"的网络社会治理法治卓越人才为第一需求。面对网络社会治理法学领域,针对网络社会治理法治的新兴问题,加强交叉学科及教材建设,集中科研力量编写"网络社会治理法学原论",以此为中心,探索国家空间主权安全法学、生态空间治理法学、中国特色网络社会治理法治理论、网络安全法法律制度等适合网络社会治理法学这一新型交叉学科教材建设。教材建设须全面准确反映马克思主义法学思想和中国特色社会主义网络社会治理法治理论最新成果;全面准确反映我国社会主义网络社会治理法治建设的最新进展;全面反映大数据时代下治国理政。通过建立完备的法学教材体系、有力的法学教材编纂体系、高效的法学教材应用体系、规范的法学教材评价体系,形成适应中国特色社会主义网络社会治理法治发展要求、立足国际学术前沿、品种齐全的教材体系。

（三）完善学科实施机制

网络社会治理法学经过研究者的不懈努力，取得长足的进步，其学科制度雏形已经形成，有相对独立的职业研究团体，成立了中国法学会互联网与信息法学研究会，对网络社会治理法治的实践及学科规划产生了深刻影响。网络社会治理法学的学科探索及研究平台逐步完善。网络社会治理法学作为新型交叉学科的合理性、正当性能完成理论及实践证成，但其学科的制度化、学科实施机制的完善仍有很大的空间。党的十九大报告对于高等教育提出，要加快一流大学和一流学科建设，实现高等教育内涵式发展。网络社会治理法学的学科实施机制的完善可从以下方面实现。

1. 打造新型学术共同体

学科建设发展需要研究者坚持不懈地努力，随着我国社会治理创新进程的加快和依法治国战略的全面实施，人们对网络社会治理的法治化要求不断提高，为网络社会治理法学学科的创设与发展提供了厚重资源、丰富实践以及难得的发展机遇，为其提供了广阔的发展空间。网络社会治理法学学科的独特理论价值、实践价值和时代价值将会充分彰显，公权力机关、社会团体、企事业单位乃至社会大众都将日渐重视，一大批学者将被吸引并投身其中，从而将推进网络社会治理法学基础理论、体制机制、制度体系等多视角、多维度的研究。随着该学科的确立，其学科智力、人力资源服务法治现代化建设的作用日渐凸显，以及该学科与其他学科的交叉融合，其学科的科学化、体系化和集群化的进程必然加快，并且最终将成为跨学科领域极富生命力的新型主流学科。网络社会治理法学作为一门内容丰富、牵涉面广、结构复杂的学科体系，要有效推进其学科体系的建立和取得具体问题研究的突破性进展，需要逐步组建起跨学科研究团队，从个体、专门领域研究逐步发展成为团队性、跨领域性协同攻关研究，直至跨地区、跨国界的国际联合研究，形成大规模“立体作战”的学科发展态势，真正发挥“学科交叉”“协同创新”“中西合璧”研究的集成优势，形成规模报酬效应、集成效应、共振效应，逐步形成以“网络社会治理法学”为研究对象，并具备相同或相似研究取向、研究旨趣、研究假设与研究方法的新型学术共同体，对网络社会治理法学的中国问题进行实验、探索、建言和建设，推动法学研究方法论创新、法治话语体系升级、法治话域范围拓展和法学研究范式转换，进而助推我国从网络大国向网络强国迈进。

2. 加强学科平台建设

世界一流大学大多围绕国家重大战略需求、重大科技项目，为解决重大难题和关键性技术，建立联合实验室或研发中心。网络社会治理法学学科以党和国家关于法治中国建设、推进网络社会治理法治化战略部署为指导，以创新发展为动力，加大学科创新平台建设。按照“问题导向、紧贴地气、协同创新、引领前沿”的思路，紧紧围绕社会治理与法治建设领域重点、热点、难点、薄弱点问题，组织学科协同、校校协同、校地协同、国内外专家协同，开展网络社会治理法学建设，推进法治中国建设重大课题攻关，破解网络社会治理及法学建设领域理论、实践方面的难题，开展重大课题攻关，为中央和地方决策提供具有参考价值的研究成果与咨询服务,助推国家治理体系和治理能力现代化。其平台建设的重点是:其一,着眼于推进基层网络社会治理,积极开展横向协作。加强与地方协作共推基层网络社会治理,适时总结推广治理协同创新经验;加强与实务部门协作共推;加强与社会组织、研究机构协作共推,以此促进基层网络社会治理。其二,加强校地合作,建立"开放联动"能力型人才培养模式。网络社会治理法学学科发展可通过与实务机关共建适合本学科教学科研所需的实习基地,建立目标管理责任制、工作联系点制度、检查考核制度、评比表彰制度、定期汇报工作制度等多项工作制度,形成"实务精英进课堂,学生实践进机关"双向互动、双向共赢的"社会需求导向型"人才生长机制。其三,参与国际交流与合作,传递中国声音。积极开展两岸暨香港、澳门和国际机构间协同创新合作,积极参与国际交流与合作。加快"国际网络社会治理情报研究基地"建设,实现国际法治资源创新性转化,组织参加国际学术交流,推介法治智库成果,助推中国法学会国际软实力、硬实力、巧实力。

3. 规范学科成果转化

作为人类知识矿藏的组成部分,学科须承担起社会职能,学科的生命力在于能够对社会实践提供有效的智识支持和服务,知识的有序积累,其目标是为了有效应用,能够发挥社会作用的学科才能持久快速地发展。学科建设必须与推动经济社会发展紧密结合,网络社会治理法学学科建设应以高端智库建设为契机,着力推进成果转化,提供优质社会服务,须建立规范化的学科成果转化平台,着力成果转化介推。具体可从以下方面重点推进:其一,加强决策咨询服务。畅通成果转化渠道,力争高效、优质转化咨询报告、政策建议、立法建言。其二,加快资料编译,文献整理,课题攻关以及创新成果转化。发挥学科协同创新平台作用,推动研究资源的转化。其三,规划本学科领域的权威出版物。学科发展依赖于学科共同体的学术精神碰撞,学科智识在学科共同体的传播、交流、分享和评价,以及研究者在学术知识上的合作与竞争。为实现这一目标,权威出版物的规划即变得非常重要,权威出版物可以在学科发展的不同阶段以学术会议论文集、专著、学术期刊等方式呈现。学术会议论文集和研究专著能够反映学科不同研究领域重要的理论和经验进展;教材反映了学科领域广泛共识的概念框架、方法体系和经典研究案例,教材作为学科发展成熟程度的重要指标,是学科知识传承和学科认同形塑的主要媒介,也是学科建设的重要内容;而学术期刊则反映学科重要的研究进展和前沿热点,预示着学科未来的发展方向。面对中国网络社会治理的结构转型及其后果,若缺乏权威性的出版物,则容易导致网络社会治理法研究的话语权落空。

4. 夯实学科保障机制

稳定的师资、物质保障和政策支持是学科发展的基础。网络社会治理法学学科需要汇聚建立专注于基础理论与实践研究的专家学者为主的师资队伍,创新师资管理模式和运行机制,形成一支政治立场坚定、理论功底深厚、熟悉中国国情的高水平法学家、高素质学术带头人、骨干教师、专兼职教师队伍。学科发展过程中还需获取有关部门支持,或吸引社会资源以资助学术研究，拓宽学科建设资金筹集渠道，积极与党政机关、执法机关、司法机关、企业事业单位、社会各界建立战略合作关系，为其提供咨询服务，积极争取其对本学科建设经费的资助。加强学科基础设施建设，使目前本学科的教学条件、教学方式和科研环境都得到更大的改善，为进一步提高教育教学质量、培养高层次人才、产出高水平科研成果，创造一个良好的学习、学术环境和氛围。

余　论

网络治理体系和治理能力法治化的加快推进，国家网络法律制度安排的构建与完善，网络治理法治将成为法治社会的“新常态”。网络社会治理法学研究的发展及网络社会治理法治实践探索为网络社会治理法学学科构建提供了智识基础；学科人才培养模式的创新、教学科研水平的提高、学科平台建设的加强为学科发展提供了制度保障。近年来，高等院校、研究机构及实务部门对网络社会治理法治化问题的热切关注及研判为网络社会治理法学学科建设培育了研究力量。网络社会治理法学作为交叉学科类型，一方面，在学科建设中需要实现法学、管理学、网络安全学、政治学、社会学等多学科的交叉融通；另一方面，网络社会治理法学作为新兴学科，虽然理论研究及实践探索上均取得了丰硕的成果，但学科建设本身仍然处于摸索阶段，须重视网络社会治理法学学科建设及人才培养。实现网络社会治理法学学科长期、可持续发展的关键在于该学科具有自身无法替代的优势与对社会的良好适应力。网络社会治理法学学科的建设和发展须立足于“全球化”“大数据”时代的世情以及处于“法治中国”建设的国情这一宏观环境，构建和发展具有时代特色、中国特色的网络社会治理法学学科。可以预见的是，随着网络社会治理法学学科智识积累及学科运行机制的成熟，网络社会治理法学必将走向繁荣发展。

关于监狱学专业改革问题的思考

翟中东[*] 孙 霞[**]

我国的监狱学专业始设于20世纪80年代。其特征有四:第一,具有明确的专业名称;第二,具有明确的培养目标;第三,具有系列专业教材;第四,具有专门的教师队伍。如果从原西南政法学院(现西南政法大学)、原西北政法学院(现西北政法大学)与原中央劳改劳教管理干部学院(现中央司法警官学院)1985年设置劳改管理专业起算,我国的监狱学专业已经发展了30多年。

一、监狱学专业为什么需要改革?

关于监狱学专业的改革,并非新主张。事实上,监狱学专业设立后不久,便出现专业改革的呼声,而且随后有了改革的实践。最早创办监狱学专业的西南政法学院与西北政法学院在1993年后分别将专业名称改为"刑事司法专业"与"法学二系"。在此需要认真探讨的一个问题是:监狱学专业为什么要改革?

(一)学生就业的专门性不断受到挑战

党的十一届三中全会以后,随着解放思想,实事求是,一切从实际出发思想路线的确立和国家工作重心向社会主义现代化建设的转移,中国的监狱工作开始恢复与重建。1981年8月在北京召开了"第八次全国劳改工作会议",我国监狱工作实现了全面的拨乱反正。此次会议提出要加强干部的教育训练,除了个别地方外,省、市、自治区都应当创办劳改工作学校,招生指标列入地方统一招生计划。1983年为了解决当时社会治安出现的严重问题,开展了"严打"斗争,监狱、劳教所在押罪犯和劳教人员数量剧增,监所民警的数量和质量急需改善,加上高考招生制度恢复等种种因素的综合作用,不同教育层次的监狱学专业开办起来。

关于监狱学专业设置的目的通常的表述是"为监狱系统培养人才"。这一目的至少包含下列意义:第一,监狱学专业的学生毕业去向在监狱系统,而不在其他系统;第二,监狱学专业的课程体系需要围绕培养监狱工作人才而设计与安排;第三,监狱学专业的学

---

* 中央司法警官学院教授。

** 中央司法警官学院副研究员。

生将是监狱系统精英与骨干。监狱学专业这一设置目的，是监狱学专业所设置院校向主管部门申请的基本理由，也是教育部批准专业设置的根据。例如，西南政法学院申报监狱学专业（专业的具体名称是"劳改管理"）的主要理由是"增设劳改学专业对于提高劳改工作干部的政治素质和专业素质，促进劳改工作的开展，加强对罪犯的改造，培养具有较高文化科学知识水平的劳改工作专门人才十分必要"。《国家教育委员会关于印发普通高等学校社会科学专业目录及简介等文件的通知》中指出：希望监狱学专业教工"积极稳妥地进行各项改革，为培养出合格的劳动改造法专门人才作出贡献"。[①] 监狱学专业这一设置目的，同时也是监狱学专业在我国教育管理体制中获得存在与发展的合理性与合法性的基础。

由监狱学专业的设置目的决定，监狱学专业的培养关系在原则上只能发生在监狱学专业所在院校与监狱系统之间。由监狱学专业培养的学生所学知识、技能决定，特别是在大中专学生计划分配时代建立在这一设置目的上的学生分配关系决定，学生通常的选择也是去监狱系统工作。这就是监狱学专业学生就业的专门性。

然而，自1993年始，由于我国大中专学生分配制度改革，学生工作去向由计划分配改为学生与用人单位双向选择，监狱学专业学生就业的专门性开始受到挑战。挑战来源于以下两个方面：

第一，学生方面的挑战。虽然学生所学专业是监狱学，但是，部分学生放弃所学专业，毕业时或者毕业后通过诸如参加招录法警的考试进入其他行业，而没有进入监狱系统就业，致使监狱学专业学生"学"与"用"脱节。监狱学专业学生职业向往与学校培养专业方向不一致，是监狱学专业最初招生时就存在的问题，而在人才供不应求的情况下，这个问题显得更为突出。

第二，用人单位的挑战。大中专毕业生分配制度改革后，监狱也开始在人才市场上选才择人。近年来，随着人才市场的人才供给的增加，很多监狱在招人时，往往并不将监狱学专业作为招人的唯一专业，除考虑监狱学系毕业生外，还根据自己的需要，选择法律、心理学、教育学、行政管理、经济管理、计算机等各专业的人才。用人单位并不认为监狱学专业的人才可以替代其他专业的人才，监狱学专业并不具有所期望的不可替代性，如录用法学、行政管理、教育学等专业的毕业生在从事管教方面并不弱于监狱学专业的毕业生。这样，监狱学专业毕业生的就业空间受到了很大的压缩。

由于以上两个因素挑战，20世纪80年代中期设立监狱学专业的很多院校都没能坚持下来。西南政法学院、西北政法学院先后停招监狱学专业的学生。而各省市司法警官学校（原劳改警察学校）的监狱学专业纷纷落马，有的被撤销，有的被并入政法或公安警察学校，有的不再面向社会招生，仅靠举办一些在职民警培训勉强维持运转。升格为司法警官职业学院的学校，除浙江司法警官职业学院每年招收几百名监所管理专业高职学

① 夏宗素：《劳改管理专业在普通高校设置与发展的历史回眸》，载《中国监狱学刊》2014年第1期。

生外,其他高职学院的监狱学专业的生源均已萎缩。有些学校为维持监狱学专业这一品牌,不得不强令或者以其他方法促使学生中的监狱、劳教所子弟进入该专业学习,以求得暂时保留学校特色,避免重蹈被撤销、合并的覆辙。①

(二)监狱学专业的学术水平长期处于低洼地

20世纪80年代初,基于监狱干警工作培训与开展大中专教育的需要,劳改专业教材编辑部成立并开始工作。有关教材的编写工作进展很快,先后出版了劳动改造法学、狱政管理学、罪犯教育学、罪犯改造心理学、狱内侦查学、罪犯劳动改造学、劳改政治工作学、劳改工作应用文、劳改经济学、中国监狱史、外国监狱史、苏联犯罪学劳改学发展史等教材。中央劳改劳教管理干部学院、西南政法学院、西北政法学院等也陆续编写了自己的教材,开设了相应的课程,建立了以劳改学基础理论为轴心,以狱政管理学、罪犯教育学、罪犯改造心理学、狱内侦查学、劳改经济管理学、罪犯劳动改造学为主干的监狱学专业教材系列。

与此同时,有关监狱学的专著陆续面世,如《中国劳改学研究》《罪犯论》《劳动改造罪犯的理论与实践》《歪曲形态论》《监狱学》《监狱学总论》《中国劳改法学研究综述》等。

监狱学专业的教材建设非常快,到20世纪80年代末,监狱学教材已经达到空前程度,种类之多,直比法学、经济学等老牌、发展历史悠久的基础学科。

虽然监狱学专业的教材完成了从无到有的过程,可以说已经建立了"体系",但是监狱学的学术水平却不尽如人意。业界人士认为,监狱学专业的理论成果,特别是教材,主要存在以下很多问题:

第一,内容雷同、反复交叉。② 以"刑罚的执行"为例。"刑罚的执行"是监狱学教材中的重要章节,该章节不仅是《监狱学基础理论》的组成部分,而且是《狱政管理学》中的章节,同时还是《刑法学》与《刑罚学》的重要章节;又如,"三课"教育不仅是《监狱学基础理论》的内容,而且是《教育改造学》中的内容。

第二,知识"浅显",内容"注水"。③ 监狱学专业教材的生产逻辑主要有三个:一是根据相关学科教材演绎,如法学教材、教育学教材、心理学教材等。通常的演绎表现形式是业内人士定义的"移植"。这种"移植"往往难避重复之嫌。如教育改造学的原则,即理论联系实际原则、因人施教原则、以理服人原则、协调一致原则、循序渐进原则,与普通教

---

① 参见李玉成:《监所管理专业教育的困惑与出路》,载《中国司法》2004年第8期。

② 参见栗志杰、李玉娥:《监狱学专业课程体系改革的思考》,载中央司法警官学院编:《期待与时俱进的中国监狱学》,法律出版社2005年版,第326~331页。

③ 王雪峰、王海莹:《方法之源,理论之镜——监狱学知识的状态、形成原因与展望》,载《中国监狱学刊》2012年第5期。

育学的教育原则并无二致。① 在学生学习了普通教育学的教育原则后,其对教育改造学的原则的学习难免感觉没有意思。二是对法律、政策、规定与文件进行语义解释。由于涉及监狱工作的有关规范性文字以文件为主,而文件内容通常具体而通俗,于是,有关解释的必要性往往不是很突出,特别是对于理解力较高的大学生而言。三是对监狱实践的抽象,如根据百分考核实践抽象出的百分考核理论。应当说,根据监狱实践抽象而来的教材内容,不仅具有较强的知识性,而且具有趣味性。但是,由于监狱工作面窄,加之管理中的一元化,有关监狱工作的探索非常有限,所以,源于监狱实践的知识也很有限。

由于监狱学教材存在内容重复交叉等问题,学生学习时常会出现两大问题:其一,学习兴趣不足;其二,认为所学“真”知识少,没有学到真本领。② 这两大问题是导致西南政法学院、西北政法学院监狱学专业学生入学人数低而最后停招的重要原因。由于学生对监狱学专业评价不高,影响了监狱学专业在教育市场的声誉。

虽然每个学科发展过程中都难免出现各种各样的问题,但是,这些问题通常不是致命的问题,将来可以克服。而对于监狱学而言,这些问题却有些致命。这是因为我国监狱学所确立的发展目标是一个独立学科,一个类似法学、教育学、社会学、心理学等学科具有专有范畴的紧密联系,而又相对独立的知识体系,具体表现就是设立了监狱学基础理论、狱政管理学、教育改造学等分支学科。而由监狱学知识生产的“三”逻辑决定,即前述“演绎”“语义解释”与实践“抽象”,监狱学理论很难克服上述问题。“巧妇难为无米之炊。”毕竟监狱学知识生成的“土壤”狭小与单薄。进言之,由监狱学知识生产逻辑所决定,独立发展的监狱学学科体系的实践很难有发展的前景。

二、监狱学专业如何改革

本文反对放弃监狱领域人才培养的主张,不仅如此,随着社区矫正的发展,本文认为,我国应当将社区矫正的人才培养纳入高等教育领域。之所以持此主张是因为随着社会发展,提高矫正领域工作人员素质显得越来越重要。同时,本文不认为,矫正领域中的人才培养具有专门性,非其他专业可以替代。基于这个看法,本文认为,监狱学专业合理的出路应当是改革。如何改革呢? 可以遵循以下原则。

(一)尊重“监狱之学”的多学科相聚与交叉学科性质原则

监狱问题的研究不仅需要抽象实践的知识,而且需要法学、社会学、社会工作、心理学、教育学等学科的知识以指导实践,所以,“监狱之学”研究的学术成果必然具有多学科性。“监狱之学”的多学科性具有以下表现。

第一,现在监狱学所发展的所谓“分支学科”实际上是某一学科在监狱领域中的运

---

① 参见温明远:《关于加强监狱学学科建设的几点建议》,载中央司法警官学院编:《期待与时俱进的中国监狱学》,法律出版社 2005 年版。

② 参见王雪峰、王海莹:《方法之源,理论之镜——监狱学知识的状态、形成原因与展望》,载《中国监狱学刊》2012 年第 5 期。

用,是某一学科基本理论与知识在监狱领域的演绎。监狱法学是法学在监狱领域中的运用,监狱社会学是社会学在监狱中的运用,罪犯心理学是心理学在监狱领域中的运用,罪犯教育学是教育学理论在监狱理论的运用等。监狱学分支学科与其知识来源学科的关系是“依托”关系。

关于监狱学中分支学科与其依托学科的关系因学科不同,关系有所不同。监狱法学与法学是“子”与“母”的关系。这已经被法学界所认可。而罪犯教育学与教育学的“子”与“母”的关系尚未得到教育学界的认可。对学科“子”与“母”的关系的承认,表明学界认为,虽然子学科与母学科关系密切,但是,因为子学科的知识体系已经具有了相对独立性,所以仍是独立学科;而学科“子”与“母”关系不被承认,则表明学界不认为子学科的知识体系具有相对独立性。

第二,监狱学“分支学科”的依托学科进入监狱领域后,不仅要演绎其基本理论,如个别教育原则与方法,而且会不自觉地运用其他进入监狱领域学科的理论与成果,如个别教育中使用社会工作学中的个案方法,这样,在监狱领域中就出现了不同学科的交叉现象。这样,监狱学分支学科的依托学科在监狱领域并非各自独立,并行发挥作用,而是互相交叉,相互运用,服务于各自学科的基本价值目标。

在一定意义上说,“监狱之学”就是多学科在监狱领域的“相聚”。

改革开放后,监狱学的建设者力图将监狱学建设成与刑法学、教育学、社会学、心理学类似的学科。有的学者认为,监狱学的终极定位应当是与刑法学、刑事诉讼法学平行的刑事执行法学。① 然而,由“监狱之学”的多学科性决定,监狱学很难发展成为与刑法学、教育学、社会学、心理学类似的学科,很难建成像刑法学一样的相对闭合而又特立独行,具有较大容量的知识体系,而只能发展为“合成学科”②或者“综合性”③的学科。由于监狱空间狭小,源于监狱实践所能抽象的知识很难成为一个覆盖面积大,而内容有如刑法学丰富的知识体系。

由“监狱之学”的多学科性这一特点决定,监狱学专业的建设需要警醒:第一,不要试图摆脱有关监狱的依托学科,如法学、社会学、社会工作、心理学,而发展所谓“独立”的“监狱学”。摆脱有关监狱的依托学科,如法学、社会学、社会工作、心理学,建设监狱学专业,犹如缘木求鱼,又如南辕北辙,只能远离学术,使“监狱之学”学术荒漠化,并最终丧失学术品格。第二,不要试图依靠一个学科发展监狱学专业。依靠一个学科发展监狱学专业,将会使监狱学专业发展失衡、偏颇,并因不能全面满足实践对理论的需要而折损价值。

---

① 参见邵名正、司绍寒:《监狱学发展历程及其发展趋势》,载郭明主编:《“中国监狱学科建设暨监狱制度创新”论坛文集(2004年)》,浙江警官职业学院2004年印,第35~43页。

② 康焕栋:《监狱学》,商务印书馆1934年版,第4页。

③ 韩玉胜:《关于监狱学学科地位的再探》,载中央司法警官学院编:《期待与时俱进的中国监狱学》,法律出版社2005年版,第111~120页。

基于以上观点,本文认为,监狱学专业建设与发展应当以法学、社会学、社会工作、心理学、教育学等学科为学术平台。具体解释如下:首先,监狱学专业建设必须在学术平台上展开。虽然监狱学专业与监狱密切相关,但是,其却与学术同生共体。监狱学专业的教师应当是某一学术领域或者几个相关领域中的学人,掌握某一学术领域或者几个相关领域的前沿学术动态,并在该学术领域有自己的学术贡献,然后,以该学术领域为平台,向学生传播知识、研究监狱问题,并向学生传道解惑。离开学术平台,教师没有学术的视野,没有学术的规范;离开学术平台,教师不仅容易走向学术水平的低端化,而且容易走向偏狭,还容易产生轻视学术的态度,丧失学术的品性。摒弃教学、研究中没有学术根据的自说自话,反对脱离学术基础的教学与研究,是监狱学专业建设中的两个工作要求。其次,监狱学专业建设需要在不同的学术平台上展开。由监狱问题的复杂性所决定,监狱学专业需要立足于不同的学术平台组织教学研究。法学、心理学、教育学是正在开发的学术平台,社会学、社会工作是非常具有潜力,亟待开发的学术平台。

(二)尊重市场原则

中华人民共和国成立以来,大学生就业制度大致可以划分为以下三个阶段:第一阶段是计划型就业阶段。在这个阶段,大学生就业实行由国家负责、按照计划统一分配的制度,即"统包统分、包当干部"。第二阶段是计划为主导,市场为辅阶段。在这个阶段,主导方式是"双向选择、自主择业",即由学校、学生与用人单位通过计划内的"供需见面"活动落实毕业生就业去向,补充方式是"包分配",即在"双向选择、自主择业"中没能落实工作的毕业生,通过"包分配"解决就业。这一阶段主要解决了一个人尽其才问题,从而尽可能做到专业对口、人员对口。第三阶段是市场型就业阶段。在这一阶段,大学毕业生在国家法律、法规、政策的指导下,通过劳动力市场,采取自主择业的方式就业。在这种制度下,毕业生按个人能力、条件到市场中参与竞争,而不再依靠分配解决就业;用人单位也只能用工作条件及优惠待遇吸引毕业生,不依靠分配的办法予以保证。

在市场化就业阶段,由于市场决定用人的取向及数量,所以,大学需要考虑人才的市场需要偏好及数量问题,使学生为市场接受,并不断提高所培养学生的竞争力;由于学生具有了职业选择权,大学专业设置也需要考虑学生的职业向往与就业要求。一般来说,好的专业应当是为学生提供比较大的职业选择权及更多的选择机会,同时,所培养的学生在就业市场具有能力的"比较"优势。

由于我国目前的监狱学专业人才培养模式是建立在计划经济基础上的,从学生入学、教师结构到课程设计都存在着与市场显性或者隐形的冲突问题。这是监狱学专业必须改革的市场原因。监狱学专业改革尊重市场原则的表现应当是,增加所培养学生的就业选择机会,同时要保持学生就业能力的"比较"优势。

据此,监狱学专业改革需要坚持以下两点:第一,增加所培养学生的就业选择机会。改革后的专业不能为培养监狱管教人员而培养学生,只给学生一种职业选择可能,而不给学生以其他职业选择机会。否则,改革后的专业会因学生"无业可就"发展为大学所设置的专业“无学生来学”的境地。第二,改革后的专业应当保持学生就业能力的“比较”优势,即其他专业学生没有学到的能力,改革后的专业能够帮助学生发展该能力,其他专业能够帮助学生发展的能力,改革后的专业能够更有效地帮助学生培养这种能力。改革后的专业不能为增加所培养学生的就业选择机会,而牺牲学生就业能力的“比较”优势。保持与发展学生就业能力的“比较”优势,有助于提高学生在就业市场中的竞争力。

三、“两原则”下的矫正人才培养框架如何构建

由于我国监狱学专业人才培养从专业培养目标到课程设计直达监狱工作岗位,所以,本文将我国监狱学专业这种培养框架概括为“一步培养”框架。本文主张改变我国监狱学专业人才培养的“一步培养”框架。如上所述,监狱学专业的改革一要尊重“监狱之学”的多学科相聚与交叉学科性质,二要尊重高校专业建设的市场原则。根据这两个原则,本文主张建立我国矫正人才的“两步培养”框架。“两步培养”框架的基本内容如下:

第一步培养计划:将监狱学专业改造为“刑事执法”专业,培养掌握刑事执法知识,并具有相应能力的新一代刑事执法人才。

第二步培养计划:将现有的矫正人才培训机构改造为“国家矫正学院”及分支机构,培训入职矫正工作人员及晋升工作人员。

“两步培养”框架是一种通过教育机构的分工,分阶段培养矫正人才的框架。第一步培养计划突出培养学生的专业能力,突出培养学生对刑事执法知识体系及相关知识的掌握,实现对学生实施高等教育的使命。第二步培养计划突出培养被培训者的职业能力,突出职业技能的学习,突出实务问题,突出对职业、对岗位要求的把握,实现培训目标。“两步培养”框架中的第一步培养计划本质上是专业知识教育,第二步培养计划本质上是职业技能培训。“两步培养”框架力图体现对高等教育与职业培训的尊重。

与“一步培养”框架相比,“两步培养”框架在第一阶段扩宽了知识学习口径,而第二阶段突出了矫正技能的掌握与实务能力的提高。

“两步培养”框架具有实现以下价值的功能:第一,在高等教育阶段,帮助学生完成“实质”“完整”的大学教育。虽然大学专业种类繁多,而且不断扩展,但是,学习完整的知识体系与思想方法,养成基本的价值观与人文素养,仍是大学教育的基本要求。这一目标达成的条件是大学开设足够的基础课程。“两步培养”框架有利于达成这一目标。第二,在高等教育阶段,增加了学生就业选择的机会。在“两步培养”框架下,第一步培养计划向学生所传授的知识是“刑事执法”专业方面的知识,是刑事执法领域从业人员需要的知识体系。这种教育将有助于学生就业领域从监狱领域扩大到社区矫正、公安等刑事执法领域,从而增加了学生就业选择机会。第三,在高等教育阶段,维护了改革后专业所培养学生的“比较”优势。在“两步培养”框架下的第一步培养计划所设立的课程虽广却不滥,专业所开设的课程围绕培养新一代刑事执法人员所需要的素质、能力与知识展开,有其他专业不可比拟的特别性,也因为这种特别性,保证了改革后专业所培养学生的“比较”优势。第四,有助于满足用人单位的用人要求。“两步培养”框架下,由于监狱与社区矫正机构的人员经过了职业选择,接受了专门的职业培训,无论何种情形申请监狱与社区矫正机构的人都有自愿性。这样,“两步培养”框架下进入监狱与社区矫正机构的人更可能热爱监狱与社区矫正工作,爱岗敬业,而经过矫正学院培训,加入监狱与社区矫正机构的工作人员因具有较宽阔的知识基础,又具有经过培训学习的矫正技能,更容易进入职业角色,更具有发展的潜力,因而更可能满足用人单位的用人要求。

(一)关于“刑事执法”专业设计

1. 关于“刑事执法”专业设计的出发点

刑事执法专业是服务于监狱、社区矫正、法院执行、检察院执行、公安等刑事执法行业的新兴的高等教育专业。该专业根据刑事执法机关“懂法律”“懂政策”“懂社会”“懂沟通”“懂心理”的新时代刑事执法人员培养要求而设计,旨在满足刑事执法机关“软性”执法、文明执法、高效执法的新时代执法人员素质要求。

该专业以刑事执法为“专业槽”,专业宽度覆盖监狱、社区矫正、法院执行、检察院执行、公安等行业,专业深度为跨学科的职业性高等教育。与监狱学专业相比,刑事执法专业向学生提供了更多的职业选择空间。同时,所学知识有特殊性,与其他专业有区别,能够在专业上培养学生的“比较”优势。

根据国外的探索与实践,刑事执法专业是刑事执法行业比较受欢迎的专业。刑事执法专业产生于20世纪60~70年代的美国。自20世纪60年代始,美国的高校为满足刑事执法系统控制犯罪的需要创设了刑事执法专业。由于刑事执法专业的学生不仅懂法律,而且懂政策、懂社会、懂沟通、懂心理,能够在坚定执法的同时,与社会各方,包括犯罪分子建立沟通关系,提高了执法的有效性,因而刑事执法专业学生受到普遍的欢迎。这样,美国的刑事执法专业很快发展起来,并产生了诸如马里兰大学帕克分校犯罪学与刑事执法系、辛辛那提大学刑事执法学院、山姆·休士顿州立大学刑事执法学院、约翰杰刑事执法学院这样有影响的刑事执法院系。受美国影响,英国、澳大利亚、爱尔兰、加拿大等国也陆续设立了刑事执法院系。

2. 关于“刑事执法”专业名称

在我国虽然越来越多的人认识到设立刑事执法专业的重要性及价值,并主张将我国的监狱学专业改造为刑事执法专业,但是围绕专业名称,大家看法却不相同。北京师范大学的吴宗宪教授所主张的专业名称是“刑事司法”专业,①加拿大安大略科技大学的曹立群教授所主张的专业名称是“法务学”专业,②上海政法学院的刘强教授所主张的专业

① 参见吴宗宪:《论Criminal Justice的汉语翻译问题》,载《青少年犯罪问题》2012年第3期。

② 参见曹立群:《答吴宗宪教授“论Criminal Justice的汉语翻译问题”》,载《青少年犯罪问题》2012年第5期。

名称是“刑事执法”专业,[①]而苏州大学的崔玉平教授所主张的专业名称是“犯罪防治学”专业。[②] 本文赞同刘强教授所主张的专业名称。虽然“刑事司法”专业在翻译上与国际上的所用的名称“Criminal Justice”文义最接近,但是,由于“司法”与法院行使审判权联系最密切,“司法”与法律适用关系最密切。而刑事执法专业培养的人才,不仅懂法律,而且懂政策、懂社会、懂沟通、懂心理,刑事执法专业培养的人才的执法具有柔性,而不是刚性,刑事执法专业所设置的课程除了法律,还有社会学、社会工作、心理学、教育学等,刑事执法专业是个跨学科专业、交叉学科专业,刑事执法专业所培养的人才更适合承担监狱管理、社区服刑人员矫正、法院刑事执法、检察院刑事执法、公共安全管理等具有管理性的工作,而不是“定分止争”。“法务”这一概念源于日本,日本将“Ministry of Justice”(我国译为“司法部”)译为“法务部”,我国台湾地区现在也使用这一概念。虽然“法务学”专业的称谓与“刑事执法”专业的称谓一样,反映了刑事执法工作的行政性质,但是,由于该概念在现代中国没有文化基础,加之“法务”存在刑事法务、公司法务等业务区别,本文认为,将刑事执法专业称为“法务学”专业仍有不足之处。“犯罪防治学”专业是我国台湾地区对刑事执法专业的称谓。我国台湾地区的“中央”警官大学犯罪防治系与中正大学犯罪防治系是我们关注的两个院系。这里特别指出的是,我国台湾地区的“中央”警官大学犯罪防治系的前身是“狱政学系”,其与我国的监狱学系相同。我们认为,虽然将刑事执法专业称为“犯罪防治”专业改变了监狱学专业这种以职业概念替代学科专业称谓这种局面,但是,由于“犯罪防治”专业这种称谓外延较大,犯罪防治的方法除了法律方法外,还有社会防治、文化防治,“犯罪防治”专业的专业指向清晰度差于“刑事执法”专业。所以,本文认为,改革后的专业名称宜定为“刑事执法”专业。

3. 关于“刑事执法”专业在高等教育体系中的定位

刑事执法专业是在监狱学专业基础上发展的新兴专业。刑事执法专业与法学专业、社会学专业、社会工作专业、心理学专业、教育学专业密切相关,但是也有不同。刑事司法专业是跨学科专业,也是交叉学科专业,是法学专业、社会学专业、社会工作专业、心理学专业、教育学专业等交叉而形成的专业。如同生物化学专业是生物学与化学交叉而形成的专业。刑事执法专业所培养的人才与法学专业所培养的人才相比,懂社会学、心理学,与社会学专业所培养的人才相比,懂法学,是满足刑事执法行业需要的人才类型。

刑事执法专业应当是与法学专业、社会学专业、社会工作专业、心理学专业、教育学专业等并列的专业。

---

① 参见刘强:《监狱学专业名称、定位及课程设置之我见》,载《上海市政法管理干部学院学报》1999 年第 2 期。

② 参见崔玉平:《关于建立犯罪防治学专业的构想》,载郭明主编:《“中国监狱学科建设暨监狱制度创新”论坛文集(2004)》,浙江警官职业学院 2004 年印,第 125 ~ 132 页。

4. 关于“刑事执法”专业的课程设计

刑事执法专业的课程包括法学类、社会学类、社会工作类、心理学类、教育学类，以及源于刑事执法实践抽象的课程，如监狱学、社区矫正学、警察学、侦查学等。借鉴马里兰大学帕克分校犯罪学与刑事执法系、辛辛那提大学刑事执法学院、山姆·休士顿州立大学刑事执法学院、约翰杰刑事执法学院等国外同类高校的课程安排，①参考我国台湾地区的“中央”警官大学犯罪防治系与中正大学犯罪防治系的课程大纲，②本文认为，我国的刑事执法专业应当包括下列课程：

法学类课程：法学基础理论、宪法、刑法、刑事诉讼法、民事法、行政法及诉讼法、刑事司法制度。

社会学类课程：社会学、社会政策、社会调查方法、社会统计学。

社会工作课程：社会工作、个案工作、社会福利与保障、家庭社会工作。

心理学课程：普通心理学、社会心理学、变态心理学、犯罪心理学。

教育学课程：教育学、教育方法。

业务课程：犯罪学、监狱学、社区矫正学、公安学、侦查学、司法鉴定、国外犯罪与矫正理论。

此外，刑事执法专业要开设犯罪动态、矫正前沿、公安前沿、刑事政策新发展等课程。在公共课中还应开设概率与数理统计课。

5. 关于“刑事执法”专业的发展机制

概括地说，“刑事执法”专业的发展机制是，“以学术为平台，以问题为取向”。

由于刑事执法专业是交叉学科专业，所以，刑事执法专业教师的专业背景可以是法学专业、社会学专业、社会工作专业、心理学专业、教育学专业等，也可以是交叉学科专业。无论教师是何种专业背景，刑事执法专业的教师的学术水平要求都应当与同专业大学教师具有相当的学术水平，不仅全面掌握本学科基本理论与研究方法，而且能够追踪本学科的发展，并能够研究相应的成果。这就是“以学术为平台”。

由于在刑事执法专业中，法学专业、社会学专业、社会工作专业、心理学专业、教育学专业等是教师研究矫正问题、警察问题等实务问题的学术平台，所以，刑事执法专业不仅是教学实体，而且是科研实体，应当成为实务部门的智囊机构。为此，刑事执法专业应当建立“监狱问题研究中心”“社区矫正研究中心”“国际矫正研究中心”等研究机构。这就是“以问题为取向”。

---

① 参见翟中东在《中国监狱学刊》2008 年第 2 期、2009 年第 3 期、2010 年第 1 期、2010 年第 4 期、2010 年第 5 期、2011 年第 2 期分别发表的《美国约翰杰刑事司法学院简介》《英国伦敦国王学院监狱学国际研究中心》《美国山姆·休士顿州立大学刑事司法学院》《马里兰大学帕克分校犯罪学与刑事司法系》《“纽约州立大学奥尔巴尼分校刑事司法学院”简介》《辛辛那提大学刑事司法学院简介》。

② 参见翟中东在《中国监狱学刊》2012 年第 2 期、2013 年第 5 期发表的我国台湾地区“中央”警官大学犯罪防治系、我国台湾地区中正大学犯罪防治系简介。

(二)关于矫正学院的设计

1. 关于矫正学院设计的出发点与定位

在矫正人才培养框架下,矫正学院的基本功能就是向矫正系统工作人员提供专门的职业能力培训与专业精神养成。具体而言,矫正学院除了向各级晋升警官提供培训外,还应当向初入监狱、社区矫正系统的工作人员提供入职培训。矫正学院的定位是,对矫正官员入职培训;对矫正官员进行晋升培训;对矫正官员进行其他培训;向各级矫正官员提供国内外业务信息;帮助各级矫正官员开展业务学习与专业研究。

2. 矫正学院的培训构架

矫正工作人员培训,是我国矫正工作人员建设的重要组成部分。虽然矫正系统很重视矫正工作人员培训,但是,我国尚未建立统一的培训系统,矫正人员的培训尚不够专业。由于我国的矫正培训不够专业,全国范围内的矫正信息共享不足,培训师资参差不齐。为提高培训质量,提高培训的有效性,避免培训形式化,司法部应当设立国家矫正学院。国家矫正学院设立基础培训部、专门培训部、高级管理人员培训部、信息部、研究部。基础培训部负责向矫正系统初入职的人员进行培训,指导国家矫正学院地方分院对初入职人员的培训工作。专门培训部负责对晋升官员与其他需要培训的官员的培训工作,参与国家矫正学院地方分院对晋升官员与其他需要培训的官员的培训工作。高级管理人员培训部负责全国矫正系统的高级管理人员培训。信息部负责全国范围矫正系统工作动态收集、发布,同时负责远程培训的技术支持。研究部负责矫正政策、技术问题的研究,特别是技术问题上的研究,以服务培训工作。

为实现培训师资的共享、有关矫正信息的共享、有关培训信息的共享,国家矫正学院应当在全国设立地方分院,可以在地方分院开展远程培训。

3. 矫正学院的培训对象

由矫正学院的定位所决定,矫正学院的培训对象除了晋升警衔的各级警官,还应当包括各类监管机构初入职的工作人员。这样,矫正学院的职业培训便与刑事执法院系的高等教育衔接起来。

4. 矫正学院的培训课程设计

矫正学院的培训课程应当紧密贴近矫正实务,如矫正领域新法律、新政策学习;罪犯分类;监狱应急处置;服刑人员的矫正方法;矫正工作者领导水平的提高;罪犯监管的法律问题;监狱安全保障;服刑人员危险控制;帮助服刑人员培训就业技能的实践;罪犯心理矫治成功案例与分析;罪犯个别教育的成功案例与分析;国外矫正新动态。

5. 矫正学院的师资

矫正学院的师资应当由两部分人员构成,一是高校刑事执法专业的教师,二是矫正领域中的专家。刑事执法专业的教师向培训学员提供刑事执法知识新发展与国家刑事领域新动态方面的信息,以帮助培训学员扩大眼界;矫正领域中的专家向培训传授矫正领域最新出现的解决问题的方法,提出需要探讨的问题,以帮助培训学员提升专业性思维的水平,提高业务能力。

四、总结

功能分化是事物进化的必然结果。我国监狱学专业经过30年的发展,已经积累了足够的经验,改革监狱学教育的“一步培养”框架,建立我国矫正人才的“两步培养”框架,本质上是尊重功能进化规律。矫正人才的“一步培养”框架仍然属于“短、平、快”的“战时”人才培养模式。矫正人才的“两步培养”框架是“正常”的人才培养模式。监狱学人才的“两步培养”框架解决了我国监狱学专业的“高等教育”与“矫正人才培训”功能不清问题,从根本上解决了监狱学专业大学生求知欲不能满足,大学高等教育功能不能充分实现等问题,也从根本上解决了矫正工作者培训脱离实践,培训不到位的问题,从而使大学教育步入大学轨道,矫正工作者的培训纳入培训渠道,将“上帝的交给上帝,恺撒的还给恺撒”。

我国今后应当着力打造跨学科或称交叉学科的刑事执法专业,并将刑事执法专业纳入普通大学的建设轨道,构建正常化的大学专业院系,并在此基础上发展与实务融为一体的矫正专业培训体系,建立“国家矫正学院”系统。

需要特别说明的是,发展跨学科专业必将使监狱研究进入一个新的春天。发展跨学科的刑事执法专业,犹如建设多物种生态环境,将使监狱研究挣脱单一物种退化的命运,而进入“各美其美,美人之美,美美与共”的新天地。

法学教学体系与人才培养

完善法学教育:路径与方法

许身健*

引 言

如何用一句话形象描述中国法学教育现状?已故何美欢教授用英国作家狄更斯名著《双城记》开篇“这是最好的时代,这是最坏的时代”这句话做了描述。为什么说当下是法学教育最好的时代?因为法学专业还是热门专业之一,法律院校越办越多,至今将近700所,而在校法科生已经达到约56万人的天文数字。法学属于热门专业,这可以确保法律院校有优质生源。得天下英才而育之,这是教育机构梦寐以求的。为什么说当下也是法学教育最坏的时代?因为法学专业的就业率已经连续很多年垫底,另外,据统计,法学专业毕业生已经名列起薪最低的行列。法科生就业难、谋生难,这些都是难堪的现实。因此,法学教育存在严重问题,这是个不争的事实,法律院校及法律教育者必须走出所谓“法学教育最好的时代”这一错觉,冷静面对“法学教育最坏的时代”这一严酷现实,认真对待法学教育,找到应对之策。①

一、问题的缘起——清晰培养目标的阙如其影响

国外学者瓦瑟斯楚姆指出:“如果不知道我们法学教育教出来的学生该是什么样子,那么很难,或者根本不可能去回答在法学教育中出现的一堆问题:该教什么?该如何教?该谁来教?该谁作为学生?如何评估他们?谁来决定法学教育是否成功、是好还是坏?”的确,精确目标的重要性不言而喻,明确目标之后才能设计具体的实施手段,最终才能检验目标是否实现。②

然而,我国法学教育至今没有清晰的培养目标。2011年12月教育部、中央政法委联合下发《关于实施卓越法律人才教育培养计划的若干意见》(教高〔2011〕10号)(以下简称《意见》),其中对“卓越法律人才”的界定体现为十六个字,即“信念执著、品德优良、知

* 中国政法大学法学院副院长、教授。

① 参见许身健:《认真对待法学教育》,载《检察日报》2012年9月21日,第6版。

② 参见许身健:《明确法学教育培养目标提升实践性法学教育》,载许身健主编:《实践性法学教育论丛》(第1卷),知识产权出版社2011年版,第5页。

识丰富、本领过硬",上述培养目标尽管涵盖范围广泛,但失之于缺乏具体的标准。与之对应的是,《意见》又将"卓越法律人才"分为三类,即应用型、复合型法律职业人才,涉外法律人才,西部基层法律人才,每类人才又有相应的要求与描述,但同样缺乏具体标准。"卓越法律人才"定位不清反映了法学教育培养目标的粗疏,导致相关法学院在贯彻执行《意见》时,对上述培养目标的理解并不一致,对卓越法律人才的理解各有侧重,这就造成了培养目标不统一、课程安排不合理、法学教育与职业教育的衔接不顺畅、评估机制不完善等一系列问题。

(一)培养目标不统一

法律院校本科生培养目标的设定,很大程度上反映出法学教育机构对法学教育的基本定位和基本教育理念。培养目标的定位直接决定法学本科生培养方案的整体设定。所有课堂教学课程的配置、课程学分学时的配置以及实践教学环节的比重设计,都在贯彻培养目标中所体现的法学教育理念和目标。但是,若对"卓越法律人才教育培养计划"的基地院校培养方案中的"培养目标"进行比较和分析,①则会发现各校之间仍有分歧。

虽然对于"法学教育应当定位为法律职业教育"这种观点已经基本达成共识,但是法学教育界对于职业教育的具体内容仍然存在模糊认识,各校培养方案并没有对法学教育的根本属性进行明确的界定。由于法律院校对法学教育的共同目标并未达成共识,各个院校自身的个性化特征压过了法学教育共同的人才培养属性。同时,在教学方式上,传统教育模式下的灌输式讲授方式仍占主导,法学院学习与法律职业的需要仍存在较大的隔膜。

(二)课程安排不合理

法学课程的安排应当遵循法律人才的培养目标,由培养目标决定课程安排。但由于当前我国法律院校混乱、模糊的本科生培养目标,导致了法学院课程安排上存在诸多问题。

首先,一些非常重要的课程在诸多一流法律院校根本没有开设,严重影响法学教育的成效。其中最明显的就是法律职业伦理课程在各大法律院校的缺失。理想的法学教育应该培养出的法律人才"一定要有法律学问,才可以认识并且改善地运用法律;一定要有社会的常识,才可以合于时宜地运用法律;一定要有法律的道德,才有资格来执行法律"。② 经过法学教育从事法律职业要求具备共同的素养,包括法律语言、法律知识、法律技术、法律思维以及法律信仰和法律伦理等六个复合要件。③ 上述论点明确了法律职业伦理在法律人才素养中占据的重要位置。在西方法学院的课程中,法律职业伦理都是

① 参见刘坤轮:《中国法律职业伦理教育考察》,中国政法大学出版社2014年版,第109~124页。

② 孙晓楼:《法律教育论》,中国政法大学出版社1997年版,第12~13页。

③ 参见孙笑侠:《职业素质与司法考试》,载《法律科学》(西北政法学院学报)2001年第5期。

其法学教育的重要内容。[①] 但是,即便在师资条件相对较好的卓越法律人才基地院校之中,法律职业伦理教育严重不足,大部分院校没有专职职业伦理教师。[②]

其次,与传统法学课程相比,实践教学课程的符号化现象相当突出。例如,不少院校将法律诊所课程等同于学生法律援助活动,场景模拟课程的开设更难如人意。几乎所有法律院校都关注模拟法庭,这是已经形成高度共识的实践教学,法律院校将模拟法庭竞赛作为实践教学成果的符号,有的院校热衷于参加国际模拟法庭竞赛,希望通过获得优异名次作为其实践教学及国际化发展的有力符号。然而,令人遗憾的是,很少有法学院关注到作为学生法律实践活动的模拟法庭演示与作为课程的模拟法庭课程的区别。

最后,由于学校对教学目标、教学内容把握不清,开设课程流于形式而不重视对于培养目标而言不同课程之间的系统关系,导致一些法律院校虽然开设了若干门名称不同的课程,但这些课程讲授的内容实质上是相同的,甚至出现"同一门课程、相近的内容反复讲授四遍"的情况。这样既浪费了学校有限的教学资源,也让学生付出了相当大的成本。此外,法律院校虽已开设案例课、研讨课、法律文书写作等相关课程,却没有形成系统的教育模式,使法学教育与法律职业对接效果大打折扣。

(三)教学与司法实践脱节

如前所述,虽然对于"法学教育应当定位为法律职业教育"这种观点已经基本达成共识,但是传统教育模式下的灌输式讲授方式仍占主导,法学院学习与法律职业的需要仍存在较大的隔膜。我们的法律院校要做的其实不是教会学生"像法律人一样思考",而是让他们学会"像法律人一样解决问题",而这之间相隔的恰是理论与实践之间的鸿沟。要实现这一跨越,解决之道在于构建两者间的桥梁,而桥梁正是提升实践性法学教育。

虽然实践性法学教育的重要性已经是法学教育界的共识,《意见》也提出要"强化学生法律实务技能培养,提高学生运用法学与其他学科知识方法解决实际法律问题的能力,促进法学教育与法律职业的深度衔接""强化法学实践教学环节""加大实践教学比重,在校内办好案例教学、模拟法庭、法律诊所,在校外建设法学实践教学基地"。但是,我们又不得不面对这样一个事实,即《意见》对法学实践教学的界定仍然存在个别误区。实践性法学教学,一言以蔽之,即"Learning by Doing",也就是"做中学",体验式学习。[③]

---

① "水门事件"后,几乎每个美国律师协会(American Bar Association,ABA)认证法学院都将法律职业道德课程设置为必修课。澳大利亚、加拿大、日本、韩国等国家无不将法律职业伦理作为进入法律职业的重要条件。

② 以"卓越法律人才教育培养计划"的基地院校为样本,对41所法律院校开设法律职业伦理教育课程情况进行调研,结果显示开设职业伦理相关课程的院校只有15所,仅占统计样本的36.59%,如果严格限定为开设"法律职业伦理",则只剩下9所,仅占统计样本的21.95%,再进一步,将法律职业伦理课程设为必修课的仅有4所院校,那么设置法律职业伦理必修课的比例就是9.76%。参见刘坤轮:《中国法律职业伦理教育考察》,中国政法大学出版社2014年版,第76页。

③ 参见许身健:《明确法学教育培养目标提升实践性法学教育》,载许身健主编:《实践性法学教育论丛》(第1卷),知识产权出版社2011年版,第5页。

案例教学、案例研讨课、实务讲座等虽与实践教学确有密切关系,但并不是前文意义上的实践教学。此外,单纯让学生自己组织,缺少规划、涉及、反馈、指导的单纯模拟法庭只是法律实践活动,而不是实践教学,这和美国法学院的常规课程——法庭辩论技巧的相去甚远。

法律诊所课程和模拟课程是法学实践教育最主要的两种课程模式。所谓模拟课程,即教师提出一种与真实情况相一致的假设,或使用案例中的情节,要求学生将自己置身于某一特定角色之中,完成一项立法任务,拥有一段完成任务的经历,并从经历中反思和总结,学习法律的实际应用、法律技巧以及法律职业伦理。比较典型的模拟课程包括法庭论辩、模拟调解等。① 然而此类课程并没有在我国各大法律院校中普及。相对较为成熟的法律诊所课程,也存在诸如对诊所教育的认识和定位仍然存在不明确之处、与传统教育模式在衔接上存在问题、案件无法满足诊所教学的需要、诊所教师配备存在不足、重职业技能培养,轻职业伦理教育等问题。

就校外实习而言,尽管几乎所有法律院校都关注校外实习基地建设,但由于缺乏统筹安排和具体的指导规则,责任分配不清导致管理混乱,实际的实习效果难以达到实践教学的要求,其象征意义远远高于实际意义,流弊很多。

(四)评估机制不完善

所谓评估,是指依据一定的教育目标,以现代法学教育发展观为指导,以评估对象为主体,评估双方在相互尊重与信任的基础上,共同制定双方认可的发展目标,运用适当的评估技术与方法,实现双方达成的评估目标的过程。② 从该定义可知,实现评估的前提是有一定的教育目标,教育目标越清晰、具体,就越能最大化实现评估的效果;反之,如果教育目标模糊不清,评估也将沦为空谈,甚至根本无法进行。

目前,大多数法律院校对于传统理论课程还停留在单纯依靠考试成绩对学生学习效果进行评估的阶段。单一的评价方式说明我们的法律院校过分强调理论体系的传授,却没有引导、教育学生做好未来的职业准备。也正是由于教育目标不具体,使实践教学课程的评估也存在同样的问题,无论校内诊所还是校外实习,往往由监管学生工作的教师根据主观意见评定分数,难以实现竞争的、多样的评估方法具备的正确性、可靠性和公平性,进而阻碍法学教育与法律职业的深度衔接。

二、突破法学教育困境——借鉴美国法学院认证制度

由于缺少清晰、明确培养目标的指引,导致我国法学教育存在以上诸多问题,因而尽快制定清晰、明确的培养目标,是提升法学教育质量、确保法学教育与法律职业有效衔接

---

① 参见袁钢:《中国法学实践教学的基本理论》,载曹义孙主编:《中国政法大学教育文选》(第15辑),中国政法大学出版社2014年版,第11页。

② 参见李秀华:《诊所法律教育质量评估机制研究》,载许身健主编:《实践性法学教育论丛》(第3卷),知识产权出版社2014年版,第130页。

的必要条件。但是,一套清晰、明确的培养目标是否能构成完善法学教育的充分条件?笔者认为,面对法学教育这一系统性问题,不应仅仅"头疼医头、脚疼医脚",而应跳出既有思维框架,思考缺少统一、明确的培养目标后的深层次原因以及解决之道。

对于"卓越法律人才"予以评估的具体量化指标,包括卓越法律人才计划在内,我国法学教育界尚未达成共识。法学教育的培养目标是一个开放性的研究课题,事实上,即便在法学教育经验极为丰富、影响力极大的美国,也仅是在一些关键问题,如知晓法律基础理论、具备法律事务技能、学习法律职业伦理等方面具有共识,而在标准的具体细节上,包括 ABA 在内的法律界也没有形成完全统一的衡量标准,其探讨也从未停止过。但是,这并不影响美国的法学教育在实践中按照一套统一、清晰、明确的培养目标运转,而法学教育各方主体不同的见解使前述培养目标保持相对开放的体系,得以随着实践的变化及研究的深入不断地更新。本文认为,这恰是得益于其完善的法学院认证制度。

(一)美国法学院认证制度的运行机制

在美国,负责全国法学教育以及法学院评估与认证工作的并非美国教育部,而是 ABA。这得益于美国独特的教育体制。美国的大学多是私立或州立,属于地方与私人团体事务。美国教育部不同于我国教育部,其前身是成立于 1867 年的美国联邦教育局,为防止其过多干预各州学校事务,因此宪法上对其职能进行了很大的限制,直至 1980 年升格为教育部,除个别例外情形外并不干涉课程标准的设置,而是将教育权等交于地方及州政府掌管。因此,对于美国各大学的法学教育,教育部无权过问。

由于上述原因,ABA 成立之时,美国法学院并无统一的办学标准,入学门槛有高有低,培训时间长短不一,夜校与全日制学院并立,导致律师职业素质与服务水平参差不齐,法律服务市场鱼龙混杂。[①] 为了改变这种状况,ABA 除负责律师的日常管理和惩戒外,自 1878 年建立以来就以统一与提升法律职业准入资格为己任,着手改善美国的法学教育,设置专门的法学教育与资格认证分部以及相应的理事会与认证委员会来负责制定法学院的设置标准并进行法学院认证,力图从源头对法律服务市场进行把关,进而保证法律从业者接受的教育以及习得的专业知识与素质符合职业要求,能够有效与法律职业对接。

由于 ABA 在性质上是非政府组织(Non-Governmental Organization,NGO),因此其认证并不具备行政上的强制性。但是,美国的法律执业由各州最高法院决定,各州的最高法院通常均交由各州的律师协会负责制定参加律师资格考试的条件并组织律师资格考试,而各州均将毕业于 ABA 认证的法学院作为参加律师资格考试的条件之一,因此,ABA 的认证具有事实上的强制性。对于美国的法学院而言,最重要的就是 ABA 的认证后,其认证与否以及认证的结果都对法学院具有实质的影响。未通过 ABA 的认证,其学生就不得报考各州的律师资格考试;通过 ABA 的认证后,其认证结果将会作为各个机构

① 参见胡晓进:《美国律师协会的法学院设置标准》,载《高教发展与评估》2011 年第 6 期。

对该法学院进行评估排名的依据,而排名结果直接影响其生源,进而影响法学院自身的发展。

美国法学教育最核心的任务并非培养法学研究人才,而是培养合格的律师。而成为合格的律师、进入律师职业市场的控制权恰恰掌握在ABA手中。作为律师的自治组织,ABA有权力设定职业准入门槛,掌握未来律师的知识储备水平与职业技能素质。制定法学院设置标准并进行认证,正是ABA行使职业控制权的体现。目前全美共有4000余所大学,但具有ABA认证的法学院仅有205所,可见ABA认证条件之苛刻。

(二)美国法学院认证制度的具体内容

ABA认证制度的依据是其每年更新的法学院认证标准及程序规则(standards and rules of procedure for approval of law schools),其中,法学院认证标准(standards for approval of law schools,以下简称认证标准)涉及法学院设置的方方面面,直接规定着关于法学教育的各项细节与指标。

2017年版的标准共计七章,包括一般目的与程序(General Purposes and Practices)、组织与管理(Organization and Administration)、法学教育方案(Program of Legal Education)、教师(The Faculty)、录取与学生服务(Admissions and Student Services)、图书馆与信息资源(Library and Information Resources)、教学设施、设备与技术(Facilities, Equipment, and Technology)。① 本文将结合我国法学教育的实际情况,以借鉴为目标,对以上章节进行有选择地介绍。

1. 组织与管理

该部分首先规定,法学院的院长和全体教职人员对法学院教学方案的规划、制定、执行、管理负有首要责任,同时这也是他们应有的权力。法学院的教学方案应当包括课程设置、教学及评估方法、招生政策以及不同情况下的学术要求与标准。[认证标准201(a)]

美国的法学院分为独立的法学院和大学下设的法学院。独立的法学院应当由专门的管理委员会进行管理,该委员会负责确保法学院按照“标准”的要求开展法学教育;[认证标准201(e)]对于大学下设的法学院,大学总体层面的同样适用于法学院的政策不得与“标准”相冲突,否则法学院有权单独制定与“标准”一致的政策。[认证标准201(d)]法学院当前拥有和预期可得的财政资源应当充分用于执行并改善教学方案,以及确保学院各项指标符合“标准”规定,这些资源包括学杂费、捐款、礼品,以及相关的财产收益;大学下设的法学院要进行独立核算,如果大学院财力匮乏,以致难以有效执行其教学方案,则该法学院不符合“标准”。(认证标准201)因此,大学下设的法学院也具有很高的独立性。

① 参见《美国律师协会2016~2017年法学院设置标准》,http://www.americanbar.org/content/dam/aba/publications/misc/legal_education/Standards/2016_2017_aba_standards_and_rules_of_procedure.authcheckdam.pdf,2018.6.20.

2. 法学教育方案

该部分开宗明义，规定法学院的培养目标是为法科生毕业后能够顺利通过律师职业考试、被授予执业律师资格，成为高效、尽责、有职业道德的法律人；为实现该目标，法学院必须针对该目标的实现设计、制定教学内容，并严格执行其法学教育方案。（认证标准 301）

法学院的教育至少应当使法科生具备以下能力：第一，理解并掌握实体法和程序法的相关知识；第二，具备法律分析和推理能力、法律检索能力、解决问题的能力、法律文书写作能力以及运用法言法语进行专业、有效的交流的能力；第三，同时对客户和法律制度承担适当的职业及道德责任的能力；第四，作为法律职业共同体的一员应当具备的其他能力（具体由法学院自行决定），如会见、咨询、谈判、事实的推理分析、审判实践、法律文件起草、争议解决、法律工作的组织与管理、合作、自我评价等能力。（认证标准 302）

法科生至少要修读合格以下课程：第一，至少 2 学分的职业责任课程，如讲授法律职业的历史、目标、结构、价值、责任的课程；第二，第一学年必须修读法律写作课程，读完第一学年后至少应当再修读 1 门法律写作课程；第三，至少 6 学分的体验式课程，即仿真实训类课程、法律诊所课程或校外实习类课程，这类课程本身必须具备体验式的属性，而且必须能够从法律条文、理论、技巧以及职业伦理等方面对法科生进行综合训练，必须能够为学生提供多种亲自执行的机会并进行自我评估；法学院还应当为法科生提供大量的参加法律诊所、校外实习、公益法律服务的机会。（认证标准 303）为确保体验式课程的开设能够落到实处，标准 304 专条对仿真实训类课程、法律诊所课程及校外实习类课程的培养目标、设置方式、所需条件等细节问题进行规定。此外，该部分还规定了每学分对应的学习量（认证标准 310）、获得学位应达到的学时及期限（认证标准 311）、学生学习评估（认证标准 314）、法学教育方案、教学内容及考核方式的评估。（认证标准 315）

总体而言，法学院的教育包括法律知识、法律技能、职业伦理三个主要方面，涉及这三方面教学的各种细节如教学方式、内容、周期、学分等，都有明确的数字化规定，这既是培养目标，又是美国法学教育质量的保证。

3. 教师

该部分不仅规定了成为专职教师应具备的条件（认证标准 401）、教学任务（认证标准 403）、其他应当对法学院教育、法学研究和公共事业履行的责任（认证标准 404），还详细规定了全职教师的规模，要求全职教师的人数应当根据招生规模以及有效执行法学教育方案的要求来确定，必须确保每个法科生单独和全职教师交流、学习的机会。在满足前述要求的情况下，还应确保每位全职教师有足够的时间和精力完成教学任务、进行学术研究、充分参与法学院教育的管理以及履行法律公共服务责任（认证规定 402），虽然没有强制规定合格的具体比例，但从其规定可见对法学院教师规模的高要求。

此外，认证标准还要求法学院为教师营造良好的学术环境，建立学术自由和终身教职制度，完善对法律诊所教师、从事法律文书写作教学的教师等的管理和保障。（认证标准 405）这一规定的目的是吸引并保留优秀的教师，从而更好地服务学生，保障并提升法学院教育质量,严控法律职业人才入口。

4. 图书馆与信息资源

每个法学院都必须有图书馆,而且图书馆的馆藏图书、资源、服务必须能够积极有效地支撑法学院执行其教育方案以及师生进行科研、社会服务等活动;图书馆应当关注教学的动态需求,结合法学院教学目标实现情况,定期对图书馆各项配置的有效性进行评估并及时改进,确保不落后于当代技术水平;为此法学院必须为图书馆能提供持续、充足的财政资金。(认证标准 601)法学院图书馆的预算应当作为法学院总体预算的一部分,统一决定、执行。[认证标准 602(d)]当然,如果法学院隶属于大学,法学院的图书馆很可能成为大学图书馆系统的一部分,财政预算也会纳入其中,此时学校整体政策必须确保法学院图书馆履行职能。担任图书馆馆长必须符合的严格的条件(认证标准 603),图书馆职员也许满足规模和技术要求(认证标准 604),足见认证标准对图书馆的重视。

此外,该部分规定了图书馆提供服务的内容和范围(认证标准 605),并详细列举了图书馆必须提供的核心馆藏资源,涵盖了联邦和各州法院的判决汇编、法律、法规、裁判文书、研究性著作等大量的文献资料(认证标准 606)。

5. 教学设施、设备与技术

法学院不仅要确保其硬件、软件以及基础设施能够满足当前法学教育之需,又要有足够的实力使其能够满足未来可预见的发展要求。(认证标准 701)除了能够提供充足学习空间的图书馆,法学院还必须为教学活动、教师办公等提供足够的教室、研讨室、办公室,而且法学院必须拥有这些教学空间的排他使用权。此外,还明确规定要从声、光、座位、温度、通风条件等方面判断是否符合作为教学空间的标准(认证标准 702),认证标准在具体指标和细节方面的把握可见一斑。

(三)美国法学院认证制度评价

经过 100 多年的发展,美国的法学院认证制度已经相当成熟。其运行机制决定了 ABA 对法律职业入口的有效控制,无论法律界如何探讨法学院的培养目标以及卓越法律人的具体标准,法学院都必须按照 ABA 颁布的认证标准进行设置并组织法学教育。

ABA 颁布的认证标准明确将法学教育定位为职业教育,一切以与法律职业对接为目的,从法学院的组织与管理、法学教育方案,到教师、图书馆与信息资源、教学设施、设备与技术等方面都进行了详细的规定,对法学教育方案、课程选择与课程内容、教师规模、图书馆设置等关键问题甚至进行了明确的量化要求,与此同时又保留了适度的弹性,在规范之上又为法学院预留了自主权,提升了认证标准的可执行性。

虽然美国的法学教育并不完美,当前也面临诸多困境与挑战,但是得益于其对法学院的认证制度,一举解决了我国法学教育当前仍面临的培养目标不统一、课程安排不合理、法学院教育与法律职业脱节、评估机制不完善等问题。法学教育家孙晓楼早在 1934 年就指出:“我们的所谓法学教育,是希望以外国的科学方法,来训练适合于中国国情的法律人才。"[①]从这个意义上来讲,美国法学院认证制度的成功经验值得我们学习、借鉴。

三、完善我国法学院认证制度——以司法行政改革为路径

通过对美国法学院认证制度的阐释表明,完善的法学院认证制度对保证法学教育质量和发展方向是十分必要的。然而,相比之下,我国法学院认证制度尚不完善。

目前,我国的法学教育由教育部从统筹管理全国高等教育的层面进行宏观指导,对高等教育主体进行认证的主要依据和标准较为粗疏,规范作用有限。如果将各项指标具体到高等院校下设的法学院,就更难保证法学院在大学内获得充足的重视和资源。其一,"法学院课程体系设置仍然是基于法学教学指导委员会于1995年确定的14门核心课程,2002年增加环境保护法和社会保障法后增加为16门",[②]在当时有其合理性的,但近10年来我国法学教育和法制建设都发生了急剧变化,核心课程设置也应根据实际情况进行调整。其二,"设立法学专业,由最初教育部批准改成了由省教委批准,而省教委基本上是申请就给批,等于没有条件限制,只要有12名学法律的老师,能够开起前述核心课程,就能设立法学院",[③]如此低的门槛是法学院数量剧增的主要原因之一。

此外,教育部每年都会依据《学位授予和人才培养学科目录》对大学的学科的整体水平进行评估。但就法律相关专业而言,由于教育部不负责司法考试,也不负责法律职业的管理,因此要求该评估标准与法律职业对法律人的要求深度接轨、评估结果有效促进法学教育向职业化的方向发展也是难以实现的。

为贯彻落实党的十八大和十八届三中、四中全会精神,中共中央办公厅、国务院办公厅于2015年12月20日印发《关于完善国家统一法律职业资格制度的意见》,将司法考试制度调整为国家统一法律职业资格考试制度,将现有国家司法考试协调委员会调整为国家统一法律资格考试协调委员会,由其负责对国家统一法律资格考试制度的设计、改革及合格标准的确定等项工作,这意味着我们重新认识了法学教育的本质,即培养优秀的法律职业人才。据此,司法部全力推进相关工作落实到位。

笔者认为,为更好地培养和发展社会主义法制工作队伍,为全面推进依法治国提供更有力的人才保障,应从整体谋划的高度确保国家统一法律职业资格制度各项改革措施的系统性、整体性和协同性,加强与法学教育制度的衔接,配合司法部改革积极稳妥有效进行,应当借鉴美国的成功经验,以司法行政改革为路径,完善我国的法学院认证制度。

(一)由司法部作为法学院认证制度的主体

我国和美国律师资格考试相对应的是国家统一法律职业资格考试,从事法官、检察官、律师等职业的准入门槛之一便是通过国家统一法律职业资格考试,该考试的组织一直由司法部负责,同时,司法部还主导律师职业的管理。从这个意义上来讲,司法部是入门法律职

① 孙晓楼:《法学教育》,中国政法大学出版社1997年版。

② 张文显、郑成良、徐显明:《中国法理学:从何处来? 到何处去?》,载《清华法学》2017年第3期。

③ 同上。

业的守门人。但是,就法学教育而言,司法部和ABA最大不同在于,目前司法部并不负责督导法学院的教育活动,无法从源头直接掌握对未来法律职业者知识储备水平与职业技能素质的控制权。因此,即使法学院的教育活动存在诸多问题,为满足法律服务市场的需求,国家统一法律职业资格考试必须"迁就"法学教育,使司法部通过国家统一法律职业资格考试划定法律职业准入标准,引领、指导法律职业发展方向的职能大打折扣。

无论具体标准如何,"信念执著、品德优良、知识丰富、本领过硬"的法律人必须具备相应的核心知识(通过传统课程培养法律知识及法律思维)、核心技能(通过实践课程培养实务技能)和核心价值(通过专门课程及法律诊所课程树立职业伦理),这意味着法学院教育必然是与职业教育连续、统一、紧密衔接的。法科生成为法律职业人员,必须通过国家统一法律职业资格考试,因此,这一考试制度恰能作为统一法学院教育和职业教育的桥梁。而司法部不仅掌管国家统一法律职业资格考试,同时也主导对律师行业的管理,所以司法部能够更准确把握法律职业从事的工作更需要什么技能,有哪些硬性要求。所以,由司法部作为完善并执行法学院认证制度的主体,能最大限度地根据法律职业的实际要求制定认证、评估的标准,进而充分发挥国家统一法律职业资格考试的桥梁作用,实现法学教育与法律职业的有效衔接。

(二)结合国家统一法律职业资格考试制定法学院认证标准

如上所述,以司法行政改革为路径完善法学院认证制度的目的就在于充分发挥国家统一法律职业资格考试的桥梁作用,实现法学教育制度与国家统一法律职业资格制度的有效衔接。因此,借鉴、吸收美国ABA的成功经验,制定我国法学院认证制度具体内容时,必须充分结合国家统一法律职业资格考试制度的要求,从组织与管理、法学教育方案、教师及教学设施等方面进行设计。

1. 组织与管理

行之有效的组织与管理制度是法学院顺利开展法学教育的前提和基本保障,在组织与管理上,首先应当从以下两方面进行改革和完善。

第一,明确法律院校办学治校的主体责任,强化基础、抓住重点、建立规范、落实责任,真正做到"虚"功"实"做,把"软指标"变为"硬约束",领导并监督落实法学教育各项标准,进而确保法学院认证制度高效运行。

第二,确立司法部对独立政法类高校的垂直管理和对高校下设法学院的主导管理,确保高校下设法学院在教学、财政、人事任免等方面的独立性,防止法学院的发展受到高校整体发展目标和方向的限制,为法学院创造良好法学教育环境。

2. 法学教育方案

由于我国法学教育以本科为主,法学教育方案应当正本清源,明确本科法学教育的职业教育性质,同时明确区分不同法学教育项目、法学教育的不同阶段在教育方案上的侧重。具言之,除法学类本科学位外,还要根据不同类别法律职业人员的实际需要,明确法学院对法律硕士、法学硕士及以上学位、全日制教育与非全日制教育的具体设置标准、录取条件和教育内容，并将其作为法学院认证的重要考察对象。

习近平总书记在考察中国政法大学时强调，法学学科是一个实践性很强的学科，法学教育要处理好知识教学和实践教学的关系。要打破高校和社会之间的体制壁垒，将实际工作部门的优质实践教学资源引进高校，加强法学教育、法学研究工作者和法治实际工作者之间的交流。习总书记对法学教育改革的具体指示，指明了法学教育改革的两个面向。首先，要强化法学实践教学，架设法学理论与法律实践之间的桥梁；其次，转向“以系统为中心”的法学教育理念，创新协同培养模式，培育法治人才。[①]

将以上两个面向落实到具体的教学内容和课程体系时，应当以国家统一法律职业资格考试的内容为导向，遵循法治工作队伍形成规律，遵循法律职业人才特殊的职业素养、职业能力、职业操守要求，按照法治工作队伍建设正规化、专业化、职业化标准科学设计和实施。具言之，在完善现有培养目标、课程体系的基础上，应当转变思想观念，对法学教学方式进行改革，明确不同课程的定位，将有效开展法律职业伦理教学作为认证、评估的必备指标，同时对法律诊所、场景模拟、校外实习等实践课程的师资配备、教学内容、教学方式等方面进行明确、具体地规定，防止相关课程的符号化。

在上述改革基础上，应当将国家统一法律职业资格考试通过率作为评价法学院校制定并实施法学教育方案实效的重要依据之一，将通过率和法学院校教学质量评估、教学实力排名直接挂钩，确保国家统一法律职业资格考试对法学教育的引导作用能够得到最大程度的发挥。需要强调的是，通过率作为评估标准的比重应审慎确定，且与培育职业精神、参加实践实习等方面的评估指标形成动态平衡，否则可能使改革走向另一个极端，导致法学院教育过分强调司法考试通过率而沦为应试教育的误区。

3. 教师及教学设施

高素质的法律职业人才是加强法制工作队伍建设、全面推进依法治国的保障，而高素质的法学教师队伍是培养高素质法律人才的基本保障。法学教育改革和国家统一法律职业资格制度改革要求法学院教育必须与职业深度衔接，开设多样化的实践课程是必然选择。与之对应的是要确保实践课程的教学效果，就必须在法学院认证制度中对任职教师的条件作出明确要求，法学专业教师在做好理论研究和教学的同时，要深入了解法律实际工作，促进理论和实践相结合，法学院还应引进相当规模的具有丰富的相关法律职业任职经历的教师。此外，还应明确规定教师的保障措施，以吸引、留住优秀法学教师。

法学院开展法学教学活动，必须有足够的经费、馆藏丰富的图书馆、完善的教学基础设施，但令人遗憾的是，目前我国尚无以上各方面的明确规定。因此，在法学院认证制度中，必须对此做出量化要求，对教学可能涉及的主要细节问题设定具体指标，如图书馆的藏书

① 所谓“以系统为中心”是要综合包括法学教育系统和法律实务系统，以及后者其下的各部门、各子系统和其他相关系统，统筹规划来进行教育设计。简言之，系统为中心的法学教育理念就是要打破法律院校和法律实务部门之间的体制壁垒，将后者的优质实践教学资源引进法律院校以协同创新，培育法治人才。

的类别、数量,教室、研讨室、办公室的面积、数量和师生数量之间的比例、校园基础设施、软件、硬件性能需要达到的标准等内容,进而通过法学院认证制度淘汰教学条件不达标的法学院,引导法学教育资源的合理分配,从确保教学条件的角度支持法学教育有效进行。

(三)制定符合国情的法学院认证制度

习近平总书记在考察中国政法大学时指出,我们有我们的国情,我们的国家治理有其他国家不可比拟的特殊性和复杂性。因此,完善我国的法学院认证制度,一方面要积极吸收借鉴国外成功经验,少走弯路;另一方面也要充分考虑我国法学教育的现状,有选择地吸收和转化,不能盲目照搬照抄,同时充分考虑两者差距,对改革可能产生的负面影响做出充分的预判,制定预防和应对措施。

美国多数州均规定"毕业于 ABA 认证的法学院"是参加律师资格考试的前提条件,因此,有志于从事法律职业的学生必然选择经认证的法学院,达不到 ABA 认证标准的法学院将被市场淘汰。此外,ABA 对各法学院评估认证的结果是各市场机构对法学院进行评分、排名的重要依据,排名靠后的法学院势必被成绩优异的申请者所冷落,缺少竞争力的法学院最终会被淘汰。因此,美国的法学院要应对激烈的市场化竞争。

借鉴美国相关经验,完善法学院认证制度,由司法部介入法学教育,将国家统一法律职业资格考试通过率作为评价法学院的重要指标,上述措施能够有效解决我国法学教育面临的诸多难题与困境,但也势必会加剧法学院校之间的竞争。然而,适度竞争能够扭转我国法学教育的困境,促进法学教育良性发展。值得指出的是,如何确保竞争适度,是应当关注的新课题。我国法学教育以及法律人才在不同区域的分部极不均衡,优质法学教育资源以及优秀的法律人才呈现出向东部经济发达地区集中的态势,而广大中西部地区却面临资源不足、人才匮乏的窘境。采取法学院认证制度的同时,若不针对我国区域发展和资源分配不均衡的现状,从制度和政策上对中西部法学教育发展、法律人才培养与就业等方面采取差异化的倾斜扶持,则可能使落后地区雪上加霜,阻碍全面依法治国的进程的实现。

结　语

习近平总书记在 2017 年 5 月 3 日考察中国政法大学时的重要讲话,立足于实现"两个一百年"奋斗目标和中华民族伟大复兴中国梦的战略高度,深刻阐释了全面推进依法治国的重要作用和历史意义,全面阐述了法治人才培养在全面推进依法治国系统工程中的重要地位和作用。在这一背景下,配合国家统一法律职业资格制度改革进行法学教育改革,刻不容缓。

本文认为,有选择地借鉴吸收国外成功经验,以司法行政改革为路径完善我国法学院认证制度,不仅能够以规范方式确立我国法学教育的培养目标,进而推动解决法学教育本身面临的诸多问题,还能助力国家统一法律职业资格考试,充分发挥其桥梁作用,实现法学教育与法律职业的有效衔接,是培养卓越法律人才、确保国家统一法律职业资格制度改革措施系统性、整体性、协同性的有力保证。

论立法人才的培养*

邓世豹**

习近平总书记2017年5月3日在中国政法大学座谈会上强调指出："建设法治国家、法治政府、法治社会，实现科学立法、严格执法、公正司法、全民守法，都离不开一支高素质的法治工作队伍。法治人才培养上不去，法治领域不能人才辈出，全面依法治国就不可能做好。"①法治工作队伍分为法治专门队伍、法律服务队伍和法学教育研究队伍。法治专门队伍包括立法队伍、行政执法队伍、司法队伍。立法队伍将成为我国高素质法治专门队伍中的重要组成部分，立法人才是我国法治建设的专门人才。

党的十八届四中全会决定指出："法律是治国之重器，良法是善治之前提。建设中国特色社会主义法治体系，必须坚持立法先行，发挥立法的引领和推动作用，抓住提高立法质量这个关键。"提升立法质量除了有充分的民意表达，更关键的是将混沌、相互冲突的立法需求以明晰、简洁、规范的语言表现出来，并能够付诸实践，实现立法科学化，立法人才是立法质量的保证。立法是门科学，有自身发展规律，立法人才的专业化才能保证立法遵循科学规律，而立法人才的培养是保障。中共中央办公厅、国务院办公厅印发的《关于完善国家统一法律职业资格制度的意见》中明确立法工作者属于法律职业人员范围，并鼓励从事法律法规起草的立法工作者参加国家统一法律职业资格考试，取得职业资格。法学教育必须回应全面依法治国的人才需求，培养大批高素质立法人才，有针对性地建立立法人才培养机制。

一、立法是一项技术性的活动

立法是一项技术性活动。法律要反映各种利益，但并非是对各种利益的直接表达，它需要对各种利益予以理性化和科学化的筛选，从而达到利益的平衡，并且进行技术性处理，实现规范性的表达。"现代立法追求的是一系列程序制度保障下的立法实质内容

---

* 本文是2015年度教育部哲学社会科学研究重大课题攻关项目"创新法治人才培养机制"（编号：15JZD008）阶段性研究成果。

** 广东财经大学法学院教授、法学博士。

① 习近平：《立德树人　德法兼修　抓好法治人才培养励志，勤学刻苦磨炼促进青年成长进步》，载《人民日报》2017年5月4日，第1版。

的民主,立法目的是要体现民情、顺应民意。而普通公民自己无法充分完成利益的表达,需要凭借立法职业者的收集、整理和代表民意的活动和中介活动发挥利益聚合功能。立法助理作为实际进行立法的专业人员,能运用自己的经验知识和专业技能,将民众零乱、分散的意志、愿望和要求进行集中、整理、分析过滤、归纳综合成型,最终以文字的形式表达出来。"①现代社会一切法律法规都应当是民意的体现和表达,但是成为法律法规之前的民意是模糊、混沌的。将模糊、混沌状态的民意转化为清晰的、富有逻辑的,并可以操作的社会行为规范,是一项复杂的专业化活动。"建立合理、健全的法律法规不只是立法者良好意愿的表达和开明政策的选择。即使是最佳的立法构想,在其形成明确、可执行的法规之前,都需要开展繁重的技术工作。"②

"无论对立法技术的内涵和外延怎样界定,法的结构营造技术在立法技术体系中无疑占有特殊地位,它是立法活动中所需经常运用的技术,是各种立法技术中具体的,实在的且特别重要的立法技术。"③立法技术集中在法案制作技术,立法的专业性集中反映在法案制作、制度设计的技术性。任何一部法律法规、一项制度都是由文本结构、语言表达和规范逻辑组合而成的,三者是否严谨、合理、适当,直接关系到立法内容的科学与否。法案制作、制度设计必须符合特定的逻辑规则,语言格式、和规范构造等立法形式方面要求。"立法工作者要对立法内容的完整性、法条表述的逻辑性、概念使用的正确性、法言法语运用的合理性等诸多内容进行斟酌,最终形成高质量的立法文本。"④法案制作技术主要体现在法案结构的构造技术、立法语言的表达技术、法规规范形成技术。

第一,法案的构造技术。制定法突出特点和优点是成文化,以文本形式表现,而成文法必需有名称、有层次、有结构。法规文本结构包括名称、法规的总则、分则和附则,法规的目录、标题、序言、附录,法规的编、章、节、条、款、项、目等多种结构形式。法案名称的确立是否准确反映法规所要调整的社会关系,是否准确规范立法所要规范的社会行为,是否涵盖法规文本所有内容,法案名称支配法案结构布局;法案制作中文本结构的选取是否准确反映不同法规范、制度之间的逻辑关系,是否准确反映规范之间层层递进关系抑或并列关系。法案制作中,从法案名称到内部层次和结构是法案制作必须充分运用的立法技术。法案文本结构能否得到科学的安排和表现,在很大程度上取决于立法者对立法技术的掌握和运用。法案起草者"应当尽可能早的对法案的基本内容进行构思,并设计出法案的整体框架。法案起草过程中的'构思'阶段,不仅是要考虑如何对大量而复杂的内容进行总体安排,还要考虑法案每一条款和附件内容安排如何协调一致;可以毫不夸张地说,一个好的'构思'是好的法案的基础。但问题是,内容与结构上的设计是为了

① 秦前红、李元:《关于建立我国立法助理制度的探讨》,载《法学论坛》2004 年第 6 期。

② 卢群星:《隐性立法者:中国立法工作者的作用及其正当性难题》,载《浙江大学学报》2013 年第 2 期。

③ 周旺生:《立法学教程》,北京大学出版社 2006 年版,第 413 页。

④ 卢群星:《隐性立法者:中国立法工作者的作用及其正当性难题》,载《浙江大学学报》2013 年第 2 期。

适应特定的立法内容的；当立法内容改变或者增加时，理论上来说，法案起草专业应当重新考虑法案内容和结构上的设计”。①

第二，法案的语言表达技术。立法必须借助语言，而语言有其自身的规律。与日常语言不同，立法语言必须具有概括和精准的二重性。立法语言针对的是同类行为对象，而不是某一具体个别行为，必须具有概括性，能够反映其规范对象行为的普遍性特点；另一方面，立法语言又必须保证规范内容的普遍适用性，能够被公平地适用于所有被规制的行为对象，而不因为语言的歧义与模糊产生选择性执法或遭遇适用对象歧视。立法语言是立法技术的重要内容，一部高质量的法离不开好的立法语言甚至标点符号。立法语言表达技术需要运用明确、规范、通用的语言文字表达立法意图和规范内容。立法语言运用遵循立法语言规则，排斥描绘、比喻、象征、抒情文学语言的表达方式，也排斥探索、讨论、商榷、争论等学术语言表达方式，也排斥报告、纪要、宣传、政策文体中相对不确定的语言表达。立法语言技术的运用要做到：一要充分尊重立法语言与普通语言的共性，不能将立法语言与普通语言割裂开来；二是尊重立法语言自身的特殊性，即善用法言法语表述法律规范；三是保持立法语言的统一性，保证在整个法律制度体系中对于特定内容的表达上保持用语的一致。立法语言要“明确、肯定、通俗、简明、严谨、规范”。② 立法语言来源于日常语言，又超越日常语言，有严格的确定性，“确保法令在适用时的确定性是起草者的首要考虑”，③又必须有直接的操作性，“起草专员必须确保法案所使用的语言能够使政府意图得以贯彻，产生相应的法律后果”。④ 保证法律适用过程中经得起严格推敲，“法律文件起草人员，必须保证他表达出来的东西能够精确地反映本来的意图，即使经敏锐的律师详尽甚至是充满敌意的分析审查，文本仍然只能得出他意图表达的意思”。⑤

第三，法案的规范形成技术。法案制作、制度设计的核心在于法规范设计。法规构成包括“假定、处理、制裁”三要素说和“行为模式和法律后果”两要素说。法规范内在结构要求法案制作、制度设计中必须保证法规范逻辑的完整性，设定了人们的行为模式，必须规定相应的法律后果，必须注意法定义务与法律责任的对应关系。只要有法定义务，就有违反法定义务的可能；只要有违反法定义务的可能，就须设定相应的法律责任。如果仅仅规定法定义务，却欠缺相应的法律责任规定，这样的立法必定流于形式而缺乏可执行性和可操作性，最终可能沦为僵尸条款。法案制作中必须考虑法案中各项制度之间的协调性，即法规范之间的协调性，同一个法案内各项制度之间的协调性、平衡性，同样

---

① ［英］迈克尔·赞得：《英国法》，江辉译，中国法制出版社 2014 年版，第 40 页。

② 周旺生：《立法学教程》，北京大学出版社 2006 年版，第 516 ~ 517 页。

③ ［英］迈克尔·赞得：《英国法》，江辉译，中国法制出版社 2014 年版，第 74 页。

④ 同上书，第 33 页。

⑤ 同上书，第 36 页。

的行为模式应当具有同样的法律后果,不同行为模式应当设置不同的法律后果,从而实现法内容的公平性。法案制作做到法案内创设的制度与已有制度之间的协调性,拟设定的行为规范与上位法规范相协调,与同级法规范相协调,不得相互冲突,否则,相互矛盾的规定会造成行为人无所适从。法案制作、制度设计必须考虑制度的周延性、协调性、可操作性,需要高超的立法技术。制度设计的科学性才能保证立法内容的科学性,做到科学立法。

"法案起草是一门艺术,也是衡量立法主体尤其是起草人对立法这门科学认识到、掌握到何种程度的一种硬件指标,是检验立法主体立法水平的一个标尺。在立法活动过程中,很少有其他环节比法案起草更能让立法主体在究竟有多高的立法水平上亮相。"①法案制作技术的好与差、优与劣,直接影响到立法内容的科学与否。法规的质量从很大程度上是由法案制作技术高低决定的。法案制作技术直接影响法的执行,影响执法、司法、守法及法的监督等活动。法案制作的技术性特征体现立法科学性的必然要求,真实地反映立法行为活动所存在的客观规律,是实现立法可执行性、可操作性的必然要求。现实生活中,由于法案制作技术不够、立法专业化的欠缺而导致其科学性不足,使法律在实际生活中不能发挥应有的效力,这不仅会影响到公民权利的实现,而且还会导致公民滋生对法律的轻视。这样,不仅不能实现有效的法律秩序,相反还有可能带来无尽的法律纷争。

第四,立法的调研和草案的论证技术。法律是民意的集中反映,立法必须进行广泛调研,了解民意,掌握立法需求。立法调研之前需要明确将要制定的法律所调整社会关系领域,涉及哪些社会群体,才能确定调研对象。调研中对于收集各种意见需要区分其中的事实问题和法律问题,对于法律问题又进一步区分立法问题和执法问题,然后进行抽象,归纳出具体的立法需求,确定立法需要解决的问题。回应立法需求,解决立法问题,根据不同意见,往往形成不同的解决方案,需要进一步论证,需要概括出争论焦点,组织专家论证,甄别各种观点,才能形成科学决策意见。立法调研和立法论证既需要有专业性,又有很强的技术性,不掌握社会调查方法,就无法准确掌握民意,不熟悉科学论证的技术,就无法保证法案的科学性。

二、立法需要有专门立法人才

立法也是一门科学,没有立法知识、不熟悉立法规律、不掌握法案制作技术的人员不可能制定出高质量的法律。立法质量与立法者的职业素质密切相关。

要理解立法人才的素质,就必须深入立法工作者的日常工作中。立法者的工作就是在接受立法任务后,围绕立法主题,组织调研,并将调研取得的一大堆杂乱无章的立法材料和相互冲突的混沌立法需求,以严谨规范形式表达出来,并镶嵌到整个法律规范体系中去。立法工作首先接收的是来源于不同渠道、不同时期的资料和调研座谈中各路人员

① 周旺生:《立法学教程》,北京大学出版社2006年版,第476页。

七嘴八舌的主张,这些立法资料和立法需求是碎片化的、杂乱的、口语化的、模糊不清的,甚至是相互冲突的。其次,将无数资料反映的立法需求整理出主流意见,并以严谨的法规形式呈现出来的,构建一个具体制度雏形。一个法案并非由单一制度构成,而是由若干个相互联系制度群组成的,这又需要立法工作者进行周密的立法构思,拟出完整的、富有逻辑的法案结构,将分散的制度草案一次排列构成法案初稿。再次,需要将法案初稿镶嵌到现有的法律体系之中,立法工作者不像一个书画家是在白纸上图画最美的图案,而是面临一个已经存在的且逻辑严密的法规范体系,正在着手的法案仅仅是这个法律体系中的一小部分,必须考虑法规范的左邻右舍,将其镶嵌其中,保持法律体系的一致性,"法案通过后要尽可能与现行法律契合。对于同一事物的描述,法案中的用词必须与现行法律一致"。[①] 因此,必须在立法技术上下功夫,经过法律体系一致性的初步检验,法规草案初步形成,工作并没有完成。最后,将法案呈现给有决策权的主体进行初次审议和反复征求公众意见,经受他们的挑三拣四的批评,甚至是无厘头的谩骂。对于那些专业或者非专业的意见都需要进行耐心倾听,对于有决策权主体(常委会委员、代表)的问题,还需要耐心的解释和说明。吸收合理的意见,对法案进行再次打磨,字、词、句、段落、结构进行推敲,甚至标点符号进行调整,最可悲的情况是整个法案结构需要进行重新调整,走完大部分程序之后,将反复推敲打磨的法案呈交给决策主体进行审议通过,才能如释重负,立法工作告一段落。法规颁布之后,也还经常关注各种社会反应,特别是权威部门的审查和评论,但这应不是立法工作的组成部分了,却也会为新的立法任务积累经验。

从立法工作者的具体工作中可以归纳出立法人才必须具有专业素养。

第一,立法人才必须具有扎实的法学理论功底。立法人才不仅要熟练掌握法律概念、法律原理、法律体系知识,还有熟悉古今中外的法律制度,保证在法案制作时从中汲取经验,还要有缜密的法律思维,能够从纷繁复杂的具象中分辨哪些是法律问题,哪些是非法律问题,哪些是执法问题,哪些才是需要通过立法解决的问题,哪些是本法案力求调整的社会关系,哪些是其他法案才能解决的问题,哪些是本法案调整社会关系的主体等,并设计出他们之间大致的权利义务配置。

第二,立法人才必须具有缜密的抽象思维。在所有的法律职业中,对立法人才的抽象思维能力要求最高,立法人才必须能够将调研中成千上万的材料、数据和模糊立法意愿迅速概括出一至几个法律规范,需要具备极强的抽象概括能力。相反,执法、司法人员要求缜密演绎思维,将法律规范应用到具体生活细节中。这是法律职业人才中立法人才与执法人才、司法人才巨大差异之处,也是法学教育必须区分对待,有针对性展开的地方。

第三,立法人才必须具有良好的调研能力、表达能力。立法调研时围绕法案制作而展开,是熟悉法案拟调整的社会关系,掌握立法需求的重要过程。立法人才必须围绕立

① [英]迈克尔·赞得:《英国法》,江辉译,中国法制出版社2014年版,第34页。

法主题,确定调查对象,针对不同立法阶段和不同立法问题,确定不同的调查方法和调查手段,能够从琐碎的、片段的、相互冲突的立法建议中,确定立法要求解决的问题。立法人才必须熟悉社会学的知识,掌握社会调查方法,具备超强的社会调查能力。立法人才必须具有准确的表达能力,能够在调研过程中准确表达调研主题、调研目标,并具备与调研对象进行有效沟通的语言表达能力,还需要具备严谨的书面表达能力,在掌握立法需求和立法材料基础上,能够严格法规范形式表达立法需求。“法案起草是一项难度很大甚至是一项异常困难的工作,是一项具有高度的技术要求和最严格的写作要求的工作。”①

第四,立法人才必须具有良好的科学精神。立法是社会资源、利益再分配过程,立法是不同利益主体博弈的平台,立法工作者要面对的是不同诉求,有不同利益主张的各类群体,遵循立法规律,保持中立精神是立法人才应有的职业品德。立法人才还是法案的合宪性(合法性)审查的第一人,必须保证起草的法案符合上位法,必须保持整个法律体系内部的协调性,必须能够以科学精神抵制外在的压力。

“法案起草人就是职业化的难题解决者,做一个称职的法案起草人,需要充分地领悟自己所从事的工作的难度,在不懈的学习和实践中,练就一身解决问题的本领。”②良好的立法、制度设计必须由受过专门训练,熟练掌握立法技术的人才能完成,由立法人才才能完成。“几乎没有任何脑力工作像立法工作那样,需要不仅是有经验和受过训练,而且通过长期辛勤劳动的训练有素的研究人员去做。这就是为什么立法工作只有由极少数人组成的委员会才能做得好的充分理由,即使没有其他理由的话。一个具有同样决定意义的理由是,法律的每个条款,必须在准确而富有远见地洞察到它对所有其他条款的效果的情况下制定,凡制定的法律必须能和以前存在的法律构成首尾一贯的整体。”③

立法人才的职业能力和职业素养是在不断学习和实践中养成的,特别是立法人才特有的丰富的古今中外法律知识、严谨的抽象思维能力和高超的社会调查能力需要专门的培养和训练才能得以养成。不经过一定训练的法学教授、资深执业律师、法官不是一个合格的立法人才。“虽然法案起草的能力随着经验增加而增长,但光有经验不够。要成为一个好的法案起草专员,要有大量的法律知识、对英语的驾驭能力、批判性思维的能力、想象力和大量的实践。经验证明,一般的法律能力本身并不够,没有法案起草经验的能干的律师并不能做好法案起草工作。”④“很多英格兰和苏格兰杰出的法官都迫不及待地想证明他们较人们选举的议员是更好的立法者。不过,法官们的背景和经历并没有那么明显地表明这一点。事实上,我们会经常发现法官们通过对他们法律的演绎推理得出

① 周旺生:《立法学教程》,北京大学出版社2006年版,第478页。

② 同上书,第479页。

③ [英]密尔:《代议制政府》,汪瑄译,商务印书馆1984年版,第76页。

④ [英]迈克尔·赞得:《英国法》,江辉译,中国法制出版社2014年版,第73页。

的逻辑结论与当今社会并不相符,最后只能通过立法机关来纠正他们陷于的困境。从这一点也可以看出,认为自己是更好的立法者的法官们并没有看到他们自身的局限性。"①当下许多法学教授热衷于承接法案起草工作,由于不具备必要的学科知识和基本立法经验,其成果却不受立法部门待见。正如立法实务工作者所言,大多数法学专家更适合从事参与法案的论证和讨论,毫无具备从事整个法案制作的能力。

三、立法人才的社会需求巨大

法学教育必须面对较大社会人才需求,极少数特殊人才并不需要一般性法学教育来完成。立法人才职业素养需要专门培养,但是立法人才职业领域在哪里,规模有多大,这是法学教育需要考虑的。

确定立法人才需求,必须确定哪些岗位需要高素质立法人才。法律是民意体现,参与立法人员众多,谁是立法人才?有不同的意见。"狭义的立法人才是指在立法机关和政府专门从事立法工作经验和取得相当水平的法理研究成果的立法工作者。"②"立法人才的类型可以分为立法者,即依照宪法和法律的规定,在国家权力机关中直接参与行使立法权的人员;立法工作人员,即不具有立法职权,但是参与立法活动,辅助立法过程的国家公职人员;以及第三方参与主体,即地方立法智库、专业人士和科研机构等。"③

界定立法人才首先必须界定立法。为何立法,人们马上会想到《立法法》第2条规定的"法律、行政法规、地方性法规、自治条例和单行条例的制定、修改和废止,适用本法。国务院部门规章和地方政府规章的制定、修改和废止,依照本法的有关规定执行"。立法是指一切国家机关依照法定权限和程序创制各种规范性法律文件的活动,具体是指法律、行政法规、地方性法规、自治条例和单行条例、国务院部门规章和地方政府规章等成文法渊源形式的制定、修改和废止等活动。这种立法概念界定是从法源层面上的,将制定具有法律效力的行为规范的活动称之为立法。

如果按照严格意义界定立法,进而确定立法工作者,并不能全面反映社会对立法人才的需求。从国家治理而言,立法的本质就是进行制度设计,一切有目的、有计划的社会规则的制定活动都可以认为是立法,都是在进行制度设计。"立法是法律实践作为调整社会关系的重大实践活动的组成部分,本质上是实践的,是制度文明或者说政治文明的形成过程、承载形式。"④广泛意义上的立法活动不仅是有立法权的代议机关制定国家法律和地方性法规活动,还包括行政机关制定行政法规、规章、规范性文件行为以及其他国家机关颁布规范性文件的活动。从形式上来看,所有国家机关制定法律、法规、规章、规

---

① [英]迈克尔·赞得:《英国法》,江辉译,中国法制出版社2014年版,第73页。

② 任刚军:《论地方政府立法人才队伍建设》,载《政府法制》(半月刊)2005年第13期。

③ 李喜:《地方立法转型发展中的人才队伍建设问题》,载《山西大同大学学报》(社会科学版)2017年第1期。

④ 石东坡:《"后体系时代"的立法实践范畴新论——基于修改〈立法法〉的思考》,载《江汉学术》2014年第1期。

范性文件的活动为立法活动,一切国家机关以规范性文件为载体的制度设计都可以被认为是立法。

立法是民意形成过程,是一项众多人员参与其中的活动。在众多立法参与者中间甄别立法工作者是一件比较困难的事情。首先,立法工作者是匿名的。比较而言,人们很容易从一项具体执法、司法活动中找到执法者是谁、法官是谁,因为具体的法律文书上都明确记载法官、执法者的姓名,但是立法是集体决策的成果,一项法规制定过程、一项制度设计有无数人参与其中,出台法律、法规、制度都是集体的智慧结晶,具体承担法案制作,制度设计的立法工作者从不署名,也无从显现。其次,具体执法、司法活动中,都是由具体执法者、法官在行使职权,执法者、法官在具体执法、司法活动中是有权人,而承担法案制作、制度设计的立法工作者并不是一个享有立法权的个人,他们是提供立法服务的工作人员。最后,现有的立法研究中主要关注作为法定立法程序阶段的立法行为,重视法律议案提出、审议、表决、颁布程序,对于立法前的法律立项与法案起草环节等非正式程序甚少重视,立法活动被主要限定在正式的立法程序阶段,由特定机关行使立法职权。这些程序中只有代表或者委员们出场,具体承担法案制作、制度设计的立法工作者被隐藏了。这些因素也恰恰是立法人才容易被忽视的缘由。

立法人才就是立法活动中从事法案制作、制度设计并具备专业职业能力的工作者。确定立法人才必须根据立法人才职业内容和职业素养标准,从无数参与具体立法活动的人员中进行甄别。

各级人大的代表、委员并不必然属于立法人才。虽然在正式立法程序中他们直接参与法案的表决,决定法案是否通过,是立法机关(广义)组成人员。但由于各级人大代表和委员主要是兼职的,先进性、广泛性、代表性是人大代表规定性要求,是民意的体现,并不要求他们熟练掌握立法技术,他们绝大多数也不直接起草法案,他们根据立法程序安排对法规法案进行审议,提出审议建议,交由法规草案承办机构或者人员进行修改完善,他们不是立法工作者。法案起草人员并不是政策制定者。立法可以说是政治家的事,但是法案制作必须是法律专家的事,也必须是立法专业人员从事的事业。

参与立法过程表达民意的组织和个人不是立法人才。立法过程中,吸纳民意,公开征集立项建议或法案、立法调研、座谈会、立法听证、立法列席或旁听等众多途径或机制保障公众参与活动,他们是民意表达者,他们的意见或者对法案修改、完善发挥重要作用。他们并不具体承担法案制作,进行制度设计工作,并不要求他们掌握立法技术,也不要求他们全程参与立法活动,他们也不是立法工作者。

直接承担法案制作(修改)、进行制度设计的立法工作者才是立法人才。不管一项法律、行政法规、规章、规范性文件制定有多少人参与,最后由哪个机关表决通过或者哪位首长签字颁布实施,但是所有法律、法规、规章、规范性文件制定都有一个或者几个工作人员(起草小组)具体承担法案制作,进行制度设计的工作。承担法规草案起草、进行制度设计的工作人员,他们需要熟悉立法规律,熟练掌握立法技术,具备法案制作经验,把社会上模糊的立法需求转化为明确、富有逻辑的、可操作的法规草案,供公众评议和供人大代表或者委员进行审议,并且根据他们的意见修改完善法律草案,完善制度设计,交由有制定权的机关表决通过或者首长签字颁布实施。具体承担法案制作(修改),进行制度设计的工作人员才是立法工作者。

立法工作者岗位具体包括:第一,承担起草(修改)法律、法规草案的工作人员,他们工作在全国人大常委会、省级人大常委会、设区的市人大常委会的法制工作机构。第二,承担起草(修改)行政法规草案的工作人员,他们工作在国务院法制工作机构、国务院各个部委法规司等岗位。第三,承担起草(修改)政府规章的工作人员。规章在当代中国法律体系中同样具有法源意义,属于法律体系组成部分,起草规章草案的工作人员分布在各级政府的法制办公室及其政府工作部门的法制机构。第四,承担起草(修改)政府规范性文件的工作人员。行政规范性文件是行政机关及法律、法规授权的具有管理公共事务职能的组织,在法定职权范围内依照法定程序制定并公开发布涉及或者影响公民、法人或者其他组织权利义务,在本行政区域或其管理范围内具有普遍约束力,能够反复适用的行政措施、决定、命令。规范性文件虽然不具备法源意义,不是法,却是不同层级行政决策的规范表现,规范性文件质量决定规范性文件实施效果,规范性文件起草、制定必须像立法一样严谨。当前提倡重大行政决策法制化、规范化,不仅仅是要求重大行政决策程序合法、内容合法,更为关键的是重大行政决策载体、形式、逻辑结构必须像法律一样严谨,这就要求起草、制订规范性文件工作人员掌握立法技术,具备立法者素质。实践中,一些重大行政决策实施效果不好,其重要原因就是决策质量不高,决策的制度载体缺乏严谨性,操作性不强,深层次缺少具有立法素质的人才。规范性文件制定主体广泛,所有政府及其工作部门都有权发布规范性文件,承担规范性文件起草工作人员即立法工作者分布各级政府及其工作部门。第五,其他机关承担制度设计的工作人员。司法机关出台司法解释和规范诉讼活动的规范性文件,同样具有立法属性。承担制作规范性文件(草案)的工作人员也是制度设计者,同样属于立法工作者。第六,其他应邀承担法案制作的高校、研究机构的工作人员。实践中,一些立法机构将法案制作委托给高校、研究机构承担。这种委托说明了立法的技术性和专业性,但是也需要说明的是,只有立法技术人员才能接受这种委托工作。具体承担法案制作,进行制度设计的人员也可以界定为立法工作者。

法治国家本质上就是规范治理,而不是根据某个人一时一地的命令治理。国家治理的规范除了通过法律、法规、规章具有法源性质的规范外,还有众多政府规范性文件、其他国家机关颁布规范性文件。立法本质上是制度设计,凡是具体承担法案制作,进行制度设计工作的工作人员,都可以认为是立法工作者,其中专门从事法律、行政法规、规章以及规范性文件起草的人员可以称为专门立法人员。“良法才能善治”,国家治理,必须有良好的制度设计,设计良好的制度,必须有高素质的立法人才作为支撑。根据国家立法体制,承担法案制作,进行制度设计的人才规模巨大。2015 年立法法修改,赋予所有设区的市享有地方立法权,在原有 49 个较大的市的基础上,增加 274 个(包括 240 个设区的市、30 个自治州和 4 个未设区的地级市),同级人民政府享有规章制定权。我国立法实践中,法案起草主要由各个政府部门进行,政府部门数量众多,立法人才需求巨大。法治国家建设需要一大批专门立法人才和具有立法素质的人才队伍。

四、现行法学教育中立法人才培养严重不足

改革开放以来,法学教育为社会培养了大批法律人才,为法治建设提供了智力支持。但是也很容易看出,法学教育目标被认为主要是培养司法人才,并以此展开,确立培养方案、确立主干课程,组织职业训练,以案件(法庭)为中心组织教学资源。“法律职业是指狭义上的法律职业,即法官、律师、检察官。”①国家在 2002 年统一律师、法官、检察官考试为司法考试之后,提出法学教育以司法考试为导向,强化法律职业人才就是司法人才的观念。这种理念下逐步形成以司法为中心的法律人才教育观,即法学教育最终以培养司法人才为目标,为公检法司输入人才,并基于这种理念确立法律人才培养目标和培养机制,法学教育资源局限在司法资源方面,并以法科毕业生是否到司法机关工作、是否适合司法机关工作来评价整个法学教育的得失成败。“法学教育的核心,应在于培养学生对于我国主要的实体法、程序法具备全面的知识,以及进行法律解释与适用的能力。这些知识和能力应足以胜任法院的民事(包括商事)、刑事、行政审判的基本工作,将来经过短期学习即可胜任全部类型的审判工作。”因此,法学教育着重“培养学生具备‘法官能力’。这意味着法学教育以法律适用而非立法为重点,也就是,不是学习怎样制定好的法律,而是怎样适用既有的法律”。②

司法活动有司法活动的规律,立法活动有立法活动的规律,专门的司法活动需要有专业的司法人才,专门的立法活动也需要有经过专门训练的立法人才。立法人才需要的知识储备与司法人才所需要的知识储备并不完全相同,立法的职业技能与司法的职业技能也是有重大区别的。“立法工作者要对立法内容的完整性、法条表述的逻辑性、概念使用的正确性、法言法语运用的合理性等诸多内容进行斟酌,最终形成高质量的立法文本。”③立法过程强调民主性,司法突出公正性;立法是分配正义,而司法是矫正正义。立法与司法运作过程有明显区别,有不同的运行规律。适应法律运行过程中不同阶段的规定性要求,立法人才的思维过程有明显特色,立法过程是归纳的,而司法过程主要是演绎的;立法中的制度设计需要有理想模型,需要有外国法、比较法知识,突出社会调查,司法适用往往有先例指导,突出证据认定和事实判断;立法突出宏观性,强调对问题的整体性把握,司法注重微观行,注重事物的细节。立法过程与司法过程的明显区别要求立法人才的知识、技能与司法人才有所区别,在法学教育中必须注意到立法人才和司法人才职

---

① 霍宪丹:《法律职业与法律人才培养》,载《法学研究》2003 年第 4 期。

② 葛云松:《法学教育的理想》,载《中外法学》2014 年第 2 期。

③ 卢群星:《隐性立法者:中国立法工作者的作用及其正当性难题》,载《浙江大学学报》2013 年第 2 期。

业素养的差异。司法人才不能替代立法人才,一个优秀的法官、检察官、律师并不能必然胜任立法工作。没有实践经验的法学专家、教授也不能起草一部好的法案。以司法人才培养为目标的法学教育体系忽略立法人才培养的不足时明显忽略了立法人才素质构成的特殊性,忽视了立法人才培养的特殊要求。

首先,法律人才培养方案中立法人才培养目标不明确,虽然有一些学校培养方案在就业去向中也谈及在人大部门任职,但是并没有将立法人才培养作为一个相对独立的法律人才培养目标。其次,在课程设计中,忽视立法学、法制史、比较法、外国法、社会学等立法人才必备课程的学习,无论是在教师教学中还是在学生学习中,这些课程经常被边缘化、被忽略。再次,法学教育中的实验实践课程主要以模拟司法活动的法律诊所、模拟法庭为主体,注重司法实务中法律思维、法律方法、司法技艺训练,要求学生熟悉司法过程,而忽视制度设计、社会调查等思维和方法的训练,忽视立法过程的呈现。法学教育倡导使用案例教学方法,而案例选择都以法院、检察官作出的司法案例为主体,忽视了立法实践的实例。复次,社会教育资源引入方面,法学教育重点引入法院、检察院、律师等司法领域社会资源,忽视立法领域社会资源。最后,法学教育评价,忽略立法人才培养的评价部分。法科毕业生进入人大、政府等部门从事立法工作,其工作能力和水平并没有纳入评估范围和评价标准。

五、以法案制作为中心,培养高素质立法人才

国家治理体系现代化首先是国家治理体系的法治化,国家治理体系的关键是国家治理法治体系。国家治理法治体系是基于以国家根本法宪法为核心的法律体系建立起来的,以规范国家管理活动的国家管理法律法规政策等各种规范体系,保证规范体系内在的统一性,表达的严谨性和现实中的可操作性,需要一大批专门立法人才和具有立法素养的人才队伍。立法人才培养与司法人才培养有共同之处,但是差异性也是明显的,比较当下以案件(法庭)为中心组织教学资源培养司法人才的法学教育模式,应当以法案制作为中心的,有针对性地建立立法人才培养机制。“高校的法学专业教学理念应与时俱进,应积极探索高层次地方立法人才培养模式,从仅强调培养法官式、律师式思维的诉讼型人才培养模式,转向培养具有公共政策考量才能的立法决策型人才培养模式,使法学毕业生不仅能胜任法官、检察官、诉讼律师等职业,还能胜任地方人大立法、行政政策制定等事务。”①

良法才能善治。高质量的立法才能保证法律准确的实施,才能建立稳定的法律秩序。以法治思维和法律方法化解社会矛盾,不能仅仅寄希望于司法。漏洞百出的立法、制度设计会源源不断地制造社会矛盾。高质量的立法,必须有高素质的立法人才。高素质立法人才培养,必须针对立法人才的素质需求,设立立法领域人才培养机制,完善立法人才必备课程体系,在研究生阶段设立立法人才培养方向,以法案制作为中心,引入立法

① 胡弘弘、白永峰:《地方人大立法人才培养机制研究》,载《中州学刊》2015 年第 8 期。

实务部门教学资源,建立有针对性的立法人才培养机制。

第一,法案制作必须有深厚的法学理论做支撑。法案制作是技术性活动,而这些技术运用是需要深厚法学理论作为支撑的。只有系统掌握法律的概念、法律的原理,掌握法律发展规律,才能用法言法语概括社会中混沌的立法需求,才能够将社会需求设定行为规范。法案制作必须掌握国家的政治制度和立法体制,才能清楚立法权限划分,才能提供可行的方案,才能处理好不同法律规范、不同制度之间的协调关系。掌握系统的法学理论是所有法治人才都必须具备的能力,是所有法治人才共同的要求,也正因此,立法人才与其他法治人才被定性为法律职业工作者。

立法人才必须熟悉现有的法律体系。法律体系是一个整体,任何一项法案都是法律体系中的一环,任何立法都不是孤立的,都是在现有法律体系内弥补空白。任何一项法律制定都必须考虑上下左右法律规范之间的协调关系。

第二,法案制作必须具有整体性思维。熟悉法学原理,掌握法案制作技术的立法人才还有专门的素质要求,即具有整体性思维。法案制作中思维过程主要呈现归纳思维特点,立法决策程序遵循个别到一般、从延纳民意到集中表达民意的基本逻辑过程,明显区别于行政和司法的实施程序的一般到个别、法律规范适用于个案的基本逻辑过程。执法者突出演绎思维,而立法者突出归纳思维,将社会中碎片化的、模糊的立法需求抽象归纳出一般的社会行为模式,概括出一般的行为规范。法案制作过程中必须具有良好整体性思维,既注意到法律规范设计的完整性,还要考虑到拟设定法规范与其他法规范之间的关系,法律体系是一个整体,必须注意到设计的法规范在整个法律体系中的地位,只有具备整体性思维,才能熟悉各种制度之间的衔接关系,才能保证制度统一性。法案制作中思维特性要求立法人才培养中必须注意整体性思维、归纳思维的训练,突出社会调查课程设计的灌输。

第三,法案制作必须熟悉古今中外制度文明。立法是为了解决问题,一些问题并不是本国特有,也不是当下特有的。一些同样的问题在国外存在,在过去发生。国外是如何处理这些问题,前人是如何处理这些问题,有什么成功经验和教训,都是当今制度设计中可资参考、借鉴的。任何制度设计都不是凭空设想的,今天的制度设计可以从古今中外制度文明中得到启发和借鉴。因此,立法人才培养必须重视法制史、外国法、比较法、国际法等课程的教育。比较法课程中比较方法特别突出,比较方法是制度设计的重要思维方法,在立法实务中运用最多。法案设计中比较方法运用可简化为如下步骤或程序:共同问题→不同解决方法→解决理由的描述→理由异同的分析→解决方案的评价→预测。比较分析方法的有效运用,有助于立法者或研究者通过比较分析不同国家或地区的立法制度挖掘对本国本地区可资借鉴的成熟的立法经验,进而发展和创新本国本地区立法制度。现代立法实务中比较分析法运用的三大规律性特点或情形:一是在有关涉外法律方面借鉴外国法、国际法;二是在国内事务领域中借鉴国外的相关立法;三是在全球化条件下制定国内法参照国际标准。[①]

第四,法案制作必须有具体的技能训练。法案制作不仅是理论性的,更是实践的。法案制作技能不是言传的,更是养成的,只有通过不断的实际操作、演练才能形成良好的技能。立法人才培养中应当加强立法技能训练,具体开设"法案制作""法规点评""社会调查"等立法实务课程,就像通过"模拟法庭""经典案例分析"等实务课程培养司法人才一样,让学生亲自参与法案制作,在活动中熟悉法案制作过程,积累法案制作经验,掌握立法技术规范。通过"法规点评",评价现行立法的得与失,总结立法经验。

第五,必要社会学知识教育和社会调研训练。立法人才与司法人才知识储备和技能训练的不同还在于社会学知识和社会调查方法训练方面。只有具备基本社会学知识,熟悉社会调查方法,才能准确掌握社会立法需求,才能拟定具有操作性、解决实际问题的法案。

第六,立法人才培养必须对立法部门、对立法实务专家开放,通过在立法部门建立实习时间基地,邀请立法专家言传身教,强化立法人才培养。

---

① 参见朱景文:《比较法总论》(第2版),中国人民大学出版社2008年版,第55~70页。

立德树人　德法兼修　培养A型法治人才

吕　涛*

2017年5月3日,习近平总书记到中国政法大学考察时强调,全面推进依法治国是一项长期而重大的历史任务,要坚持中国特色社会主义法治道路,坚持以马克思主义法学思想和中国特色社会主义法治理论为指导,立德树人,德法兼修,培养大批高素质法治人才。

一、A型法治人才的思路

习近平总书记的重要指示要求我们更加深刻地认识法作为"国之重器"的独特价值和极端重要性,站在国家战略和法治中国的高度上认识法学专业建设和法治人才培养。从"德"和"法"两个维度上去思考,中国特色法学教育的培养要求是德法兼备,培养过程是德法兼修,培养目标是高素质的法治人才。

我们理解"法治人"就应该是由"德"和"法"两条腿支撑起来的人。一撇是"德",这是第一笔,意味着"德育为先";一捺是"法",这是第二笔,但它支撑着撇,意味着"法育为基";一撇一捺紧密连接,相互支持,意味着"德法交融"。只有"法治人"这两条腿坚强有力,步调一致,才能走得更加稳健,更加久远。将"人"字略加变形,我们提出了A型法治人才培养的思路。A的左边竖线像"人"的撇,代表"德育为先",右边竖线像"人"的捺,代表"法育为基",二者之间相互倾斜,彼此支撑,形成交叉,以法律彰显道德、以道德孕育法律。A中间横线代表"德法交融",横线越粗,载体越多,交融越深,人才培养质量越高,就能培养出高素质的顶尖(Apex)法治人才。

二、德育为先

推进德育为先,需要做到"四个合一"。

(一)教育主体:专兼合一

目前许多人还有德育是个别部门、个别教师任务的狭隘思想,实现专兼合一,就是要克服这些问题,按照大思政的格局,上下联动,齐抓共管,形成全员全过程全方位的三全育人模式。

---

* 山东政法学院院长、教授。

一是实施跨学院共同备课计划。引导思想政治教师与法学教师共同建设课程，把法治理念融入思想政治课，把思想政治融入法学课。

二是建立思想政治课与第二课堂活动的联动机制。把思想政治课的内容作为第二课堂活动的主题，第二课堂发现的学生思想政治方面的问题也要及时反馈给思想政治教师，第二课堂活动与思想政治教学同步开展。

三是建立思想政治工作的"三联"机制。校领导联系学院、班级和学生，机关干部联系班级和学生，专业教师联系学生，实现全员育人。

四是加强学生自我教育。开展"榜样山政"等活动，充分发挥优秀学子的榜样作用，挖掘学生本身的德育力量，促进学生自我教育、自我服务。

（二）教育载体：虚实合一

现在的大学生马上都是"00后"了，他们是随着互联网成长起来的新一代。我们要在发挥线下教育的规范性、系统性优势的基础上，进一步发挥线上教育灵活性、迅捷性的优势，实现虚实合一，适应时代发展，满足学生需求。

一是以"四类媒体"为核心构建立体德育网络。以校报等平面媒体、校园广播等声像媒体、学校宣传栏等固定媒体、微信、QQ等新媒体这"四类媒体"为核心构建立体德育网络，拓宽德育渠道。

二是组建网络队伍，打造"红军"。发挥各种力量的网络德育优势，在网上形成"专业教师专业指导、辅导员日常辅导、'9958'爱生服务热线及时开导、学生骨干榜样引导、信息中心情感疏导"的良好局面。

三是注重网络道德，形成"红风"。增加"网风"与"网德"教育，网络法纪教育和网络爱国主义教育，增强学生对全球网络文化的识别知觉能力、自律抗诱能力，最终使网络世界"红风"劲吹，帮助学生实现现实世界和网络世界的道德一致性。

四是坚持新媒体文化精品建设。积极打造"青春风向标""山政致青春"等新媒体品牌项目，主动发声发言，引导学生自我管理、自我服务，占领新媒体传播制高点。团委官方微信平台现有关注用户2万余人，品牌项目平均日阅读量2000+，单篇阅读量经常超过2万，在团中央基层团组织微信公众号综合影响力排行榜名列前茅。

（三）教育资源：内外合一

一是加大校内德育资源建设。加大德育课程开发力度；推动建设德育案例库；加强德育信息化建设；积极开发校本德育资源，尤其是山东政法学院校史、解放济南战役茂岭山战场遗址、法治文化等。

二是加大校外德育资源利用。注重就近原则，在周边的省博物馆、档案馆和美术馆等建立德育基地，便于组织学生活动；注重务实原则，立足法学专业需求，在法院、检察院、律所和监狱建立德育基地，便于激发学生兴趣，提高学生德育深度；注重分类原则，分类建设国防教育基地、法制教育基地、传统教育基地等，便于有针对性开展德育活动。

(四)教育效果:知行合一

德育不是纯粹的知识体系,要树立“知行合一,知为先,行为要”的观念,既要防止“无知无畏”,也要防止“知而不行”,甚至“知而逆行”的道德“双重人格”。

第一,要抓好课堂教学,注重五个“度”。一是坚持问题导向,提高两课信度。利用各种渠道,汇总整理学生关心话题,形成“热点话题排行榜”,开展针对性教学,使学生真正感受到两课能用、好用,自觉地把知识转化成信仰。二是推进集体备课,拓宽两课广度。备课从单一教研室到跨教研室,从单学院到跨学院,提高教学内容的整体协调性,形成同向同行、协同发声的教学体系。三是教学科研结合,提高两课深度。深入开展科学研究,以科研成果支持教学深度,保证两课教学“讲得深、讲得通、讲得透”。四是改革教学方法,保持两课热度。采取多样化的教学方法,注重科学性和趣味性,进入学生话语系统,用生动活泼的课堂氛围保持学生热情。五是改革考核机制,提高两课效度。将考核重点由知识考核转移到对学生行为的考核上,探索将学生第二课堂成绩、学生违纪或作弊等纳入两课考核体系。

第二,要注重深入研究。德育课题面向学生开放,推动学生加深研究,使学生对道德规范产生深刻认识,在此基础上产生心向往之的道德情感并付诸行动。

第三,要加强行为训练。通过各种有针对性的学生活动和社会实践训练学生的道德行为。

三、法育为基

加强和改进法学专业教育,需要做到“四个突出”。

(一)教育内容:突出德融于法

一是坚持以马克思主义为指导。坚持法学本身所具有的阶级性和政治性基本立场,构建符合马克思主义精神的学科体系和知识体系,杜绝法学根本理念、法学理论、法学话语西化的倾向,培养学生的辩证唯物主义和历史唯物主义思维观。

二是挖掘历史文化和法律文化中积极的道德元素。通过发挥优秀传统文化的熏陶作用,培养学生的民族精神、人文精神和历史使命感。

三是将学科发展史渗入教学。通过讲述法学杰出人物及其辉煌成就等内容,激发学生兴趣,对学生进行辩证唯物主义、历史唯物主义和科学道德观教育。

四是挖掘不同课程中特色德育要素。通过讲授法律面前人人平等、诚信、公序良俗等基本原则,培养学生的诚信意识和平等观念;通过讲授法律程序的设计理念和实施步骤,培养学生的正义理念和严明操守;通过案例讨论,培养学生的团队合作意识和角色使命感等。

(二)教育理念:突出应用导向

山东政法学院定位于地方性应用型本科高校,我们在法学人才培养过程中突出应用导向,以培养应用型人才为己任。

一是优化人才培养方案。按照学分制改革要求,根据学生发展趋向和未来职业需求,加大实用性强的基本法律课程比重,压缩"三国法"课时,增加实践实训课程,开设科研向教学转化的小学分课程,增设职业培养课程,延长学生见习时间等。

二是强化职业考试帮扶。利用自身优势,同时借助社会办学力量,成立司法考试教研培训中心,组织教师为学生进行司法考试有关问题的研究和辅导。

三是完善人才评价模式。将国家法律职业资格考试和公职人员考试等作为评价人才培养水平的重要指标,每年召开特色人才培养工作表彰大会对优秀学生进行表彰,引导学生明确努力目标。

(三)教育重点:突出实践教学

第一,加强基地建设。与省高级人民法院和省人民检察院合作,建立系统性法学实践教学基地223个。

第二,优化师资队伍。一是优化校内专职实践教学队伍,建立实践教学教研室、实施"教师实践教学能力提升计划";二是用好半专职的实践教学队伍,组织"双千人计划"的实务专家更加广泛地参与学校实践教学工作;三是规范兼职实践教学队伍。

第三,完善课程体系。建立实验、实训、实践三位一体的实践教学课程体系,通过证据实验、基础实训、综合实训、法务实践等递进式的实践教学培养学生法律技能和实战能力。

第四,实施协同育人。法院现场开庭提供观摩机会。法院开放审判卷宗,帮助学校建立案例库,现建有500余个案例,10,000多本。实务人员到校主讲"大法官讲坛""大检察官讲坛""大律师讲坛"等实务大讲坛,参与模拟法庭竞赛和学生实习见习活动等。

(四)教育过程:突出教学改革

一是分类培养。组建"鼎山学堂"法学实验班,单独设置人才培养方案,实行导师和青年教师助教制度,培养卓越法律人才。

二是分流培养。鼓励学生根据个人兴趣选择相应专业选修模块,集中深入地学习。

三是复合培养。鼓励法学专业学生积极选读其他专业课程或双学位,促进学生知识能力素质协调发展。

四是联合培养。依托"立格联盟"等平台,探索联合培养机制;加强对外交流与合作,探索建立"2+2""3+1"模式或短期交流项目;积极配合司法员额制改革,探索与法院、检察院联合开展助理法官、助理检察官和书记员人才培养。

四、德法交融

A型法治人才培养中最重要的是推进德法交融,强化"四个育人"载体,采取各种措施,设计各种活动,确保一头连着"德",一头连着"法",使学生既能"立德"也能"立法",实现二者的深度融合。

(一)润物无声:文化育人

一是建设物质文化。建设法治广场、人权广场和红色广场,设置法治之光雕塑,打造法律名人墙,教学楼内营造以法律箴言为核心的微观文化环境,发挥表层物质文化的表征功能。

二是规范行为文化。教师要行为得体、阳光自信、关爱学生,课堂要师生平等、相互合作、热烈互动,社团要自我管理、团队合作、富于创造,宿舍要整洁温馨、关系和谐、相互帮助,发挥基层行为文化的实践功能。

三是完善制度文化。大力实施"法治山政"发展战略,建立法律顾问制度,日常制度和活动突出强调"依法治校、按章办事、规范运转、公平公正",发挥中层制度文化的规范作用。

四是严肃学术文化。激励教师潜心学术,对学术不端行为一票否决,进一步加大对学生作弊等行为的处罚力度,发挥深层学术文化的内化作用。

五是锻造精神文化。弘扬"博学笃行,刚健中正"的校训精神、"实事求是"的校风、"学在前沿,大爱施教"的教风、"乐学勤学,真学活学"的学风和"爱岗敬业,务实高效"的工作作风,深入推进书香校园建设,以系列阅读推广创新活动为载体,打造"经典相伴,人文彰显——校长推荐阅读书目活动"等10个"书香校园"特色文化品牌,营造浓厚的校园文化氛围,发挥高层精神文化的引领作用。

(二)靛青工程:项目育人

发挥共青团在法治人才培养过程中的生力军作用,做好青年学生思想发展的引领人,通过开展丰富多彩的活动,促使学生"德法兼修"。

一是实施"青马工程",奠定坚实思想基础。着力打造"扬帆团校",实施"1+10"计划,要求每个"扬帆团校"骨干学员带动10个普通团员。学校申报的《扬帆团校扬帆起航——山东政法学院扬帆团校大学生思想政治教育工作案例》等3个项目入选省委高校工委大学生思想政治教育优秀工作案例。

二是实施"靛青工程",丰富第二课堂活动。将素质拓展活动学分化、项目化,年均活动项目精选300余个,年度参与25,000余人次。"靛青工程"2014年被团中央评为全国学校共青团重点工作"打造高校学生第二成绩单"创新试点项目。

三是完善考核机制,提高第二课堂质量。将素质拓展列入学校人才培养方案,本科要求3学分。构建"6+1"模式,规范学生素质拓展活动。"6+1"模式含6项必选模块和1项自选模块,其中思想引领模块作为首要模块,而且学分要求最高,同时加大学生参与专业性学生社团和学术科技活动的要求,从源头上、制度上保证了学生思想引领和法律训练的实施和效果。

(三)爱生学工:服务育人

一是加强学生管理,规范学生行为。把对学生综合素质的考核特别是对思想道德素质的考核放到了非常重要的地位。

二是突出学生服务,建设和谐山政。开通"9958"爱生服务热线,建立网络服务平台,开展学生日常服务。加强学生学习指导、心理关怀和学生资助,使学生在爱的环境中感受到爱、理解了爱、传递着爱,提高学生思想道德修养。

三是搭建学工平台,助力学生成长。实施“爱生学工”品牌项目,以主题教育领航行动、“榜样山政”等精品活动为载体,实现法律信仰、法治精神的培育与科学的世界观、人生观、价值观的有机结合。

(四)服务社会:实践育人

一是完善学生社会实践。实现三个转变,即参与学生由精英群体向普通学生的转变,实践安排一次性向阶段性转变,实践内容由一般化向项目化转变,提高社会实践质量。

二是吸纳学生参与课题研究。利用学校与省人大常委会合作建立的山东省立法研究基地,与省委政法委合作建立的社会稳定研究中心,与省高级人民法院合作建立的司法研究院,与济南市中级人民检察院合作建立的司法会计研究所等平台,组织安排学生参与这些平台课题的研究,不断提高学生运用专业知识解决现实问题和服务社会的能力。

三是推动学生开展社会公益服务。利用学校司法鉴定中心、法律援助中心和法律诊所等平台,推动学生参与到社区普法、法律咨询和法律援助中来,既综合培养和训练学生的实践能力,同时使学生在公益服务活动中增强社会责任感,不断提高思想道德素质和专业素质。

综上所述,推进“四个合一”夯实德育内涵,注重“四个突出”提高法育质量,强化“四个育人载体”进一步促进德法融合,努力培养“A”型高素质法治人才。

新时期地方民族院校法学本科培养目标与定位

才让塔*

2014年10月,党的十八届四中全会召开,提出了全面推进依法治国的方略和目标,之后各项法治改革紧锣密鼓在推进。2015年12月,中共中央办公厅、国务院办公厅发布《关于完善国家统一法律职业资格制度的意见》,对法律职业范围和取得法律职业资格的条件进行了明确,提出的要求有作风过硬和业务过硬以及政治过硬等,依照要求选拔培养社会主义法律职业人才。2016年,第十二届全国人民代表大会第四次会议通过了社会发展以及国民经济最新五年规划的决议,其第五十九章"推进教育现代化"中提出:"对大学中创新人才的培养能力进行一定的加强,使得现代大学的制度建设进度加快,使校内的治理进一步完善。打造实力强大的教师团队,引进新的理论,加入新的内容和新知识。对高等教育的质量保障系统进行完善。加快高等学校改革的速度,使学科专业的分配更加优化,对人才培养的机制进行优化改革,将应用以及学术两方面的人才进行分类,同时将专业和通识的教育相互结合,进一步对实践教学进行强化,使学生创业和创新的能力得到提高。"法学类的教育,主要是通过专门的机构来为今后从事法律职业的人进行系统的培养,进而能够将法律人才职业修养以及基本素质提高,然后去满足社会以及国家对这方面人才的需要。我国社会主义的法治建设需要基本法律人才,法学本科教育为此承担着重大的责任。自从我国改革开放后,法治建设的效果十分明显,法律人才的培养有了长足的进步,已有600多所高等院校设立了法学本科专业,法学教育的繁荣发展为我国培养了数量众多的法律专业人才,为我国的法治建设和社会稳定作出了重大贡献,推动了我国法治建设的进程。但随着我国的改革进入新的阶段,我国的法学教育体制,特别是法学学位体系和人才培养模式,随着国家战略和司法改革正面临着新的问题与挑战。例如,我国的法学教育存在着人才培养目标定位不准确,缺少法治方面的信仰,缺乏创新的能力,对复合型的法律职业人才的培养太少以及其他相关的问题,在当前社会主义快速发展下,其越来越难以适应社会和时代要求。2011年,中央政法委及教育部联合发布,《关于实施卓越法律人才教育培养计划的若干意见》确定了我国高等法学教育

* 青海民族大学法学院教授、青海省高级人民检察院政策研究室副主任(挂职)。

的核心正是法律人才培养质量的提高,这也是当前最为紧迫的问题。而民族院校法学人才如何培养和定位,既涉及全国性法律本科培养中问题的共性,又涉及民族院校培养法律本科面向基层藏区的特性。

一、法学本科教育培养目标的界说

在大多数情况下,对法学专业有这样的解释"能够牢固地掌握法学类的知识,对党的政策已经国家的法律十分熟悉,可以在社会团体和国家机关以及企事业单位工作,尤其是可以在行政机关和仲裁机构以及立法机关等重要法律岗位的高级专门人才"。[①] 其中的法学专业在含有本科教育的同时也包括研究生教育。那么,对法学本科生又应该确立怎么样的培养目标呢?从教育部下发的《专业目录和介绍》中可知,法学专业人才培养的目标主要有以下几个:(1)牢固掌握马克思主义的理论;(2)能够在德智体几个方面做到全面发展;(3)对党的政策以及国家法律十分熟悉;(4)外语水平达到一定高度;(5)具有一定的实践能力以及创新精神,可以在社会团体和国家机关以及企事业单位工作,尤其是可以在行政机关和仲裁机构以及立法机关等重要法律岗位的高级专门人才;(6)可以培养在各个中等学校以及高等学校相关法学教学的教师。[②] 怎样更加合理科学地对法律方面人才培养的目标进行确定,如今在整个法学教育界还没能够统一。不过从理论方面来讲,主要可以分为下面三种。

一是精英法律人才说。其认为我国法学教育应该有以下的目标,即培养在研究能力以及法学思维方面十分优秀,同时能够对法学理论和法律专业知识牢固掌握的法律人才。就法学精英教育而言,其定位的目标为培养具有人文精神和实践能力以及法律素养的相关法律职业的群体,也就是法律职业者(其主要包括律师和法官以及检察官等)以及法律研究和教学相关的人员。[③]

二是职业法律人才说。其认为我国法学教育应该培养对法律实践的操作技巧十分熟练,具有很强的实践能力,以及可以对复杂的法律实务进行处理的法律人才。目标的定位是对适应社会经济和文化以及政治等多方面发展的人才进行培养。其偏重点是专业技能训练方面和司法相关的知识传授方面。

三是高素质法律人才说。素质教育最为根本的目的就是对人的基本素质进行全面提高,对人的主动精神以及主体性十分尊重,其基础主要为人的性格,然后对人的潜能进行开发,素质教育的根本特征是人健全个性的形成。从社会发展的角度来看,素质教育能够满足实际的需要,其目的是让人能够达到正确处理以及面临自身所处的社会现象以

---

① 参见百度词条法学专业的界定,之外一些知名大学如北京大学等,对法学专业的介绍也基本采用此观点。

② 中华人民共和国教育部高等教育司编:《普通高等学校本科专业目录和专业介绍 2012 年》,高等教育出版社 2012 年版,第 36 页。

③ 参见向贤敏:《我国法学本科教育培养目标的定位及实现》,载《公民与法》2012 年第 5 期。

及环境。体现为人性教育、思维方法教育、全面素质教育和非专业教育。1999年,我国发布了《中共中央国务院关于深化教育改革全面推进素质教育的决定》,标志着我国全面开始推进素质教育,有学者认为法律本科教育属于素质教育。①

要想准确地确定一种最适合我国法学院对人才培养的定位及目标,那么便需要与当前社会和社会主义法治建设对法律人才的需要进行结合,在进行分析和研究后对法学人才培养的目标进行确立。

第一,精英法律人才教育定位的主要群体是大众,受教育者面的宽度是两者最为根本的区别。对精英法律人才观点进行分析以后,发现其受传统大学法学教育的影响很大。这种观点认为法律本科教育与精英教育等同,目标定位为"高级专门人才"的培养。在当今的环境下,教育阶段已经进入了大众化,进而法律本科有十分庞大的招生规模,对研究生和硕士的教育也逐渐普及起来,还不断扩大了法学研究生以及博士的教育,其精英教育是要建立在一定学问基础上面的,其教育的核心主要为人格以及心智,其标准十分高,目标的定位是培养高素质以及高水平的法学人才,由于目标定位太高的原因,实现的难度十分大。所以,本科层次上"精英法律人才教育"实行起来困难重重。经过统计分析以后,发现有80%的法学毕业生进入企事业单位,只有10%左右的毕业生进入相关的行政部门。② 另外,我们并不是要否定法学本科精英教育,大学法学教育同精英教育有着密切的联系,前面已经界定法学专业是高级专门人才,社会当中的精英法律人才,大多是来源于法学本科教育。判断法学本科生是否可以成为精英人才时需要考虑两个部分:一是学习和努力,二是走出校门后在社会的历练和专业的进一步提升。现在很多的研究生基本是法科阶段优秀的学生。

第二,职业法律人才是对人才的能力培养,更加注重知识的应用。在大学法学教育阶段,教学侧重于知识和技能的运用,偏重于未来的职业。强调通过掌握和学习法学知识,提高学生分析问题、解决问题的能力,并通过社会实践和专业训练,较好地解决同法学相关的社会问题。培养法科学生的技能是该职业法律人才培养的重要目标。法科作为在文科类专业中最具有技术性质的学科,可以说法律是一种技术,但是法律并不是特别纯粹的专业,需要对很多方面的知识有所了解,如法律理念和社会知识以及法学理论方面等。所以,将法学教育判定为严格的职业教育并不合适。同时,法学教育拥有自己的知识范畴以及专业领域,具有人才培养的规格以及基本的目标,其教育类型也是专业教育中的一种。因而,将法律本科简单归类于职业法律人才未免狭隘,应该从更高的职业角度和社会责任来看待职业法律人才的观点。

第三,法律是素质教育的观点是强调培养人教育的广博性,其培养的人才注重学术型以及复合型,对所教育知识有以下的要求:广泛性和经典性以及基础性等。法学教育

---

① 参见曾宪义、张文显:《法学本科教育属于素质教育》,载《法学家》2003年第6期。

② 参见包振宇:《新时期我国法学本科教育人才培养目标的再定位》,载《人才开发》2011年第4期。

的素质教育有十分广泛的内容,包含的方面很多,如法律知识和生活能力以及科学教育等相关的知识。它的核心可以解释为科学和民主的,理性且在不断创新的法学理论教育。① 对于当前社会来讲,高素质法律人才的培养与国内素质教育的潮流相同,顺应了我国教育领域的发展。通过《国家中长期教育改革和发展规划纲要(2010 ~ 2020 年)》可得,人才培养在高校教育中的确立是一个十分重要的部分,在此基础上,培养出知识丰富以及技术过硬和作风端正的高素质人才。2012 年《教育部关于全面提高高等教育质量的若干意见》中曾提出,素质教育要全面的实行,同时还确立了人才培养水平的相关标准——使用社会的需要,人的全面发展。同时,教育部还在相关文件中指出了关于高等学校的教育重点,重点培养知识面宽阔,素质高以及基础知识牢固的人才,对学生的能力提升进行重点培养,对素质教育进行大力的推行。2011 年中央政法以及教育部联合发布的《关于实施卓越法律人才教育培养计划的若干意见》中提出了当前最为紧迫以及最为核心的任务:法律人才的培养质量。法学本科教育应当着眼于培养高素质法律人才已经成为法学教育界的共识。

还有一种观点认为法学教育属于通识教育,②曾经有学者提出了国内当前的高等法学教育属于通识教育的范畴,主要的原因是法学本科教育培育人才的广泛性,所提供的人才将来会进入到审判机关和公安以及检察院等机构,还有的会进入到其他相关的事业单位和国家机关等机构中,其职业教育并不单纯,是为与法学相关的职业提供基础人才。③ 所谓通识教育,是英文"general education"或"liberal study"的译名,也有学者把它译为"普通教育""一般教育""通才教育"。通识教育是教育的一种,此类的教育有以下的目标:以当今多元化的社会为背景,然后给受教育的人提供多种价值观和知识,使受教育的人能够更好地在不同的人群之中通行。"育"是通识教育的重点,相对于其他的教育通识教育专业不存在硬性的划分,给了人们一个多元化的选择。学生们能够更好地进行选择,得到了自由的、顺其自然的成长。大多数情况下的定义是在专业教育外全面培养学生的社会化和价值观以及情感等,通识教育主要包括了自然和数学以及社会科学教学等方面的教育。通识教育是对所有大学生的教育,通识教育是一种大学理念,即整个大学的办学思想,通识教育与自由教育同义,通识教育的实质就是对自由与人文传统的继承。法学通识教育旨在培养适应政治、经济以及各行业管理的需要,从事社会生活中一般的法律服务工作的人才,如行政机关、企事业单位中的法律工作者,保证法治社会的构建和社会的良好运转。培养的人才是既有着较为扎实的法学基础知识,又有着其他人文

① 参见曾宪义、张文显:《法学本科教育属于素质教育》,载《法学家》2003 年第 6 期。

② 参见李桂林:《当代中国法学本科教育的定位》,载《江淮论坛》2003 年第 5 期;潘樾:《法学本科教育目标应定位为通识教育》,载《教育与职业》2006 年第 15 期。

③ 参见葛洪义:《法学教育改革的路向》,载法制网:http://www.legaldaily.com.cn/fxy/content/2007-05/13/content_615992.htm? node=6060,最后访问日期:2018 年 3 月 24 日。

社会科学及必要的自然科技知识,适应市场竞争、多元化择业的复合型人才。如何理解法学素质教育与通识教育的关系？曾经有人认为素质教育等同于通识教育,①笔者认为,素质教育与通识教育二者既有区别又有联系,从联系的角度讲,二者都强调教育的目的是培养和造就全面发展的人。区别方面,素质教育具有十分广泛的教育内容,主要的目的就是希望学生能够全面发展,具有道德素质和心理素质以及思想素质等,更好地去学习,更好地去做事,更好地去做人。素质教育的宗旨是全面提高人的综合素质,属于一种价值的追求,也是一种教学观,在教育和教育活动以及人才的过程中都有所贯穿,可以划分为两大部分:专业教育和通识教育。②

结合以上的讨论,我们认为可以通过通识教育以及素质教育为目标来对法律本科教育进行准确的定位。结合民族院校的实际,在应用型、复合型的基础上增加“本土化”“基层化”,重点培养熟悉基层社会实际情况、服务于基层社会的优秀实务型法律人才。

二、新时期地方民族院校法学教育培养目标的建构逻辑

相对于民族高校而言,学生培养的方向主要由人才培养的方案来决定。其中在人才培养方案中应该有一个准确的培养目标,培养目标与人才培养的质量有着紧密的联系,同时还影响着人才的素质。对培养的目标进行明确以后,在缓解法学专业就业难题的情况下,能够使法学专业的学生更好地去为社会做贡献。

(一)民族院校培养法学人才的优势

第一,民族院校具有面向藏区、立足基层农牧区的地缘优势。特殊的人文环境、靠近民族地区的地理位置以及熟悉的民族地方性知识,是地方高校实现自我发展的宝贵资源和逻辑起点。这种地缘优势可以为法学教育提供优质的资源,一是基层农牧区的社会问题及民族问题为教师提供丰富的课题资源,也为我国弥补了研究青藏高原的特殊法律问题,充实了我国法学研究的门类和内容。同时也为学生认识民族地区问题和解决民族地方问题提供了思路和能力。二是来自省内外的各个地方的汉族和少数民族学生,更具多元化和个性化。虽然对于个别民族学生的个性有些教师和同学不能适应,但通过沟通交流,掌握了他们的性格和为人特点后还是相互能够包容和理解。同时通过学习和交流,对不同民族有了一定的了解和认识,更加促进了民族团结和民族关系。三是虽然有些民族学生的汉文化水平整体不高,但民族学生具有的优良品德,既是民族融合和团结发展的基础,也是今后各族学生就业后在民族地区开展工作的有力条件。

第二,民族院校本科毕业生的择业更具基层性和务实性。由于招生的来源大都来自基层农牧区,生源的层次起点较低,因此,学生毕业时就业的期望值也相对较低,比较务实,在毕业就业时大都选择基层农牧区的公检法和其他政府部门。同时,有些来自基层农牧区的学生,毕业时也是首选回到自己家乡,成为基层农牧区留得住的人才。

---

① 例如,北京大学校长徐智宏主编的《名家通识讲座书系》中就将“素质教育”与“通识教育”直接挂钩。

② 参见陈平原:《当代中国人文学之“内外兼修”》,载《学术月刊》2007年第6期。

第三,民族院校培养的法学本科具有地方特色。以青海民族大学法学的藏汉双语法律专业为例,该专业是青海民族地区法律服务和人才培养的重要基地。近年来,在经济快速发展的大背景下,青海民族地区加强对外的交流,在劳务合同、民间借贷和草场租赁以及牧畜买卖等方面都有所体现,同时也引发了很多案件,诉讼时普遍使用双语进行诉讼,同时在法律服务方面的双语人才也捉襟见肘。这些年法学院培养的藏汉双语专业充实了基层公检法司法机关,同时,有些还在政府部门和基层司法机关担任法律服务岗位,为青海省的法治建设起到了建设性作用。

(二)社会实践中对法律人才的需求的多元性和多层性

在我国经济快速改革这个大背景下,人民的法律意识越来越强,法治建设的进程速度很快,法律以外的行业对法律知识人才也有十分大的需求,如在产品营销和人事管理以及企业文秘等方面。社会的快速发展还带来了很多方面的纠纷,如社会关系和政治关系以及经济关系等,这些都属于法律问题的范畴,最终都需要法律手段进行解决。① 实践中,诸多法律问题和法律关系日益综合化、复杂化和地方化,现代社会对法律人才的能力和素质的要求日趋综合。因此,要求我们培养法律人才既精通法律又具备其他学科知识能力和素质的复合型法律人才。另外,我国城乡二元结构和地区之间发展不平衡促使法律需求及人才需求存在城乡和地区差异。区域不同,对人才的需求也不同,经济发达的城市和区域,需要知识广博、综合素质强的复合型高素质法律人才。相较而言,广大农村,特别是边、穷、少及基层地区则更多地需要通识性专业型法律人才。

(三)重构地方民族院校法学人才培养目标

1. 以素质教育为根本,兼具通识性和专业性教育,严格要求学生

由于法学学生走上社会后,无论从事司法还是其他工作,所面对的是错综复杂的社会,涉及经济、政治、文化、民族、宗教等各种问题。所以对法学毕业生有很多的要求,比如在社会科学理论以及人文知识等方面要求掌握扎实,还要具有很强的法律思维能力。在“素质教育”四个字中,“素质”二字代表的是法律专业素质以及基础的素质。基础素质教育主要包含了身体心理素质和文化素质以及思想素质等方面。而法律素质主要包括的是专业方面的素质,有以下要素:法律思维的能力,法律表达能力和对法律事实的探索能力。将素质教育贯穿在学校的管理、学院的教育和教师的授课当中。

通识教育现已成为世界各个大学和国内大学的共识,结合我国国情,法学学生结合自己的兴趣选修政治学、经济学、民族学、自然科学等相关的课程,进而可以具有清楚政治、精通法律、保持正义、应变能力强和创造力强等基本的资质。在通识教育的基础上加强法学专业教育,笔者认为应当做好以下内容:一是将司法考试的内容、方向要融合到教学内容中;二是在教学中避免教师“满堂灌”和教学时脱离实践,将实际与理论结合起来,

---

① 参见胡艳香、陈蓉:《法治背景下中国法学教育人才培养目标体系重构》,载《法制与社会》2016 年第 18 期。

然后在融入教学之中,提升学生的法律思维能力和解决实际问题的操作能力;三是在围绕着法学16门专业核心课程的基础上,减少法学理论课程,①增加实践课程的环节和内容;四是改革现有的考试形式,做到不划重点、范围,教研室组织评卷,将司法考试的考点纳入考试范围,适当提高考试难度;五是做好毕业论文的评审与答辩,进行复制率检测,对于不合格的学生采取劝其退学机制。

2. 立足民族地方,培养不同层次和不同类型法学本科人才

民族院校的学生生源,以青海民族大学法学院为例,来源主要有三个区域,第一是来自青海省外地区,他们通过高考填报志愿或者进入学校后转入法学专业,主要是喜欢法学专业;第二是来自本省省城及周边城镇和州县城镇,这类群体占学生当中的多数,他们在高考后填报志愿就选择了法学专业;第三是来自省内州县农牧区,他们的父母是纯粹的农民或牧民。整体来看,这些生源基本是知识面较窄、没有社会工作经历、职业待定的应届高中毕业生,他们本科毕业后的工作是多层次的,流向是多方面的。根据以往就业的情况来看,在省城及周边就业的学生在司法机关就业,专门从事法律职业的比例不大,但在州县就业的进入司法机关的比例较大。因而,根据学生来源的不同,我们可以把法学本科教育目标分为三种类型:一是培养能够继续攻读硕士研究生和更高学位的人才,二是培养兼具法学和其他学科知识、能力的双学位复合型人才,三是培养面向基层就业、从事一般法律服务工作的应用型法律人才。

3. 有效彰显地方民族院校法学院的优势学科特色,并进一步优化课程体系

以青海民族大学法学院为例,该院承担着青海省法学人才培养的历史重任,经过近30年的发展,培养大量的公检法和其他部门的法律人才,很多人已经是该单位或部门的中流砥柱,担任重要岗位和职责,在6个民族自治州体现得尤为明显。同时,学院的藏汉双语专业已经成为学院特色专业,学生每年报考的志愿比例都很高,加之国家这些年也在强调司法机关双语岗位的增加,就业形势较好。② 但在课程设置方面、教师配备方面、教材建设方面还不能称之为"双语",今后还需进一步做好这方面的工作,形成青藏高原的独有的特色法学专业。

---

① 如开设有法律逻辑课程,通观青海省外地区高校并没有开设类似课程,学生也没有多大兴趣。

② 当然也有一些不能就业的,从学生的学习能力和成绩来看,这些学生在校期间成绩相对较低,相反,学习成绩好的,大都能考取公务员,笔者不是很赞成有些人认为的在青海法学专业就业率低,从实际调研中发现在青海藏区很多岗位需要藏汉双语的人才,但有些岗位考试却要求汉语考试,从而降低了双语人才的录取率,当然也包括藏汉双语法律人才,对于录用双语人才不能同一般考生同等对待,应当有所区别。

论以上诉法律审为核心的模拟法庭教学

——"新生研讨课"模拟法庭活动的启示

李友根[*]

一、问题的提出

模拟法庭作为一种法学教学模式、教学方法和法科学生的一门课程,在我国各法学院已渐成普遍现象。模拟法庭在法律人才培养中具有不可替代的意义和作用,也已成为法学教育界的共识。2016 年 7 月 30 日,中国法学会法学教育研究会年会期间成立了模拟法庭教学专业委员会,表明这种共识已经转化为一种制度化、组织化的行动,可以预见模拟法庭教学活动和模拟法庭比赛必将迎来更为普遍、重视与快速发展的新时代。于是,总结我国现行模拟法庭教学中取得的经验,特别是分析其所存在的问题并加以反思,从而寻求更符合法律人才培养目标与要求的完善举措,应当成为法学教育界的重要研究课题。

本人虽然并未长期专门从事模拟法庭的教学工作,但作为一名法学院的教师,在参与组织、评判有关模拟法庭活动的同时,也一直关注着其作为教学模式、教学方法的利弊得失和对其进行改革完善的探索。2017 年上半年,笔者为南京大学全校一年级新生开设的一门研讨课(名为"法眼看世界")的教学经历,使笔者对模拟法庭教学有了更为直观的感受,也引发了对这一问题深入思考的兴趣。笔者的初步结论是,模拟法庭教学有着巨大的潜力与发展空间,但也需要进行相应的改革与完善,至少可以进行多种探索,而以上诉法律审为核心的模拟法庭教育就是其中一种发展的可能方向。

二、模拟法庭教学现状的梳理

基于对有关学校模拟法庭活动、模拟法庭课程、模拟法庭比赛的直观了解,更基于对国内出版的各类模拟法庭教材和学者们发表的模拟法庭研究论文的阅读,笔者发现,我国模拟法庭教学的现状可以总结为以下几个方面。

第一,模拟法庭的教学目标与功能定位复杂多样,基本上囊括了法学教育乃至整个

---

* 南京大学法学院教授、南京大学中国法律案例研究中心主任,法学博士。

教育体系的所有目标与功能。除了最核心与传统的法律应用能力、研究能力、文字写作能力和辩论能力外,诸多论者提出了各种价值目标和功能,如培养大学生的人文精神;① 加强大学生法治意识;②培养学生的正义感和良好的心理素质;③提升包括组织协调能力、表演能力、PPT 制作能力、现代化设备使用能力、社交能力等在内的综合能力。④ 虽然这些目标定位在说服教育机构和教育管理机构的决策者支持模拟法庭活动时具有吸引力与诱惑力,但过于苛重的功能承载与目标定位反而会伤及尚处于稚嫩阶段的模拟法庭活动,并极有可能使其异化为一种表演和作秀。

第二,模拟法庭的教学方案全面覆盖我国民事、刑事、行政三大诉讼类型和一审、二审两级庭审程序,完整包括事实调查和法律辩论的各项内容,广泛涉及法官、检察官、律师、当事人、证人、鉴定人、法警等各种主体,系统展示各类庭审程序的所有环节。笔者所收集的模拟法庭教材,大部分均由以下几部分组成:总论部分,介绍模拟法庭的概念、功能、组成、实施过程、相关人员的职责和语言规范等;分论部分,分别介绍民事审判程序、刑事审判程序、行政审判程序,其中还就一审、二审作专章分别介绍,有的甚至还有简易程序、刑事附带民事程序、审判监督程序等,并提供相应的实验案例材料。⑤

这样的模拟法庭活动,虽然全面而准确地体现了我国司法实务的原貌,但仍然让人怀疑其实际的效果:在一门学时有限的课程中或者一次时间有限的庭审模拟活动中,参与的学生通过如此复杂全面的活动,真的能够获得知识、能力与经验的增长和提升吗?课程设计过分追求大而全,反而容易导致其失去焦点的支撑,而沦为程式化的表演与肤浅的过程。

第三,模拟法庭教学的表演化使其难以取得实际的成效。诸多教师从教学实践中进行了全面的总结与反思,提出了我国模拟法庭教学普遍存在的一些问题特别是形式化与表演化。例如,人们较为共同的感受是"模拟法庭教学逐渐趋于表演化、形式化……检察官、律师等抗辩双方的陈词、攻辩,法官的发言、判决理由等事先已经安排妥当,庭审展现的是依据预设剧本进行的表演"。⑥ "传统的模拟法庭要求的重点是流程的完整性,故而

① 参见郝建玲:《模拟法庭常规化教学思路的探索》,载《太原师范学院学报》2014 年第 5 期。

② 参见潘荣新:《论模拟法庭活动对加强大学生法治意识的作用》,载《吉林广播电视大学学报》2006 年第 4 期。

③ 参见梅献忠:《模拟法庭教学法利弊谈》,载《教学研究》2008 年第 3 期。

④ 参见徐春成:《论模拟法庭教学的基本思路》,载《北京政法职业学院学报》2016 年第 3 期。

⑤ 参见陈国权编著:《模拟法庭实验教程》,高等教育出版社 2016 年版;刘晓霞主编:《模拟法庭》,科学出版社 2013 年版;董雷、张虹主编:《模拟法庭实验教材》,浙江大学出版社 2016 年版。有的教材还增加了国际法模拟法庭专章,如杨欣主编:《模拟法庭实验教程》,中国民主法制出版社 2015 年版。有的则在总论部分专章介绍检察官、律师、法官的业务操作规程,参见王喆、周毅主编:《模拟法庭实训教程》,经济科学出版社 2015 年版。

⑥ 杨海涌:《法学专业模拟法庭教学改革探讨:以湖南工业大学法学院为例》,载《文史博览》2016 年第 3 期。

在实践过程中很容易就变成了照剧本朗读的表演,毫无新意与生气。”①而许多教师本身对模拟法庭的理解或许正是此类表演化的源头,如过分追求模拟法庭场所的正规化。有的认为实践教学缺乏活力是因为没有正规的模拟法庭:“没有一个功能齐全的模拟法庭实验室(如把普通的教室或会议室用于模拟法庭教学),无法营造一个浓郁的法制氛围与环境,致使法庭的庄严肃穆荡然无存以及理想的教学效果无法呈现。”②有的则认为:“法庭场景的模仿性是模拟法庭必须具备的特点,如果不能全面模仿真实的法庭,模拟法庭也就会显得不伦不类。”③

第四,模拟法庭教学与模拟法庭比赛的分离。在美国法学院,校内的模拟法庭活动(无论是比赛还是学生社团的模拟法庭活动)与区域性、全国性甚至国际性的模拟法庭比赛是完全接轨的,即规则相同、内容相同、类型相同,从而比赛成为教学活动的检阅、交流与促进,教学活动成为比赛的基础与积累。但是考察我国主要的全国性模拟法庭比赛,无论是理律杯还是 JESSUP 或者贸仲杯的模拟商事仲裁庭比赛,其比赛内容与规则完全不同于前面所介绍的我国模拟法庭教学内容。④ 于是,模拟法庭的比赛与教学成为两种完全分离的活动,难以起到相互促进的作用。基于下文的分析,笔者认为应当改革我国现行的模拟法庭教学思路,使其与模拟法庭比赛规则相适应。

三、“新生研讨课”模拟法庭活动的介绍

从 2009 年开始,南京大学推行了本科“三三制”改革,其中的一项举措就是各院系教授为一年级本科生开设各类“新生研讨课”供全校新生选修,旨在通过 12 周(每周 2 ~ 3 课时)的时间,为全校各院系的新生提供各个专业领域的选修课,以研讨的方式引导新生适应大学学习生活、了解各个专业的精华、培养学术与学习的兴趣。笔者从 2010 年起开设了一门“法眼看世界”的课程,2017 年的课堂上共有来自法学院的 10 名新生和其他院系 19 名新生。在前几周教师讲解法律原理、学生演讲和点评训练、聆听美国最高法院口头辩论录音并阅读其记录文本等活动的基础上,后几周集中进行模拟法庭的训练。

(一)基本的流程

第一,案件的确定。教师指定基本案情,如 2016 年春节期间,外地来南京市区经商并居住的李某因燃放烟花爆竹被公安机关行政拘留后,向法院提起诉讼,要求法院判定作为处罚依据的《南京市关于禁止燃放烟花爆竹的规定》(南京市人大常委会通过,2015 年 1 月 1 日起施行)违反宪法而无效。该规定第 3 条禁止任何单位和个人在南京市城区

---

① 李胜利、李雯:《结合理律杯模式完善模拟法庭教学法的若干思考》,载《高教论坛》2014 年第 10 期。

② 龚向田:《地方本科院校行政模拟法庭教学方法之保障探析》,载《高教论坛》2015 年第 3 期。

③ 刘晓霞主编:《模拟法庭》,科学出版社 2013 年版,第 3 页。

④ 李胜利教授介绍了理律杯模式对于完善模拟法庭教学法的启示,参见李胜利、李雯:《结合理律杯模式完善模拟法庭教学法的若干思考》,载《高教论坛》2014 年第 10 期。刘丹教授也从 JESSUP 比赛中感受到了教学改革的必要性,参见刘丹:《JESSUP 模拟法庭结合国际法双语教学的探索与实践》,载《云南大学学报》(法学版)2012 年第 5 期。

内燃放烟花爆竹,第 11 条指出对构成违反治安管理行为的违反者依据《治安管理处罚法》进行处罚。

第二,分组。全班 29 位同学抽签分为 3 个组,大法官组(9 人)、原告律师组(10 人)、被告律师组(10 人),并分组讨论选举产生首席大法官、原告首席律师、被告首席律师。

第三,时间安排。分组确定后第一周原告律师向法官和被告律师提交诉状;第二周被告向法官和原告提交答辩状;第三周原告向法官和被告提交反答辩状;第四周进行模拟法庭的口头辩论,口头辩论结束后,9 名法官进行投票表决得出判决结论,并商定判决意见的撰写;第五周提交并宣布判决意见。

第四,口头辩论规则。在首席大法官主持下,先由原告律师组代表陈述 25 分钟,然后由被告律师组代表陈述 30 分钟,最后由原告律师组代表陈述 5 分钟。在律师的陈述过程中,法官可以随时进行提问。

(二)设计的思路

笔者设计这一模拟法庭,贯彻了以下几个方面的考虑与思路。

第一,将"模拟"的定性发挥到极致。本活动的设计中,9 名大法官组成的法庭是模拟的,诉讼请求是模拟的,辩论规则是模拟的,法官投票及撰写异议意见同样都是模拟的。换言之,在当下中国的任何一级法院,都不可能有这样的法庭审判,更不能有违宪审查之诉讼请求。但这样的模拟设计,目标在于让学生们感受审判程序的精妙与法律辩论的魅力,通过自己的亲身实践锻炼自己的能力并发现不足之处,明确自己的努力方向,而不是简单地演练我国司法实务的流程。

第二,案例的确定充分照顾到一年级本科学生和非法学院学生的实际情况,因此选择能为广大学生容易理解却又具有法律意义的问题。禁放烟花爆竹,既是所有社会公众均能够充分发表意见的热点话题,又是涉及立法限制公民活动自由的边界的宪法问题,具有充分的可辩论性。

(三)活动的效果

这次活动的效果,远远超出了笔者设计时的预期。对于非法学的一年级本科生,我的初衷只是让学生们了解法律程序的基本内涵,理解法律在调整社会生活和解决纠纷中的机理。但从几个星期的运作和学生们的表现来看,他们的收获远非这些内容。

第一,学生们的参与精神。由于模拟法庭的对抗性挑战,担任律师角色的学生们有着获胜的动力,担任法官角色的学生们则有着作出令人信服判决的动力,因此在有限的时间内收集资料、小组讨论、确定分工、认真撰写书状。

第二,学生们的自学能力。对于该案的起诉与辩护思路,教师并未作任何的界定,而只是提供了搜索法律的网站(法律图书馆网的新法规速递 www. law-lib/law)、搜索裁判文书的网站中国裁判文书网(wenshu. court. gov. cn)、搜索下载学术论文的网站(中国知网)及美国最高法院网站(www. supremecourt. gov),以供学生查找资料文献。无论是在提供的书状中还是口头辩论中,学生们不仅援引了大量的法律法规和中国司法案例,而且还援引了经济学、安全管理等方面的论文,并提出了我国宪法第4条第4款(风俗习惯自由条款)、第33条人权条款、第47条文化活动自由条款作为论辩的依据。

第三,学生们的辩论表现。依据本次模拟法庭的口头辩论规则,原被告律师之间并不进行直接辩论,而是极力陈述理由与回答法官提问,以说服法官接受己方观点与立场。而法官们从撰写判决书的需要出发,在研读原被告双方提交的书状基础上,将自己的疑惑与难点问题抛出,寻求双方律师的解答。在一个小时的辩论过程中,法官们积极提问,基本上打乱了双方律师事先准备好的陈述提纲与发言文本,紧紧围绕解决本案争议的核心问题与各项理由进行讨论。尽管许多讨论略嫌稚嫩,但笔者作为旁观者,确实感受到有些美国最高法院口头辩论(oralargument)的味道。

第四,学生们的职业素养。尽管同学们大多相互熟悉,甚至可能同住于一个宿舍,但教师在确定分组名单后宣布了司法纪律,特别是双方律师不得私下与"法官"交流沟通案件观点,更不得游说"法官"支持己方立场。在旁听口头辩论结束后立即举行的法官会议时,笔者能够感觉到各位"法官"完全依照自己的理解进行投票,而且还试图通过阐述理由来影响其他"法官",并未受到特定同学关系的影响。最后投票结果是5∶4,5位"法官"支持原告立场,4位"法官"支持被告立场。其中一位居于少数派的"法官"同学,事后在其微信朋友圈表示,"我要愤怒地撰写异议意见"。

四、模拟法庭教学的一种可能方案

笔者前面所介绍的模拟法庭活动的尝试,当然有着诸多的局限,例如,仅仅只是面向非法学专业的一年级本科生,因此没有训练与提升他们法律实务能力的任务与压力;新生研讨课的特殊性质如时间的宽松、学生其他学习任务不重等保障了他们能够投入时间与精力。更重要的是,上述尝试也必然会面临着法学教育界诸多的批评,其中首要的便是脱离中国实际。

人们一般认为,模拟法庭就是模拟人民法院的法庭审判,与实践中的人民法院审判相比,场景相似,审理案件的程序基本相同,审理的案件基本相同,一般都是选择人民法院审判过的真实案例。① 而笔者尝试的模拟法庭活动,与我国人民法院的法庭审判相比,则属于场景不同(在教室举行)、程序不同(借鉴美国的上诉法院特别是美国联邦最高法院的程序规则)、法官不同(有9名法官组成合议庭)、案件不同(违宪审查案件)、判决形式不同(同时发布异议意见)。这些诸多不同,除了可能被指责为"政治不正确"外,还可能存在着没有实用性、内容太窄、误导学生等批评。而这些批评,或许正是探讨模拟法庭教学改革时必须予以解决的理论认识问题,并决定着能否将此类探索作为改革的一个方向,因此需要分别予以探讨。

(一)模拟与真实

法学教育界对模拟法庭的一个基本共识是模拟性,包括案件的模拟、参与主体的模

① 参见陈学权编著:《模拟法庭实验教程》,高等教育出版社2016年版,第1页。

拟等,“诉讼角色都是虚拟的,并不是真实的诉讼主体,他们只是扮演着案件中的不同角色”。① 但是这种模拟性能够走多远,能否延伸至法庭程序与案件类型的模拟?对此,笔者尚未发现国内同行的更多讨论与探讨。倒是在美国法学教育界与司法实务界,对于模拟法庭活动特别是模拟法庭比赛,曾经有过“模拟太多”而“法庭”不足的争论。

在1952年的一篇论文中,佛罗里达大学的一位法学教授统计了84所法学院的课程表后,发现25所法学院开设模拟初审法院的课程,16所法学院开设模拟初审和上诉审法院的课程,20所法学院仅有模拟上诉法院课程,23所则没有任何模拟法庭的课程。② 可见早期的模拟法庭课程设计并无统一的模式。但是,由于各种因素的影响,美国法学院的模拟法庭教学逐渐地仅集中于对上诉法院审判的模拟。据学者的分析,其原因可能包括以下几点:学生们对上诉审更为熟悉,因为在案例教学法培养下他们阅读的大多是上诉审的判决意见与案件;上诉审更多地涉及法律问题而非事实问题,而法律教育更为关注前者;法律教育主要在于发展学生的法律推理与法律写作技巧,这些更适合上诉法院而非初审法院;模拟上诉法院的书状写作与口头辩论,可以发展写作与口头交流技巧,而模拟初审法院只能发展口头技巧。就实践角度而言,上诉法院只需要3名法律人作为法官而不是初审法院的1名法官与12名陪审员;上诉法院的口头辩论只需要固定的有限时间,而初审法院的审理时间则既长久且无法预见;上诉审的口头辩论无须特殊的设备而初审法院则需要有审判庭。③

对于这种现象,不仅法学院的教师认为存在缺陷,法律实务界的专家更是提出了尖锐的批评。前者如辛辛那提大学法学院的马蒂诺(Martineau)教授认为,这种上诉审模拟法庭教学与真实的上诉审及律师实务不相符合。④后者如1997年著名的第九巡回上诉法院柯辛斯基(Kozinski)法官发表在《哥伦比亚法律评论》上的论文,全面地批判了美国法学院模拟法庭活动和比赛项目偏离真正的法庭审判,误导学生对法律职业与法庭辩论的认识,如过于强调模拟而法庭不足;模拟法庭项目传授了错误的内容,产生了错误的激励,从而发展了错误的技巧;选题上有着太多的限制从而远离真正的法律实践;比赛的胜负不是取决于案件本身而是参赛各方的辩论技巧等。⑤

但是,尽管有这些争议,实践中的模拟法庭教育还是坚持了原有的这种模拟性,其原因或许是法学院教学的资源限制、功能定位所致。对于我国法学院的模拟法庭教育而言,笔者认为同样应当服务于模拟性这一根本的特征,原因除了下文所分析的功能限定外,还有以下两个重要的原因。

---

① 杨欣主编:《模拟法庭实验教程》,中国民主法制出版社2015年版,第5页。

② See J. R. Richardson,“Is There a Place for Moot Court in the Law School Curriculum”,4 *J. Legal Educ.* 431(1952).

③ See Robert J. Martineau, *Moot Court: Too Much Moot and Not Enough* Court, 67 *A. B. A. J.* 1294(1981).

④ Ibid.

⑤ See Alex Kozinski,“In Praise of Moot Court-Not!”,97 *Colum. L. Rev.* 178(1997).

第一,法律的改革趋势。我国的司法体制、诉讼制度、庭审模式等正处于改革与完善之中,很难说现行实务中的做法就是学生毕业后的法律实践图景。完全复制现行司法实务中的具体程序、细节,一方面可能偏离法学教育的目标,另一方面则可能反而误导学生。例如,2014 年党的十八届四中全会决定中提及的诸多法治领域的改革目标与举措,或许昭示了今后司法改革的相关方向:就审级改革而言,“完善审级制度,一审重在解决事实认定和法律适用,二审重在解决事实法律争议、实现二审终审,再审重在解决依法纠错、维护裁判权威”,从而使事实认定与法律适用的分离在二审、再审领域得到强化;“加强和规范司法解释和案例指导,统一法律适用标准”,从而可能使指导案例的适用及案例区别技术成为法庭辩论和案件处理的重点内容。党的十九大报告中提出的“推进合宪性审查工作”意味着即使未来我国不采用宪法法院或普通法院司法审查的模式,也必然表明此类法律业务将主要针对法律问题的解释、阐述与辩论。再如,目前有些法院已经尝试在判决书中公布与表述少数合议庭法官对多数意见的不同结论与观点。① 因此,无论以后我国法院是否允许在判决书中记载个别法官的异议意见(dissentingopinion),模拟法庭教学中允许和鼓励学生法官撰写此类意见还是非常有意义的。事实上,无论未来司法改革如何深化,着眼于事实发现与法律适用永远是法律职业人员的中心任务。因此,模拟法庭教育只要服务于这一核心任务,就应当用尽其模拟的性质与便利。

第二,学校教育的重点,应在于学生对于事实问题的法律把握能力(如证据能力)和法律问题的研究与表达能力。有关程序性的认识,如司法审判的流程、基本的仪式等内容,事实上既可以通过诉讼法类课程加以了解与把握,又可以通过法庭观摩和法院实习等活动而更富有实效地得到实现,无须投入巨大的时间成本采用模拟法庭的方式。而法学院传统教学形式与内容的短板甚至缺陷在于仅停留于知识、原理的传授与掌握,未能在校园环境中让学生将这些法律的理论与具体案件结合进行真正的运用,并在一种对抗的情境中深化这种运用。于是,就需要模拟法庭这种半真实、半模拟的方式来引导、打磨学生的这样一种能力,并为后续的法律诊所、法律实习架设桥梁,最终通向真正的法律职业实务。因此,法学院课程体系中的模拟法庭课程,应当将有限与宝贵的时间资源、教师资源用于最为重要且核心的学生能力培养之中。例如,尽管我国的司法审判实务中并未对当事人双方的法庭辩论规定时间限制(当然,实际上是由法官根据需要掌握与决定),但为了公平分配时间,也为了模拟法庭的效率,可以为双方设定固定的辩论时间(如每方半小时),从而训练学生在限定的时间内完整、清晰、有效地表达己方观点与理由的能力;尽管我国的司法审判实务中,法庭辩论往往是由双方当事人(律师)相互展开,法官基本

---

① 例如,在上海俊客贸易有限公司诉国家工商总局商标评审委员会行政纠纷一案中,针对原告注册的“MLGB”商标是否属于“有害于社会主义道德风尚,易产生不良影响”,因而是否应被宣传无效,北京知识产权法院在其 2017 年 11 月 16 日作出的判决中,分别阐述了多数意见和少数意见,最后指出:“合议庭评议案件实行少数服从多数的原则,本院依照……判决如下。”详见北京知识产权法院(2016)京 73 行初 6871 号行政判决书。

上不加入,但为了提高法庭辩论的效率,避免双方律师只是按事先准备内容念稿子,更为了体现法庭辩论目的在于说服法官接受己方观点的定位,有助于法官裁判案件,模拟法庭规则可以规定法官有权随时打断律师发言进行提问,而律师必须回答法官的提问。这样有助于训练法官聚焦案件核心问题的能力、律师的临场反应能力,考察和检验他们的综合法学素养与法律职业能力。

(二)功能的限定

对于模拟法庭的功能,正如前文所述,大部分学者与教师往往赋予其全方位的功能定位,如陈学权教授提出的"培养学生法律职业素质和综合能力的多元目标",包括运用实体法分析案件的能力、程序意识和程序操作能力、证据意识和证据运用能力、庭审语言表达能力、法律文书写作能力、法律职业伦理等六个方面。① 然而,正如有学者指出,这些诸多的培养目标往往难以由模拟法庭课程来承担。"法庭之外的技能训练内容必然不能由模拟法庭教学担当。模拟法庭教学无法承担过多教学任务,应当坚持有所为有所不为的原则。"②一位有着丰富模拟法庭教学与指导经验和成就的美国教授就曾经总结模拟法庭与诊所教育的区别,指出模拟法庭只是集中于少数的技能,主要是训练和提升学生书状撰写、口头辩论和学术研究能力与技巧方面的功能。③

例如,对于事实查明、证据辨别等内容,何志鹏教授认为:"在事实查明方面,模拟法庭当然是存在局限的。模拟法庭以给出的材料为基础,不能有任何的增益和编造。而在现实的法律生活中,人们是可能对于案件的事实进行调查、提了一系列新的事实或者与事实相关的证据的。这一点是模拟法庭不如法律诊所和实习的。"④虽然如何充分利用给定事实进行证据的运用也确实有助于培养学生的证据意识与证据能力,但毕竟与一般所理解的全面证据问题有着巨大的区别(这一问题应当在"证据法学"课程和法律诊所、法律实习中加以训练)。而程序操作能力、法律职业伦理等目标,由于效率的追求和模拟的性质,也是模拟法庭教育难以全面实现的。

因此,笔者认为,我们应当清醒地认识到,人才培养是一个体系化的工程,不可能指望由单独一门课程来承担,而是由体系化的诸多课程、环节、活动与过程共同完成的。我们应当自觉地限定模拟法庭的功能边界,将其定位于法律研究能力、文书写作能力和口头辩论能力,进而使模拟法庭的活动集中于案件的法律适用、文书的撰写、法庭的辩论三个环节。至于为表演需要而设立的法警、书记员、当事人、受害人等角色完全应当予以删去。

(三)课程与比赛

在诸多介绍与研究模拟法庭的论著中,人们往往将模拟法庭教学活动(特别是课程)

---

① 参见陈学权:《模拟法庭实验教学方法新探》,载《中国大学教学》2012 年第 8 期。

② 徐春成:《模拟法庭教学的基本思路》,载《北京政法职业学院学报》2016 年第 3 期。

③ 参见 John T. Gaubatz,"Moot Court in the Modern Law School",31 *J. Legal Educ*. 87,89(1981).

④ 何志鹏:《模拟法庭与法学教育的职业转型》,载《中国大学教育》2016 年第 4 期。

与模拟法庭比赛相混淆。例如,有学者指出,国际模拟法庭参赛队伍的建设,不仅是培养国际化复合型法律人才和塑造高质量师资队伍的一条有效路径,而且是推动教学模式和教学方法改革发展的重要动力。① 但实际上,常规化的模拟法庭教学与个别化的模拟法庭比赛存在着质的区别,以比赛来取代教学,或者以比赛成绩来代表教学效果,往往是本末倒置的。

首先,两者的参与者和受益面完全不同。在模拟法庭比赛中,一个学校的上场参赛者往往最多只有 4 人,即使扩大一倍(如加上陪练等),也不到 10 人。纵使一个法学院参加 5 个不同类型的模拟法庭比赛,真正上场参赛的也不过 20 人。对于每年本科生超百人、研究生近百人进而学生总规模达数百人甚至上千人的法学院而言,无论模拟法庭比赛成绩如何,事实上是不能真正反映该法学院的模拟法庭教学效果的,除非这一比赛是建立在全院日常化的模拟法庭课程基础上,并且这些参赛者是通过校内一系列的模拟法庭比赛而产生的最终获胜者。而这种连接模拟法庭教学与比赛的机制,恰恰是美国大多数法学院的基本模式,也是其长盛不衰与极具成效的重要经验。②

其次,两者的规则不同。如前所述,国内模拟法庭教学与活动的规则是参照我国现行三大诉讼法和我国法院审判实务的模式而确定的,无论是定位于法院的一审还是二审程序,往往是事实与法律混合、各种诉讼参与主体齐全,强调审判活动的整个流程与环节。而以"理律杯"全国模拟法庭比赛和 JESSUP 模拟法庭比赛为代表的各类全国性或国际性模拟法庭比赛,则基本上是按照美国模拟法庭比赛的模式确立规则,即以二审法院的法律审为核心,庭审部分强调法官的提问、律师的限时陈述等。"在 JESSUP 比赛中,每位口头辩论者(oralist)有 20 分钟左右的发言时间,但法官会随时打断提问,问题涉及随从人员对案情的熟悉程度、对国际法基础知识的掌握、对书状中引用案例及学说的理解程度、对国际司法机构最新判例进展的关注等。这些都不是事前背稿子、演练法庭礼仪就可以回答的。"③因此,我国现行的模拟法庭教学模式与全国性比赛实际上是脱节的,其教学的内容、训练的能力、确立的目标等方面有不同的侧重。④

第三,两者的投入不同。由于全国性模拟法庭比赛具有较高的显示度且获得优秀成绩极易提高法学院的美誉度,各法学院对于比赛的投入与支持是显而易见的,特别是教师的指导可以说是全方位的。例如,在国际模拟法庭比赛中,"领队和教练需要站在更高的视角,凭借更为深厚的法学理论知识结构,在法庭辩论策略的安排下,引导学生对案件

---

① 参见钱锦宇:《国际模拟法庭竞赛参赛队伍建设研究》,载《法学教育研究》2013 年第 1 期。

② See Gerald Lebovits, et al. "Winning the Moot Court Oral Argument: A Guide for Intramural and Intermural Moot Court Competitions", 41 *Cap. U. L. Rev.* 887(2013).

③ 刘丹:《JESSUP 模拟法庭结合国际法双语教学的探索与实践》,载《云南大学学报》(法学版)2012 年第 5 期。

④ 李胜利教授较详细地分析了理律杯模式与我国传统模拟法庭模式的区别与联系,并分析了各自的优缺点。参见李胜利、杨雯:《结合"理律杯"模式完善模拟法庭教学法的若干思考》,载《高教论坛》2014 年第 10 期。

事实和法律规则进行解释和分析,指导诉讼文书的撰写以及使用利于胜诉的材料”。[①]国内的比赛恐怕也基本如此。但是,教师的这种面向几名参赛队员的全程参与和精心指导,在面向全体学生的模拟法庭教学时显然是不可能的,而且在班内的教学比赛活动中基于公平考虑更不应当直接参与指导。至于模拟法庭教学在教学保障、师资力量、教学评价等各个领域的投入不足,则更是普遍的现象,这也是人们呼吁改变的对象。[②]

因此,借用体育领域的情形,模拟法庭比赛类似于金牌体育(如奥运会比赛),模拟法庭教学则类似于群众体育:如果不能保障群众体育的开展和全民健身的普遍化,纵使以举国体制方式获得众多奥运金牌,也无助于全民体质的提升。法学院的人才培养目标绝非只是产生几名比赛的冠军,而应当是全体学生成为优秀的法律人。

于是,如果说著名的国际模拟法庭比赛中取得优异成绩已经成为衡量世界各国法学院教育质量优劣和综合竞争力的重要指标,[③]同样地,在国内的模拟法庭比赛取得的成绩成为衡量国内法学院教育质量和综合竞争力的重要指标,那么就应当将比赛与教学有机结合,特别是将比赛建立在扎实的、面向全体学生的模拟法庭课程教学基础上。鉴于模拟法庭教学内容与模拟法庭比赛规则、重点的不同,需要考虑两者的衔接。显然,这种衔接的机制只能是将我国现行的模拟法庭教学改造为通行的模拟法庭比赛的模式,即庭审前双方律师提交诉状、庭审中进行法律问题的口头辩论、庭审后法官撰写判决意见书。原因在于:第一,这种模拟法庭模式是“理律杯”和国际比赛的基本模式,我们只能适应;第二,这种模式,正如前文所述,比较符合法学教育有关能力培养的目标定位。

但是,笔者认为,在设计我国模拟法庭教学规则时,应当对法官的角色进行相应的改造。无论是国内外比赛还是现行的国内教学实践,模拟法庭的法官角色一般都是由真正的法官、律师或者教师担任(纯粹表演型的模拟法庭中法官是由学生担任的)。其原因在于,一方面,真正的法律实务专家参与既能提高模拟法庭的真实程度,又能令学生获得教益;另一方面,则是由这些法官承担评判的任务,对各方的表现进行评审并决定其胜负。但是,在笔者所建议的改革后模拟法庭教学中,法官角色也应当由学生担任。这一建议基于以下几点考虑。

第一,保障模拟法庭的完整性。法庭由是各方当事人(律师)和法官共同构成的,而法学院的学生在未来所从事的职业,既可能是律师,也可能是法官。因此,模拟法庭应当为学生提供各种角色模拟的可能性。而美国法学院的模拟法庭基本上是由非学生或者高年级学生担任法官,可能是与美国的特殊国情相关的,即法学院以培养律师为目标;法院的法官往往产生于优秀的律师。

第二,发挥法官角色对学生能力训练的作用。法官的功能不仅在于在程序上指挥法

① 钱锦宇:《国际模拟法庭竞赛参赛队伍建设研究》,载《法学教育研究》2013 年第 1 期。

② 何志鹏:《模拟法庭与法学教育的职业转型》,载《中国大学教育》2016 年第 4 期。

③ 同上。

庭审判的进行,更重要的是基于裁判案件的需要而确认案件事实、运用法律作出判决。因此,在以法律辩论为中心的模拟法庭活动中,法官需要依据其裁判思路而充分听取、了解各方律师的观点与理由,并且通过向律师提问来深入地研究法律问题。担任法官角色的学生,可以真正感受到裁判案件所面临的难点与所需要的法律知识、法学理论。可以预见,担任过法官的学生,在模拟法庭比赛中将会更能把握评委法官的关注点与提问思路,更有利于发挥其能力并取得优秀的比赛成绩。

第三,训练学生的判决书撰写能力。担任法官角色的学生,在庭审结束后还需要对案件裁判结果进行表决,并撰写判决意见书(少数派法官还需要撰写异议意见书)。由于他们的判决意见书会受到各方律师的关注,要经得起反对方的质疑,更要接受教师的评价,因此,学生有动力与压力精心撰写判决意见书,从而能够很好地训练他们的文书撰写能力。

第四,有效避免非学生担任法官的弊端。从美国法学院的模拟法庭活动和比赛实践来看,有些法官的提问不是如同真实法庭中是为了让律师为法官的判案提供意见与支持,而是为了考查学生的法律功底、法庭技巧,因此,许多问题不是为了判案需要,而是为了给双方表现打分需要,以致往往会与案件无关的各种询问、刁难、压力等,而且往往对于比赛案件的相关材料并未认真阅读与准备。① 由同班学生担任法官,则可以避免这些弊端,因为他们也是真正的参与者,还要撰写裁决案件、撰写判决书,而不是各方律师的表现进行评判打分。

第五,保障教师对模拟法庭的评价。教师不参加模拟法庭的法官角色,才能处于一种超然地位,全方位地观察、评价模拟法庭各个环节中各位学生的表现,不仅将这些表现作为评价因素,而且可以发现学生们所存在的问题,从而不断提高学生的水平。

因此,笔者建议可以适当增加法官的数量,以尽可能扩大学生对模拟法庭的参与面,也使得法官们的判决意见更加多样化与针对性。

五、结论

作为一种教学手段与方法,模拟法庭的模式也同样是“条条道路通罗马”。笔者所提出的以二审法律审为核心的模拟法庭教学,当然也只是一种可能的选择。但在法学教育界深入反思传统模拟法庭教学所存在缺陷的背景下,或许这样一种改革与完善是有意义的。

事实上,这种模拟法庭方式,不仅在课堂教学中大量地随时运用,②且已经超越了法

① See Gerald Lebovits et al.,“The Moot Court Oral Argument: A Guide for Intramural and Intermural Moot Court”,41 *Cap. U. L. Rev.* 887,898(2013).

② 例如,有学者通过对哈佛法学院12位教授的访谈,介绍了多数教师在课堂教学中经常将学生分成原告组、被告组和法官组,就课程中的某一法律问题进行辩论,作为教学活动的方法。See Orin S. Kerr, The Decline of the Socratic Method at Harvard,78 Neb. L. Rev. 113(1999).

学教育的领域,而向其他领域延伸。例如,在美国,上诉律师们也广泛地运用模拟法庭方法,对自己所代理的将在上诉法院(包括联邦最高法院)审理的案件进行模拟演练。现任美国最高法院首席大法官罗伯茨,当年作为优秀的最高法院出庭律师,每一件案件在正式开庭前都举行过模拟法庭演练。[①] 而在法学研究领域,也有学者采用模拟法庭辩论方式进行问题的论证。例如,何海波教授以模拟法庭的方式对法院运用正当程序原则审查行政行为合法性的正当性进行了深入的研究,其研究方法颇具创新意义且引人入胜。[②] 而美国迪克森教授则更是以模拟美国最高法院口头辩论的方式,通过律师介绍和法官们的提问,详细地论述了模拟法庭教学方法的内涵、机制与作用、效果,令人耳目一新。[③] 虽然这些对模拟法庭方法的运用,其功能与法学教育并不完全相同,但其机理则是相通的,充分表明了立足于法律问题辩论的模拟法庭教学方式是可取的,更是值得法学教育界尝试的。

---

① See Lewis & Winkelman, "Benefits of Moot Courts: Perspectives of an Arguing Attorney and a Judge", For the Defense 44(Nov. 2010); Gerald Cope, "Moot Court for Real Appeals", 90 - *NOV FLBJ* 54(2016).

② 参见何海波:《正当程序原则的正当性:一场模拟法庭辩论》,载《政法论坛》2009 年第 5 期。

③ See Darby Dickerson, "In Re Moot Court", 29 *Stetson L. Rev.* 1217(2000).

从法律人才到法治人才

——卓越法律人才培养计划实施六年检讨*

何跃军** 陈淋淋***

法学院培养的人才究竟离法治有多远？这一问题已经超越了“法学院培养的人才离法院有多远”的追问，成为当下建设法治国家必须回答的问题。党的十八届四中全会将“加强法治工作队伍建设，创新法治人才培养机制”作为全面推进依法治国战略的重要内容。党的十八届五中全会公报(2015年)(以下简称《公报》)要求以法治思维和法治方式推动发展，加快建设人才强国，深入实施人才优先发展战略。党的十九大继续坚持全面推进依法治国总目标，明确指出，“建设教育强国是中华民族伟大复兴的基础工程，必须把教育事业放在优先位置，加快教育现代化”。这为新时代培养法治人才提供了根本指导，也由此要求法学界必须更加深入思考如何培养适合法治需求的法治人才。对此，我们必须回溯至已经实施6年有余的卓越法律人才培养计划(2011年)(以下简称卓越计划，教高〔2011〕10号)，通过实证调研探究其效果如何，培养过程存在什么问题，人才培养目标是否需要重新梳理，法学院与实务部门在其中作出了什么贡献？这些问题的追问直接关系人才培养计划政策功能的实现和人才培养可持续性的规划，回答这些问题对现实中法治人才培养具有重大的现实意义。

一、卓越法律人才培养计划实施状况

本文实证调研基础主要来自两个部分：第一部分是借助参加学术会议之便，如长三角法学院院长/书记联席会议(2013年宁波/2014年临沂/2015年福州)和全国高校法学院院长(系主任)联席会议(2015年宁波/2016年济南)，对参会的部分法学院(含政法学院/文法学院)主政者(指院长/副院长/书记/副书记/系主任/副主任等)进行问卷和访谈；第二部分是专门针对部分被列入卓越法律人才培养基地的法学院主政者们的问卷和

---

* 本文为国家社科基金项目(13CFX032)。

** 宁波大学法学院副教授、浙江大学光华法学院博士后。

*** 台湾海洋大学博士研究生、宁波大学法学院讲师。

访谈。调研所涉及的法学院类型和法学院主政者类型参见表1和表2。①

表1 80所法学院类型

类别		数量(所)	百分比(%)
培养基地	法学院	22	27.5
非培养基地	法学院	31	38.75
	政法学院/法政学院	12	15
	文法学院	10	12.5
	法律系	5	6.25

表2 98位法学院主政者类型

类别	数量(人)	百分比(%)
院长	37	37.7
教学副院长	24	24.5
书记	19	19.4
副书记	13	13.3
系主任/副主任	5	5.1

通过调研发现,在上述法学院校中,卓越计划确实产生了深刻影响,这些法学院对培养目标、课程设置、培养方案等关键环节上进行了众多调整,参见表3。

表3 卓越计划实施后80所法学院校人才培养工作改革

主要工作	答案数(所)	百分比(%)
调整人才培养目标	80	100
调整理论课学时	61	76.25
加大实践课力度	69	86.25
加强与实务部门交流	64	80

从调研可知,80所法学院对人才培养目标及其规格有了更清晰详细的描述,基本上打破了(虽然尚未完全脱离)对法学人才培养的模式化表述——法学专业培养德智体美

① 国内637所法学院校,可从层次上分为有博点学校、硕点学校和仅有本科层次院校。从类型上可分为卓越法律人才培养基地与非培养基地。从内容上包含了纯粹法学专业的法学院、包含其他专业的文法学院、政法学院和只有法学专业的法律系。本文所选择的80所法学院类型,基本上涵盖了上述类型。

全面发展,从事政法实际工作的专门(高级)法律人才。这一表述最大的问题是未曾对法律人才的思想状况、知识结构、实践能力、职业道德等提出具体要求,模糊了人才培养规格,这也是法学院(系)办学条件低、运行成本低、人才质量低的重要原因。

上述法学院基本上按照卓越计划要求重述了法学院人才培养目标和规格,从语言表述上来看,调整过后的人才培养目标与规格更加集中地体现在三个方面,即思想素质(包含政治素质和职业伦理)、理论知识(包含法学与非法学的理论知识)和实践技能(包含法律职业技能和其他技能)。从文字表述上来看,法学院似乎认定自身能完成上述三方面的培养任务。这很容易导致误解和质疑——法学院真的有足够能力在学院内完成上述任务并培养出卓越法律人才?这种明显带有理想主义和浪漫色彩的表述,与现实形成明显反差,这使法学院教育饱受诟病。

那么,完成表3改革工作的法学院校对卓越计划的实施效率与满意度究竟如何,本文也对此进行了调研,参见表4。

表4 80所院校与98名受访者对卓越计划的改变度与满意度评价①

项目		答案数	百分比
改变度	根本性改变	7所	8.75%
	重大改变	31所	38.75%
	一般改变	33所	41.25%
	较小改变	9所	11.25%
满意度	非常满意	10人	10.2%
	较为满意	14人	14.3%
	一般满意	11人	11.2%
	一般不满意	23人	23.5%
	较为不满意	17人	17.3%
	非常不满意	23人	23.5%

从表4可知,目前80所法学院中只有31所院进行了重大以上改变,33所法学院只是一般改变,还有9所法学院改变较小。这说明卓越计划虽然在权威主导下,但部分

① 本文这里的改变度是衡量卓越计划对法学院的影响的一个指标,其中根本性改变是指重新设置培养方案,以三类法律人才为培养目标实务课程比重超过理论课程。重大改变是修改了培养方案(并未重新设置),实务课程比重和理论课程比重相当。一般改变是指仅在培养方案中修改培养目标,增加部分实务课程,但理论课程比重仍然大于实务课程,较小改变是指虽然注意到改变的重要性,但仅修改了培养目标,对培养方案、课程设置等未曾有改变或只是不影响原来培养格局的较小改变。

(52.5%)法学院变革仍然相对被动,而更加明显反映出来的是,一般改变和较小改变的法学院实际上对于如何有效实践卓越计划并无明确认识。

在改变满意度问题上,98名法学院主政者中满意以上的仅占35.7%,而不满意的有63人,占64.3%,其中较为不满意与非常不满意的占40.8%,远超过满意度。

法学院主政者们不满意的原因有很多,有的是因为法学院自身积重难返,革新缓慢,有的是因为实务部门消极配合,还有的是因为对培养目标认同问题等,参见表5。

表5 63名法学院主政者对卓越计划改变度不满意的主要原因

不满意的主要原因	答案数(人)	百分比
对培养目标的认同度不高	45	71.4%
对所在法学院自身积重难返的不满	34	53.9%
对与实务部门的合作效率不高的不满	58	84.1%
对改变后带来更多问题的不满(尤其绩效考核问题)	37	58.7%

表5显示,排名靠前造成法学院主政者们不满意的前两个原因是与实务部门的合作效率不高,对培养目标的认同度不高。从两者之间的联系而言,一个是目标问题,另一个是培养路径问题,两者之间存在紧密的逻辑联系。

上述调研结果从总体上表明,虽然卓越计划仍有较大影响力,但实际实施状况并不令人满意,法学院主政者们已在某些程度上对卓越计划的培养目标和培养路径进行了反思和深化,尤其随着党的十八届四中全会《关于全面推进依法治国若干重大问题的决定》(以下简称《决定》)和党的十八届五中全会《公报》的颁布,68.4%(67人)的法学院主政者们认为应当从现实需求和长远发展的角度出发重新反思和设定人才培养目标,以避免人才培养目标变化过剧,人才质量出现时代偏差与代际偏差,以至于影响法治中国建设的长期有序和健康发展。

二、卓越计划培养目标的进一步深化

卓越计划的培养目标是卓越法律人才,而因为卓越计划的权威影响,目前国内法学院越发关注法律人才培养——毕竟多数毕业生最终还是要去实践法律的。[①] 但是,我们也应当深刻认识到,卓越计划所提出的法律人才目标,是应因一定时期法治建设的特殊需求而确定的,这从卓越计划本身的表述中可以得到证实。卓越计划的核心要义就是实

---

① See Harry W. Arthurs, "The Political Economy of Canadian Legal Education", 25 J. L. & Soc'y 14 – 32 (1998).

务型法律人才培养不足,提升实务能力是法学院提升人才培养质量的关键。[①] 因此,奠基于现实需求上的卓越计划更强调职业能力,整体运行逻辑也在此基础上展开。

有论者已经指出过分关注法律人才培养的倾向过于功利或现实,尤其是在卓越计划实施后,一些法学院矫枉过正,过度改革和重视应用型人才培养,使法学教育沦落为法律"技术员"培训,[②]这将会对法学教育造成重大危害。[③] 但法学院仍然乐此不疲,毕竟这符合教育部门的要求,也是法学院扩大社会影响力和招揽生源的主要方式。

本文认为,当下国内法学院受卓越计划影响,通过压缩理论课程学时,转移更多资源以实现应用型法律人才培养,或许在一定时期内契合加快建设法治国家的实践需求,但上述调整受时代左右太深,或许能满足特殊时期的社会需求,却缺乏更深刻的理论思考,很可能导致法律人才培养的规范性与理论性不足,从而导致法律人才"偏科严重",过于偏向职业技能。必须指出的是,在这样一个突出强调发展和改革的"急迫"现状下,法学院可能并未真正停下来,理性且深入考虑应当培养什么样的人才:什么样的人才既能契合时代实践的现实紧迫需求,又能引领法治未来广阔发展前景;既具有法学学科的理论性,又具有适应社会的实践性,从而保持在法学学科发展与时代实践需求之间的双向平衡。在现状的裹挟下,法学院看似主动地参与改革,实际上是被动地卷进改革浪潮,失去了理性反思的能力。

鉴于此,在全面深化和推进依法治国时代背景下,以法治国家为最终目标的当下中国,法学教育界必须重视一个最基本的问题:法学院人才培养目标的长期性、稳定性、规范性、理论性与前瞻性。如果人才培养目标朝令夕改,很可能导致法学院培养模式出现重大问题,人才质量堪忧;如果人才培养目标只具有短期性,缺乏规范性、理论性、长期性和前瞻性,很可能导致未来法治建设需要再行调整人才培养目标,将会出现更多困难。因此,本文认为在总结当下卓越计划实施状况的基础上,此时正需要适时确定一个更具有稳定性、长期性、规范性、理论性和前瞻性的人才培养目标,从而深化卓越计划法律人才培养目标,这也是前述调研中部分法学院主政者们所思考的目标问题。

如何深化?本文认为可以借鉴目前另一种尚未获得学界充分讨论,[④]但在政治话语中已经获得强调的词汇——法治人才的概念。这一概念作为重要话语提出是在《决定》

---

① 中央政法委员会《教育部关于实施卓越法律人才教育培养计划的若干意见》(教高〔2011〕10号)的表述为:我国高等法学教育还不能完全适应社会主义法治国家建设的需要,社会主义法治理念教育还不够深入,培养模式相对单一,学生实践能力不强,应用型、复合型法律职业人才培养不足。提高法律人才培养质量成为我国高等法学教育改革发展最核心最紧迫的任务。

② See John A. Sexton, "'Out of the Box': Thinking About the Training of Lawyers in the Next Millennium", 43 *S. Tex. L. Rev.* 623, 626(2002).

③ 何伦坤:《法学教育中的功利化倾向及其克服》,载《教育评论》2012年第6期。

④ 2016年3月20日检索中国知网,以法治人才为篇名的有130篇,其中偏向于学术类的论文有25篇,报纸报道与评论的有66篇,剩下39篇则是偏向简要讨论。由此可见学界讨论的不足。

中的“创新法治人才培养机制”部分,《决定》对法治人才提出三方面要求:思想政治素质、业务工作能力、职业道德水准。“思想政治素质是社会主义法治人才第一位的要求,忠于党、忠于国家、忠于人民、忠于法律是社会主义法治人才思想政治素质的具体表现。”①而后两者主要体现为《决定》中对法治工作队伍的“正规化、专业化、职业化”的要求上,②也即经过法学院理论教育、职业伦理教育和技能培训,走上法律实务工作岗位的法律职业共同体。

对这一新的法治人才概念,当下学界尚未给予充分重视,迄今为止也未有法学院宣称其培养目标是法治人才。但从访谈中,我们可以发现法学院主政者们对法治人才概念的认同度及其基本素质的判断,参见表6和表7。

表6　98名法学院主政者们对法治人才概念的认同度

认同度	答案数(人)	百分比(%)
非常认同	35	35.7
较为认同	31	31.6
一般认同	21	21.4
不认同	11	11.3

表7　87名法学院主政者们对法治人才基本素质的看法③

基本素质	答案数(人)	百分比(%)
法治精神	85	97.7
理论素养	78	89.7
实践能力	74	85.1
思想政治素养(含职业伦理素养)	60	69
科际整合的能力	56	64.4
社会交往能力	52	44.4
调查研究能力	47	59.8
涉外能力	38	43.7
计算机能力	31	35.6

① 袁贵仁:《创新法治人才培养机制》,载《人民日报》2014年12月12日,第7版。

② 参见黄进:《创新法治人才培养机制全面推进依法治国》,载《中国高校社会科学》2014年第6期。

③ 本表是访谈的问题,并未提供选择项供选择,而是由访谈对象自主谈到法治人才应当具备的基本素质,因此,访谈对象会谈到自己所认可的基本素质,而不是全部素质。

表6说明,接受访谈的绝大部分(88.7%,87人)法学院主政者们是认同法治人才概念的。从表7可知,85%以上受访者强调的前三个素质都是法治精神、理论素养和实践能力,且法治精神被强调次数最多,被视为法治人才第一要素,也即法治人才必须首先具有法治精神,要在法治精神指引下培养理论素养和实践能力。虽然法治精神并不等同于思想政治素质,但这并不妨碍在法治人才培养中强调法治精神。

当然,也有部分受访者强调某些特殊素质,如有64.4%的受访者强调法治人才应当具有良好的科际整合能力,这样才能更好地适应社会快速发展,这也是耶鲁大学法学院原院长斯温(Thomas W. Swan)所表达的:如果法学院毕业生要想得到充分训练以扮演法官、立法者和律师的角色,法律学习就不仅要像一门科学和一种人文学习,而且需要更多地关注许多法律—政治问题的解决,这些问题反映着我们经济和社会生活的空前快速发展。[①] 科际整合能力正是法治人才未来应对纷繁复杂社会的重要能力之一。

综上,结合《决定》《公报》要求,吸收传统法律人才的基本素养和卓越计划的培养要求,我们可以这样界定法治人才:法治人才是兼具法律之德性、法律之知性、法律之技性的"三性"全面发展的法律工作者。这一概念中的法律之德性,内涵较为宽泛,既有时代特色的法治精神,也有国别特色的政治素养,当然更不可缺少的职业特色的伦理道德。三者共同构成法治人才之德性内涵。而法律之知性,是指法治人才应当具备的法学基本知识,从理论法学到应用法学,法治人才应当掌握相应理论知识,从部门法学到法律体系,法治人才应当精通部门法学模块的理论知识。知识是运用的基础,是德性的载体。所谓法律之技性,是指法治人才应当具备的职业工作能力,包括但不限于探知法律事实的能力、法律推理能力、法律诠释能力、法律论证能力、资料获取能力、调查研究能力、外语能力、计算机能力、社会交往能力、科际整合能力等智能技巧和实务技巧。[②] 具备上述"三性",可被界定为法治人才。

这样的界定,与法律职业工作者的基本素质要求是一致的。法律职业是社会正常运转无法脱离的组成部分,[③]它是一个由法律人组成的一个自治共同体,这些人的基本特征就是经受了法律专业训练、具有法律职业技能和职业伦理。[④] 从实践可知,法律职业工作者所具备的职业知识、职业技能和职业伦理是否扎实或卓越,都必须从实际工作岗位进行评价,即这是法学院教育后的评价指标,并非是在法学院内的评价指标。

以基本素质而言,法治人才的基本素质来自于对实务技能与理论功底的提炼,它是两者基本素质的复合体。法治人才所包含的理论素养和实务技能提醒人们关注法学教

---

① See Anthony T. Kronman, ed., *History of the Yale Law School*, Yale University Press 2004, p.82.

② 参见何美欢:《理想的专业法学教育》,载《清华法学》2006年第3期。

③ 参见[美]伯纳德·施瓦茨:《美国法律史》,王军等译,中国政法大学出版社1990年版,第4页。

④ 参见沈宗灵:《比较法研究》,北京大学出版社1998年版,第728页;徐显明:《关于法律职业共同体的构建问题》,载《法制资讯》2014年第Z1期;张文显:《法律职业共同体引论》,载《法制与社会发展》2002年第6期。

育的整体性和系统性,因为就法学教育的实质而言,理论教育和实务训练是不应当被割裂开的,而是同时进行的。但在我国改革开放初期和中期,为了满足社会快速发展的实践需求和理论需求,我们对法学院培养的人才类型进行了不同定位,割裂了两者之间的有机联系。而随着全面深化改革和全面推进依法治国,人才质量成为重要制约因素,提出法治人才目标是对人才质量的综合性考量和整合,它能够以其自身基本素质有效满足新时期依法治国的理论需求和实践需求,从而为依法治国提供关键性的人才基础。

深化卓越计划的法律人才目标,并使之转向法治人才的培养意义重大。这是对当下法学教育现状的深刻反思,要求法学教育由"由粗放发展向追求质量提升的转变",[①]也是对未来法学教育和人才培养目标的重构。法治人才目标的提出,明确了法学院未来长期稳定的人才培养目标,既要求法治人才具有法律之德性,应当具备法治精神、政治素养与伦理道德素养,以此作为引领时代和国家发展的正当基础,又要求法治人才具备法律之知性——理论知识基础,以此作为引领时代和国家发展的动力机制,同时也要求法律之技性——职业技能,以此作为复杂多变社会现实的应对机制,从而较为全面地实现了法学教育与法律实践的有效整合,为法学院人才培养提供了更清晰准确,更具有长远指导意义的目标定位。

三、法治人才培养路径的进一步完善

改革开放以来,社会实践的快速发展带来了丰富的法律问题和急剧扩张的法律人才需求,法学专业和法学教育一度成为社会显学和热门话题。但问题是,"当社会开始认真对待法律专业知识和技能时,法学教育理应进入真正的'黄金时代',但实际上却面临着'饱和危机'和巨大的竞争压力"。[②]

在访谈中,受访者都比较赞同:当前法学教育主要矛盾是人才培养与社会需求之间的供需矛盾。这一供需矛盾情况特别严重:[③]从需求角度而言,因应建设法治国家需要的法律人才紧缺,如涉外法律人才、应用型复合型法律人才生产不足。从供给角度而言,法学教育一开始未有鲜明的顶层设计、路径考量和规格描述,所以长期发展过程中盲目扩大规模,未能精细化人才培养的知识结构和专业能力,由此导致法律人才不适应市场需求。"法学教育量与质相生相克,量的泛化必然导致质的贫困与危机,未来法学教育应均衡两者之间的关系。"[④]卓越计划目的便是"顺应全球化浪潮下我国社会发展对于高层次、多元化本土法律人才的迫切需求,扭转长期以来国内法学教育因规模急剧扩张导致

① 黄进:《不断创新法治人才培养机制》,载《经济日报》2014 年 11 月 11 日,第 15 版。

② 季卫东:《中国法学教育改革与行业需求》,载《学习与探索》2014 年第 9 期。

③ 根据麦克思《2016 年中国大学生就业报告》显示,法学专业就业率已经连续 3 年(2013 年、2014 年、2015 年)垫底。法学教育近 10 年的最大贡献可能只是为高等教育贡献了"毛入学率",其表面繁荣的背后则是深刻的质量危机、就业危机和声誉危机。

④ 参见蒋悟真、黄越:《依法治国与法治人才培养机制的创新》,载《江西财经大学学报》2015 年第 1 期。

的人才结构性过剩、良莠不齐和需求失衡的困局”。①

为因应社会发展需要，以社会需求为导向，卓越计划在实施上更加关注和深化法学教育“产学研联合培养模式”。所谓产学研合作，一般是由大学与特定企业就特定经济活动达成协议，大学提供研究成果移转至企业，经由企业生产营运后，双方分享经济利益。卓越计划的基本假设是将法学教育视为一项产业，运行逻辑为以产学研合作模式，联合法学院校与实务部门力量，共同培养卓越法律人才。② 产学研联合培养模式，若只由法学院推行，无疑过程缓慢，效果较难保证；而若从国家人才培养的战略角度并以权威推行，则可较迅速获得切实效果。

上述运行逻辑已在卓越计划实践中主要通过两条路径展开。

一是法学院“师生”主动走出去，并邀请实务部门参与法学院人才培养。法学教师进入实务部门，体现为卓越计划中的“双千计划”。③ 法学学生参与实务工作主要以实践基地为基础，④而邀请实务部门具有丰富实践经验和一定理论水准的工作人员参与法学院人才培养，同样备受法学院重视，⑤法学院在日常教学中已经邀请实务部门工作人员在校内提供给学生一定程度的实践训练。⑥

二是实务部门主动走入法学院共同探索法治人才培养的新机制。实务部门同样在

① 石佑启、韩永红：《论涉外法律人才培养：目标、路径和教学模式》，载《教育法制》2012 年第 16 期。

② 合作内容包括培养目标、课程体系、教材、教学团队、实践基地等，其最终目的是建构常态化规范化的法律人才共同培养机制。

③ 参见高法文：《创新机制共同培养卓育法律人才》，载《中国高等教育》2012 年第 15 期。《双千计划》的重要目的就是培养具有较高理论水准和丰富实践经验的法学教育队伍。从而避免法学院培养法律人才时经常出现的“理论与实践脱节”现象。中南财经政法大学和西北政法大学从卓越计划实施之初就在探索法学教育队伍实践师资的培育，中国人民大学法学院同样选派优秀青年教师到基层法院挂职。已有实践参见《中南财经政法大学全面启动法律人才互聘双千计划》，载中南财经政法大学组织人事部网：http://zrb. znufe. edu. cn/Work/552. html，最后访问日期：2018 年 6 月 20 日；西北政法大学：《实施卓越法律人才教育培养计划的基础、理念与探索》，载万方网：http://d. g. wanfangdata. com. hk/Conference_7642449. aspx，最后访问日期：2018 年 6 月 20 日；《海淀法院与中国人民大学法学院举行人员互聘仪式》，载中国法院网：http://www. chinacourt. org/article/detail/2014/05/id/1293533. shtml，最后访问日期：2018 年 6 月 20 日。

④ 中国政法大学在卓越计划影响下，专设六年制人才培养模式，其中 4 年为理论学习，2 年为实践学习，在实践学习中将学生输送到实践教学基地，如环保部、北京市法律援助中心等实务部门，将法学院无法全部完成的技能训练延伸到实务部门，共同完成法治人才的理论基础和实践能力的培养。参见黄进：《以提生人才培养质量为核心、悉力培育造就卓越法律人才》，载《中国高等教育》2012 年第 9 期。

⑤ 在 2015 年第二十届全国法学院院长/系主任会议上，宁波大学董茂云教授提出可以聘请实务部门具有丰富实践经验的退休人员参与法学院人才培养，本文对此深表赞同。

⑥ 浙江省即引进实务部门业务骨干到法学院担任副院长，开展实务训练，参见《浙江法院院长检察院检察长到法学院担任“院长”》，载法制网：http://www. legaldaily. com. cn/Court/content/2015 - 03/20/content_6008185. htm? node = 53949，最后访问日期：2018 年 6 月 20 日。

探讨落实卓越计划,①不仅联合法学院进行“订单培养”,对实务人员进行专题训练和理论提升,还与法学院共同制定研究计划和实习计划。甚至,实务部门还主动任命法学院教师为业务骨干。②

以卓越计划为核心的产学研联合培养模式,一方面体现出决策者对法学院不再是“全能”角色的清晰认识;另一方面也体现出对人才培养责任主体的反思与重构,其内在政策逻辑已经不仅仅将人才培养视为法学院一家之事,更将主体延伸至实务部门,视为法学院和实务部门的共同责任,无疑是对新时期法治人才培养路径的总结和深化。对于法治人才培养责任主体的适切分工,不仅有助于回归法学院本质功能,更有助于从社会需求的现实角度培养法治人才。

上述产学研联合培养模式已在全国铺开,从主动性而言,法学院具有更强烈动机和更能切实行动,而实务部门动作则有所迁延。其原因在于法学院负重前行,急需突破困境,而实务部门缺乏参与动力。传统观念认为法学院应当承担法学教育主要责任,对学生的理论素养和实践能力都应当加以培养,但显然实践能力培养是法学院目前“难以承受之重”,所以法学院只能更积极主动向外寻求合作。与之相应,实务部门主动走进法学院承担人才培养责任的举动较为少见。表5显示,有58名受访者对于和实务部门的合作效率不高表达出不满意,仅有40名对合作表达满意(见表8)。

表8　98名受访者对与实务部门合作满意度情况

满意度	答案数(人)	百分比(%)
非常不满意	15	15.3
较为不满意	22	22.4
一般不满意	21	21.4
一般满意	18	18.4
较为满意	13	13.3
非常不满意	9	9.2

从表8可见,只有40.8%(40人)的受访者对与实务部门开展联合培养合作感到满

① 参见《省法院在扬召开卓越法律人才教育培养计划落实工作暨全省法院政治工作座谈会》,载扬州市中级人民法院网:http://fy. yangzhou. gov. cn/yzszjrmfy/bydt/201302/6090603ea97e41b9b912aafed597aa4d. shtml,最后访问日期:2018年6月20日;《加强卓越法律人才教育培养的重大举措》,载中国法院网:http://www. chinacourt. org/article/detail/2012/07/id/536542. shtml,最后访问日期:2018年6月20日。

② 武杰:《三位60后法学专家被任命为最高法院副庭长引争议》,载中国法院网:http://big5. ifeng. com/gate/big5/news. ifeng. com/shendu/fzzm/detail_2013_01/09/20989307_0. shtml,最后访问日期:2018年6月20日;《海淀法院与中国人民大学法学院举行人员互聘仪式》,载中国法院网:http://www. chinacourt. org/article/detail/2014/05/id/1293533. shtml,2018年6月20日。

意。而有59.2%(58人)感到不满意,而这58人中有25.9%(15人)的受访者感到非常不满意,他们对如何发挥实务部门主动性束手无措,37.9%(22人)对合作感到较为不满意,他们认为与实务部门的合作中存在较大困难,而36.2%(21人)对合作感到不满意,他们认为合作没有长期有效、稳定合理的联合机制。不满意的主要原因,参见表9。

表9 58名不满意的受访者提供的原因

不满意的原因	答案数(人)	百分比(%)
实务部门缺乏主动性	52	89.7
法学院与实务部门缺乏有效互动机制	51	87.9
实务部门推脱任务繁重,无暇顾及	49	84.5
缺乏有效的实务训练机制,实践基地流于形式	52	89.7

表9显示,57名受访者不满意的主要原因在于实务部门因为自身任务繁重,与法学院的合作缺乏积极性和主动性,而即便已与实务部门建立实践基地,也因缺乏有效的互动机制和实务训练机制,难以实现联合培养人才的目的。

从调研可知,目前以产学研方式联合培养卓越法律人才的模式还存在不少问题。首先是法学院主动走出去的成效不佳。实践基地的利用效率不高,很多实践基地流于"牌匾"形式,法学院本身并无权限要求实践基地提供充分实践训练。而被邀请走进法学院授课的实务人员,也往往因为自身业务原因难以持久性、系统性地授课。其次是实务部门走进法学院的动力不足。实务部门只是基于部门需要以及部分使命感参与人才共同培养,但并未设置相应制度落实培养责任,提供实践机会给法学学生在实务部门看来并不是多么重要的工作,甚至被看成增加负担的工作。

从卓越计划(教高〔2011〕10号)所使用的语言来看,对实务部门的要求主要是以倡导性语言为主,在"主要任务""工作措施"等表述中并未设定相关责任制度;与此同时,对"检查评估"也是模糊其词,未曾设定较为详细的考核指标体系,也就无从谈起真正有效推进实务部门与法学院的合作。可以说,虽然卓越计划所推动的"产学研联合培养"模式已经在正确的道路上迈出了一小步,但离真正实现法学院与实务部门的深入合作还有一大步,它需要更权威的顶层设计、更有效的制度安排和更强力的行动推进。

更权威的顶层设计,指的是有必要吸收《决定》《公报》中关于法治人才的培养的要求,通过全面调研,最终以国务院行政规范性文件的形式具体落实,促使人才强国战略的真正"落地"。这一权威性应当强调实务部门(最高人民法院、最高人民检察院等)与法学院关于法治人才培养的共同使命和责任,建立法治人才培养的共同体机制;而更有效的制度安排,主要是指责任制度的安排,尤其应当建立起实务部门的责任制度,否则无法真正落实共同体培养法治人才的具体任务;至于更强力的行动推进,主要是指应当建立监督检查机制,以克服法学院和实务部门存在的变革惰性,促使法治人才培养的共同体重视其责任,落实其行动。

上述三个方面,是对产学研联合培养法治人才路径的进一步推动和完善,也是对当下法学教育改革的重要推动。

四、法学院地位与功能的进一步认识

法学院是培养法治人才的摇篮,正所谓“致天下之治者在人才,成天下之才者在教化,教化之所本者在学校”。① 法学院承担的是法治人才培养第一步,也是至关重要的一步。因应法治建设需求,改革开放后,法学院校发展之速举世瞩目。但也有学者批评道:“华夏法学之林,远看一派人多势众景象,近看是不少人花拳绣腿的热闹,细看是看家本领基本功的缺乏。”②为何会有如此尖锐批评?将责任全部推向法学院是否公平?

事实上关于法学院培养的人才不适应法律市场需求的批评由来已久,比较常见、流行且貌似真理在握的是法学院教育理论与实践的脱节。这种“脱节论”的批判确实具有一定现实依据和反思意义,对法学院反思和重构法学教育具有促进作用,卓越计划也以此为逻辑基础展开批评。

不过,在访谈中,也有部分受访者(37 人,37.8%)认为当下“脱节论”愈演愈烈,甚至有批判和推翻理论课程的趋势,值得反思。本文认为,“脱节论”至少有以下方面值得商榷:一是从法学院本质功能而言,法学院不是某些工作岗位的加工定制工厂——法学院的毕业生是很难直接适应工作岗位要求的,大陆法系法学教育通常由“法学院教育 + 司法研修”组成,英美法系法学教育通常也由“法学院教育 + 律师学院”组成,③如此结合所培养的人才也不一定走出校门就完全适应工作岗位的现实需求,更何况国内法学院本身缺乏司法研修和律师学院的作用。二是从理论与实践的本质关系而言,两者脱节本身是合理的,如果一味迎合实践,如何才能保证“学术的独立品格”?④ 实践的判断标准是科学合理的,关键在于实践可能存在一定程度的短期性,如何能以之衡量具有长期性、潜在性的法学学术?如果以此衡量,那么法学理论的价值究竟何在,在一定时期暂时无法直接与社会实践相结合的法学理论是否就没有价值了,就不需要研究了?三是从因果联系而言,理论是实践先导,理论基础扎实,在实践中的发展潜力和成效将比只注重实践的情况更为可观,这点已从历史和现实获得明证。

“脱节论”的批评直接指向法学院在卓越计划中的地位与功能,本文对此进行了调研,法学院主政者们的认识参见表 10。

① (北宋)胡瑗:《松滋县学记》,转引自徐建平主编:《胡瑗》,中国文史出版社 2000 年版,第 197 页。

② 孙国祥、张书琴:《中国法学本科教育的矛盾性展开与破解》,载《当代法学》2009 年第 2 期。

③ 参见孙学致:《论我国法学教育的趋势与高校法学教育改革的方向》,载《高教研究与实践》2011 年第 4 期。

④ 陈金钊:《法律解释学转向与实用法学的第三条道路》,载《法学评论》2002 年第 1 期。

表 10 法学院地位与功能的认识

地位	答案数(人)	百分比(%)	功能
基础性地位	42	42.9	奠定法学伦理、理论和实践基础,引导人才成长,奠定人才成长的基本素质,与其他环节同等重要
主导性地位	56	57.1	在人才培养中占据主要地位,全面培养伦理、理论与实践技能,法学院外的环节是人才质量的进一步提升

表 10 说明,57.1% 的法学院主政者们仍然比较坚持法学院在人才培养中的主导性地位,这与目前卓越计划的"产学研联合培养"模式以及未来应当构建的人才培养共同体的责任分工是不太一致的,因此,这一坚持值得反思。但也有 42.9% 的法学院主政者们相对理性,认为法学院处于人才培养的基础性地位,与其他人才培养环节同等重要。

秉持上述认识,受访者们对法学院内部理论教育与实践教育的比例也进行了说明。从表 11 可知,坚持法学院应当以理论教育为主,兼顾实践教育的占 43.4%(36 人),认为理论教育与实践教育同等重要的占 18.1%(15 人),而认为应压缩理论教育加大实践教育的占 38.5%(32 人)。

表 11 98 位受访者对法学院内理论教育与实践教育关系的认识

关系	答案数(人)	百分比(%)	备注
理论教育为主,兼顾实践教育	36	36.7	指法学理论知识的传授为主导,坚守法学课堂教育,辅之以实践训练,比重基本上为 7∶3
理论与实践教育同等重视	30	30.6	指对理论知识和实践技能的训练同等重视,比重基本上为 5∶5
压缩理论教育,加大实践教育	32	32.7	指调整理论知识课时,加大实践教育课时,比重基本为 6∶4

表 10 和表 11 说明,尽管目前法学院主政者们对法学院地位和功能有所认识,但对于人才培养中理论教育与实践教育的关系仍然还存有一定认知分歧。事实上,上述认知分歧已经体现在学者们对法学院人才培养问题的探讨中。这些学者在论述法学院应当加强实务训练时已经指出了法学院课堂教育的"能与不能"。课堂教育的"能"是可以帮助法科学生建构职业伦理和理论之树,但法学课堂教育的"不能"也很明显——"在讲授式的课程中,不论教科书写得多深,老师讲得多好,都不可能让学生真正深入理解知识,更不能训练技能。"①"讲课不能培养技能,唯一的培育方法是让学生在教师介入的情况

① 葛云松:《法学教育的理想》,载《中外法学》2014 年第 2 期。

下不断练习,知识可以用讲课传授,技能只能从练习中学习,而讲课方法根本不能教授技能。"①课堂教育之所以"不能",是因为课堂教育难以做到实践教育的精髓所在——让学生亲自处理司法难题。② "只有让学生亲自去做、亲手去不断修正错误,最后才能掌握知识和技能。"③

有学者认为,之所以技能培育在中国法学教育中全方位缺席,主要原因是教学目标与方法不当。法学教育要实现技能训练的目标,关键在于寻找有效的技能训练机制,但技能训练不同于课堂上知识的教与学,技能训练只能通过示范、指导,通过观察、模仿、实践等途径实现。④ 这实际上在一定程度上指出法学课堂教育的"不能"是技能训练,也意味着技能训练是在课堂外寻求,法学院应当在课堂外提供更多实践机会。

但是,如果我们就此得出以下结论:法学教育应当培养学生的"知识+技能""法学院必须提供给学生练习适用、归纳、评价法律及练习超越认知能力的机会",⑤同样值得商榷。这两个结论单纯而言并没有问题,有问题的是:学界或实务界的很多人会很容易产生下述逻辑误解:一是以为结论中的法学教育就等于法学院教育,没有区分清楚法学院教育只是法学教育的组成部分;二是以为法学院存在培养方案上的重大错误,因为它未能提供更大比重的实务训练课程,因此应对现有理论与实务课程做重大调整。对于上述误解,如果不能正确解释,很可能导致未来法学教育改革中出现方向性偏差,也将导致法学院继续负重前行,不堪承受。

本文认为,无论是英美还是法德都说明法学教育是一个整体性、系统性的教育过程,不仅有法学院的法学教育,"目标在于培养具有法治思想、民主理念,且具法学专业素养与伦理之人才",也有实务部门的法学教育,其目标在于培养职业能力。⑥ 法学院的"法学教育"不同于"法律职业教育",也不应当被等同。实质上,已有学者指出二者之间的异质性:法学教育强调做人,法律职业侧重做事;法学教育强调广博,法律职业侧重精专;法学教育强调先验,法律职业侧重经验。⑦ 法律职业教育是法学院应当承担的法学教育的一部分,但不是全部。一方面,法学院法学教育应当包含法律职业教育的部分内容,并且提供尽可能多的机会给学生进行法律职业训练;但另一方面,法律职业教育不是法学

① 何美欢:《理想的专业法学教育》,载《清华法学》2006 年第 3 期。

② See Robert Dinerstein,"Report of the Committee on the Future of the In-House Clinic",*Journal of Legal Education*,42,1992.

③ 葛云松:《法学教育的理想》,载《中外法学》2014 年第 2 期。

④ 参见房文翠:《法学教育中的法学实践教育原则》,载《中国大学教学》2010 年第 6 期。

⑤ 何美欢:《理想的专业法学教育》,载《清华法学》2006 年第 3 期。

⑥ 参见霍宪丹:《不解之缘—二十年法学教育之见证》,法律出版社 2003 年版;冀祥德、孙远、杨雄:《中国法学教育现状与发展趋势》,中国社会科学出版社 2008 年版。

⑦ 参见廖永安、邓和军:《法学本科教育与法律职业》,载刘大力主编:《高等教育研究》(第 2 辑),湘潭大学出版社 2009 年版,第 38 ~ 49 页。

院能够全部承担的,它是一个法律职业共同体缔造的过程,需要倾入更多责任主体的力量,如法学院系统、法院系统、检察院系统、律所系统等,也需要整合更多制度的力量,如“法律学科教育制度、法律职业教育制度、司法考试制度、法律职业技能训练制度和终身化的继续教育制度”等,①使之共同成为法治人才的培养主体和制度体系。

如此,在卓越计划进一步深化和法治人才培养的过程中,我们应当认识到法学教育是一个理论和实践并存的教育,其过程具有整体性和系统性,不可随意人为割裂。人为地割裂法学教育的整体过程,才是导致法学教育理论和实践脱节,导致人才质量不适应全面推进依法治国需求的真正原因。

本文认为,法学院在卓越计划中具有基础性地位,其对法治人才的培养功能应以法治精神、职业伦理和理论素养为主,兼顾实务能力训练。若法学院想要以一己之力培养法治精神、职业伦理、理论素养和实务能力,存在诸多困难。在法学院内部,先天特质使其更易完成法治精神、职业伦理和理论素养的教育,而要完成实务训练,则必须将法学教育阵地转移到实务部门,通过以实务部门为主的联合培养才能完成,由此形成一个分工明确、责任清晰的联合培养主体体系,以法学院为基础理论培养主体和基础环节,以实务部门为实训培养主体和实践环节,每一主体和环节紧密衔接呼应,有效联合培养法治人才。这也就要求法学院在卓越计划中明确自身责任和分工,不必过度投入本不应作为主业的实务训练以致影响理论教育的质量,导致本末倒置、丢失阵地,“干了别人的活”,费时费力。

五、结语

卓越计划实施6年有余,直接关系一代法律人才培养,而人才培养关系法治国家建设的主体质量,必须从更为长远角度设定人才培养目标和培养模式。首先要有一个更加长期稳定合理的培养目标——本文认为可以固化为法治人才目标。其次需要深化产学研联合培养模式,以更权威的顶层设计、更有效的制度安排、更强力的行动推进产学研联合培养。我们或可参照英美模式,将实务训练导向已经成立、尚未充分利用的律师学院,或可引进公检法司离退休人员进法学院,甚而,更务实的是在法院、检察院等重点实务部门设立法治人才联合培养的专职部门,以此深化产学研联合培养模式。最后是法学院应当明确自身在法治人才培养中的地位和功能,以避免本末倒置,费力不讨好。

① 霍宪丹:《试析法律职业共同体与法律人才培养共同体之间的互动》,载《法制与社会发展》2003年第5期。

德法兼修　法治人才培养目标的实现路径探讨

——基于辽宁大学法学院的探索

杨　松[*]　闫　海[**]　徐　阳[***]　王　印[****]

自党的十八届四中全会以来,全面推进依法治国已经明确为我国今后的发展战略和基本国策,是国家治理体系和治理能力现代化的重要抓手。培养具有中国特色的社会主义法治人才,是建设法治国家的根本和保证。2017 年 5 月 3 日,习近平总书记视察中国政法大学时指出,“坚持以马克思主义法学思想和中国特色社会主义法治理论为指导,立德树人,德法兼修,培养大批高素质法治人才”。① 习近平总书记的讲话为我们明确了“为谁教、教什么、教给谁、怎样教”的重大理论课题和实践需要,明确了“立德树人、德法兼修”作为法治人才培养的目标的提升。辽宁大学等法学院校担负着法治人才培养和法治理论研究的重任,需要以此认真思考服务国家依法治国战略的能力和作为。

一、法治人才道德培养的重要性、特殊性和艰巨性

道德与法律、德治与法治的关系,一直是古今中外思想家、法学家讨论的话题。中国古代就有儒法之争,儒家强调德治和道德教化,法家崇尚法治和法律为先,从汉代起在指导思想上“舍法取儒”,在技术手段上采取“以经决狱”来实现司法层面德与法的结合,开始形成了“以经注律”的传统律学。② 在西方法学史上,从亚里士多德与柏拉图之争到后来的自然法学派与分析实证主义的分歧,法律与道德关系是困扰西方法学的哥德巴赫猜想。道德在法律实践中的作用不容忽视,“在调整或整合相互冲突或重叠的诉求时,应当承认哪些诉求,以及如何界定和保障这些诉求等问题,都依赖于一种价值纲目或一个价

* 辽宁大学法学院院长、教授。

** 辽宁大学法学院副院长、教授。

*** 辽宁大学法学院副院长、教授。

**** 辽宁大学法学院教学干事、法学硕士。

① 《立德树人　德法兼修　抓好法治人才培养励志勤学刻苦磨炼促进青年成长进步》,载《人民日报》2017 年 5 月 4 日,第 1 版。

② 郭成伟主编:《中华法系精神》,中国政法大学出版社 2001 年版,第 42 页。

值理论”。[①] 社会主义道德与法律本质上是一致的，在治理社会过程中体现着互相补充和共同作用的关系。几千年的中国历史和中国文明、中国社会的进步，证明了德治与法治结合的重要性。今天我们强调德法兼修，正是对中国法治发展历程中优秀遗产的继承，更是适应新的历史时期中国法治道路的必然选择。我们应该认识到，法治和德治的结合，即依法治国和以德治国的统一，是实现当下国家治理体系和治理能力现代化的重要保障和抓手，体现了新的时代要求。“道德与法律是可以互相协调的，通过制度建设使二者达到平衡与和谐，在道德涵养法律的同时，以法律促进道德的普适。”[②]国家全面深化改革进入了攻坚克难的阶段，一带一路战略又需要中国展现出大国应有的风范和作出大国贡献，司法制度和法治建设的速度和质量，直接关系国家政治稳定、经济发展、社会进步、人民安康。法治人才的质量是国家法治建设和治理能力成败的重要标志。

在新的历史条件下思考德治建设，我们必须要清楚，道德有层级之分：有“大德”和“小德”——内在道德与外在道德，从个人的修身品行，到集体的德风，再到社会的德化。由此可见，道德的培养是一个体系，一个系统工程。高等院校对于人才的道德培养，应该既内在于受教育人的内心，又外化于受教育人的行动，应该是立体的、全方位的、长效的。法治人才承担着治理国家、管理社会、定分止争的任务，对于法治人才的德行要求自然应当是全面的、立体的，不但需要有独善其身的个人品行，也需要有关爱、仁慈、正直等社会公德，更需要有勇于担当、立志报国、为民执法等职业道德。所以，法治人才的道德培养不但比一般的受教育者更加重要，而且也需要更系统科学的方法，才能够树立起全面的道德观和职业尊严。习近平总书记高瞻远瞩地指出：“中国特色社会主义法治道路的一个鲜明特点，就是坚持依法治国和以德治国相结合，强调法治和德治两手抓、两手都要硬。法学教育要坚持立德树人，不仅要提高学生的法学知识水平，而且要培养学生的思想道德素养。”[③]

法治人才的道德培养应以法律职业道德培养为核心内容。职业道德作为高层次道德，对低层次道德起到示范、引导作用。[④] 法律职业道德以公民个人道德为基础，但又是个人道德的提升个人的道德认知可以在社会交往中自然形成并实践，而法律职业道德具有专业性、群体性、规范性等特点，很大程度上需要通过法学教育去培养和塑造。复杂的现代社会法律人面临着巨大的道德挑战，“法律人所遭受的角色道德困境，与一般人相比，更加特殊：他的职业本身就是要解决价值冲突和利益矛盾”。[⑤] 仅凭个人道德感中的“好人”原则，无法达到法律职业道德中的专业化要求。“从事法律职业必须掌握专门的

---

① [美]罗斯科·庞德：《法律与道德》(第2版)，陈林林译，中国政法大学出版社2003年版，前言。

② 田文利：《法律与道德之和谐——法律与道德关系的三维解读》，载《道德与文明》2015年第5期。

③ 《立德树人德法兼修抓好法治人才培养励志勤学刻苦磨炼促进青年成长进步》，载《人民日报》2017年5月4日，第1版。

④ 参见张文彦：《道德层次性与道德建设成效性》，载《理论学刊》2008年第12期。

⑤ 李学尧：《非道德性：现代法律职业伦理的困境》，载《中国法学》2010年第1期。

法律知识和技能,这种知识和技能是一种习得的艺术',其中就包括法律职业道德的内容""法律职业是一个自主自律的职业群体,它通过各种途径或手段实现自我管理,其中最重要的就是制定和实施职业道德准则"。① 法律职业共同体奉行的职业道德准则,能够超越个人道德认知的犹疑和不确定,达成高度共识。因此,法律职业道德可以通过课程化、体系化的方式,以宣讲、传授的方式来培养,在一定程度上成为专业知识和职业技能的组成部分。② 当下法律人职业道德"沦陷"事件时有发生,在职业群体社会公信力不容乐观的情况下,③在法学教育环节夯实职业道德基础,更有紧迫的现实性。

道德是内化于人内心的品质,虽然可以外化为人的表现,但是无法在短期内准确评价。因此,法律职业道德教育与法律专业技能教育相比,更具有长期性和艰巨性。法治人才的道德素养,体现于专业知识、职业技能之中,这一部分可以进行客观考核评价。但是,法律职业道德培养的复杂性在于,它能够以课程为载体,又不能仅限于此。法治人才的法律职业道德必须接受实践的检验。我们培养的法治人才走出学校,面对复杂的环境和各种利益诱惑,是否能够坚守道德底线不动摇,这才是检验法律职业道德培养的试金石。这种检验无法在培养周期内通过课程成绩的量化指标来完成。然而,在高尚职业人格塑造上,我们并非无所作为。借助高校思想政治工作常规手段和平台的同时,我们应当拓展学生服务社会、法律实践的渠道,将社会责任感养成作为职业人格塑造的核心。

培养什么样的人,就会走什么样的路。有法治人民,才会有法治社会、法治国家。高素质法治人才首先应有坚定的法治信念和行动力。这样的法律职业共同体发法治之先声,在法治实践中释放正能量,通过职业活动成为法律正义的化身,民众由此才能形成对法治的认同。高等学校的法学教育是精英教育。而法治是谁的法治,这是一个根本问题。法治终究是人民的法治,这才是法治的生命力。法律职业共同体如果没有兼济天下的情怀和立场,在专业理论和技能培养上多么成功的法学教育,都是不值得推崇的。从这个层面看,法律职业道德培养是法学教育肩负的历史使命。

二、实现德法兼修法治人才培养目标的理论课程体系化

德法兼修是每个法学院校在高素质法治人才培养过程中所追求的目标,提高学生的法学知识水平和培养学生的思想道德素养并重,努力为国家和社会培养"于一般道德基础上还应当具有法律道德、有社会使命感和责任感的人"。④ 一些法学院校在理论课程设计上都凸显对学生的道德教育与培养。

20 世纪 80 年代初,辽宁大学设立法学专业伊始,便在"法理学""司法实务"等课程

---

① 张志铭:《法律职业道德教育的基本认知》,载《国家检察官学院学报》2011 年第 3 期。

② 例如,律师根据"对客户忠诚"的职业道德、丰富的专业知识和经验,进行说理论证,阐释诉讼主张,这将大幅度提高司法腐败的机会成本,有利于抑制司法腐败。参见季卫东:《通往法治的道路——社会多元化与权威体系》,法律出版社 2014 年版,第 45 页。

③ 参见李学尧:《转型社会与道德真空:司法改革中的法律职业蓝图》,载《中国法学》2012 年第 3 期。

④ 费安玲等:《中国法学专业本科课程体系设计改革研究》,中国政法大学出版社 2016 年版,第 200 页。

中安排部分学时向学生讲授法律职业道德等内容，但当时授课形式较为单一，讲授内容相对分散，效果并不明显。自从辽宁大学开始建设国家级法学实训教学中心，就对包括“法律职业伦理”在内的所有课程予以改革。在被遴选为首批国家卓越法律人才教育培养计划之后，全面修订课程大纲，调整课程设置和体系，在理论课程、实验实训课程、实习课程等所有课程，以及作为课程延伸的法律诊所和法律援助活动等，全方位渗透法律职业道德的教育，不断探索德法兼修的理论课程体系化。

“思想道德修养”是辽宁大学专门面向法学专业学生开设的公共基础课，依托马克思主义学院，旨在引导学生树立正确的价值观、人生观。在本科入学时开设此课程也是贯彻社会主义核心价值观教育的具体体现。

在“思想道德修养”课程基础上，辽宁大学法学院率先在全国开设“社会主义法治理念概论”。“社会主义法治理念概论”课程，作为通识教育课程，普及社会主义法治观念，牢固树立法治思想，为培养高素质法学人才提供了坚实的思想后盾，最初授课对象为非法学专业学生，是对“思想道德修养与法律基础”的法学知识提升和本土化认识；2014 年起，面向法学专业一年级学生开设，旨在为法学专业学生在法学专业课程学习伊始即树立社会主义法治理念，为培养高素质法学人才提供坚实的思想后盾。

经过多年的成果积累和科学论证，辽宁大学法学院在 2012 年修订人才培养方案时，在本科、政法干警第二学士学位课程体系中单设“法律职业伦理”。本科生在第三学年夏季学期、政法干警第二学士学位在第二学年夏季学期开设“法律职业伦理”，计 1 学分，30 学时，此课程有计划、有步骤地对法治人才职业道德培养进行了探索和实践，培养学生从事法律职业的规则意识、纪律意识、公平公正意识，增强学生法律职业伦理意识和职业道德意识，形成学生建设社会主义法治国家、服务社会主义法治文明的责任感和使命感。之所以在本科三年级开设“法律职业伦理”：一方面是“思想道德修养”“社会主义法治理念概论”课程的深度延伸；另一方面也是基于法治人才的职业道德标准高于其他职业人才的必要性、复杂性，在学生就业前夕，为学生树立正确的、积极向上的价值导向和职业归属。授课内容方面既考虑普遍性，又兼顾法律职业者的特殊性，基本涵盖法科本科就业主要方向，即法官、检察官、律师、公证员、仲裁员及行政机关的执法人员。

“思想道德修养”“社会主义法治理念概论”“法律职业伦理”循序渐进的课程设计，配之实践教学，形成独具特色的辽宁大学法学院德法兼修法治人才培养模式。

三、实现德法兼修法治人才培养目标的实践教学规范化

通过长期探索，我们深刻认识到，单纯的理论教学和简单的道德说教是无法实现德法兼修培养要求的，必须注重全员参与、全过程实施、全方位强化的体系，才能够真正达到德法兼修的培养目标。德法兼修是一个系统工程，需要贯穿于法学教育始终，不是一蹴而就的，我们需要逐步强化、逐步规范、逐步完善。随着辽宁大学法学院实践教学和实验教学的探索，我们也把加强以思想道德、职业道德为内容的实践教学，纳入实践教学的核心环节，并且通过实践教学的规范化要求，增强德法兼修的落实。

(一)课堂教学中理论课与实训课的衔接

课堂的理论教学是大学教学的重要教学方式,但不是唯一教学方式,尤其是在思想道德、职业道德培养方面。辽宁大学实验教学的方法和手段引入“思想道德修养”“社会主义法治理念概论”教学之中,按3:1比例分配理论教学和实验教学;“法律职业伦理”被整体纳入法学实验教学课程体系和法学实验教学内容体系,规范设计诸如案例研析、专题探讨等多种实验教学方式,通过场景再现、角色扮演等让学生充分体会法律职业活动的伦理准绳及冲突处理方法。

(二)校内教学资源与校外法治资源的统筹

辽宁大学在德法兼修培养中打破高校和社会之间的体制壁垒,将法律实务部门的优质教学资源引入学校,作为校内教学活动的有机补充,正在探索一条全员参与法治人才培养的途径。法学院推动高校法学研究者和实务部门的法律工作者的相互流动,广泛邀请专家以讲座、座谈、研讨会、经验交流等多种形式,参与包括职业道德养成等法治人才培养全过程,包括共同制定“法律职业伦理”教学大纲,拟定法治人才的德法兼修评价标准等工作。同时,把实践部门的法治从业者走进课堂授课直接规定在教学大纲中,以增强校外实践资源参与人才培养环节的公信力和约束性。

(三)正面养成教育与教训警示教育的统一

辽宁大学法学院的法治人才思想道德素养养成,注意规范管理的严格要求和春风化雨、润物无声的灵活方式有机结合。我们开展近3年的立德树人工程,法学专业教师与行政管理人员与学生对接,要求教职工以身作则,坚定中国特色社会主义法治的理想信念,自觉做社会和主义核心价值观的传播者和法治中国的建设者,传递正能量,让学生从每一位教职工的言传身教中感受到法治精神。近年来,我们的毕业生中涌现全国道德模范厉莉、第一代行政审判法官许福庆等先进模范,他们不止一次返回校园为在校学生讲座,优秀校友具有庞大的榜样力量,这些都成为重要的实践教学资源。同时,法学院还加强法律职业纪律教育,每年带领新生参观警示教育基地、反腐倡廉基地,牢固树立学生的纪律意识和规则意识,定期开展警示教育,引导学生崇德向善,尊法守法,信仰法律。

(四)学与做的结合——成立全国首个法律校企联盟组织(辽宁法律服务业联盟)

实践教学的特性在于被动学习与主动实践的结合。在课堂教学、正反宣讲中,学生都处于被动地位。学生在课堂实训中虽然具有一定主动性,但虚拟设置会影响道德、伦理养成的可接收性。因此,辽宁大学法学院强调德法兼修的“做”主要指向“社会实践”,我们成立了全国首个法律校企联盟——辽宁法律服务业联盟,联结辽宁省内法学院校和法律实务界,依托该校企联盟、法学校外实践教学基地等平台,结合学校的学期制改革,在夏季学期、寒暑假,引导学生走出课堂,深入社会和司法实践,开展专业实习活动,在专业实习实践活动中注意引导学生关注法律职业伦理的训练。另外,辽宁大学法学院将学生参与普法宣传情况作为德法兼修高素质法治人才的重要评价指标之一,组织丰富多彩的法制宣传活动。2016年辽宁大学法学院被授予“辽宁省青少年法治实践教育基地”,

根据基地建设需要,法学院规范化引导学生参与基地的社会实践活动,为中小学提供普法服务。

(五)道德教育和专业教学的有机融合

高素质法治人才的成长和道德教育也离不开社会主义法治理念教育。社会主义法治理念是中国特色社会主义法治理论的重要组成部分,需要将法治人才的道德教育渗透在法学学科的所有课程教学中。从教师方面来看,是知识传播和道德教育相结合;从学生方面来看,是法学专业知识体系的构建和法治人才的职业道德养成相结合。例如,辽宁大学在政法干警第二学士学位开设的"审判业务""检察业务"课程中,也都融入了法官职业道德和检察官职业道德的基本内容。

四、实现德法兼修法治人才培养目标的德育教学重点

我们知道,法与德是法治人才的两个翅膀,缺一个都不能够展翅飞翔。法律思维的训练、法学技能的培养、法学知识体系的掌握,都可以通过一定的量化标准完成,并且具有可以比较和研判的标准。但是,职业道德和伦理观念的培养,包括法治理念的形成,不但不是一个 4 年的本科阶段就可以全部完成的,而且在本科阶段也无法完全通过一个量化的指标和课程设计就能够落实,它的难度远远超过法律知识的灌输。我们还要认识到,我们投入巨大的精力去塑造学生的道德修养,可能会由于学生在社会上一次不公正的遭遇就面临坍塌,道德教育的艰巨性可想而知。所以,我们必须注重全员参与、全过程实施、全方位强化的体系,才能够真正趋近于德法兼修的培养目标,这也是法学教育未来面临的难题和需要着重解决的问题。

我们多年来努力探索德法兼修法治人才培养目标的实践路径,初步形成独具特色培养模式,也深深地认识到实现德法兼修的培养目标须着力解决以下问题。

首先,德育教学应具有贯通性,贯穿于法学本科四年教育体系的始终,从社会主义核心价值至社会主义法治理念、再至社会主义法治人才的职业伦理,针对不同年级的课程设计,由浅入深、润物无声,最终在毕业之际实现德法兼修高素质法治人才的培养目标。

其次,须解决德育教学与专业教学的两张皮现象,实现二者的有机融合。既要充分承认德育教学有其自己规律性和内在要求,又须注重法学本科教育中的德育教学的职业性要求,与专业教学存在密不可分的关系。因此,德育教学应当注意挖掘法律职业背景、法律专业素材;同时,法学专业教学亦应当坚持职业伦理的基本要求,坚定学生的法律信仰,而不是将"玩法"视为法律技巧予以传授。

再次,德育理论课教学和实践课教学须有效衔接。德育的理论课教学、课堂教学存在较大局限性,法律职业道德要入脑、入心,必须从入行为根本。因此要采取多元化方式进行德育的实践课教学形式,在有效引导下让学生体会职业道德的要求。

复次,加强德育教学的教材建设。"法律职业伦理"成为法学专业核心课,并非一劳永逸的实现德法兼修培养目标,课程规范化是下一步应当重点解决的问题。教材是向学生传授知识、技能和思想的基础"范本",是德育教学规范化的基本路径。社会法治理念目前仅有若干读本或学习问答的普及手册,欠缺与法学本科教学配套的教材。“法律职业伦理”教材虽然相对丰富些,但主要是对相关法律、法规及规范性文件中关于法律职业人员道德规则的梳理。国外法学院普遍将“法律职业伦理”列为必修课,相关教材内容极其丰富,往往从案例入手展示伦理冲突难题,具有生动性、冲击感。

最后,德育教学须直面中国法治建设的现实问题。目前,我国正处于全面推进依法治国、加快建设社会主义法治国家的征途上。在德育教学中,要讲清我国社会主义法治建设的成就和经验,也要不讳言存在的现实问题。否则,学生进入社会,面对现实工作、生活中的矛盾情景,反而丧失德育教学的可信度和效果。因此,德育教学要充分展示社会主义法治建设的光明,尤其是面对问题的光明未来,从而时刻坚守心里的道德底线。

尽管有着上述诸多困难和问题,但是,至少我们已经达成了共识:法学专业人才教育必须包含两个同等重要的体系,即法学专业知识体系和法律职业道德体系。后者并不是前者的附属,更不是实现前者的手段。它们共同成为法学专业人才培养的目标。

恢复高考后的吉林大学法律系：师资队伍与学生培养[*]

姜　朋[**]

一、师资情况

1978 年的吉林大学法律系(以下简称吉大法律系)，设有法学理论、法律史、宪法、刑法、民法、公安业务等教研室。[①] 很多原来的教师、本校及外校法律系的毕业生也陆续“归队”：1978 年 2 月，马新福(法律系 1965 级本科)调回吉大法律系，给王子琳等老教师做助教，还给 1976 级工农兵学员讲授马列选读课“列宁主义的几个问题”，次年开始给(恢复高考后的)1977 级讲授恩格斯的《家庭、私有制和国家的起源》；[②]8 月，乔伟(法律系 1951 级本科)重返法律系任教；[③]王惠岩也被彻底平反，回归法律系；[④]同年，苏惠祥(法律系 1954 级本科)归队，任教员；[⑤]栗劲调任法律系副主任；[⑥]“文化大革命”前从人大法律系研究生毕业的孙卫东调入吉大法律系，担任讲师；同年 12 月王庆海(法律系 1961 级本科)回到法律系，任讲师；1979 年，龙斯荣来到法律系，从讲师做起……

崔卓兰教授深情地回忆了那些经历蹉跎又重返讲坛的前辈：“三十几岁的俗称‘老五

---

* 谨以本文纪念吉林大学法学院(暨其前身东北行政学院司法系和东北人民大学法律系)建立 70 周年。

** 清华大学经济管理学院副教授、法学博士。

① 参见吉林大学法学院简史编写组编：《法苑芳华(1948 ~ 2008)》，吉林大学法学院 2008 年，第 24 页。1980 年 9 月增设国际法专业和国际法教研室(原来附设于宪法教研室)，次年开始招收本科生。同前，第 26 页。

② 参见何勤华：《中国法学家访谈录》(第 2 卷)，北京大学出版社 2010 年版，第 12 页。张伟、刘晓东采访。

③ 参见徐显明、乔国：《博古通今的法学家——乔伟》，载《百年纪人》，http://www.law-culture.com/shownews.asp? id = 6905。徐显明：《乔木青青》，载《乔伟文集》(第 1 卷)，山东大学出版社 2000 年版，第 5 ~ 7 页。

④ 吉大法律系网站说王惠岩于 1977 年 6 月至 1981 年 11 月在吉大法律系任教。http://law.jlu.edu.cn/?mod = info&act = view&id = 9785，最后访问日期：2018 年 6 月 5 日。

⑤ 参见苏戈：《还忧梦里重相见——缅怀吉大苏惠祥关雅坤老师》，载微信：http://mp.weixin.qq.com/s?__biz = MzA5Njc5NjcyNA = = &mid = 204976478&idx = 1&sn = 0c942854db3a6b34d7866b600f23871d，最后访问日期：2018 年 4 月 12 日访问。

⑥ 参见吉林大学法学院简史编写组编：《法苑芳华(1948 ~ 2008)》，吉林大学法学院 2008 年，第 24 页。1980 年 9 月增设国际法专业和国际法教研室(原来附设于宪法教研室)，次年开始招收本科生。同前，第 26 页。

届'的年轻教师,是在'弥补四人帮造成损失'过程中较为拼搏的人们。有几位简直与在校生无异,终日里风雨无阻地长在图书馆教研室,披星戴月地上晚自习,顾不上自家正居筒子楼烧煤油炉,衣食也堪忧。"①

表1 "文化大革命"后期至结束后吉林大学法律系负责人名录

时间	系主任	副系主任	党总支书记
1973~1978	赵光鉴	—	赵光鉴
1978.3~1984.4	聂世基	何鹏 栗劲(主管科研)	聂世基
1984.4~1986	高树异	—	徐大兴
1986~1988	刘富起	—	苏惠祥

由于"文化大革命"的耽搁,法律系教师职衔普遍偏低,最高不过讲师,没有副教授,更没有教授。② 一度有所谓"八大讲师"之说。③ 不过,从《全国法制史法制思想史学术讨论会名单》来看,1979年9月中旬,张光博、高树异已经是副教授。④ 目前已知,在1979年年晋升副教授的法律系教师有徐尚清、王惠岩、乔伟等。⑤ 晋升教授的时间要更迟一些。1985年高树异晋升教授。次年,何鹏、李放、栗劲、张光博等晋升教授。⑥

由于晋升名额有限,而教师退休的年龄条件却是刚性的,导致很多教师不得不以副教授甚至讲师身份退休,从而造成了很大的人才浪费,也影响了吉大法律系师资梯队的建设和未来的持续发展。1994年的《吉林大学法学院机构及教职员名单》显示,当时的离退休教师中,具有"教授"职衔的8人:陈国柱、高树异、张光博、李完稷、栗劲、李放、王

① 崔卓兰:《往事非梦亦非烟》,载吉林大学法学院"法苑芳华"微信公众号"老故事第三季(三)",2017年10月26日发布。

② 此据崔建远教授的回忆。何勤华:《中国法学家访谈录》(第5卷),北京大学出版社2013年版,第226页。

③ 据车丕照教授回忆,这些讲师有高树异、李放、何鹏、王子琳、张光博等。何勤华:《中国法学家访谈录》(第6卷),北京大学出版社2013年版,第44页。陈艳采访。而马新福教授开列的名单与之有些出入:周之源、刘兴权、李放、王子琳、高格、王忠、王侃等。感谢蔡宏伟兄帮忙代为询问。

④ 参见邱远猷:《中国法律史学史的里程碑——纪念中国法律史学会成立30周年》,载霍存福、吕丽主编,中国法律史学编:《中国法律传统与法律精神:中国法律史学会成立30周年纪念大会暨2009年会论文集》,山东人民出版社2010年版,第751页。

⑤ 吉林大学法学院网站关于徐尚清的个人简介称,其于20世纪70年代末获得高级职称。载吉林大学:http://law.jlu.edu.cn/?mod=info&act=view&id=9029,最后访问日期:2014年12月5日。王惠岩的情况见《王惠岩纪念文集》,第19页。乔伟于1979年5月定为讲师,12月被破格晋升为副教授。

⑥ 载http://law.jlu.edu.cn/?mod=info&act=view&id=9019,最后访问日期:2014年12月5日。张光博1985年当选中国法学会宪法学研究会第一届干事时,其职衔为"吉林大学法律系宪法室主任、副教授";1987年当选第二届中国法学会宪法学研究会副总干事时,其职衔才显示为"吉大法律系教授"。

忠、任振铎;“副教授”15 人:张中庸、王侃、石宝山、马治和、徐尚清、李芳志、郭学贡、韩玉林、赵苏、于长润、刘兴权、周之源、邓崇范、李春福、李永泰;“院聘副教授”2 人:林礼昭、张宗华。

表 2 吉林大学教师情况

单位:人

年份	教师数	教授	副教授	讲师	教员	助教	见习助教
1979 年末	1323(含专职科研人员)	24	91	538	114	400	156
	平均年龄	55		48	—	—	—
1987 年 10 月		94	387	771	—	—	—
1995 年初	1585(专任教师 1035)	274	523	524	264		

本表系笔者整理。资料来源:《吉林大学校史》编委会编:《吉林大学校史》(1946 ~ 2006),吉林大学出版社 2006 年版,第 65 页、第 67 页、第 68 页、第 69 页。

同期,也有学生毕业后留校任教。1977 年张文显和崔卓兰毕业留校。当时“老师多学生少”,张文显直到 1979 年都没有独立教学的任务,他就利用这个机会,去中文系、哲学系、经济系旁听课程,还将《资本论》通读了两遍。① 崔卓兰被分配跟吕北安老师讲授行政法学课。吕老师昼夜兼程的备课,还无私地出借讲稿。②

后来留校的本科毕业生和研究生更多起来。比如,本科 1977 级的吕岩峰,1978 级的李洁、石少侠、赵新华先后被选中,于 1982 年留校。石少侠老师当时还被附加了一个做 2 年辅导员的先决条件,1984 年后才正式成为刚成立的经济法教研室的一名教师。③ 也是在 1982 年,刚从法律系硕士研究生毕业的刘世元留校,担任助教。法律系 1977 级本科的崔建远老师则是在 1985 年年初硕士研究生毕业后“被留校”的。④

吉林大学法学院网站开列的《曾在吉林大学法学院(法律系)任教的教师》名单(以下简称名单),收录了自东北行政学院司法系设立起至 2012 年大部分曾在该系(院)任教过,后来又离职的 91 位教师(不全)的信息。⑤ 从中可以提取出 20 世纪 80 年代吉大法律系本科、硕士毕业生留校任教的基础信息,以及这段时间法律系教师的离职情况。同时,再通过对该院网站发布的在职专任教师及离退休教师信息的逐一筛选,补充同一时段留

① 参见何勤华:《中国法学家访谈录》(第 10 卷),北京大学出版社 2013 年版,第 74 页。李明倩采访。

② 参见崔卓兰:《法律系的“老五届”》,吉林大学法学院“法苑芳华”微信公众号,老故事第四季(一),2018 年 3 月 11 日发布。

③ 参见《石少侠:与法结缘,薪火相传》,吉林大学法学院“法苑芳华”微信公众号,老故事第二季(三),2017 年 5 月 24 日发布。

④ 参见何勤华:《中国法学家访谈录》(第 5 卷),北京大学出版社 2013 年版,第 228 页。卢然、董能采访。

⑤ 参见《曾在吉林大学法学院(法律系)任教的教师》,载吉林大学法学院:http://law.jlu.edu.cn/?mod=info&act=view&id=9785,最后访问日期:2018 年 2 月 3 日。

校或来校教师的信息,大致可以还原20世纪80年代吉林大学法律系师资队伍建设情况(见表3)。

表3 吉林大学法律系新进教师情况(1982~1988年) 单位:人

	1982	1983	1984	1985	1986	1987	1988
已离职的教师	5	1	—	9	10	1	3
一直在职教师	1	—	1	2	—	—	2
已退休教师	1	—	—	—	—	—	—
合计	7	1	1	11	10	1	5

资料来源:《曾在吉林大学法学院(法律系)任教的教师》,载吉林大学:http://law.jlu.edu.cn/?mod=info&act=view&id=9785。《专任教师》,载吉林大学:http://law.jlu.edu.cn/?mod=info&act=view&id=6726。《离退休教师》,载吉林大学:http://law.jlu.edu.cn/?mod=info&act=view&id=9018。最后访问日期:2018年2月3日

教师离职方面,该名单开列了1981年7月至1988年1月间离职的17位教师。从在法律系任职时间来看,超过30年的2位,超过20年的7位(其中4位超过25年),超过10年的1位,超过5年的6位(其中两位曾被迫长期离开法律系,但仍在吉大工作),任职1年的1位。因此,这批离任教师都可以说是法律系的元老。

二、恢复高考招生

1977年10月12日,国务院批转教育部《关于1977年高等学校招生考试工作的意见》及《关于高等学校招收研究生的意见》。中断10年之久的高考制度得以恢复。

由于时间仓促,没有全国统一的大纲和教材,这一年的高考由各省分别命题。因此,各省考试时间也不一致,大部分在12月。霍存福教授就是1977年12月在河北省参加的高考。① 据丁凌华教授回忆,吉林省的高考持续了两天,共四个科目:语文、政治、历史地理、数学,满分400分。当年吉林大学在该省的录取分数线约为290分。② 1978年3月20日,吉大举行了1997级新生开学典礼。③

那一年全国"有570多万名青年报名参加高考,29.3万人(包括1978年第一季度增招的新生6.2万人)被各高等院校录取"。④ 1977年,全国招收的法律专业本科学生不过

① 参见何勤华:《中国法学家访谈录》(第6卷),北京大学出版社2013年版,第353页。张伟、刘晓东采访。

② 参见何勤华:《中国法学家访谈录》(第4卷),北京大学出版社2013年版,第192~193页。徐娜、金芳翠采访。

③ 参见《吉林大学校史》编委会编:《吉林大学校史》(1946~2006),吉林大学出版社2006年版,第39页。

④ 中共中央党史研究室:《中国共产党新时期简史》,中共党史出版社2009年版,第3页。

192 人。[①] 吉林大学法律系招收了 59 人，[②]1978 年增至 102 人。[③]

崔建远教授（吉大法律系 1977 级）提道：“吉林大学法律系法律专业从河北省招五名，但只有一名学生报考。这样就从第二批录取的学生中挑了四名，我就属于其中之一。”[④]同级的霍存福教授也是被调剂到法律系的，而且因此很长时间里还对学习法律并不甘心。他后来回忆说：

我是吉大法学（恢复高考后招收的）第一届，即 77 届（级），当年全系招收了 60 多人，到 78 届（级）就上升到了 100 多人，分成两个班，后来人数逐年增加，并且在本科期间分专业了。[⑤]

……对法律史感兴趣，是从赵国斌老师给我们班讲授“中国法律思想史”课开始的。这里展示的是鲜活的法律思考的历史。[⑥]

从其他专业中向法律系调剂生源的现象延续到了 1978 级。车丕照教授（吉大法律系 1978 级）回忆说：

其实我同时并没有报吉大的法律专业，而是报了中文和历史，后来是被调剂到法律系。进入大学后问了很多同学，他们基本上都是报了文史哲，因为没有达到要求的分数，所以调剂到了法律系。当时很多人根本不知道法律这门学科。[⑦]

同级的马新彦教授也回忆了自己“退而求其次”弃中文改读法律的经历：

1978 年是恢复高考的第二年，也是全国统一命题高考的第一年……那年高考作文是缩写，将一篇长长的议论文，缩写成小文，这是我从未训练过的，不是我的长项。高考成绩出来时，意外发现政治成绩高于语文成绩很多，报自己梦想中的中文系，觉得没有把

① 参见何勤华：《中国法学家访谈录》（第 6 卷），北京大学出版社 2013 年版，第 442 页。

② 参见崔建远教授回忆说，吉大法律系 1977 级共 58 人。何勤华：《中国法学家访谈录》（第 5 卷），北京大学出版社 2013 年版，第 226 页。卢然、董能采访。

③ 参见霍宪丹：《中国法学教育的发展与转型》，法律出版社 2004 年版，第 8 页。

④ 参见何勤华：《中国法学家访谈录》（第 5 卷），北京大学出版社 2013 年版，第 226 页，卢然、董能采访。

⑤ 参见何勤华：《中国法学家访谈录》（第 6 卷），北京大学出版社 2013 年版，第 354 页。张伟、刘晓东采访。

⑥ 参见夏焱采访，马一鸣、刘楠、徐直影、张枭悦文字整理：《霍存福：官道非吾愿，潜心便数年》，吉林大学法学院“法苑芳华”微信公众号，老故事第二季（一），载 http://www.haik8.com/p/1ji31.html，最后访问日期：2018 年 6 月 16 日。

⑦ 参见何勤华：《中国法学家访谈录》（第 4 卷），北京大学出版社 2013 年版，第 44 页。陈艳采访。

握,于是,就选择了吉林大学法律系。①

据刘士国教授(吉大法律系 1978 级)回忆,那年吉大法律系的招生规模为 105 人,编成了两个行政班,后来有两人因病休学。② 车丕照老师提到,当时法律系只有一个本科专业,即政法专业。

吉林大学革命委员会招生毕业生分配办公室 1978 年 8 月 22 日签发的《新生入学须知》显示,吉大 1978 级本科新生于这一年的 10 月 12 日至 15 日报到,比 1977 级入学迟了约大半年。

三、本科生教学情况

(一)课程设置

恢复高考后,吉大法律系大致沿袭了"文化大革命"前的培养方案,政治课包括政治经济学、哲学、党史;专业课方面,有逻辑学、国家与法的理论、刑事侦查、民法等。民法分两个学期上,合计 120 学时。据霍存福教授回忆:

学校对我们 77 届(级)很重视,几乎所有老一辈的优秀学者都给我们上过课,马起(应为马新福——笔者注)老师给我们上了家庭、私有制与国家的起源,张光博讲授宪法,李放主讲政治经济学,王惠岩开设了"法理学(当时课名不会叫法理学,或应为国家与法的理论——笔者注)专题",栗劲主讲"秦律专题",何鹏主讲"外国刑法专题"……③

赵国斌老师给我们班讲授"中国法律思想史"……④

崔建远教授也提道:"讲课最受欢迎的是栗劲老师。这个老先生是学历史的,学问很厚实,风度也非常好,不是站着讲,而是围绕着教师来回走,或者弯下腰来手托着脸颊讲课,'教态'丰富多彩。他上课引经据典,非常精彩。"⑤

1979 年秋季学期,王惠岩老师给 1979 级新生讲授"国家与法的理论"(助教由张文显担任),还给高年级学生开设了"国家与法的理论专题"。⑥

---

① 参见徐直颖、刘楠:《马新彦:是命运让我来到这里》,吉林大学法学院"法苑芳华"微信公众号,老故事第二季(二),2017 年 5 月 9 日发布。

② 参见何勤华:《中国法学家访谈录》(第 4 卷),北京大学出版社 2013 年版,第 596、597 页。顾婷、吴玄采访。

③ 何勤华:《中国法学家访谈录》(第 6 卷),北京大学出版社 2013 年版,第 354 页。张伟、刘晓东采访。

④ 夏淼采访,马一鸣、刘楠、徐直影、张枭悦文字整理:《霍存福:官道非吾愿,潜心便数年》,吉林大学法学院"法苑芳华"微信公众号,老故事第二季(一)http://www.haik8.com/p/1ji31.html,2017 年 6 月 16 日访问。

⑤ 何勤华:《中国法学家访谈录》(第 5 卷),北京大学出版社 2013 年版,第 226 页。卢然、董能采访。

⑥ 《王惠岩纪念文集》,第 17、19 页。

（二）授课形式、讲义及考核形式

当时的公共课和专业基础课都是采取大课的形式。赵新华教授（吉大法律系1978级本科）提道：该级“两个班的学生都在一个大教室里一起学习”。①

教材方面，多以教师自编油印的讲义为主。崔建远教授提及“老师靠着过去的底子，迅速编写出相对简要的教材（讲义）”。② 霍存福教授也提及了油印的大纲：“当时没有多少法律文本，授课普遍依靠油印的大纲。”③赵新华教授（法律系1978级本科）提道，课上“发的讲义都是油印的，都是些当时的政策”。④ 车丕照教授（吉大法律系1978级）还清楚地记得：“英文教材是油印的，第一个句子是‘Long live Chinese Communist Party’。”⑤

课程考核方面，据赵新华教授回忆，该级本科生在校期间学习了24门课，至少有6到8门是理论课，其中包括逻辑学。考试采取5分制，平时对学生课堂出勤情况的考核也颇为严格。⑥

四、1977级和1978级本科生的毕业去向

吉大法律系1977级本科生毕业时，有十几人继续读研，其他相当一部分进入了国家部委、法院、检察院系统。霍存福教授提及，同班同学中，有十三四位继续攻读研究生，其中毕业后任教的约占一半。同班同学中约有一半被分配到最高人民法院、最高人民检察院和国务院各部委等单位。⑦

1978级的情况与之相似，而且由于学生总数更多，因此去国家机关的人数也更多。据石少侠教授回忆：“我们在1982年毕业时，正是国家百废待兴、急需用人之际，特别是法律人才更是供不应求，同期一百多毕业生有三分之一以上被分配到最高司法机关和中央各部委办。”⑧此外，在高校任教的也较多。据不完全统计，该级毕业后直接留校的3人；毕业后去其他法律教育机构任教的18人；在本系继续攻读硕士研究生的11人中有5人硕士毕业留校任教，4人硕士毕业后去其他法律教育机构任教；本科毕业后即考取其他院系攻读硕士研究生并在毕业后从事法律教育的1人，合计31人。⑨ 若以该级入学时的108人为基数，则毕业后从教者占28.7%。此外，该级尚有1人于本科毕业2年后出国深

---

① 何勤华：《中国法学家访谈录》（第3卷），北京大学出版社2013年版，第410页。欧扬、秦贝贝采访。

② 何勤华：《中国法学家访谈录》（第5卷），北京大学出版社2013年版，第226页。卢然、董能采访。

③ 何勤华：《中国法学家访谈录》（第6卷），北京大学出版社2013年版，第355页。

④ 何勤华：《中国法学家访谈录》（第3卷），北京大学出版社2013年版，第410页。欧扬、秦贝贝采访。

⑤ 何勤华：《中国法学家访谈录》（第6卷），北京大学出版社2013年版，第46页。

⑥ 何勤华：《中国法学家访谈录》（第3卷），北京大学出版社2013年版，第410页。欧扬、秦贝贝采访。

⑦ 夏焱采访，马一鸣、刘楠、徐直影、张枭悦文字整理：《霍存福：官道非吾愿，潜心便数年》，载吉林大学法学院“法苑芳华”微信公众号，老故事第二季（一），资料来源：http://www.haik8.com/p/1ji31.html，最后访问日期：2017年6月16日。

⑧ 参见《石少侠：与法结缘，薪火相传》，载吉林大学法学院“法苑芳华”微信公众号，老故事第二季（三），2017年5月24日。

⑨ 感谢石少侠教授、车丕照教授提供的重要线索。

造,取得博士学位后归国从事法律教育工作。

五、研究生的招考

1979年9月吉林大学法律系恢复了研究生招生,共有国家与法的理论、国际法两个专业方向。① 张文显成了第一批法学理论专业的研究生。1982年8月,张文显硕士研究生毕业。② 据张文显教授回忆:

1979年吉林大学法律系恢复招收研究生,我报考了本校的“国家与法的理论”专业。当时吉大法律系只有两个专业能招研究生,一个是国家与法的理论,再一个是国家法……到我毕业的时候,这个专业正式改名为“法学理论”。③

1980年,吴振兴回到吉大法律系,师从何鹏教授读刑法专业研究生。当时吉大法律系除刑法学专业外,还招收宪法学专业的研究生。④

1981年,吉大法律系的法律史、民法专业也开始招收研究生。⑤ 霍存福(吉大法律系1977级)本科毕业即考取了法律系法制史专业的研究生,3年后留校任教。⑥

《吉林大学研究生院八五届毕业生通讯录》显示,是年法律系共有12名硕士研究生毕业(此外另有1人出国,未出现在该通讯录上)。按专业划分,刑法学3人,民法学3人,法理学2人,外国法制史1人,中国法律思想史1人,国际法1人;性别方面,女生4人,男生8人;毕业去向方面,留在吉大法律系任教4人,到山东大学法律系任教2人,到中国人民公安大学任教1人,中央党校法律教研室1人,最高人民法院研究室1人,国务院法制局1人,公安部政策法律研究室1人。⑦

据张旭教授(法律系1981级本科)回忆:

我们本科毕业时正好赶上国家开始实行研究生免试推荐制度……由于大学4年学习成绩全优,我被选作当年唯一的免除全部考试进入研究生阶段学习的幸运儿……但当

① 据张文显教授回忆。何勤华:《中国法学家访谈录》(第4卷),北京大学出版社2013年版,第74页。李明倩采访。

② 参见《著名青年法学家——张文显教授》,载《吉林大学社会科学学报》1995年第3期。

③ 何勤华:《中国法学家访谈录》(第4卷),北京大学出版社2013年版,第74页。李明倩采访。

④ 何勤华:《中国法学家访谈录》(第3卷),北京大学出版社2013年版,第348页。

⑤ 据霍存福教授回忆。何勤华:《中国法学家访谈录》(第6卷),北京大学出版社2013年版,第356页。当时法律制度史和法律思想史专业研究生是合在一起招收的。

⑥ 夏焱采访,马一鸣、刘楠、徐直影、张枭悦文字整理:《霍存福:官道非吾愿,潜心便数年》,载吉林大学法学院“法苑芳华”微信公众号,老故事第二季(一),载 http://www.haik8.com/p/1ji31.html,最后访问日期:2018年6月16日。

⑦ 《吉林大学研究生院八五届毕业生通讯录》,第5~6页。感谢车丕照、张瑞萍老师惠示。另外,申政武教授也是吉大法律系1982级硕士研究生,毕业后留系任教,随即赴日留学。

年招生计划下达后，只有法制史专业、法律思想史专业和刑法专业招生。①

据此可知，吉大法律系实行免试推荐（保送）攻读硕士研究生当始于1985年，且在招生专业方向上受计划指令影响严重。

1982年3月11日，经教育部批准，吉林大学成立学位评定委员会，并召开第一次会议。会议决定的5个学位评定分委员会之一是“经济、法律、哲学”分委员会。②

吉大法律系招收博士研究生始于1986年，专业是刑法学。1986年和1987年均只招收了1名博士研究生。

表4 吉林大学法律系硕士、博士研究生培养情况（1979～1987年）

类别	年级	入学时间	人数（人）	性别比（男：女）	备注
硕士研究生	1979级	1979年9月	9	7：2	—
	1980级	1980年9月	2	1：1	—
	1981级	1981年9月	13	12：1	—
	1982级	1982年9月	13	9：4	—
	1983级	1983年9月	17	17：0	—
	1984级	1984年9月	13	9：4	—
硕士研究生班	1984级	1984年	31	21：10	—
硕士研究生	1985级	1985年9月	14	6：8	—
	1986级	1986年9月	54	35：19	—
	1987级	1987年9月	31	22：9	—
博士研究生	1986级	1986年9月	1	1：0	吴振兴
	1987级	1987年9月	1	1：0	李贵方

注：本表系笔者根据吉林大学法学院《硕士研究生名录（1979～2006）》《博士研究生名录（1986～2005）》整理而成。感谢车丕照教授惠示上述名录。李贵方是吉大历史系1978级本科生，法律系1984级硕士研究生。

六、小结

随着第一个“法律的春天”的来临，吉林大学法律系获得了难得的发展机遇。之前散逸的师资队伍得以逐渐重新汇聚，并不断巩固和充实。时隔10多年后恢复的高考使大

① 张旭：《恰同学少年风华正茂》，载吉林大学法学院“法苑芳华”微信公众号，“老故事第三季（一）”，2017年9月21日。

② 《吉林大学校史》编委会编：《吉林大学校史》（1946～2006），吉林大学出版社2006年版，第51页。

法律系的教室充盈起来。此后,法学硕士研究生的招生与培养也渐次展开。吉大法律系源源不断地输送出的优秀毕业生,为国家法治建设提供了有力的智力支持。当然,经济社会的发展对法律教育提出了日渐丰富的要求。在时代的大潮面前,吉大法律系还需要付出更多的努力,弥补历史欠账,赶追时代脉搏。

法律职业需求与法学教育

依法治国新时代背景下法律专业学位研究生培养与法律职业资格衔接机制探索

李 燕*

法律职业资格制度是法律专业学位研究生(以下简称法律硕士)教育与法律职业之间的桥梁和纽带,是构建法律职业共同体的有效路径。如何建立法律硕士教育与法律职业资格制度间的衔接机制,充分发挥法律职业资格制度的衔接纽带作用,建立培育和选送优秀法律人才的新机制,以满足社会对高层次、应用型和复合型法律人才的需要是当前亟须解决的问题。

一、依法治国新时代对法治人才培养提出新要求

党的十八届四中全会作出全面推进依法治国若干重大问题的决定,明确提出要创新法治人才培养机制,培养造就熟悉和坚持中国特色社会主义法治体系的法治人才及后备力量,推进法治专门队伍正规化、专业化、职业化。

党的十九大引领依法治国新时代,习近平同志强调,依法治国是党领导人民治理国家的基本方式,全面依法治国是国家治理的一场深刻革命,是中国特色社会主义的本质要求和重要保障。中国特色社会主义建设进入新时代,必将引领我国社会主义法治建设进入新时代,面临新形势、立足新起点,必然对法治人才培养提出新要求。

中共中央办公厅、国务院办公厅印发了《关于完善国家统一法律职业资格制度的意见》,明确指出要建立法律职业人员统一职前培训制度,加强国家统一法律职业资格制度与法学教育的衔接,培养和发展社会主义法制工作队伍,为全面推进依法治国提供人才保障。

二、法律硕士教育存在的问题与反思

(一)法律硕士教育的定位

虽法律硕士与法学硕士仅一字之差,且属同一层次的学位位阶,但二者的培养目标却各有侧重。根据学位设置的基本要求,法学硕士主要是为法学教育和科研机构培养学

* 西南政法大学研究生院院长、教授。

术型、研究性的专业人才,因此侧重于对学生学术能力、科学研究能力之培养;而法律硕士是具有特定法律职业背景的专业性学位,培养目标是高层次、复合型、应用型的法律人才,侧重于培养学生的法律职业能力和职业素质。对此,早在1995年法律硕士创办之初,教育部对法律硕士教育的定位就提出了明确要求:着力改变法学研究生教育尚存在的偏重学术性而对实务性注重不够,专业划分过细,培养规格单一的状况,根据法律专业工作领域和职位(岗位)的需要确定培养目标,探索一个适合国情的、规范的、能成批培养合格的应用型高层次法律人才的新型法学研究生教育模式。[①] 另外,从2016年教育部学位与研究生教育发展中心最新发布的法学学科评估与法律硕士专业学位水平评估指标体系中也明显体现了法律硕士与法学硕士教育的区别(见表1)。

表1　法律硕士与法学硕士评估指标差异

评估指标	法律硕士	法学硕士
师资队伍	须考察导师的"实践指导能力",是否具有行业企业或实务部门工作经验,及校外导师情况	不考察师资的实务经验
人才培养	主要考察实习实践教学质量、案例教学质量、校外资源参与教学情况	主要考察课程教学质量、导师指导质量、学生国际交流
培养质量	主要考察在校生代表性成果、毕业论文质量、获得职业资格证书比例、职业吻合度、用人单位评价、同行与行业专家调查	主要考察学位论文质量、优秀在校生、授予学位数、优秀毕业生、用人单位评价
科学研究水平	没有单列考察	考察师生的学术论文、科研获奖、科研项目、出版专著等科学研究情况

(二)法律硕士教育存在的问题

自1996年至2014年,国务院学位办组织开展了11次新增法律硕士培养单位审核工作,批准全国186所高校和研究机构招收和培养法律硕士研究生。2014年,国务院学位办首次组织开展专业学位专项合格评估。2016年3月根据评估结果撤销了1个"不合格"的法律硕士点(河海大学)。2015年和2016年,学位办组织开展学科专业动态调整工作,分别批准2个和14个法律硕士点。目前,全国共有法律硕士点201个,在人才培养过程中主要存在以下问题。

1.办学水平参差不齐。经过近20年的快速发展,法律硕士授权点由最初的8所发展到201所,各高校办学水平、学科底蕴差距很大,部分高校法律硕士培养质量难以得到

① 参见《关于开展法律专业硕士学位试点工作的通知》(学位办〔1995〕36号)。

保障。特别是2014年以来,新增专业学位授权审核改由各省级学位委员会和享有学科专业自主设置权的高校自行评审,并实行申报专业学位点与具有相应学术学位点"脱钩"的政策。2014年第11次新增法律硕士点68个,创历届新增数量之最,也首次出现了新增法律硕士单位没有法学硕士点(无论一级还是二级学科)的情况。据统计,201所法律硕士培养院校中共有45所培养院校没有法学硕士点。此外,201所法律硕士培养院校的分布也很不均衡,"京津沪"或"北上广"三个省区市的总量,就已相当于西部12省区市法律硕士布点的总和,而宁夏至今尚无法律硕士培养院校。

2. 招生考试模式同质化。目前法律硕士与法学硕士的招生考试模式趋同,参加全国统一考试,由国家划定分数线,确定录取资格。由于专业学位与学术学位两种学位类型的考试形式相同,科目相似,无法在报考之初体现考生报考不同学位类型的职业趋势,也不能重点考察未来从事法律实务工作的法律硕士研究生应该具备的逻辑、写作等实践能力基础,更不能突出对未来从事科学研究的学术学位法学硕士科研潜力的审核。

3. 人才培养模式趋同。当前,法律硕士与法学硕士分类培养仍停留在理念上,大多院校没有根据法律硕士与法学硕士培养目标与定位的不同进行差别化的培养,课程设置与教学内容雷同,没有注重法律硕士研究生职业能力的培养,没有体现高层次、复合型、应用型法律人才的培养目标,更有个别院校将两种类别的研究生放在一起合班授课。

4. 就业导向不明确。法律硕士与法学硕士虽在学位类别与目标定位上作了明显区分,但在就业方向上却未进行合理引导,致使法学硕士直接从事法律实务工作,法律硕士去攻读博士,有违各自学位设置的初衷,搅乱了各培养院校的人才培养定位和培养方式。一时间各法律硕士培养院校不知该如何培养法律硕士,同时也阻碍了法学学位结构与法律人才培养结构的优化和调整。

(三)法律硕士教育反思

法律硕士教育之所以存在上述诸多问题,笔者认为法律硕士教育与职业资格之间缺乏有效衔接是一个极重要的原因。由于法律硕士教育与职业资格缺乏有效衔接,法律硕士与法学硕士在就业方向上缺乏区分和引导,进而导致培养院校在招生、培养过程中未予以区分,混同培养。有学者形象地将法律硕士描述为夹在法学本科教育与法学硕士教育之间的"鸡肋",有违法律专业学位研究生教育的定位与初衷。鉴于此,笔者认为应以法律硕士研究生教育与法律职业资格衔接机制研究为突破口,探索法律硕士教育与法律职业资格相衔接的路径,从宏观制度层面更好地引导法律硕士教育改革发展方向。法律硕士教育与法律职业资格一旦实现无缝衔接,有志于从事法律职业的学生在开初的学位类别的选择上就会主动选择法律硕士,从而促进法律人才培养结构的优化和调整。当然,要实现法律硕士教育与法律职业资格的无缝衔接,就必然对法律硕士研究生的培养提出新的要求。法律硕士研究生培养方案、教学内容、教学方式及管理制度的设计能否满足法律职业发展的需要,则决定着二者的衔接效果与人才培养的质量。

三、法律硕士教育与法律职业资格衔接机制构建

(一)其他专业学位与职业资格衔接借鉴

当前专业学位研究生教育与职业资格衔接的方式主要有以下三种。

1. 三证合一,即毕业证、学位证与职业资格证书三证合一,是最彻底的一种衔接,如临床医学硕士专业学位。实行住院医师招录和专业学位硕士研究生招生相结合、住院医师规范化培训和专业学位硕士研究生培养相结合、临床医师准入标准与专业学位授予标准相结合,专业学位硕士研究生在学培养与住院医师规范化培训同时进行,专业学位研究生具有研究生和住院医师规范化培训学员的双重身份。学生必修同时完成专业学位硕士研究生培养计划与住院医师规范化培训,并通过执业医师考试与住院医师规范化培训考核,取得《执业医师资格证书》与《住院医师规范化培训合格证书》,方可申请学位,实现了专业学位研究生毕业证书、学位证书与执业医师资格证书、住院医师规培合格证书的紧密衔接(四证合一)。①

2. 课程或考试科目互认和豁免,如翻译硕士专业学位。2008 年,国务院学位委员会、教育部、人力资源和社会保障部联合下发了《关于翻译硕士专业学位教育与翻译专业资格(水平)证书衔接有关事项的通知》(学位〔2008〕28 号),从国家政策层面推动二者的双向衔接。在通知中规定:翻译硕士专业学位研究生,入学前未获得二级或二级以上翻译专业资格(水平)证书的,在校学习期间必须参加二级口译或笔译翻译专业资格(水平)考试;翻译硕士专业学位研究生,在校学习期间参加二级口译或笔译翻译专业资格(水平)考试,可免试《综合能力》科目,只参加《口译实务》或《笔译实务》科目考试,考试成绩合格,颁发人力资源和社会保障部统一印制的二级口译或笔译《中华人民共和国翻译专业资格(水平)证书》。上述规定既体现了专业学位教育对职业资格培训结果的认可和职业资格证书对专业学位研究生教育的重要影响,又体现了职业资格制度对专业学位研究生教育的认同,这种双向的承认与衔接,使翻译硕士专业学位与职业资格证书制度、行业准入制度及行业规范管理有机结合起来,可以说达到了国际上通行的"职业学位"标准。除翻译硕士专业学位与职业资格的对接是采用课程或考试科目互认和豁免以外,还有会计硕士专业学位(Master of Professional Accounting,MPACC)与特许公认会计师公会(The Association of Chartered Certitied Accountants,ACCA)认证的对接、设备监理领域工程硕士与高级注册设备监理工程师的对接、项目管理领域工程硕士与 IPMA(International Project Management Association, IPMA)和 PMI(Project Management Institute,PMI)的对接等。②

---

① 参见鞠学红等:《"四证合一"临床医学硕士专业学位研究生培养的实践》,载《中国高等医学教育》2016 年第 5 期。

② 参见李会兰、张柳、孙玉倩:《专业学位与职业资格认证对接的比较研究——以临床医学、翻译、会计和建筑学专业学位为例》,载《中国煤炭工业医学杂志》2014 年第 1 期。

3. 减免一定年限或阶段,如建筑学硕士专业学位。我国实行注册建筑师制度和建筑学专业评估认证制度,1992 年 6 月经国务院学位委员会第 11 次会议审议,原则上通过了"建筑学专业学位设置方案"。评估认证机构为全国高校建筑学专业评估委员会,负责专业学位培养单位审查及专业评估认证审查。评估委员会成员一半是建筑教育专家,一半是建筑设计单位专家,体现行业或用人部门对专业质量的评价作用。评估认证通过且在有效期内的培养单位报国务院学位委员会审查后可授予建筑学专业学位(学士或硕士)。评估认证标准有三:教育质量、教学过程和教学条件。共分五个阶段:申请与受理、自评与审议、视察与鉴定、申诉与复议、保持与督察。如今,建筑学专业评估认证已成为建筑师制度的首个环节。非专业评估合格院校的毕业生,至少需 5 年职业实践才可参加注册建筑师考试,而专业评估合格院校的毕业生仅需 3 年职业实践即可参加注册建筑师考试。①

(二)国外法律职业资格制度借鉴

1. 美国法律职业资格制度。因为联邦制的国体,美国法律职业资格考试在联邦和地方双重司法体系下呈现分散性和统一性的特点。各州对法律职业资格考试的报考资格、考试内容、考试方式、考试效力等都有自己的规定。在考试资格上,除纽约和加州,各州基本上都要求必须取得美国律师协会(American Bar Association,ABA)承认的法律职业博士(J. D),相当于我国的法律硕士。这样法律硕士教育便直接与法律职业资格相联系。为确保 J. D 教育质量,ABA 负责对申请进入 ABA 承认名单的法学院进行评估、批准认可法学院资格,组织法学教师参加学术交流、培训,切实做到了用人与教育培训相结合。

2. 德国法律职业资格制度。德国的法律职业资格考试分为两次,法律系的学习经历是参加国家法律职业资格考试的必备要件。大学组织的专业科目考试是第一次法律职业资格考试的重要组成部分,占第一次国家司法考试成绩的 30%。第一次国家司法考试合格后,考生需要参加一个为期 2 年的司法实践培训考察,方可参加第二次法律职业资格考试。通过第二次法律职业资格考试者,即可申请担任法官、检察官和高级行政官员等职务。此外,大学的考试成绩与在校表现也都将作为申请担任法官或检察官的重要参考。

3. 日本法律职业资格制度。法科大学院毕业生是日本法律职业资格考试的必要条件,其相当于我们国家的法律硕士,其主要任务是学习法律实务和准备法律职业资格考试。法科大学院同时接受法律本科和非法律本科专业的学生,只是前者要求学习 2 年,后者则需要 3 年,类似我国的法律(法学)与法律(非法学)。通过法律职业资格考试之后,都必须到最高法院附属的司法研修所进行 1 年的司法培训,结业合格后方取得法律职业资格。而非法科大学院毕业的学生若要参加法律职业资格考试(也被称为第二次考试),必须先通过预备考试(也被称为第一次法律职业资格考试),才能取得报名资格。

---

① 参见高延伟:《中国建筑学专业学位评估认证制度探讨》,载《高等建筑教育》2010 年第 3 期。

综上,上述三个国家的法学教育与法律职业资格的相关制度带给我们如下启示:一是法学教育与法律职业资格考试的衔接关系。美、德、日三国的法律教育与法律职业资格考试之间都建立了联系,且美、日两国仅限于法律专业学位研究生与法律职业资格考试建立了联系。二是法律职业资格考试与法律职业人才培养的关系。法律职业资格考试并非万能,其承担的只是选择性工作,法律职业人的培养还需依靠法学教育与培训,但法律职业资格考试须对法律职业人才培养进行合理引导,这点在上述几个国家中都能得到体现,不论是采用一次还是两次考试模式,正式任职司法官前都要求接受时间较长的实习培训或职业培训。

(三)法律硕士教育与法律职业资格衔接机制构建(见图1)

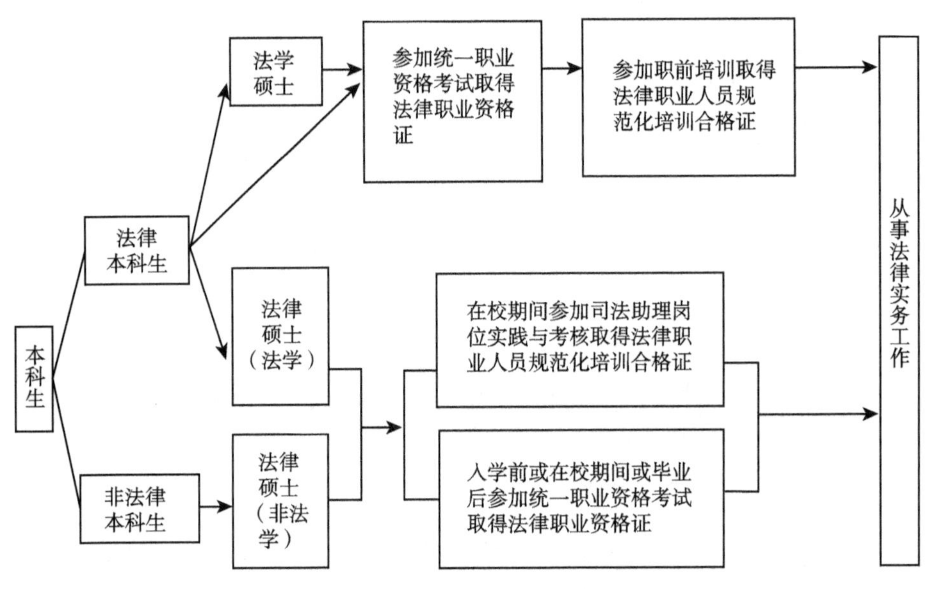

图1

1. 构建统一的法律职业人员规范化培训制度。制度设计的核心是构建统一的法律职业人员职前培训制度,即法律职业人员的规范化培训制度,由认证机构颁发培训合格证书,与法律职业资格证共同作为从事法律实务工作的必备前提,改变以单一法律职业资格证作为上岗条件的现状。

根据《关于完善国家统一法律职业资格制度的意见》,取得法律职业资格后,还须通过统一职前培训方可上岗,即我们可以将法律职业人才培养分为两个阶段:第一阶段是法律知识学习与法律思维训练,以通过国家统一法律职业资格考试取得法律职业资格证为结束标志;第二阶段是岗位胜任力培养与职业规范化训练,以通过统一职前规范化培训取得法律职业人员规范化培训合格证为结束标志。

2. 构建统一的法律硕士司法助理制度。为区分学术学位与专业学位的价值功能,实现法律硕士与法律职业的无缝衔接,法律硕士的培养分为两个层面:一是通过校内课程学习与法律思维训练,通过全部课程结业考试与学位论文答辩取得毕业证书及学位证书,并通过国家统一法律职业资格考试取得法律职业资格证;二是校内职业岗位实习实践训练,通过司法助理岗位实践与考核取得法律职业人员规范化培训合格证。即法律硕士毕业后直接取得4个证书,即毕业证、学位证、法律职业资格证、法律职业人员规范化培训合格证,直接从事法律职业,无须再参加统一的职前规范化培训。而法学本科生或学术学位法学硕士毕业后要从事法律实务工作,必须经过培训取得《法律职业人员规范化培训合格证》后方可上岗。

3. 建立认证评估体系。(1)规范化培训基地认证。由国家法律职业资格主管部门牵头,会同法治实务部门,依托优秀法律硕士培养院校,共同制定标准和进行认证。基地认证应根据各省(市、自治区)法律职业人才培养需要进行布局,以优秀法律硕士培养院校为主体,地方法官、检察官学院协同参与,地方法治实务部门积极配合共同建立。(2)试点高校认证。全国现有法律硕士培养院校201个,办学条件、学科基础、人才培养质量参差不齐。为保障衔接质量,稳步推进法律硕士研究生培养与法律职业资格衔接,须认证一批法学基础好、办学条件优越、人才培养质量较高的法律硕士培养院校先行试点。试点院校至少应具备以下条件:卓越法律人才教育培养基地;法律硕士招生规模达50人以上,至少已培养7届法律硕士毕业生;司法助理实践基地建设质量与数量可以满足人才培养需要,每10名法律硕士研究生应有1个以上实践基地可供实习。具体标准由全国法律专业学位研究生教育指导委员会牵头制定并开展认证工作。(3)定期评估。规范化培训基地与试点高校3年一评估,动态调整。评估标准应适当高于认证标准。具体标准由全国法律专业学位研究生教育指导委员会牵头制定并开展评估工作。

4. 实现路径。(1)统筹布局,建立一批法律职业人员规范化培训基地。国家法律职业资格主管部门会同法治实务部门制定法律职业人员职前规范化培训标准和相关规范,并据此认证一批规范化培训基地。以高校为依托,联合省市法官、检察官学院、当地律协共同构建基地,经认证获得颁发规范化培训合格证的资质。通过职前规范化培训的人员,由规范化培训基地颁发法律职业人员规范化培训合格证。(2)择优试点,认证一批法律硕士司法助理制度实施高校。法律硕士研究生在完成全部课程学习且考核合格之后,由试点高校统一安排进入附属的法院、检察院或律所基地担任司法助理岗位工作,司法助理岗位实践时间不少于9个月。其中,在法院或检察院实践时间不少于6个月,律师实践时间不少于3个月。高校应会同法治实务部门制定司法助理制度的标准与相关规范。通过司法助理岗位实践与考核的法律硕士研究生,由所在法律硕士试点高校颁发法律职业人员规范化培训合格证。(3)选任良才,建立法官检察官选任机制。可不通过国家公务员考试,从取得法律职业资格证与法律职业人员规范化培训合格证的人员中择优录取。国家统一法律职业资格考试成绩400分以上,且职前规范化培训考核等级为优秀的,可申请法官、检察官岗位。

法学教育与法律职业资格考试衔接的路径分析*

袁 钢**

国家统一法律职业资格考试是法科学生,尤其是法律专业学位研究生教育与法律职业之间的重要桥梁和纽带,是构建法律职业共同体的有效路径。通过健全国家统一法律职业资格制度,①完善法学教育与法律职业资格考试的衔接机制,充分发挥国家统一法律职业资格制度对法学教育的促进推动作用和衔接纽带作用,建立培育和选送优秀法律人才的新机制,可以充分满足社会对高层次、应用型和复合型法律人才的需要。

一、衔接路径分析的政策背景

党的十八届四中全会通过的《中共中央关于全面推进依法治国若干重大问题的决定》以及中共中央办公厅、国务院办公厅印发的《关于完善国家统一法律职业资格制度的意见》提出,建立健全国家统一法律职业资格制度,将现有司法考试制度调整为国家统一法律职业资格考试制度,实行全国统一组织、统一命题、统一标准、统一录取的考试方式,一年一考。《教育部2017年工作要点》要求坚持稳中求进的工作总基调,注重内涵发展,坚持发展抓公平、改革抓体制、安全抓责任、整体抓质量、保证抓党建,坚定不移沿着中国特色社会主义教育道路前进,加快推进教育现代化;特别要求继续做好专业学位研究生教育综合改革试点工作,研究修订法律硕士专业学位研究生培养方案,推进法律、会计、教育等硕士专业学位研究生培养与职业资格制度有机衔接。② 因此,研究并解决法学教育与法律职业资格考试的衔接问题,不仅是法学教育界关心和重视的问题,更是成为依法治国方略实施和教育行政主管部门工作的重要问题。

近年来,国内学者对于国外法学教育与法律职业资格考试制度进行了较为充分的研究,可以概括为德国模式、美国模式和日本模式。德国从2003年起,法科学生本科阶段

---

* 本文为2016年国家社科基金一般项目"完善国家统一法律职业资格制度研究"的阶段性研究成果。

** 中国政法大学研究生院副院长、副教授。

① 详见中共中央办公厅、国务院办公厅印发的《关于完善国家统一法律职业资格制度的意见》,载中央政府门户网站:http://www.gov.cn/xinwen/2015-12/20/content_5025966.htm,最后访问日期:2018年6月20日。

② 参见《教育部2017年工作要点》,载《中国教育部》2017年2月15日,第3版。

成绩的30%作为司法考试成绩的一部分。[①] 德国司法考试分为两个阶段,考生在通过第一次司法考试后,必须参加由州财政负担的为期2年的见习才能参加第二次司法考试,即统一职前培训制度。[②] 在美国,学生在取得学士学位后,通过具有适应性考试特征的全美统一法学院入学考试(Law School Admission Test,LSAT),[③]在美国律师协会认证的法学院毕业,取得法学博士学位(J. D)或法学学士学位(L L. B)后才能参加律师考试,但部分州就此有变通的规定,如哥伦比亚特区、艾奥瓦州和纽约州。[④] 日本司法考试制度兼具德国和美国模式的特点,日本国会于2002年颁布《法科大学院教育与司法考试关系法》,日本建立以美国式"法科大学院"为核心的法学教育改革和新的司法考试。考生也是通过适应性统一考试和各法科大学院入学考试,3年学习成绩合格方可参加司法考试。考试合格者被录取为司法研修,开始为期1年的司法研修,如果通过研修最后考试(类似德国的第二次司法考试)方可获得法曹资格。[⑤]

在目前我国国内专业学位研究生教育中,专业学位研究生教育与职业资格衔接存在三种模式,即(1)"四证合一"模式,临床医学硕士专业学位"5 +3"(5年临床医学本科教育 +3年住院医师规范化培训或3年临床医学硕士专业学位研究生教育)教育中"毕业证、学位证、职业资格证书和规范化培训合格证书的四证合一";[⑥](2)"课程或考试科目互认和豁免"模式,翻译硕士专业学位研究生在校学习期间必须参加二级口译或笔译翻译专业资格(水平)考试,并可免试《综合能力》科目,只参加《口译实务》或《笔译实务》科目考试;[⑦](3)"减免一定年限或阶段"模式,建筑学硕士专业学位教育中,全国高校建筑学专业评估委员会作为评估认证机构进行专业评估,合格院校的毕业生仅需3年职业实践即可参加注册建筑师考试,其他学生需要5年。[⑧] 国内外职业资格衔接的经验,为我国法学教育与法律职业资格衔接机制提供了重要参考。

二、衔接路径分析的待决问题

法学教育与国家统一司法考试遴选具有基本法律素养和专业法律知识的法律职业

---

① 参见吴越:《德国司法考试一瞥》,载《法制日报》2003年10月3日,第7版。

② 参见叶芳:《德国司法考试制度及启示》,载《中国司法》2011年第2期。

③ 该考试成绩会作为预估申请入学者在法学院的正确且合理的推论与判断能力、分析及评估能力之表现。考试包括阅读理解、逻辑推理及分析推理三个方面,每部分时间为35分钟,另加30分钟的写作。

④ 王丽萍:《美国的律师考试制度及其对我国司法考试的启示》,载《法律科学》2001年第5期。

⑤ 蒋遐雏、胡光辉:《日本司法考试与法学教育的耦合关系及启示》,载《湖南师范大学教育科学学报》2017年第2期。关于日本司法考试制度,参见丁相顺:《日本司法考试与法律职业制度比较研究》,中国方正出版社2003年版。

⑥ 参见教育部等六部门《关于医教协同深化临床医学人才培养改革的意见》(教研〔2014〕2号)。

⑦ 参见《国务院学位委员会、教育部、人力资源和社会保障部关于翻译硕士专业学位教育与翻译专业资格(水平)证书衔接有关事项的通知》(学位〔2008〕28号)。

⑧ 参见高延伟:《中国建筑学专业学位评估认证制度探讨》,载《高等建筑教育》2010年第3期。

准入资格制度具有高度的同质性。[①] 因此,法学教育与法律职业资格考试在法治人才培养方面具有共同性。[②]

(一)法学类研究生招生考试模式趋同和难度偏低

目前,一方面,法律硕士与法学硕士的招生考试模式趋同(政治理论、外语的全国统考+各校或者统一的专业基础课与专业综合课),科目相似,无法体现考生报考不同学位类型的职业趋势,也不能重点考察未来从事法律实务工作的法律硕士应该具备的逻辑、写作等实践能力基础,更不能突出对未来从事科学研究的学术学位法学硕士科研潜力的审核。并且,法律硕士联考(非法学)和法律硕士联考(法学)中出现"测"不出差异、"问"不出差异、"答"不出差异的问题,无法实现人才分类选拔的目标,在考试理论和实践中,已经没有区分法律硕士(非法学)和法律硕士(法学)联考的必要。[③] 另一方面,更突出的问题是法律硕士联考专业基础课考试(含刑法学和民法学两部分)和综合课考试(含法理学、中国宪法学和中国法制史)的内容与国家司法考试科目相同,并且考核要求较国家司法考试要求更低。更为重要的一点是,在法律硕士联考中重点考察考生对于法理、宪法、中国法制史、民法、刑法等5门专业课的掌握程序,本身就陷入了考应学之学的悖论之中,例如,有学者指出"让从来没有学过法律的人去考法律既违反常理,也没有任何评估价值"。[④]

(二)科学型和专业型硕士的人才培养模式趋同

法律硕士与法学硕士培养目标虽各有侧重,但多数培养单位未根据不同培养目标与定位进行差别化的培养,课程设置与教学内容雷同,没有注重法律硕士职业能力的培养,甚至将这两种类别研究生合班授课。非法学法律硕士培养方案与法学本科生培养方案,在必修课和选修课设置、专业实习、论文写作等方面也较为相似。在某些学校人才培养过程中,出于成本、师资等原因考虑将两类合并授课的情况也是屡见不鲜。此外,法学本科教育必修课程与司法考试的科目并不完全匹配。[⑤]

(三)两类研究生就业导向不明确

目前,法律硕士与法学硕士在就业方向上未作界定和区分,均可从事法律实务。对比法律硕士尤其是非法学本科的法律硕士,就业单位青睐学术型法学硕士。因此,衔接机制的建立亟须从制度设计上加以变革。引导学生从报考阶段就做好职业规划:致力于从事科研与高校教育工作的考生报考学术学位法学硕士,继而可以攻读法学博士学位;

---

① 参见阎二鹏:《论卓越法律人才培养与司法考试的融合路径——兼评法学教育模式的转型》,载《琼州学院学报》2014年第6期。

② 参见吴秋元:《法学教育与司法考试有效衔接的路径探索》,载《亚太教育》2016年第34期。

③ 参见戴一飞:《法律硕士联考的新路径——国家统一法律职业资格制度对法硕联考的实质类型化要求》,载《当代法学》2016年第5期。

④ 方流芳:《法律硕士教育面临的三个问题》,载《中国政法大学学报》2007年第1期。

⑤ 参见胡志斌:《法学教育与法律职业资格考试的脱节和衔接》,载《四川警察学院学报》2017年第4期。

而力求从事法律实务工作的考生报考法律硕士专业学位。

三、衔接路径分析的相关建议

正是因为认识到法学教育与法律职业资格考试制度之间的互相补充，互相辅助的关系，诸多学者改革法学教育的教学内容和教学方式以适应法律职业资格考试、[①]改革法律职业资格考试的内容和方式以与法学教育相协调、法学教育参与法律职前培训等三个方面来提出相关建议。[②]

（一）关于限定法学专业学生报考的建议

关于法学教育与法律职业资格考试（包括之前司法考试）衔接机制问题，一直是法学教育学研究学者关注的内容。例如，多数学者提出的只有法学专业的合格毕业生才可以参加司法考试的建议，[③]已经被《关于完善国家统一法律职业资格制度的意见》所采纳。根据2018年2月，司法部发布的《国家统一法律职业资格考试实施办法（征求意见稿）》（以下简称《征求意见稿》）第9条第5项规定，“具备全日制普通高等学校法学类本科学历并获得学士及以上学位；或者全日制普通高等学校非法学类本科及以上学历，并获得法律硕士、法学硕士及以上学位；或者全日制普通高等学校非法学类本科及以上学历并获得相应学位且从事法律工作满三年”。《征求意见稿》采用了“老人老办法、新人新办法”的方式，基于信赖保护利益原则，设定了过渡期，充分保证考生利益。

（二）关于两阶段考试的建议

在《关于完善国家统一法律职业资格制度的意见》正式出台之前，不少学者建议采用德国的两阶段考试 + 司法研修模式，[④]但是《中共中央关于全面推进依法治国若干重大问题的决定》和《关于完善国家统一法律职业资格制度的意见》确立了包含建立统一职业培训制度和国家统一法律职业资格制度的法律职业资格制度，均规定国家统一法律职业资格考试每年举行一次。《征求意见稿》进一步明确采用计算机化考试的形式，分为客观题考试和主观题考试两部分，明确应试人员客观题考试合格的方可参加主观题考试，客观题考试合格成绩在连续的2个考试年度内有效。从现有规定来看，国家统一法律职业资格考试没有采用德国的两阶段考试模式，而创造性地设计了两部分考试的模式。

---

① 参见齐文远：《法学教育以司法考试为导向的合理性——以司法考试刑法卷为例》，载《法学》2009年第4期。

② 参见叶秋华、韩大元、丁相顺：《构建法学教育与司法考试的良性互动关系——“法学教育与司法考试”研讨会综述》，载《中国法学》2003年第2期。

③ 参见郑成良、李学尧：《论法学教育与司法考试的衔接——法律职业准入控制的一种视角》，载《法制与社会发展》2010年第1期。

④ 参见孙笑侠：《法学教育的制度困境与突破——关于法学教育与司法考试等法律职业制度相衔接的研究报告》，载《法学》2012年第9期。

(三)关于“四证合一”的建议

参考临床医学硕士专业学位做法,全国法律专业学位研究生教育教学指导委员会委托研究的专家曾提出:首先,构建统一的法律职业人员规范化培训制度,将规范化培训证书与法律职业资格证共同作为从事法律实务工作的必备前提;其次,构建统一的法律硕士司法助理制度,法律硕士毕业校内职业岗位实习实践训练,通过司法助理岗位实践与考核取得法律职业人员规范化培训合格证,即法律硕士毕业后取得四证,直接从事法律职业,无须再参加统一的规范化培训,而法学本科生或学术学位法学硕士毕业后要从事法律实务工作,必须经过培训取得法律职业人员规范化培训合格证后方可上岗。

笔者认为,具体到《关于完善国家统一法律职业资格制度的意见》中,建立统一职前培训需要最高人民法院、最高人民检察院、司法部、公安部、国家安全部、人力资源与社会保障部等部门协调,需要统筹现有国家法官学院、国家检察官学院、地方律师协会和地方公证协会等组织培训的功能,做到机构协调和功能整合难度很大。而国内学者的研究,多数是从如何完善法学教育来适应法律职业资格考试的角度来论证的,①鲜见从法律职业资格考试组织的角度来做好法学教育与法律职业资格考试的衔接的。

四、衔接路径分析的可期做法

从遵循现有规定,不做框架突破的前提下,根据《关于完善国家统一法律职业资格制度的意见》,以“健全法律职业资格考试报名条件”和“改革法律职业资格考试内容”为抓手,笔者从完善法律职业资格考试的角度,重点就推动法律硕士研究生招生、培养过程的改革,影响法学本科和法学硕士研究生培养方面提出以下建议。

(一)健全法律职业资格考试报名条件:允许高年级法学本科生、法律硕士(非法学专业)参加法律职业资格考试

《关于完善国家统一法律职业资格制度的意见》明确规定了取得法律职业资格的学历条件,即具备全日制普通高等学校法学类本科学历并获得学士及以上学位,或者全日制普通高等非法学类本科及以上学历并获得法律硕士、法学硕士及以上学位或获得其他相应学位且从事法律工作3年以上。但未对法律职业资格考试报考的学历条件作出限定,因此可在法律职业资格考试报名条件上作出部分倾斜规定,以推动法学教育改革。基于以上法学教育就业导向的规划,目前法学本科生、研究生的就业去向以及既往国家司法考试的报名条件,可作如下规定。

1.继续允许普通高等学校应届法学本科毕业生报名参加法律职业资格考试,不再允许普通高等学校应届非法学专业的法学类本科毕业生、非法学类本科毕业生报名。具备

---

① 参见付子堂、李燕:《论法律硕士教育与职业资格考试衔接机制》,载《西南政法大学学报》2014年第5期;孙长永:《建设一流研究生课程培养一流法治人才——西南政法大学法学专业研究生课程改革实践探索》,载《学位与研究生教育》2017年第8期。

全日制普通高等学校法学本科学历并获得学士学位当然地具有报考资格。①

2. 允许非法学专业本科的法律硕士研究生在二年级和三年级时报名参加法律职业资格考试,不再允许一年级非法学专业本科的法律硕士研究生,以及非法学专业本科的法学硕士研究生报名。但允许非法学专业本科的法律硕士研究生和法学硕士研究生在取得学历证书和学位证书后报名,即应认定非法学专业本科的法律硕士研究生在二年级和三年级学生时报考符合《国家司法考试实施办法》第15条第4项具有"高等院校法律专业本科毕业或者高等院校非法律专业本科毕业并具有法律专业知识"的规定。②

通过以上措施,引导法学教育的改革,使法学本科教育与法律硕士教育成为法治人才的主要培养方式,这也符合国务院学位委员会、教育部确定的大力发展专业学位研究生的要求。

(二)改革法律职业资格考试内容:重点考查考生法治实践水平

在保持现有四卷考试结构(试卷一至三均为客观题、试卷四为主观题,每张试卷分值为150分,四卷总分为600分)、考试时间(试卷一至三各为180分钟、试卷四为210分钟)不变,并总结2017年国家司法考试机考试点、案例库建设经验的基础上,法律职业资格考试可作如下探索。

1. 试卷一中中国特色社会主义法治理论、法理学、法制史、宪法学和司法制度的考试内容(合计60分)可沿用国家司法考试的考试题型,重点考试基础法律知识、法治思维和法治能力,以推动法学教育重视基础法律理论的教学。

2. 试卷一中经济法、国际法、国际私法和国际经济法(合计50分),试卷二的刑事与行政法律制度(含刑法、刑事诉讼法、行政法与行政诉讼法,150分)和试卷三的民事法律制度(含民法、商法、民事诉讼法,150分)不做明确的科目划分,只做分数划分(合计总分为350分)。通过总结案例库建设的经验,以实际案例为基础建设客观题试题库,即利用综合性案例分析题,③全面检验考生在法律适用和事实认定等方面的法治实践水平,以推动法学教育更多采用以案例教学、法律诊所、模拟法庭为主的实践性法学教育方法,打破法学教育中学科割裂的现象,大幅缩减讲授教学方式在教学中的比例。同时,综合性案例分析题更适用于机考的随机组题方式,通过软件系统对于试题难易程度、分数的分配,实现不同考题对于同一考生考查效果的一致性,使考分方差处于合理区间,以保证考试

---

① 2008年司法部在报名公告中首次规定:普通高等学校2009年应届本科毕业生可以报名参加国家司法考试。普通高等学校是指按《中华人民共和国高等教育法》依法设立并经国务院教育行政部门批准,举办全日制本科层次普通高等学历教育的高等学校,包括全日制普通本科院校和独立学院。

② 《国家统一法律职业资格考试实施办法征求意见稿》中并未明确此类学生是否可以参加国家统一法律职业资格考试。

③ 《关于完善国家统一法律职业资格制度的意见》规定:"考试内容增加中国特色社会主义法治理论,着重考查宪法法律知识、法治思维和法治能力,以案例分析、法律方法检验考生在法律适用和事实认定等方面的法治实践水平。"

的公平性。

3. 试卷四(150分)仍采用主观题形式,但命题方式仍以实际案例为基础建设主观题试题库,采用案例分析、法律文书、论述的方式,考查中国特色社会主义法治理论、法理学、宪法、司法制度和法律职业道德、行政法与行政诉讼法、刑法、刑事诉讼法、民法、商法、民事诉讼法。

案例题总分为500分(试卷一50分,试卷二至四各150分),占到总分的83.3%,实现《关于完善国家统一法律职业资格制度的意见》要求的"考试以案例题为主,每年更新相当比例的案例,大幅度提高案例题的分值"。

4. 试卷一的法律职业道德考查力度应当加大(40分),[①]主要依据法官、检察官、律师、公证员的职业道德基本原则、执业纪律、执业规范确定的伦理规则来建立规范试题库。参考证券从业资格考试、期货从业资格考试等考试模式,采用机考方式或者系统随机生成试卷的方式,保证法律职业伦理规则成为每位考生必须掌握的基本规则。

(三)推动法律硕士"申请—考核"制度的试点工作

通过国家统一法律职业资格考试的人员报考法律硕士研究生,由经过全国法律专业学位研究生教学指导委员会认证的试点培养单位采用"申请—考核"制度录取。[②] "申请—考核"制是指对于通过国家统一法律职业资格考试的报考考生,经申请并通过资格审查后,不参加法律硕士联考的初试,直接进入由试点培养单位组织的复试考核的一种招生选拔方式。考生须按照试点培养单位招生章程的要求,完成报名、材料提交、复试、体检等相关工作程序,由试点培养单位根据申请材料审核成绩、复试成绩确定综合成绩和录取名单。各试点培养单位应制定"申请—考核"制招生工作办法,各单位研究生主管部门、纪委、监察部门对招生全过程进行全面监督,确保工作有序、顺利进行。

申请审核的比例由各试点培养单位按照法律硕士研究生招生综述的20%先行试点,并根据试点情况决定进一步扩大免试比例和培养院校范围。

(四)推动法律职业资格考试与法律硕士课程学分认定

对于通过国家统一法律职业资格考试的法律硕士研究生,可以向培养单位申请除外语、思想政治课程之外的不超过3门(含3门)必修课(或学位课)课程的学分认定。[③]

法律硕士研究生向培养单位出具法律职业资格证书和法律职业资格考试成绩通过单,并提出学分认定申请。所申请认定的课程应当为培养单位确定的适用于该研究生的

---

① 《关于完善国家统一法律职业资格制度的意见》规定:"加大法律职业伦理的考查力度,使法律职业道德成为法律职业人员入职的重要条件。"

② 根据《国务院关于深化考试招生制度改革的实施意见》(国发〔2014〕35号)和《教育部、国家发展改革委、财政部关于深化研究生教育改革的意见》(教研〔2013〕1号)规定,各高校在博士研究生招生层面进行"申请—审核"制改革试点。

③ 根据《关于转发〈法律硕士专业学位研究生指导性培养方案〉的通知》(学位办〔2017〕19),法律硕士专业学位研究生指导性培养方案要求非法学专业毕业生课程修满53学分,法学专业毕业生课程修满34学分。

培养方案中的必修课(或学位课),不含外语、思想政治课程,该必修课(或学位课)应当属于国家统一法律职业资格考试规定的考试科目,申请认定的必修课(或学位课)数量不超过3门(含3门)。培养单位依据法律职业资格考试成绩通过单所载分数,确定学分换算方法,换算为不低于80分(100分制)或4分(5分制)的成绩。

(五)推动法律职业资格考试内容与法律硕士研究生知识体系的衔接

在培养方案制定、课程开发、教学改革项目中,重点推荐法律职业资格考试内容、法律硕士课程教学内容、法律职业发展必备知识与素养三者应融合统一。将法律职业资格考试内容纳入法律硕士的课程教学大纲,在课程考核方面参照法律职业资格考试的考核形式与命题方式进行考核。

为了以上改革措施的有效实施,保障衔接质量,须认证一批法学基础好、办学条件优越、人才培养质量较高的法律硕士培养院校先行试点。试点院校至少应具备以下条件:已经获批成为教育部卓越法律人才教育与培养基地;年均法律硕士招生规模超过50人以上,至少已培养6届法律硕士毕业生;通过法律专业学位授权点合格评估或专项合格评估。试点培养单位3年一评估,动态调整,由全国法律专业学位研究生教育指导委员会牵头制定评估标准,并开展评估工作。

《关于完善国家统一法律职业资格制度的意见》确定了法律职业资格考试的基本框架,因此,具有可行性的法学教育与法律职业资格考试衔接问题的研究应当在该框架内进行。正是基于以上判断,笔者结合对司法考试内容、形式的分析以及目前国内研究生招生、培养中的现实做法,提出以上关于衔接机制的看法,以期能对完善我国法律职业资格制度发挥建设性作用。

回顾与展望:“双千计划”实施现状考

——以中部某省为分析个案

廖永安[*] 陈海涛[**]

一、问题、进路与材料

教育作为服务业的一种,必须主要考虑满足受教育者以及社会的需求,而非满足教育者自身的期望。[①] 民国时期著名教育学家孙晓楼曾精辟阐述:“教育的目的,是为国家培养人才;法律教育的目的,是为国家培植法律人才。”近年来,我国高等法学教育“野蛮生长”。然而,当前我国法学教育培养模式相对单一,学生实践能力不强,应用型、复合型法律职业人才培养不足,导致我国法学教育输出的“产品”不能适销对路,法学教育与法律实践脱节严重的问题也早已为各界诟病。[②] 法学与司法之间“各行其是”,裂痕越来越大,法学教授如经院哲学家在象牙塔里“只埋头拉车不抬头看路”,[③]理论与实务渐行渐远,话语分歧越来越深,背离了法学的实践品格。

在这种情况下,2011 年教育部、中央政法委员会制定了《关于实施卓越法律人才教育培养计划的若干意见》,首次提出“实施高校与实务部门人员互聘‘双千计划’”。2013 年,教育部、中央政法委、最高人民法院、最高人民检察院、公安部、司法部联合发布《关于实施高等学校与法律实务部门人员互聘“双千计划”的通知》(以下简称《通知》),正式启动“双千计划”,旨在促进法学理论与法律实践的交流互动,推动法学人才培养机制的改

* 湘潭大学副校长、教授。

** 湘潭大学法学院硕士研究生。

① 葛云松:《法学教育的理想》,载《中外法学》2014 年第 2 期。

② 参见李仁玉、张龙:《我国现行法学本科教育问题的对策》,载《中国大学教育》2010 年第 4 期;张杨:《创新与重构:卓越法律人才培养模式研究》,载《现代教育管理》2013 年第 6 期;华锋:《新形势下我国法学教育存在的问题及优化路径选择》,载《贵州师范大学学报》(社会科学版);于志刚:《关于重视和强化法学教育中实践教学问题的思索》,载《昆明理工大学学报》(社会科学版);姚建宗:《中国法学教育的若干问题与可能出路》,载《大庆师范学院学院》2013 年第 5 期。

③ 参见[美]理查德·波斯纳:《法学与司法:各行其是》,苏力译,中国政法大学出版社 2017 年版,译者序。

革和创新,提高法律人才培养质量。按照《通知》的任务目的,“双千计划”的实施期间为2013~2017年。至今已届5年之期,其实施效果如何,存在什么问题,未来该何去何从,殊值一问。然而,“双千计划”实施现状与未来愿景并未引起学术界与实务界应有的关注。为回应以上未解之问,笔者以我国中部某省“双千计划”的实施现状为调研对象,采用问卷法、访谈法、观察法以及查阅档案材料等调研方法对此进行充分的实证研究。之所以选择该省作为样本地区,一是因为该省高等教育体系完善,既有“985高校”“211高校”和省部共建的重点本科院校,也有众多近几年发展十分迅速的普通高等院校,其中还有4所高等院校的法学院校有法学一级学科博士点,①能较真实全面反映法学教育的全貌,且该省在司法改革和法学人才培养模式探究方面也走在全国前列;②二是因为该省在经济发展水平、人口总量、人口素质以及教育和司法实践发展状况等方面都处于我国中前列,③具有一定的典型意义和代表意义;三是为保证调研客观、真实、全面地反映样本地区“双千计划”运行现状,此次调研需要针对3批次共计72人次的参与人员④以及相应的管理机构(主要是省政法委、省教育厅)等对象进行调研,而这些参与人员分布范围广、层级复杂,出于“天时、地利、人和”的考虑,选取该省为样本地区有利于更快地进入现场、深入现场,实现样本全覆盖。纵使针对样本区域的研究并不能全面代表整个中国的情况,但正如陈柏峰教授所言,“在我们的研究视野中,个案研究上升到区域,再到区域比较,在经验把握上是完全可能的”。⑤

二、得与失:“双千计划”实施现状之考察

(一)“双千计划”实施的效果

从法律制度的演变历史和其他国家的经验来看,当代法律教育的基本特征在于实现两对要求:法律实践训练与法律理论学习;法律知识教育与普通常识教育。⑥ 但在当前法学人才培养模式下,两对需求之间的裂缝越来越大,“双千计划”通过促进高等院校与实务部门交流的方式,推动法学人才培养模式的创新,在很大程度上弥合着这一裂痕。

---

① 样本地区现有本科院校36所,其中包括三所“985工程”重点建设高校,四所国家“211工程”建设高校,一所省部共建的全国综合性重点大学和一些近年发展十分迅速的本科院校。

② 比如,2014年3月17日,该省政法委和省教育厅立足本省实际制定了《关于法律实务部门与高等院校人员互聘工作的实施意见》。

③ 样本地区地处我国中部地区,下辖14个地(级)州、市,2015年全省地区生产总值29047.2亿元,居全国第10位。全省常住人口6568.4万人,具有大学(指大专及以上)程度的人口为498.9万人;具有高中(含中专)程度的人口为1012.9万人;具有初中程度的人口为2596.3人;具有小学程度的人口为1759.4万人,文盲人口(15岁及以上不识字的人)为175.4万人,文盲率为2.67%。

④ 样本地区从2013年实施“双千计划”至今,共进行4批次,96人次的人员互派,但由于信息汇总的滞后性,最新年度互派人员的信息暂时无法获取,本次考察仅以2013年至2016年共计3批次72人次的人员互派情况为样本。

⑤ 参见陈柏峰:《乡村司法》,陕西人民出版社2012年版,第20页。

⑥ 周汉华:《法学教育的双重性与中国法学教育改革》,载《比较法研究》2000年第4期。

1. 加深了高校教师对实践的认知

高校教师常常被诟病只懂理论,不通实务,授课形式单一,内容较为枯燥。[①] 这主要是由于部分老师常年囿于学术的象牙塔,掌握的实践素材较少,对司法的运行现状了解不够透彻,无法真正贯通理论与实践。"双千计划"正好为高校教师改变这一情况提供了契机,在不改变人事隶属关系的情况下,通过参加"双千计划"到政法委、法检部门或司法行政部门进行"挂职"锻炼,可逐步将理论为实践结合。既可发掘亟待研究的新领域,促进自身科研向纵深发展,亦可积累实践素材,充实课堂教学,让理论知识与实践经验紧密融合。

2. 促进了实务专家经验的转化

参加"双千计划"的实务专家通常是其所在部门的业务骨干,长期奋战在司法实践第一线,存在诸多的不成熟思考却无人探讨,积累了大量实践经验却无法加以理论化,加之以工作繁忙,这些思考和经验大多最终不了了之。通过参加"双千计划"可使自己暂时抽身于繁忙的公务,利用在高等院校挂职的时间与学生展开问题讨论,与高校教师进行理论切磋,还可以阅读大量书籍,参加各类学术讲座,不断完善自己先前不成熟的思考,构筑自己特有的理论体系,将实践经验加以理论化、系统化。如此一来,既能增强实务专家的办理疑难案件的能力,又能促进实践经验的广泛传播。

3. 激发了法科学生的学习兴趣

实施"双千计划"归根结底是为了创新法学人才培养机制,使高校培养的法学人才能够适应司法实践的需要。在这一过程中,法科学生必将受益匪浅:高校教师到实务部门了解实践情况后,将会大大改善原来授课重理论,而无实际案例支撑的空洞教学方式;实务专家走进大学的课堂,则可以通过全真案例法教学,以案例为导向,促进实践与理论的融合,还能将司法实践运行的情况更加真切地搬到课堂中,让模拟法庭等实践性教学不仅仅只是模拟,而是处处见真章。[②] 例如,湖南省长沙市中级人民法院"双千计划"审判专家龙兴盛尝试"将课堂搬进审判现场",[③]探索出"三位一体"的嵌入式法学实践教学法:先由法官讲授基本法学理论知识并提出问题;再由法官选择真实典型案件进行法庭审理,学生则带着问题听法庭审理;最后由法官结合庭审情况与学生互动交流,共同解决在学习法律知识中产生的疑惑。这种生动新颖的实践教学法极大地激发了学生的兴趣。

(二)"双千计划"实施中的主要问题

现阶段我国法学本科教育本质上属于素质教育,其功能在于培养高素质公民和高素

---

① 参见吕庆、郝闻达、毛贤:《90后大一学生对授课教师的期望调查分析与研究——基于东北大学秦皇岛分校419名大一学生的结论》,载《学术探讨》2013年第7期;赵丹:《大学青年教师提高授课水平探讨》,载《吉林省教育学院学报》2012年第1期等。

② 参见杨海涌:《法学专业模拟法庭教学改革探讨——以湖南工业大学法学院为例》,载《文史博览》(理论版)2016年第3期。

③ 参见禹爱明、蒋泽军:《传授法律信仰的法官龙兴盛》,载《法制周报》2014年9月30日。

质法律人。[①] 作为实践这一目标的先行者和开拓者,"双千计划"的施行属于"摸着石头过河",且相关文件规范较为笼统,虽对预期目标、选聘标准等内容予以规定,但缺乏具体的操作程序,以程序运行的先后顺序为标准,"双千计划"在互聘阶段、挂职阶段和反馈阶段都存在或多或少的问题。

1."双千计划"互聘阶段存在的问题

"双千计划"的互聘阶段主要是指有意愿参加"双千计划"的高校教师和实务专家,以及高等院校和实务部门向主管机关进行报备,主管机关通盘考虑各方诉求和可提供的岗位后,进行统一安排的阶段。通过实证调研,这一阶段还存在尚未建立起前置沟通对接机制和缺少选聘方式细则这两大问题。

(1)前置沟通对接机制未建立

通过调研我们发现,样本所涵盖的72人次高校教师或实务专家中,分别有84.4%和72.7%的人员针对岗位分配表达过自己的意愿,但最终仍分别有46.9%和36.4%的人员没有得偿所愿。虽然管理部门在进行分配时不得不统筹兼顾各方面情况,但是最终未能按照意愿进行分配的比例如此之高,则说明"双千计划"参与人员与管理机关,以及高等院校和实务部门之间的沟通不够顺畅,在选派和聘任之前的沟通对接渠道尚未建立起来。并且,通过"是否如愿"与"职能是否得到发挥"交叉进行"卡方检验",[②]我们还得知按照参与人员的意愿进行分配将有利于高校教师和实务专家各尽其能。因此,尽快建立前置沟通对接机制,尊重"双千计划"参与人员的分配意愿十分必要。

(2)对选聘方式的规定不具体

《通知》第二和第三部分分别规定了选聘条件和选聘程序,但对选聘方式却没有作具体规定,因此,在具体实践操作中,参加"双千计划"的方式既有自主申请,又有单位领导推荐或直接指派等方式。调研发现,因单位领导推荐或直接指派而参加"双千计划"的高校教师和实务专家的比例分别高达46.9%和63.7%,这说明由于选聘方式细则的缺失,导致参与人员的自主性受损。相关人员的被动参与致使工作态度不端正的情况大有蔓延之势,在交流的过程中引发一系列旷工、怠工的现象,使"双千计划"本应发挥的作用大打折扣。

2."双千计划"挂职阶段存在的问题

"双千计划"的挂职阶段主要是指高校教师和实务专家到自己所分配的单位进行工作交流的阶段,主要囊括参与人员保障机制和交流机制的各个环节。这是"双千计划"实

---

① 参见曾宪义、张文显:《法学本科教育属于素质教育——关于我国现阶段法学本科教育之属性和功能的认识》,载《法学家》2003年第6期。

② 卡方检验就是统计样本的实际观测值与理论推断值之间的偏离程度,实际观测值与理论推断值之间的偏离程度就决定卡方值的大小,卡方值越大,越不符合;卡方值越小,偏差越小,越趋于符合,若两个值完全相等时,卡方值就为0,表明理论值完全符合。

施的主体部分,也是"双千计划"实施过程中最复杂、出现问题最多的阶段,必须仔细剖析,高度重视。

(1)保障机制不到位

根据《通知》规定,参与人员需要到挂职单位进行为期1~2年的交流,其中有相当一部分的参与人员还需要到异地相关单位进行交流,这就使参与人员对于住宿、交通费用和相关劳动补贴有很大的刚性需求。但是调研数据显示,分别有71.9%的高校教师和63.6%的实务专家没有享受到挂职单位提供的补贴,处在"不拿钱仍办事"的状态,还有高达87.5%高校教师和68.2%实务专家的住宿问题,71.9%高校教师和81.8%实务专家的交通费用问题没有得到解决,而这些花费目前只能由参与人员自己支出,这就使"双千计划"参与人员从"不拿钱仍办事"的状态陷入"倒贴钱找罪受"的尴尬境地。追根溯源,主要是《通知》对于参与人员的保障规定过于简单,只有一款"各省级部门根据本地区实际情况制定保障政策和具体实施方案",而地方管理部门出台的具体实施细则又规定"相关保障政策参照《通知》"。两者相互"推诿"使相关单位就算想为参与人员提供基本补贴,也只能因为相关规定不明确、补贴标准不具体而作罢。

(2)交流机制不健全

理想的交流机制,应使"双千计划"参与人员与挂职单位之间进行充分而广泛的沟通,形成相互学习的共同体。但是实践情况并不尽如人意,交流的期限、范围和相关单位的重视程度都需改进,并且在某些方面调研数据所反映的真实情况与通常所认为的情况并不相同,我们在此一并指出,希望引起管理部门的重视。

第一,交流期限过短。适应新的岗位要求和不同性质的工作内容都需要较长的时间,但是按照《通知》规定,"双千计划"聘期一般为1~2年,特殊情况下经三方(派出单位、聘用单位和受聘人员)同意,并报所在省(区、市)教育厅(教委)和党委政法委备案才可以延长。但是调研发现,高达90.6%的高校教师和81.8%的实务专家交流期限只有1年,正如我们在深入访谈中所了解到的,许多人刚适应新的工作环境和工作节奏,却不得不面临交流期限届满的问题,拳脚难以得到充分施展。此外,还有68.8%的高校教师和68.2%的实务专家都有适当延长交流期限的诉求,这说明交流期限过短的问题确实存在且亟待解决。

第二,交流范围有限。这主要体现在两个方面:一是参与的事务停留在表面,二是参与的单位数量有限。就参与事务的程度而言,只有18.8%高校教师到实务部门工作过程中可以独立处理案件,其他绝大多数人所从事的不过是参加部门例行会议、提出专业性法律意见或开展讲座、座谈会等工作。与此同时,有77.3%的实务专家在高校主要从事科研工作,却不参与教学事务,严重背离了"双千计划"鼓励实务专家将实践经验带进课堂,创新法学人才培养模式的初衷。就参与单位的数量而言,涉及13所高等院校和26个国家机关或企事业单位,乍看之下,参与部门范围并不算小,但实际上这13所高等院校集中于该省经济最为发达的东北部地区,其他地级市(州)只有个别高校有参与"双千计划”的名额,且有的学校每2年只有1个参与“双千计划”的名额,这固然与高等院校的分布具有一定的关系,但如此分配在很大程度上阻碍或迟延了其他高等院校法学人才培养模式的改革与创新。且26个国家机关或企事业单位也绝大多数从上述高等院校所在的地区进行选择,也不利于实践经验跨区域传播。

第三,原工作单位不够重视。与通常认识不同,相对于挂职单位而言,原单位对参与人员重视程度不足的问题更突出,所带来的影响更大。调研发现有50%的高校教师和40.9%的实务专家认为原单位对自身参与“双千计划”并不重视,导致59.4%高校教师和72.7%的实务专家在原单位的工作任务只有些许减少或根本没有减少。通过对参与人员的工作任务与工作方式交叉进行卡方检验(详见表1、表2),我们还得出原工作任务的多少对参与人员在挂职单位所采取的工作方式影响显著。原单位工作任务没有相应减少所带来的直接问题就是大多数参与人员只能以兼职的方式参与挂职单位的工作,工作时间无法得到保证,“双千计划”的实施效果就也难以达到预期目标,而这一切问题的根源在于“双千计划”的实施没有引起原工作单位的足够重视。

表1 原工作任务 * 工作方式卡方检验(高校教师)

项目	值	df	渐进 Sig.(双侧)
Pearson 卡方	23.981a	8	0.002①
似然比	16.232	8	0.039
线性和线性组合	15.284	1	0.000
有效案例中的 N	32	—	—

表2 原工作任务 * 工作方式卡方检验(实务专家)

项目	值	df	渐进 Sig.(双侧)
Pearson 卡方	15.197a	6	0.019②
似然比	14.619	6	0.023
线性和线性组合	0.325	1	0.569
有效案例中的 N	22	—	—

3.“双千计划”反馈阶段存在的问题

“双千计划”的反馈阶段是指交流期限届满之时,管理部门对参与人员进行考核,同

① 当显著值小于0.05时,我们便可以认为自变量和因变量之间的关系显著,如果显著值小于0.01时,则自变量和因变量之间的关系极为显著。参见白建军:《法律实证研究方法》,北京大学出版社2014年版,第107页。——笔者注。

② 同上。

时参与人员将交流中的成果和问题上报管理部门,并提出相关建议的阶段。在反馈阶段建立合理的评价考核机制是不断完善"双千计划"的重要手段,也是管理机关对参与人员进行监督管理的重要方式,"双千计划"在运行过程中存在哪些问题,参与人员的表现如何,都可以在评价考核的过程中得以反映或体现。而对"事业未竟"的参与人员来说,打开后续交流的渠道也尤为重要,但上述两种机制要么尚未建立,要么存在较多问题。

(1)评价考核机制不全面

调研发现没有相关部门考核的高校教师和实务专家分别占比37.5%和40.9%,在接受考核的参与人员中又有高达84.4%的高校教师和59.1%的实务专家只有提交书面评价报告这一考核形式,并且书面评价报告以聘用单位评价和自我评价为主,没有引入"双千计划"直接受众(比如学生、同事等)的评价。同时,聘用单位的评价多溢美之词,有流于形式之风险,自我评价缺乏具体的评价标准,不具客观性,也难有说服力。可见,现有的评价考核机制无法发挥全面客观评价考核"双千计划"参与人员的功能。

(2)后续交流机制不畅通

许多参与人员在交流期限届满后还有尚未完成的工作,或者还可以给予挂职单位其他方面的支持,比如,实务专家可协助所挂职的高等院校建立实习基地等。但是由于后续交流机制不畅通,高校教师和实务专家参与"双千计划"的成果难以得到巩固和扩充。目前《通知》中也无相关规定,建立后续交流机制面临无法可依的窘境,只能依靠交流人员和挂职单位之间的良好关系保持时断时续的互动。在调研中,已有75%的高校教师和72%的实务专家表达了建立后续长效交流机制的愿望,这一机制应协调各方尽快建立起来。

三、存或废:"双千计划"未来发展之思考

从上述考察可以看出,"双千计划"在实施的过程中还存在诸多问题,解决理论和实践的"两张皮",创新法学人才培养模式的预期目标也被打了折扣。不过,笔者仍认为当为期5年的施行期间届满之时,"双千计划"应存不应废,但需要进一步完善。

(一)"双千计划"应继续施行的原因

"双千计划"是否应继续施行,是否有光明的未来,我们要从"双千计划"的实施是否符合法学教育发展的潮流,是否具有高尚的目的和必要的条件,是否能克服当前存在的问题三个方面进行判断。

1.顺应法学教育发展的潮流

当今世界法学教育发展的潮流正从以"教师、课本、课堂"为中心的赫尔巴特主义[①]转向以"学生、经验、活动"为中心的杜威主义,[②]不再仅满足于原来的填鸭式教学,而是着重发掘学生兴趣,结合实践经验,以互动的方式传授知识。而我国法学教育还停留在

① 参见岳刚德:《课堂教学概念重建》,载《全球教育展望》2012年第3期。

② 参见梁花、李雪梅:《杜威教育思想对我国学校教育的启示》,载《教育探索》2008年第11期;何旭明:《从学习兴趣看赫尔巴特与杜威教育思想的相通性》,载《大学教育科学》2007年第2期。

以“教师、课本、课堂”为中心的阶段,之前所推动的实践性教学始终无法全面铺开,“双千计划”的实施恰好可以大范围、大幅度地改变这一境况,让法科学生在学习理论知识的基础上,有机会从挂职归来的高校教师和到此交流的实务专家身上了解实践中的有益经验,从而激发学习兴趣,以互动的方法进行主动学习,逐步实现自我治理,即具备经济上的自理能力、工作上的适应能力以及不断完善发展的人格。

2. 具备继续实施的必要条件

法学教育的目标,是整个法学教育发展的核心,影响整个法律教育的发展方向,①“双千计划”以创新法学人才培养模式,培养优秀的法律人才为目标,目标定位长远。法学教育的实践性、职业性和趋同性也要求高等院校和实践部门必须密切配合,尤其是使实践部门担负起相应责任,成为法学人才培养的责任主体。② 长期以来,高等院校独自承担起培养法学人才的重任,且其培养的法科学生绝大部分都为实践部门所用,反观作为“受益者”的实践部门,在培养法学人才上长期缺位,还时常抱怨高等院校所培养的法科学生难以适应实践需要,不能满足自身需求。“双千计划”的实施正好为实践部门参与法学人才培养提供契机,有利于逐步树立实践部门作为法学人才培养责任主体的意识,为共同推动法学人才培养模式创新创造必要条件。

3. 现存问题尚能及时克服

“双千计划”在互聘阶段、挂职阶段和反馈阶段暴露出来的问题并不能撼动“双千计划”的出发点和根本价值,并且还可通过相应措施予以解决。具体而言,针对互聘阶段存在的问题,可以通过设置专人专职对接解决前期沟通不畅的问题,通过捋顺《通知》与地方政府文件的规定,逐步形成以参与人员主动申请为主,原单位推荐为辅,管理部门最终决定的差额选拔机制。针对挂职阶段存在的问题,一方面,要从规则制定层面着手,减少相互推诿,针对保障方式和保障标准加以细致规定,让参与人员获得合理保障有理有据;另一方面,还要做好顶层设计,从中央到地方提高相关单位对“双千计划”的重视程度,使交流的时间更灵活,交流的广度、深度不断扩大。针对反馈阶段存在的问题,最重要的就是引入多元评价考核机制和后续交流机制,作为多元评价考核机制应将作为“双千计划”受众的学生、同事的评价纳入其中,并且除书面的总结报告外,还应加强日常考核,而作为参与人员的后续互动提供便利和支持的后续交流机制亦可逐步建立起来,不断巩固和扩大“双千计划”交流的成果。

(二)“双千计划”进一步完善的策略

“双千计划”的根本目标在于创新法学人才培养机制,为依法治国战略的推进培养一批能担负时代重任的法学人才,仅停留在浅层次的工作交流层面是远远不够的,下一步

---

① 参见符启林:《中国法学教育的过去、现状与未来》,载《太平洋学报》2007 年第 6 期。

② 参见杨翔、廖永安:《论法治实践部门在法治人才培养中的责任主体地位》,载《政法论丛》2015 年第 6 期。

还应往制度规范化和交流纵深化的方向不断发展。

1. 健全双方合作制度

健全合作制度是双方赖以交流和发展的重要基础。现行交流方式下,参与人员并不改变原人事隶属关系,但这并不表明参与人员与挂职单位之间的合作无须通过签订合同予以规范。只有在挂职之前双方签订书面合同,才能使双方权利义务关系明晰,挂职单位有何种工作要求,必须提供何种保障条件以及工资福利,参与人员应履行哪些工作事项,工作任务未能保质保量完成时又需承担何种责任等内容都应该在书面合同中明确。让合作建立在自愿的契约基础上,既能实现权利义务统一,又能提高参与人员积极性。

2. 规范高校教师参与法律实践方式

规范高校教师参与法律实践方式是实现深度交流的重要突破口。目前,高校法学教师参与锻炼最多的是法院、检察院。由于法官、检察官资格的严格限制,高校教师参与实践部门一般并不能独立办理案件,法检部门一般根据高校教师的研究方向,确立其担任分管领导的助理,无法更好融入法律实践工作。针对高校教师无法独立办案的问题也有法院"特事特办"。为缓解法官办案压力大,也为使高校教师可以深度参与法院事务,个别法院存在由高校教师独立办案,由负责该法庭事务的法官最终签名负责的现象,虽说出发点是好的,但前来挂职的高校教师不具备法官资格,并没有独立办案的权限,且违反了法官办案责任制的要求。因此,为规范独立办案程序,我们要善于在现行的法律框架内寻找突破口,针对到法院交流的高校教师无法独立办案的问题,可以考虑同时选聘到法院交流的高校教师为该法院的人民陪审员①亲自参审案件或者选聘其担任法官助理,高校教授作为法官助理可以通过主持调解、草拟裁判文书等方式协助员额法官,从而实现高校教师深入参与挂职单位的工作任务。值得注意的是,2016 年中央办公厅出台了《从律师和法学专家中公开选拔立法工作者、法官、检察官办法》,鼓励法学专家到人大常委会法制工作机构、政府法制部门、人民法院、人民检察院挂职锻炼,并要求人民法院、人民检察院应当把从律师、法学专家中选拔法官、检察官工作常态化、制度化。借助这一契机,新一轮法官法、检察官法修改时,应当尽快明确从法学专家中选拔法官、检察官的具体条件程序,从而将"双千计划"与司法机关人事组织制度衔接起来。

3. 联合设计课程体系

联合设计理论和实践并重的课程体系是培养优秀法学人才的前置条件。对法学课程"重理论、轻实践"的诟病由来已久,不论是实务部门还是教育部门内部都认为应该逐步加强实践性课程的比重。但究竟应该增加多少实践性课程和课程比重,才能既不偏废

① 《人民法院组织法》第 38 条规定:"有选举权和被选举权的年满二十三岁的公民,可以被选举为人民陪审员,但是被剥夺过政治权利的人除外。人民陪审员在人民法院执行职务期间,是他所参加的审判庭的组成人员,同审判员有同等权利。"

基础理论的学习,又可发挥实践课程的最大效用,实现理论与实践的融合,需要实务专家和高校教师集思广益,联合设计课程体系。此外,针对高等院校开设的全真案例教学、模拟法庭、法律诊所等实践性课程,"双千计划"还可以利用自身平台优势,甄选和输送理论与实践技能俱佳的任课教师,让双方联合设计的课程体系得以落地生根。

4. 共同开发优质教材

开发理论与实践紧密融合的优质教材是培养优秀法学人才的必由之路。现有法学教材的编纂通常由教育部门的人员承担,实务部门人员的长期缺位导致现有教材内容多以理论、相关学说和法条讲解为主,对实践经验的吸收不足。实际上,常年身处司法实践第一线的实务专家并非对法学教材的开发漠不关心,只是囿于理论基础不够深厚,纵有万千经验和心得也难以形成完整的教材编写框架,使得当下理论与实践紧密融合的教材少之又少。恰好"双千计划"的实施为实务专家与高校教师碰撞思维的火花创造了契机,也为共同开发优质教材提供了千载难逢的机会,因此,双方应立足当下,精诚合作,实现共同开发优质教材这一更高层次的目标,为优秀法学人才的培养开辟道路。

5. 协同创建实践基地

协同创建实践基地是巩固和扩充交流成果的重要手段。实践教学主要由专业实习、社会调研构成,①但当法科学生进行实践学习时,实务部门并没有提供相应的便利,也很少提供与劳动价值相当的报酬,致使我国实践教学的推进大多只能依靠高等院校集中安排,迟迟未实现规范化、制度化和个性化。而参与"双千计划"的实务专家通常都是所在单位的业务骨干,有充分的能力和资源联合所挂职的高等院校共同创建实践基地,如此一来,便可以让法科学生在有基本保障的前提下,自主选择实习单位,根据择业目标有所侧重地培养自身实践能力,将课堂知识与司法实践情景加以融合,成为贯通理论与实践的新型法学人才,尽快满足司法实践的需求。

四、结语

习近平总书记在中国政法大学考察时,站在实现"两个一百年"奋斗目标和中华民族伟大复兴"中国梦"的战略和全局高度,再次深刻阐释了全面依法治国的重要历史意义,以及法治人才培养在全面依法治国中的重大作用,明确提出实务部门和政法院校要加强资源共享和交流互动。作为推动实务部门与高等院校交流,创新法学人才培养模式的先行者和开拓者,"双千计划"绝不应昙花一现,而应经过深思熟虑后,国家层面、司法改革层面一以贯之。尽管现在它在前置沟通阶段、挂职阶段和反馈阶段还存在诸多不足,但是加强高等教育部门和实务部门的互动是创新法学人才培养模式的基础性工作,事关法治队伍建设和依法治方略的推进,以及"两个一百年"奋斗目标和中华民族伟大复兴"中国梦"的实现,对于作为新生事物的"双千计划",我们应悉心呵护,持之以恒,切不可因噎废食,半途而废,关于现在,关于未来,我们且行且看且完善。

---

① 参见时伟:《论大学实践教学体系》,载《高等教育研究》2013 年第 7 期。

民族地区基层政法干警招录模式改革研究

——以内蒙古法检系统为例*

龙长海**

基层政法人才的培养、选拔、留用,一直以来是我国法律界面临的棘手问题,受到了社会各界的广泛关注。由于我国西部地区的经济社会发展与经济发达地区相比,较落后,基层工作压力大、待遇不高、上升空间小等原因,导致西部基层政法人才的流失现象严重。例如,陕西省的长武县,2005~2011年,共通过招录补充政法干警14人,但同期通过各种渠道流失人员多达13人。也就是说,6年间,该县法院实际增加政法干警数量仅为1人。但是从案件审结数量看,该县法院2006年结案583件,2010年结案为825件,审结案件数量实际增长了41.5%。此外,由于历史的原因,基层法检系统的政法干警,科班出身的较少,大部分没有接受过系统的法学教育。① 可以说,长武县人民法院的政法干警状况是西部基层地区政法干警现状的一个缩影。专业法律人才奇缺已经成了我国西部地区的共性问题。② 我国的5个自治区都处于西部,由于特殊的地理位置以及语言、风俗等因素,使这些民族地区基层法院、检察院政法干警的招录和质量保证变得更紧迫。此外,我国法官法和检察官法对初任法官和检察官的条件作了较严格的规定。这也导致了一方面,西部基层地区尤其是民族地区需要大量的法律人才;另一方面,到基层工作的、受过系统法学教育的政法人才又数量不多的问题。西部基层地区政法系统便需要大量人员进入,随之也产生了人员进入时的"暗箱操作"和政法人员素质良莠不齐等问题,严重影响了我国依法治国战略目标的实现。

---

* 本文为2012年国家社科基金青年项目"选举文化与村民自治立法的互动研究"(项目编号:12CFX020)的阶段性成果。

** 内蒙古大学法学院教授、法学博士、博士后。

① 参见刘军:《西部基层法院人员短缺现象的分析与对策——以长武县人民法院为视角》,载《各界导报》2012年2月13日,第13版。

② 参见王允武:《法治人才培养机制创新与法学教育协同推进——以改进民汉双语法治人才培养机制为视角》,载《西南民族大学学报》(人文社会科学版)2016年第1期。

在此背景下，由中央政法委牵头，中组部、中央编办、最高人民法院、最高人民检察院、公安部、司法部、教育部、财政部、人社部和中国人民解放军总参谋部于2008年共同启动了基层政法干警招录培养改革。通过这一考试的考生，能获得公务员资格和从事政法工作的资格，被誉为“一手推两门”。该制度自实行以来，至今已经接近10年。随着时间的推移和社会形势的发展变化，也面临着改革的艰巨任务。正是基于此，本文以内蒙古自治区法院系统和检察院系统基层政法干警招录的数据为基础，阐述民族地区基层政法人才招录的现状，结合对基层政法干警的访谈调研，分析现阶段基层政法干警项目存在的问题，进而提出解决问题的建议。本文意在抛砖引玉，推动民族地区基层政法人才培养选拔工作的改革，促进我国法治建设事业的健康发展。

一、2008～2016年内蒙古法检系统基层政法干警招录情况及培养质量

数据翔实可靠是发现问题和解决问题的前提和基础。本文使用的数据是笔者从内蒙古自治区高级人民法院、内蒙古自治区人民检察院和内蒙古大学法学院获得的一手资料，这些资料可确保本文立论的真实性和准确性。

（一）内蒙古自治区法院系统基层政法干警招录情况

从内蒙古自治区高级人民法院获得的，2008年至2016年基层政法干警招录情况资料显示，2008年以来，内蒙古自治区法院系统实际招录基层政法干警317人，实际培养313人，定向培养涉及全区86个基层法院，占全区基层法院的85%。实际培养的313人中，法律硕士培养人数为82人，法学二学位84人，蒙汉双语法学二学位66人，蒙汉双语专升本74人，蒙汉双语专科7人。在上述人员中，蒙汉双语政法人才总数是147人，占基层法律人才总数的46.96%。从内蒙古自治区高院提供的数据看，基层政法干警项目为内蒙古基层法院，尤其是那些对掌握蒙汉双语的高素质法律人才提供了重要帮助。也正因如此，2015年和2016年内蒙古法院系统招录的基层政法人才均为蒙汉双语，其中2015年招录了20人，2016年招录了24人。这些蒙汉双语法官工作在基层，与蒙古族群众直接接触，因掌握本民族语言、了解风俗习惯，可以熟练使用汉语和蒙古进行调节、审判，在工作中取得了较好的成绩。

（二）内蒙古自治区检察系统基层政法干警的招录情况

从内蒙古自治区人民检察院获得的，2008年至2016年基层政法干警招录情况资料显示，自2008年以来，除2014年和2015年未参与基层政法干警的招录工作外，其他年度累计定向招录培养人员233名，这其中包括蒙汉双语职位60人，研究生79人，本科生154人，共涉及内蒙古12个盟市，81家定向用人单位。具体数据见表1。

表1　内蒙古自治区检察系统基层政法干警招录情况　单位:人

年度	招录人数	硕士人数	本科人数
2008	24	4	20
2009	112	44	68
2010	29	16	13
2011	48	10	38
2012	9	6	3
2013	1	0	1
2014	—	—	—
2015	—	—	—
2016	11	0	11

(三)内蒙古法检系统基层政法干警学员的培养质量

这些政法干警学员的培养质量如何呢?从上文所述的中央政法委等11部门2008年联合下发的《通知》看,招录基层政法干警除为了规范基层政法队伍的进人机制外,更重要的是提升基层政法队伍的政治素质和业务素质。政治素质主要是通过报名政审和录取后在校的培养以及招录机关之后的继续教育来决定,很难进行量化衡量。基层政法干警的业务素质却是可以进行评价的。为此,笔者从主要为内蒙古法检系统承担基层政法干警学员培养任务的内蒙古大学法学院获得了基层政法干警培养的相关资料。

内蒙古大学法学院从2009年到2013年,一共培养过五届政法干警学生,共招收政法干警学员95人,其中2009年42人,2010年14人,2011年15人,2012年17人,2013年7人。这些学生2009~2013年在校期间司法考试通过情况,见表2。

表2　2009~2013年内蒙古大学法学院政法干警学生在校期间司法考试通过情况

年份	2009	2010	2011	2012	2013
总人数(人)	42	14	15	17	7
过司考数(人)	39	13	13	16	6
通过率(%)	92.8	92.8	86.6	94.1	85.7

注:司考通过人数是A证+C证,以两年在校时间计。

从表2看出,内蒙古大学政法干警学生在校期间的司法考试通过率还是非常高的。2009年达到了92.8%,2010年为92.8%,2011年为86.6%,2012年为94.1%,2013年为85.7%。上述通过率中,包括了司法考试A证和C证。通过对毕业生毕业后的回访,在校期间没过司考的,基本上工作一两年也都考过了。这比同期国家司法考试过关率高出了很多。

从内蒙古检察系统提供的资料看,内蒙古检察系统培养的基层政法干警到岗工作的已经有221人,这些人中取得法律职业资格A证人员为123人,取得C证人员为91人。司法考试A证通过率为55.6%,C证通过率为41.2%,总体上的A证加C证司考通过率为96.8%。这一数据也与内蒙古大学法学院培养的政法干警通过率的情况相吻合,而且司考整体通过率还略高于内蒙古大学法学院培养的政法干警在校期间的通过率。这是因为,内蒙古检察系统提供的统计数据,是将工作以后通过的司考人员也统计在内的缘故。当然,如此之高的司考通过率,还和国家对这些学员在毕业之前提供的单独司法考试政策存在一定的关系。

从在校期间司考通过率来看,基层政法干警学员绝大部分达到了预期目标,并在实践中充实了法检队伍,提升了基层政法队伍素质。

二、民族地区基层政法干警招录培养中存在的问题

从对内蒙古法检系统基层政法干警招录的数据来看,这一制度得到了较好的贯彻,并取得了一定的成绩,但也存在一些需要解决的问题。

(一)部分干警专业知识重复学习,造成人才资源浪费

这种现象在报考基层政法干警的考生中,绝非个别现象。从笔者对考取基层政法干警的某校2010级学生的调研来看,该班当年有14名学生,接受过法学教育的已经有3人,占到了该班学生人数的21%。从内蒙古法检系统提供的资料来看,在招录的政法干警中,有的政法干警学员已经完成了法学本科教育或全日制法学研究生教育,并且已经获得了法律职业资格证书,但这些考生仍然通过政法干警招考的方式,进入到法检系统,成为一名公务员。对这样的考生而言,通过学习获取法律知识已经不是目的,能够通过这种相对国考而言,难度略低的考试获得公务员资格和进入法检从事法律职业的资格才是关键。这些学员已经具备了一定的法律知识,具体可以分成如下几类:第一类是已经获得法学学士学位,并通过司法考试,然后继续攻读基层政法干警的法学二学位。第二类是已经获得法学硕士学位,也通过了司法考试,但仍然报考了基层政法干警项目中的法律硕士。第三类是尽管本科第一专业不是法学,但是已经获得了法学二学位,再次报考了基层政法干警中的法学二学位。对这三类学生而言,承担法学二学位和法律硕士培养的单位,给这些学生开设的课程,基本上都是重复学习。开课院校的老师,对这类学生也没有必须上课的要求,只要能通过学校组织的考试即可。

从这类学生的学习状况看,由于他们已经接受过较好法学教育,再次进入高校重新接受一遍法学教育,确实是对人才资源的浪费。这种人才浪费现象的出现,其一,是和当前的进入法检状况有关的。首先要有司法职业资格,要想通过作为"天下第一考"的司法考试已经很难,但要成为法官或检察官,还得要通过公务员考试才行。这样,对那些学习法学专业的学生而言,实际上他们面对的是两扇大门,也就是法律职业资格门和公务员考试门。在实践中也就出现了一种悖论状态,考得过司法考试的学生,可能很难通过公

务员考试;考过公务员考试的学生,可能又很难通过司法职业资格考试。在这种情况下,那些学习过法学专业的本科生和硕士生,为了获得进入法检工作的机会,再次报考基层政法干警,走了"曲线救国"的路。其二,从基层政法干警招考的科目看,报考本科和法律硕士研究生的,基本上都需要考法学专业知识。对法学专业知识的掌握,当然是那些已经受到过良好法学专业教育的学生更占优势。其三,这些学生在刚毕业时基本都想留在待遇好的大城市,但是迫于竞争压力,才做出了报考政法干警这种退而求其次的理性选择。可以说,这种考生的出现已绝非偶然,而是制度设计产生的必然现象。既然如此,便需要从制度设计的视角考虑进行必要的改革。

(二)学生背景多元,学习动力不足,专业素质差别大

在基层政法干警招录中,除了法律硕士要求学生本科阶段是法学专业外,法学二学位等对报考人员资格未作明确规定,进而报考法学二学位的学生学习背景是千差万别的。从笔者做的调研看,法学二学位学生可以分成如下几类。第一类,本科阶段学习非法学专业的。这类学生学习背景差距大,有文科、理科,还有工科,专业也是五花八门。第二类,本科阶段学习过法律专业的学生,甚至有法学硕士参与报考的。第三类,已经接受了非法学的本科教育,同时在校时又学习了法学二学位课程,然后又报考政法干警法学二学位的。这些不同层次、不同专业背景的学生,基本都被放在一个班里学习。由于学生的专业差距大,老师授课难度不好把握,因不同层次的学生理解和接受能力的差别,必然导致学生对老师授课内容产生分歧,进而不利于教学工作的顺利开展。因教、学是互动的关系,学生不爱听,也就削弱了老师讲授的动力和激情。

笔者对已经毕业的基层政法干警的调研显示,很多学生认为基层政法干警在培养学校面临着被边缘化的尴尬处境。这是因为,定向委陪的基层政法干警学员享受国家政策优惠,无就业压力,校方和授课教师对这些学员的要求远远低于本校的全日制学生,管理上也宽松得多。再加上学习的惰性,部分学员没有学习动力,在校的学习基本上就是应付,与全日制法学专业学生相比,政法干警学习动力不足,专业素质相对较差,已经成了一个普遍性问题。甚至经常逃课者也不是少数,再加上基础差,逃学、实习等,部分毕业生走上工作岗位,达不到一个合格法律人才的要求。那么,这是否与前文给出的政法干警培养质量基本合格的结论相矛盾呢?笔者认为并不矛盾。理由是,基层政法干警学员司法考试只需要获得C证即可,并且在统一司法考试通不过的情况下,司法部还为政法干警学员组织专门的法律职业资格考试。在政法干警项目中,曾经一度成为衡量一个法律人法律知识的司法资格考试,也因存在的针对基层政法干警的单独考试政策,而被大打折扣。这实际上等于为基层司法干警学员降低了通过司法考试的难度。因此,基层政法干警学员司法考试通过率并不能否定学生学习动力不足和专业素质差别大的现实状况。

此外,部分学者认为,民汉双语生招录中存在不透明等问题,甚至有单位认为这种改革是失败的,进而不愿意招录"体改生"。具体表现为在招考时对语言的估计不周和培养

过程中难以顾及民族语言等问题。[①] 因此,在民汉双语法律人才的选拔方面,也面临着采取改革措施的必要。

(三)培养周期长,影响编制利用率

国家对基层政法部门,采取的是严格的编制管理。只有在有编制的情况下,才能招考进人。对基层政法干警项目而言,一般需要基层法检部门先根据自己的编制情况,上报用人计划,然后统一组织实施招录考试。通过招录考试后,进入到政法干警项目的人员,还需要在培养学校最少学习2年的时间。这样,一个基层法院、检察院从申请招录政法干警,到被招录的人走上工作岗位,一般均需要两年半到三年的时间,这对编制有限、案件数量大、人手紧张的基层法检单位来说,想通过基层政法干警项目来解决人手问题,基本上面临着一种"远水不解近渴"的窘境,无法短时期内缓解基层法检单位案多人少的矛盾,影响了编制的使用效率,从而降低了部分法检单位通过基层政法干警培养项目解决法律人才问题的积极性。从内蒙古自治区检察院提供的资料看,2014年和2015年,内蒙古的基层检察院没有通过基层政法干警项目招人,恰恰反映了基层法检系统对编制使用率低的顾虑。也正因如此,与招录政法干警相比,基层法检机关更喜欢从受过专业法律教育,通过司法考试的人中遴选法官和检察官,一方面,这些人专业素质好,上手快,能够直接缓解基层法检单位的工作压力;另一方面,通过招考进入的人,在编制使用上效率更高,在现有编制管理模式下,能更好地解决案多人少的矛盾。

三、民族地区基层政法人才招录模式改革建议

解决问题是制度得以完善的动力。我们必须直面问题,并结合当前社会经济形势的发展变化,提出解决民族地区基层政法干警招录方面问题的建议。笔者认为,可以通过如下的措施来加强民族地区基层政法干警队伍建设,以招录优秀的政法人才扎根基层、服务基层,为我国法治建设筑牢基础。

(一)基层政法干警应分类招录

2008年实施的基层政法干警项目,将法、检、公安和司法全部涵盖,进行统一组织招考。当然,这种做法能够彰显规模效益,并且注意到了基层政法干警的共性,进而作为一项制度予以坚持。但是,在笔者看来,这种做法没能充分关注公检法司等政法干警之间的差异,似乎过于简单,忽视了共性背后的特殊性问题。从2008年基层政法干警项目设立之初发布的文件看,该制度最重要的目的之一便是解决退伍军人进入政法系统的入口问题。这是因为很多退伍军人文化水平有待提升,通过基层政法干警项目的考试,既为退伍军人进入政法队伍提供了机会,同时也给所有的符合条件的退伍军人提供了公平竞争的平台,进而在政法人才的选拔方面,能够在保障政治素质过硬和业务水平高的要求的基础上,解决大学生的就业问题。但是,从基层政法干警的招录情况看,退伍军人更多

---

① 王允武:《法治人才培养机制创新与法学教育协同推进——以改进民汉双语法治人才培养机制为视角》,载《西南民族大学学报》(人文社会科学版)2016年第1期。

的是进入了公安机关和司法机关,很少有人能够通过招考成为法官和检察官。这是因为不同的政法机关,对从业者的专业知识要求不同。从法检系统招录结果看,基本上能够通过这个渠道进入法检队伍的多是以毕业的大学生为主。如此看来,将法院和检察院系统的基层政法人才招录同公安和司法系统基层人才的招录并列,实际上并没有必要。这两个系统对招录人才的要求不同,录取的对象也存在差异,应该分开进行,采取各自独具特色的招考方式,招录各类政法人才。详言之,法院系统和检察院系统基层政法人才的招聘,尤其是法官系列和检察官系列人才的招聘,应拓宽思路,不拘一格地为我国西部民族地区的基层法检单位选拔人才,以避免不必要的重复培养和解决专业素质参差不齐的问题。于是,针对不同职业要求,探索更详细的分类选拔措施就显得尤为重要。

(二)拓宽法律人才到基层工作的路径

在前述分类选拔的基础上,应从国家层面制定政策,从符合法官、检察官任职条件的人员中,为基层政法机关选拔优秀人才。当然,这便涉及具体的选拔形式问题。从笔者对报考基层政法干警的、已经接受过系统法学教育学员的调研看,这些人之所以选择报考基层政法干警,并不是对基层工作排斥,而在很大程度上是因为进入法检队伍门槛高造成的。就西部民族地区而言,工资待遇等远不如经济发达地区,即使同在西部,不同的基层法检系统之间,在福利待遇方面,差异也比较大。这对优秀法律人才的吸引力度不够。一个高素质法律人才,在选择就业地时,福利待遇、职业发展前景和对所选择地区的认可程度等都是重要因素。因此,在经济条件客观差距存在的情况下,降低进入基层法检队伍的难度,充分发挥地域优势以增加对差异性法律人才的吸引力度,吸引人、留住人就变得颇为重要。然而,上述个性化的差异条件,在当前的统一考试中,并没有被充分运用。实践中出现了法律专业人才与需求单位对接不畅的问题。这也就成了从吸引人的角度增加对专业法律人才差异化吸引力度的根据。西部民族地区基层法律人才的差异化招录办法,可从如下几个方面着手。

第一,放宽对专业法律人才录用的限制。具体而言,一般在公务员招考中,要求报考比例应达到1∶3方可开考,否则不允许考试。为西部民族地区基层法检系统招录人才,在符合法律专业和通过司法考试两项要求的情况下,应该放开对报考人数的限制,只要是符合报考条件,即便是在1∶1的情况下,也应该开考。这就可避免因报考人数不足而取消职位的问题。

第二,建立法检系统公务员招录考试的调剂政策。当前法检系统公务员招考出现了一种经济发达地区报考人数众多,而基层地区却无人问津的现象。这种现象的出现完全符合理性人的市场预期。在同等条件下,大家都希望能够找到更好的工作环境和待遇。但是,一旦竞争失败时,往往很多人也会选择次优的条件。也就是说,如果经济发达地区的法检系统无法进入,给符合条件的考生一个调剂到基层工作的机会,很多人会心悦诚服地服从。如前文所述,具有法律职业资格的专业法律人才迫不得已而考取基层政法干警项目的学员就是例证。因此,如果能够建立基层法检系统招录时的调剂制度,即如果考生考试成绩符合要求,只是因受职务招考数量的限制,可在坚持自愿原则的情况下,允许成绩符合要求的考生调剂到基层法检单位直接参与面试。这可避免招考时法检机关职位面临的尴尬局面。

第三,建立优秀法律人才进入基层法检系统的绿色通道。为增加基层法检系统吸引人才的力度,应该建立一种高素质法律人才进入基层工作的绿色通道制度,以便让那些受过专业法律教育、通过司法考试的人员,无须经过考试而直接进入面试程序,在政治素质合格的情况下,可以直接到基层法检任职。通过绿色通道,可借助亲情、乡情等因素,将那些本地走出的法律人才,吸引回原籍工作,并能够保证这些高素质人才工作队伍的稳定性。

(三)提升民汉双语人才的吸引力度

我国的5个自治区,均处于西部。也正因如此,这些地方的基层法检系统兼具了民族与地区的双重特性。在民族地区工作,如果能够掌握民族地区的语言,将会更好地为基层民众服务,更能发挥司法的服务功能,化解社会矛盾,促进社会和谐。在这种背景下,民族地区对双语法律人才的需求极为旺盛。双语法律人才在促进社会和谐、民族团结、确保宪法和法律的权威及扩大宣传等方面都具有十分重大的意义。① 国家对民族地区双语法律人才的培养也非常重视,为此最高人民法院、国家民族事务委员会等单位也专门召开过会议,大力发展民汉双语法律人才教育。高素质民汉双语法律人才的培养,可以避免目前司法实践中出现的审判组织"民族化"的问题,防止当事人族别意识强化,以突破族际隔阂的樊篱,确保国家法治建设的顺利推进。② 内蒙古法院系统通过基层政法干警项目在招录法律人才时,基本上招收的都是蒙汉双语法律人才。这也凸显了当前民族地区司法实务中,对双语法律人才的实际需求。因此,为那些具备民汉双语条件的法律人才,提供便利的进入法检系统工作的条件就变得非常重要。

从内蒙古高校系统对蒙汉双语法律人才的培养看,实际上,每年都在培养大批量的双语法律人才,只是这些双语人才也面临着进入到基层法检系统的通道问题。实际的状况是,培养好的民汉双语法律人才,想进入法检系统工作却进不去,法检系统因急需双语人才,又不得不通过基层政法干警项目招录进行培养的问题。要想解决该问题,则需要放宽基层法检机关对双语人才招录时的限制,为那些既懂得本民族语言又精通汉语,同时受过专业法律教育,并通过司法考试的双语人才,提供直接进入工作岗位的便捷通道。也就是说,对民族地区的双语人才,在保证政治素质和业务素质的前提下,设置更宽松的条件,为他们到民族基层地区服务提供更为宽广的舞台。这些双语人才在政治素质和业务素质过关的情况下,可以无须笔试,直接进入面试程序,为他们扎根基层提供最为优秀

① 参见肖晗:《论中国少数民族地区双语法律人才的培养》,载《贵州民族研究》2011年第1期。

② 参见肖建飞、任志军:《少数民族地区双语法律人才培养机制构建——基于少数民族地区法学教育、司法考试、职后培训的实践》,载《黑龙江民族丛刊》2013年第6期。

的条件保障。因此,在基层双语法律人才的培养和选拔方面,要做到人才供应市场与用人单位的需求对接,甚至可以考虑,民族地区在选拔双语法律人才时,直接成立临时工作小组,到双语法律人才的培养单位去组织招录。为双语法律人才提供最优的入门条件,这可实现人尽其才,最终促进我国民族地区基层法治建设事业的发展。

四、结语

民族地区基层政法队伍建设关涉全面依法治国战略目标的实现,关涉地方经济发展、民族团结和社会稳定,应从国家层面对民族地区基层政法干警的招录情况予以重视。应切实加强民族地区基层政法队伍招录改革,充分发挥基层优势,用政法职位、亲情、乡情来吸引高素质法律人才投身民族地区的政法事业,切实加强双语法律人才的招录改革工作,让那些愿意投身基层政法事业的人才,进得来、用得住、留得下。加大民族地区基层政法人才招录改革的工作,已到了势在必行的时候。通过切实可行的基层法律人才招录改革,必将为我国基层法治建设注入新的动力,进而助力国家全面依法治国的战略目标早日实现。

构建面向文化传媒行业的法律人才培养体系

郑 宁[*] 李丹林[**]

引 言

中国共产党第十九次全国代表大会报告强调,“文化是一个国家、一个民族的灵魂”“文化自信是一个国家、一个民族发展中更基本、更深沉、更持久的力量”,并指出要推动文化事业和文化产业发展。实际上,文化的培育和形成、文化的建设和发展是非常具体和实在的社会实践。在这种实践中,在这种传播过程中,只有专门的法律人参与其中,其公平正义才能实现,从而才能使得文化成果更多更快更好地产生。文化作为精神性的存在,需要具体的物质性载体。文化成果的物质性载体更经常表现为各种传播媒介,存在于传媒领域。因此,文化传媒法律人才的培养是我们建设新时期中国特色社会主义、中国走向伟大复兴的征程中重要的人才要素。

中国传媒大学法学学科自2002年创立开始,就致力于探索与文化传媒领域相关的法律人才的培养。“不忘初心,牢记使命”“不忘初心,方得始终”,经过10多年的努力,如今我们已经基本形成了面向文化传媒行业的卓越法律人才的培养体系。

长期以来,我国法学教育面临的一个突出矛盾是复合型、应用型、国际化的卓越法律人才的供给远远无法满足社会需求。习近平总书记在2017年5月3日考察中国政法大学时也强调了此类人才培养的重要性。中国传媒大学作为国内信息传播领域的最高学府,在培养文化传媒行业(包括文化、传媒、娱乐、体育、互联网等相关行业)人才方面具有突出优势。2002年中国,传媒大学法学学科开始建设。2003年,法律系成立。由此,法律系教师开始了系统学习、思考传媒法律基本问题。到传媒文化实践领域、媒体法律事务部门调研。修订法学本科培养计划,尝试建设具有传媒特色的法学本科专业。是年,媒体法规政策研究中心成立,学校延聘我国资深新闻传媒法专家魏永征教授担任特聘教授、兼职博士生导师,开设传播学专业传媒政策与法规博士方向、硕士专业。2004年,首届传媒政策与法规方向博士生招生;2005年,首届传媒政策与法规硕士专业招生。2015

* 中国传媒大学文法学部法律系副主任、副教授。

** 中国传媒大学文法学部法律系主任、教授。

年首届法律硕士招生(法本法硕、非法本法硕)。2017 年,首届网络与知识产权法学本科辅修专业招生。2011 年,《教育部、中央政法委员会关于实施卓越法律人才教育培养计划的若干意见》。2012 年,中国传媒大学借着国家推行卓越法律人才培养工程的东风,更进一步加强面向文化传媒行业的复合型、实践型、国际化卓越法律人才培养模式的探索,经过 5 年的实践,已构建了一套完整的人才培养体系,取得了显著成效,现将本培养模式的做法和经验介绍如下。

一、创新之处

这一培养模式有五个方面的创新之处。

(一)人才培养理念的创新

本系在国内率先建构面向文化传媒行业"懂法律,懂传媒、懂管理"的复合型、实践性、国际化的卓越法律人才培养体系。

"法律 + 传媒 + 管理"复合型人才的基本含义是,培养的人才具有法律和传媒两方面的知识、理论基础,兼有两个专业领域职业活动的思维和能力,同时具有出色的管理能力。具体说来是两大类。

第一类是具备全面的法律素养与职业能力的人才(简称第一类人才)。具体包括两种:(1)专职的法律职业人员,如律师、法官等。这类人员在审理和代理案件、法律事务过程中,处理传媒业或与传媒相关纠纷案件和业务,需要对于传媒有深入了解和研究。(2)传媒法务人员。这类人供职于传媒领域的法务岗位,如办公室、政策研究部门、法规部门。这类人员既是传媒机构内部的一名工作人员,同时又是专门处理法律事务的人员。由于传媒行业的特殊性,在行业法律实务领域,诸如管理体制、媒体组织内部结构、公司并购、投融资、用工制度、版权管理、反不正当竞争、贸易进出口等方面,不仅法律关系复杂,而且处理时常带有更多的政策性,传统法学院校的毕业生由于不了解传媒特点,在处理传媒法务问题时面临诸多困难。因此,这一领域法律事务的处理,需要大量既懂传媒实务又懂法律的专门人才。

第二类是具备法律知识与思维背景,能够胜任传媒行业各类岗位的人才(简称第二类人才)。包括两种:(1)需要一定的法律背景或素养的传媒机构人员。如法治类栏目、法律类报道,有关政治、经济、社会各领域等涉及法律问题报道的采编播人员、主持人、内容审查人员及具有法律背景的管理岗位、经营岗位、版权相关岗位的人员。(2)法律机构负责宣传的人员,如司法机关、律师事务所等需要处理与媒体的关系的新闻发言人、官方微博微信的运营编辑人员、对外宣传、拍摄相关音视频材料等。

(二)课程体系和教学方法的创新

针对传统法学教育重理论、轻实践,重基础法、轻行业法,重本国法、轻比较法的弊端,在借鉴国外经验基础上,进行了课程体系重构,创新了国内法学教育。同时,注重过程考核,采取多种互动式教学方法,效果显著。

1. 课程的实践性

本科课程中，首先，将刑法、民法、行政法这三门基础部门法课程从原来的大二或大三开设提前到大一和大二，将宪法、中国法制史、外国法制史、西方法律思想史等理论性强的课程推迟到大二和大三，解决了大一学生在部门法零基础的时候，学习理论法学一头雾水的痛点，激发了他们的学习兴趣，也为他们大一暑期到法院或律所的实习奠定了专业基础。其次，开设了配套的刑法、民法和行政法案例分析课程，让学生综合运用理论解决实际问题，实现教学内容螺旋式上升。

在法律硕士课程中，除开设法律谈判、模拟法庭等专门实践课程外，法律文书、法律方法课程通过每周一次的案例分析进行，学生还完成了《传媒法律与政策通讯》电子刊物的编辑及最高人民法院案例库项目，60%以上的课程吸收实务专家授课，并通过模拟法庭、旁听庭审、模拟谈判等方式增强课程的实践性。

2. 课程的复合性

在本科课程中，将传媒法概论列为专业必修课，在全国法学院校系首创；在专业选修课中增加媒介制度与理论、法制新闻理论与实务等课程，提升学生的媒介素养。

在法律硕士的专业必修课和限选课中开设了传媒法基本理论、影视娱乐法、互联网法、传媒侵权法、网络知识产权法、比较传媒法律与政策实务等特色课程，在国内处于领先水平。

3. 课程的国际化

在大一本科专业选修课中增加了法律英语课程，在宪法、行政法、知识产权法、国际公法、国际经济法等课程中采用双语教学模式，法律硕士的互联网法、宪法学、传媒侵权法等课程也采用双语教学模式。

4. 教学方法的丰富性

我们不断探索丰富多彩的教学方法，提升学生的学习主动性、积极性、创造力，具体包括：

(1)自主学习教学法：教师提前布置任务，学生预习，上课通过提问、回答的方式，激发学生的学习积极性；同时，建立微信课程群，打破时空限制，随时随地提供资料，解答学生疑问。

(2)案例教学法：通过分析大量的案例掌握法律的精神和规则，培养学生分析能力和批判性思维。教师精心设计案例，讲授案例分析方法，通过作业和课堂讨论检验学生水平。

(3)情景教学法：学生通过表演情景剧、模拟立法听证会、模拟法庭，在设定的、可控的场景和情节中进行模拟演练，由教师对模拟情况作出评价和反馈，培养学生不同角色的立场上思考、说理的能力。

(4)体验式教学法：让学生亲自申请政府信息公开，感受政府信息公开实践，并思考《政府信息公开条例》的成效和不足；通过调查政府网站，分析其经验和不足，通过实践和体验来认知事物和知识，从感性认识上升到理性认识，大幅提升学习效率。

(5)个别化指导教学法:教师通过课堂表现、作业、实践等发现学生的进步和不足,再通过个别交流、课后答疑辅导的方式进行指导。

(6)小组合作学习法:教师将学生分组,上课时以小组为单位讨论问题,课后以小组为单位开展调研和完成任务,提高学生的沟通能力、团队合作能力。

(7)双语教学法:教师大量采取中英文双语进行教学、科研、指导活动,迅速提升学生的英文能力。

这些方法的运用,解决了法学教育中人才知识结构单一、与行业脱节、重理论、轻实践、国际化人才培养不足、教书与育人脱节等问题,提高了学生与行业的密切度和实务能力,培养了一批国际化人才,提升了学生的综合素质。

(三)实践教学模式的创新

1. 以专业竞赛和大创项目促教学科研。5 年来指导学生参加各类国际国内专业竞赛达 100 多人次,共有 63 人次获奖,获奖比例和生均竞赛参与率均在国内法学院校中处于领先水平。竞赛包括牛津大学国际传媒法模拟法庭比赛、全国大学生版权征文比赛、全国新闻出版和法制征文比赛、全国高校法律英语比赛、贸仲杯国际贸易仲裁模拟法庭比赛、全国法律硕士法律文书比赛、北京市大学生模拟法庭比赛等。指导学生参加国家级和北京市大学生创新计划,近年来共立项 13 项,结项优良率 100%,在全校名列前茅,参与项目的人数占本科生人数的 50% 以上。

2. 实践教学卓有成效。新建北京知识产权法院、盈科律师事务所、安博律师事务所、君众律师事务所 4 个实践基地;开设的法律诊所和模拟法庭课程,实现全员参与;在每年"12·4"国家宪法日前后开展"传媒法治现在时"活动,展示法律诊所和模拟法庭课程的成果,对全校师生进行普法宣传,提供法律援助,推进法治校园建设;定期带领学生走进实务部门,走访单位达 20 余个,大大拓展了学生的视野。走访单位包括中央电视台版权管理处、北京知识产权法院、北京市第二中级人民法院、北京市第一中级人民法院、北京市朝阳区人民法院、中伦律师事务所、国枫律师事务所、新华社新闻信息中心、腾讯公司法务部、今日头条法务部、优酷土豆集团法务部等。

(四)国际化人才培养模式的创新

国际化被列入卓越法律人才考核计划,每位学生每年至少参加一次国际交流活动,作为实践创新学分的组成部分。与美国俄勒冈大学构建"1+1"双硕士办学模式,合办美国传媒、娱乐、体育法暑期学校,组织学生参加牛津大学国际传媒法模拟法庭比赛、牛津大学传媒法暑期学校、尼泊尔加德满都法学院法律培训项目、瑞士中欧传播法项目、新加坡南洋理工大学暑期项目等项目,举办法律系学生与波多黎各中美洲大学法学院、美国特拉华大学学生的年度学术对话,举行数十场国际学者讲座,学生参与国际交流率达 100%,每年有 30% 的同学到国外名校深造交流,还有学生在联合国秘书长办公室、联合国日内瓦办事处实习。为鼓励学生参加国际交流,还设立了"星权国际交流奖学金",为学生出国学习、实习提供资助。

（五）育人方法的创新

我们坚持以人为本，因材施教，全面育人，将教书和育人有机统一起来。

1. 举行新生入学宣誓仪式及卓越法律人才培养论坛。邀请优秀业界专家为学生的专业学习和职业规划提出建议，在仪式感中树立学生对专业的认同。举行迎新晚会，与学生增进感情。

2. 入学前指导及导师制。在大一和研一新生入学前1～2个月，就建立了微信群，给学生发送学习指南和培养计划，提供学习建议和指导。在入学后，采取双向选择，为大一新生指派导师，为研究生指派两名导师（一名校内导师、一名业界导师），本科生导师每学期至少和学生见面指导三次，帮助他们明确学习目标，解决学习和生活中的困难。业界导师除了授课、与学生见面之外，还要提供业界资源。截至2017年，共聘请硕士业界导师29位，包括法官、律师、企业法务、仲裁员等。

3. 不遗余力提高学生综合素质。在课堂教学、实践教学及日常生活中，注重运用各种方式提高学生的综合素质。比如，教师定期了解学生思想、学习和生活动态；开展学术餐会、读书沙龙、参与课题，提高学生的学术水平；通过新媒体技术分享会，指导学生写作新闻稿、摄影、运营中传法硕和中传法学微信公众号；指导学生编辑《传媒法律与政策通讯》及组织研讨会、讲座、模拟招聘会，提高其管理能力、团队合作能力、写作能力、演讲能力，培养严谨细致、自我驱动的精神。教师还把法律职业所需要的法律检索、可视化表达、时间管理、知识管理、谈判沟通、礼仪、心理学等多种实务思维、知识、技能和素质融入教学和指导学生中，提升学生综合能力。

4. 关心校友成长。建立中国传媒大学法学精英微信群，经常开展校友联谊活动，为在校生提供实习和就业机会，也为毕业校友提供了继续教育、重新择业的机会，建立了校友发展共同体。

二、成效及影响

经过5年的实践，这一培养模式已取得明显成效，得到社会各界的高度肯定。

（一）有力提升了中国传媒大学卓越法律人才的培养质量

近5年来，中国传媒大学法律系本科生及研究生就业率均为100%，且就业质量良好，就业领域和岗位与人才培养目标高度契合，主要去向包括法院、国家机关、律所、企业法务部、传媒机构、金融机构等。如北京市高级人民法院、江苏省人民检察院、北京市朝阳区人民法院、北京市东城区人民法院、金杜律师事务所、金诚同达律师事务所、国枫律师事务所、新华社、人民日报、中央电视台、腾讯公司、中国进出口银行等。每年有30%的本科毕业生保送或考取北京大学、中国人民大学、武汉大学、中国政法大学、南开大学、对外经济贸易大学等国内知名院校，有30%左右学生在校期间出国参加国际交流，在哥伦比亚大学、杜克大学、纽约大学、乔治城大学等世界名校深造，体现了我们复合型、实践性、国际化人才培养的优势。

(二)推动了法学学科建设不断升级

在这一人才培养体系契合了社会需求,且取得明显成效,法律系于2014年成功申报了法律硕士学位点,每年招生20名法律硕士,仅用3年时间就实现了报录比5∶1以及零调剂率。法学本科专业满意度提升,外专业申请转到法学专业的人数不断增加。2013年7月,法学专业在文法学部本科教学质量评估自评汇报会中排名第一。2017年,我们又成功申报了法学辅修专业(网络与知识产权法方向),并正在积极申报法学硕士点和知识产权硕士联合实验班。

(三)对中国传媒大学其他专业的影响及校园法治文化形成的贡献

本成果中的案例教学法、实践教学法对中国传媒大学文法学部及学校其他专业提供了有益参考,2012年11月,我们应校教师教学发展中心之邀面向全校教师开展了"案例教学在法学教学中的实践"教学交流会,受到高度肯定。"国际传媒法模拟法庭教学模式的创新与实践"获得了北京市高等教育教学成果二等奖及校级教学成果一等奖,我们还承担了两个校级教改项目。

每年开展的"传媒法治现在时"活动,包括普法宣传、法治电影展播、模拟法庭展示等,吸引近千名师生参与,特别是2014年12月4日,我们邀请北京市第二中级人民法院在我校开庭审理"高晓松诉优视米公司"等三被告侵犯著作权案,全校近两百名师生旁听了案件庭审,多家媒体报道。我们的大学生法律援助中心免费为师生及社会公众提供法律咨询,接待当事人数百名,代理案件上百起。

(四)与文化传媒行业建立了深度合作

通过这种人才培养体系,我们与文化传媒行业建立了更多密切合作,与最高人民法院、国家网信办、广电总局、北京知识产权法院、北京市文资办、新华网、人民网、国际保护知识产权协会、优酷土豆集团、搜狐集团、腾讯公司、环球律师事务所、安杰律师事务所、盈科律师事务所等10余家单位开展了授课、研讨会、讲座、课题研究,接受各类媒体采访上百次,举办的年度十大传媒法事例评选及中国传媒法影响力人物评选已成为业界品牌。我系教师参与到立法、实务中,为法律系的学科建设和人才培养争取了数百万的经费资助,同时也为学生创造了上百人次的参加科研、实习和就业机会,为文化传媒行业输送了人才。

(五)提升了我校在国内外法学教育界的影响力

这一人才培养模式在国内法学教育界获得了关注,在中国法学会法学教育研究会年会上,本成果的论文被多次收入论文集。郑宁副教授在美国俄勒冈大学和尼泊尔加德满都法学院介绍了该模式,得到充分认可;2016年,郑宁在"中非法学院院长会议"上介绍了该模式,得到了中非各国法学院院长的高度肯定,郑宁还应邀担任牛津大学国际传媒法模拟法庭的法官。系主任李丹林和副主任郑宁当选为中国法学会法学教育研究会理事。《检察日报》和《法制日报》专题报道了我校卓越法律人才培养的实践。① 郑宁也应邀参加教育部部编义务教育教材《道德与法治》的编写和审定工作。

三、保障机制

(一)打造一支高水平、敬业、负责、高效的师资队伍,分工负责,密切配合

一支高素质的教师队伍是人才培养模式取得成功的基本保障。法律系拥有一支高学历、年轻化和国际化的教师队伍,80%以上的教师大都拥有法学或传播学的博士学位,有在美国、英国、德国、新西兰、丹麦等国的访学经历,平均年龄42岁,有较高的科研水平和外语水平,法律和传媒实务经验丰富。

我们按照学生培养的各主要环节,将人才培养工作分成4个工作小组,由专门教师牵头负责,带领学生组织相关活动,确保各项工作有序开展。

1. 硕士生业界导师聘任和管理小组:负责联络兼职导师、聘任、年度考核,组织法律硕士年度培养研讨会。

2. 课程质量小组:负责课程体系的完善、课程教材编写、组织大纲审查、组织集体听课、听取和反馈学生意见、组织学生评教、召开导师联席会、学术规范与学术道德训练。

3. 招生、宣传工作小组:负责招生咨询、组织面试、在媒体上宣传法硕,制作宣传材料,运营"中传法硕"微信公众号。

4. 实习实践小组:负责带队参观实务部门、建设实习基地,安排学生实习、毕业论文撰写、就业指导。

(二)注重与实务部门合作

校外实务部门和实务专家是人才培养的重要资源,除了聘请实务专家授课和担任业界合作导师之外,我们还积极发展与法院、律所、企业、媒体的合作,与北京君众律师事务所合作举办"中传法硕午餐会",与北京律协新闻出版与传媒专业委员会举办"中国十大传媒法事例评选暨传媒法影响力人物评选",与腾讯公司、360公司举办研讨会,与搜狐公司合作开展网络法课题研究,并积极向相关单位推荐实习生,争取了更多办学资源,为学生提供了更好的学习条件。

(三)建章立制,做好知识管理和宣传工作

为确保这一培养体系制度化、规范化,我们建立了本科生导师考核制、研究生业界合作导师聘任考核制、卓越法律人才考核机制、质量标准机制和运行保障机制五大制度。

---

① 郑宁:《传媒大学启动卓越法律人才培养》,载《检察日报》2012年7月17日,第1版;张颖:《法律+传媒:卓越法律人才培养的新探索》,载《法制日报》2016年10月24日,第4版。

出台了14个文件,[①]明确了各项制度的责任主体、程序、标准、激励机制和责任机制。同时注重知识管理和宣传,通过中传法硕和中传法学微信公众号以及《法律系工作月简报》,记录相关教学、科研、实践、国际交流活动,积极对外宣传,扩大影响力。

四、余论:具有内在特质的办学生态是文化传媒法律人才培养的根本支撑

(一)中国传媒大学为本校的法学学科建设、面向文化行业法律人才的培养提供了得天独厚的生态环境,这就是法学学科能够及时而深刻地感受到文化传媒行业实践对于法律、法律人才、相关法学研究的需求

从2003年开始,法律系对于前来求职的硕士、博士,要求无论何种专业背景,建议未来的学术研究应该确立为与传媒法律相关的领域。随后进来的教师,专业背景有法理学、宪法学、行政法学、民法学、刑事诉讼法学、传播学等。各位教师结合自身的专业背景、博士研究课题、所教课程内容,都发展出自己的研究领域和专长。结合我们对于传媒法律与政策专业课程体系的建设,我们的研究基本上覆盖了传媒法领域的主要方面。同时,我们的教师懂英语、法语、日语、意大利语,对于主要发达国家的相关问题也有研究。

我们人才培养的课程设计的合目标性,特色课程和实践环节的质量保障,在很大程度上源自我们教师对于传媒法学研究的成果和造诣。为了培养法律与传媒复合型的人才,我们必须对于传媒法领域究竟涉及哪些法律问题,不同法律领域之间是什么关系,如何使传媒法理论研究、实务问题科学合理地组合到课程体系之中,如何讲好相关课程等方面,进行针对性的研究。

如今我们的教师研究人员在文化传媒网络法律的基础理论和应用研究领域都有丰硕的成果,有诸多专著、合著出版,每年都有几十篇论文发表;经常应邀参与网信部门、宣传部门、行业主管部门参与相关政策法律制定和评价的咨询研讨会议;经常应媒体要求接受采访,发表意见;经常接受业界邀请,参与各种研讨会、咨询会、专家论证会,等等。

(二)校园生态之外的时代环境生态,是滋养我们的人才培养的源源不断的营养来源,实践需求是提高人才培养的质量的强大推动力

我们在构建面向文化传媒的法律人才培养体系时,紧密结合国家法治建设的整体进程、传媒监管的制度实践、传媒发展的现实状况、尽可能了解传媒行业与业务的实际,强化问题意识、既有形而上层面的研究,也有针对具体实践问题的研究,这是我们与一般法学院系不同的地方。

---

① 这14个文件即《法律系关于卓越法律人才培养发展规划》《法律系领导岗位职责》《关于加强法律系管理的办法》《法律系本科教学规范》《法律系教案规范与教案模板》《本科导师制考核办法》《卓越法律人才考核办法》《法律硕士业界合作导师聘任及管理办法》《额外工作量绩效工资计算办法》《法律系星权律师奖学金评审实施办法》《法律系星权国际交流奖学金评审实施办法》《中国传媒大学法律硕士业界合作导师聘任办法》《法律硕士课程外聘教师工作指南》。

（三）和谐的团队是最重要的微观生态

科学研究和讲课首先是个人化的活动，其次，良好的团队合作状态是整体进步的关键。从个人角度而言，传媒大学传媒法学科的发展，有三个人的作用我们必须认识到并铭记。第一个人是中国传媒大学前校长刘继南校长。没有刘继南校长打破常规做出决定延聘魏永征教授，没有其卓越的眼光，在学科建设方面的布局上，我们便不会那么快就有了带头人，有了自身的平台，有了强大的研究推动力。第二个人是中国传媒大学政法学院院长高慧燃研究员。在传媒大学的法学学科一开始建设到后来形成了相应的规模和影响力，都是在高慧燃院长作为院长的全力支持下具体发展的。第三个人是中国传媒大学媒体法规政策研究中心总顾问魏永征教授。在法学学科刚进入传媒大学的时候，引领法学教师了解接触传媒，起到了破冰和开路的作用。其所发挥的作用至今仍然很大。（1）魏永征教授自身的研究成果就是我们所有人学习和研究的最重要的文本；（2）魏永征教授为我们开拓的学术资源、给我们在学术研究方面给予的指导，是我们能够尽快成长和发展的关键因素；（3）最关键的是，当面对传媒法律领域诸多不准确、混淆性研究内容；知其然而不知其所以然的研究内容和偏颇认识时，魏永征老师以其敏锐的眼光、深厚的新闻学、传播学、法学造诣和功底，对于我国新闻传播实践和法治实践的深刻切实的经验和认识，都能够及时指出，这对于我们的研究质量和观点的形成极为重要。

从团队角度而言：目标明确、和衷共济、相互尊重、求同存异、取长补短、共同学习、人尽其能。我们的法学科建设、人才培养之所以能以很小的规模取得不俗的成绩，与团队每一位成员的精诚合作、和谐相处密不可分。

总之，面向文化传媒领域培养合格的优秀的，卓越的法律人才是我们的追求，我们也将为此不断奋斗。

新时代背景下涉外卓越航运法律人才培养模式初探

——以上海海事大学的具体实践为例*

王国华** 佟 尧***

一、新时代涉外卓越航运法律人才培养的重要意义

党的十九大作出了中国特色社会主义现已进入新时代的重大判断。党的十九大报告明确了新时代背景下我国教育发展的总体要求,即把教育事业放在优先位置,深化教育改革,加快教育现代化;落实立德树人的根本任务,发展素质教育;完善职业教育和培训体系,深化产教融合、校企合作;加快"双一流"建设,实现高等教育的内涵式发展。

在"一带一路"倡议以及建设海洋强国、国际海事司法中心、自由贸易试验区、上海国际航运中心等国家战略背景下,以社会经济发展需要与市场现实需求为导向,优化涉外卓越航运法律人才结构,培育出一支兼具航运和法律知识能力,能够熟练运用外语处理国际海事争端的高起点、高层次、高素质复合型人才队伍,已然成为新时期我国海商法教育界主要的目标与任务。

2017 年 5 月习近平总书记在考察中国政法大学时表示,全面推进依法治国要坚持立德树人、德法兼修,培养大批高素质法治人才。其进一步指出,法治人才培养离不开法学学科体系建设,对于法学这种实践性较强的学科,要处理好知识教学与实践教学两者之间的关系。应打破体制壁垒,将法律实务部门中的优质资源引入高校课堂,加强法学教育、科研工作者同法律实务工作者的交流。①

可见,创新和探索航运法律人才培养机制,为航海院校、科研机构与海事法院、海事仲裁委员会、海事律师事务所等海商法实务单位搭建合作平台,培育系统掌握专业基础

* 本文为中国法学会部级法学研究课题"国际海事司法中心建设问题研究"(CLS2016D167)阶段性成果。

** 上海海事大学法学院院长、教授。

*** 上海海事大学法学院博士研究生。

① 参见王庆环:《立德树人,德法兼修》,载《光明日报》2017 年 5 月 4 日,第 1 版。

知识、通晓国际海事规则,能够在世界舞台上捍卫国家海洋权益的专业化、职业化人才,在新时代背景下更具有重要的现实意义。

二、上海海事大学培养涉外卓越航运法律人才的具体实践

(一)专业设置和学科发展

20世纪60年代,上海海事大学魏文翰、魏文达教授创始了中华人民共和国海商法学学科,出版了中华人民共和国第一部海商法学专著,开创了中华人民共和国海商法教育的先河。①

上海海事大学法学院以海商法研究和教学为特色,以培养精通法学基础理论知识并体现航运、物流、海洋等专业领域特色的国际化创新型法律人才为办学定位,现设有法学(海商法)本科专业,法学硕士一级学位点和法律硕士专业学位点,同时还设有航运管理与法律专业二级学科博士点。法学(海商法)专业被列为上海市重点专业与教育高地建设专业。法学院下属的海商法研究中心是国内成立最早的海事海商法律研究智库,其被选为上海市人文社会科学重点研究基地。2012年法学院获批成为上海市涉外卓越法律人才培养基地。近年来,最高人民法院海洋司法保护理论研究基地、中国国际私法学会海事国际私法专题研究委员会、中国仲裁法学研究会海事仲裁研究中心还相继在上海海事大学挂牌设立。

(二)教研组织与师资队伍建设

上海海事大学法学院设有海商法、国际法、民商法、经济法和公法教研室,师资力量雄厚,拥有一支结构合理的精干教学科研团队。现有专任教师57人,教授10人,副教授18人,讲师29人,硕士研究生导师40人,博士研究生导师5人。从学历结构来看,具有博士学位的有41人,占71.9%;从年龄结构来看,45岁以下的青年教师占71.9%;从国际化程度来看,具有海外留学和国际交流经历的30人。团队中绝大多数成员都具有法律职业资格,并长期作为兼职企业法务、律师或海事仲裁员参与法律实务。

(三)毕业生就业情况

法学院毕业生就业情况良好,大部分学生就业于大型国有港航企业、行政和司法机关、事业单位、律师事务所以及业内知名的外资或民营港航企业。因毕业生法学功底较强,涉海专业特色明显,实践应用能力突出,长期获得用人单位的青睐,为学院赢得了良好的业界声誉。

(四)上海海事大学涉外卓越航运法律人才培养模式

在涉外卓越航运法律人才的培养模式方面,法学院重点探索国内外联合培养机制。法学院积极开拓资源,与国外海商法研究领域顶尖院校加强合作,联合开展一系列高水平的国际交流项目,在充分发挥法学院办学优势的同时,引进海外优质教育资源,提高海

① 参见吉娜:《传承海商精神,培养卓越海事法律人才——上海海事大学法学院海商法教学团队》,载《时代金融》2016年第8期。

商法教育质量。

1. 创办涉外卓越航运法律人才培养双学位班

上海海事大学与澳大利亚莫道克大学展开合作,创办了涉外卓越航运法律人才培养双学位班。莫道克大学是澳大利亚教学质量最好的几所公立综合性大学之一,学生满意度在澳大利亚创新研究大学联盟中位列第一。①

学生入学后,在结合个人职业发展意愿和学生父母意见的基础上,由学院组织英语分级考试,依据分数选拔出20名学生进入双学位班学习。双学位班的专业课程全部采用小班式教学,配备最优秀的师资团队,近半数专业课程为双语教学,个别课程由学院聘请的外教进行全英文讲授。学校为该班学生制定专门的培养方案,兼具大陆法系和英美法系法学理论知识,尤其注重英语语言学习和法律英语应用能力的培养,该班学生所应修读的英语类课程课时数是普通同学的2倍之多(双学位班46学分,普通班20学分)。

学生大一、大二学年在国内进行全日制学习,英语水平达到澳方大学最低要求(雅思成绩各科6.0)的,将于大三学年赴澳方大学学习,大四返回本校学习。学生需在澳方大学完成24个学分的普通法课程,包括澳大利亚普通法制度、合同法、侵权法、衡平法和信托法、财产法、司法救济和补偿等多门必修和选修课程。在澳期间,本班学生将和当地学生共同参加课程学习。

学生完成本校和澳方大学相应课程以及达到各项学位要求的,将同时获得国内法学学士学位以及澳方大学的普通法学士学位。在学生成功完成澳方大学的法律课程后,还有机会继续攻读澳方大学的法学硕士学位以及法律博士学位。

2. 涉外卓越航运法律人才培养的专业课程设置与教学方式的创新

第一,以海商法课程设计与教学为抓手,强化学生英语语言学习和法律英语课程学习。对于本科生与研究生,除按教育部规定开设16门法学专业核心课程外,学院还设置了船舶物权法、国际海上货物运输法、海事法、海上保险法、海事诉讼法等海商法专业重点课程,同时注重双语课程建设,全面提高学生的专业英语交流、阅读、翻译与写作能力。

第二,创新教学方式,突出案例教学法的运用。学校专门设有案例库建设资助项目,由富有经验的学科带头人组织师资团队,搜集和筛选典型案例,编写案例集,并将其作为实践教学的重要材料和分析模版。案例教学法在课堂中的运用,有助于深化学生对理论问题的认识,提升学生的理论水平,②培养学生发现问题、分析问题以及解决问题的能力,有利于调动学生主动学习专业知识的能动性,使教学内容生动具体、直观易学,能够有效地提高课堂教学质量。

第三,重点培养学生的就业实践能力。学院鼓励学生参与 Jessup 国际法模拟法庭辩

① See Murdoch University, "Murdoch Climbs International Student Rankings", *Annual Report of Murdoch University*, 2016, p. 42.

② 参见王泽鉴:《法学案例教学模式的探索与创新》,载《法学》2013 年第 4 期。

论赛、国际模拟仲裁庭辩论赛等高端赛事,令他们在大型赛事中历练成长,进而提升综合素质。组织学生开展上船航海实习等一系列实践活动,增强学生的就业能力。

3. 积极开展国际交流与合作

聘请多位外籍教师为学生讲授国际贸易法、国际海上货物运输法等课程。每学期学院都会邀请国外学者或专家开设学术讲座,令学生了解和掌握国外法学研究与行业发展的前沿动态,在很大程度上提升了学生的法学素养,拓宽了他们的学术视野。除了与澳大利亚莫多克大学展开合作外,法学院还与美国杜兰大学、英国南安普敦大学、英国斯旺西大学、日本冈山大学、香港大学等进行密切的交流与合作,开展本科"3 +1 +1"项目(本科生前3个学年在国内学习,大四1年在境外高校交流,交流期满后再深造1年,即可同时获得国内法学学士学位和境外法学硕士学位)或研究生"1 +1"项目(研究生第一学年在国内学习,第二学年在境外高校交流,交流期满后可同时获得国内和境外高校的法学硕士学位)。学院与世界知名的海商法院校签有合作协议,学生可自主选择境外留学或游学项目,并享受一定的学费减免和奖学金优惠。每年约有50名学生参与交流项目。

三、新时代背景下涉外卓越航运法律人才培养模式的思考

(一)培养方案制订方面

海商法专业的培养方案应当凸显出法律的职业化特征。航海院校应以海商法课程教学为核心,重视和加强实践教学内容,着重培养学生理论联系实际的应用能力。除开设法律文书、模拟法庭和法律谈判等常规实践课程外,培养单位还可增设航运产业实务、国际货运代理实务、集装箱运输实务、租船实务、水险实务、船舶买卖实务、海事审判实务、海事仲裁实务、检察实务和海事律师实务等课程,邀请来自航运组织、海事法院、检察院、律师事务所、大型航运企业等部门的资深专家参与到海商法专业本科生、研究生的教学及培养工作中来。

虽然多数高校的培养计划要求学生在国家机关、企事业单位中的法律工作部门实习不少于6个月,但是并未像某些国外大学一样,必须由学生提供单位开具的实习证明才能获得相应学分,这使国内高校的实务实习课程很难落到实处。因此,笔者建议从严把控海商法专业学生的实习实践活动,构建有效的学生实习表现反馈机制,加强实务课程的教学力度。

此外,海商法专业教育与现行的法律职业准入体系并未建立有效衔接。以我国目前的海事法官遴选制度为例,任职于海事法院的法官不仅要通过国家司法考试,还必须在竞争激烈的公务员考试中名列前茅,才可能进入到海事法院工作。这种法官遴选方式对于普通法院或许有效,但对于海事法院而言,并非根据其专业化需求来确定人员选拔标准。通过该方式选定的人员与海事法院真正所需的任职人员相比,无论是在专业背景上还是在英语能力上,都存在着一定的差距。在这种现实情况下,如果航海院校再未关注到加强学生职业规划和就业指导的重要性,海商法专业毕业生的就业难度将呈几何式递增,而就业指标又必然影响到专业招生计划的正常实施,极易导致"生源质量差—就业质

量差—生源质量差”的恶性循环现象出现。为此,各航海院校应当进一步优化培养方案,以职业化教育为引导方向,在条件允许的情况下,专门开设海商法专业职业规划和就业指导类课程(主题包括但不限于简历制作、求职礼仪及面试技巧等)。

(二)课程教学设计方面

第一,应进一步拓宽对外沟通渠道,密切与行业单位的交流与联系,力争实现海商法专业实践基地数量不断增长的基础目标,建立管理规范、开放共享的运行机制,为在校生提供稳定、优质的学习与实践场所。[①] 同时,还应构建起高效的实习基地或用人单位信息反馈机制,对实习学生的校外表现进行长期跟踪以及动态把握,将管理、服务和质量评价纳入教学的整个过程之中,保证实践教学质量维持在较高水平。在时机成熟的前提下,参考订单式培养的人才培育模式,面向市场需要,为海事法院、海事法律服务机构、大中型航运物流企业等相关领域输送法律人才。

第二,应当全面推动海商法专业课程内容与教学手段的改革。对于航海院校而言,课程设置还是以传授基础理论知识为主,难以与综合法学院的本科生课程、硕士生课程相区分。虽然包括上海海事大学在内的航海院校都开设有模拟法庭等校内实践课程,但从学生普遍反馈的情况来看,此类课程教学效果一般,甚至课时量都不能得到全面保证,并且缺乏系统、科学的教材或讲稿体系。[②] 特别是对于海商法这种实践性很强的学科而言,针对培养涉外卓越航运法律人才所设计的课程体系应以职业化应用为最基本的指导思想。授课教师需从大量的航运案件、司法判例中提炼出海商法的基本理论问题,通过对国际海事公约、国内外涉海法律条文的分析和解读,引导学生阅读、思考与讨论,使他们深刻了解立法目的、条文含义以及司法实践对法律规定的具体运用,进而掌握海商法领域的各项特别制度。在课堂教学方式上,也不宜片面地采取传统“照本宣科”或“满堂灌”式的知识传授方法,而应当采取拼盘式、启发式、参与式、研究式、辩论式等相对多元化的教学手段。在选修课方面,更多地赋予学生自主权,允许其根据自身需要,跨序列自由选修法学博士、法学硕士的部分课程,最大限度上实现修课机制灵活化、课程内容专精化、课堂教育多元化以及教学过程实务化。

第三,通过对海商法专业英语类课程进行改革以及加强与境外高校交流合作、创设境外实践基地等方式,提升卓越航运法律人才的国际化水平。现如今,第二语言能力是高端法律人才不可或缺的硬指标之一,未来进行课程改革时可以考虑开设航运法律实务双语或全英文课程,[③]例如,可以模拟国际海事诉讼、国际海事仲裁课程为切入点,引导学生进行英文语境下的法律实务练习。航海院校还可以根据师资情况,尝试设置外国海商法(史)课程作为学科扩展教育课程,鼓励学生自行搜集和阅读外文学术著作,不断加深

---

① 参见于杰、李佳、董翰霖:《中国高端航运法律人才培养模式探析》,载《世界海运》2014 年第 11 期。

② 参见王利明:《我国法律专业学位研究生教育的发展与改革》,载《中国大学教育》2015 年第 1 期。

③ 参见张芷凡:《海商法双语教学的探索与思考》,载《法学教育研究》2015 年第 2 期。

课程内容的趣味化、多样化、国际化程度。[①] 无须讳言,我国目前的海商法专业教育实效与航运法律人才培养的国际化目标相去甚远。这种现象的产生主要受到以下两方面因素的影响:一方面,与一般的法学专业相比,海商法专业学生除了要在有限时间内研习和夯实法学理论基础外,还要花费更多的精力去掌握大量复杂的航运专业知识,直接影响外语学习的广度与深度;另一方面,多数院校未将外语教学(特别是法律英语等专业英语教学)覆盖学生在校学习的整个期间,使不少学生误以为通过全国性英语标准化考试即画上了语言学习的"句号",部分高校甚至没能为学生提供合适的国际交流或锻炼机会,直接导致了某些海商法专业学生缺乏国际视野和国际交往能力。为此,航海院校应当注重培养学生的外语听力、表达、阅读、写作及综合运用能力;不断拓宽国际合作渠道与合作领域,发展高规格、高质量的合作办学或海外办学项目,逐步形成"教师互聘、学生互换、学分互认、学位互授"的新型合作机制,丰富海商法专业师生的国际交流经历;充分利用境外高校的优势教学资源,探索与国外大学合作开设海商法课程、建设高水平全英文法学课程、联合组织国际海事模拟法庭/仲裁庭竞赛等教育模式,全面提升卓越航运法律人才的国际化水平。

(三)学位论文标准方面

应当对海商法专业学位论文考核与评价体系加以完善,不宜将论文的理论学术性作为毕业考核或学位授予的唯一标准。考虑到海商法学科的实践性特征,我们认为,该学科的学位论文形式也应当具备多样化特点,[②]不局限于学术论文的成果形式。笔者建议,指导教师鼓励学生更多地撰写以实地调研和实际数据为基础,以航运法律实务中的现实问题为主要对象的研究报告、调查分析、案例评述、法律风险评估和控制文件等。

航海院校不能忽视教育质量保障规范制度的构建,应从学位论文写作、学术不端行为检测、学位论文答辩等方面建立起完备的学位授予管理规则体系,制定专门的规范文件,从而确保学生培养的核心工作有章可循。可以参考全国法律硕士专业学位教育指导委员会制定的《法律硕士专业学位论文规范》,明确以下海商法专业学位论文标准:论文选题应同海商法理论和实践密切相关,概念精准,定位清晰,能够体现一定程度上的新颖性;将问题意识摆在首位,以最新的国内外理论研究成果为研究基础,以国内外司法实践为考察对象,综合运用文献分析、理论分析、实证分析、比较分析、跨学科分析等研究方法,独立思考、推理和论证;结构严谨、逻辑缜密、表述准确、语言通顺,格式符合规范;就选题所涉及的相关问题,能够提出自己独特见解或新观点。从整体上看,文章需在理论性、专业性、系统性、实践性、创新性等方面体现出学生一定的学术水平。

---

① 参见郭萍:《中外高校海商法课程设置的比较研究》,载《航海教育研究》2016 年第 2 期。

② 参见张梅、秦国际:《应用型本科法学学位论文的选题原则及方法》,载《沈阳师范大学学报》(社会科学版)2015 年第 4 期。

（四）师资队伍建设方面

应当进一步深化海商法专业的“双导师”制度建设，加强对兼职教师的管理。成立专门的本科生、研究生导师组，在海商法教学过程中，试点导师组集体培养与导师具体负责相结合的方式。对于研究生导师组，负责人应由具有博士研究生指导资格的教授担任，组员以具有硕士研究生指导资格的教授、副教授为主。而对于本科生导师组，负责人可由具有硕士研究生指导资格的教授或副教授担任，组员宜以富有教学管理经验的教师以及青年讲师为主。航海院校还应聘请部分来自海事法院、海事仲裁委员会等实务单位的工作人员加盟导师组。虽然很多高校都已开始试点“双导师”制度，但在实际操作中，往往会出现所聘请的校外导师（尤其是政法部门的领导）只是挂名而不实际参与教学活动的现象。有些高校则未明确区分校内外导师的工作职责、分工安排、任务指标和奖惩标准，制度性规范缺失。校外导师队伍不够稳定，长期处于高流动性状态，部分外聘兼职教师的教学时间安排过于随意，无法与高校正常的教学秩序有序衔接，有的兼职教师还缺少教学实战经验，教学效果良莠不齐。因此，航海院校需要尽快打造一支与涉外卓越航运法律人才培养相适应、专兼职相结合的“双导师”教学科研人才团队，不断优化教师结构，加强整体梯队建设，关注人才的“引”与“育”，逐步形成“引进人才—培育师资—传授经验—吸引人才”的长效运行机制，建立起兼职教师教学能力提升体系与青年教师职业发展规划体系。建设“双导师”教学科研人才团队是培养应用型法律人才的重要保障，①各高校可以考虑从绩效考核、职称评定、薪酬激励等多维角度向参与实践教学的校内教师适当倾斜，通过加大精神和物质奖励等途径，充分调动、发挥校外兼职教师参与教学活动的积极性。航海院校要进一步鼓励导师团队探索集体会诊、个别指导的师生互动模式，为海商法专业学生开设“导师课堂”或定期举办“导师分享会”等形式多样的教学活动，真正将“双导师”制度落到实处。

同时，笔者建议，将专任教师挂职锻炼单位同学生的实习单位紧密结合，这既有利于实现教师参与实践教学全过程的工作目标，又便于挂职教师为学生提供及时、专业的实习指导，可谓“双赢”之举。创设专任教师挂职考核机制，要求教师秉持明确目标到与本专业相关的单位挂职锻炼、积累实务经验，挂职结束返校后需提交一篇与海商法教学相关的论文或考察报告以便学校掌握成果转化情况，考察因素应包括对目标订立、实现程度、教学成果的综合评价。航海院校在培养海商法专任教师实践教学能力的同时，还要进一步明确工作监督标准，对专任教师挂职锻炼效果进行动态跟踪，进而保障该项工作取得良好的预期效果。

四、航运法律人才培养的协同创新与联动发展

除了上面提到的具体建议外，笔者认为，在新时代背景下，培育涉外卓越航运法律人才还需要重点关注协同创新与联动发展的问题。海商法专业人才的协同培养，离不开多

① 参见祖彤：《法学专业“双师型”师资队伍影响因素分析》，载《黑龙江高教研究》2016年第9期。

措并举、多方合力。应以创新为人才协同培养的核心引擎,突出学科协同、校企协同、校际协同、教研协同以及中外协同的功能定位。2017 年,全国高校海商法教学与研究论坛在上海成功举办,来自全国 25 所开设海商法课程的院校百余名专家学者、法学教育工作者参与其中,围绕"海商法教学与人才培养模式"主题进行了广泛研讨。会上,中国海商法教育联盟宣告成立。全体参会代表作为联盟成员,共同签署联盟宣言,正式形成海商法教育联盟运作机制,"全国高校海商法教学与研究论坛"实现常态化。笔者建议,有关高校以实现合作共赢为目标,保持专业特色、寻求行业支持,不断探索与中国法学会及下属研究会、地方法学会以及中国海商法教育联盟等学术团体和高端智库之间的联动发展模式,发挥学科优势,坚持创新驱动,立德树人、德法兼修,互学互鉴、资源共享,为国家培育出更多、更优秀的航运法治人才。

基于市场需求的知识产权复合型人才培养研究

苗正达[*] 隋晶秋[**] 李富山[***] 苏 航[****]

引 言

知识产权人才是实施知识产权战略的重要组成部分之一,在经济、贸易、科技全球化背景下,提高自主创新能力,是经济社会发展的有力支撑。努力创造自主创新的机制和环境,全面有效地实施知识产权制度,需要大量高素质的知识产权人才。随着近几年知识产权行业的飞速发展,各领域知识产权人才需求量急剧上升,供不应求,导致目前知识产权专业从业人员素质良莠不齐,企业难以选择。本次课题研究的重点在于通过分析目前我国知识产权专业人才的就业以及市场需求状况,剖析知识产权市场复合型人才缺口的问题,进而针对该问题结合社会现状提出复合型人才建设的解决方案。

一、基于市场需求的知识产权复合型人才培养研究

近年来,我国知识产权迅速发展,知识产权人才的社会需求在不断增长。据国家《知识产权人才"十三五"规划》显示,"十二五"时期,全国知识产权专业人才队伍15万余人,知识产权从业人员超过50万人,人才能力素质不断提高,基本形成了梯次合理、门类齐全的知识产权人才队伍体系。而在"十三五"期间,预计知识产权专业人才数量将达到50万余人,全国知识产权从业人员超过100万人。① 知识产权人才的社会需求激增导致我国知识产权专业人员面临巨大的人才缺口,如何快速培养出符合市场需求的知识产权从业人才,成为政府、高校、企业等多方面临的挑战。

高校作为培养知识产权专业人才的主要阵地,截至2017年1月,据智诚知识产权人才服务科技有限公司不完全统计数据显示,国内仅72所高校开设了知识产权本科专业,其中32所高校开设了知识产权学院,每年输送的知识产权专业人才不足毕业生大军的

---

* 哈尔滨师范大学法学院院长、教授。

** 哈尔滨师范大学法学院副院长。

*** 深圳峰创智诚科技有限公司副总裁、深圳智诚人才服务科技有限公司总裁。

**** 深圳市智胜知识产权代理有限公司总经理、深圳市知识产权调解专家、IPMS审核员。

① 参见《知识产权人才"十三五"规划》,载中华人民共和国国家知识产权局网站:http://www.sipo.gov.cn/tz/gz/201705/t20170518_1311120.html,最后访问日期:2018年6月13日。

1%。现在国内企事业单位对知识产权专业人才需求很大,但真正流入人才市场的应届知识产权专业类的大学毕业生却不多。

"互联网+""大数据"时代的到来,加快了信息和数据的流通与更换速度,学科、领域及行业关系变得更紧密,逐步出现的"互联网+制造""互联网+外贸""互联网+金融"等趋势意味着各个产业和行业融合成为了一个更加紧密的结合体,由此给知识产权工作带来了更复杂的环境和更严峻的挑战。相应地,也对知识产权人的素质提出了更高的要求,知识产权人才作为创新人才的重要组成部分,知识和技术的创新都需要完善的知识产权保障机制作为支撑。因此,加快对复合型知识产权人才培养的研究,是完善知识产权保护体系的重要环节,对激发创新人才创新和产业升级具有十分重要的意义。①

(一)知识产权专业人才的市场需求现状

通过对2017年上半年全国知识产权人才需求数据进行研究和分析发现,当前我国知识产权人才需求存在以下几个特点。

对知识产权从业者的学历要求高。

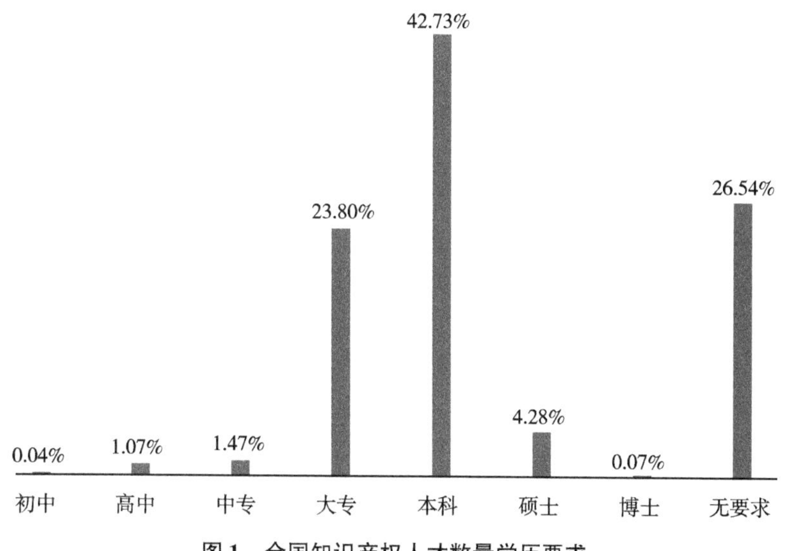

图1 全国知识产权人才数量学历要求

2017年上半年全国企业有13,560个岗位对学历的要求为本科,占比42.73%,是主要的学历需求此外,有7552个岗位对学历的要求为大专,有8421个岗位对学历没有要求。这说明在有知识产权专业需求的岗位中,对于学历的要求以本科为主流,也间接反

① 参见易华、玉胜贤:《互联网视域下我国高校复合型知识产权人才培养》,载《湖南商学院学报》2015年第4期。

映出高校向社会输送的知识产权人才也多集中在本科学历阶段,本科学历的知识产权人才群体为主流(见图1)。

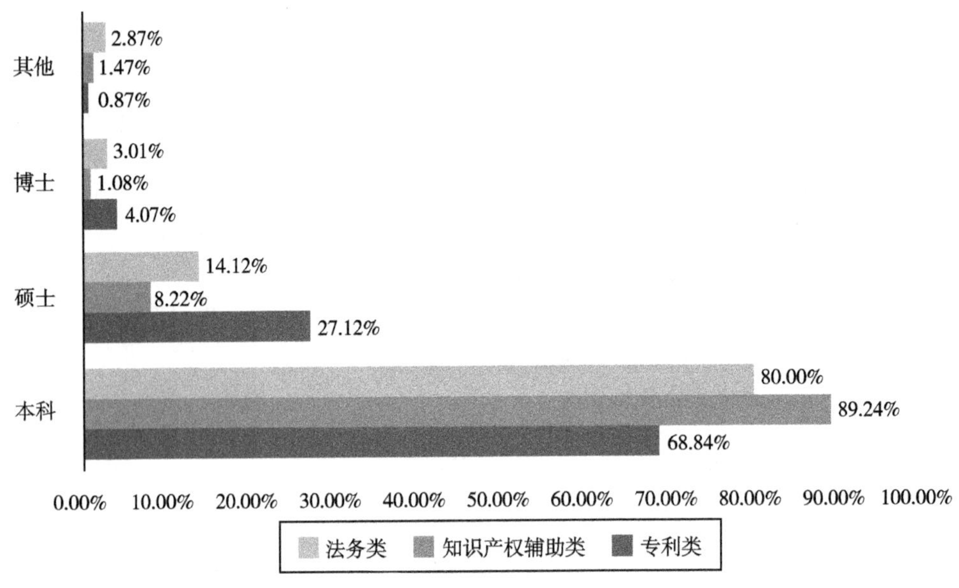

图2 全国知识产权人才不同岗位类别学历需求分布对比

从岗位类别分布上看,学历要求为本科的岗位数量最多。本科学历要求的岗位以知识产权辅助类岗位为主,硕士学历要求的岗位以专利类岗位为主,从事专利类岗位的知识产权从业人员从学历上看要求更高。

不同的知识产权类别岗位在学历需求上存在差异,同样地,知识产权专业方向的不同学历指向的职业发展道路亦不相同。对于本科学历的知识产权人才来说,知识产权辅助类职位无疑是选择较多的职业发展方向,硕士学历的知识产权人才相对来说在专利类岗位中存在更多的选择可能性。但无论是哪种选择方式,从整体来看,在知识产权领域长期发展至少应当具备本科学历。

知识产权属于中高端行业,多数要求知识产权从业人员具有复杂的知识结构,要有多学科背景和扎实的基础,往往要具有理工科类专业技术知识、法律知识、检索能力和分析能力等。因此,从事知识产权的人员往往要通过高等教育才能获得相应学历和专业知识(见图2)。

（二）专利和知识产权辅助岗位招聘需求所占比重较大

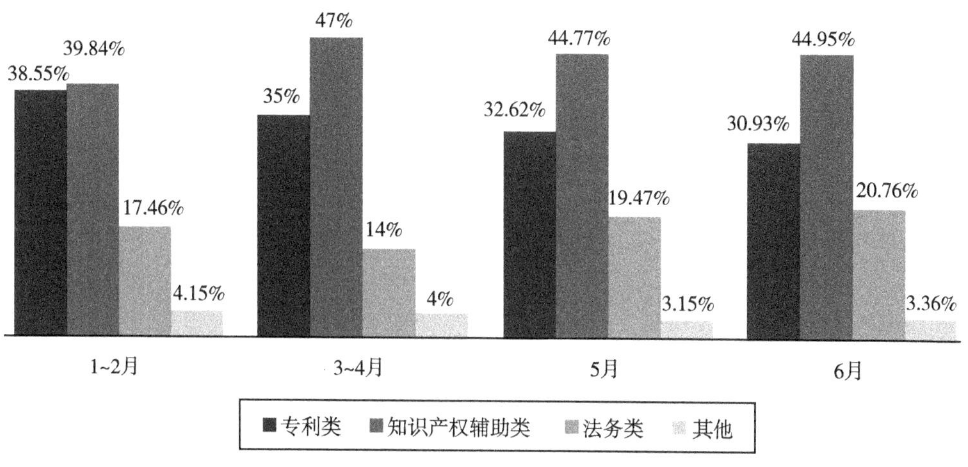

图3　全国知识产权人才需求岗位类别分布

2017年上半年知识产权辅助类岗位以44%的平均占比，成为人才需求最多的岗位，共产生13,963个岗位，其次为专利类岗位，平均占比34%。可见知识产权辅助类岗位和专利类岗位呈现两个峰值，知识产权领域仍然是以专利类和辅助类岗位为主（见图3）。

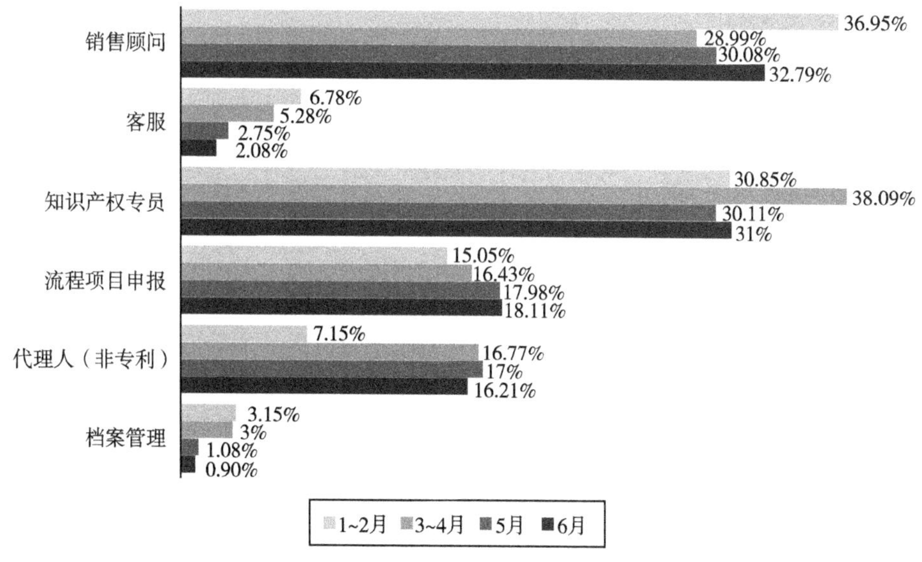

图4　知识产权辅助类岗位分布对比

知识产权辅助类岗位,主要包括销售顾问、客服、知识产权专员、流程项目申报、代理人(非专利)、档案管理等岗位,其需求人数的增加从侧面反映了知识产权行业正处于极速发展阶段,敞口式知识产权人才需求模型仍然不断扩大其敞口,需要多方面人员的参与,共同促进知识产权事业实现全面的发展。其中,销售顾问岗和知识产权专员是知识产权辅助类岗位中占比最多的需求岗位,说明知识产权服务业对人才的需求增幅逐步放缓,知识产权如果不能实现其本质价值,知识产权服务业的冬天将会很快来临(见图4)。

(三)近期社会对知识产权从业者经验要求不高

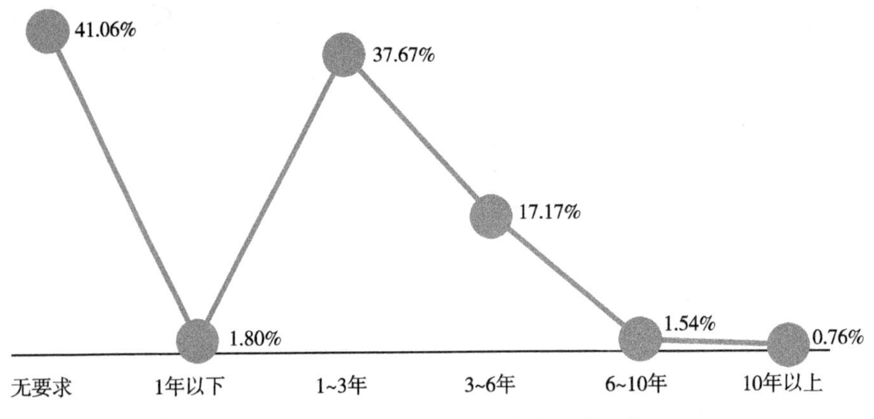

图5 全国知识产权人才招聘的经验要求

需求方提供的岗位经验要求集中在1~3年经验和无经验要求,其中无经验要求占比为41.06%,说明行业需要大量新生力量(见图5)。

然而,求职者的经验水平在3~6年和10年以上分布较为集中,说明求职者的经验在达到3~6年和10年以上时,求职意向会比较活跃。同时侧面说明,新进人才供给不足,造成了一定的人才断层,这也是诸多企业招人难的原因之一(见图6)。

知识产权行业具有较强的包容性,能够吸纳众多各类热爱知识产权行业的非知产权从业人员转向投入知识产权行业,为知识产权行业发展注入新的活力,促进知识产权行业的发展。同时,这也反映了我国知识产权人才的整体水平较低,知识产权从业人员能力还需要进一步提升,现在的知识产权从业人员还存在巨大的升值空间。

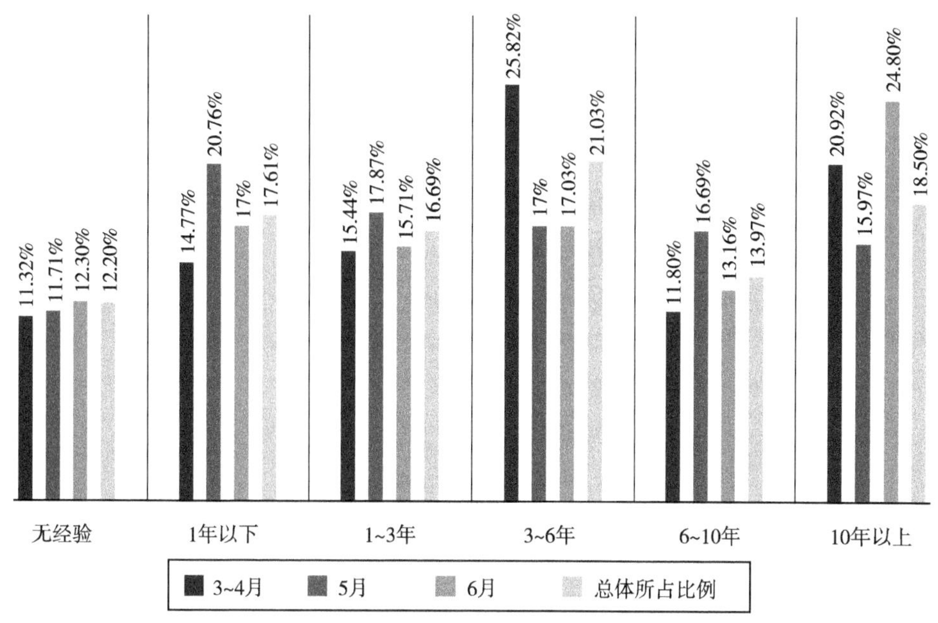

图6　全国知识产权人才经验分布对比

（四）对知识产权从业者专业背景要求

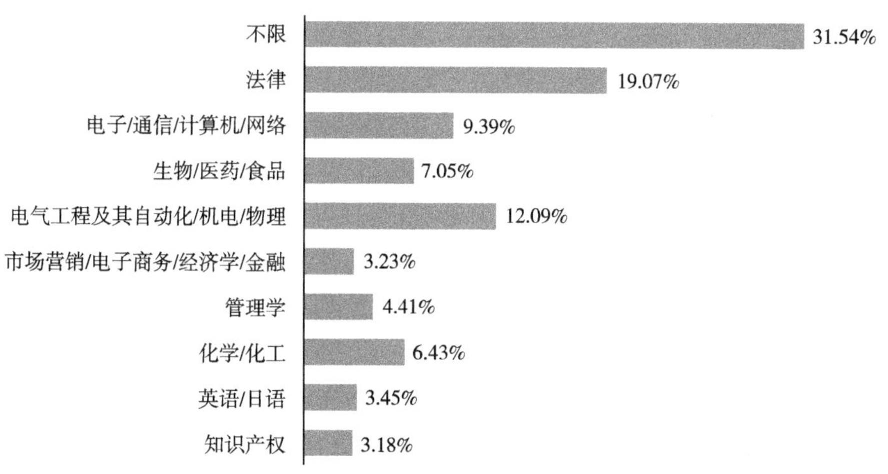

图7　全国知识产权人才专业分布对比

图7中有31.54%、近10,010个岗位的专业要求为“不限专业”,说明知识产权行业兼容性较强,知识产权从业人员分布在各行各业,是其他专业背景人员求职或转型的优选。

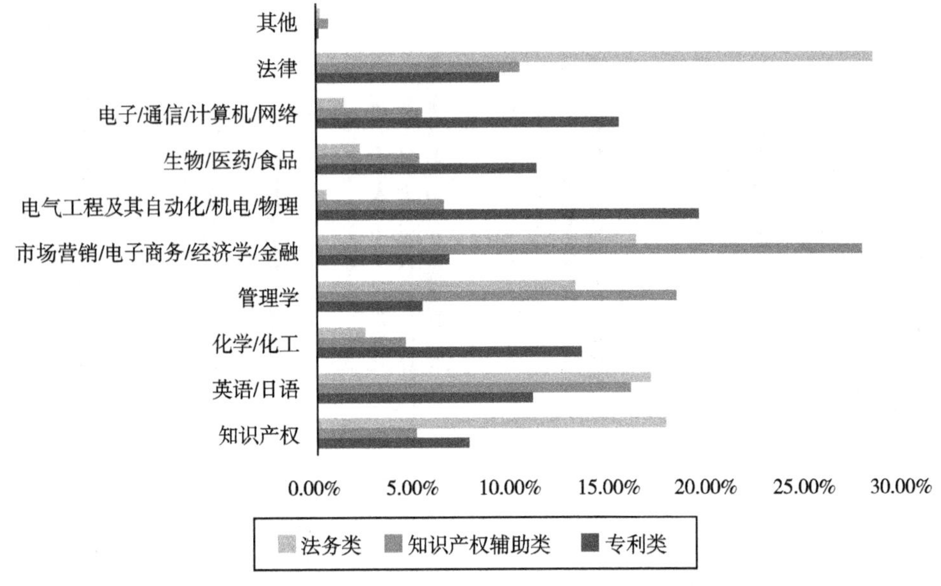

图8　不同类别岗位知识产权人才专业分布对比

不同类别的岗位对专业背景的需求分布也存在差异(见图8),专利类岗位对专业的需求以电气工程及其自动化/机电/物理、电子通信/计算机/网络专业为主,合计占比34.96%,多为理工类专业;法务类岗位对专业的需求集中在法律专业,合计占比28.4%;知识产权辅助类岗位对专业的要求集中为市场营销/电子商务/经济学/金融,合计占比27.8%。企业对知识产权人才的专业需求分散在管理类、生物医学类、电子通信类、营销金融类、法律类、理工类等专业上,而知识产权专业需求占比非常少,说明企业对知识产权人才的专业要求呈“π”型发展,单一的知识产权背景已经不是市场需求主流,从事知识产权行业需要各种专业知识的叠加,而知识产权是叠加必选项。

二、知识产权专业人才的就业现状

(一)知识产权专业背景的存在感走低

据不完全统计,2017年上半年知识产权人才市场的活跃人才约2万名左右,通过对这2万名知识产权人才进行分析之后发现,就专业背景来看,仅有不到1%的知识产权人才专业背景为知识产权,其他知识产权人才的专业背景横跨了管理类、经济类、语言类、理工类等多种专业,说明目前在知识产权行业从业的知识产权人才的专业背景范围跨度较广,而传统意义上的似乎最“对口”的知识产权专业背景的存在感却越来越低。

知识产权人才的学历基本为本科和硕士,是集中的高学历人才群体。本科类的知识产权专业人才在就业过程中往往会进行再深造提高,这部分知识产权人才要么是知识产权专业背景,要么是知识产权专业背景以外的专业背景,对于知识产权专业背景以外的这部分人才,进入知识产权行业在某种程度上也是一次"转行"或新尝试,他们最终所积累的专业技能中有大部分是来自于工作实践的复合叠加。硕士类的知识产权专业人才也分为两种情况:一种是以知识产权或法学专业为主的一学到底,是纯知识产权背景;另一种是知识产权或法学专业与其他专业结合,以递增式学习积累理论性基础,在实践中得以运用,这种人才即是典型的复合型专业背景人才,对应目前市场的知识产权人才需求,也是知识产权就业市场最青睐的一类人才。

(二)兼具"知识产权专业+理工科专业"的双背景人才受市场青睐,但供需不平衡

从具体的知识产权类职位就业分布情况来看,单一知识产权专业背景的人才就业路径多为法务类岗位,在所有相关的知识产权类岗位中的比重几乎要达到50%的权重。除此之外,还有30%左右的知识产权背景的专业人才从事着职能类、销售类、互联网运营及其他等职位,这部分职位在知识产权代理机构和普通企业中发挥着不同的作用,相应地,从业人员接触的工作事务也各有侧重。相较企业中的这部分从业人员,在代理机构、事务所从事这类职位的知识产权人才所从事的事务与知识产权事务重合范围更广,但企业中则会视其自身对知识产权建设和发展的重视程度而定。因此,在某种意义上,这部分知识产权从业人员已经在逐渐脱离或者很有可能脱离知识产权专业领域,对于目前市场上知识产权人才的巨大缺口也是一个不小的损失。

总体来看,知识产权人才选择虽多,但在知识产权人才市场需求这块"大饼"中所占的分量并不多,分量较多的是对于双背景人员的职位需求。但根据调研情况来看,兼具"知识产权专业+理工科专业"的双背景人员占比不到30%,这部分知识产权人才很受市场青睐,而相应的市场需求却很大,已经出现了供需不平衡的状态。

(三)知识产权人才从业人员的知识背景单一

通过对知识产权行业的多数人事部门主管人员进行走访调查发现,目前人事部门主管人员在招聘知识产权人才时的要求已不同于以往,越来越多的企业开始重视企业的知识产权建设和知识产权人才的储备,因而在招募人才的时候往往会提出更多综合性的要求,单一的知识产权岗位不再满足于单一知识产权技能,而是从企业或部门全局出发,叠加工商管理、法律事务以及经济学等方面的综合能力,具备这些复合能力的知识产权人才也往往更容易优胜,从而获得更多选择的机会。

但目前市场的状况是知识产权从业者的专业化水平参差不齐。由于知识产权行业的特殊性,它需要多种其他专业叠加的人才,因此体现出的包容性强于其他专业,对入行的知识产权从业人员的经验要求都不高,旨在鼓励和吸引更多的有志于发展知识产权的人才投身知识产权行业,但同时带来的问题是造成这个行业的从业人员专业化水平参差不齐。当人才已经进入市场,人才自身的学习提高是一方面,另一方面比较重要的是这

个行业及相关企业的再培养和再发展。既然市场需求更多的复合型知识产权人才,在培养模式和实践操作上就应有所偏重。但目前的就业市场形势并不理想,由于引进的人才专业化水平参差不齐,在不能进行合理引导和培养的情况下,知识产权人才队伍的整体素质难以得到提高。

(四)高校知识产权人才培养与社会需求不完全匹配

高校作为知识产权专业人才培养的主要阵地,在向社会输送知识产权人才的过程中担当着重要的角色。早在2015年,国务院就发布了《关于新形势下加快知识产权强国建设的若干意见》,在如何发现、引进、培养和储备知识产权人才等方面有明确的导向。① 但就知识产权高等教育发展来看,学校在教学基础上缺乏专业的实验条件,教师对理论和实践掌握程度不同,难以做到理论实践相衔接,且在法学专业和理工科专业之间没有找到知识产权专业的平衡点,定位不清晰导致学科背景无法适应社会实际需求。

三、复合型人才缺口的问题凸显

人才是推动行业发展和进步的核心要素,只有根据市场需求配备和输送适宜的人才,弥补市场对事业发展所需人才的空缺,行业发展才能形成良性循环。根据知识产权专业人才的市场需求状况分析和专业人才的就业现状来看,人才是知识产权从业市场运转的核心问题,而以市场为导向的知识产权复合型人才缺口明显。随着市场对知识产权人才的需求向复合型人才转变,知识产权人才的培养和选拔也面临新的挑战。

什么是复合型知识产权人才?复合型知识产权人才是一种专业性较强的群体,在复杂多变的市场环境中,显现出的是能够快速适应复杂多变的工作环境,处理繁杂事件的能力。②

复合型知识产权人才问题的凸显是当下知识产权行业的需求反映,也是知识产权人才培养亟待解决的问题。复合型知识产权人才缺口问题的出现存在多种诱因。

(一)复合型人才类型界定不准确

首先,只有将其真正含义理解到位,才能据此作出合理科学的培养计划和目标。高校作为培养知识产权专业人才的主要基地,虽然将知识产权人才培养的目标定位于"复合型、实务型"人才,但事实上并未达到效果,原因之一就在于没有准确把握究竟什么样的人才属于复合型人才。知识产权是一门涵盖法律、管理、科技、经济、公共关系(谈判技巧)等多领域的学科,但当前国内高校依然偏重于培养知识产权法律人才,这有悖于复合型人才培养的理念。③

我们认为复合型人才的复合要素至少包括学科、专业、技能、学历、经验五个方面。

---

① 参见李晓秋、刘海石:《高校知识产权人才培养优化模式研究——以"校企对接工程"为导向》,载《重庆科技学院学报》(社会科学版)2017年第5期。

② 参见张高忠:《高校知识产权管理机制与策略》,载《人民论坛》2010年第11期。

③ 参见肖海、左荣昌:《知识产权人才培养模式研究》,载《长春师范大学学报》2016年第6期。

1. 专业复合型

一直以来,很多高校对于知识产权人才的“复合型”,简单理解为“理工专业 + 知识产权专业”的复合,因而开设物理类、化学类,机械类等理工课程,以期实现“复合型”的要求。事实上这些课程的针对性不强,只是泛泛学习相关的自然科学知识,对于“复合型”的培养目标益处并不大。对知识产权人才培养的“复合型”的理解应当是广义的,可以是“理工专业 + 知识产权专业”的复合,也可以是“管理专业 + 知识产权专业”的复合,也可以是“经济专业 + 知识产权专业”的复合。①

2. 能力复合型

能力方面,基于目前职业的多样化需求,工作过程中的综合性能力逐渐凸显出重要作用,这就要求从业者在具备专业能力之外还应掌握综合性的工作能力和技巧来处理相关联的事务。毕竟当前处于“互联网 + ”的时代浪潮下,行业领域甚至知识之间的联系越来越紧密,对能力的要求由单一专业能力转变为以专业能力为核心进行发散的模式。

3. 学历复合型

复合型人才的培养其实就相当于进阶学习,可以是不同专业知识的叠加,也可以是相同专业知识的更新和再造,无论是哪一种都是为回应当前社会职业需求而应当具备的。

4. 经验复合型

知识产权事业的发展日新月异,速度极快,当今社会也是一个讲求效率的社会,因此,每一个人都应当学会和尝试用 1 年的时间积累相当于 3 年的经验,这是讲求经验的深层次积累,同时为了应对多样化的市场需求。人才需要改变而不能一成不变,在适应社会需求的同时将工作经验也能演变为复合型发展模式。笔者认为,这是对复合型人才相对较全面和客观的培养要求,以此为目标进行培养和自我发展才有可能真正成为社会所需要的复合型人才。

(二)社会培养机制不够完善

复合型人才的提出是基于社会发展与市场需求出现的一种要求,相应地社会和市场对于复合型人才的培养就应当有所回应和参照。目前,社会上既缺乏针对已经进入市场的人才进行技能培训和再造的专业机构,大多数机构、企业对于人才的培养也缺乏合理科学的机制,真正对知识产权人才有需求的企业并没有很好地发挥复合型知识产权人才的作用,锻炼与培训工作相对薄弱。同时,基于知识产权的专业性,很少有相关的机构能够针对市场上某种急需或刚需的知识产权人才进行专项培训和发展,其还不能够达到复合型人才培养的规格。

(三)高校培养机制的欠缺

高校对知识产权人才培养的不到位也是制约知识产权复合型人才发展的重要因素。

---

① 参见李小田:《困境与出路:我国高校知识产权复合型人才培养的路径完善》,载《中外企业家》2016 年第 3 期。

目前,高校知识产权教育中普遍存在的问题有以下三类。

1. 有关知识产权人才培养模式和课程设置不够合理

知识产权通识教育的普及程度及实效性有待提高,目前大部分高校面向全校本科生开设知识产权法等通识教育选修课,主要讲授知识产权的基本概念和基本制度等。对于非知识产权专业的学生来说,学生几乎很难再有机会接收到其他和知识产权有关的课程。由于知识产权通识教育一般是面对全校本科生开设的,如果能进一步提高其普及程度及实效性,无疑会为研究生阶段知识产权阶段知识产权复合型人才培养奠定广泛的生源基础。①

2. 承担知识产权教学任务的教师队伍素质有待提高

这里主要是指负责高校知识产权人才培养的教师团队首先应当是一支复合型人才队伍,是"知识+实务"的精英队伍。但事实上,大部分师资力量缺乏管理知识、科技知识以及相关的知识产权实务经验,无法很好地在知识产权教学任务中融入对培养复合型知识产权人才有益的要素。

3. 现有知识产权人才培养模式亟待完善

知识产权人才需要复合型的知识结构,这必然要求其培养模式是文理交叉、科技与法律融合的,是相关学科与课程资源的整合。目前在知识产权人才培养中,培养模式相对单一,没有充分考虑知识产权人才知识结构和综合素质需求的多样性,从而进行区别培养,在课程设置、培养方式和学历层次等方面亟待进一步完善和提高。②

(四)政策扶持力度不够

人才是经济发展"第一资源"的核心位置,人才工作领域的改革创新离不开政策的突破和带动,为人才培养和发展打造良好的环境和政策,才能推动人才培养事业的更好发展。

虽然目前国家对于知识产权人才发展的大政方针具有一定的指导和推动意义,但是各地在执行过程中由于理解不同,以及相关政策和体制的牵制,导致国家有关知识产权人才培养和发展政策的落实程度各不相同,且在没有抓住行业痛点和刚需的情况下,知识产权人才政策的执行不能恰到好处地解决知识产权人才培养的问题,影响了不同地区的知识产权人才的发展和培养水平。

四、复合型人才培养的解决方案

目前,我国复合型知识产权人才培养所面临的困境有多方面的原因。在知识产权快速发展的今天,我们应明确知识产权人才培养的目标,准确把握国家对知识产权人才培

---

① 参见李小田:《困境与出路:我国高校知识产权复合型人才培养的路径完善》,载《中外企业家》2016年第3期。

② 参见王清晓:《弥补复合型知识产权人才培养"短板",建设创新型河南》,载《中小企业管理与科技》2008年第6期。

养的大政方针和政策导向,在此基础之上创新培养模式。

(一)政策导向

首先,为知识产权人才的培养打造良好的氛围和环境,在政策上对知识产权人才给予更多的鼓励和支持,通过贯彻落实人才优先发展战略,创新知识产权人才培育和服务机制,建立和完善"政府引导、市场运作、社会参与"的多元化人才开发机制和多层次人才服务体系。优化区内知识产权服务就业环境,引导和鼓励以市场方式促进知识产权人才的快速引进、有效培养和合理流动。吸引更多优秀的人才加入知识产权领域。其次,依据国家有关知识产权人才的发展规划进行有计划的推动,加快知识产权人才队伍建设,优化知识产权人才体系,重点培养复合型知识产权人才,为知识产权就业市场匹配优质、高端的知识产权人才。再者,要打造优质均等、高效便捷的人才公共服务体系。加大人才安居工程的投入,加大对人才创新成果的转化和保护力度,完善高端人才、实用型人才在配偶就业、子女入学、医疗、住房、社会保障等方面的相关措施,营造有利于知识产权人才创新创业发展的环境。

知识产权人才的发展离不开政策扶持和资金支持,应当统筹安排好人才培养开发所需投入的经费,在充分了解市场需求和行业痛点之后,有针对性、区别性地在不同地区有重点、有次序地进行知识产权人才培养投入和开发。目前,大多数省市尤其是中西部省市都在构建知识产权强省,打造国家级、省部级知识产权强市、知识产权强县,打造知识产权示范区、知识产权服务机构集聚发展实验区等,制定一系列的知识产权优惠政策,鼓励人才引进,设立知识产权人才激励政策等。

(二)鼓励高校自主创新与教学改革

自2008年以来,国内部分高校开始了知识产权人才培养的尝试,取得了一定的成果,但尚未形成完善的知识产权人才培养体系。① 因此,高校作为知识产权人才培养的主要推动力,应当加强自主创新和教学改革。

1.明确不同类型人才培养标准下的培养模式设计以及职业定向

若是以复合型知识产权人才作为培养目标,即需要从法律职业人品格素养、逻辑思维、表达与沟通能力等多个角度培养出懂技术、懂管理,能在知识产权相关领域从事咨询与服务、经营与管理、运用与保护、宣传与推广等工作的复合型高级知识产权人才。在课程设置上要注重学科之间的交叉培养和实践技能训练,②一方面,为知识产权专业学生学习提供其他专业的导师进行专业知识的外延拓展;另一方面,针对知识产权专业的学生提供多样的选修课程机会,在理论教学上进一步拓宽视野。

① 易华、玉胜贤:《互联网视域下我国高校复合型知识产权人才培养》,载《湖南商学院学报》2015年第4期。

② 李晓秋、刘海石:《高校知识产权人才培养优化模式研究——以"校企对接工程"为导向》,载《重庆科技学院学报》(社会科学版)2017年第5期。

2. 设置具有层次感的高校知识产权课程

高校知识产权课程资源的丰富和升级直接影响到知识产权人才的培养,因此,开发和有效利用好知识产权课程至关重要。复合型知识产权人才的培养包括学历纵向上的层次和横向上的专业的复合。首先,确保理论课程、实务课程以实践体验有机结合,贯彻"知行合一"理念,以产教融合、校企合作等为突破口,在高校已有知识产权理论体系基础上建设关联的企业实训基地,配套知识产权理论教学,加强实务培训和实践体验。其次,在知识产权人才学习的不同阶段,针对不同层次的知识产权人才规格设置不同程度的知识产权课程,起码在知识产权课程设计上体现出纵向的复合性,实现从综合知识基础到综合素养再到深度学习的过渡,培养具有国际化视野和国际合作能力的复合型知识产权人才。

3. 组建跨学科教学团队、专家团队

根据当前知识产权行业的人才需求,我们了解到知识产权人才培养主要是以复合型人才为主,当今社会知识产权问题的复杂化和复合型人才培养的问题对高校知识产权教育队伍提出了更高要求。

不同学科的教师教学资源可以进行整合搭配,在专业知识上形成良好的互补。基于此,高校尤其是综合性大学应充分利用自身多学科的优势,组建由法学、管理学、工学等领域教师、专家组成的跨学科团队,为知识产权人才培养提供强有力的团队支撑。[①]

(三)探索多元化的知识产权人才培养路径——交叉培养

我国的知识产权人才培养主要集中在高校法学教育中,学界对此存在质疑。[②] 知识产权人才最终会走向市场,通过各种知识产权实践实现价值和技能增值,因此,政府、企业、社会团体及协会也是知识产权人才培养的重要力量。在高校的复合型知识产权人才培养过程中,主要探索和加大产学研的培养模式进程,将生产、教育与科研紧密的同"再培养"模式结合起来,将知识产权人才的培养穿插到相关联学院的培育中去。

哈尔滨师范大学法学院与深圳智胜知识产权代理有限公司就探索出了合作"教研中心"的培养路径。利用高校便利完善的教学环境和公共服务设施,在高校原有的基础教学资源基础上加入第三方机构的实务资源,推动高校创新力量和创新成果的价值转化。同时,其作为连接高校和企业以及科研院所的纽带,有针对性地进行知识产权人才培养,提供实务训练、课题研究、创新资源配置等专业化服务,能够更好地发挥高校围绕市场需求培育人才的优势,促成多项联合培养成果的落地转化,发挥示范作用,促进高校知识产权人才的就业,更好地与市场需求对接。

当高校主要通过理论课程培育和实践课程训练的方式培养知识产权人才时,社会培

① 参见李晓秋、刘海石:《高校知识产权人才培养优化模式研究——以"校企对接工程"为导向》,载《重庆科技学院学报》(社会科学版)2017年第5期。

② 参见刘春田:《我国知识产权高等教育的发展》,载《中华商标》2007年第6期。

养机制也应同步匹配和支持,将社会资源交叉运用到复合型知识产权人才培养中。可以在高校课程培育之外开展针对不同人才类型的集中培训班,以中长短期的集训为切入点,搭建为知识产权人才进入行业之后技能提升的锻炼平台。

(四)提升企业和机构培养知识产权人才的作用

1. 重点培养、多方培养

我国企业当前的知识产权人才培育较为滞后,企业知识产权意识普遍不高,专业人才短缺,教育培训水平有限,企业知识产权工作进展缓慢。因而,有必要加强企业与政府、教育科研机构以及企业内部之间的良好合作关系,畅通信息渠道,多方合作加强对企业员工的教育培训工作,通过"一般员工加强培训、骨干员工重点培养"的方式,尽快培育一批应急人才。在对企业员工进行了初步培训后,还要适时举办个性化、高端化的培训,培育一批懂科技、法律、管理、经济、国际规则的综合型人才,加快提升我国企业知识产权人才队伍的整体素养。①

2. 建设知识产权人才企业实习基地

院校教育技能和市场企业所需要的技能匹配程序不足,企业要求工作经验以弥补技能脱节问题一直是毕业生就业中的"拦路虎"。为了解决这个问题,智胜知识产权代理有限公司设立了实习基地,派遣高校学生先期进行实习,不但提供给学生锻炼成长的环境,也在一定程度上缓解了一些单位人才资源匮乏的状况。

实习基地就像是推动知识产权人才走向完全就业的一块"跳板"。经过实习锻炼,知识产权人才对工作岗位的更熟悉,能更好地培养工作技能,积累工作经验,有利于正式工作之后尽快进入角色,成为合格优秀的知识产权人才。同时,企业通过在实习期间与学生的磨合,对同学们也会有更深的了解,择优录用,填补市场的知识产权人才需求,双方互利共赢。

根据国家知识产权发展规划,目前已经进入知识产权强国建设取得实质性进展的初创期、知识产权战略任务全面完成的关键期和知识产权领域改革取得决定性成果的攻坚期,知识产权事业的发展比任何时候都更加渴求人才。知识产权人才培养是一项基础性、长期性和系统性的工作,知识产权专业人才市场决定方向,需求决定培养,潜在决定发展。因此,必须发展知识产权人才事业,培养复合型知识产权人才,直面知识产权的社会需求,为知识产权建设事业夯实人才基础。

① 参见肖海、左荣昌:《知识产权人才培养模式研究》,载《长春师范大学学报》2006 年第 6 期。

信息化对法学教育的影响

大数据时代的法学教育及其变革

冯　果*

技术更迭的速度向来出乎人类意料。20世纪发生的种种技术变革已远超在此之前历史可测维度上"嵌刻"的变化之和。在21世纪第一个10年"信息社会""互联网社会"刚被人们打上时代标签后不久,"大数据时代"(The Age of Big Data)就马不停蹄奔涌而至,将人们裹挟入又一轮变革浪潮之中。不同于以往信息浪潮中技术推动呈现出局部、被动和渐进之势,现今的大数据时代显现出技术深度融合、全面推进和迅速延拓的特点。大数据时代的"大数据"已不仅是一种技术指代(如当前风行的人工智能、区块链、物联网等),其更是一种思维方式的代称,是人类发展与社会关系因应调整的一次全面审视。大数据正日益深刻地影响着各行各业的发展,法学教育亦不能例外。甚至,有专家大胆断言未来几年内"网络法学教育将会替代传统的实体法学院教育"。① 传统的法学教育近年来一直备受苛责,无论是教学方式还是培养内容,都难以达致培养契合当下社会需求的人才的目标,如何借助大数据发展的契机来主动适应现代教育需求成为我们不得不思考的问题。

一、大数据时代背景下的人才需求变化

教育的根本使命在于人才的培养。而人才最基本的评判标准是其能否适应社会发展的需求,是否具备融入社会的能力。法学教育素有"精英教育"之称,法学院培养的学生作为"法律共同体"的成员,更有一种高度因应社会发展需求、参与制定社会规则的天然使命。大数据时代"社会生态"的剧烈变革对法学人才需求的变化有着深刻影响,尤其是在人才的知识谱系、学习方法、创新思维及实践技能等四方面期待正面回馈。

(一)完备的知识谱系

知识谱系,即知识架构,是个体掌握的不同知识的内在组合分布。大数据最基本的特征就是"5Vs",即海量的数据规模(volume)、动态的数据体系(velocity)、多样的数据类

---

* 武汉大学法学院院长、经济法研究所所长、教授。

① [美]米歇尔·皮斯托:《法学院与技术——我们现在何处并将驶向何方》,周亚玲译,载王瀚主编:《法学教育研究》(第15卷),法律出版社2016年版。

型(variety)、易变的数据结构(variability)和精确的数据分析(veracity),[①]大数据背景下各种知识交织融汇,更新速度更是呈指数级增长。在知识高度聚合流动的当下,社会发展亟须人才具备完备的知识谱系。一方面,在知识架构的纵向时间维度上,人才应对本领域的新事物、新知识有所了解。与以往社会不同,之前习得的知识或可终生受用、百用不疲。现在知识更新周期缩短,各种新事物层出不穷,既有经验知识在化解新问题上往往力有不逮,需要人才对新事物有必要的认知。另一方面,在知识架构的横向延展维度上,人才应具有更广阔的知识涉猎。目前,我国改革正进入攻坚区和深水区,经济社会发展中的矛盾更突出,大数据时代的到来更是加速了问题的暴露,各种因素的叠加使得问题颇为复杂,仅依赖单一专业的知识难以有效切入问题,而掌握必要的其他关联学科知识(如法学外的经济学、社会学、管理学等)能为问题化解提供全新视域,"复合型人才"更受社会青睐。

(二)高效的学习方法

大数据背景下,计算机和互联网的应用普及使信息获取更为便捷,信息封锁区隔的问题逐渐式微,传统的知识垄断鲜有"存活空间"。但大数据的本质是技术应用,技术是天然的"双刃剑",伴随着信息集取便利而来的还有巨量信息的过载、杂乱和无效,这就对法学人才提出了新的能力要求:如何在浩瀚的"信息海洋"中用有限的时间高效率地收集、识别、处理目的信息。此能力不同于人才"知识谱系"的认知累积,其是更进一步意义上的具体"方法论"上的要求。这种方法论至少包括三层要义:"恰当择取+高效达成+新工具驾驭"。"恰当择取"是在面对复杂问题时,个体具备足够的识别和规划能力,能寻求最优方案来化解困境,而不是仅仅满足于初步信息获取或浅层信息处理(毕竟这些工作已完全可借由计算机或机器人完成,其几分钟的工作量可抵自然人数月工作量[②])。"高效达成"意味着在大数据时代,效率的价值更为凸显,在具备恰当方案的基础上法学人才可高效达到目标;而"新工具驾驭"则要求新时代的法学人才不能仅具有自身主观学习方法,更要有通过辅助工具达成目标的能力。大数据时代可实现"人机"高度互动交融,借由新工具(如 icourt 流行的"可视化方案")可更好地实现认知社会、融入社会、助力社会发展的目的。

(三)创新的思维模式

创新是社会进步的原动力,大数据的产生和发展本身就是创新的结果,创新思维在大数据时代更为重要,无论知识习得还是学习方法,都需要创新思维的引领。值得反思的是,法学专业素以严谨著称,从法学基础理论到法律规范,无不要求高度的逻辑性,因而,法学人才也不自觉地给社会造成了一种灵活不足、因循守旧、缺乏创新的固见,这种

---

① See Hilbert, Martin, "Big Data for Development: A Review of Promises and Challenges Science", 34(1) *Development Policy Review*(2014), pp. 135 - 174.

② 参见张宸宸:《机器人:法律行业的终结者额还是开路者》,载《读书》2016 年第 10 期。

固见其实过于片面，法学人才不仅可以具有创新思维，而且在大数据时代中更能发挥创新引领的作用。这种创新思维并不局限于单纯的技术创新，实际上，无论新式交易规程设计，抑或独特的论证过程等举凡有突出的不同寻常的想法，均可被视为创新思维。大数据时代各种知识的内在阻隔被疏导打通，社会发展面临着全新的机遇，具有创新思维的法学人因其对社会高度的自适性将备受欢迎。

（四）娴熟的实践技能

社会对人才的需求不是空洞的“纸面文字符号清单”，是否具备解决实际问题的能力才是关键的考量。实践技能如同桥梁，将知识、方法、创新思维和社会需求有效对接。在当今社会快速演进的大数据时代，实践技能的作用更为凸显，没有充足的实践技能，再多的知识储备和方法论也对问题解决作用甚微。实践性是法学的学问品格，经验理性是法学的实践性格。法学是“社会科学”，其以“实践”为基本面向。无论从事科研还是实务工作，唯有具备扎实的实践技能方能有效解决现实问题。当前，学生实践技能存在“短板”也是目前国内法学界公认的教育问题。2012 年启动的《卓越法律人才教育培养计划》[①]中亦提及学生实践能力总体不强，应强化实务技能培养，培养“应用型人才”，就是对此问题的现实分析与政策回应。如何有效因应大数据时代的人才需求变化，培养适合社会需求的具有实践技能的人才是当前法学教育有待解决的关键问题。

二、传统教学内容及教学手段已难以有效适应社会对人才的需求变化

大数据时代的法学人才教育应以培养“完备的知识谱系”“有效的学习方法”“创新的创新模式”以及“娴熟的实践技能”为目标导向。但囿于目前的法学教育在教学手段和教学内容上存在显著问题，传统的法学教育模式已难以有效适应社会对人才的需求变化。

（一）教学内容陈旧局限

传统教育模式围绕着“教材、教师、课堂”展开，其中教材又是传统教学模式的内容核心来源，教材的重要性在法学教育中毋庸置疑。然而，现实中教材内容却有诸多局限性。首先，教学内容观点陈旧、知识老化、教条空洞、新颖不够。纵使近些年出现了诸多国家规划教材和特色教材，也还是远远滞后于社会变化，无法反映最新社会动向。其次，教学内容过于局限，存在学科固化的问题，缺少跨学科复合性内容，知识面过于狭窄，缺少延拓，无法给学生关联领域的专业知识。最后，教学内容过于偏重探讨法学学科的学理问题、流派之争和历史沿革，欠缺实践导向的内容，大多内容局限于从理论到理论、用概念去解释概念的自说自话，无法为因应实践的职业教育提供学习环境。虽然法学界已认识到教学存在“理论与实践脱节”的问题，力图通过增大案例内容来丰富实践知识，但鉴于

① 该计划于 2012 年启动，围绕提升人才培养质量的核心任务，针对法学高等教育面临的问题与挑战，将目标定位为以提升法律人才的培养质量为核心，以提高法律人才的实践能力为重点，加大应用型、复合型法律人才的培养力度，培养、造就一批适应社会主义法治国家建设需要的卓越法律职业人才。

教材篇幅有限以及案例选择的标准不一,实践性内容教学沦为理论内容的附庸。陈旧、局限、欠缺实践导向的教学内容导致学生仅识记理解所学教材的单一内容,无法为人才培养提供知识谱系延拓和实践能力提升的内容"土壤"。

(二)教学方法单一粗劣

传统的法学教学方式仍局限于课堂讲授,以单向灌输教育为主,是一种粗放式教学,少有对互动式、讨论式、体验式方法的采用。当前法学教学仍未能实现实质意义上的信息化、数字化,大多数教学技术仍局限于PPT、QQ群、微信群、邮箱、多媒体课件以及不甚普及的远程教育系统,对技术的适用进展已远落后于时代步伐,即便近年来风行的MOOC(massive open online course,大型开放式网络课程)曾一度备受瞩目,但其适用仍然寥寥,且其本质是一种普通的线上教学工具,难以实现真正的教学反馈。① 传统的课堂教育都如此,更莫谈实践教学课程了。实践教学主要由法律诊所、模拟课程以及校外实习组成,这些课程形式胜于实质,例如,法律诊所和模拟课程中学生仍要依赖教师,教师也多不自觉地回到课堂教学思维中,仅通过几则案例和粗劣的PPT应用无法真正培养学生的实践能力,其象征意义高于实践意义,而被寄予厚望的校外实习更是频被诟病,教学方式被简化为"走过场",实习学生被当作廉价劳动力使用,接受的多是临时性的工作,如整理、装订卷宗。诸如此类的单一粗劣的教学方法无法生动地教授知识、传习技能,学生的实践能力难以得到有效提升。

(三)教学评价体系畸形

教学评价机制是对教育效果检验的过程,是提高教学质量的有力手段,其作用不仅在于对既往知识的检验,更在于通过评估督促未来的学习,以实现教育预定的目标。教育目标是评价机制明确的前提,但审视我国当前的教育目标,存在着偏重理论化、缺乏实践导向的问题,在其影响下,大多数法学院校对传统课程还停留在单纯依靠考试进行评估的阶段。这种方式以结果为导向,重在甄别证明,只利于实现认知评估,即对学生的学习和掌握的知识进行检测,无法对学习"过程"进行"行为评估"(测评学生在课程学习前后的变化)、"态度评估"(测评学生在课程前后的不同态度)和"实作评估"(测评学生执行"专为评估而要求学生执行的任务"),难以实现教学评估的多维度、多向反馈。② 这种单一的成绩评估方式导致学生唯成绩是大,考前突击学习、死记硬背是成绩优良的"保障",抑制了创新思维和批判性思维的培养。实践教学方面的问题则更为严重,学生成绩大多由教师的主观意见评定分数,如此模糊的评价随意性较大,无法反映学生具体能力的提升变化。这种评价体系的畸形无法显示教学的实质问题所在,不利于对学生的行为进行"诊断"和改进。

---

① 参见朱兵强:《MOOC时代的法学教育:困境及应对》,载《当代教育理论与实践》2016年第11期。

② 参见[美]罗伊·斯塔基等:《完善法学教育——发展方向与实现路径》,许身健等译,知识产权出版社2010年版,第224~227页。

(四)教学组织生硬僵化

教学组织自17世纪夸美纽斯确立班级授课制以来,教学活动的基本机构即被定型,至今法学教育依旧如此,并未有显著变化。正如尼葛洛庞帝(Negroponte)在《数字化生存》(Being Digital)中所言,假若19世纪中叶的外科医生穿越时光隧道来到现代,由于现代科技对外科医学的改变之大,对他而言全然陌生,而同样的教师来到现代,他会发现除课程内容有所变动外,现代科技对教学组织、教学方式并无根本改变,他可立即着手教学,穿越至现在,依旧可适应。但医生则未必,毕竟医学变化日新月异,但法学教学方式却少有变化。① 这种班级制的教学模式映射了工业化时代标准化、规模化的人才生产需求,以"课堂"为中心的教学模式,成功解决了大规模知识型、技能型人才的培养。然而,这种教学组织模式生硬地采用统一的教学内容、教学任务、教学进度,很少顾及不同学生的差异,难以反映学习者的个性化需求。课堂宣教式教学以教师为中心,剥夺了学生的主体地位,在知识传授上也预定了知识体系,导致被动填鸭式教育,不利于塑造学生的独立性、发散性、批判性及创造性思维。

三、大数据对法学教育的全面革新

传统法学教学方法和内容难以因应社会对人才需求的变化趋势,大数据时代的到来为我们法学教育改革提供了新的契机。不仅计算机等信息技术更为成熟普及,为大规模深度融合数据体系提供了条件,而且教育对象也多为90后"数据原住民"(born digital),具有良好的信息技术适用基础。基于当前时代背景下人才培养需求的变化,充分利用大数据技术对法学教育进行以下四方面革新。

(一)教学内容的全景式选择

教学内容陈旧、单一的问题可通过充分利用大数据技术的高容量、动态性、共享性特质予以改进,这种海量数据支持云平台资源的"全景式选择",可为教学开展提供丰富的教学资源,直接便利地选择阐释学习主题的基础性知识、背景式知识,有利于突破过于传统的囿于学科领域的教学内容选择方式,使教学内容突破教科书等来源限制。而且这种内容选择不同于信息时代对互联网技术的初级使用,其不再是简单的内容搜索汇集,而是数据信息粒度的精准提炼,以契合学生个性数据内容的准确匹配为前提,实现教学内容的精确与丰富。同时,大数据下云技术可有效降低信息搜索技术成本和经济成本,改变原来IT基础架构,将负载均衡、虚拟化、网络储存、分布式计算等综合容纳后能提供更多、更及时的服务。② 在大数据技术的整体连接下,教学网络资源子程序可高度融合,即可剔除过于陈旧的知识和过于凌乱的知识碎片,又能定期根据数据资源的自适性属性动态更新知识,实现教学内容"传统基础"与"现代新颖"的有机结合。如此,可有效满足人才培养对知识谱系"宽度"和"新度"的需求。

---

① 参见[美]尼古拉·尼葛洛庞帝:《数字化生存》,胡泳、范海燕译,海南出版社1997年版,第257页。

② 参见程红梅:《云教学模式在法学教学中的应用》,载《河南科技学院学报》2016年第8期。

(二)教学方法的多样化采用

教学方式的转变与受教学生密切相关,直接影响学生的思维变化。传统单一的讲授教方式鲜有技术运用,即便使用也局限于缺乏交互的、反馈的简单工具。在大数据浪潮下,为了保证学生习得知识、获得方法,应多层次、多路径地采用新教学方式,包括但不限于:(1)同步远程学习模式——传统课堂讲授的升级版,师生参与在时间上同步、空间上不同步,这与当下火热的"全民直播平台"极为相似。可实现即时通讯和双向互动交流。(2)非同步远程学习模式,涉及参与者时间和空间的分立,教师录制讲座内容,学生可在任何时间、任何地点、不限次数地随时学习。(3)翻转课堂,也称混合式学习,主要指在线辅导和面授指导的结合。学生先通过教学视频资料主动在网络上学习,后在课堂上与老师进行深入的探讨交流。这些方式的创新使用可使教学不再局限于课堂,从而延展了法学教学的时空场域。而且,相关资料均可在云平台获得,学生对传统课堂依赖降低,学生先自主探索、合作学习,后集中反馈交流,教师由灌输者变为指引者,学生由被动接收向主动学习转变,有利于学生方法择取能力的提升,增强其发散思维和创新意识。① 此外,在实践教学中,更可充分利用大数据技术开展场景模拟课程,构建虚拟仿真的法律实训平台,进行体验式学习(如英国的 Ardlloch),如此沉浸式情境教学方法更能有效地培养学生的实践能力。

(三)教学评价的精细化管理

单一粗劣的传统教学评价机制严重影响对学生的实践能力、学习方法以及创新思维的培育。而大数据技术基于云的学习平台、学习终端的广泛应用,可收集学生的过程性数据(如学习行为、学习表现、学习习惯),通过采集分析系统的数据挖掘、比照、整理及分析,实现教学由一次性、间断性的评价向过程性、伴随性评价转变,进而有助于教学评价走出粗糙的经验主义泥淖,迈入精细的数据主义。依靠大数据应用进行的归纳与整理使教学评价的反馈更为精准,不再是传统意义上经验的粗糙估计,亦有利于在学习分析(learning analytics)过程中发现教学、学习规律,可为实现教学优化提供准确的依据和参考方向。因此,评价体系的重点转向和精细化分析将促进学生在掌握知识的基础上,全方面提升个人能力。②

(四)教学组织的个性化延拓

英国大数据研究先驱舍恩伯格认为,大数据能够收集对过去而言,既不现实也不可能集聚起来的反馈数据,我们可以迎合学生个体需求……通过概率预测优化学生的学习

① 黄忠:《论法律 e 化教育对传统法学教育的优化》,载《现代教育科学》2016 年第 7 期。

② Alan Rubel, Kyle Jones, "Data Analytics in Higer Education: Key Concerns and Open Questions", 11(25) UNIV. of ST. *Thomas Journad of Law & Public Policy*(2017), pp. 26 – 44.

内容、学习时间和学习方式。① 通过对大数据技术的应用将改变与教学有关的知识获得方式,扩大教学活动所处的时空环境,师生可以随时随地利用信息终端联结大数据平台,突破传统教室对教学信息的封装及对教学环境的限定。每位学生发展的依据从依赖于老师的有限理性判断转变为对自身学习过程的数据分析,个性化教学将成为可能。具言之,利用大数据技术将实现法学教育的"私人定制",通过数据处理对师生教学行为的精细化描摹,使合适的人能得到合适的内容,引导学生自主选用教学资源、自主调控学习行为、自主选择学习方式。② 学生可基于自己的认知方式选取教学内容的表达方式,依据自己的偏好选择教学内容的呈现顺序,遵循自己的学习习惯灵活调控教学时机和氛围,逐步实现由教师主导的统一步调式教学过程转化为在教师指导下,学生自主安排的多线程的异步化学习。在班级概念弱化的信息化环境下,学生能在技术辅助下全面分析自己的学习行为,从中归纳总结、接受反馈并开发最大学习潜力,从而有利于激发学生学习新知识的热情,提升学生的自主学习能力。

四、对大数据应用盛赞背后的教育本意不应被冲淡

大数据确实开启了一次重大的时代转型,其对各行各业革新的力度确实空前,甚至现在网络上有观点鼓吹其是"万能技术",将来在教育行业中会取代传统教师。对于这种热议尤需我们冷静思考。其实,我们愈对大数据充分利用,反而更凸显出教师的重要作用。不可否认,传统教育中原本横亘于师生间的显性知识鸿沟,在互联网技术的推动下不断消失;但是,法学隐性知识传承中所需要的经验体悟却无法完全通过技术手段予以获取。互联网以显性知识为主,部分隐性知识一旦脱离了它所依附的知识主体而以视频录音形式呈现时,它们就已经获得了外化的载体,与主体产生了距离。即便是在线视频可随时交流,也因面对的是图像——完全虚拟化的交往场景,囿于意义表达的时空距离基本缺失,教育本应具有的社会情境限制也被冲淡。

在利用大数据技术改革法学教育时,尚有两点需要注意:首先,教师作为桥梁纽带,应提升数据素养,明确如何获取、分析和使用数据来支持教与学;其次,大数据的使用使得学生都被抛掷到信息海洋中,学生活动透明性大大增加,要注意对其数据隐私的规范使用,避免在以个性化服务为目的的海量数据采集分析过程中出现隐私泄露的问题。

---

① 参见[英]维克托·迈尔·舍恩伯格、肯尼思·库克耶:《与大数据同行:学习和教育的未来》,赵中建译,华东师范大学出版社2014年版,第104页。

② 参见王天平:《大数据诱发教学深度变革的实现方式》,载《中国教育学刊》2017年第9期。

“互联网+”时代法学教育的创新与变革

刘经靖* 王 佳**

“互联网+”行动指略给当下各行业、各领域提供了一个新型的发展模式,即应和当下时代的网络便利,发掘“高水平投入—产出”模式。通过互联网方式逐渐探索崭新的教育供给模式已经被纳入改革日程,[①]各式教育领域包括义务教育、高校教育以及资格类辅导班教育中的固有的教学方式、教学观念、师生关系等都在发生深刻而快速的变化,新型教育形态——“互联网投入—产出”模式——雨后春笋般显现。服务者们亦摩拳擦掌,力图依靠技术与资本的双重驱动使收益最大化,在教育行业进行大规模改革,各类语言教学式辅导机构、职业技能技术培训、考试教辅课程等下属行业涌现出一大批知名创业公司,如新东方在线、猿题库等,且势头持续增长,极为火爆。独具慧眼的市场主体早已将互联网应用于自身营利使用。远程教育(remote education)、在线学习(online learning)等学习模式以及微课(micro-course)、慕课(massive open online course,MOOCs)等一系列网络公开课的课程形式早已将之前教育的时空界限击碎,扶摇直上成为新兴产业,并在法学教育中得到广泛应用。技术的发展依旧不会止歇,教育者们也纷纷想要借助互联网这一万能法宝为法学教育的模式建言献策,然而,现实的情况却略显糟心,技术的固有弊端,如使用方式的复杂使传统的教授、学者们无法操作,互联网投资的实效成本相当庞大,高校财政以及教师工作负担也有所增加,教育并没有变得更好。

一、“互联网+”教育内涵不甚清晰

“互联网+教育”出现频度很高,新兴术语的出现往往会带给人们惊喜,人们总是很高兴地认为麻烦的事情解决了或者即将被解决。但极为尴尬的情境便是人们对其概念并不那么明确,相关的政府文件、学界争论也没有说明“互联网+”教育究应包含哪些内容和实践,而实践者们在自己所擅长的领域里一点一滴地摸索并试图找到一个很好的途径来解读。再来看教育部下发的《2016年教育信息化工作要点》,文件指出“落实中央网

---

* 烟台大学法学院教授、副院长。

** 烟台大学法学院民商法硕士研究生。

① 参见2015年7月国务院颁布的《关于积极推进“互联网+”行动的指导意见》。

络安全和信息化领导小组和国务院有关'互联网+'、大数据、云计算、智慧城市、信息惠民、宽带中国、农村扶贫开发等重大战略对人才培养等工作的部署,作为做好教育信息化统筹规划与指导、加强教育信息化统筹部署的重要任务"。法学教育领域意图领会中央文件精神,打算从全方面、多维度的布控之下积极响应国家"互联网+"行动计划,但却根本无从下手。究其原因,"互联网+"行动计划中具体的部署并不存在,实践者们有心无力。法学教育的变革性特征自不必说。"互联网+教育"的字面意思浅显易懂,"教育信息化=教育网络化",使用多媒体展示、投影设备以及网络素材等都可以称为"互联网+教育",教育实践全部上网的认知模式屡见不鲜。在以高校教育为代表的一线教育实践中,盲目追求教育网络化的现象比比皆是,不仅造成巨额财政负担,也忽视了深层次教学机制、体制的改革本质。这种以技术解读教育的方式不甚妥当且后果严重,高校面临相当大额的教学支出浪费,同比学生汲取知识的成本亦会随之水涨船高,我国教育信息化隐隐有回到原点的恶劣态势。倘若继续忽视深层次教育系统开放的变革趋势,将会影响高校使用技术推进教育变革的进程。

正确把握"互联网+教育"的具体实践方向,需从其本源中挖掘具体的典型案例,精准地把握行动方向,从而为法学教育的创新之路开疆辟土。

(一)优质开放模式:慕课(MOOCs)

资源开放性、效果实时性和群体社团性等鲜明特点是慕课相比传统高校教学模式的显著优势。国内大学常常作为一个封闭实体的形态出现,除其自身具备的教学资源与服务来讲,高校会与一些专门数据库网站(北大法宝、west law 等)签订专属协议以保证在校学生能够通过校园网平台进入,获取与专业课相关案例、学说等。但是高校的诸多教学资源与服务均具有专属性,即仅仅面对校内老师以及注册在籍学生,非本校在册学生等其余社会人士往往难以享受。而互联网手段下的慕课教学模式出现使大学的该封闭性缺陷不复存在:一方面,全球内的各项课程都可以上传至慕课平台以供学习,从而打破大学之间的时空、虚拟现实界限;另一方面,慕课是平等的,无论电脑终端坐着的是何许人,都一视同仁,提供给你想要的资源。慕课平台课程受众广泛且不单一,只要是想进行某一方面的学习都可以自由注册。慕课模式最大的突破在于改变了传统的教学组织模式——一个教师+一群学生+固定时间+固定地点,人们可以随时随地进入学习课程状态,模式变为 n 个教师 $+n$ 个学生 $+n$ 个地点 $+n$ 个时间,在线的学习模式不受限于物理空间的实地限制,取而代之的则是以论坛、社交网络为代表的大型的互动交流平台提供给几百人乃至上万人的运营与使用。一个多向网络交流的庞大可学习社群由单项线性交流转变形成。① MOOCs 的创新本质在于实现了一种跨越围墙栅栏的优质课程服务模式,破除了优质高等教育的国界门槛和考试门槛,缩小了优质高等教育的服务单元。②

① 刘刚、李佳、梁晗:《"互联网+"时代高校教学创新的思考与对策》,载《中国高教研究》2017 年第 2 期。

② 陈丽:《"互联网+教育"的创新本质与变革趋势》,载《远程教育杂志》2016 年第 4 期。

改变传统课堂教学模式、实现教学资源互联共享以及打破教学时空限制,此三点实为慕课先进所在。全世界的课堂在我们面前一一呈现,虽说大有鱼目混珠的成分存在,但依旧瑕不掩瑜。教育资源实现缓和分配不均的趋势,教育资源不再呈现供不应求的紧张局面,冲击大学当中封闭的教学运行现状。但我们从不否认其局限性,在师生交互、知识创造方面等,慕课依旧只停留在浅层次上,而交流的广度、深度和频率需要进一步加强。

(二)改变课堂教学职能:翻转课堂

翻转课堂(Flipped Classroom)调整并优化教学流程,结合线上线下教学资源,实现双向全方位多覆盖的教学模式。①

如图1所示,其基本的教学流程为:学生提前从教师处获知课程提纲,并在线下进行一系列的资料筛选、整理和分析,进而发掘出自己的观点,并提出疑难问题留待解答。如此一来,学生正式上课之前已然掌握基本内容,与教师进行课堂互动便充分得多。这样的模式似乎只是使预习环节变得重要些了而已,但是翻转课堂的明显优势在于三个环节的协调利用:第一,课前自主学习环节。学生通过熟悉教学提纲掌握基础知识,实现初步课前准备。第二,课中环节。实现教师引领,学生主场的学习模式,学生将自己的初步思

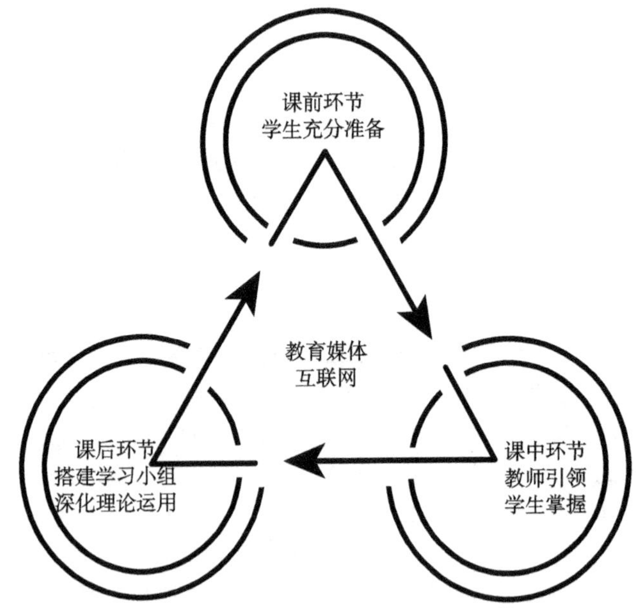

图1 翻转课堂教学模式

① 严文蕃、李娜:《互联网时代的教学创新与深度学习——美国的经验和启示》,载《远程教育杂志》2016年第2期。

考展现,与教师进行讨论、总结,教师在此基础上进行答疑解惑、深化学生理解、应用知识的实操技能。第三,课后合作环节。学生使用所掌握知识具体应用于个案,实现知识内化。这种“混合式学习”模式的优势在于契合人类基本的认知规律,有助于构建新型师生关系,亦能够促进高校教学资源的有效利用和深度研发。①

翻转课堂中的教学课堂并非仅以网络的形式展现,亦非简单的线上线下“翻转”,它是新型互联网教学要素和师生教学关系重组的典型案例,是对传统教学职能根本性的改变。这意味着教师群体已经脱离了枯燥乏味的独白讲述角色,取而代之的是新型功能加身的综合有机体,与学生共同设计教学活动、准备教学资源等。翻转课堂中,教学时间进行了更加合理的配置,学生学习的有效时间大大增加,因为如果他们随意抛弃这种课时时间资源,等待他们的便是无止境的知识落伍,然而谁都不愿意冒险。“翻转课堂”传递给学生们的观点便是:“学习是自己的,时间只有这么多,这世界上没有那么多的我宠你,我教你,我让你。请靠自己吧。”教师不再将主要的时间精力放在课程教案的准备(如PPT的制作)和无聊的知识灌顶上,学生亦不忙于照抄笔记,基于网络的先进交流,教师与学生获得充分的时间进行知识的沟通、理解与传递表达,时间资源由于学生的课前准备环节得到大量释放,教师可以针对性地“因材施教”,对学生进行独立的个性化指导,学生的学习亦不再停留于知识的初级认识,而是掌握深层次概念表达进而内化为自身涵养,实现新知识创造。这样一来,学习的广度与深度就得到了充分提升。翻转课堂模式在一定程度上克服了慕课模式下师生交互性不足的问题。

二、法学教育的认识和教学模式的选择

法律发展由于信息化助力的存在不可避免地为自身增加了诸多复杂综合性的难题,全球法律实践亦为当下高校发展和教育者自身水平提出了更高要求,高校法学教师、实务律师、法学家等都应该具备前瞻性全球化视角。如果仅局限于传统图书馆和固体书本资源,信息毫无疑问会出现滞后性,不利于知识的实时更新以及课程的与时俱进,何况成文法国家的法律法规、司法解释和判例法国家的各种判例浩如烟海,资料的搜集、处理都必须借助高端发达的网络信息系统。同时,信息化下商品市场经济关系错综复杂,市场主体之间交流密切,依靠互联网技术的在线交流、电子商务等行业发展势头甚猛,各式新型的社会关系状态下会出现多个领域的更迭变化,各个法律部门的融合交叉,社会主体法律角色的易转、法律矛盾的形式多样以及复杂法律关系的产生,譬如,网络法治当中科学技术问题的处理规制,多媒体工具的现代交流作用甚重,甚至是作为教育工具。法学教育除利用多媒体平台进行教学、交流和传递知识的基本功能之外,更应该做到的则是自身的选择性吸纳,吸纳以新型法律实践和新型法律处理规则为代表的信息技术的涵括冲击的典型表现。

① 何克抗:《从“翻转课堂”的本质,看“翻转课堂”在我国的未来发展》,载《电化教育研究》2014年第7期。

另外,教学方法的果断创新须借助信息技术的强力支撑才能进行高效的管理与运作。法学教育信息化亦带来了法律职业趋向全球化,一个专注于国内本土法律的律师职业似乎并没有以前轻松得多,更多的国际贸易案件纠纷、国际知识产权名词上线,通晓各国法律的基本运作与规定并进行熟练应用已经成为不可或缺的加分项以作为考评指标,“起码懂点法律英语也是极好的”,各国法学教育不难见此并纷纷群起改革以促发展。“法学教育的国际化和通识教育与职业教育的一体化已经成为各国法学教育的共同选择。”①

在高校教育中,新的现在正在试图被应用到教学实践中去的教育理论(特别是与信息技术相关的理论)价值目前尚未得到充分证实和采纳,我们能够看见的也是寥寥数位实践者在自身的教育实践中探索向前,其中不乏成功运行者,但更多的实例是囿于周围环境的漠乱而举步维艰。当然,这并非意味着我们应当固守旧的方法,更非否定此种新型教育方式的采用与扩散,而是在接受新型的互联网教育方式上采取更为谨慎的态度。我们承认,对于这种新的法学教学方法的运用时机和资源问题的理解,我们依然还不够深刻。例如,相对于可视会议来说,如何有效地传递一个讲座?学生是否更愿意接受专家的亲自到场面授?或是一场大型的在线讲座,可是学校的无线网被挤爆了很抓狂又怎么办?与其他教学形式相比,在传递内容和资源成本两方面,扮演一个角色或实况转播诊所的代价如何?至少,网络多媒体课件的开发成本是相当昂贵和烦琐的,而大多数高校难以长期维持。

不难看出,与种类繁多的提供互动和反馈的电子讲座、课本相比,其实传统讲座和课本阅读自身具备细致的、不同的方式,能够从多维度的感官方面刺激大多数学生的综合想象力,包括事件的起源、演变、后续发展直至结果的产生。甚至在大多数情况下,学生会惊奇地发现,自己所想的与实际情况大差不离,法学知识的传播与理解就这样在学生自身的想象中得到深化巩固。一些知识理论的形成绝不可能脱离现实情况而独立存在,即使理论会反过来解释现实社会,那它也仅是自带缺陷的合理化工具,在顺应当下互联网带来的教育便利,不切实际地高估高科技教育手段亦不可取。“试想一下,在一群人构成的课堂和一个人面对这一台机器相比,显然,直面课堂教学虽不可避免死板,但是它可以带来活力、新奇和兴奋,带来一群人的叽叽喳喳,这是以仪器为基础的教学(无论其性能多么先进)所无法比拟的。”②信息技术的确足够强大,强大到它能够孤立于整体教学环境独立进行知识的运营、传播,但这也是其弊端所在。几乎所有上网的学习信息、教学数据库和电子案例书甚至是交互式电子多媒体课件设备均无法做到主讲者与听讲者之间的互动与交流,而这恰恰是学习知识所必须经历的讨论环节,师生在课堂上的互动具

① 霍宪丹:《法律职业的特征与法学教育的二元结构》,载《中国高等教育》2002年第7期。

② Dearing Sir R, Report of the National Committee of Inquiry into Higher Education, HMSO, 1997, par. 821. http://www.leeds.ac.uk/educol/ncihe/.

备极大的随机性与开放性,很多是依靠互联网技术无法找到合适的答案,所谓“旁征博引”便是此情景的鲜明讲述。

前文所述只想说明一点,法学教育不应当局限在课堂或者互联网教学各单行线上“骄傲、独立”的发展,用一句短语来说便是“取百家之所长”。不局限于单线性发展,意味着应当凸显法学教育的多元化特征,结合高校、师生日程的教学实际情况考虑是否进行教学与技术的大幅度融合,也要考虑教师的可接受程度。因为大多数的资深教师、学术渊博的教授、学者们由于年龄的原因对于这些新鲜东西的使用似乎掌握得并不是那么熟练,他们更善于从自己的大脑调动知识,更善于用自己的人格魅力来感染学生,而“教授+机器”的组合似乎会让原本的知识效果大打折扣。交互式媒体设备稍微弥补了普通互联网教学的孤立性弊端,学生据此可以表达自己的想法和思考;可视会议囿于自身的技术依赖以及时间环境,仅能作为课程片段出现,无法成为常规教学基础;直面课堂依然受到大众教师和学生的广泛欢迎,但在之后的应用与开展上可以适时随教育环境变化而变化;讲座依然可以成为众多学者教授吐纳自身学术涵养,学生进行知识的深化和总结的有效平台;小型课堂可避免平淡无聊的灌顶填鸭式教学,学生通过课程前期的资料收集、互动课件、独立讲演和交流掌握了一定的知识,即可进入更深层次的讨论和训练。此多种教学模式应当赋予学生自由的选择权,学生自由选择适合方式并通过虚拟登记加入某个班级,电子系统同时做好记录并备份,定时将学习时间和日程表发送给学生。多元化教学有赖于师生间双向协调。

三、顺潮而上的法学教育

(一)法学教育观念的转变

教师是教学活动的组织者。一切新思想、新技术在教学中的实际应用都离不开教师,法学教学方法的改革首先取决于教师教育观念的转变。[①] 教师长期从事的教学实施工作所积累的经验是实质性改革教育模式的中坚力量。如果教师自身的教育观念故步自封,不能彻底转变,不能及时接受并学习社会新思潮,法学教育改革也就无法真正实现。我们须得承认并正确面对传统教学模式所遗留下来的教育者的自身缺憾,教育者观念的狭隘是传统教育留下的粗陋烙印。

1. 教师角色的转变

在一般课堂的进行中,教师完全是教学过程的主导者,集教学内容的传播者、教学策略的设计者、学习效果的评价者等多种角色于一身,具有举足轻重的地位。然则,在当今信息传播技术引入教学方式之后,教师沿袭了几千年的角色定位势必会有大的变革。首先,教师不再是知识的唯一来源和主要传播者。学生可以从网络空间找到更为丰富的信息来源,因此,教师应当使自己成为知识的引导者,教会学生寻找知识、获取知识的能力,

---

① 教育部高等教育司、全国高等学校教学研究中心编:《中国法学教育改革研究报告——中国法学教育的改革和未来》,高等教育出版社 2000 年版。

“授人以鱼不如授人以渔”,为学生在网络世界中率先导航定位,使之更精准地获取重要知识。其次,教师更应当成为学习的组织者,在新的教学模式中,学生对学习过程有了更大的选择余地,教师可摒弃教学唯一主宰者的传统思想,将课堂完全展现给学生,发挥引领组织作用,组织学生进行交流讨论,开展学生主导、教师引领的合作型学习,并把自己认为重要的知识组织起来呈现给学生。最后,在新的教学模式下,教师的地位不再像传统教学模式中那样权威。教师角色的适度转变有可能对教学过程发挥深刻的影响作用。

2. 教师素质、思维的转变

在现代信息技术进入教学过程之后,对教师各方面的素质,如心理素质、人格素质和思想素质等,都提出了更高的要求,而法学教师最需要提高的是信息技术素质。我国多年实行的文理分科教育使法学教育工作者在科学技术上存在很大隔阂,许多教师虽然也会操作计算机,但多数仅限于文字处理和上网浏览。教师可善于将自己所讲授的知识制作成动画、多媒体课件或者高端网页展示等,掌握互联网的主要教学功能,自身技能具备方可有效引导学生利用这些技术获取必要的知识。试想,一个走在网络流行前沿、网络技术使用比学生还流畅的教师如何能不吸引学生注意呢?各种知识的创造性教育成为新的教学模式的本质核心,而学生自身对于知识的创造能力、解决问题的能力以及全面智能素质的提升成为教学重点。同时,新的教学模式还讲求终身教育,要求教师能够提供满足终身教育需要的教育服务。

(二)全球法学教育资源的充分利用

国内教育的官方垄断往往伴随着信息封闭的固有缺憾,传统课堂教育是教师教学模式开展的主要形式,由于教育环境、学生的主观仰慕等原因使教师较难摆脱先入为主的优越性和高高在上的权威性,师生之间难以达到激励学生自主学习、创新知识的最有效途径——平等对话式教学。传统课堂教育的大抵模式便是“你说我听、你讲我记”,学生逐渐养成懒散思考和被动接受知识的不良学习习惯,不仅制约学生本身自主学习能力的开发,亦会拖累整体法学教育发展,使其故步自封,难以有所创新。平等对话式法学教学模式有益于培养学生认识社会生活及其问题本质,由此展开的严谨规范式教学过程能够让学生直接溯及社会问题本身,对教学有关的司法案例、法学资源的大幅度收集,法学观点的自我形成,学术争锋的沟通与对话能够贯通到教学活动的各个环节。学生在多个环节中实质有效参与,学术资源有效获得,案例焦点因自己思考而有所发觉,自身学术体系因自己习得而有所搭建,方可实现法学教学实效。而充分接近并使用全球性法律资源是实现该法学教学实效的功能性动力所在,师生之间可依次进行实质性教学对话和论证。应当看到,信息化格局已经打破原先教育的官方垄断、信息资源的选择性操控和学生被动接受知识的不良局面,互联网上的教学资源因个人需求而使人人得以享用。

学生可在网络上针对某事物直接发表自己的观点、态度与想法等,有些甚至是与教师教学的意见相背离或是新兴的潮流思维。这种方式可以避免在教室里教师因为身份、特权、面子等所带来的不平等化。信息化的迅猛发展使学生与教师脱离阶级性障碍,继而在网上实现平等对话和论证,教师面对的则是干脆、直截了当的态度和声音,学生亦能成为讨论的中心,各种观点的交叉碰撞,不难收获意想不到的效果。网络扩展了课堂的教学空间以及学生的表达方式,各式学说、理论能够手到擒来以支撑自身观点,学生自由广泛的讨论成为可能。师生之间平等交流讨论过程的本质是实现知识的生产、传承和使用过程,这也是教学空间合理使用所带来的令人欣慰的优点,因计算机技术的纵深发展使法律实践更趋逼真,法律实务的模拟性教学因着信息技术的发达势头劲猛。众多高校也以此进行各式教学奖项的申请,模拟法庭在场式教育推动着法学教育成为未来法律的教学实验室。而这其中,法学授课的各式时空、信息资料的规模和质量也能够促进教师与学生之间的纵向对话。

(三)克服传统知识性法学教育弊端

法律工作因为信息技术的渗入而面临许多社会关系上的新情况、新问题、新考验,因此,要求法律职业工作者具备前瞻性素质培养、未来社会需求的适应性综合能力和创新精神。简言之,便是能够根据现行法律、司法案例结合瞬息万变的市场社会状况作出符合自身专业的合理预估。信息化社会法律职业人才的专业化水准应当包括起码的辨别能力,辨别新事物的来龙去脉,辨别新情况的因果纠纷,辨别新关系的来去源头……因此,中国的法学教育应当破除知识灌输、被动接受和自我封闭的粗陋机制,遵循新时代下的新型法律关系的需求导向,促使实践能力型、主动探索型和社会开放型的法学教育欣欣向荣。具体途径便是整合信息技术各项用途以适用于法学教学工作,包括利用信息技术完善法学教学手段、丰富法律教学方法、充实法学教学内容、创设司法教学情景,训练学生法律职业能力等。

中国国内各高校法学院已经着手进行整合模式的教学改革。第一,现场开庭观摩教学。该方式有两种选择途径:(1)高校法学院与各法庭建立实践教学基地,在符合司法规范的前提下,教师选择符合法学目的和要求的法庭开庭实例,组织学生前往进行观摩庭审。此种方式是应用较多亦颇受好评的教学模式之一,学生脱离沉闷的教室讲演,继而投身到真实庭审当中,亲身观察体验才能领悟深刻。(2)法院网上开庭,这是一种有条件的法院才能开始试点的新型开庭形式,学生进行网上旁听观看,或者教师将网上审理情况进行记录之后在课堂上展现,学生可围绕庭审中的焦点问题、程序问题等进行讨论,检讨自己学习的书本知识与司法经验知识的差距,以此培养学生适应社会的法律职业能力。第二,模拟审判教学。大多数高校法学院将其称为"模拟法庭""模拟法庭训练"等,并在学生课程培养计划中将其作为独立课程开放,聘请实务老师进行教学工作。该课程的主要流程是教师提前选择典型案例(可真实、可编写),将其发给学生并给予充分时间准备,学生进行原告、被告、法官等角色扮演,组织进行模拟庭审程序。未直接参与的同学和教师可以参与点评,届时可邀请相关专家评委到场给予指导,在一系列的模拟庭审、之后的参与点评,学生不仅熟知了相应程序问题,对案件本身的法律适用、法律问题展现亦能够进行讨论解决,学生实践主体地位得到切实体现。第三,网络交互探讨式教学。

该种教学方式主要基于互联网技术的高端支撑性作用,主要的教学内容以社会热点为核心,基本教学思路是解决基本社会问题趋向,根本教学目的是将法律应用于实践。教师通过网上浏览等方式,找出具有代表性的社会热点进行整理之后提供给学生,学生依据教材或者新的法律法规找出解决问题的思路或方式,或者找出现行法律的不足与缺憾。师生之间通过网络进行质询与交流。第四,情景创设、演示型教学。此种教学模式可应用于课堂间隙,利用视频、音效、动画等多媒体集成信息制作大众喜闻乐见的法律宣传片、生动法律故事等,引导学生发散思维,创设教学情境,带来全新的学习环境,以达到克服固有法学教育的枯燥乏味的目的。

(四)更新教学内容,创新法律方法

互联网技术的渗透已然改变社会生产、生活的诸多方面,随之带来的新型社会关系也推动着我国法制结构的重建与完善。第一,网络科技改变了法学院传统教育的基本概念与原则,如政府与法律、法律与网络、国家与网络的关系。① 网络科技的极端发达性带给人们挑战现有法律的冲动——建设新型法律结构。我们不能否认这种变化的进步性,法学教育应当实时展现网络科技的高端并试图加以运用,不是限制网络科技的发展,而是提供法律保障为网络科技发展提供助力。第二,国家法律结构趋向灵活。当代立法者在进行法律条文的撰写以及法律的编排时更多考虑法律本身对社会的适应性,其目的在于要求法律出台能够迅速果断地处理新型的社会环境关系,能够将社会的复杂性内化为法律自身的复杂性,能够将法律规范虚拟为社会行为等,这是信息化社会所带来的立法挑战,亦是法律迈向发达的前端预兆。目前可能的解决方法便是产生新的法律规范或者法律部门。如国内便有学者主张在《中国民法典·侵权行为法编》专家建议稿中将“网络侵权”专设为一个侵权种类。② 关于域名和电子签名的问题上,亦有电子签名法的出台。商业领域中的主体也被称为“电子代理人”,期间进行的活动亦被叫作“电子化交易”等,可以预见电子商务法的产生。第三,法律的实践应用出现了崭新的方式,原先所适用的三段论式机械司法主义、克制主义司法已经脱离社会基本形态,法官除了有效解决纠纷之外,更加注重当事人权利的扩展,掌握司法能动主义的艺术。同时,司法信息化也在蓬勃发展,如网上开庭试点的调试、电子证据的运用、法官与当事人之间文书、意见的交换、网上送达、网上司法公告等。普通民众亦可通过网络直接参与司法,发挥监督作用,增强司法裁判的正当性与公信力。

---

① 吴志攀:《大学法学教育与网络的互动性》,载《中国大学教育》2003 年第 4 期。

② 参见王利明等:《〈中国民法典·侵权行为法编〉草案建议稿》,载中国法官:http://www.china-judge.com,最后访问日期:2018 年 7 月 15 日。

卓越法律人才培养中法律诊所在线服务平台的构建*

郑 辉** 崔玲玲***

作为一种独特且效果突出的实践教学方式,法律诊所教育已经成为卓越法律人才培养的一个重要手段,为法学高等教育所普遍推崇。尤其是为顺应社会对法学应用型人才日益强烈的需求,各大法律院校的法律诊所课程及相应法律服务体系逐渐设置,诊所式教育日益兴起。然而,法律诊所兴起后在发展过程中所遭遇的“瓶颈”,主要问题在于停留在线下传统的法律援助层面,服务方式相对简单,服务面相对狭窄,传统法律诊所获取案源方式单一、数量少等。显而易见,传统的法律诊所运行模式的狭隘性已经限制了法律诊所课程及相应法律服务体系的发展。当今社会,随着互联网技术不断发展,各种互联网服务形式不断涌现,其在法律服务行业中解决传统运行模式缺陷时的作用尤为突出。因此,利用互联网的发展构建法律诊所在线服务平台,解决法律诊所在发展过程中所遭遇的“瓶颈”问题便成为我们的不二选择。

一、在线法律诊所服务平台构建的缘起

法律诊所在线服务平台是在互联网时代全媒体发展背景之下应运而生的一个综合性法律服务平台,是将法学院校传统法律诊所的大部分法律服务延伸到线上而形成的。在线法律诊所服务平台的构建缘起于传统法律诊所面临的“瓶颈”以及互联网时代法学实践教育的拓展。

(一)法律院校的法律诊所的兴起以及兴起后法律诊所在发展过程中所遭遇的“瓶颈”

法律诊所课程作为法学实践教学方式,自2000年在我国法律专业院校和一些优秀的综合类大学的法学院开设以来,由于这种诊所式法律教育采用苏格拉底式教学法,让法科学生在处理真实案件过程中深入学习和理解法律理论,能够更好地培养学生的法律素养和律师职业技能,因而在我国得到了长足的发展。开设“法律诊所”的学校数量日

* 本文为西北大学教学质量提升重点项目的成果之一。

** 西北大学法学院副院长、副教授。

*** 西北大学法学院讲师。

增,几乎覆盖了国内著名大学的法学院和政法院校,并成为法学教育改革的一项措施和内容。在法律诊所教育的发展过程中,不断扩大法律诊所的试验范围,开拓法律诊所的试验方式,开设会见当事人、调查事实、撰写法律文书、法律谈判模拟实训及代理诉讼等实验项目,形成了日益科学的课程设置体系。

但就目前来看,高校法律诊所作为一项教学课程,大多停留在线下传统的法律援助层面,服务方式相对简单,服务面相对狭窄,尤其是传统法律诊所获取案源方式单一、数量少,且往往只跟进案件在诉讼前的部分程序。总之,传统的法律诊所运行模式的狭隘性已经限制了法律诊所课程及相应法律服务体系的进一步发展空间,也制约了法律诊所教学方式的法律实务教学作用的发挥。

(二)"互联网+"在法律行业作用的凸显推动线上法律服务网站的发展

20世纪90年代末,美国互联网技术的日益兴盛为法律服务的进一步发展提供了契机。在我国,随着互联网行业的飞速发展,人们的行为方式、人际关系、交易行为都发生着深刻的变化,必然为法律服务带来发展的契机。1995年,北大法律信息网(www.chinalawinfo.com)创办,这是互联网上第一个中文法律网站。它依托北大法制信息中心,继而依托北大法学院旗下诞生的校办企业北大英华科技公司。2002年前后,在线法律服务的第一批创业者在门户网站热潮的引领下,创立垂直法律门户网站,具有代表性的如找法网、华律网、中顾网等,他们开风气之先,在法律服务领域建立了自己的品牌和地位。2012年前后,一批新型的法律互联网公司陆续成立,具有代表性的有上海的法度,律氏(已停)、法律管家,北京的汇法、绿狗,广州的易法通、律师港湾,重庆的誉博在线,杭州的爱法务等。"法律电商"一词应运而生,公众已约定俗成地将第二代在线法律服务用该词来指代,也用以区别于第一代垂直法律门户的第二代在线法律服务网站。

第二代在线法律服务网站(以下简称为法律电商)突破了传统法律服务的桎梏,展现出了良好且具有现实性的市场前景。第一,市场潜力极大。根据国家统计局发布的报告,我国法律服务市场规模估值为800亿左右。第二,网络消费模式日益普及,铺平了法律电商的发展道路。随着淘宝、京东等电子商务平台进一步占领销售市场份额,改变民众消费习惯,越来越多的民众开始接受并习惯于网络消费。这为法律电商开拓市场铺平了道路,免去了披荆斩棘的前期工作。第三,法律服务需求多元化。随着国民法律意识增强,法律诉求增多,法律服务的需求也越来越多元化,同样给法律电商拓展了发展空间。

综上,互联网帮助法律服务突破时空壁垒,改变了法律服务从业者的行为方式和服务规则,增强了法律服务的便利行并提高了法律服务的效率性。随着互联网技术的发展,法律服务必然会在互联网大背景下继续开拓进取,推陈出新。

(三)"互联网+法律诊所"公益线上法律服务运行模式的需求

我国目前出现的第二代线上法律服务网站主要以盈利为目的,尽管线上法律服务网站收取的相关费用较线下传统法律服务更低,但对于部分当事人来说,仍存在负担不起法律服务费用而需要法律援助的情况。而法律诊所作为法科生获取实践经验的重要课程，采取法律援助、免收法律咨询费、代写法律文书费以及诉讼代理费等纯公益的方式向当事人提供法律服务，利用法学院校法科生及其指导老师的法律专业特长服务社会，并在为当事人提供法律服务的过程中不断增强自身的专业技能和素养。如果将这一“双赢”的课程运行模式应用于线上则效果将更显著。

但是，各法学院校的法律诊所目前尚受制于其作为高校教学课程的界定，仍采用传统运行模式，获取案源的方式比较被动，案源数量少、种类单一，制约了法律服务在当今时代下的发展。而“互联网＋法律诊所”作为创新服务机制，在解决传统法律诊所服务模式缺陷中可以大显身手，急需建立“互联网＋法律诊所”公益线上法律服务运行模式，实现以互联网为载体、以法律义务服务为内容以及教学意义新突破的三重结合。

总之，在各法学院校的法律诊所兴起和互联网技术不断发展前提下，构建“互联网＋法律诊所”的法律服务模式，突破传统法律诊所发展“瓶颈”，解决传统法律诊所服务模式的缺陷便成为必需。

二、构建在线法律诊所服务平台的现实意义

法律诊所在线服务平台作为法律诊所的服务方式向互联网延伸的部分，依托于法学院法律诊所的专业团队和专业技能，是由具有深厚法律理论知识和丰富法律实务经验的法学专业教师以及法科生群体搭建的公益法律服务平台，通过开拓法律服务途径解决传统法律诊所案件来源单一、案件量过少的问题。最终，法律诊所在线服务平台的创新法律服务模式将法律诊所服务社会的功能和对法科生实践教学的功能提升到一个更高的层次。其现实意义主要体现在以下三个方面。

（一）开拓法律诊所实践案源，拓展诊所实践方式

法律诊所教学遇到的明显“瓶颈”问题就是其传统法律援助层面的桎梏，服务方式相对简单，服务面相对狭窄，尤其是传统法律诊所获取案源方式单一、数量少，无法全面、深入地锻炼学生的能力。可见，传统的法律诊所运行模式的狭隘性已经限制了法律诊所课程及相应法律服务体系的发展。而法律诊所在线服务平台以互联网时代下的新兴媒介为载体，将传统法律诊所服务中的法律咨询、法律文书代写等服务项目搬到线上进行，并在此基础上利用互联网平台拓展新的服务途径，形成法律诊所在线服务平台向公众提供的公益法律服务体系。这一新型教学模式不仅为社会搭建了一个公益法律服务平台，更通过开拓法律服务途径解决了传统法律诊所案件来源单一、案件量过少的问题。服务平台延伸的传统法律服务中的在线法律咨询、法律文书制作等业务是基础性的法律服务，服务平台上创建的诉前在线调解和在线案件评估等新的服务模式则是对法律诊所传统服务项目的深化。除此之外，平台作为线上法律服务与法律诊所线下服务紧密联系，对于在案件咨询过程中当事人进一步需要委托代理诉讼案件和非讼案件的法律服务，则由线上进入线下“面对面”服务。总之，法律诊所在线服务平台的创新法律服务模式将法律诊所的教学功能提升到了一个更高层次。

(二)法律诊所线上服务平台的社会公益性

由于法律诊所本身就包含法律义务援助这一重要内容,且其本身具有教学、交流的意义。因此,以法律诊所为基础的线上服务平台同样具有公益性质,其不以营利为目的,而是利用法学院校的专业特长、通过公益服务方式实现服务学生和塑造学生专业素养的目的。

由于大型企业或标的额较大的案件一般会聘请业界专业律师为其委托代理,而寻求法律诊所、法律援助中心的则一般是社会的弱势群体或一些刚刚起步发展的小微型企业,而法律诊所线上服务平台主要面向的客户便是社会中较为弱势的群体。据业界有关数据,仅有约20%的人群占用社会80%的法律服务资源,而80%的群体一共只占用20%的法律服务资源。究其原因,就是许多人因为律师代理费较为高昂,不愿意花钱请律师,这一现象指向的结果就是败诉率的增加。而法律诊所线上服务平台不以营利为目的的公益属性,恰恰满足了那80%的群体的需求。

除了上述提供诉讼与非诉讼类业务的服务外,法律诊所线上服务平台作为一项公益性创业,以社会价值为导向,加入了更多元化的服务。例如,分享近期庭审资讯、通知周边各个高校法律讲座、组织举办法律人沙龙活动、开展线上交流学习园地、结合社会热点定期普法宣传等具有学习教育意义的活动,让不同阶层、不同年龄、不同领域的公众都能在法律诊所线上服务平台找到属于自己所要学习了解的知识内容,用法科生的力量为中国特色社会主义法治建设的推进添砖加瓦。

(三)弥补法律服务资源不足的现状

有数据表明,在遇到法律问题的人群中,有62%的人会先通过上网寻找相关法律信息。然而,在我国13亿人口中,仅有30万的执业律师,每1万人拥有2名律师,可见法律需求供求关系不平衡、信息不对称已经成为我国法律服务市场亟待解决的难题。业界资深人士称:“这是一个资源极度不匹配的市场,需要通过一个便利高效的平台,让10亿客户和30万律师互相找到适合的人选。”由此,在“互联网+”趋势下对传统业务承接方式的突破,为问题的解决带来了转机。

法律诊所线上服务平台通过互联网的载体形式,将主动承担一部分法律援助的社会责任,通过在网络上回应需要解决法律问题的客户,使更多法律地位处于“弱势”的民众得以有效走出困境。同时,利用网络进行线上沟通,由线下转移至线上,线上线下有机结合,既保留传统法律程序的服务,又提供给公众一个全新解决法律问题的途径。再者,法律诊所也可通过线上资源有机会接触更多的潜在客户和需求,减少寻找案源的时间成本和精力,同时逆向促使其他法律法务工作者及时创新工作方式,推陈出新,最终达到平衡法律服务资源的效果。

三、法律诊所在线服务平台的具体运行形式

(一)延续传统法律诊所服务模式,进行线上诉讼服务与法律援助

法律诊所在线服务平台以互联网时代的新兴媒介为载体,将传统法律诊所服务中的

法律咨询、法律文书代写等服务项目搬到线上进行,延伸传统法律服务中基础性的服务方式。同时,法律咨询、法律文书代写也是法律诊所教与学的基础方式。因而,法律诊所在线服务平台始终需要坚守这一基础服务。如此,通过在线服务平台的开放,方便当事人咨询、法律援助申请,将线上法律服务与法律诊所线下服务紧密联系。

(二)在延续传统法律诊所侧重诉讼和法律援助模式的基础上,拓展法律诊所在非讼领域的模式

目前提出"法律非诉讼类业务标准化"概念的法律电商平台,如易法通,涉及从法律咨询、合同起草、合同审查、企业规章制度合法性审查、股权事务管理、标准化法律催收服务,到为企业建立并管理法律事务档案、为企业提供企业法务自助咨询数据库检索和使用服务等诸多业务范畴,依靠数据库的支撑,实现标准化全流程法律服务。法律诊所线上服务平台亦可拓展中小企业的非诉讼类业务。其实,诉讼类服务是必须依托线上与线下相交互的运作模式才能顺利进展的,而非诉讼类业务更容易借助互联网为载体,能直接满足当前主流创业型中小公司的基础法律需求。而且非诉讼业务比诉讼业务更容易标准化,能与当前"互联网+"潮流深度契合在一起,在短时间内有比较清晰的市场发展脉络。

(三)拓展新的服务途径,创建"诉前在线调解"和"在线案件评估"板块

出于利用法学院校专业力量全面服务社会和当事人的目的,法律诊所线上法律服务平台可以创建独立的"诉前在线调解"和"在线案件评估"平台。对于可以调解的案件,"诉前在线调解"的搭建便于双方当事人交流的平台,调解空间增大,从而有效实现双方当事人的沟通,有助于减轻法庭负担、降低司法成本。"在线案件评估"则是对于调解不成的案件或者无基本调解意愿的案件,就当事人的案件在诉前进行专业评估,可以使当事人在诉前就对其诉求最终的胜败结果具有相应的风险意识和准备,也可以使当事人对诉讼本身有更充分的认识和了解。

信息化条件下本科“法学论文写作”教学实践与改革探析*

韩雪梅** 邓 红***

人类社会已经进入信息化时代,以计算机、网络和手机为核心的现代技术的快速发展已经越来越深刻地改变人类的生产方式、生活方式、工作方式和学习方式。以个人电脑、网络技术和多媒体技术为主的现代信息技术的出现,为法学教育的教学方式与教学模式的变革提供了新的物质基础。法学本科教育是我国法学教育体系的基础,是培养社会主义经济建设与法制建设所需的专业法律人才的基础。对于本科法学教育的目标,有学者认为“我国目前的法学本科教育的培养目标应该定位在培养具有综合性、高素质的专门法律人才上”,①也有学者认为,法学本科教育的培养目标是为各级法律人才的培养提供毛坯,“是一种素质教育,而非专才教育;是一种通才教育,而非职业教育”。② 总体而言,当代法学教育培养的总体目标是“职业教育与素质教育相互结合”,③法学本科阶段培养综合性、高素质的法学专业通才的必备实践学习和训练之一就是法学论文的写作。

“法学论文写作”作为本科阶段法学学科体系中一门基础性的课程,其目的在于培养学生综合运用专业知识分析和解决法律生活中各种问题的能力,是检验学生学习法学专业知识的效果和理论研究水平的重要手段,也是培养和提高法律人才职业能力和专业素养的重要方式和途径。在信息化的时代,各种信息技术、媒体不仅为法学专业本科阶段

---

* 本文为兰州大学本科教学研究项目一般项目(2017107)。

** 兰州大学法学院副教授。

*** 兰州大学教师发展中心副教授。

① 张炳生、吴一裕:《论法学学位论文在法学本科教育中的作用》,载《宁波大学学报》(教育科学版)2009年第4期。

② 佚名:《按照“三个代表”要求,规划21世纪中国法学教育发展战略——〈21世纪中国法学教育改革与发展战略研究〉重大课题研讨会综述》,载《法学家》2001年第6期。

③ 韩大元:《全球化背景下中国法学教育面临的挑战》,载中国宪治网:http://www.calaw.cn/article/default.asp?id=4380,最后访问日期:2018年6月30日。

的“法学论文写作”课程的教学和实践活动提供了新的契机,也给这一课程的教学和实践带来了新的挑战。因此,本文的主题在于针对这些机遇和挑战讨论相应的对策和影响。

一、“法学论文写作”教学的特点

(一)以理论为指导,强调实践教学

就教学目标而言,本科“法学论文写作”课程是高等院校法学专业教学计划的重要组成部分,是法学本科教育实践教学重要的教学环节,是法科学生从事科学研究和综合测试法科生认知、分析和解决问题能力的最初尝试。“法学论文写作”课程设计和教学的目的之一就是通过严格按照教学要求执行教学目标和实战写作法学论文,提高法科生的专业知识和综合素质。

撰写法学论文的前提是掌握和理解法学基础理论和知识,通过学习法学论文写作的方法和逻辑,在教师的指导下进行写作训练,最终完成法学小论文和本科学位论文。因此,这门课的教学过程是以法学专业理论和法学论文写作理论为基础,通过写作技巧和写作逻辑的训练,使学生掌握法学论文写作的技能和养成法学思维的视角。通过法学论文的写作,在检验学生了解、掌握基本的法律理论知识的程度的同时,培养学生的法律思维,引导学生形成一定的法律实践能力,从法律人的角度看待生活中遇到的各种法律问题,并用课堂中学到的法律理论知识去分析现实的法律问题。

(二)以互动式教学和对话式教学为主,以讲授式教学为辅

对话、互动是本科“法学论文写作”课程的主要教学方法和教学理念。就教学方法而言,该课程是以互动式教学和对话式教学为主,以讲授式教学为辅的。在课堂教学过程中,教师和学生之间的对话和互动是法学论文写作课程最重要和最主要的教学方法,虽然教师的讲授是贯穿始终的,但是学生参与是该课程教学过程的重要组成部分。法学论文写作课程从选题、资料检索、写作大纲设计、课堂写作训练和课后写作练习等整个过程都需要在教师主导的情况下随时由学生和教师进行指导、讨论、对话、沟通等。在教师对知识点讲解和指导下,学生在课堂讨论环节或发言环节都要形成有效和及时的互动、对话。

课堂“互动教学”和“对话教学”是法学论文写作课程广泛运用的教学方法,通过教师设置情景并就此提问,学生讨论和练习,使学生逐渐掌握法学思维方式并养成研究和批判意识,达成熟知法律理论、养成法律思维、练习法律口才、掌握法律逻辑、熟练法律文书写作能力的终极目标。

(三)以写作训练和课后指导为主,以课堂讲授为辅

就教学内容而言,法学论文写作课程虽然不能脱离课堂讲授,但教学的重点和策略是以写作训练和课后指导为主的。写作是法科学生必须掌握的重要实践能力之一,法学论文写作对培养法科学生的写作能力是必不可少的课程。法学专业有自己的语言体系和自己独特的思维逻辑,即“法言法语”,这决定了法学论文写作必须以法学学科的专业视角运用法学的独特语言进行思考和写作。法科生要通过法学论文课程的训练实现由

普通议论文到法学论文的转变。

法学论文写作与其他社会科学论文的写作相比,其研究视角是与社会现实密切和直接联系在一起的。无论是理论法学的阐释还是实践法学的分析,都不是空对空脱离实际的阐发;无论是理论法学方面的论文还是部门法学方面的论文,最终都是为法律的实践服务的。相对于整个法学学科的知识体系而言,法学本科学生所学习的是基础法律知识是比较浅层的,在这个阶段,学生学到的主要是"法律是什么",法律理论和法律现象背后的深层问题还不是法学本科生学习的重点。但是,由于接受和掌握了法学的基础理论和基本知识,不可避免地会使学生产生对法学理论、法律现象的兴趣和思考,因此,法学本科论文写作课程要注重引导学生将自己的兴趣和思考,初步通过论文写作的训练走向研究法学理论和探讨法律实践问题的道路。从对"法律是什么"转向"法律为什么"的探讨,发现法律实践中的现实问题,并尝试通过分析、研究提出自己的观点,这是本科生法学论文写作课程最初和最终的目的。

二、信息化背景下"法学论文写作"教学的实践与改革

信息化技术不仅已经成为高等教育中普遍应用的技术手段,而且正在深刻和全面的影响和改变着高等教育的发展方向。一方面,作为一种先进、便捷、高效的技术手段,现代信息技术对高等教育发挥着巨大的推动作用;另一方面,人们在利用这些眼花缭乱的信息化技术手段时被技术所引导从而转移和改变教育的初衷,导致学生学习过程受到干扰、学习效率降低等问题。尽管社会各界对信息化在高等教育中的作用和影响褒贬不一,但不可否认的是,现代信息技术确实提高了教育效率,增加了教育手段的多元性和多样性。教育信息化是高等教育向前发展的不可改变的历史趋势,客观上虽然存在一些缺陷和不利影响,但总体来说,信息化技术的合理使用和广泛普及对包括高等教育在内的现代教育的发展有着极为重要的推动作用。

信息化教学是教育者和学习者借助现代教育媒体、教育信息资源和方法进行双边互动。信息化技术为"法学论文写作"课程的教学过程提供了众多的便利,但同时,这些令人眼花缭乱的新的信息技术也为"法学论文写作"课程的教学带来了一些问题和挑战,主要集中在以下几个方面。

(一)信息化背景下"法学论文写作"教学理念的实践与改革

教学理念是人们对教学和学习活动内在规律的认识的集中体现,同时也是人们对教学活动的看法和持有的基本的态度和观念,是人们从事教学活动的信念。[①] 教学理念对教学环节的运行与教学目标的实现产生直接而深刻的影响,是指导学校和教师进行教学活动的方向和指南。

信息科学技术与法学教学整合应成为信息化背景下法学论文写作课程的基本教学理念。不可否认的是,信息化已经成为包括法学教育在内的高等教育发展趋势和基本理

---

① 参见孙亚玲、傅淳:《教学理念辨析》,载《云南师范大学学报》2004 年第 4 期。

念。将信息科学技术与法学教学整合在一起,是指在法学专业课程教学过程中,将信息资源、信息科学技术、人力资源管理和法学专业课程教学有机结合,共同完成法学专业课程教学任务的一种教学理念。这种教学理念的目的是教师在教学过程中通过信息科学技术和运用信息资源,使学生学习和掌握法学专业理论知识、实践技能。支撑这种教学理念的是具备网络功能、数字演播功能、实物投影功能、电子白板、网络远程实时交流的多媒体教学环节等教学硬件设施的建立和完善,从而实现信息科学技术与高等法学教育整合的理念。

交叉学科的思维方式应成为法学论文写作课程讲授和练习的教学理念。在信息技术和网络技术的推动下,全球已经进入大数据时代。大数据时代的到来使人类对自然、社会的研究在经历了实验验证、理论推导和科学计算等三种模式之外又出现了以数据为中心的数据思维方式模式,即"第四范式"。这种新型研究范式的基本理念是随着数据量的高速增长,计算机在计算模拟仿真的基础上进一步分析总结并得出结论和理论,也就是说,过去由科学家和专业学者从事的研究工作未来可由计算机来完成并可能做得更好。舍恩伯格的《大数据时代》一书认为,大数据引发了人类的思维变革:尽可能地利用所有数据来分析数据,而不是分析少量的样本数据;纷繁复杂的数据比精确的数据更有价值;分析数据更关注的是事物之间的相关关系而非因果关系;大数据的简单算法比小数据的复杂算法更有效;大数据的分析结果将减少决策中的草率和主观因素,数据科学家将取代"专家"。

在大数据时代,法学研究必须要与数据计算理论相结合,突破学科划分带来的思想羁绊,了解和掌握交叉学科的思维方式,以交叉合作的方式开展法学研究和司法实践工作。传统的法学论文写作时普遍采用单独个体方式进行材料收集与写作,面对大数据时代的海量数据,单个个体是无法完成信息的收集、整理和分析的。目前已有许多应用大数据的研究采用较大规模的分工协作方式进行。作为法学论文写作课程,资料收集必须顺应大数据时代的趋势和要求,教师在指导学生进行法学论文写作的过程中,应强调学生建立其多学科、跨专业合作进行论文写作的思路,引导法学本科学生由基于传统意义上的法学视角、法学理论研究和解决法律问题转向多学科、跨专业、合作分工完成论文的思维方式和研究路径。需要注意的是,大数据时代强调的量化分析出的普遍规律并不能完全描述和解释所有个体行为,同时,尽管论文的写作和设计可以采用大数据分析的数据和趋势,但仍应采用法学学科自身特有的话语体系,而不能迷失在数据分析的迷宫里。

(二)信息化背景下"法学论文写作"教学方法的实践与改革

多媒体教学法是信息化背景下现代教育得到普遍运用的方法之一。在教学过程中,教师根据教学目标、教学对象、教学要求,通过教学设计,运用电脑并借助预先制作好的多媒体教学课件,与传统教学手段有机结合来展现教学活动过程的方法,这种方法灵活便捷,信息量大,图文声并茂,能直观、动态、交互地向学生展示教学内容。就法学论文写作课程而言,信息化背景下多媒体教学不仅能将教师事先设计的教学内容通过多媒体技术将文字、动画、图形、声音一体展示,而且由于写作论文本身具有的开放性、即时性特征,教师还可以为学生展示法学论文写作时题目选定和思考、资料的查阅和检索、案例的产生和判决、法律条文的内容和解释等动态的过程,通过动态的展示和引导,不仅能激发学生与教师之间的教学互动,还能引导学生学习发现问题的过程、解决问题的步骤,最终形成法学思维,提高法学本科生的知识水平、综合素质和职业技能。

案例教学法是法律文书写作重要的教学方法之一。在法学论文写作教学过程中,以往大多是教师制作出案例,在课堂上讲授案例材料,指导学生按照案例研究的范式练习论文写作。在教学过程中,由于教师往往是事先编写好案例、法律条文、观点等,这种灌输过程使学生的学习积极性大为降低。在信息化条件下,教师只需先行找出案例,在授课过程中通过检索示范,向学生展示寻找案件来源、分析案件材料、查阅法律条文、分析案件特点、研究前人成果和已有法律文书的过程和信息数据的来源,在这个寻找、分析、研究、论证、写作的过程中,学生不仅学习了检索和写作的过程,而且避免了以往容易出现的随波逐流、偏离主题等问题,培养了学生发现问题、解决问题的独立思考能力和实际动手能力。

随着智能手机的普及性使用,法学论文写作课程可以尝试引入微课教学方式。微课,是指在信息化时代背景下,人们依托信息技术整合教学资源、进行教学活动的一种新型的授课模式。微课即微课程,以信息技术为承载手段、以视频为载体、目标明确、内容精简的教学资源,通常是在5~20分钟视频内通过网络进行某一主题或学习者的兴趣爱好的教学活动,短小精湛、主题突出、专业性强。作为一种教学活动,微课是“在新课程教学标准和教学目标的基础上,根据教学实际而研发的以简短的教学视频为载体,针对特定的教学重点和难点开展的教与学的过程”。① 微课这种教学模式是以信息技术飞速发展和智能手机广泛普及性使用为前提的,现在的各种价格档次的智能手机都能支持各APP和网站的手机视频功能,微信、微博、APP为大众特别是年轻人所接受和推崇,信息和网络技术已进入“微时代”。微时代的网络平台主要依托智能手机进行信息发布和传达,人们工作、交流和学习是在碎片化的时间段完成的,特别是对在校大学生来说,智能手机能够解决衣食住行学的各种问题。对法学论文写作课程来说,其培养目标是以实践性教学为主,教学内容知识点相对较少,而练习和实践则是课程教学和指导的主要内容。因此,微课因其短频快的教学模式和便利的手机平台有着极为强大的优势。在课堂上教师讲解的同时穿插使用微课教学,不仅可以丰富教学模式,使单调乏味的讲授过程变得生动活泼,从而提升学生的学习兴趣和学习效率,避免倦怠情绪的产生。需要注意的是,微课所采取的短小视频将法学论文写作中的选题、逻辑结构设计、文献检索、格式规范等知识点予以浓缩,进行简短和富有针对性的微课讲解,可以强化学生学习时的直观感受,更能理解和掌握课程的教学重点和难点,从而弥补传统的以灌输式教学为主的模式。同

① 黎家厚:《微课的含义与发展》,载《中小学信息技术教育》2013年第4期。

时,微课教学借助网络、智能手机还可以实现课后、课前的展示和教学,这无疑是对信息时代学生利用碎片化时间进行学习的时代潮流的适应。需要注意的是,智能手机带来的便利也容易使学生在课堂上随时使用手机浏览无关网站和视频,这种现象的普遍存在已成为影响大学课堂上课效果的重要因素,其既有学生对手机的迷恋使其难以自拔的主观原因,也有教师自身上课较为乏味枯燥难以吸引学生兴趣的客观因素。对此,在教育引导大学生在课堂上认真听课的同时,教师更应该提高自身讲课水平和专业素质,吸引学生的注意力和学习兴趣。

(三)信息化背景下"法学论文写作"教学内容的实践与改革

"法学论文写作"最重要的教学内容就是对法学论文的训练和写作。从教学过程看,法学本科生论文训练和写作普遍存在的问题主要有以下方面:第一,论文选题不当。造成这一问题的根本原因是本科生法学基础知识的有限、学术积累的不足、法学思维的欠缺等。本科法学论文选题普遍存在的常见错误就是选题过大、雷同、宽泛,学生们往往会选择对某一法律制度或者某一法学基本问题进行全面的研究,显然这些问题不是一篇学术论文所能完成的,作为本科生初次学术训练的选题是非常不切实际的,很可能是泛泛而谈,不得要领。第二,论文新颖性不足。对法学本科生而言,本科阶段的学习主要是比较系统地掌握法学学科、专业必需的基础理论、基本知识、基本技能和相关知识,具备从事法律实际工作和法学研究工作的初步能力。在这种培养目标引导下,教师教学过程以灌输为主,不注重引导学生形成发现问题、解决问题的思维方式,学生在本科学生学习的重点是了解法律理论知识和掌握实践技能方法,也很难养成批判思维的习惯。因此,学生写论文时往往以大量资料的堆积为主,虽然有对兴趣点的考虑和探寻,但很难在寻找选题、收集资料、设计大纲时形成发现问题、解决问题的论文写作思路。第三,法学论文结构框架或层次之间的条理性、逻辑性和系统性不强,研究结论缺乏具体的论证过程,或者相关的数据支持。由于对问题思考的不深入,进一步引发了本科生很难对文章中相关的论点、引用的数据进行深入系统的总结、分析和研究,造成本科学生论文理论深度和创新性的不足,甚至在资料的收集上都很欠缺,只是单纯对相关法条进行罗列,无法体现出对法学的基础理论知识和基本技能方法的掌握。第四,法本生在法学论文写作时形式上出现的一些问题,比如文字表达不够流畅,没有用"法言法语"阐明问题,一些专业术语的使用欠妥当,英文摘要写作能力欠佳,外文文献的翻译存在很大的问题,文章的字号、段落、章节等不符合要求,注释、参考文献引用不规范,等等。

对以上法学论文写作教学内容常见的问题,便利的现代信息技术和发达的网络技术为法学本科学生提供了数量可观的信息的茫茫大海,使学生在掌握现代信息技术的基础上解决以上问题成为可能。

首先,就论文选题的确定来说,既要考虑到题目的新颖性,又要大小适当、视角合理,因此,通过计算机或者智能手机检索各种数据库和网站是确立选题的重要途径和方法。就学生获取信息的资料来源来看,各种中外文数据库[如中国知网数据库、北大法宝、万律(Westlaw)、读秀等]是高校法学本科生最全面、最便捷的信息检索来源,通过科学的检索方法,可以直接获取大量的与学生研究兴趣相关的论文、著作,在教师的指导下,通过完成该研究方向的研究综述的写作和评析,选定题目的大方向。在检索信息的同时,学生还可以掌握与选题相关的现有研究的数量、方向、学科前沿、最新进展、国外动态等相关信息。值得注意的是,由于网络数据库、专业网站等提供的信息数量很大,学生们很可能在检索的过程中忘记了最初的研究兴趣和目标,被各种各样的研究方向所吸引,从而转移了最初的论文选题设计,因此,教师应当提醒和指导学生不要偏离主题,并及时向老师回馈和讨论检索的最新进展情况。另外,各种搜索引擎,如百度等,也能及时为学生提供各种信息来源。但是,搜索引擎的专业性相对较差,搜索的信息来源也五花八门,许多内容并非学术研究成果而是来自网络自媒体或者电子报纸等新媒体,因此,语言、格式、观点等往往带有很大的随意性,学生们对此类信息的鉴别程度不高,容易受到这些信息表述方式和观点态度的影响。对此,教师应当指出和强调此类信息来源存在的问题,向学生说明尽量不选用此类信息作为论文选题和写作参考的文献来源。

其次,就法学论文写作存在的其他问题,如论文结构逻辑性不强、层次混乱和论文格式不规范等问题而言,通过检索学术论文网站等,特别是检索法学权威期刊的文章等,可以通过仿写达到修正论文逻辑、规范格式的目标。

需要注意的是,由于学术网站仅为网络资源中有限的一部分,法科生会从实际效用的角度直接在非学术网站进行检索,检索到的资源形式五花八门,既有网络自媒体发表的网络文章,也有各综合新闻网站、博客网站等网络资源发表的非专业、非学术的法学类文章、博文、百科等。这些法律类的文章虽然是采取法律视角,但作者水平高低不一、内容深浅不一、规范格式不一等,有些甚至没有审校造成文章内容不完整、语病百出、错漏字常见等。对此,教师需提醒学生以严格规范的学术意识为原则,不能轻易信任网络上提供的法学类信息资源,特别是选题时对具有舆论导向的法学类报道、文章、博文采取谨慎思考的态度。

(四)信息化背景下"法学论文写作"教学过程的实践与改革

信息技术的高速发展推动了以计算机为核心的包括多媒体计算机、教室网络、校园网络和英特网等有线网和以智能手机和 WIFI(无线上网)等先进的信息科学技术为法学论文写作的教学和指导提供了极为便利的教学环境。在信息化时代的今天,课堂讲授最显著的变化就是多媒体技术成为教学的基本硬件设施。自 2006 年以来,兰州大学就为本科学生全面建设了多媒体教室,教室中配有电脑、投影仪、音响设备等信息化硬件,教师在课堂讲授中大多采用多媒体课件教学,同时配合使用板书。这些信息化的设备为学生的学习和教师的课堂讲授提供了极大的便利和生动的展示。

除教学硬件设备信息化的广泛普及外,法学专业教学过程中使用的教学方法虽仍然主要采用老师围绕教材进行课堂讲授这一传统方法。但是,由于网络技术的快速发展,教师不仅可以利用教室的多媒体设备,还可以随时在讲授过程中通过互联网查询和展示与本节教学内容有关的各类法学研究的最新学术动态、文献信息及研究成果等，让学生有直观生动的感受。此外，制作多媒体课件时还可以加入与上课内容相关的视频、音频、文章、网站、手机媒体等现代信息元素，便于声情并茂地向学生展示相关的教学内容，强化学生的直观感受，调动学生的学习兴趣。

除检索各类数据库外，各种法学学科信息资料库也是学生获取研究信息的重要途径，包括网站上的视频资料库、专业知识资料库、案例教学资料库、案例库等也是补充、更新研究目标的重要信息来源。与学术论文资料库相比，这一类数据库更加生动直观，更能激发学生的研究兴趣。此外，检索各类法学学科专业学习网站，如各大学法学院、法院、政府等网站上开设的各种与法学法律相关的专题栏目、论坛栏目等，也是充分获取和利用学术交流观点、司法实践经验的重要途径与方式，此类网站提供的信息不仅与现实情况密切相关，还能动态地展示出各类专业网站栏目的知识优势和比较优势，为学生及时掌握现实动态提供快捷动态的学习途径。除上述网络信息资源外，全国各级人大、各级政府都已经建立起立法公布制度，立法文件都必须在网上进行公布，最高人民法院、最高人民检察院也建立了法律文书公开制度，最高人民法院 2013 年建立的中国裁判文书网、最高人民检察院 2014 年建立的人民检察院案件信息公开网等通过网络向社会公开公布了各级法院和检察院已经判决生效的裁判文书，各级政府机关也建立门户网站用于政务办理和信息公开。国内主要法学院校也已建立了专门的法学学术网站，收集发布了学者论著、典型案例、重要立法成果等专业文献。可见，信息技术已成为法学专业信息检索和获取的重要形式和载体。

此外，现代信息技术也越来越多地应用在法学专业课程的课堂写作和课后练习活动当中。在以往的教学活动中，教师如果要做随堂练习或者课后作业，必须事先印制好相应数量的作业纸或者练习题，随堂发放练习纸，而现在教师只需要将题目提前发送至班级 QQ 群或者微信群，学生们各自下载到电脑上或者手机上就可以当堂进行练习。这种信息技术不仅大大提高了课堂教学的效率，也大大丰富了教育手段的多样化，很大程度上减少了印刷纸质作业的成本。

对“法学论文写作”课程来说，信息化技术带来的最大便利是为该课程的课后指导提供了更加便利、快捷的技术支持。由于“法学论文写作”课程基本上每次上课都会有相应的课后练习，教师应随时进行课后写作和练习指导，师生之间的指导和交流极为必要。以往的“法学论文写作”课程课后作业环节，往往要由老师布置作业，学生课后完成纸质的作业文本，上交给老师进行批改后，下次上课才能下发和讲解论文写作练习存在的问题和不足，分享同学的优秀经验等。这样，不仅课后指导周期很长，而且不便于及时与课程讲授相互及时配合，极大地影响了本课程的教学效果。现在，课后的网上答疑和教学指导在信息技术的支持下，任课教师通过微信、QQ、电子邮箱、微博等方式，各种作业软件进行作业的布置、批改以及讲解，甚至可以通过邮箱、各种 APP 及云处理，随时进行网上作业讲解和学生反馈，在主课堂之外与学生随时进行交流、答疑活动。这种课后指导和答疑的教学活动,不仅能快速及时地解决学生的疑难问题,还拓展了教学空间,拉近教师与学生的关系,有利于提高教学效果。这是信息化建设对“法学论文写作”课程最显著的影响。

对教师而言,信息化背景下法学论文写作课程的教学和指导,首先要将法学论文的写作规范通过 DOC 或 PDF 格式的电子文档发送到每一个学生手中,由学生下载到电脑或者手机上,通过课堂讲述和解释,使学生做到“心中有数”。论文写作初步完成后,教师要要求学生对照写作规范,细心调整文章格式,校对文字内容,特别是因输入法联想产生的错别字和同声字。同时,教师对学生发来的邮件等应及时回复,并在上课时讲解和指导学生的论文结构、格式,严格把关论文的内容和质量,要多次指导和修改,耐心听取学生的想法并作解释,强调学生要严格遵守时间节点的要求,并采用邮件、微信、QQ 等多种方式不断督促学生按时完成练习和论文。

基于网络课堂"合同法"教学的探讨

刘耀彬[*]　高　敏[**]　蔡孝宝[***]

一、网络课堂概述

网络课堂是基于互联网条件产生的新兴教学模式,它区别于传统的板书式教学,也比现在课堂通用的PPT式教学更先进,符合现今社会网络普及的形势,能够满足学生对于网络应用的需求。它是基于互联网络的远程在线互动培训课堂,①一般系统采用音视频传输以及数据协同等网络传输技术,模拟真实课堂环境,通过网络给学生提供有效的培训环境。

在网络课堂的学习中,学生变为学习过程中的主动者,对自身不了解的知识进行补足,老师变成学习道路上的参与者、引导者。在这样的教学模式下,学生可以自由地向老师询问,老师也可以快速答复,集中了解同学们的困惑点,教科书不再是主要的参考工具,学生在学习过程中可以运用网络直接进行网上查询,获取更多信息点,满足对知识的好奇,减轻教师负担,学生自主学习的能力得到提升。

网络课堂也是多样化的,下面笔者就介绍几个课堂软件。

(一)雨课堂

雨课堂是学堂在线和清华大学在线教育办公室共同研发,旨在连接师生的智能终端通过将复杂的信息技术手段融入PowerPoint和微信,在课外预习和学堂教育间建立沟通桥梁,教师可以将带有慕课(MOOC)视频、习题、语音的课前预习课件推送到学生的手机,师生沟通及时反馈;课堂上实时答题、弹幕互动、及时采集课堂数据,提升学堂教育的效率。②

雨课堂的操作方便快捷,首次微信扫二维码即可登录,个人电脑和微信均可使用。在课前,老师可以向学生发送包含视频、题目等多种有助于学生进行预习的资料,并及时

---

* 南京航空航天大学人文与社会科学学院法律系副主任、副教授。

** 南京航空航天大学人文与社会科学学院硕士研究生。

*** 南京航空航天大学人文与社会科学学院硕士研究生。

① 参见毛齐民、杨青松:《基于网络课堂的研究性教育模式探析》,载《现代大学教育》2012年第1期。

② 参见臧晶晶、郭丽文:《滴水成雨——走进雨课堂》,载《信息与电脑》2016年第8期。

了解预习情况,课堂上,学生通过 PC 或手机接收上课视频、观看老师的 PPT,可以通过按下“不懂”键向老师表示疑惑,老师接受后可以有针对性地进行教学和改变教学进度,课堂后,老师也可以布置测试题来了解学生们的学习效果,接受学生们的评价。

(二)MOOC(慕课)

MOOC(慕课),即 Massive Open Online Courses 的简称,是发端于将发布资源、学习管理系统以及学习管理系统与更多的开放网络资源综合起来的一种在线课程开发模式,是为了增强知识传播而具有分享和协作精神的个人组织发布的散布于互联网上的开放课程。

MOOC 平台出现得比较早,其已经有大量的注册学生,他们更加国际化,来自不同的民族,有着不同的肤色和不同的文化背景。MOOC 的学习单元包括视频、习题、测试、投票评价、论坛等,它的内容更加精简纷繁,更加强调学习的主动性。不过与雨课堂相比,MOOC 需要提前制作,而使用雨课堂的人可以便捷地制作 PPT 和插入视频,雨课堂中还可以直接使用制作好的 MOOC 视频。

(三)尔雅通识课

尔雅通识课,是由北京超星尔雅科技教育有限公司研发的,与清华大学、北京大学、斯坦福大学等名校的5000 多位资深教师专家形成合作关系。尔雅通识教育致力于促进教育公平、提供资源共享、提高教育质量,让我们每一个学习者通过自主学习,查缺补漏,探索未知,激发兴趣的通识课学习系统。

尔雅通识课的视频是教师在先前的课堂教学中录制,由网站制作上传,各大学校采取课程购买形式用于学生学习,它包含经济管理类、人文社科类、心理健康类、艺术欣赏类等内容,高校可以有选择性地引进。这些课程一般都是名校名师讲授,拓宽学生视野,学生可以利用自身空余时间学习,在学习过程中也可评论留言提问反馈,授课老师进行解答。但上课基本形式脱离不了 PPT 模式,老师讲授学生听讲,不具有雨课堂提前预习、课后效果反馈、内容形式多样的特点。

从线上种类繁多网络课堂的教学模式中发现,它们与传统的教学模式的区别显而易见,并且具有自身的优势:一方面,突出学习的自主性,学生需要自行登录客户端进行学习,遇到困惑主动寻求老师帮助,也可以自行在网上寻求答案,学习的时间和强度也由学生自己决定;另一方面,信息的共享性,网络课堂普遍化可以让更多的普通人有机会去掌握接触不到的知识,促进教育资源得到合理共享,使教育资源相对匮乏地区的学生也能够得到较为优质的资源。

二、“合同法”课程自身的特殊性

合同法是民法的重要组成部分,是调整民事财产交易关系的基本法律制度,是市场经济法律体系中的重要组成部分,在市场经济的运作和发展中发挥着十分重要的作用。《合同法》课程的教学中一方面重视知识的应用和法律实践;另一方面,合同法学也有深厚的理论和历史积淀。具体来说,“合同法”课程及相关知识具有以下特点。

(一)理论性与实践性

合同制度具有悠久的历史,从原始形态的"契约"到今日的合同形式,历经数千年。与此同时,契约蕴含着丰富的法律精神和文化,就历史和思想理论而言也有艰深和抽象的一面。另外,从合同的订立、效力、履行、变更、转让、终止到违约责任,又与市场交易的流程密切相关,需要紧密结合实际去理解和掌握。

合同法课程涉及的理论深厚,包含内容繁多,涉及的法律条文不少,一般的合同法本科教材分总则和分则部分,至少20多章的内容,对于大多数没有实践经验的学生来说,光是对照法条是不能很好地理解合同法的知识的。这一点对于应用实践性较强的法律来说在教育方式上必须进行优化,不仅要从理论上深入浅出地进行教学,而且要结合实践强化知识运用,这是合同法教学的要求。

(二)独立性与整体性

一方面,从合同法内在体系看,合同的准备、订立、效力、履行以及后期的责任等,从知识内容上看都有其相关独立性,每个部分都自成体系,但各个部分又是相互联系的,是一个整体,是合同关系的不可分割的部分。合同法作为调整合同法律关系,规制合同行为,保护合同权利,追究合同责任的法律,各部分既分立又联系。例如,从合同法内部来说,合同的订立包括缔约前阶段(双方当事人确立、意思表示),缔约中阶段(要约、承诺),缔约后阶段。例如,承诺阶段是独立完成的,包括承诺的内容、期限、撤回等,在整个合同法中,承诺是必不可少的关键环节。没有承诺,后续阶段无法完成。

另一方面,从合同法与民商法的关系看,它是建立在民商法中的不可分割的重要组成部分,是随民商法的发展而发展的。在内容上,合同法课程的教学内容会出现在民法、债法部分,对于合同法课程中的基础点和核心点都会有所涉及。因此,民法的教学会助于合同法的教学。

(三)理解性与记忆性

对于合同法律制度和涉及的法条,初学都以为重在背记,但若只是记诵,是不能成为好学生的,如合同的自由,简单记忆不过两个字,但两个字背后的历史、法的价值与社会意义极为丰富,而且如何在立法和司法中体理合同自由原则,涉及更为深刻和丰富的内容,需要学生很好地理解。但是,部分知识和法律需要更精准的表达和理解,也需要适当的记诵。可见,对合同法的学习要在对内容有了全面而深刻的理解之后进行记忆,否则,只是机械的记忆没有任何意义。

三、"合同法"课程教学与网络课堂的契合性

基于合同法课程的特点和网络课程的特色,传统的教学模式在很大程度上难以满足本课程教学的要求,但运用网络课堂,很多问题和矛盾都能较好地解决。

(一)网络课堂资源的丰富性,满足"合同法"课程教学的多重要求

课络课堂,主要利用网络手段,学生可以收集到合同法理论的丰富资料,也可以集汇到大量案例分析,以及庭审视频等。在老师的指导和要求下,学生可以有计划地自由收

集各类资料,研究性学习、探索性学习和应用性学习。在"合同法"课程的教学中,合同法分则涉及不出的行业类型,若能结合行业背景进行教学效果会更好,但是老师的知识和精力总是有限的,然而教师可以要求学生利用网络资源的优势,根据各自的兴趣结合行业背景学习。网络课程可以更好地帮助学生以一种更为积极主动的态度学习,可以化整为零,也可以积少成多,既可以强化理论,也可以应用尝试。很多网络课程,由专业性机构组织专家建设的,也有一些个人提供的。学生可以在老师指导下有计划地从网上获取这些资源,并且这其中很多教学资源,是全国甚至世界上最新的、更高水平和先进的教学资源。

(二)网络课程堂的延伸性,更好地进行"合同法"课程案例教学

合同法的教学,往往结合案例教学与探讨式学习。而案例只有放在特定的情境下,学生才能加深其理解。网络课堂的应用,可以更好地对历史背景、社会背景有更直观更全面的认识。如此,对理论的学习不止于表面,让理论"更上一层楼"。但是在传统课堂中,教师在课堂上以 PPT 形式将案件展示给学生,课堂时间的宝贵性本身与合同法内容的繁杂性是矛盾的。学生要在教师规定时间内了解案例,理解背景,分析法律关系,课堂时间有限,如何在有限的课堂时间里更好地进行案例教学,一直是"合同法"等课程教学中遇到的问题和矛盾,但是网络课堂,通过延伸课堂就比较好地解决了这个问题。如雨课堂的应运而生,较好地化解这一问题和矛盾,教师在课前通过微信发布,使每一个学生在课前对案例有个最初的了解,有的学生还会主动去查询更多与案件相关的资料,在课堂上大家进行探讨时,资源共享,即时互动,同步思考,共同学习。

(三)网络课堂的互动性,充分调动学生学习的主动性

在网络课堂中,大大提高了教学过程的师生互动性。在传统的教学中,当学生有问题都会下课时间找老师请教探讨。网络课堂以雨课堂为例,当学生在课前阶段有问题,可以立即提出,教师会随即看到,及时了解学生的预习情况,更好地把握课堂中的疑难点,及时对课堂进行调整。当学生在课上提出疑问时,教师也可以立即答疑解惑。如雨课堂中,学生可以随时提问,显示于课堂上,教师也可能提出问题,让同学随时方便地展示自己的看法。老师和学生的交互性更强,把学生普遍课上看手机的习惯化为课堂教学的有机组成部分和手段,学生们的学习也有了积极性,教师对学生的学习接受知识能力的状况有了更深的了解,能更好地促进教学质量的提高。

四、网络课堂在"合同法"课程教学中运用的主要问题和对策

网络课堂以其特殊的教育模式正在广泛开展,"合同法"课程教学在法律课程中地位提升,有效地将网络课堂与合同法教学完美配合,结合现代化手段,极大丰富"合同法"课程教学。然而,网络课堂在"合同法"课程教学中的运用,对实践中产生的不少问题,只有针对性地解决,才能更好地发挥网络课堂在教学中的作用。

(一)网络课堂在"合同法"课程教学中面临的主要问题

1. 网络课堂相关知识、观念准备不足

大多数的课堂教学主要采用简单的电脑多媒体技术,如 PPT 课件等,还有一部分教

师采用传统的板书。对于网络课堂老师们还是了解不足,甚至一些老师对网络课堂一无所知,甚至把多媒体技术与网络课堂混为一谈,认为 PPT 中夹带视频、图片就是所谓的网络教学。

2. 网络课堂教学运用运营成本较高

网络课堂是提供实时服务的教学工具,而实时服务技术的开发需要昂贵的成本,包括对工程师的招募、后期的运行等都不是简单的耗资,尤其是我们法律事件对时效的要求会更高。对于这样一种高开发成本,教师进行精心设计和创建,教学团队付出大量时间和精力,能否真正提高学生对知识的掌握,实现预期的教育效果,与一定的技术条件有很大的关联。只有具备了一定的物质条件和技术手段才能实现网络课堂教学,实现预期的目标。

3. 网络课堂与传统教学良好结合缺乏经验

在网络课堂的运用上,教师和学生都需要适当调整学习方式,尤其是对于教师,需要做大量的工作,并且与传统教学方式的着眼点有所不同。以微课堂为例,老师要对课堂进行新的设计,微课堂采用课前预习、课后回顾的方式,教师适应这一课堂的要求进行准备,如在课前将制作好的课件发送给学生,以便学生提前了解学习内容。对于学生,也有不同的要求,如预先的课堂准备加强了,然而是否每个学生都能按时、保质地去对待呢?需要教师制定新的相应的考核办法进行教学。

4. 网络课堂缺乏教学、系统后台管理

在传统的教室上课的课堂教学过程中,老师可以有效控制学习秩序、了解学习氛围、观察学生学习状态等各种与学生学习效果相关表现;而在非现场的网络课堂中,老师只能传授知识、答疑解惑,很难了解到学生主观状态和外在表现。当然,对于教学效果,老师希望通过课后作业来展现,但课后作业也可以直接从网上寻求答案。网络课堂很多是通过网络平台传播,而这就产生了系统的管理问题,如果后台管理不能跟进,则会影响网络课堂教学的有效推进。

(二)有效运用网络课堂进行“合同法”课程教学的对策

1. 更新知识、加强学习

面对知识和经验不足的情况,学校作为知识人才储备载体,可以通过邀请专家进行讲座授课形式来改变教师的想法,主动购买优秀网络教学课堂课程以供教师研究,鼓励年轻教师带头采用新科技带动老教师,引进人才提供技术指导等多方面指引。教师作为传道授业解惑的先驱者,应当具有时代性眼光,主动去学习新的教学模式和教学经验。从传统的板书式教学进入电脑多媒体教学,我们是在进步;从多媒体教学进入网络课堂就是更进一步。合同的要约可以口头、信件,其中包含了现在的电子邮件,这是一种进步;合同签订的形式从当初的纸质到如今的电子合同也是一种进步,授课老师也可以与时俱进,采用网络课堂教学。

2. 从少到多、逐渐推展、逐步深化

网络课堂是一种新型的教学模式,刚开始出现的一些网络课堂平台会存在访问者少,使用网络课堂的人数不足,导致一些平台经费无法运行的问题。还有一些网络课堂的课程需要学校进行购买,但有些高校可能因为考虑教育经费问题而不购买或者少购买。我们可以采用联合购买,如几所高校一起出资向网络课程平台购买,共同使用。网络课堂平台在有经费的情况下也可以逐步发展,提高课程质量,可以聘请知名老师、专家进行授课,平台与学校互利共赢。

3. 强化网络课堂与传统教学的磨合

针对传统的教学方式问题,最好的解决办法是网络课堂教学与传统教室教学结合。我们需要科学技术改变教育模式,提高教育水平,但教育不仅仅是教书,还是教人,老师通过言传身教让学生学到的不仅包含课本知识,还有人文情怀。况且,我们不仅需要与科技交流,还需要与人交流,同学们的网上分组讨论似乎可以交流,却失去了语言的魅力,法律的应用主要就是人与人之间的交流,合同法更是如此。我们"合同法"课程教学是希望探索学生的发散性思维和批判精神,任何事物没有绝对性的标准,但你需要用逻辑思维进行自身辩证,运用所学理论进行实践操作。

4. 配备专业技术人员的后台支持

网络课堂这一模式是科技创新发展的新型教育模式,需要工作人员控制管理后台系统,防止因网络拥堵而出现无法登录现象,后台也需要对系统实时监管,以免出现不良信息,我们也需要平台开发工作人员对系统做出更新。教师也可以监管学生的学习状态,了解学生的学习效果。可以从专业学生中聘请教学助管,也可以由专门的教师兼管。

论雨课堂在教学中的运用

——以“法理学”课程教学为例

张鸣胜[*] 汪彦伶[**] 李 慧[***]

在如今数字时代背景下，大学校园内网络全面覆盖，学生可以使用手机、平板电脑等智能终端上网学习。作为一款免费开放的平台——雨课堂，学生可以通过雨课堂的学习，实现教学效果优化。“法理学”课程是法学学习的入门课，法理学是我国法学体系中一门基础理论的学科，它从整体上研究法和法律的一般规律，研究法的产生、本质、作用、发展等基本问题。对法理学课程的学习有助于法学学生掌握法学的基本概念和理论，增高法律意识，提升法律思维能力，为部门法的学习奠定基础。这样的学科特点，使法理学的课堂教学模式需要进行相关的转变。通过雨课堂，教师可以根据不同学生的基础有针对性地展开教学活动，也可能通过雨课堂与学生及时对话充分交流，从而提高教学效果。在现代教学手段越来越多地进入我们视野的今天，如何运用诸如雨课堂的手段，进一步发挥传统方式的优点，克服不足，需要我们进一步尝试和探索。

一、“法理学”课程教学的传统模式分析

（一）“法理学”课程教学传统模式

在网络化教学出现之前，传统教学模式一直独领风骚，主要由老师、学生、教材三部分组成。以“法理学”课程教学传统的方式来说，老师按照教材内容讲解法理学知识，是实施教学的主导方，通过灵活的讲解，利用板书及教学媒体的辅助，将课堂教学内容传递给每一位学生。为了使讲授的理论知识更加丰富，老师会附上相应的法理学案例让学生对理论化的知识了解得更透彻，课后老师会布置些思考问题并要求学生阅读相关书籍巩固学习。在课堂上，老师是教学主体，将自己所拥有的知识通过课上讲解传授给每一个学生；学生是学习接受者，被动的理解并记忆所学习的知识，没有锻炼独立思考的空间；

* 南京航空航天大学人文与社会科学学院副教授。
** 南京航空航天大学硕士研究生。
*** 南京航空航天大学硕士研究生。

教学媒体与教材则是老师的教学工具,学生服从于老师的“命令”,接收老师传授的知识。于是传统的教学模式会出现一个问题,学生在学习过程中缺乏自主学习的能力,过分依赖老师。

(二)“法理学”教学传统模式评价

其实综观传统教学模式,它的优点是,在老师与学生真实的面对面授课中,有利于老师对学生课堂上的管理监督,以及对教学内容的把握。但同时它也存在一个很大的弊端,即忽视学生也是认知主体,在传统教学模式中学生更多的是单纯复制老师的课堂内容,且老师充当的角色仅是授课者,并没有充分引导学生对问题进行思考和探索。这样一来忽视了学生的能动性、创造性,师生之间缺乏彼此的互动沟通,学生之间缺乏合作、交流和学习,久而久之,不利于培养高素质创新人才。

二、雨课堂的特点与功能

雨课堂是“学堂在线”推出的智慧教学工具,是由学堂在线和清华大学在线教育办公室共同研发的免费开放的教学平台,通过连接师生的智能终端,为课前—课上—课后的每一个教学环节都赋予全新的体验。通过创建网上虚拟课堂这种教学模式大大拓宽了学习的时间和地点,全面提升课堂教学体验,教学效果得到充分发挥。师生可以在课前预习、课堂教学、课后复习等方面进行有效互动和交流。雨课堂的目的在于让课堂变得便捷高效,提高学生的自主学习能力,满足学生个性化需求。

(一)雨课堂的特点

1. 个性化。在雨课堂学习,学生可以针对自身的学习情况来选择相应的课程,不同学生对学习的课堂内容和掌握程度都是不一样的,学生可以挑选没有熟练掌握的内容反复多听,也可以对听课过程中的困惑以发送弹幕的方式反馈给老师,教师通过教师端了解到学生学习过程中的问题,在课后可以专门为学生答疑解惑。

2. 便捷高效。学生可以利用自己的碎片时间用手机或平板电脑等智能终端接入网络随时登录雨课堂学习或与老师互动交流,没有时间限制。这样的学习方式打破了固定时间授课的传统教学模式束缚,有利于提高学生学习的积极性。

3. 易操作性。雨课堂的用户只需使用PPT和注册微信号就可以进行学习。

4. 数据获取方便。雨课堂为师生提供完整立体的数据支撑,记录学生的学习状态,课前预习、课堂互动、课后作业的完成情况,通过数据老师可以详细了解整个班级的答题情况及每个学生的做题情况,有利于老师及时发现问题并督促学生。通过后台数据还可以查看学生出勤情况,这样解决了在课堂上点名的问题。

(二)雨课堂的功能

雨课堂是以师生最熟悉的PowerPoint软件和微信来操作的,老师可以创建管理虚拟班级,上传PPT等资料,学生可以在微信上进行课前预习以及发弹幕和老师互动。雨课堂的教学模式会带给师生全新的教学体验。

1. 简单的课件制作。雨课堂软件是属于PowerPoint中的一个插件,教师在雨课堂教学中只需要懂得制作 PowerPoint，并熟练运用在雨课堂教学中，简单的操作便于教师教学，同时使课堂丰富多彩。

2. 插入视频资源。教师在教学中为了丰富教学内容可以在 PPT 中推送相关的视频资料。在雨课堂制作中，点击慕课视频，在 PowerPoint 右侧会出现各大名校的慕课视频资源，寻找需要的视频资源插入 PPT 中就可以。雨课堂的制作不仅可以插入慕课视频，还可以插入网络视频资源，如优酷、土豆、腾讯的视频。

3. 教学互动。学生的手机是在雨课堂学习的工具，登录雨课堂学习之前可以先进行课前预习，根据老师推送的带有慕课视频、习题的课件做好课前准备，PPT 传入微信后，还可以增加语音功能，方便学生边看边听，帮助学生更好地了解相关知识。老师可以了解到每个学生的课前预习及答题情况，通过答题互动，可以实现及时教学检测，还可以使用时间节点功能，提醒未点开课件学习的学生抓紧时间学习。在课堂上，学生可以点击课件下方“不懂”按键，向老师反馈上课过程中不理解的知识点，老师可以根据学生的反馈调整上课进度，详细讲解重点内容。相较传统教学中学生过于害羞不敢提问的情况，学生也可以课后与老师进行交流，提出建议，老师也会一对一解答。

三、雨课堂的安装与使用

（一）安装插件

安装之前先要确保计算机操作系统是 Windows7 及以上版本，并同时安装 PowerPoint2010 及以上版本，接下来在“学堂在线”官网（www. Xuetangx. Com）下载雨课堂 PC 版本并安装软件，安装成功后，在 PowerPoint 软件菜单栏最右边会增加一项“雨课堂”菜单选项，点击便可以制作课件。

（二）创建课程

老师首先要关注雨课堂微信公众号，注册自己的信息，并创建自己的课程，如《法理学》。老师在“我的课程”里点击“我要开课”，选择或新增开课的班级，创建好课程和班级后，在学生管理处邀请学生，将生成的邀请码发给学生，邀请学生加入课程，一个班的学生作为一个学习小组。在此之前，学生也要先关注雨课堂微信公众号，为了方便老师了解学生的学习情况，建议学生实名注册信息，学生通过扫描二维码进入课堂学习。

（三）制作课件并发送

电脑端的雨课堂软件和微信端的课程都创建好之后就可以进行课件的制作了。打开 PowerPoint，点击右上角“雨课堂”菜单，根据课程需要，可以制作适配电脑或手机的课件。课件上可以插入视频便于学生更好地了解所学习的内容，制作雨课堂不仅能在菜单栏里插入视频，在状态栏也可以插入网络视频和慕课视频，只要点击“慕课视频”，在课件右侧会出现各大名校的慕课视频资源，选择相应的视频点击“插入视频”按钮，就能成功共享慕课视频资源；也可以点击“网络视频”，将网址输入弹出的对话框就能共享网络视频资源。同时，老师也要布置一些适合课程需要的习题，点击“插入习题”，会出现编辑页面，老师可以在相应的地方编辑习题，试题分多选、单选、投票等，可以在编辑页面的右侧设置分值与正确答案,便于系统之间判断,并统计学生的正确错误率等。课件制作完成后,点击"上传至雨课堂",会出现二维码,老师需要通过使用"微信扫一扫"登录上传课件。上传成功后,老师可以将课件发送至相应的班级,学生在微信里可以接收老师的课件,课件内容丰富,可以满足不同学生的学习需求。学生可以开始观看、答题、提交答案等。老师在微信里也可以了解学生的预习情况和习题的正确率,从而监督学生。

四、雨课堂支持下"法理学"课程教学模式的构建

(一)教材分析

本课堂采用高等教育出版社张文显的《法理学》,该书是教育部面向21世纪课程教材、国家"十一五"规划重点教材、高等学校法学专业核心课程教材,权威性较强。法理学是法学的一般理论、基础理论、方法论和法学的价值意识形态。从这一学科和课程定位出发,该教材阐述了法学研究和法学教育,法学方法论,法的本体,法的演进和发展,法的制定与实施,法的价值,法与经济、政治、文化的关系等法理学的基本理论;对通贯整个法学体系的基本范畴,诸如法、权利、义务、法律行为、法律关系、法律责任、法律价值等进行了比较深入的分析和解释;对法律程序、法律方法、法律职业、法治国家、法与和谐社会等法学理论和法治实践的前沿问题进行了探索;对马克思主义法学的创立与发展进行了简明而富有逻辑的叙述。

本课堂将以《法理学》第三章为例,对马克思主义法学的相关问题进行探讨。

(二)学情分析

法理学是一门研究法的一般原理,原则,概念,制度的基础理论课程,其具有抽象性、概括性、一般性、普遍性等属性和特点。授课对象为南京航空航天大学17级法学专业的大一学生,他们对于法理学的理论知识缺乏认识和了解,因而在讲解的过程中要深入浅出,避免晦涩难懂。

(三)教学目标

第一,学生能够知道马克思主义法学的背景和发展;

第二,掌握马克思主义法学的本体论和价值论的意义。

(四)教学的重难点

第一,教学的重点在于马克思主义法学的伟大革命和其中国化进程;

第二,教学的难点在于马克思主义法学的价值。

(五)教学实施过程

主要分为课前、课堂、课后三个部分。

1.课前

教师要做好自己的教学计划,明确教学目标以及教学重难点,提前做好学生的PPT预习课件,通过雨课堂软件将PPT的预习材料推送给学生。教师可以通过"查看课件"的功能,搜集学生的预习数据,了解他们对课件的预习情况,并且根据量化的数据有针对性地进行课堂的相关准备。另外,可以制定相应的打分机制,进而调动学生的积极性,鼓励学生积极思考,踊跃发言。

就学生而言,教师把学生分为6个小组,通过雨课堂预习分组完成老师布置的问题,了解课堂讲解的主要内容,提前思考课堂上即将讨论的问题。这里主要设计了三个问题:第一,马克思主义法学的产生的背景。第二,马克思主义法学的发展。第三,马克思主义法学的本体论和价值论的意义。其中,第一和第二个问题由学生自主思考,第三个问题由小组讨论,各个小组的小组长负责汇总组员的想法,做好汇总工作。

2. 课中

教师首先用自己的微信号登录雨课堂,登录后会收到雨课堂微信团队的通知,在雨课堂状态栏中的微信扫一扫,就会变成教师自己的微信头像和昵称。之后学生打开手机微信,扫描投影到幕布上的二维码登录在线课堂。这种操作一方面便于学生接收PPT课件,另一方面也解决了课堂考勤问题。

课堂的学习过程设置为三个环节:汇报总结,提出疑问,反馈测验。在汇报总结的过程中,无论是个人汇报还是小组汇报,其他人和其他小组都可以提出疑问或者进行补充。

教师活动:教师对马克思主义法学的概念进行讲解,进而对马克思主义法学的产生背景以及发展进行提问。

学生活动:学生们根据课前预习已经完成了对相关问题的思考,可以通过雨课堂的弹幕和同学老师进行交流,如果有不懂的问题,可以直接按雨课堂的"不懂"按钮。也可以将自己的疑问通过弹幕发出,由全班同学集体帮助解决。相关的讨论完成后,教学进入下一个环节。

在线课堂评价:通过雨课堂提醒学生预习,教师可以及时掌握学生学习动态。另外,学生只需通过微信扫一扫即可获得课件,避免以往的课堂拍照,实时拥有PPT,简单便捷。还可以线上通过雨课堂弹幕留言,实现课堂互动,增加课堂的互动性。

教师活动:教师通过对第一和第二问题的总结,导入第三个问题,马克思主义法学本体论和价值论的意义,进行小组讨论,观看小组的成果展示并进行评价。

学生活动:学生按已分好的小组发言答题,发言的小组将已准备好的资料通过雨课堂展示,并派代表到讲台上进行讲解。其他组的同学可在雨课堂平台上进行观阅,共同交流讨论。

在线课堂评价:通过弹幕展示、留言,摆脱了过去举手发言的羞涩感,增强了互动的便捷性和高效性。同时,由于集体行为的约束感,过去的"低头族"向"弹幕族"进行转变。

教师活动:在学生汇总结果展示的基础上,教师就重难点里存疑的问题进行进一步讲解,之后进行课堂小测验。请学生们做雨课堂中的单选题和多选题,就测验中学生出现的不懂的问题进行讲解。

学生活动:学生通过雨课堂的课堂测验,检查自己在学习中的不足,进行知识的查漏补缺。好的知识点可以点击"收藏",经常回顾知识点进行巩固。不懂的问题可以点击

"不懂",一方面便于教师了解学生情况,另一方面也有助于学生解决困惑。

3.课后

教师可以通过雨课堂反馈的实际情况进行课程调整。课后通过雨课堂布置本节课的作业和下节课的预习任务,在线上保持与学生的实时互动。另外,教师可以将课堂上详细的数据发到个人邮箱里,为以后的课程设置提供参考数据。从学生角度来说,学生可以通过雨课堂提供的移动阅读、移动社交进行相应的学习活动和社交活动,在玩中学,在学中玩,寓教于乐。

通过雨课堂模式的积极开展,实现了传统教学到现代教学的转变。每个学生都实现了拥有自己的个性化教学方案,由被动接受转向主动探索和探讨。通过在线学习的形式打破了学习场地和时间的限制,全面提升了学生的学习体验,培养了学生的学习能力,激发了学生的学习热情。另外,个性化的报表,雨课堂对课前课后学习内容的推送和监督,使教学数据得以量化,教师能够实时掌握学习情况,由以往的经验驱动像数据驱动得以转化。教师由过去知识的传授者变成了学习任务的设计者、学习过程的引导者和学习兴趣的促进者。另外,雨课堂的弹幕功能,使学生和学生之间、教师和学生之间互动充分,课堂氛围更加热烈,教学过程更加有趣,提升了教学和学习的效果,对老师和学生都起到了积极的促进作用。

当然,任何事情都会有两面性,在雨课堂中法理学教学的应用上也会存在一些弊端,对于自律性不足的学生来说,在雨课堂的学习就达不到预期效果,法理学的内容都属于理论化的知识,学生在自主听课过程中难免会走神,这个时候没有老师提醒上课效率会大打折扣。学生对不懂的问题可以发送弹幕或课后向老师交流,在提问的学生很多的情况下,老师回复的速度及质量会大打折扣,而且老师给的回复止于文字上的,不如语言交流来得畅快,不一定能解决学生的困惑。

五、结语

互联网的变革必然带来教育模式的变革。过去的教育在线上、在云端,这次的雨课堂的教育模式是落地的表现,将传统课堂和线上课堂相结合,由云变成雨,将过去的碎片化的知识变得体系化,有助于学生知识能力的构建。雨课堂是对全社会开放,具有全天候永不下线的突出特点,在很大程度上实现了共享,真正实现了雨课堂的积云成雨,社会共享。

域外法学教育经验与启示

2015 年英国法律《学科基准声明》述评及启示*

张朝霞**

在原有的 2000 年、2007 年英国法律本科《学科基准声明》(Subject Benchmark Statement:Law)(以下简称法律《声明》)基础上,英国于 2015 年重新修订《声明》。2015 年法律《声明》修改价值取向,具体修改新标准内容以及相应的保障措施是什么?有哪些为我国制定法学教育标准和改善法学教育可借鉴的经验?这正是本文关注的焦点。

一、2015 年英国法律《声明》①的地位、作用和文本概况

(一)《学科基准声明》在 QAA 中的地位

英国高等教育质量保证署(the Quality Assurance Agency in Higher Education,QAA,② 1997 年成立)作为独立的机构受委托负责监督、指导英国高等教育的标准和质量。其创建的系列规章制度体系保障了英国在全球范围内教育市场的国际声誉。其中的《学科基准声明》(Subject benchmark statements)是设置和维护学术标准的基本依据之一。③

《学科基准声明》是指为学术共同体提供一个用来描述特定学科和特定学科领域的课程项目的性质、特点和方法的手段。它还表达出依据有关的资格和能力要求授予相应的专业学位资格及其等级水平的普遍预期。《学科基准声明》被广泛用于以下目的:第一,作为院校规划、设计专业和课程的参考;第二,为高等院校提供进行内部质量保证时的参照;第三,作为学术评价和评估的参照标准;第四,学科基准的制定并不只面向高等教育质量保障的专业人士,而且还面向学生,包括打算选修此专业和相关课程的学生以及申请入学的潜在学生。为他们提供相关学科的相关信息,以便他们作为选择专业和课

* 本文为西北民族大学 2017 年研究生教育教改项目法律硕士(法学和非法学)“行政法与行政诉讼法专题”案例库建设的研究成果之一。

** 西北民族大学法学院教授。

① Subject Benchmark Statement: Law (2015), available at http://www.qaa.ac.uk/assuring-standards-and-quality/the-quality-code/subject-benchmark-statements/honours-degree-subjects.

② About QAA is available at: http://www.qaa.ac.uk/en.

③ Part A: Setting and Maintaining Academic Standards is available at http://www.qaa.ac.uk/assuring-standards-and-quality/the-quality-code/quality-code-part-a.

程时参考。

QAA已经对包括会计、农业、园艺、林业、食品和营养科学、考古学、兽医学、青年和社区工作等61个本科专业学位,以及建筑学、商业管理、化学、物理学、牙医学、工程学等16个硕士专业学位颁布了《学科基准声明》。2015年法律《声明》只是QAA《学科基准声明》的一个。

(二)2015年法律《学科基准声明》的特定作用

除了具备上述《学科基准声明》的基本作用外,2015年法律《学科基准声明》的特别之处在于这是为法律学科制作的学科基准声明文件。当一个本科法律学生的法律专业学习结束时,法律学生自己和社会能知道法律学生被期望在法律专业方面,他们应当了知道什么?能做什么?理解了什么?2015年法律《声明》描述了这种预期。如果是读者,可能从这份文件中读到以下内容:一是涉及与法律或相关科目的学习项目的设计,实施和评审(delivery and review);二是能了解到一个学生申请法律专业学习的前景或者正在学习法律的学生能够知晓应当涉及的所学内容;三是一个雇主能够发现接受法律专业教育后的法律本科毕业生在知识和技能方面可能达到的一般预期。[①]

(三)2015年法律《声明》的文本概况

文本有四大部分:三部分实体内容和附录部分。三部分实体内容包括:第一部分,如何使用该声明?第二部分,关于学科基准声明。它与QAA的内在逻辑关系和传承关系、与立法的关系、平等性和多样性。第三部分,关于2015年英国法学教育基准声明。2015年法律《声明》的适用范围、与QAA中的学术编码体系的(Academic Coding System, JACS)的对应关系、与以前的2007年英国《法学教育基准声明》相比变化的概要(Summary of Changes)、2015年法律《声明》在英国范围的应用。2015年法律《声明》应用背景说明、新的基准、新的学习,教学和评价方式。附录部分:2015年法律《声明》的评议组专家成员(Membership of the Review Group)、雇主代表、学生阅读者、专业的、法定的监管机构的代表,2000年、2007年的法律《声明》评议组专家成员。

二、2015年法律《声明》与以前法律《声明》关系及区别

(一)2015年法律《声明》与以前《声明》的关系

2015年法律《声明》只用于学士荣誉学位法律本科教育。该版本是继最早出版的2000年法律《声明》和2007年审议修订的法律《声明》后的第三个版本。为了确保《学科基准声明》的长期使用,QAA在《学科基准声明》被首次发布5年后,其内容每7年被定期审查。[②]

① Subject Benchmark Statement:Law(2015),p.1.

② Ibid.,p.2.

(二)2015 年法律《声明》与以前 2007 年法律《声明》的区别

它与以前 2007 年法律《声明》版本的变化在于以下几个方面。①

一是 2015 年法律《声明》的结构作了很大的改动。这样做是为了反映全体审议组成员(the panel)的观点,认为法律毕业生(a law graduate)仅有对法学知识和理解概括了解是远远不够的。一个有相当技能的本科毕业生还应具备足够的可通用的一般性知识(considerable transferable generic)和了解和掌握特定专业学科(subject-specific)的知识、技能和属性。这就是为什么基准的测量标准是基于一个法律学生的技能和心理素质,而不是简单的学科知识和理解,还包括心理素质。

二是 2015 年法律《声明》意识到:一个法律毕业生的知识掌握能力(the intellectual abilities)和专业特性理解能力,包括法律知识掌握和理解,但不能仅限于此。相应地,2015 年法律《声明》在保留了以前的法律《声明》前提下,增加了自我管理(self-management)和学术诚信(academic integrity)的参照标准。

三是 2015 年法律《声明》的全体审议成员(The panel)还考虑到,在一个简单的声明中,法律学生的技能和素质可以清楚并简明扼要地表述出来,无须用教育方面的专业术语表达。所以,对雇主(employers)、一般公众和法学院(系)2015 年法律《声明》修订了以前的版本。就以前的版本而言,质量标准中提供了相当多的支持和指导。2015 年法律《声明》这里不再重复。

四是 2015 年法律《声明》更新了在学习,教学和评估中所反映出的当代议题的语言、(讲话或文章)风格(tone)、结构要求;同时反映了 2015 年法律《声明》对准入门槛中增加就业能力的需求。因此,例如,2015 年法律《声明》增加这种需求:一个法律毕业生能够证明具备处理的一系列与工作数据的能力,包括处理文本、数字和统计方面的能力。

五是 2015 年法律《声明》已经增加了在 2015 年法律《声明》上下文背景中添加了关于职业伦理的解释说明,并借此机会解释使用关于涉及职业伦理(ethics)认识的术语,以捕捉词典中对其"特性""存在状态"的定义认知、意识、理性的界定。

2015 年法律《声明》鼓励法学院(系)帮助学生通过使用该声明,向雇主清晰地说明他们能做什么以及他们所具备的心理素质。

综上所述,与以前法律《声明》相比,2015 年法律《声明》强调了学生的心理素质、自我管理和学术诚信,包括处理文本,数字和统计方面就业工作能力、重视职业伦理(ethics)的标准。

三、2015 年法律《声明》新增基准标准与实施方式

2015 年法律《声明》新增内容主要有两个方面:一是关于基准标准(Benchmark standards);二是关于学习、教学和考核评估(Learning, teaching and assessment)的实施方式。

① Subject Benchmark Statement: Law (2015), pp. 4 - 5.

(一)关于新增基准标准(Benchmark standards)[①]

1. 新增基准标准与其他学科的关系

这部分基准标准描述了具有法律荣誉学士学位的本科毕业生应当达到的最低程度(the minimum)或者最低门槛(threshold)水平。

通过法律专业的学习所获得的重要能力和心理素质(qualities of mind)应当是可以很容易地转移到许多职位(occupations)和职业(careers)中的。其中部分素质和能力具有通用性(generic),它们可以通过大多数人文和社会科学的学位课程学习中获取。但是,法律学位水平的学习(degree-level study in law)逐渐灌输了具有学科固有属性(intrinsic to the subject)、同时不可转移思维方式。这些思维方式包括对法律概念的复杂度(the complexity)、职业伦理、规则和基本原则、对法律语境(context)和证据的尊重,以及正义(justice)和法治(rule of law)基本原则对社会基础的重要性深入认识。

2. 具体的新增基准标准的内容

以下列出的技能和心理素质被设计为具有综合性(comprehensive)的,但并不被认为是已经非常详尽的(exhaustive)和最明确的(definitive)。以下列出了12个方面的技能和心理素质,该列举不存在优先顺序的考虑。一个具备法学荣誉学位的本科生能够示范和证明具备以下技能和心理素质(skills and qualities of mind):

(1)独立思考(intellectual independence)的能力:包括提出关于法律和法律制度方面的问题能力以及具备以令人信服(cogent)的专业知识回答问题的能力;判断自己现有知识与获取新知识的方面的差距,以及能够做出批判性的分析和评价。

(2)自我管理(self-management)的能力:包括能够反省个人自学效果、能够有效使用反馈意见,具有自愿获取知识、能够承认和纠正错误以及协调工作的能力。

(3)法具备对法律、正义、道德的原则和价值观的认知意识(awareness)。

(4)能够在一个制度、社会、国家和全球背景语境下,具备对公法和私法的理论、概念、价值观、基本原则和规则进行认识和理解(knowledge and understanding)的能力。

(5)对实体法领域(substantive areas of law)能够全面深入地学习及掌握其相关知识背景。

(6)独立开展自主研究(conduct self-directed research)的能力:包括能够从一系列合适的必要资源包括法律资源,通过研究、检索和正确的评价及最新和相关信息来准确评估和识别议题。

(7)具备处理工作有关的一系列数据(a range of data)能力,如处理文本、数字和统计数据的能力。

(8)识别歧义(recognise ambiguity)和处理法律中的不确定性(uncertainty)的能力。

(9)具备对相关的学说(doctrinal)和政策的议题开展综合分析(producea synthesis)

① Subject Benchmark Statement:Law(2015),p. 7.

的能力，在一个某项具体的法律争议中，能够在各种可替代解决方案和关键性判断之间展现（presentation）出合乎逻辑的选择（a reasoned choice）。

（10）在界定和解决复杂的实际或假设问题方面，具备运用知识（apply knowledge）和理解力以提供证据充分的结论的能力。

（11）运用口头和书面文字（both orally and in writing）处理事务的沟通能力；能够通过运用倾听、口头和书面文字回应能力刺激和促进问题的提出和对问题作出指示说明。

（12）能够致力于他们自己的个人和专业发展，并且保持学术诚信。

（二）与新增标准相对应的学习，教学和评价的实施方式①

1. 关于学生接受教育类型及其法学院（系）教学方案

学生可以通过各种各样的方式接受法律教育。其中包括课堂学习或在线学习（online learning）、自主学习或者是一个多种的混合型选择的（a mixture of options）学习、全脱产或部分脱产的学习。

法学院（系）当采取措施保证提供给为学生知情的学习选择种类时，应当考虑到如何维持学习的标准、质量和学习经历的连贯性，引进更加灵活和富有弹性的学习模式时，同时适当考虑对学习设计的影响。法学院（系）确保所设想的行为活动方式符合方案的总体目标，并且对于教学模块要求和职责、预期学习效果、监管安排、评估战略和标准等合理的信息，必须有足够的证明和充分记录。

2. 关于法学院（系）的技能教育

一个法律的学习和教学计划旨在使学生能够展示相关学习成果（the relevant learning outcomes）的实现情况，以及有能够展示学生实现这些教育成果的评估策略。

法学院（系）还采取适当的保障措施（suitable safeguards），确保学习的真实性，并向学生明确说明合作学习的好处和限制（benefits and limits of cooperative learning）。学生逐步在学科知识和技能方面获得支持，逐步发展为更独立的学习。学生在以知识为基础的课程（the knowledge-based curriculum）学习的计划中获得技能的提升，所以要处理好学习知识和提升技能两者的关系。在平衡的、协调一致和循序渐进的课程框架内，实践技能得以传授、实践，以保障在接受挑战和达到学习标准的整个过程中逐渐提高。2015 年《声明》中规定了，通过良好的学习支持条件以保障学生可以使用的一系列工具和资源获得技能发展的要求。在学习表现中，学生有获得批判性和建设性反馈的机会。反馈可能来自多方人员，如导师（tutors）、同行（peers）和提供实习工作的用人单位（work-placement employers），但要确保这些反馈有助于学生对专业学科要求的进一步理解，并能够帮助他们展示知识和技能。

3. 关于学生的学习模式（study mode）

无论他们采取何种学习模式，建议学生在整个法律课程中体验一系列具有代表性的

① Subject Benchmark Statement：Law（2015），pp. 8 – 9.

但不是唯一的教学方法,通常包括讲座、小组讨论(small group formats)的学习模式,创造在线学习环境(online learning environments)自主性学习或协作性学习(collaborative study)、实践性学习(experiential learning),以及基于问题导向的学习。鼓励法学院(系)确保学生能够积极参与和反馈他们的学习,从而帮助他们在自信中积极逐步成长为独立自主的学习者(independent learners)。

4.关于法学教育和学习的资源(teaching and learning resources)

作为直接或间接法律学位的高等法律教育提供者,在确保包括教育和学习资源方面负有直接或间接责任。教育和学习资源包括教职人员、图书馆学术资料保障以及信息和通信技术。这些资源能够充分保障在通过注册的获得法律学位学习的学生所获得符合本《法律专业基准声明》以及任何法律监管权限范围内容要求或者是法律监管机构的专业框架声明要求的相关项目学习的知识和技能。

5.关于学生学习的评估方法的范围(The range of assessment methods)

评估方法的范围(The range of assessment methods)适用于对学生的整体成绩水平与规定的学习结果进行有效的判断。评估可以是定期的或不定期的,看得见的或看不见的,持续性的或基于考核为基础(examination based);以及学生应当可能预期遇到的任务,可以包括不同长度的毕业论文和报告;案例说明和分析;法定解释(statutory interpretation);概括摘要(briefs);参考文献目录(annotated bibliographies)和注释;文章的评论(critiques of articles);口头/视频演示(oral/video presentations);模拟辩论(moots);技能为基础的评价(skills-based assessments)对学术期刊文章的评价(reflective learning journals);课题研究/学术演讲;工作或诊所活动为导向的考核(work/clinic-based assessments)、创作(creation),在线学术资源使用和管理(use and management of online resources)。

6.关于对学生的法学教育过程的要求

在法学教育中学习、教学和考核程序(assessment procedures)为所有学生提供了能够有机会证明他们已经达到符合2015年法律《声明》设定所列出的技能和心理素质的要求。

法学院(系)要突出实践的重要性,并对法律学生学习上的机会均等的要求保持高度敏感。

7.关于对法学教育策略定期审议(regularly review)和鼓励经验分享

在法学教育中要能反映教学实践和信息技术运用方面改进的学习、教学和评估策略通过适当的方式被定期审议和升级更新。鼓励法学院(系)探寻和分享(seek out and to share)有效的学习、教学和评估实践的实例。

四、2015年法律《声明》对我国当前法学教育的启示

2015年法律《声明》,无论其制定方式、具体的新增的内容,还是与之相应的学习和教学的实施、考核评估和保障方式,无不对我国当前法学教育有着诸多启示。

(一)2015年法律《声明》制定的形式,彰显出教育规则制定的连贯性和统一性

为保障2015年法律《声明》的持续性和广泛接受性,QAA启动定期审议机制。2000

年出台了第一个《法学教育基准声明》,2007 年第一次修订,2015 年再次修订,符合 QAA 的修订规则的要求。三个基准声明同时适用,体现了对发展的逻辑性、内在的整体性和关联性、形式上的统一性及规则制定开放性和适应性的尊重,①展示出一个在不断发展和完善中成熟起来的独立的标准体系。

面对新的法学教育中存在的问题和新的需求,法学教育基准声明做到了与时俱进。但是,对以前的法律《声明》,它并不是全盘否定,推倒重来。而是通过后续的修订,不断加以补充和完善。这与英美法系"尊重先例"传统如出一辙,其优点是容易保持历史的延续性,同时,强化了对原有规则的认识和创新发展。

为保证教育质量,我国 1994 年开展普通高等学校教学工作试点评估,2001 年教育部颁布的《高等学校法学专业本科教学工作合格评估方案》提出了法学教育教学质量监控与评估的指标体系和程序;2004 年教育部又颁布了《普通高等学校本科教学工作水平评估方案》。这两个方案都是法学教育质量的评估依据。② 2011 年《教育部办公厅关于开展普通高等学校本科教学工作合格评估的通知》(教高厅〔2011〕2 号)提出了《普通高等学校本科教学工作合格评估指标和基本要求(试行)》。教育部高等学校法学学科教学指导委员会将原来本科法学各专业合并为一个本科法学专业,规定了本科法学专业 14 门核心课程,于 2009 年针对本科法学教育提出了《普通高等教育法学专业教学规范》。2011 年,教育部、中央政法委员会发布《关于实施卓越法律人才教育培养计划的若干意见》(教高〔2011〕10 号)。2014 年,《中国共产党第十八届中央委员会第四次全体会议公报》提出:创新法治人才培养机制,形成完善的中国特色社会主义法学理论体系、学科体系、课程体系,推动中国特色社会主义法治理论进教材、进课堂、进头脑,培养造就熟悉和坚持中国特色社会主义法治体系的法治人才及后备力量。

上述文件都是我国法学教育的"指挥棒"和"定海神针"。但是,可以看出它们都出自不同的制定主体,政出多门,有各自不同的出发点。有些内容要求雷同和重复,有些要求是相互冲突的。它们之间内在关联性和逻辑性很难究寻,这为规则执行者带来了很大困惑和压力。

英国历来以善于制定各类标准闻名于世,其三个版本的法律《声明》既兼顾历史和传承,又不断创新发展。法律《声明》制定的方式既尊重历史,又面向现实,还能展望未来,其规则制定的经验可以为我国借鉴。

(二)法律学生的法律职业伦理是法律教育的重要环节

2015 年法律《声明》强调了法学学生的心理素质、职业道德和职业操守的要求。这也符合对我国当下的法学教育现实要求。

民国时期的法学教育家孙晓楼先生指出,法律人才应当具备三种素质,一是法律道

① 参见谢晖:《论法律体系——一个文化的视角》,载《政法论丛》2004 年第 3 期。

② 参见张朝霞:《建立我国法学教育质量标准的必要性及路径研究》,载《法学教育研究》2011 年第 2 期。

德,二是法律学问,三是社会常识。孙先生所说的"法律道德"应该是法律人的道德,也就是今天常说的法律职业道德,或法律职业伦理,也有称为司法伦理的。如果法律人不讲法律道德,法律就会成为法律人作奸犯恶的工具。① 当代有学者也提出:尽管国家已经出台了不少规定法官、检察官、律师执业行为及职业道德、职业操守的规范性文件,但是从现状来看,其具体效果值得怀疑,且在可操作性、基本理论的定位上也存在或多或少的问题。② "李庄案""刘涌案""彭宇案"等案都反映出政府官员、法官、律师、法学家、普通民众对法律职业伦理的认识冲突和分歧。③

因此,提高法律学子的法律职业伦理和操守的理念,对我国的法学教育更有紧迫性和现实价值。

(三)法律学生处理文本、数字和统计相关的工作技能亟待重视

目前,一提起提高就业能力,国内法学教育官员和学者都倾向于压缩理论教学加强实践教学的比重。但是,据对法律教育的长期观察,随着实践课的增加,许多学生的实践能力并没有得到有效的提升。模拟法庭、法庭观摩增加了实践的经验和知识,但是没有提高其工作和就业的能力。如何将实践经验转换成动手能力和内在的就业能力?法学院(系)的教师认识明显不到位。

2015 年法律《声明》中提出就业能力的指向非常明确:工作能够处理一系列与工作有关的数据的能力,如处理文本、数字计算和统计的能力。这些就业能力实际上也是当前我国法学教育的软肋,主要表现在以下几个方面。

关于文本处理能力:当前学生遭遇的处理文本技能严重问题莫过于毕业论文的撰写。2015 年法律《声明》提出:"独立开展自主研究的能力,包括准确地从一系列通用的相关的法律信息中以及运用最基本的法律资源,通过研究、检索和准确的评估来识别议题。"学生自己完成论文选题是不成问题的,但是许多学生却不知道自己研究什么,每年需要靠法学院(系)发布毕业论文选题指南,或者靠老师敲定题目。在写作中,缺乏文献综述、资料堆积,逻辑不通、段落不清,语言表达混乱、注释不规范等问题始终存在。实际上,即使通过司法考试的学生,又有多少人能够具备处理文本的能力,如学生是否能独立完成一个诉讼案件的起诉状、答辩状、证据目录、诉讼保全、代理词、上诉状诉讼文书的撰写工作?法学教育的实践也重视这些文本的撰写训练吗?这些都是当前实践教学的薄弱环节。

关于数字处理能力:从这些年来的部分冤假错案国家赔偿情况来看,法学学生必须具备数字计算的能力。例如,1996 年呼格吉勒图以故意杀人罪被判决死刑并执行,2014

---

① 参见李本森:《法律职业伦理》,北京大学出版社 2006 年版,第 1 页。

② 参见余涛:《我们需要何种法律教育——从法律职业伦理困境谈起》,载《法学教育研究》2011 年第 1 期。

③ 同上。

年改判无罪。国家赔偿总额205万余元,其中精神损害抚慰金100万元。陈满服刑23年后宣告无罪。国家赔偿总额275万余元,其中精神损害抚慰金90万元。钱仁风服刑14年后宣告无罪。国家赔偿总额172万余元,其中精神抚慰金50万元。法院决定对聂树斌父母作出国家赔偿的总额为2,681,399.1元,其中精神损害抚慰金130万元,人身自由赔偿金52,579.1元,死亡赔偿金、丧葬费126.482万元,张焕枝个人的抚养费6.4万元。① 这些数字是如何计算的?老师有意识让学生接受这方面的训练吗?如今的官司不同于过去标的额较低的民、刑事案件,大量经济、知识产权及房地产、兼并、收购和上市等业务中都涉及较大数额的标的额。即使简单的离婚和继承纠纷中也可能涉及上百万的财产纠纷。所以,数字计算能力应当成为法科学生必备技能。

关于统计的能力:无论是司法实务届,还是法学学术界,都越来越离不开各种法律数据分析的。所谓法律行业大数据报告,就是用适当的司法数据收集方法、统计分析方法,对数据进行整理分析,并以法律人的视角筛选、归纳、提炼,最终以可视化方式将历史的/现实的客观数据呈现给用户,帮助用户预测方向与路径,作出尽可能正确的决策。许多法律行业大数据报告如《2014年~2016年度全国劳动争议大数据报告》《P2P行业涉诉大数据报告(宁波)》《深圳建筑装饰行业诉讼报告研究》《2016年中国犯罪形势分析及2017年预测》,这些报告日益受到政府决策部门、法律实务部门、社会公众和媒体的关注。另外,我国每年都出版各种法律蓝皮书,里面涉及许多法律数据的统计和分析,这些报告的撰写需要撰写人员具有良好的统计和数字分析能力。政法实务工作也离不开大数据的统计,在大数据就是一个提高情报水平的利器。它将极大地提高社会治理的可预见性、精准性、高效性。

当前法学研究的方法有定性研究和定量研究。其中,量化研究的方法越来越为学术界所青睐。大数据的到来,可能加剧两种法学研究路径的分化:一种是继续保持传统的法学教义分析方法,另一种实证研究路径则可能加快转向大数据全样本的分析范式,而谁掌握大数据资源、大数据分析工具,谁就能快速占领实证法学研究的高地。② 没有统计分析能力,量化研究可能无法开展。统计和分析能力成为法学学生的必备素质。法学学生能否以及如何做一份法律大数据报告?能否看懂一份法律大数据报告?我国有多少法律院(系)的法学教育对此考虑过?

2015年法律《声明》特别强调的上述就业能力可作为我国法学教育的借鉴。

(四)法学教育的方式应当变得更加开放、灵活和包容

与英国、美国等发达国家的教育一样,我国的法学教育当前也面临两大挑战:一是网络信息技术的广泛应用给法学教育乃至法律界带来了巨大的冲击和挑战。二是网络课程资源共享对法学教育带来的挑战:在我国,网易公开课上提供了全球名校的上百门免

① 参见王巍:《聂树斌案获赔268万精神赔偿"创纪录"》,载《新京报》2017年3月31日,A02版。

② 参见周蔚:《大数据在事实认定中作用机制分析》,载《中国政法大学学报》2015年第4期。

费课程,新浪公开课、网易公开课、百度公开课、中国大学慕课(MOOC)[①]课程以及中国部分大学自愿提供的在线法学精品课程等,这些课程面向社会公众开放,教得好的课程可吸引全国甚至全球学生选读,他们可根据自己的进度安排学习和考试,并取得学分。这种多向式、群体式和互动式的教学模式,使教育资源得到最佳配置,也使整个教育制度发生着翻天覆地的变革。

2015年法律《声明》充分认识到这一现状,在学习、教学和评估考核方面实施措施方面回应了这些挑战。

学习方面:学生接受法学教育的形式多样化,可以是课堂学习或在线学习、自主学习或实践性学习、全脱产或部分脱产的混合型的学习。参加学习方法多样化,可以是讲座、小组讨论、创造在线学习环境、自主性学习或协作性学习、实践性学习以及基于问题导向的学习。

教学方面:一是面对更加灵活和富有弹性的学习模式,法学院(系)要加强教学设计方案、教学模块、监管、评估和整个教学过程的记录。二是要处理好学习知识和提升技能两者之间的关系,保障实践技能得以传授、实践和展示。三是确保具备教职人员、图书馆学术资料保障以及信息和通信技术的教学和学习资源。四是法学院(系)为学生技能和心理素质的提高提供机会均等的实践机会。

评估考核方面:一是学生成绩评定方式的多样性,知识、实务能力、研究能力、自学能力表现都是评定成绩的依据;二是加强对法学院(系)教学经验的定期审议和鼓励经验分享。

2015年法律《声明》提出的上述学习、教学和评估考核实施策略,对我国法学教育的改进很具有启发意义。

① 中国大学(MOOC)慕课介绍:网易联手高教社推出的云端在线教育平台,帮助学校、企业建立自己的在线课堂,提供从技术方案、课程内容、教学管理到大数据支持的一站式解决方案,载中国大学MOOC:http://www.icourse163.org/spoc/schoolcloud/index.htm,最后访问日期:2018年6月18日。

俄罗斯联邦高等法学教育的改革

於海梅*

苏联解体后,俄罗斯联邦进行了政治、经济、社会领域的大变革。1993年通过的《俄罗斯联邦宪法》第1条规定,俄罗斯是实行共和制政体的、民主的、联邦制的法治国家。法治国家的建设离不开法律工作者。俄罗斯联邦著名法学教育家奥·叶·库达芬曾说过,“建立法治国家没有法律工作者,如同建筑房屋没有建筑者”。① 因此,法律工作者的培养对法治国家建设尤为重要,而法律工作者的培养则离不开法学教育。“一国法律教育的得失,有关于国家法治的前途。”②高等法学教育是为法治国家建设输送专门法律人才的主要力量。苏联解体后,“俄罗斯法学教育现状和发展趋势都与苏联时期法学教育有非常大的差异,但不能否定俄罗斯法学教育与苏联法学教育之间的继受关系”。③ 因此,我们有必要对苏联高等法学教育状况进行深入考察,着力分析当代俄罗斯联邦高等法学教育改革进程及其主要内容,借以探讨俄罗斯高等法学教育改革对当代中国高等法学教育发展的有益启示。

一、苏联高等法学教育的主要特点

从1917年到1991年,经过70多年的建设与发展,特别是第二次世界大战后的快速发展,苏联高等法学教育逐渐形成了若干明显的特点。

首先,将意识形态教育放在首位。苏联党和国家在谋划高等法学教育的过程中,并不是简单地将法学教育视为法学知识的传播,而是注重意识形态的灌输教育,因而法学教育成为意识形态教育的重要工具。正如有的学者所分析的:“苏联社会科学教育的目的是为了培养马克思列宁主义世界观,理解社会主义建设的革命意义并准备参与其中。”④

---

* 南京师范大学法学院博士研究生、中国法治现代化研究院研究人员。

① 载莫斯科库达芬国立法律大学信息网:https://vk.com/msalinfo,最后访问日期:2018年6月13日。

② 孙晓楼:《法律教育》,商务印书馆2015年版,第4页。

③ 焦应达:《苏联法学教育研究》,法律出版社2015年版,第296页。

④ История юридического образования в России(俄罗斯法学教育的历史),http://revolution.allbest.ru/history/00512099_0.html,最后访问日期:2018年4月22日。

第二,生源多来自工农阶层。为了保证法学教育的纯正性,实现法学教育的工具性目标,苏联法学教育主管部门高度重视高等法学教育院校生源结构,强调法学院校生源的主体应当来自工人、农民及其子弟。"法学院校首先接受工人、农民以及他们的子女。"①

第三,建立并大力发展函授教育。苏联作为世界上第一个社会主义国家成立后,需要大量的法律工作者,因意识形态原因基本上不使用帝俄时期的法学专业人才,而短时间培养那么多法律人才又来不及,因此开创了边工边读的函授形式,以解决法律人才的短缺问题。"法学专业的函授生占高等法律院校和法律系全体学生的三分之二。"②

第四,扩大建立法学院校的地域范围。帝俄时期的高校仅建立在几个重点城市,随着苏联的建立和发展,不仅建立法学院校的地域范围有所扩大,而且加盟共和国也需要建立高等法学院校。正如一些俄罗斯学者指出的:"如果说革命前法学教育和研究的中心是莫斯科、圣彼得堡、喀山、基辅、哈尔科夫,现在则有了在国家的东部建立起类似的法学教育中心的任务。"③"不仅在中央高校建立法律系,而且加盟共和国的高校也建立法律系(1947～1950年),地方高校占据了地位。"④

第五,实用主义色彩浓厚。苏联将法律看作阶级斗争的工具,这本身就决定了法律的实用主义性质,反映在法学教育领域,则是从师资力量到就业目标都带有浓厚的实用主义色彩。"多数人通过函授拿到法律文凭后实现了自己的名利愿望,函授生往往和成为党的先进人物是同时的。"⑤

第六,体现计划经济的特色。经济基础决定上层建筑。苏联的高等教育属于上层建筑的一部分,因此必然呈现出计划经济的特点。从教育机构主体的设立管理以及经费保障,到教学内容以及招生就业,全部由国家统一控制。"苏联高等法学教育都是由公立大学承担,不允许非国有教育机构的生存,由国家统一管理:国家拨款,教育机构不用为经费发愁;实施统一的教学计划,适用统一的教学大纲、教科书;国家计划招生、计划分配。国家对教育的统一拨款,让法学教育的各个环节上都受国家的制约。"⑥

第七,学制长,学位少。苏联培养法律人才的主要形式为5年制大学法律系、4年制

① Юридическая педагогика(法律教育学),http://mir.zavantag.com/pravo/7019/index.html? page=8,2018.6.23.

② 马兰、叶玉华:《苏联高等教育的任务和结构》,载中央教育科学研究所编:《发展中的苏联教育》,教育科学出版社1989年版,第125页。

③ Юридическая педагогика(法律教育学),http://mir.zavantag.com/pravo/7019/index.html? page=8,2018.6.23.

④ Историяюридическогообразования в России(俄罗斯法学教育的历史),http://revolution.allbest.ru/history/00512099_0.html,2018.6.22.

⑤ Юридическая педагогика(法律教育学),http://mir.zavantag.com/pravo/7019/index.html? page=8,2018.6.22.

⑥ 参见焦应达:《苏联法学教育研究》,法律出版社2015年版,第288页。

法律学院、5～6年的夜校和函授教育。[①] 完成苏联高校法学专业5年教育的毕业生获得的是专家证(Специалист),严格来讲这并不是学位,而是从事法律相关职业的资格。[②]"研究生教育主要是在导师指导下从事科学研究,只设副博士一种学位。"[③]"博士学位与研究生教育无关,是对具有副博士学位的人员在工作与实践中继续进行科研工作并获得创造性成果,经学校专门委员会审议通过,并报国家有关机构批准后授予的学位。"[④]我国一般认为,苏联的博士学位相当于我们的博士后。

二、俄罗斯高等法学教育改革的背景条件

教育是社会的重要组成部分。在特定国度实施的教育改革,必然反映一定社会发展的客观要求。随着苏联的解体,俄罗斯的社会政治生态条件发生了重大变化。这在俄罗斯的高等法学教育改革进程中得到了充分的体现。总体而言,促使俄罗斯联邦进行高等法学教育改革的社会背景主要有以下三个方面。

第一,苏联解体带来的社会转型。苏联解体无疑是20世纪国际社会的重大社会政治事件,这一事件给俄罗斯带来了重大的社会转型。在此背景下,俄罗斯的高等法学教育面临着如何定位以及发展的重大问题。1991年12月25日,苏联总统戈尔巴乔夫宣布辞职,将国家权力移交给俄联邦总统。第二天,苏联最高苏维埃通过最后一项决议,宣布苏联停止存在。从此,苏联正式解体。俄罗斯联邦继承了苏联大部分领土与主权,但是俄联邦的政治体制、经济体制、社会意识形态与苏联相比均发生了重大变化。因此,苏联解体带来的社会转型,是俄罗斯高等法学教育改革中具有决定性的社会背景条件。

第二,俄联邦加入博洛尼亚进程。俄罗斯人的欧洲情结由来已久,无论是彼得大帝一切向西方学习的改革号召,还是叶卡捷琳娜二世曾邀请法国思想家对俄国进行思想启蒙,抑或沙俄时期贵族社会以法语为交流语言等现象,这都表明俄罗斯人迫切希望融入欧洲。普京执政后多次强调斯拉夫文明与欧洲文明同根同源,表示融入西方是俄罗斯的历史选择。这一社会文化情结体现在俄罗斯联邦高等教育领域,便是加入"博洛尼亚进程"。"博洛尼亚进程"是29个欧洲国家的高等教育部长于1999年6月在意大利博洛尼亚大学举行部长会议时提出的欧洲高等教育改革计划,其目标是到2010年建立一个自由、民主、平等的欧洲高等教育区,建立统一的互相承认的学位制、学历制和学分制,促进人员流动,增加就业机会,实现高等教育一体化,加强各民族的"欧洲意识"和"欧洲认

---

① 苏联大百科词典中法学教育一词的解释, See http://dic. academic. ru/dic. nsf/bse/155202/% D0% AE% D1% 80% D0% B8% D0% B4% D0% B8% D1% 87% D0% B5% D1% 81% D0% BA% D0% BE% D0% B5, 2018.6.23。

② 参见俄文维基百科, https://ru. wikipedia. org/中关于学位 Учёная степень 和专家 Специалист (квалификация)的解释。

③ 马兰、叶玉华:《苏联高等教育的任务和结构》,载中央教育科学研究所编:《发展中的苏联教育》,教育科学出版社1989年版,第132页。

④ 胡谷明主编:《大国文化心态·俄罗斯卷》,武汉大学出版社2014年版,第215页。

同",为欧洲一体化进程做出贡献。[①] 高等教育被俄罗斯看作融入欧洲一体化进程的重要手段和通道。2003 年 9 月,俄联邦教育部部长在欧洲国家教育部长柏林会议上签署了《博洛尼亚宣言》,确定了俄罗斯作为欧洲教育共同体成员国的地位。这一事件在俄罗斯被认为是体现教育发展新阶段的重要里程碑。[②]《博洛尼亚宣言》签署之后,俄联邦必然要履行承诺,对其高等教育领域进行一系列改革。因此,加入"博洛尼亚进程"是促使俄罗斯高等法学教育改革的一个重要的历史契机。

第三,建设法治国家的需要。苏联解体后,俄罗斯联邦倡导建立法治国家,并将法治国家明确写入了俄联邦的宪法。[③] 而法治国家的建设需要大量法律人才,因而重视高等法学教育成为必然。因此,法学教育在法治国家建设中占据着举足轻重的地位。"为了保障法律至上,每个公民应当知晓法律,国家官员应当是自己工作范围内的专业法律人,而护法、法律适用领域和司法机关的工作人员应当是高级别的专业法律人和哲学、社会学、专业知识方面的高等教育人群。"[④]这一需求也会反映在具体的国家战略中。例如,2008 年俄联邦国家反腐败计划在教育部分就规定了提高法律人才职业水平的措施。[⑤] 因此,俄联邦法治国家建设的需要是推动俄罗斯联邦高等法学教育进行改革的强大动因条件。

三、俄罗斯高等法学教育改革的进程

1990 年 6 月 12 日,俄罗斯苏维埃联邦社会主义共和国第一次人民代表大会通过《俄罗斯苏维埃联邦社会主义共和国国家主权宣言》(简称《俄联邦[⑥]主权宣言》),这一天是俄联邦的国庆日,标志着新国家的诞生。在苏联解体、俄联邦建设法治国家以及加入"博洛尼亚进程"的诸方面社会历史条件下,俄联邦的高等法学教育进行了一系列改革,其过程大致可以分为三个阶段。

第一阶段为 20 世纪 90 年代至 21 世纪初,这是俄联邦高等法学教育的初步重建阶段。苏联解体后的社会转型与市场经济发展,需要俄联邦建立新的高等教育体系,高等

---

① 参见李化树:《建设欧洲高等教育区(EHEA)——聚焦博洛尼亚进程》,人民出版社 2014 年版,第 21 ~ 23 页。

② 参见刘淑华:《俄罗斯教育战略研究》,浙江教育出版社 2013 年版,第 253 ~ 256 页。

③ 《俄罗斯联邦宪法》第 1 条第 1 款规定:俄罗斯联邦——俄罗斯是实行共和制的民主的、联邦的、法治的国家。第 4 条第 2 款规定:俄罗斯联邦宪法和联邦法律在俄罗斯联邦全境内具有至高无上的地位。参见孙谦、韩大元主编:《欧洲十国宪法》,中国检察出版社 2013 年版,第 180 ~ 181 页。

④ Баскакова Н. П. :РЕФОРМИРОВАНИЕ ЮРИДИЧЕСКОГО ОБРАЗОВАНИЯ В РОССИИ:ПРОБЛЕМЫ И ПЕРСПЕКТИВЫ(《俄罗斯法学教育的改革:问题和前景》),Юридическое образование и наука(《法学教育与科学》)2005.1.

⑤ Безруков А. В. ,Тепляшин И. В. :Реформирование высшего юридического образования в контексте конституционных преобразований в современной России(当代俄罗斯宪法改革背景下的高等法学教育改革),Российская юстиция(俄罗斯司法)2011.5.

⑥ 1991 年 12 月 25 日,俄罗斯宣布国名由"俄罗斯苏维埃联邦社会主义共和国"变更为"俄罗斯联邦"。

法学教育亦在其中。这一阶段,俄罗斯先后颁布了《关于发展教育的首要措施》(1991年)、《教育法》(1992年)、《教育发展联邦规划》(2000年)、《2010年前俄罗斯教育现代化构想》(2001年)。在这些法律文件确定的框架下,2000年3月27日,俄联邦教育部颁布了第一代法学专业高等职业教育国家标准,标志着俄罗斯高等法学教育得以初步重建。这一阶段是从破到立的阶段,有着转型期社会特有的混乱和迷茫。

第二阶段为2003年至2009年,这是俄联邦高等法学教育的全盘西化阶段。2003年9月19日,俄联邦加入博洛尼亚进程,这标志着俄罗斯的高等法学教育进入了全盘西化的阶段。首先,在采用学分制这一技术性方面,"2004年3月9日,俄罗斯教育部推出了《高校使用学分制组织教学过程的示范章程》,根据俄罗斯联邦教育系统的特点为高校确定了计算学分的方法"。① 其次,俄罗斯积极兑现加入博洛尼亚进程的承诺,全面改革俄罗斯本国的高等教育。"2005年,俄罗斯教育与科学部和欧洲委员会草拟了《行动合作计划》,参照《博洛尼亚宣言》规定的欧洲模式对本国高等教育体制、结构、学制等方面进行全方位改革。"②

第三阶段为2009年5月至今,这是俄联邦高等法学教育改革的反思自省阶段。经过初步重建和全盘西化的演进过程,俄联邦的高等法学教育领域出现了教学混乱、质量低劣的状况,这促使俄罗斯人自省反思,重新思考和定位本国的高等法学教育。为整治乱象,提高法学教育质量,2009年5月26日,俄联邦时任总统梅德韦杰夫签署第599号总统令《完善俄联邦高等法学教育的措施》。③ 该文件旨在提高高等法学教育的质量,加强对培养法律人才的高等职业教育机构活动的监管。这是俄联邦政府第一份专门针对高等法学教育的总统令,标志着高等法学教育改革新阶段的开始。2009年11月5日,时任总统梅德韦杰夫签署第740号总统令,明确在司法部下设立"完善高等法学教育质量的部门间委员会",借以切实推进《完善俄联邦高等法学教育的措施》总统令的执行。2012年12月29日,俄联邦通过了第273号联邦法律《俄联邦教育法》(以下简称新《教育法》),该法于2013年9月1日开始生效。在这些法律文件的推动和指导下,俄联邦的高等法学教育注意从本国国情出发,进行了自省性的改革。

四、俄罗斯高等法学教育改革的主要内容

梳理20世纪90年代以来俄罗斯高等法学教育的改革举措,对比苏联时期的高等法学教育体系,我们可以看到,当代俄联邦高等法学教育的面貌确乎发生了深刻的变化。这一改革的内容主要体现在以下六个方面。

其一,去意识形态教育。当今的俄罗斯倡导意识形态多元化,因之在高等法学教育

① 刘淑华:《俄罗斯教育战略研究》,浙江教育出版社2013年版,第261~262页。

② 同上书,第253页。

③ Указ Президента РФ от 26. 05. 2009 N 599 "О мерах по совершенствованию высшего юридического образования в Российской Федерации".

的课程结构和教学内容上,都删去了原先以马克思列宁主义为指导思想的教学要求。在苏联法学教育体系中,“教学过程特别强调法学教育对学生马克思主义世界观的形成和培养,强调法的国家性质,强调法的阶级属性和为巩固苏维埃政权服务的实质”。① 苏联解体后,情况发生了根本的变化。《俄罗斯联邦宪法》第13条第1款规定,俄罗斯联邦承认意识形态多元化;第2款规定,任何意识形态均不得被规定为国家意识形态或者必须遵循的意识形态。② 因此,在法学教育领域,“1991年之前,马克思主义的法律观在苏联法学中占主导地位,而1991年之后的俄罗斯法学中法律观呈现多元化的趋势”。③ 从课程结构来看,在现行俄罗斯的高等法学教育国家标准的第一层次和第二层次人才培养计划中,人文、社会和经济模块的必修课乃是哲学、外语、逻辑学和职业道德,显然已经完全没有意识形态类的课程了。从课程内容来看,直接影响所有法学教育活动的最关键的“法”的概念发生了重大变化。对此,有的学者分析说,“苏联对社会主义‘法’的界定采纳了《共产党宣言》中的一个定义,即法是被奉为法律的统治阶级意志”。④ 而现如今在俄罗斯联邦法学界,占据主导地位的法的概念排拒法的阶级性的本质特征。因此,去意识形态教育是俄联邦高等法学教育课程结构和教学内容改革的显著特点,这是俄罗斯社会转型在高等法学教育领域的重要表征。

其二,教育体制市场化。随着从计划经济向市场经济的转轨,俄联邦高等教育的市场化进程明显加快,办学主体多元化,经费来源多渠道,就业市场化选择等,大体上构成当今俄罗斯高等教育领域的典型表现。在高等法学教育方面,从办学主体来看,苏联时期法学高等教育的办学主体是国家,负责办学条件的提供和保障。而苏联解体之后,以往单一的国家高等法学教育格局被打破,代之以多样化的高等法学教育模式。以多种所有制办学形式并存为主要特征的俄罗斯联邦高等法学教育体制,成为俄罗斯联邦高等法学教育办学主体的主导形态。在当代俄罗斯,高等法学教育的办学主体不仅有国家和政府,而且有地方自治机关,还有已经注册的各种社会组织,等等。从教育经费来看,当代俄罗斯高等法学教育实行联邦、共和国、地方三级管理体制,由此形成多渠道筹措法学教育经费的格局。学校拥有更多的办学自主权。⑤ “使用者付费的原则”,成为俄罗斯高等法学教育经费筹措机制的基本指导原则。⑥ 法律院校自费生的数量也在不断增长。“据俄联邦教育科技部的数据,2004年至2009年俄罗斯共减少了1.2万名法律专业公费生

① 焦应达:《苏联法学教育研究》,法律出版社2015年版,第141页。

② 参见孙谦、韩大元主编:《欧洲十国宪法》,中国检察出版社2013年版,第184页。

③ 焦应达:《苏联法学教育研究》,法律出版社2015年版,第300页。

④ 同上书,第299页。

⑤ 参见安方明主编:《社会转型与教育变革——俄罗斯历次重大教育改革研究》,社会科学文献出版社2006年版,第301页。

⑥ 参见刘淑华:《俄罗斯高等教育分权改革研究》,光明日报出版社2010年版,第132页。

的招收,然而自费生却猛增到10.2万人。"[①]再从就业机制来看,如今的俄罗斯联邦法律院校毕业的学生,不再像苏联时期那样由政府负责统一分配工作,而是从国家统分体制转向学生自主择业的体制。此外,从法学院校数量来看,苏联时期只有52个院校开设了法律院系;[②]而目前俄罗斯提供法学教育的高校共有1119所,其中国立高校511所,非国立高校608所。[③] 因此,无论是在办学主体、教育经费方面,还是在就业机制、院校数量方面,当代俄罗斯高等法学教育市场化程度明显提升,这是当代俄罗斯经济体制由计划经济向市场经济转变进程给高等法学教育带来的重大变化。

其三,双轨制和学分制。加入博洛尼亚进程后,俄联邦采取了一系列改革措施,以促进博洛尼亚教育标准在俄罗斯高等法学教育领域的落实。其中,最重要的即为实行双轨制和学分制。"俄罗斯于2007年10月通过了《高等教育实行'学士—硕士'两级学制法》,开始实行双学位制,但仍然保留了5年制的俄罗斯传统大学学制,即人们常说的高等教育双轨制。"[④]就法学专业而言,目前在俄罗斯有四年制法学学士、两年制法学硕士、五年制法律工作专家、三年制法学研究生等不同层次或类型的法学学制。其中,研究生(аспирантура)[⑤]从2013年9月1日新《俄罗斯教育法》生效之日起属于高等法学教育的第三层次。[⑥] 研究生阶段需要通过论文答辩,授予副博士学位。关于副博士学位,俄罗斯也在考虑改革,使其与其他国家的博士学位相当。[⑦] 新《俄罗斯教育法》将研究生教育调整为归属于高等教育,而非原先的大学后教育,这有利于法学教育科研和实践的一体化。对于《博洛尼亚宣言》中要求建立的欧洲学分转换体系,俄罗斯也根据该要求作出了相应调整。2002年7月19日,俄罗斯教育部颁行《关于制定高校大学生对高等职业教育国家教育标准内容掌握情况考查程序的组织工作》的法令,制定了用学分制量化高等职业教育国家教育标准学习工作量的基本原则,并且明确运用学分制衡量高等职业教育基础教育大纲工作量的方法。显然,在博洛尼亚进程的推动下,俄罗斯进行了学位制改革和学

---

① 参见朱冬传:《法律高校毕业生众多高素质法律人才缺乏俄罗斯将削减整合法律院校》,载《法制日报》2013年6月25日。

② 同上。

③ 2017年5月从俄罗斯高等教育信息网(academica.ru)上搜索的结果。

④ 董舒文、于翔:《博洛尼亚进程推动下的俄罗斯高等教育国际化》,载《中国电力教育》2012年第14期。

⑤ 沿用该词在国内已惯用的译法,我国所说的研究生包括硕士研究生和博士研究生,而俄罗斯的研究生(аспирантура)实际上仅是指我国所说的博士研究生。

⑥ Федеральный закон от 29.12.2012 N 273 - ФЗ(ред. от 13.07.2015)"Об образовании в Российской Федерации".

⑦ 俄罗斯留学:俄罗斯副博士学位将改革,http://russia.xdf.cn/201205/1247350.html,2018年5月7日访问。其实,我国早在1990年就认可俄罗斯的副博士学位相当于我国的博士学位。《国家教委、人事部关于获得苏联、东欧国家副博士学位人员回国后待遇的通知》(教人〔1990〕039号)规定:(1)获得苏联及东欧国家副博士学位人员回国工作后,评聘专业技术职务的任职条件,与国内获得博士学位人员相同。(2)上述人员回国后的初期工资按国内获得博士学位毕业生的初期工资发给,其他方面的生活待遇也与获得博士学位人员相同。

分制改革。在这里,学分制属于技术性问题,相对比较容易操作。但法学硕士学位似乎“水土不服”,运行10多年的“学士—硕士”体系并没有得到普及,迄今几乎没有法学硕士毕业,更多的还是传统的五年制专家。① 由此,我们可以看到专家证和副博士学位已经扎根于俄罗斯民众心中,而新教育法规定的法学硕士学位并未受到普遍欢迎。

其四,完善法学教育质量管理体系。在高等法学教育改革的自省阶段,俄罗斯联邦政府作出的重大改革措施即为完善法学教育的质量管理体系。马尔琴科教授在《现代俄罗斯法学教育之诸问题》一文中曾介绍道:“它们利用这股法律热潮,凭借教育管理机构的放任纵容和疏于监管,使俄罗斯近几年面临了职业培养不足、水平低下,进而败坏了整个国内法学教育系统的法律状况。”②因此,为整治法律院校种类繁多但法律人才培养质量不佳的问题,时任总统梅德韦杰夫于2009年签发了《完善俄联邦高等法学教育的措施》,规定由俄联邦政府与俄罗斯法律工作者协会一起研制并运行对培养法律人才的国立和非国立的高等职业教育机构进行资格认证。③ 该法律文件被俄罗斯法学界和法律实务界一致认为是高等法学教育改革从纸面进入实践的标志。按照这一法律的规定要求,从对高等法学教育机构进行资质认证、制定新的高等法学教育联邦国家标准、完善教育许可和国家认证程序等三个方面着手,完善高等法学教育的质量管理体系。目前,俄联邦政府具体负责法学教育质量监管的部门是俄联邦教育和科学部下设的联邦教育和科学督查局,该局通过国家资质认证和教育许可等方面对法学教育机构进行监管。督查局的资质认证委员会负责对法学教育机构进行国家认证,开展职业教育的法学教育机构需要每6年一次进行国家认证,高等法学教育机构开展某项教育项目也需经过该部许可。④此外,俄罗斯法律工作者协会下设高等法学教育质量社会评估委员会,专门对高等法学教育质量进行社会认证。在此,我们既看到俄罗斯从“国家管理学校”向“国家和社会共管学校”的转变,也看到在全盘西化带来的混乱之后当代俄罗斯面对国内法学教育现状而推行自省性改革的实际成果。

其五,制定法学专业高等教育联邦国家标准。苏联的高等法学教育是由国家统一计

---

① Болонский процесс и проблемы юридического образования в России(博洛尼亚进程与俄罗斯法学教育的问题),http://guap.ru/guap/dep09/nauk_pr_main.shtml,2018.5.9.

② 参见[俄]马尔琴科 M.H:《现代俄罗斯法学教育之诸问题》,载中国政法大学主办:《中国法学文档》(第6辑),知识产权出版社2009年版,第291页。

③ Указ Президента РФ от 26.05.2009 N 599“О мерах по совершенствованию высшего юридического образования в Российской Федерации”.该总统令的具体内容:在2010年1月1日前,与联邦执行权力机关、俄联邦宪法法院、俄联邦最高法院、俄联邦最高仲裁法院、俄联邦总检察院,以及全俄总工会、其他社会团体、有专业法律人才需求的机构一起研制并广泛讨论法学专业人才高等职业教育联邦国家标准,加大法学教育实践部分的内容,使学生不能容忍腐败行为并尊重法和法律,与俄联邦法律工作者协会一起提出完善教育许可活动和国家认证国立和非国立高等法律职业教育机构的程序,以及确定他们活动的评价标准。

④ 译自俄联邦教育和科学部联邦教育和科学监管部网站 www.obrnadzor.gov.ru,最后访问日期:2017年5月8日。

划和安排的。苏联解体后，俄罗斯开始制定联邦国家教育标准。一方面保障俄罗斯法学教育空间的一致性和确保法学教育质量，另一方面也给予学校一定的办学自主权。《俄罗斯联邦宪法》第43条第5款规定，俄罗斯联邦制定联邦国家教育标准，支持各种形式的教育和自学。[①] 联邦教育部/教育和科学部先后于2000年、2005年、2009年颁布了三代高等职业教育国家标准，并陆续出台各专业的联邦国家教育标准。联邦国家教育标准是保障教育质量的核心，及时反映教育领域变革进程。在这一过程中，法学专业高等教育联邦国家标准也随着每次联邦国家教育标准的颁布而重新制定。例如，根据新《教育法》的有关规定，应当建立新一代标准。因此，2016年12月1日，俄联邦教育与科学部发布第1511号令，废除了2010年5月4日颁布的法学学士国家教育标准，即从2017年9月1日起采用新的法学学士联邦国家教育标准。可以预计，今后俄联邦政府将陆续对法学硕士、专家等层次的联邦国家教育标准进行修改。这一情形不仅表明俄罗斯高等法学教育顺应改革时代的要求而与时俱进，同时也反映了法学专业高等教育联邦国家标准的核心意义及其重要性，体现了当代俄罗斯人对优质高等法学教育的期待。

其六，缩减法学函授教育形式。函授教育曾是苏联引以为豪的高等教育形式，也是高等学校重要的财源。但是，随着俄罗斯高等教育的改革，函授教育渐次萎缩。就法学专业而言，已不能再以函授形式获得第一个法学学位。虽然俄罗斯国内专家们对于取消法学专业函授教育形式的意见褒贬不一，也有人主张用远程教育替代函授教育，但是，在2016年12月1日俄联邦教育与科学部颁布的法学学士联邦国家教育标准中明确规定，高等教育机构可以培养法学学士的形式为全日制、日函制和函授形式。不过，该标准在备注中写明函授形式只允许适用于第二个或再下一个的高等教育。[②] 可见，通过函授形式获得第一个法学学士学位的形式将不再存在，法学函授教育的形式将大大缩减。无疑，限缩法学函授教育是俄罗斯提升高等法学教育质量的一个重要举措，意在实现“从量到质”的高等法学教育改革的基本目标。

五、俄罗斯高等法学教育改革对中国法学教育的启示

“他山之石，可以攻玉。”深入探讨苏联解体后俄罗斯联邦高等法学教育领域的改革，有助于我们从中获得有益的镜鉴，从而更有力地推进当代中国的法学教育改革。党的十八届四中全会决定提出，要“创新法治人才培养机制”“培养造就熟悉和坚持中国特色社会主义法治体系的法治人才及后备力量”。[③] 这为当代中国法学教育改革指明了方向。众所周知，中华人民共和国成立之初的高等法学教育体系完全是以苏联高等法学教育为

---

① 孙谦、韩大元主编：《欧洲十国宪法》，中国检察出版社2013年版，第190页。

② Приказ Минобрнауки РФ от 01.12.2016 N 1511 ОБ УТВЕРЖДЕНИИ И ВВЕДЕНИИ В ДЕЙСТВИЕ ФЕДЕРАЛЬНОГО ГОСУДАРСТВЕННОГО ОБРАЗОВАТЕЛЬНОГО СТАНДАРТА ВЫСШЕГО ОБРАЗОВАНИЯ ПО НАПРАВЛЕНИЮ ПОДГОТОВКИ 40.03.01 ЮРИСПРУДЕНЦИЯ(УРОВЕНЬ“БАКАЛАВРИАТА”).

③ 参见《中共中央关于全面推进依法治国若干重大问题的决定》，人民出版社2014年版，第32～33页。

模式而建立的,从培养目标、课程设置、教学计划、教参资料到考试制度、聘任专家、派遣学生等,全面引进和搬用苏联法学教育体系。[①] 1978 年改革开放以来,当代中国的法学教育得到了重建。特别是党的十八大以来,随着社会主义市场经济的深入发展和全面推进依法治国的扎实推进,当代中国法学教育改革大潮正在兴起。因此,在新的时代条件下,深入总结与反思当代俄罗斯高等法学教育改革的经验得失,对于积极稳妥推进当代中国的法学教育改革,无疑是大有裨益的。

首先,高等法学教育不能完全放任给市场。作为立德树人的崇高事业,教育从来都具有鲜明的公益性。法学教育更是如此。在当代中国,法学教育的基本使命就是为建设社会主义法治国家培养高素质的法律人才。这是市场法则所无法达至的。"市场追求眼前利益的短视性和单纯追求物质利益的功利性会造成高等教育发展的失衡和物质化倾向。"[②]有的学者在评价俄罗斯法学教育改革的市场化倾向时分析道,组建和运营有众多分校和分布的法学机构的根本目的远不是纯教育性质的,不单是各种非国立大学,许多国立大学成立的法律系也都不符合现代教育规范标准,出现教授级别的课程由副博士和助教代授,实践课程由老牌法学院高年级学生代授的现象。越来越多具有学术前途的研究走向功利主义,大部分法学院办学目的是在扩大合同制生源、增加毕业生人数。[③] 所以,要对不合目的的利用"教育"手段等相关行为处以巨额罚金,使从事法学"教育生意"这一活动变得失去经济价值;并且,从立法层面提高对新建法学类教育机构获取教育许可,以及通过考核和国家认证时的门槛,不应对高等法学教育系统中最弱的一环——产生于市场化条件下,以商业合同为基础的法律教育机构放任不管。[④] 面对转型社会高等法学教育发展的艰巨任务,对于当下正在推进的中国法学教育改革来说需要正确处理好政府与学校之间的关系。一方面,要注意扩大高等法学教育机构的办学自主权,使法学院校能够及时回应社会变革的法学需求;另一方面,政府要担负起引导法学教育改革与发展的时代责任,为高等法学教育事业发展创设公平有序的良好办学环境。其实,"社会和高等学校本身在高等教育的发展进程中都不可能完全替代并承担起国家和政府的义务和责任"[⑤]。"市场的优势和责任在于效率,政府的优势和责任则在于公平。"[⑥]因此,我们不能像俄罗斯那样因法学教育市场化造成法学教育质量下降之后再来重新加强政府的监管职责。不仅如此,法学教育本身的强烈政治性,亦决定了不能将法学教育放任给

---

① 参见汤能松、张蕴华、王清云、阎亚林编著:《探索的轨迹——中国法学教育发展史略》,法律出版社 1995 年版,第 387~390 页。

② 刘省非:《教育市场化——转型期俄罗斯高等教育改革研究》,人民出版社 2013 年版,第 193 页。

③ 参见[俄]马尔琴科 M. H:《现代俄罗斯法学教育之诸问题》,载中国政法大学主办:《中国法学文档》(第 6 辑),知识产权出版社 2009 年版,第 291~293 页。

④ 同上书,第 296 页。

⑤ 刘省非:《教育市场化——转型期俄罗斯高等教育改革研究》,人民出版社 2013 年版,第 185 页。

⑥ 同上书,第 195 页。

市场。

其次,要重视法学的意识形态教育。在当代中国,法学教育的时代使命在于培养中国特色社会主义法治事业的建设者。这就决定了法学教育必须坚持以马克思主义为指导,贯彻中国特色社会主义法治理论,绝不能搞法学意识形态的多元化,更不能去意识形态教育。“意识形态是一个社会和国家的重要支柱,所有重大的改革都需要意识形态的依据。”“马克思主义意识形态追求科学性,这种追求是有一定根据的,因为马克思主义的产生不仅仅由于社会政治运动,而是产生于19世纪的科学发现。”但是,在苏联解体前夕,马克思主义在意识形态领域的指导地位实际上被取消了。“戈尔巴乔夫的‘新思维’提出以后,马列主义的指导思想被亵渎,社会主义的政治经济制度被动摇,苏共的领导地位被取消,在这种情况下,民族主义思潮更加泛滥开来,各共和国的离心力加剧,存在了68年的苏联面临着严重的‘生存危机’。”①苏联解体之后,当代俄罗斯法学教育改革之所以经历曲折的过程,一个重要原因就是法学教育改革“去意识形态教育”。这是一个极深刻的教训。因此,当代中国的高等法学教育改革必须高度重视意识形态教育,加强马克思主义法学基本理论的教育,将社会主义核心价值观融入法学教育的全过程和各方面,坚持中国特色社会主义法治理论对于法学教育改革的指导地位,确保法学教育改革沿着正确的方向推进和发展。

再次,要重视法学教育质量的提升。如前所述,苏联解体后,为适应法治国家建设的需要,俄罗斯掀起了“法律热”。但是,综观俄罗斯高等法学教育改革的历程,却走过了一条从数量扩张转而重视质量提升之路。诚如有的学者所指出的,“对于现代俄罗斯法学教育,非常重要的是认识到应当首先不单单,甚至说与其重视该问题量的方面——国内的法学高校、分校、教研室、实验室等的数量,虽然量的方面无疑有一定的作用,但不如注重其质的方面”。② 这无疑是应当汲取的深刻教训。在当代中国,全面依法治国、建设法治中国的历史进程,对法律人才的需求更加迫切。习近平同志指出:“建设法治国家、法治政府、法治社会,实现科学立法、严格执法、公正司法、全民守法,都离不开一支高素质的法治工作队伍。法治人才培养上不去,法治领域不能人才辈出,全面依法治国就不可能做好。”因此,全面推进依法治国需要培养大量高素质的法学人才,高等法学教育肩负重任,但绝不能以数量为先,必须以质量为根本。法学教育改革方案的设计与实施,都必须始终把握提高法学人才素质的基本要求,坚持把法学教育质量放在优先的位置,以法学人才的素质提升作为评价法学教育改革效果的主要尺度。对此,俄罗斯学者亦有深切

---

① 参见[俄]罗伊·亚历山德洛维奇·麦德维杰夫:《意识形态的衰落是苏联解体的重要原因》,载李慎明主编:《2007年世界社会主义跟踪研究报告:且听低谷新潮声之四》,社会科学文献出版2008年版,第444页、第449页。

② 参见[俄]马尔琴科 M. H:《现代俄罗斯法学教育之诸问题》,载中国政法大学主办:《中国法学文档》(第6辑),知识产权出版社2009年版,第290页。

的感受:“法学教育质量问题远不是用单纯的行政手段就可以成功解决的简单问题,这个复杂的综合问题必须通过综合手段来解决。必须采取切合实际的法律、符合现行立法的行政、金融、监控及其他措施。这个问题的解决需要相关国家机关和社会组织在各自的职权范围内大力协作。”①

最后,要尊重和保持本国的法律文化传统。当代俄罗斯高等法学教育改革的一个重要启示,就是法学教育改革要从本国实际出发,绝不能照抄照搬西方的模式,全盘西化给俄罗斯高等法学教育带来的是极度混乱。教育是人文领域的一种活动,与一定国度的文化传统密切相关。黑格尔在《哲学史讲演录》中说道:“事实上,我们之所以是我们,乃是由于我们有历史。……一如外在生活的技术、技巧与发明的积累,社会团结和政治生活的组织与习惯,乃是思想、发明、需要、困难、不幸、聪明、意志的成果,和过去历史上走在我们前面的先驱者所创获的成果。……我们必须感谢过去的传统,这传统有如赫尔德所说,通过一切变化的因而过去了的东西,结成一条神圣的链子,把前代的创获给我们保存下来,并传给我们。”②这一论述深刻揭示了传统的价值意义,提醒我们不能丢却传统。同样地,推进当代中国的法学教育改革,一定要注重保持和弘扬本国的优秀法律文化传统,从传统中获取推进法学教育改革的本土资源。对此,习近平同志明确指出:“我们有我们的历史文化,有我们的体制机制,有我们的国情,我们的国家治理有其他国家不可比拟的特殊性和复杂性,也有我们自己长期积累的经验和优势,在法学学科体系建设上要有底气、有自信。要以我为主、兼收并蓄、突出特色,深入研究和解决好为谁教、教什么、教给谁、怎样教的问题,努力以中国智慧、中国实践为世界法治文明建设作出贡献。对世界上的优秀法治文明成果,要积极吸收借鉴,也要加以甄别,有选择地吸收和转化,不能囫囵吞枣、照搬照抄。”只有立足于中国大地,从中国的法治国情条件出发,合理借鉴域外法学教育的有益经验,充分发掘民族法律文化与法学教育传统的时代价值,我们才能坚定地走出一条自主型的具有浓郁中国特质的法学教育发展之路,进而为世界法治文明与法学教育的进步发展贡献中国智慧,进行中国实践。

---

① [俄]马尔琴科 M. H:《现代俄罗斯法学教育之诸问题》,载中国政法大学主办:《中国法学文档》(第6辑),知识产权出版社2009年版,第296页。

② [德]黑格尔:《哲学史讲演录》(第1卷),贺麟、王太庆译,商务印书馆2009年版,第8页。

俄罗斯联邦法学专业国家教育标准概览

韩 冰*

我国《2010~2020年教育规划纲要》把建立和完善国家教育基本标准作为转变政府教育管理职能的工作内容之一。“教育标准既是指导和规范教育实践活动的基本准则,同时也是衡量教育质量高低的评价依据”,①未来将是教育工作的重要抓手。我国法学专业在校生逾50万,迫切需要一套科学合理的教育标准保证法学本科教育的质量。俄罗斯联邦从20世纪90年代至今已研究制定了三代国家教育标准,2010年通过了现行的法学本科阶段国家教育标准,其完整的框架设计和系统的内容安排可以为我国提供启示与借鉴。

一、俄联邦法学专业国家教育标准的框架

2010年5月4日,俄联邦教育科学部长富尔先科签署第464号命令《030900法学本科高等教育联邦国家教育标准》(以下简称《标准》)。《标准》包括适用范围、缩略语、培养方向描述、职业行为描述、毕业要求、基本教学规划要求、执行基本教学规划的条件要求和教学质量评定共八个部分,分别提出了法学本科教育的基本要求、具体要求和教育质量评价要求。

《标准》的前四个部分描述了俄罗斯法学本科教育的基本要求,规定俄罗斯法学本科教育的学制、总学时、总学分,以及法学专业毕业生未来能够从事的职业活动种类。法学本科教育的基本要求为法学本科教育活动的具体开展提供了目标和指引。

《标准》的中间三个部分描述了法学本科教育活动的具体要求。为实现前述基本要求,《标准》对法学本科教育活动提出三项具体要求:一是法学本科毕业生应当具备的毕业条件要求,包括14项素质和19项技能;二是基本教学规划课程设置的要求;三是各高校执行基本教学规划时的教学过程要求,如教学条件、师资力量和教学文件材料等。这三方面要求构成俄罗斯法学本科教育标准的核心内容。

《标准》的最后一部分是对教育质量评价的要求。《标准》要求通过多种方式、途径、程序对法学本科教育质量进行检验。教育质量评价与前两大类内容形成呼应,从而形成

* 哈尔滨理工大学法学院副院长、法学博士。

① 国家教育标准体系研究课题组:《国家教育标准体系的发展与完善》,载《教育研究》2015年第12期。

保证教学质量的完整闭环。

二、俄联邦法学专业国家教育标准的主要内容

(一)《标准》对法学专业本科教育的基本描述

按照《标准》规定,俄联邦法学本科教育学制为4年,学生须修满240学分,每个学分相当于36学时。通过4年学习,法学专业毕业生能够从事的专业活动包括:(1)立法活动;(2)草拟规范性法律文件;(3)执法活动;(4)作出法律决定或行为;(5)制作法律文件;(6)护法活动;(7)维护法制、法律秩序以及个人、社会和国家的安全;(8)维护社会秩序;(9)预防、制止、发现、揭露和分析违法现象;(10)护私人、国家、集体和其他财产;(11)鉴定咨询活动;(12)法律咨询;(13)司法鉴定;(14)教育活动;(15)讲授法律课程;(16)法律培训。

(二)《标准》对法学本科毕业生提出的毕业要求

《标准》规定,法学本科毕业生应当具备14项素质和19项技能(见表1)。

表1　《标准》规定法学本科毕业生应具备的素质和技能

法学本科毕业生应具备的素质	法学本科毕业生应具备的基本技能
(1)清楚自己未来职业的社会意义,具备较强的法制意识; (2)能够认真履行职责,遵守职业道德; (3)掌握法律思维,能够总结、分析、理解相关信息,设定目标和选择实现路径; (4)逻辑准确地论证,清晰的口头和文字表达; (5)与人合作; (6)坚决反腐,尊重法律; (7)不断自我提升,提高自身专业水平; (8)在解决社会问题和工作任务时能够运用社会学、人文科学和经济学的知识与方法;	在立法活动中: 能够参与和工作内容相关的规范性法律文件的拟定、制定工作
	在执法活动中: (1)能够凭借法制意识、法律思维和法律基础开展工作; (2)能够保证遵守立法; (3)能够根据法律规定做出决定和作出法律行为; (4)能够适用规范性法律文件,执行工作中遇到的实体法和程序法规范; (5)能够正确判断事实和情况; (6)熟练准备法律文件
	在护法活动中: (1)履行职责,维护法制与法律秩序,保障个人、社会和国家安全; (2)尊重人的荣誉和尊严,遵守、保护人和公民的权利与自由; (3)能够发现、制止、揭露和研究犯罪与其他违法行为; (4)能够预防违法行为,发现和消除导致违法行为发生的原因与条件; (5)能够发现和评判腐败行为,协助遏制腐败; (6)能够在法律文件等材料中正确全面地反映职务活动效果
	在专家咨询活动中: (1)能够参与审议规范性法律文件草案,在草案中促成反腐败条款; (2)能够解释各种法律文件; (3)能够在具体法律活动中出具专业的法律意见和咨询

续表

法学本科毕业生应具备的素质	法学本科毕业生应具备的基本技能
(9)能够分析社会性问题和过程； (10)能够理解信息化社会中信息的本质和意义，认识到信息化社会发展进程中的危机与威胁，遵守信息安全的基本要求，包括保护国家秘密； (11)掌握获取信息的基本方式、方法和手段，工作中熟练运用计算机管理信息； (12)能够运用互联网； (13)在工作中使用外语作为交流手段； (14)健康的生活方式，参加文体活动	在法律教育活动中： (1)能够在一定的理论和方法层面上开设法律课程； (2)独立开展教育工作； (3)能够高效地开展法律教育活动

与国内院校法学专业的培养方案相比，《标准》开列了较为详细的毕业生应具备的素质和能力清单，特别是在法学本科毕业生的素质方面，不仅有学生应具备的职业道德、法制意识要求，还提出了合作、反腐、跨学科知识以及了解信息化社会等要求，凸显了法律工作者在现代社会的中所扮演角色的时代需求。

(三)《标准》对基本教学规划的课程设置要求

《标准》对所有开展法学本科教育的学校设定一般性要求，各高校开展法学教育活动时应当制定符合本校情况的基本教学规划。《标准》提供了俄罗斯基本教学规划的范本，包括课程设置、学习目标、学时、对应的素质与技能等基本要素。基本教学规划在地位上相当于我国的人才培养方案，是所有教学活动开展的根本性依据。

俄罗斯法学本科课程分为人文、社科与经济课程系列、信息法课程系列、专业课系列、实践、考核等课程系列。除实践与考核外，每个课程系列都包括基础部分和特色部分，基础部分的课程是必修课，特色部分的课程由学校自主确定。特色课程是对基础课程知识与技能的拓展和深化，意在让学生获取未来顺利从事职业活动和深造所需的更进一步的知识与技能。

1. 人文、社科与经济系列的必修基础课程包括哲学、法律外语、经济学、职业伦理、生命安全，共24~30学分。

2. 信息法系列的必修基础课程为法律信息技术,共6~10学分。

3. 专业课程系列的必修基础课程包括国家与法理论、国家与法历史、外国国家与法历史、宪法、行政法、民法、民事诉讼法、仲裁诉讼法(相当于商事诉讼法)、劳动法、刑法、刑事诉讼法、生态法、土地法、金融法、税法、企业法、国际法、国际私法、犯罪学、社会保障法,共180~190学分。

《标准》未统一规定实践和考核的具体内容,而由学校自主确定,《标准》只规定了学分要求,实践环节为12~15学分,考核环节为15学分。考核环节是学生毕业前应当通过的总结性国家考试,一种是不包含学位论文答辩的考核(3学分),另一种是学位论文答辩(12学分)。

另外,在教学规划中还应明示课程目标,每门课程后面要注明该门课程对应毕业条件中的何种素质和技能。

(四)执行基本教学规划的教学过程要求

基本教学规划在教学过程中具有纲领性地位,所有教学活动都应依其进行。保证规划执行落实,就成为教学目标得以达成的关键。

1. 文本要求。基本教学规划由一系列文件组成,如教学日历表、教学计划、①课程大纲、实践教学大纲和其他保证教学质量的文件。这些文件包括课程设置、学时、学分等安排性的静态内容,也包括关于教学活动实施的教学大纲等保障性的动态内容,从各个方面为教学目标的实现提供保证。《标准》还要求,与课程相关的文件内容应当在互联网或学校校内网上公开。为避免学生培养与社会实际脱节,《标准》要求高校应当结合科学技术、文化、经济、工艺和社会环境的发展,每年对基本教学规划进行更新。

2. 授课方式要求。《标准》要求在教学过程中充分利用各种积极的、互动的教学方式,课堂教学与课外学习相结合,培养和锻炼学生的专业技能。采取互动方式授课的课程比例,要综合考虑培养目标、学生特点和课程内容。这类课程的总量应不少于课堂教学的20%,讲授类课程不能多于课堂教学的40%。此外,还应外聘相应领域的专家学者参与教学活动。

3. 成绩评定要求。每门课程的大纲中应当明确教学目标,通过本门课程的学习,学生应当了解识记哪些知识,理解和掌握哪些内容。每门课程的学分不能少于2学分(选修课除外),3学分以上的课程应当作出优秀、良好、及格和不及格的成绩评定。

4. 选修课的比例要求。基本教学规划应当包含不少于人文类、信息类和专业类课程总和1/3的选修课。选修课的开设规则由学校或院系的教学委员会确定。

5. 课业强度要求。《标准》规定,周学时不能超过54学时,这个学时数包括所有课堂学习和课外学习,也包括学校或院系附加的课程。全日制学生每周课堂学习平均在24~

① 俄罗斯的教学计划是基本教学规划的组成部分,在内容上相当于我国的培养计划。其中规定必修课和选修课的学时、学分、考核方式等信息。

36 学时，也就是说，课外独立学习的时间每周为 18 ~ 30 学时。每学年的假期为 7 ~ 10 周，其中寒假不少于 2 周。《标准》把学生的课外学习时间也算在总学时之内，每周大概 1/3 以上的时间为学生课外学习时间，这样就能够解释，俄罗斯的法学本科生何以在 4 年中完成远高于中国学生的学习量。而将课外时间与课内学习时间统筹考虑，对于提高学习质量无疑是一种有益的设计。

6. 实践教学要求。基于法学专业的应用性特征，《标准》要求，即便是课堂教学也应有实践教学内容。以下必修课程中应当包含不低于课堂教学 70% 的实践内容，这些课程是行政法、民法、民事诉讼法、仲裁诉讼法、刑法、刑事诉讼法、劳动法、生态法、土地法、金融法、税法、企业法、社会保障法、国际法、国际私法、犯罪学以及大纲设定了培养学生专业技能目标的课程。

除课堂学习注重实践外，《标准》要求学校的基本教学规划中还必须有专门的实践教学环节，实践教学环节是直接关系学生实践能力培养的学习步骤。实践教学的方式由学校根据实际情况决定，但应当明确每个实践教学环节的目标、任务、大纲和总结方式。实践教学活动要按照培养方向在相应的组织、机构或教研室中进行。实习结束后根据实习计划、实习地点、导师评价和学生的口头或书面报告评定成绩。考评结果计入学生成绩绩点。

7. 师资要求。执行基本教学规划应有一定的师资力量。教师应接受过与所讲授课程相应的基础教育，并系统地进行科学研究。能承担教学工作且有学位或职称的教师总数应当不少于教师总数的 60%，有博士学位和教授职称的教师不少于 10%。还应当有不少于 5% 来自实务部门的人员参与教学。“10% 有博士学位和教授职称的教师”这一要求，可以替换为不少于 5% 有 5 年以上实务工作经验的人员。参与教学的外聘兼职人员不能超过 40%。大学的机构设置应有 4 个以上部门法教研室。

8. 硬件要求。每个学生都可以不受限制地进入电子图书馆系统获取关于教学、教学方法和其他内容的文献资料。图书量应当充足，符合规范性文件的要求。应保证每 100 名学生可借阅正式出版的参考书和定期出版刊物 1 ~ 2 册。学生可以在任何有网络的场所登录电子图书馆系统。高校应当配置后勤，以保证各种教学科研活动正常进行。《标准》规定执行基本教学规划的最低硬件条件包括模拟法庭，开设犯罪学课程的专业化教室，能够转化电子版图书并保存和使用的个人图书馆。

（五）基本教学规划执行情况的质量评价

《标准》规定，高校应当通过多种途径保证培养质量，如会同用人单位代表共同研究保证培养质量的策略；对教学规划进行监测和定期审议；研究制定客观公正的程序以对学生的知识、技能水平和毕业生素质进行评价；保证教师群体的权力；按统一标准定期进行自我评价；向社会公开教学活动、计划和创新性工作等。

学生的学习成绩是评价基本教学规划落实情况的重要衡量指标。《标准》规定了标准化作业、测试、测验等考核方式，要求学校采取适当的考核方式，考察学生的个人成绩是否符合教学规划的阶段性要求。至于采取何种方式与程序考察每门课程的知识掌握情况,则由大学自主决定。大学也应当创造条件使现在的成绩考核能最大限度地接近学生未来的职业。为此,除了任课教师外,学校应当积极吸引实务人员、相关课程任课教师和其他人员作为考核环节的外请专家。

学生除了要通过4年所有课程的考核,还要在毕业前参加国家考试。对于毕业生而言,能否通过毕业前的国家考试将直接决定其能否顺利毕业。《标准》宏观地规定了每所高校可以确定不少于两门课程的国家考试,具体考核办法由各学校规定。① 学校学术委员会可以决定把本科生论文答辩纳入国家考试中,本科毕业论文应当结合其培养领域,指向实际问题。高校确定本科毕业论文内容、字数和结构以及国家考试的各项要求。

三、从俄联邦法学专业国家教育标准获得的启示

俄联邦法学专业国家教育标准注重广泛的知识结构、法学教育与实务相结合、师资力量、硬件设施等内容,其理念与我国法学教育的要求基本一致。《标准》强调对学生的反腐教育和拥有健康的生活方式,这些内容则较有新意。从我国法学教育的现实出发,研读俄联邦法学专业国家教育标准可以获得以下启示。

(一)体系化的构建思路

俄罗斯法学专业国家标准跳出基本教学规划一个文件指挥教学的狭窄视角,建立了"方向+内容+标准+监控"的完整体系。规定毕业生素质能力和未来从事工作的范围,明确法学教育的方向;基本教学规划设定课程、学时和教学目标,规定法学教育的内容;课程比例、实践教学比例、师资、软硬件设施等,设定法学教育活动的标准;毕业生国家考试、公开教育信息、定期自评等,构建法学教育的监控机制。这种体系化构建的思路不仅重视教学计划的制定,更关注教学计划的执行,有助于全方位规范法学教育。

2018年1月以前,我国各高校开展法学教育活动,主要以教育部《普通高校本科专业目录和专业介绍》为依据,各高校的培养方案(或称"教学计划""培养计划""教学培养方案""人才培养方案"等)以培养方向、毕业生素质和能力、课程设置等为关键要素。2018年1月教育部发布法学专业教学质量国家标准,该标准相较《普通高校本科专业目录和专业介绍》有巨大进步,从以前的培养方案一个文件统领全面教学工作,向体系化的质量标准引领教学工作转变,课程设置、教学过程、教学效果、质量保障,各部分相辅相成,共同保障教学质量,让从前"跟着感觉走"的法学教育,变成理性设计实施的科学教育行为。

---

① 俄罗斯各学校关于毕业前考试规定的考试科目和考试计划内容各不相同。如罗斯托夫国立经济大学法律系规定刑法方向的毕业前考试科目是9门(刑法、刑事政策、刑事诉讼法等),并且在考试计划中详细列举了考试方式、评分标准;库班国立大学民法与民事诉讼法教研室规定的毕业前考试科目是2门(国家与法理论、民法学),其考试计划中侧重说明2门课程需掌握的知识点。

法学教育以质量为根本指向的体系化构建思路已经规定于国家的规范性文件中，今后尚需各法学院系认同这一理念并将其融合于各自的质量标准中，以及在教学活动中切实贯彻执行。

（二）无缝隙的人才培养

大学生与中学生的区别之一是前者能够独立确定学习目标开展自主学习。但实际情况是众多大学生在经历了中学时代高强度的应试教育和家长的无死角照顾后，往往已经不同程度地失去明确学习目标和独立学习的能力。同时，我国大学的教学活动多着眼于课堂学习和考试。这样，完成课堂学习和通过考试之余的课外时间，被相当一部分学生虚度，造成学生课上时间和课后时间的断裂。俄罗斯的国家教育标准提供了另外一种培养思路，就是充分利用学生的课外时间，把部分课余时间也纳入教学规划。《标准》规定在4年的学习过程中，学生须获得240学分，按照每个学分相当于36学时计算，总学时将超过8000个学时，这个学时总数在我国国内是不可想象的。而这个庞大的学时数，正是得益于教学规划对学生课内外时间的无缝隙安排。事实上，俄罗斯的《标准》也严格限制学生的学习强度，要求每周学时应不超过54学时，这个学时数中既包含课堂学习的时数，也包含课外学习的时数。有了这些学时数的要求，就使教师和学生都必须充分利用课外时间，无论是课内还是课外，学生都将保持一种无缝隙持续学习的状态。

对学生课外时间的有效利用，可以应对我国部分大学生独立学习能力较弱的现实问题。通过安排课外的学习任务，一方面帮助学生利用好宝贵时间，另一方面也可以逐渐培养学生独立学习和思考的能力。

（三）设置毕业“出口”限制

为检验学生的学习效果、保证毕业生质量，《标准》规定学生应通过不少于两门课程的国家考试。这是一项原则性规定，各高校可以根据实际情况确定考试的科目、内容和方式等。通常，学校会根据本校实际情况选择2～5门专业课作为国家考试科目，制定考试大纲，其中写明考试目标、学生应达到的要求，有的大纲会列举若干知识点，并列出该课程涉及的规范性法律文件和参考书目。学校成立考评委员会，参加人员为相关领域的学者教授，委员会由该领域的校外权威专家为主任。国家考试一般采取口试方式，学生抽签回答2～5个问题。① 根据答题情况，委员会经过不公开评议为学生评定成绩。这样，在学生的毕业出口端，不仅要看学生是否完成整个4年的学习任务，也要看学生能否通过最终的国家考试，为学生毕业增加了一道门槛。

我国高等教育“严进宽出”的管理方式不能有效保证教育质量。在这种方式之下，学生自身缺乏学习动力，部分教师善意地不愿“耽误”学生毕业，继而造成教育质量下滑。因此，有必要适时改变“严进宽出”的管理方式。俄罗斯设置毕业前国家考试的做法可以

---

① available at http://stud-online.ru/pub/view.aspx? id=118,2018.6.20.

促成“严进宽出”管理方式的改变,并且这种改变有相当的合理性。第一,对主要课程的核心问题,学生理应着重掌握。第二,仅有平时课程考核是不够的,还需要在毕业前增加对学生整体把握知识体系情况的考察。当然,虽然俄罗斯的口试方式能够较好地考察学生的知识掌握情况和能力水平,但面对我国庞大的法学本科教育规模,这种方式并不现实,在力争改变“严进宽出”弊端时可以考虑以其他方式进行考察。总之是要为学生毕业再适当增加门槛,激励学生加强学习,从而加强学习效果,提高教学质量。

21世纪以来中德法学教育改革比较与相互启示*

彭海青**

"法学教育正处于危机之中。面对就业前景非常有限,劳动力市场里充斥着过剩的法学院毕业生。培训他们的机构成为备受尖锐批评的焦点。大学被控诉依旧痴迷于数字化指标,而这些指标与实际的教育价值无多大关联;产生的学术著作仅具有边际效用;而且在为毕业生的实际工作做准备方面并不成功。"①这已成为一个全球化现象。中德两国自21世纪以来均在进行法学教育改革,基于大陆法系法治的共同传统与面临的共同国际环境,其改革存在共性方面;基于本国政治、经济、社会等的发展现实,其改革也必然存在差异。以下试对中德两国21世纪以来法学教育改革存在的共性与差异进行考察与梳理,分析改革中各自存在的问题,思考德国法学教育改革中可资借鉴的有益成果,以完善中国法学教育制度。同时,也从输出中国法学教育改革经验的角度,为德国法学教育改革提供参考。正如2011年《中央政法委员会教育部关于实施卓越法律人才教育培养计划的若干意见》②中所指出的"具有国际化视野的卓越法律人才应具备国际交流、理解、合作、竞争的能力,能适应未来社会的发展变革。卓越法律人才国际化,是一种过程。这种过程是各种法律文化交流碰撞的过程,绝不是唯'洋'是用,而是相互学习,相互渗透,互通有无"。因为"在法治、经济全球化的背景之下,中国正在大国化、走向法学世界的这个过程当中,我们中国法学界应该用新的视角考虑中国的法学教育"。③ 并且在笔者看来,只有法治输出的发展才标示着中国法治建设的真正成功与强大。

---

* 衷心感谢德国法兰克福大学法律与金融学院彼得·吉勒斯(Peter Gilles)对本文研究提供的热情帮助。

** 北京理工大学法学院诉讼法学研究所所长、副教授。

① [美]明克胜:《中国法学教育的潮起潮落》,李晓雪、汪婧译,载苏力主编:《法律和社会科学》(第13卷第1辑),法律出版社2014年版。

② 参见《中央政法委员会教育部关于实施卓越法律人才教育培养计划的若干意见》(教高〔2011〕10号)。

③ 徐显明:《走向大国的中国法学教育》,载《法制日报》2010年11月3日,第9版。

一、中德法学教育改革的共性

(一)改革的背景:法律市场与全球化的冲击

1. 法律市场的冲击

20世纪50年代的中国,"大幅度裁汰法律教育机构与大量吸收未受法律教育的人进入司法系统,这两件事结合在一起,造成了法律教育与法律职业分离的体制化。法律职业从此不再是一种专业。其奠定了法学教育机构的基本布局、形成了法学教育与法律职业分离的局面"。[①] 这种法律教育脱离法律实践的遗风在今天仍然存在。然而,法学作为一门实践学科,必然要回应实践的要求。法学教育如何满足知识经济社会的客观需求,已经成为法学教育必须面对的严峻课题。[②] 中德两国法律市场的发展迫使两国进行法学教育改革。

在中国,随着20世纪末依法治国方略的提出,建设社会主义法治国家的进程不断推进,整个社会对法律服务要求的数量不断增多,质量不断提升,因而对法官、检察官、律师、法律顾问等法律职业者的需求不断增加。法律市场对法学教育的突出要求是培养适应法治社会发展的法律实践者。

在德国,由于受现代教育制度奠基人威廉·冯星·洪堡"学术自由、教学自由、研究自由"思想的影响,法学教育的学术性有余而实践性不足。虽然已经实行"学校学习+法务实习"的"双阶制"法学教育模式,但从学习时间、要求等方面来看,还是以理论为主。因此,自20世纪80年代以来,德国国内学者们对法学教育所存在的"机械化、课程缺乏实践性、实际性的内容"[③]等现象之诟病甚多,因此,改革者提出"更多的法律现实主义和实用主义是必需的,大学法学教育中的理论学习不应太过于理论化,'法律的应用与实践意义'是大学法学教育的根基,应将理论与实践相融合"。[④]

2. 全球化的冲击

全球治理理论是顺应世界多极化趋势而提出的旨在对全球政治事务进行共同管理的理论。该理论最初由社会党国际前主席、国际发展委员会主席勃兰特于1990年在德国提出,其强调由各国政府、政府间国际组织和非政府组织共同对超国家、跨国性的安全、生态环境、国际经济、跨国犯罪以及基本人权等问题进行治理。"全球治理理论进一步催生了法律人才国际化的需求。经济全球化席卷世界各国,已经和正在渗透到国际社会的每一个角落,不仅给各国的法律、经济、政治、文化等带来了深刻的影响,而且由于经济全球化是以本国法律与国际社会通行规则的对接为媒介的,这对法律人才培养的目标

---

① 参见方流芳:《中国法学教育观察》,载《比较法研究》1996年第2期。

② Thomas Lundmark, Recent reforms to German Legal Education, 42 *Law Tchr.* 213 2008.

③ [德]彼得·吉勒斯:《德国法学教育新进展:大学法学必修课程之专业技能与替代性纠纷调解》,马云雪译,载彭海青、吕泽华、[德]彼得·吉勒斯编著:《德国司法危机与改革——中德司法改革比较与相互启示》,法律出版社2018年版。

④ 同上。

模式产生了广泛的影响,提出了新的更高的要求。”①进入21世纪以后,经济全球化使法律人才资源在世界范围内实现重新配置并成为国内国际的急需人才。

在中国,随着21世纪世界经济一体化的发展和中国加入有“经济联合国”之称的世界贸易组织(World Trade Organiaztion,WTO),国际法律知识在经贸往来中的重要性日益凸显,尤其是企业“走出去”战略的推行,骤然增加了防范海外法律风险、应对国际诉讼业务的必要性,使法学教育的水准、涉外型和综合应用型人才培养的质量成为政府主管部门以及各类厂商都关注的一个焦点问题。另外,作为负责任的大国参与全球治理,也亟须造就一批精通、善于应用并能制定国际游戏规则的法律精英。何况互联网上的慕课平台、世界著名大学的中国校园以及来自境外的招生广告也在警示我们:高等教育已经进入全球竞争时代。②

在德国,随着21世纪世界经济和欧洲经济一体化的深化发展,法律结构也发生了结构性变化,③国际法律知识尤其是欧盟法律知识在经济发展中的重要性日益凸显,而在德国,“教学重点局限于德国法的知识,即对德国宪法、法律和主要由最高法院作出的司法裁判的认识和理解,包括对学界观点,至少对‘主流观点’的了解。鉴于超越国界的机关和机构取得了越来越重要的地位,以及考虑到欧洲范围内法律一体化和全球合作的发展,这样的教学重点范围显然过于狭窄”。④

(二)改革的方向:实践性与国际化

1. 实践性

基于法律市场的冲击,实践性成为中德两国法学教育改革的共同方向。

在中国,21世纪以来的若干法学教育改革文件中都强调“实践性”。比如,2011年《中央政法委员会教育部关于实施卓越法律人才教育培养计划的若干意见》将法学教育的目标定位为以提升法律人才的培养质量为核心,以提高法律人才的实践能力为重点,加大应用型、复合型法律人才的培养力度,培养、造就一批适应社会主义法治国家建设需要的卓越法律职业人才。其提出法学教育主要任务之一:“培养应用型、复合型法律职业人才,是实施卓越法律人才教育培养计划的重点。适应多样化法律职业要求,坚持厚基础、宽口径,强化学生法律职业伦理教育、强化学生法律实务技能培养,提高学生运用法学与其他学科知识方法解决实际法律问题的能力,促进法学教育与法律职业的深度衔接。”2015年国务院《统筹推进世界一流大学和一流学科建设总体方案》提出着力培养具有历史使命感和社会责任心,富有创新精神和实践能力的各类创新型、应用型、复合型优

---

① 参见《中央政法委员会教育部关于实施卓越法律人才教育培养计划的若干意见》(教高〔2011〕10号)。

② 参见季卫东:《中国法学教育改革与行业需求》,载《学习与探索》2014年第9期。

③ See Prospects of Legal Scholarship in Germany Current Situation, Analyses, Recommendations, Rechtskulturen, Hamburg, 09-11-2012.

④ [德]赫尔塔·多伊布勒·格梅林:《德国法学教育的新动态——国际化、调解和斡旋》,杨阳译,载《中德法学论坛》,南京大学出版社2003年版。

秀人才。

2002年《德国法学教育改革法》提出"职业领域导向""关键素质"等颇具实践含义的概念,并对作为法学教育宗旨的《德国法官法》第5条修改为"教学的内容着眼于司法裁判、行政管理和法律咨询的职业要求,以及与之相关的其他基本技能,如主持磋商、与人交谈、阐述观点、调解、斡旋、社交礼仪和与人交流的知识和能力"。正如有学者所指出的"法学教育不再是为缔造国家的'法曹',而是为培养自由职业者意义上的'公共服务'人士。新一轮的改革似乎尤其青睐这一'法学教育市场化导向'"。①

2. 国际化

在中国,2010年教育部《国家中长期教育改革和发展规划纲要(2010~2020年)》提出,"加强国际交流与合作。坚持以开放促改革、促发展。开展多层次、宽领域的教育交流与合作,提高我国教育国际化水平"。2011年《中央政法委员会教育部关于实施卓越法律人才教育培养计划的若干意见》提出,"培养涉外法律人才作为培养应用型、复合型法律职业人才的突破口。适应世界多极化、经济全球化深入发展和国家对外开放的需要,培养一批具有国际视野、通晓国际规则,能够参与国际法律事务和维护国家利益的涉外法律人才"。2014年党的十八届四中全会通过的《中共中央关于全面推进依法治国若干重大问题的决定》中提出:"建设通晓国际法律规则、善于处理涉外法律事务的涉外法治人才队伍。"2015年10月24日,国务院《统筹推进世界一流大学和一流学科建设总体方案》中将"推进国际交流合作"作为改革的任务之一。

在德国,为克服"法学教育的地区局限",②《法学教育改革法》中关于"全方位法律工作能力的法律人"被赋予国际化含义。③《法学教育改革法》以强化国际方向为目标,将法律外语作为法科学生的必修科目。

二、中德法学教育改革的差异

(一)改革的依据

中德两国将法学教育定位为公办教育,法学教育主要由国家统筹安排,但是两国在改革的推进方式上存在明显的差异。

在中国,21世纪以来,高等教育改革是由立法机关、行政机关、司法机关等中央国家机关通过发布规范性文件实施的,包括全国人民代表大会制定的《高等教育法》(2016年)、教育部发布的《国家中长期教育改革和发展规划纲要(2010~2020年)》、教育部《"十三五"教育规划》(2010年)以及国务院发布的《统筹推进世界一流大学和一流学科

---

① [德]彼得·吉勒斯:《2003年德国法学教育改革法——兼论德国新一轮法学教育改革论战》,张陈果译,载彭海青、吕泽华、[德]彼得·吉勒斯编著:《德国司法危机与改革——中德司法改革的比较与相互启示》,法律出版社2018年版。

② 同上。

③ [德]赫尔塔·多伊布勒·格梅林:《德国法学教育的新动态——国际化、调解和斡旋》,杨阳译,载《中德法学论坛》,南京大学出版社2003年版。

建设总体方案》(2015 年)等。专门针对法学教育的规范性文件是由党的十八届四中全会、中共中央办公厅、中央政法委、教育部、司法部等部门发布实施的,主要包括《中央政法委员会、教育部关于实施卓越法律人才教育培养计划的若干意见》(2011 年)、党的十八届四中全会通过的《中共中央关于全面推进依法治国若干重大问题的决定》(2014 年)、中共中央办公厅、国务院办公厅发布的《关于完善国家统一法律职业资格制度的意见》(2015 年)等。

在德国,21 世纪以来的法学教育改革依据的是德国联邦参议院的决议,联邦议会于 2002 年 7 月 11 日通过《德国法学教育改革法》,2003 年 7 月 1 日生效。作为《德国法学教育改革法》内容基础的"州立法草案"是 2001 年 9 月 27 日提交议会的法律草案,其在 2000 年秋布鲁塞尔各州司法部会议决议的基础上产生,其中诸项改革建议展现的多半是各联邦州之间达成一致的改革意向。①

可见在法学教育改革的依据方面,中国主要依据的是中央的"决定"、国务院及其下属机关的"意见"等规范性文件,而这些文件的性质并非法律;而德国的法学教育改革依据的是由立法机关颁布的法律。与此相关的,还应指出的是,在法学教育改革的推进方式方面,在中国法学教育改革过程中,由上述规范性文件的性质所决定的,其出台并不都是建立在广泛征集社会意见的基础上的;而在德国,《德国法学教育改革法》是在包含有各州意见的"州立法草案"的基础上形成的,具有广泛的民众基础。

(二)改革的内容

对于中德两国法学教育改革的内容,主要以实践性与国际化这两个主要的改革方面进行梳理比较。

1. 有关实践性的改革

在中国,法学教育的实践性改革主要包括以下几个方面。

(1)加强法学实践教学环节。比如《中央政法委员会教育部关于实施卓越法律人才教育培养计划的若干意见》中要求"加大实践教学比重,确保法学实践环节累计学分(学时)不少于总数的 15%。加强校内实践环节,开发法律方法课程,搞好案例教学,办好模拟法庭、法律诊所等"。国务院《国家教育事业发展"十三五"规划》中提出强化学生实践动手能力。践行知行合一,将实践教学作为深化教学改革的关键环节。《国家中长期教育改革和发展规划纲要(2010~2020 年)》中他提出"强化实践教学环节"。

(2)提升师资的实务经验。比如,《中央政法委员会、教育部关于实施卓越法律人才教育培养计划的若干意见》中要求实施高校与政法实务部门人员互聘"双千计划",即选派 1000 名高校法学骨干教师到实务部门挂职 1~2 年,参与法律实务工作。选派 1000 名

① [德]彼得·吉勒斯:《2003 年德国法学教育改革法——兼论德国新一轮法学教育改革论战》,张陈果译,载彭海青、吕泽华、[德]彼得·吉勒斯编著:《德国司法危机与改革——中德司法改革的比较与相互启示》,法律出版社 2018 年版。

法律实务部门具有丰富实践经验的专家到高校任教1~2年,承担法学专业课程教学任务。

(3)建设案例教材。比如,《中央政法委员会、教育部关于实施卓越法律人才教育培养计划的若干意见》中要求"立足中国特色社会主义法治建设实践,组织编写一批理论与实际紧密结合、科学性权威性强的案例教材。有鉴别、有选择地引进一批国外法学优秀教材"。《国家中长期教育改革和发展规划纲要(2010~2020年)》中提出加强课程教材等基本建设。

(4)建设法学实践教学基地。比如,《中央政法委员会、教育部关于实施卓越法律人才教育培养计划的若干意见》中要求"依托'本科教学工程',支持高校与法律实务部门重点建设100个共享共用的示范性法学实践教学基地。鼓励各地各高校结合实际,建设相应的法学实践教学基地"。《国家中长期教育改革和发展规划纲要(2010~2020年)》中则提出"加强校内外实习基地等基本建设"。

(5)增加法律职业资格考试中的案例比重。根据2015年9月中共中央办公厅、国务院办公厅印发的《关于完善国家统一法律职业资格制度的意见》,规定改革后的考试内容着重考查宪法法律知识、法治思维和法治能力,以案例分析、法律方法检验考生在法律适用和事实认定等方面的法治实践水平。考试以案例为主,每年更新相当比例的案例。大幅度提高案例题的分值比重。

(6)完善任职前培训。2015年9月,中共中央办公厅、国务院办公厅印发《关于完善国家统一法律职业资格制度的意见》,规定取得法律职业资格后需参加任职前培训,采用"谁选谁训"责任,职前培训及培训考核由选任部门负责进行。法官、检察官职前培训时间为1年。通过参与审判、检察、律师和公证等业务实践和辅助参与案件办理等,训练职业技能,提高参训人员实际工作能力。

在德国,法学教育的实践性改革主要包括以下内容。

(1)培养目标由"法官导向"转向"律师导向"。鉴于法学毕业生中一般只有15%从事法官职业,①修改后的《德国法官法》将"具有全方位工作能力的法律人"作为培养目标。因此,原先建立在请求权基础上以培养法官作为导向的偏向性法学教育目标得以改变。修改后的《德国联邦律师法》第59条第1款规定,律师行应参与对法务实习生的教育和培训;律师应对实习生进行指导、训练,并给予接触和处理具体案件的机会;根据《德国联邦律师法》第73条第2款第9项规定,律师行之首席律师理应参与法科学生和法务实习生的培训、考试,如推荐考官、担任工作组主管等。

(2)明确实践素质培养的内容。鉴于近年来调解技巧、交流能力等在纠纷解决中所发挥的作用日显重要,其《德国法官法》第5a条第3款规定:"法科学习内容的设定应考

① See Schmädel, Judith Von, "Legal Education in Austria and Germany and the Importance of the Study of Legal History", *Hitotsubashi Journal of Law and Politics*, 2009(2).

虑在司法、法律行政和法律咨询等实践中至关重要的素质培养,包括法庭辩论、谈话技巧、修辞与口才、仲裁、调解、调查和交流等能力。”

(3)调整法务实习范围和内容。新《德国法官法》第5b条规定,法务实习应在自选站点和以下列举的必修站点进行:地方法院民庭(所谓“民事站”)、检察院或法院刑庭(“刑事站”)、行政署(“行政站”)和律师行(“律师站”)。除律师行实习至少为期9个月外,其他必修站点的实习至少为3个月。此外,各联邦州的法律可以自行规定律师实务训练在“公证处、公司、社团和其他教育机构”进行的变通办法,“但以这些站点有能力保障法律咨询专业培训之条件为限”。

2. 有关国际化的改革

在中国,法学教育的国际化改革具体内容包括:

(1)采行开放型培养模式。《中央政法委员会教育部关于实施卓越法律人才教育培养计划的若干意见》中提出“通过交流生计划、海外实习项目、优秀学生海外研修项目、联合培养项目等多样化形式,增加学生参与国际教育的机会;同时,还要积极引进国际优质教育资源,营造校园国际化文化氛围,丰富学生的文化体验”。国务院《国家教育事业发展“十三五”规划》提出从“优化教育对外开放布局、提升教育开放层次和水平、积极参与全球教育治理、统筹推进中外人文交流、深化内地和港澳、大陆和台湾地区教育合作交流”等方面统筹推动教育开放。《国家中长期教育改革和发展规划纲要(2010~2020年)》要求“吸引境外知名学校、教育和科研机构以及企业,合作设立教育教学、实训、研究机构或项目。鼓励各级各类学校开展多种形式的国际交流与合作,办好若干所示范性中外合作学校和一批中外合作办学项目。探索多种方式利用国外优质教育资源。创新和完善公派出国留学机制,扩大政府间学历学位互认。支持中外大学间的教师互派、学生互换、学分互认和学位互授联授”。国务院《统筹推进世界一流大学和一流学科建设总体方案》则提出“加强与世界一流大学和学术机构的实质性合作,将国外优质教育资源有效融合到教学科研全过程,开展高水平人才联合培养和科学联合攻关”。

(2)引进国外教材。《中央政法委员会教育部关于实施卓越法律人才教育培养计划的若干意见》中要求“有鉴别、有选择地引进一批国外法学优秀教材”。

(3)推动我国高水平教育机构海外办学,进一步扩大外国留学生规模。《国家中长期教育改革和发展规划纲要(2010~2020年)》提出“增加中国政府奖学金数量,重点资助发展中国家学生,优化来华留学人员结构。实施来华留学预备教育,增加高等学校外语授课的学科专业,不断提高来华留学教育质量”。国务院《统筹推进世界一流大学和一流学科建设总体方案》提出“营造良好的国际化教学科研环境,增强对外籍优秀教师和高水平留学生的吸引力”。

(4)加强与联合国教科文组织等国际组织的合作。《国家中长期教育改革和发展规划纲要(2010~2020年)》提出“积极参与双边、多边和全球性、区域性教育合作。积极参与和推动国际组织教育政策、规则、标准的研究和制定。搭建高层次国际教育交流合作与政策对话平台,加强教育研究领域和教育创新实践活动的国际交流与合作”。国务院《统筹推进世界一流大学和一流学科建设总体方案》提出“积极参与国际教育规则制定、国际教育教学评估和认证,切实提高我国高等教育的国际竞争力和话语权,树立中国大学的良好品牌和形象”。

在德国,国际化的内涵包括以下几点。

(1)增加外语和外国法课程。《德国法官法》第5a条第2款要求“学生须参加以外语授课的法学课程或以法律知识为主要内容的外语课程,并取得合格的成绩”,同时,在课程设置上,也强调国际化课程及跨学科课程的补充性效果。

(2)鼓励赴外留学。2002年改革后的法律承认德国学生在外国获得的专业成绩或外语考试为基本出发点,扩大了德国学生将在外国大学、国际机构取得的学分和成绩进行折抵的可能性。

(3)许可国外法务实习《德国法官法》第5b条第3款规定了在“超国家的”“国家间的”或“外国教育机构及外国律师事务所”进行法务实习的可能性。

三、中德法学教育改革的争议问题

(一)中国法学教育改革中的争议问题

在中国,有关高等法学教育的定位在改革前、改革中、改革后都存在争议。正如中国青年政治学院常务副校长王新清教授在中国法学会法学教育研究会2016年年会暨“新发展理念与法学教育改革”论坛的发言中所指出的,目前法学教育存在的许多问题,目前还没有达成共识。

1.法学教育的定位

我国法学教育的定位不甚明确。有学者提出“应及早确定出我国教育改革的方向和目标,形成一个固定的模式,能够坚持几十年,改革才能够更有成效”。① 目前学界对我国法学教育的定位主要形成了以下几种观点:

(1)职业教育。有关法学教育是否应当定位为职业教育问题,主要有两种观点:一是认为“从法学教育的性能来看,应将法学教育定性为职业教育”。② 二是“在法学教育要

① 《教育部高校法学类专业教育指导委员会、中国法学教育研究会2015年年会暨“新发展理依法治国与法学教育”论坛综述》,载张文显主编:《中国法学教育年刊2015》(第3卷),法律出版社2016年版,第193页。

② 《教育部高校法学类专业教育指导委员会、中国法学教育研究会2016年年会暨“新发展理念与法学教育改革”论坛综述》,载中国法学教育网:http://www.chinalegaleducation.com/xwzx/ShowArticle.asp?ArticleID=45014,最后访问日期:2018年4月21日;《教育部高校法学类专业教育指导委员会、中国法学教育研究会2015年年会暨“新发展理依法治国与法学教育”论坛综述》,载张文显主编:《中国法学教育年刊2015》(第3卷),法律出版社2016年版,第193页。

走职业化道路的问题上应该慎重,法学本科不能够完全改成职业化教育”。①

(2)大众教育。有人认为“大众化教育是一个时代趋势,应当尽量满足需求”。②

(3)精英教育。有人指出我们的法学教育失去精英教育的特色,“取法乎上”尚且容易“得乎其中”,精英个人的涌现确实不是教育所严格决定的,但仅仅大众化的教育一定会降低精英产生的概率。③

(3)专业教育。有人认为“将法学教育定位为素质教育是思维混乱的错误,把大学教育定位为素质教育也是错误的。首先,什么是素质教育,它是在反思素质教育缺陷的背景下提出的,通过减负等进行教学改革。将义务教育定位为素质教育是完全正确的,素质教育仅仅适用于小学和中学的定位。从小学到大学的教育,素质教育是用来定位义务教育的,专业教育不是素质教育,素质教育是反对专业教育的,但到了大学就必须分专业,进入大学就是专业教育,在专业教育之上是职业教育”。④

(4)是专业教育也是职业教育。其认为“法学是一本经世致用的学问,很大程度上它是一种专业教育,也是一种职业教育”。⑤

还有学者指出“无论人才的定位和改革的方向如何,培养的学生都应该具有三个层面的法律专业能力:坚定的法治信仰、扎实的专业知识、一定的专业技能。强调了处理好专业知识和专利技能的关系,掌握好实践教学的度的问题”。⑥

2. 法学教学改革的目标与路径

有关法学教育的培养目标形成了以下几种观点。

① 《教育部高校法学类专业教育指导委员会、中国法学教育研究会 2016 年年会暨“新发展理念与法学教育改革”论坛综述》,载中国法学教育网:http://www.chinalegaleducation.com/xwzx/ShowArticle.asp?ArticleID=45014,最后访问日期:2018 年 4 月 21 日。

② 《中国法学教育研究会 2016 年年会暨“新发展理念与法学教育改革”论坛综述》,载中国法学教育网:http://www.chinalegaleducation.com/xwzx/ShowArticle.asp?ArticleID=45014,最后访问日期:2018 年 4 月 21 日。

③ 参见丁利:《境界与修炼——重温霍姆斯〈法律的道路〉》,载杨建广、郭天武主编:《创新型法学实验教学研究》,中国法制出版社 2012 年版,第 8 页。

④ 《教育部高校法学类专业教育指导委员会、中国法学教育研究会 2013 年年会暨“法学教育与法律职业”论坛综述》,载张文显主编:《中国法学教育年刊》(2012~2013 创刊号),法律出版社 2014 年版,第 390 页。

⑤ 《教育部高校法学类专业教育指导委员会、中国法学教育研究会 2016 年年会暨“新发展理念与法学教育改革”论坛综述》,载中国法学教育网:http://www.chinalegaleducation.com/xwzx/ShowArticle.asp?ArticleID=45014,最后访问日期:2018 年 4 月 21 日。

⑥ 《教育部高校法学类专业教育指导委员会、中国法学教育研究会 2015 年年会暨“新发展理依法治国与法学教育”论坛综述》,载张文显主编:《中国法学教育年刊 2015》(第 3 卷),法律出版社 2016 年版,第 193 页。

一是法学教育目标是多元化的,应具有国际化、具有职业化、具有特色化、具有学术化。[①]

二是认为应当明确区分各类、各层次的法学教育定位与培养目标;结合西部法治发展状况,科学定位西部法学教育目标;培养实践型法律人才的途径:既要重视养成教育,又要在司法实践技能的培训中进行模式创新。[②]

三是以服务区域发展需求为目标,以法律专业学位研究生培养改革为重点和突破口,同时重视法学本科教育和研究生教育的衔接。[③]

四是学术类和应用类人才都是社会需要的人才类型,因此应根据自身的优势制定人才培养计划。[④]

有关培养路径形成了以下几种观点。

一是结合课堂教学、实践基地、学术创新平台三位一体的立体式培养体系来完成培养目标。[⑤]

二是可以有两种方式:一种通过把法律实务老师请进来,另一种是把学生的零散时间利用起来,以实现职业培养的目标。[⑥]

三是法学教育不仅包括法学职业技能的教育,还包括法律职业、伦理、道德的培养。[⑦]

四是培养的方式包括课堂教学和实践训练,主要还是课堂教学。并且,指出目前我国所用教材、教学方式和考核方式还有待改进,应该与实践中起到实际作用的规则、判例

---

① 参见《教育部高校法学类专业教育指导委员会、中国法学教育研究会2013年年会暨"法学教育与法律职业"论坛综述》,载张文显主编:《中国法学教育年刊》(2012~2013创刊号),法律出版社2014年版,第390页;《中国法学教育研究会2016年年会暨"新发展理念与法学教育改革"论坛综述》,载中国法学教育网:http://www.chinalegaleducation.com/xwzx/ShowArticle.asp?ArticleID=45014,最后访问日期:2018年4月21日。

② 参见《中国法学教育研究会2016年年会暨"新发展理念与法学教育改革"论坛综述》,载中国法学教育网:http://www.chinalegaleducation.com/xwzx/ShowArticle.asp?ArticleID=45014,最后访问日期:2018年4月21日。

③ 参见《教育部高校法学类专业教育指导委员会、中国法学教育研究会2016年年会暨"新发展理念与法学教育改革"论坛综述》,载中国法学教育网:http://www.chinalegaleducation.com/xwzx/ShowArticle.asp?ArticleID=45014,最后访问日期:2018年4月21日。

④ 参见《教育部高校法学类专业教育指导委员会、中国法学教育研究会2013年年会暨"法学教育与法律职业"论坛综述》,载张文显主编:《中国法学教育年刊》(2012~2013创刊号),法律出版社2014年版,第390页。

⑤ 参见《中国法学教育研究会2016年年会暨"新发展理念与法学教育改革"论坛综述》,载中国法学教育网:http://www.chinalegaleducation.com/xwzx/ShowArticle.asp?ArticleID=45014,最后访问日期:2018年4月21日。

⑥ 参见《教育部高校法学类专业教育指导委员会、中国法学教育研究会2016年年会暨"新发展理念与法学教育改革"论坛综述》,载中国法学教育网:http://www.chinalegaleducation.com/xwzx/ShowArticle.asp?ArticleID=45014,最后访问日期:2018年4月21日。

⑦ 同上。

紧密结合。[①] 明确实务教学的教学模式、不过度依赖实务人员，加大法学院课堂教学里案例的应用，在课程中更多地体现实务要素。[②]

五是除了充分发掘和运用中国的案例外，外国法院的案例能够帮助学生更好地比较中外法律，全面训练学生的法律思维，也应该在我们的法学校教育中加以充分发挥。[③]

六是有些高校实行大类培养，强调素质化的过程中，出现了专业化和大类化的冲突问题。反对个别院校专门培养法官、检察官和律师的做法，认为法律是全面的，是所有领域都需要的，不应局限在专业限制下。[④]

七是由高校、实务部门、社会领域共同施教，使法律知识和法律伦理教育结合，课堂和实务教育结合，共同进行法律人才培养。[⑤]

八是法学院应确定实践能力训练的基本标准，而不是过度强调实践而忽视了理论。[⑥] 大学教育应该主要教授的是学习方法和法学理论知识，实践能力主要在工作之后进行培养。[⑦] 法学教育总体上的原则应是以法为本，因此，对本科生的教育主要还应是传授专业知识。[⑧]

在课程设置、卓越人才培养环节中，要进行涉及课程内容和教学方式的深入改革，应该教导学生打破部门法的分门别类，使学生跳出桎梏，得到综合的锻炼和提高。[⑨]

3. 对“复合型人才”提法的讨论

“复合型人才”的提法最早见于设置法律硕士专业学位试点时的1999年《法律硕士专业学位研究生指导性培养方案》中，2006年试点结束后，国务院学位委员会根据法律硕士专业学位教育特点和试点工作实践经验，全国法律硕士专业学位教育指导委员会在广泛征求各培养单位意见的基础上，组织专家多次研讨，对1999年《法律硕士专业学位

---

① 参见《教育部高校法学类专业教育指导委员会、中国法学教育研究会2015年年会暨“新发展理依法治国与法学教育”论坛综述》，载张文显主编：《中国法学教育年刊2015》（第3卷），法律出版社2016年版，第193页。

② 同上。

③ 同上。

④ 参见《教育部高校法学类专业教育指导委员会、中国法学教育研究会2013年年会暨“法学教育与法律职业”论坛综述》，载张文显主编：《中国法学教育年刊》（2012～2013创刊号），法律出版社2014年版，第390页。

⑤ 同上。

⑥ 参见《教育部高校法学类专业教育指导委员会、中国法学教育研究会2015年年会暨“新发展理依法治国与法学教育”论坛综述》，载张文显主编：《中国法学教育年刊2015》（第3卷），法律出版社2016年版，第193页。

⑦ 参见《教育部高校法学类专业教育指导委员会、中国法学教育研究会2013年年会暨“法学教育与法律职业”论坛综述》，载张文显主编：《中国法学教育年刊》（2012～2013创刊号），法律出版社2014年版，第390页。

⑧ 同上。

⑨ 同上。

研究生指导性培养方案》进行了修订。[①] 修订后的《法律硕士专业学位研究生指导性培养方案》(学位办〔2006〕39 号)规定:“法律硕士专业学位的培养目标是为法律职业部门培养具有社会主义法治理念、德才兼备、高层次的复合型、实务型法律人才。”2011 年教育部、中央政法委联合发出的《关于实施卓越法律人才教育培训计划的若干意见》中指出:“培养应用型、复合型法律职业人才,是实施卓越法律人才教育培养计划的重点。”从而将复合型人才的提法运用到法学本科生培养中。对于“复合型”人才问题,理论界形成了以下两种观点。

(1)不认同,即不认同有关“复合型人才”的提法。有学者提出:“将复合型定位为法学院培养人才的目标是不合适的,而是一种过程中的要求,在培养措施方面要注重复合型,但不能忘记法学培养的根本,必须以法学专业为核心,要强调扎实的法学专业基础。”[②]有学者提出:“各个法学院的生源现状是不一样的,必须强调法学院对法学人才培养的多元化。不应该是所有学校都追求复合型法律人才的培养。”也有学者提出:“复合型教育在本科阶段是很难的,每个学校都有各自的地区特色和学科优势,已经在一定程度上具有一定的复合型,但若要法学院知识结构上自身完成复合是不太可能的。”[③]也有学者提出:“第一,(复合型人才)这一提法是从法律硕士教育来的,也是第一次出现复合型,强调的是非法学本科毕业生招收研究生,其针对性是很强的。从现状来看,我们所指的复合型主要是指本科生,并与卓越法律人才培养相关,但就存在与什么复合的问题。第二,从最初的设计来看,复合型法律人才计划冲淡了主题,最初的复合型是基于美国研究生教育,强调的是面向实务人才培养,但各个学校的实践其实已经偏离了这个方向。复合型是靠自然形成的,非法法硕其复合型其实已经形成。当我们说得本科的人才复合型时,其主要解决的是实践人才的问题,法学教育的重点是运用法律方法解决问题的能力,这个主旨是非常明确的。”[④]还有学者提出:“教育部的文件我们很熟,但如果文件上的概念本身存在问题,即复合型、应用型的定位。”[⑤]

(2)认同。认同“复合型法律人才”提法的学者们对于“复合型”的内涵的探讨形成了以下几种观点。

①一是德与智的复合,现代的学生个性和性格存在一些问题。因此,当我们进行复合时,首先应该进行德与智的复合。二是本学科的专业知识与外学科的复合。首先不要忽视本身的专业基础。三是复合应该有体内交叉和体外交叉。体内交叉是法理学和部

---

① 参见国务院学位委员会《关于转发〈法律硕士专业学位研究生指导性培养方案〉及其修订说明和〈法律硕士专业学位论文规范〉的通知》。

② 《教育部高校法学类专业教育指导委员会、中国法学教育研究会 2013 年年会暨“法学教育与法律职业”论坛综述》,载张文显主编:《中国法学教育年刊》(2012~2013 创刊号),法律出版社 2014 年版,第 390 页。

③ 同上。

④ 同上。

⑤ 同上。

门法的交叉、基础法学和应用法学的交叉,并主张部门法要上升到法理,法理学应该找到部门法落地,“法理适用学”应当成为一门学科。体外交叉是指与外语、医学、经济等学科的复合。我们应该努力探索真正适合我们学生的复合道路。[①]

②既懂法律又懂科技其其他学科知识,既懂中国法又懂外国法,既懂中文又懂外文而且熟练掌握电脑技术。[②]

③一是专业复合,鼓励学生修双学位,要求学生除了掌握法学主干知识之外,还需要掌握其他专业的知识;二是课程复合,要求15个其他课程的学分,包括理工科的知识,丰富其知识结构;三是中外联合办学。[③]

④法学教育实践中各高校根据各自的实际情况,有不同的复合类型,比如外语类院校“法律+外语”,[④]财经院校“法律+金融、会计”,[⑤]新闻类院校“新闻+法学”,[⑥]理工类院校则实行“法律+科技”[⑦]等。

⑤开放和多元。法学本身就是一个复合型学科,法学本身的资源是非常有限的,不少资源来自其他学科。复合型原来是说要懂法律、经济、外语,这样也是对的,现在含义似乎有些变化。在知识、能力、专业方面的多元复合的想法固然很好,但实施起来受到限制、存在距离。实践表明,时间和成本都比较高,反思实施中的问题,认为是没有从实际出发。复合型实际上就是开放和多元,并一定要与自己的情况相契合。

⑥思维、能力、视野。有学者从思维、能力、视野等三个方面界定复合型人才的内涵。[⑧]

⑦复合型应用人才。知识的复合是为了应用型人才的培养,复合型应用型人才是完

---

① 参见《教育部高校法学类专业教育指导委员会、中国法学教育研究会2013年年会暨“法学教育与法律职业”论坛综述》,载张文显主编:《中国法学教育年刊》(2012~2013创刊号),法律出版社2014年版,第390页。

② 参见王保树、王振民:《略论复合型法律人才的培养》,载《清华大学教育研究》2000年第1期。

③ 参见《教育部高校法学类专业教育指导委员会、中国法学教育研究会2013年年会暨“法学教育与法律职业”论坛综述》,载张文显主编:《中国法学教育年刊》(2012~2013创刊号),法律出版社2014年版,第390页。

④ 参见冯彦、王居峰:《复合型法律英语人才培养模式的构建》,载《社会科学战线》2011年第9期。

⑤ 参见李长城:《法学专业应用型、复合型人才培养模式初探》,载米丽、王德山主编:《首都法学教育研究(1)》,对外经济贸易大学出版社2012年版,第91页。

⑥ 参见张文祥、陈绚:《新闻—法学复合型法律人才的培养——基于对于国内外高校新闻传播与法学学科教学科研融合做法的分析》,载《中国大学教学》2013年第1期。

⑦ 如本人所在的北京理工大学法学院。

⑧ 参见《教育部高校法学类专业教育指导委员会、中国法学教育研究会2013年年会暨“法学教育与法律职业”论坛综述》,载张文显主编:《中国法学教育年刊》(2012~2013创刊号),法律出版社2014年版,第390页。

整称谓。①

4. 对实践教学的理解

虽然教育部高等教育司于1998年颁布的《普通高等学校本科专业目录和专业介绍》中规定:"主要实践性教学环节包括见习、法律咨询、社会调查、专题辩论、模拟审判、疑案讨论、实习,一般不少于20周。"2007年教育部颁布的《关于进一步深化本科教学改革,全面提高教学质量的若干意见》要求"高等学校要高度重视实践环节,提高学生实践能力,特别要加强专业实习和毕业实习等重要环节。"但学界有关实践教学的理解仍然存在分歧。对于实践教学的理解形成了以下几种观点。

一是认为"实践教学无论是从教学方法还是教学内容都是一个独立的教育模式,法学院的实践教学不能等同于国家法官学院的实践教学,也不能等同于ICOURT这样的实践课程"。② 其认为是通过法学实践教育来达到对法律方法和法律知识的掌握,通过体验式的教学,让学生能够真正知道法律是如何运行的,法律是如何解决问题的。③

二是认为"法学实践教学内容一般应当包括庭审旁听、法律咨询、社会调查、专题辩论、模拟审判、疑案讨论、法律诊所实习等"。④

三是认为"实践性教学方法包括多种多样,如案例教学、旁听法庭审判、法律诊所教育、模拟法庭、法律咨询和专业实习等"。⑤

四是认为"法学专业的实践教学主要包括三类:(1)司法程序类实践教学,包括旁听审判和模拟审判;(2)律师业务实践教学,包括法律咨询、法律诊所、法律辩论、法律援助等;(3)毕业实习"。⑥

五是认为"模拟法庭是比较认可的一种实践教学模式,应该使模拟法庭变成一个常态化、专业化的教过程,作为一门课程来对待。法学专业人才应该具备法学基本素养和

---

① 参见《教育部高校法学类专业教育指导委员会、中国法学教育研究会2013年年会暨"法学教育与法律职业"论坛综述》,载张文显主编:《中国法学教育年刊》(2012~2013创刊号),法律出版社2014年版,第390页。

② 《教育部高校法学类专业教育指导委员会、中国法学教育研究会2016年年会暨"新发展理念与法学教育改革"论坛综述》,载中国法学教育网:http://www.chinalegaleducation.com/xwzx/ShowArticle.asp?ArticleID=45014,最后访问日期:2018年4月21日。

③ 同上。

④ 董万程:《法学实践教学改革的总体思考》,载王崇敏、王琦主编:《法学实践性教学与应用型法律人才培养》,吉林大学出版社2011年版,第31页。

⑤ 张丽娜:《法学实践性教学的定性、定位与定量》,载王崇敏、王琦主编:《法学实践性教学与应用型法律人才培养》,吉林大学出版社2011年版,第93页。

⑥ 宁清同:《法学专业实践教学探讨》,载王崇敏、王琦主编:《法学实践性教学与应用型法律人才培养》,吉林大学出版社2011年版,第67页。

法学职业技能,而模拟法庭是最好的形式”。①

六是认为“本科实践教学主要围绕法律诊所开展”。②

(二)德国法学教育改革中的争议问题

在2003年以后,法学教育进一步改革的争论仍然持续着。③

1.改革伊始的“两种草案之争”④

2001年9月27日,“州立法草案”提交议会后,德国社民党、BUENDNIS 90和绿党又联名提出另一草案,即所谓“联合草案”,二者都涉及修订《德国法官法》和《德国联邦律师法》等有关法学教育方面的修订建议。由德国社民党、BUENDNIS 90和绿党而出的“联合草案”,乃是“州立法草案”的“对台戏”,于2001年10月17日提交到议会,被视为德国法学教育改革的另一可能路径。

双方的分歧主要体现在以下三点:

一是法律外语教学的地位。“联合草案”认为法律外语教学应作为必修课设定,而“州立法草案”则认为法律外语的素质尚未重要到这一程度,设为选修课即可。

二是大学理论学习阶段必修课的权重。“州立法草案”认为大学理论学习阶段的必修课成绩应占第一次国家司法考试总成绩的25%,而“联合草案”则认为50%的比例也不为过。

三是法务实习阶段的规程,这是双方最大的分歧所在。“州立法草案”认为,在1年的“必修实务训练”之后,应令实习生自由选择第二年实务训练的站点,或许是法院、律师行,也或许是行政署。这样实习生可依循各自感兴趣的职业方向有针对性地累积实务经验。相应地,实习生对行政、司法和律师业界的相关机构享有要求享受实务训练的权利。尤其是谋求律师执照的实习生,更要参考其第二年的站点选择和工作业绩。而“联合草案”则认为,所有法科毕业生,无论兴趣取向如何,都须在律师行完成为期12个月的实务培训。

---

① 《教育部高校法学类专业教育指导委员会、中国法学教育研究会2016年年会暨“新发展理念与法学教育改革”论坛综述》,载中国法学教育网:http://www.chinalegaleducation.com/xwzx/ShowArticle.asp?ArticleID=45014,最后访问日期:2018年4月21日。

② 同上。

③ For the ongoing debate in Germany, see: JOACHIM BUDDE, INTERVIEW WITH THE SECRETARY-GENEROAFL THE BENEFACTOR ASSOCIATIONFORGERMANSCHOLARSHIPANDREASSCHLUTER*K*, *einGrundzurK/age*, ZEITONLINE, Vol. 44 (2006) (homepage of the German newspaper "*Die Zeit*"), available at: http://www.zeit.de/2006/44/C-Gefragt-Jurabachelor. Jan-Martin Wirda, *Am Ende des Sonderwegs*, Vol. 05, DIE ZEIT ONLINE(2009), available at: http://www.zeit.de/2009/05/C-J uristenreform? page=1.

④ 参见[德]彼得·吉勒斯:《2003年德国法学教育改革法——兼论德国新一轮法学教育改革论战》,张陈果译,载彭海青、吕泽华、[德]彼得·吉勒斯编著:《德国司法危机与改革——中德司法改革的比较与相互启示》,法律出版社2018年版。

2. 律师界对改革法案的批判[①]

德国律师界多年来呼吁“律师型”法学教育的改革方向,但对本次由法官型转向“律师型”的法案中的革新措施却不以为然,提出其“不够具体”,对法案奠定的改革前景并不看好。具体而言,这种批判主要基于以下几个方面。

一是培训负担过重。法案未曾考虑其提出的“按需设置法科学生名额”的要求,实习生诸“重要素质”的培训将给律师行造成过重的负担;虽然德国的律师行数量呈激增状态,但那些小规模的和新设的律师行并没有能力承担培训和指导实习生的任务。

二是存在“教育形式化”的危险。在律师协会看来,由于该法案“设计了不精确的法学课目”,在新的所谓“律师型”法学教育的模式下存在着“教育形式化”的危险。对于法学教育的学科划分、讨论课论题的设置,无论在内容上还是形式上,律师界应当有更多的发言权。当前的改革法案却对这种发言权“态度暧昧”,令人难以接受。还有一些可操作性问题悬而未决,尤其是“新的律师型素质”(谈判、调解、口才)究竟该如何培养,不得而知。

三是经费落实不明确。法案对改革措施的经费来源实际上未置一词,律师协会担心的问题是,立法者很可能为此提高各律师行向联邦律师署的缴费,根据“以往的经验”,这种情形很可能又会“悄无声息”地发生,因此协会不得不表示反对。德国律师协会大会决议,凡是“超出培养后备律师力量的不必要的费用征收”,都会遭到协会的“公开抗议”。

3. 理论界对“律师执业导向”与“以法律服务市场为导向”的法学教育的忧虑与质疑

有关法律教育改革的“律师执业导向”,有学者指出“新法侧重的‘职业领域导向’显然是‘律师执业导向’,其他领域的法律职业在法务实习阶段该占多大份额,改革法案并未阐明;‘法官型’和‘检察官型’的职业素质,法科学生原本就重视不够,新法生效后会否更加草草了事,令人忧心”。[②] 还有学者认为,“过分强调‘律师导向’似乎没有必要,‘平分秋色’也未尝不可”。正因为此,新的律师法第5d条第1款第1句才规定“国家司法考试和大学法科考试应兼顾学生司法、行政和法律咨询等各项实践内容”。

有关法学教育“以法律服务市场为导向”的改革,有学者指出“法学仍然是一门科学。‘非学科化’观点过于‘激进’,探讨法律的深层理论基础非但不是多余的,而且是至

① 参见[德]彼得·吉勒斯:《2003年德国法学教育改革法——兼论德国新一轮法学教育改革论战》,张陈果译,载彭海青、吕泽华、[德]彼得·吉勒斯编著:《德国司法危机与改革——中德司法改革的比较与相互启示》,法律出版社2018年版。

② Prospects of Legal Scholarship in Germany Current Situation, Analyses, Recommendations, Rechtskulturen, Hamburg, 09－11－2012.

关紧要的；法科学生还应当学习法律的哲学、历史和社会基础”。[①] 有学者指出“法学教育学术基础的质量应当采取最优先的措施予以保障。这来源于国家对维护司法公正的责任”。[②] 还有学者提出“律师们主张在法学教育中删除法制史、法哲学、罗马法等课程，但其至少应在形式上予以保留。大学教育不仅仅教授技艺，还提供学术教育，而学术教育并不近服务于找工作，学术教育还应该起到创新、独立思考，以及以反思和学术的方式进行思考和工作的能力”。[③] 还有学者提出“德国的法律学术是以理论和实践相结合为特点的”。[④]

（三）中德法学教育改革争议的原因

中德两国的法学教育在改革过程中争议不断，大致可从以下几个方面探寻其原因。

1. 法学教育的理想模式尚未定型

中德两国法学教育过程中出现的争议既涉及理念、目标等宏观层面的内容，又涉及课程设置、课程内容、比重等微观层面的内容，这表明中德两国的法学教育改革尚未建成理想模式。虽然我们目前难以给出法学教育改革的理想模式，但如果改革后的法学教育制度为学界、实务界诟病颇多、难成共识，这必定不是理想模式。认识到这一点，在比较两国法学教育制度及改革问题时，就不应有孰优孰劣的偏见。而本着务实的态度，平等对话，针对问题互相寻求借鉴的思路与灵感。类似于“美国学者面对异域制度、异域文化通常都保持着一种特有的自傲与优越。先进型法治（律）模式的标志性构成元素，往往只能完整得存在于美国现实社会，而落后或次后型法治（律）模式的标志性构成元素，则很容易在其他国家的现实中找到具体对应”[⑤]的思维模式应当舍弃。

2. 法学教育多元目标之间协调困难

法学教育的目标是多元的，而非一元的，这是因为：其一，法学教育的内容是多元的。首先是理论知识。法学作为一个学科、一门学问，离不开基础理论，比如，诉讼法中的诉讼价值、诉讼目的、诉讼结构、诉讼职能等。这些基础理论对于学科的发展与完善起着决定性作用，也是法学学习的最高境界。其次是规范知识。法律是一种社会规范，法律的

---

① 参见［德］彼得·吉勒斯：《2003 年德国法学教育改革法——兼论德国新一轮法学教育改革论战》，张陈果译，载彭海青、吕泽华、［德］彼得·吉勒斯编著：《德国司法危机与改革——中德司法改革的比较与相互启示》，法律出版社 2018 年版。

② Ulrike Schultz, Legal Education in Germany-an Ever(Never?) Ending Story of Resistance to Change, Higher Legal Culture and Postgraduate Legal Education in Europa. Neapel, Rom: Edizioni Scientifiche Italiane, 2008, S. 125 - 149.

③ Judith Von Schmädel, Legal Education in Austria and Germany and the Importance of the Study of Legal History, Hitotsubashi Journal of Law and Politics 37(2009).

④ Prospects of Legal Scholarship in Germany Current Situation, Analyses, Recommendations, Rechtskulturen, Hamburg, 09 - 11 - 2012.

⑤ 参见［美］约翰·亨利·梅利曼：《大陆法系》（第 2 版），顾培东、禄正平译，法律出版社 2004 年版，译者序。

基本内容就是权利、义务、权力、责任等规范。再次是实践技能。法律是一门实践科学,只有掌握了实践技能才能运用法律解决实践问题。最后是职业伦理。法律职业伦理是法律职业活动中应当遵循的伦理道德规范,正直、忠诚、廉洁等道德要求是法律职业者都应当遵守的道德规范,从而使法律的公正性得以维护与保障。这些内容在目前中德法学教育制度中都已有所涉及。

其二,不同法律职业对法学教育的要求是不同的。职业导向是法学教育目标设定的重要依据。比如,在我国,根据2017年9月1日新通过的《全国人民代表大会常务委员会关于修改〈中华人民共和国法官法〉等八部法律的决定》,国家统一法律职业资格制度所涉及的法律职业人员包括法官、检察官、律师、公证员、从事行政处罚决定审核、行政复议、行政裁决的工作人员以及法律顾问、法律类仲裁员。此外,还有立法人员、法学研究人员、法学教育人员等国家统一法律职业资格制度尚未涉及的法律职业人员。这些种类繁多的法律职业在法治建设过程中承担着不同的角色与职责,必然要求从法学教育中汲取不同的营养,必然使法学教育目标出现多元化的区分以兼顾不同的需求。其三,法学教育的多层次划分。目前中国的法学教育涉及本科、法学硕士、法律硕士、博士等层次的教育,而德国主要涉及法学硕士、法律硕士(L. L. M)、博士等层次的教育,不同层次的法学教育的培样对象、目标等均存在差异,这也必然导致法学教育目标的多元化。多元化目标的设定与选择成为引发争议的重要原因。

3. 法学教育受制于"重理论和文本,轻实践"的法治传统

中德两国的法治均具有大陆法系传统,"大陆法系国家的一般法律职业者,仍然以传统的法学理论为其认识问题的指导思想",①而且,"通过既定的法律条文,我们课题知道法律预先要求的是什么……因此,这些法律条文通过纯粹的科学方法得到丰富和发展"。② 相反,"美国的是在主义法学家绝不愿意把法律条文作为他们研究的主要课题,而且也不认为仅有这两种研究法律的方法"。③ 可见,虽然在两大法系的融合过程中,大陆法系国家有向"非法典化"演变的趋势,法典化和法学理论仍然是大陆法系的重要标签。当前法学理论和法律条文是法律职业者所不能绕开的内容,也是法学教育的主要方面,而难以像英美国家那样以判例这一法律实践形式作为教学内容,学生也必然花费大量精力去学习法学理论与法律条文,这似乎使知识与实践相对分离的状况难以避免,也因而成为引发争议的原因之一。

4. 法学教育受制于司法改革的发展

作为法学教育培养目标的法治人才建设既是司法改革的主体力量,也是司法改革涉

① [美]约翰·亨利·梅利曼:《大陆法系》(第2版),顾培东、禄正平译,法律出版社2004年版,第70~71页。

② 同上。

③ 同上。

及的内容之一，因此法学教育与司法改革密不可分。比如，在我国，“新一轮的司法改革虽然在法律职业共同体的建设方面没有作出单独规定，但实际上，我国的若干项改革措施都直接或间接地涉及法律职业共同体建设的相关方面”。[①]

法学教育改革受制于司法改革的发展。其一，法学教育改革的动力源于司法实践的需求。法律职业者必须考虑司法实践的需求，以培养法律职业者为己任的法学教育为使自己的产品为司法实践所接纳，如要伴随着司法实践的发展而进行改革，所以，可以说，司法实践的需求是法学教育改革的动力源。其二，法学教育的内容受制于司法改革的发展。司法改革本身是法学教育的重要内容，如调解、和解等司法协商制度的发展使法学教育中对于法官、检察官、律师等处理非诉业务能力的要求增强，因此这方面内容急需在法学教育中增加并得到强化。其三，法学教育的方法受司法改革的影响。如随着我国员额制改革的推进，法院、检察院内部开始实行新的利益调整机制，对法官、检察官独立办案的要求提高，这就对法学院学生的学习质量与实践适应能力提出了更高的要求，对法学教育方法的实践导向改革提出的新的挑战。法律职业如何适应司法改革实践中生发的这些新问题，也成为引发争议的原因之一。

四、中德法学教育改革存在的问题

21 世纪以来，中德两国的法学教育改革都取得了一定的效果，但都未能解决全部问题，仍然留有遗憾。

（一）中国法学教育改革存在的问题

江平教授曾指出：“法学院培养出来的学生要有四种本领：一是要会跟法律打交道；二是要会跟人打交道；三是要跟治国打交道；四是要适应职业化市场的需求。”[②]在中国，新一轮的法学教育改革对法学教育已经在逐步关注到这些内容，但“法学毕业生的就业率常年稳居各学科专业倒数第一”[③]的状况似乎改观不大，“实践能力不强、国际视野欠缺”的问题依然存在。[④] 这一方面是由于在对于新的改革举措执行的偏差，改革举措的落实并不尽如人意。比如，有专家指出“教育部实施的卓越法律人才培养计划就是一项好的规划，但是在具体实施过程中并没有真正落实，成了新一轮争资源和学校排名的路径，其培养优秀法律人才的初衷反而成了第二位的问题。例如，在教学和培养方法上，并没有带来实质内容和模式的改变，反而成了一种利益的纠葛”。[⑤] 另一方面，毋庸讳言，新的改革举措本身也存在问题。比如，有学者指出：“问题依然是老问题，解决问题的方法似乎仍然停留在增量改革的固有思路上而被认为有失偏颇，其效果甚至其合法性也因

① 蒋慧岭：《司法改革能否改出强有力的法律职业共同体?》，载《中国法律评论》2014 年第 9 期。

② 江平：《中国法学教育的历史与际遇》，载《中国政法大学学报》2008 年第 1 期。

③ 法学专业失业人数在全部本科专业小类中排名第一，而且已经是连续多年垫底，因此被红牌警告。参见麦可思—中国大学生就业研究课题组：《中国大学毕业生就业报告》，社会科学文献出版社 2012 年版。

④ 参见薛刚凌：《社会转型期：我们培养什么样的法律人才》，载《法学杂志》2011 年第 4 期。

⑤ 王晨光：《法学教育需要更合理的顶层设计》，载《民主与法制时报》2016 年 9 月 22 日，第 5 版。

此大打折扣,以至于至今难以消除疑义。"[①]有学者指出:"《关于实施卓越法律人才教育培养计划的若干意见》中高校与实务部分人员互聘'双千计划'、法学实践教学基地等显然偏重于应用型的要求,《意见》整体上缺乏对复合型的有效机制设计。"[②]有学者甚至提出"在某种意义上说,教育改革其实是一个伪命题,千百年来,改来改去万变不离其宗"[③]的悲观看法。

(1)实践性方面的问题

具体而言,在实践性方面,法律技能的训练仍显不足。主要体现在以下几个方面。

虽然全国法律硕士教育指导委员会将模拟法庭、法律方法、法律谈判、法律文书之类的课程作为实践必修环节加以规定,但实务课程的种类和课时都偏少。比如,近年来有关调研显示"在学分设计上,在法学专业本科培养计划学分结构中,实践教学环节学分一般在8~16分,占总学分的5%~10%,这与卓越法律人才教育培养计划要求实践教学环节不少于15%的要求相差甚远"。[④] 而且,对有限的实务课程的利用也并不充分,如"根据法律诊所委员会秘书处的统计,截至2013年11月17日,经过申请,考核、批准,共有167所法学院校(系)加入该委员会,其中43所还没有正式开设法律诊所课程。目前我国一共有632所院校开设法学专业,因此开设法律诊所的院校只占到目前我国开设法学专业高校的19.6%"。[⑤] 再如"部分法学院校把模拟法庭课程列入法学本科培养方案中,并列为专业选修课,如北京师范大学、北京航空航天大学。少数学校把模拟法庭课程列为专业必修课,如华中科技大学、华中师范大学、湘潭大学、重庆大学"。[⑥]

导致上述情况的主要原因如下:一是囿于实践性教材缺乏。现有教材基本以阐释法律理论和法律规范为主,并非专门的实践性教材。少量案例分析方面的书籍受案例选择的技术、案例分析的水平等方面的影响对实践教学的参考价值有限。二是囿于师资水平难以胜任。国内法学院招聘教师主要是科班出身的博士毕业生,因此设置了年龄、国外留学经历、科研成果等硬性标准,并未提及实践经验问题。目前,中青年教师是法学院的主要教学力量,在其本身毫无实践经验的前提下,显然难以胜任实践教学的要求。三是囿于教学方法的运用有待改进。虽然为了教学和研究的便利,有法学内部存在学科划分,但实践中发生的案件均需结合多个法律部门进行综合分析,因此,实践教学在教学方法上要求多个法律部门教学结合进行。为此,目前有些高校开始试行"双师同堂",即要

---

① 李轩:《论中国法学教育的转向与转型》,载《中国司法》2010年第12期。

② 杨松、闫海:《我国复合型法治人才培养机制创新——基于供需结构均衡的分析》,载张文显主编:《中国法学教育年刊》(2015年第3卷),法律出版社2016年版,第8页。

③ 《教育部高校法学类专业教育指导委员会、中国法学教育研究会2013年年会暨"法学教育与法律职业"论坛综述》,载张文显主编:《中国法学教育年刊》(2012~2013创刊号),法律出版社2014年版,第390页。

④ 黄进主编:《中国法学教育状况(2012)》,中国政法大学出版社2015年版,第142页。

⑤ 同上书,第145页。

⑥ 同上书,第151页。

求实体法与程序法的老师同堂授课,但这种模式的和谐发展尚需时日。“在诊所法律教育问题上,缺乏与立法、司法机关之间的沟通;资金问题也是诊所法律教育的瓶颈;法律诊所教育还没有引起足够的重视;诊所课程还没有建立起来科学、统一的学员评价体系和教学追踪反馈机制。”①四是囿于学生的兴趣不高。目前法学院的学生最感兴趣的是司法考试,大部分学生以其为指挥棒来安排专业学习。案例分析、模拟法庭、法律诊所等课程内容与司法考试并没有直接关联,因此多数学生对此积极性不高。

校外实习收效甚微。虽然目前几乎所有的法学院都为本科生、硕士生安排了校外实习环节,全国法律硕士指导性培养方案还规定了4个月到1年的专业实习要求,但校外实习并未能达到预期效果。

导致上述情况的主要原因如下:一是实习部门单一。多数法学院为了便于对学生进行实习期间的管理,统一安排到指定法院实习。在整个实习期间,学生们都待在法院,没有去政府部门、检察院、律师事务所等实务部门实习的机会,这样,学生们仅能接触到法院的审判业务,司法实践经验局限很大。二是对实习的规范化要求不够。法院和法学院对学生实习期间的管理、监督、考核没有硬性要求,有些学生还基于考研、司法考试、找工作等事由多次或长时间请假。有些实习的学生反映实习期间只被安排做些装订案卷、送达文书等简单工作,难以实质性接触到审判实务。而法官们则反映法院审判任务繁重,学生们的实习期又太短,学生们所学到的书本知识难以直接运用到审判实践,法官们没有充足的时间和精力对其进行业务培训。三是考核制度流于形式。由于实习被作为培养方案中的硬性环节之一,因此需要有考核成绩,但这个考核成绩并没有完成实习工作的数量和质量等客观的评价标准,因此主观性极强,多数法院法官都碍于情面给了优秀的成绩,但其中含金量又有多少呢?大家心知肚明。

司法考试后的职业培训不具有统一性。如前所述,根据2015年9月,中共中央办公厅、国务院办公厅印发的《关于完善国家统一法律职业资格制度的意见》,取得法律职业资格后需参加任职前培训,但对于培养并不作统一要求,而是采用“谁选谁训”的方式,职前培训及培训考核由选任部门负责进行。并只对法官、检察官职前培训时间作了1年的要求。而对律师事务所、政府部门的任职前培训的时间未作要求,比如,在实践中各地方律师事务所的培训硬性要求少,即便有些硬性要求,在时间、内容方面也都可以灵活变通,难以真正发挥培训的作用。

这一问题与我国法律职业共同体尚未建成这一事实互为因果。通常认为,国家统一司法考试制度的确立,标志着我国法律职业共同体建立的开端。学界当时就已开始了法

① 《龙翼飞教授在中国法学教育研究会2016年年会暨“新发展理念与法学教育改革”论坛上的发言》,载中国法学教育网:http://www.chinalegaleducation.com/xwzx/ShowArticle.asp?ArticleID=45014,最后访问日期:2018年4月21日。

律职业共同体仍然需要呐喊。[①] 并提出了"法律共同体的建设应由最高人民法院、最高人民检察院和司法部继续努力,尽快建立起统一协调、相互沟通的法律职业培训制度(司法研修制度)"的观点。[②] 然而,时至今日,统一的法律职业培训制度尚未建成,正如有学者明确指出的,2015年《关于完善国家统一法律职业资格制度的意见》进一步明确了我国发展法律职业共同体的方向。在实践中,法律职业群体内部之间依然充满分歧和对立,面朝共同体的我国法律职业,仍然是一步之遥。[③]

(2)国际化方面的问题

在国际化方面,这些问题主要体现在以下几点。

其一,高层次国际化人才不足。在经济全球化的发展过程中,在跨境并购等国际业务中,更加需要的是高层次的涉外法律人才,但实践表明"高端法律市场所需要的精通涉外业务且谙熟国际规则的优秀人才却仍嫌不足"。[④] 国际司法合作、国际交往中法律人才,尤其是法学加外语的复合型法律人才是非常缺乏的,探索新的教育模式,充分利用国外资源、国家及国际政策的保障,能够有效促进复合型法律人才的队伍建设。[⑤] 导致这种情况的原因一方面是因为在课程设置上,这类专业课程的设置与外语结合不紧密,如有关双语课、全英文课的开设不充足或者属于选修课程;另一方面是在实习实训上,学生接触的一般是民事法、刑事法以及行政法律等基本的国内法律。

其二,外语语言能力不理想。一是因为学生们的英语口语听力得不到足够的训练。虽然多数学生在大学期间都会参加大学英语四、六级考试,但是这种考试通过后学生们在听力与口语方面仍然较差,甚至难以熟练地进行日常对话交流。二是学生们的外语语种受限。大多数学生只有学习英语这一种外语的经历,不懂德语、法语、日语等语种,这使在参与德国、法国、日本等国家的法务活动、查阅文献时都会受到限制。三是专业外语水平有限。不论是国际法律业务的往来,还是法律文献的学习,所需要的更多的是专业外语,不仅要求掌握专业词汇,还要求掌握专业化的语言运用。而这方面,在国内由于全外语教学刚兴起不久,即便是法学院有些专业教师,如果没有较长时间的涉外法务经理,其专业外语水平都难以完全胜任这种业务活动的需要,更不用说是学生了。

(二)德国法学教育改革存在的问题

在德国,2003年法学教育的改革在促进法学教育培养目标的全面化等方面具有一定

---

① 参见张文显、卢学英:《法律职业共同体引论》,载《法制与社会发展》2002年第6期。

② 参见霍宪丹:《试析法律职业共同体与法律人才培养共同体之间的互动》,载《法制与社会发展》2003年第5期。

③ 参见葛洪义:《一步之遥:面朝共同体的我国法律职业》,载《法学》2016年第5期。

④ 李响:《美国经验启示下我国法学教育改革的路径探索》,载《学位与研究生教育》2014年第7期。

⑤ 北京外国语大学教授王文华在2015年年会上的发言,参见《教育部高校法学类专业教育指导委员会、中国法学教育研究会2015年年会暨"新发展理依法治国与法学教育"论坛综述》,载张文显主编:《中国法学教育年刊2015》(第3卷),法律出版社2016年版,第193页。

的积极意义,但仍有疏漏。有学者指出,“2003 年的法学教育改革本应增强外语能力,提供更专业和实践能力”。然而法学教育制度仍然(或者再次)被认为“尚未完成”。许多重要的技能仍然未被教授。国际的、社会的、文化的语境的意识仍然在很大程度上被忽略或者缺乏对有关事项的关注。①

(1)实践性方面的问题

在实践性方面,主要存在以下问题。

一是法务实习成本过高。有学者指出,改革后和改革前一样存在法学教育的财政赤字问题,不得不参与到法学教育中每个人都感到有些泄气或是筋疲力尽,并且还看不到未来走出困境的曙光。② 有学者甚至预言:“从长远来看,法务实习期有可能因为成本过高而被取消。”③

二是等待法务实习的时间过长。法学教育总共需要 8 至 10 年的时间,通常还因各州而异需要几个月至 2 年的实习等待期。④

三是某些实践性培训项目的成效不大。比如,2003 年德国律师协会创设了一种为期 1 年的对于实践工作的引导课程,其建立在大学提供的特殊技能训练的经验之上,但实践表明很可能由于成本和时间问题,其并不成功。⑤ 在多数情况下,学校开设技能训练的教授自身都没有法律实践经验,因而学生们的法律技能训练难以得到提高。⑥ 又如,某些学

---

① Ingmar Höhmann, Sozialkompetenz als Pflichtfach—Der neue Lehrauftrag der Unis, Vol. 102, HOCHSCHULANZEIGER FRANKFURTEARLLGEMEINE ZEITUNG 76,77(2009).

② Ulrike Schultz,Legal Education in Germany-an Ever(Never?)Ending Story of Resistance to Change,Higher Legal Culture and Postgraduate Legal Education in Europa. Neapel,Rom:Edizioni Scientifiche Italiane 2008,S. 125 - 149.

③ Ulrich Goll,Bachelor und Master statt Staatsexanmen und Referendariat,62 BETRIEBS BERATER(BB)Die erste Seite,Heft 20(2007);Hartmut Kilger,Wie der angehiende Anwalt ausgebildet scin muss,57 ANWALTSBLATT (ANwBL)1 - 5(2007),Joachim Jahn,BB-Forum:56. DeutschierAnwaltstag-Advokaten unter Druck,60 BB,1180,(2005). Barbara Dauner-Lieb,Der Bologna-Prozess-endgiltig kein Thiena ffir die Juristenausbildung? 56 ANWBL 5 -9(2006).

④ Ulrike Schultz,Legal Education in Germany-an Ever(Never?)Ending Story of Resistance to Change,Higher Legal Culture and Postgraduate Legal Education in Europa. Neapel,Rom:Edizioni Scientifiche Italiane 2008,S. 125 - 149.

⑤ Ulrike Schultz,Legal Education in Germany-an Ever(Never?)Ending Story of Resistance to Change,Higher Legal Culture and Postgraduate Legal Education in Europa. Neapel,Rom:Edizioni Scientifiche Italiane 2008,S. 125 - 149.

⑥ Martin Kellner,Legal Education in Japan,Germany,and the United States:Recent Developments and Future Perspectives,,ZJAPANR / J. JAPAN. L Nr. / No. 23(2007).

校尝试通过模拟法庭项目来增加实践训练,[①]但是这些尝试并未对主流法学教育模式产生结构性影响,模拟法庭项目最终并未被纳入考试规范中。[②]

四是有关协商技巧、修辞、交流技术等课程规范似乎过于抽象,有待解释,这使得高校延迟了4年才得以推行这些改革措施。[③] 有学者甚至反映"学生和技能训练实践者们都将'软技术'课程的要求当作是浪费时间"。[④]

此外,还有学者注意到对实践性的强调导致高校的学术氛围遭到重创。[⑤]

(2)国际化方面的问题

在国际化方面,主要存在如下问题。

一是实习期间的国际化程度不高。唯一的有关国际化法学教育的明确要求就是开设外国法律课程。[⑥]

二是与博洛尼亚进程(Bologana Process)[⑦]的要求还存在差距。多数围绕博洛尼亚进程和德国法学教育的讨论是有关德国应当改成包括学士和硕士两种学位的教育体制。[⑧] 目前只有少数几所大学在期中考试结束后授予学士学位(LLB),而其他学校在期

---

① See, e. g., Disseldorf Moot Association, http://www. uni-duesseldorf. de/dma (last accessed March 3, 2008); Juristische Fakultit, Universitit Augsburg, http://www. jura. uni-augsburg. de/studium/moot court. html (last accessed March 3, 2008); Juristische Fakultit der Universitit Osnabrick, http://www. jura. uos. de/html/217. htm (lastaccessed March 3, 2008); Juristische Fakultit der Leibnitz Universitlt Hannover, http://www. jura. uni-hannover. de/vismoot (last accessed March 3, 2008); Juristische FakultAt der Universitit Tilbingen, http://www. jura. uni-tuebingen. de/studium/vismootcourt (last accessed March 3, 2008); Institut fiir Anwaltsrecht an der Humboldt Universitit Berlin, http://www. rewi. hu-berlin. de/IfA (last accessed March 3, 2008).

② Andreas Biicker and William A. Woodruff, "The Bologna Process and German Legal Education: Developing Professional Competence through Clinical Experiences", 9 *German L. J.* 575 2008.

③ Ulrike Schultz, Legal Education in Germany-an Ever (Never?) Ending Story of Resistance to Change, Higher Legal Culture and Postgraduate Legal Education in Europa. Neapel, Rom: Edizioni Scientifiche Italiane 2008, S. 125 - 149.

④ Thomas Lundmark, "Recent reforms to German Legal Education", 42 *Law Tchr.* 213 2008.

⑤ Thomas Lundmark, "Recent reforms to German Legal Education", 42 *Law Tchr.* 213 2008.

⑥ Thomas Lundmark, "Recent reforms to German Legal Education", 42 *Law Tchr.* 213 2008.

⑦ 1999年6月19日包括德国在内的29个国家在意大利博洛尼亚签署《博洛尼亚宣言》,启动了博洛尼亚进程(Bologna Process),是其目标是通过制定更具有可比性和包容性的全欧洲的学位标准和质量保障标准创设欧洲高等教育区域。《博洛尼亚宣言》鼓励欧洲国家在有关发展可比标准和方法论的高等教育质量保障方面的合作。另一个重要目标是建立包括两个主要学位(后续还有第三个学位包括进来)的制度,一项共同的学分制度和学生、教师们的流动。Andreas Biickerand William A. Woodruff, The Bologna Process and German Legal Education: Developing Professional Competence through Clinical Experiences, 9 German L. J. Vol. 9, No. 5, 2008.

⑧ Heino Schbel, *Die Bologna-Erkl'rung und die Juristenausbildung-Ein Bericht*, 138 BAYERISCHE VERWALTUNGSBLATTER (BAYVBL) 97 (2007); Giinter Krings, Der Bologna-Prozessund seine Ausuirkungen auf die Juristenausbildungin Deutschland, 42 *RECHT UND POLITIK* 18 (2006), Barbara Dauner-Lieb, Der Bologna-Prozess-endgiltigkein ThemnaftirdieJuristenausbildung? 56 *ANWBL* 5 (2006).

中考试后得不到任何学位。①

五、未来中德法学教育改革的相互启示

(一)德国对中国的启示

从德国法学教育改革中并不能找到医治中国法学教育病患的所有药方,但至少可以给我们以下启示,使我们在寻求解决问题的方法时多一些参照。

1. 实现法学教育改革的法治化

2012 年,党的十八大明确提出全面推进依法治国,加快建设社会主义法治国家。自此,一系列中央文件中都规定了教育领域的法治化问题。比如,《中共中央关于全面推进依法治国若干重大问题的决定》(2014 年 10 月 23 日中国共产党第十八届中央委员会第四次全体会议通过)明确提出"加强重点领域立法",并将完善教育法律法规作为加快保障和改善民生、推进社会治理体制创新法律制度建设中的一项重要内容。又如,《国家教育事业发展"十三五"规划》中提出:"坚持依法治教。法治是实现教育现代化的可靠保障。要坚持依法行政、依法办学、依法执教,更加注重运用法治思维和法治方式推动教育改革发展,更加注重教育法律法规体系和执法体制机制建设,更加注重保障广大人民群众受教育权利和广大师生权益,更加注重保障人民群众对教育改革发展的知情权、参与权和监督权,依法推进教育治理能力现代化,为教育发展创造良好的法治环境。"再如,教育部 2016 年 1 月 7 日印发的《依法治教实施纲要(2016 ~ 2020)》要求:"以法治思维和法治方式推进教育综合改革,加快构建政府依法行政、学校依法办学、教师依法执教、社会依法支持和参与教育治理的教育发展新格局,全面推进教育治理体系和治理能力现代化。""坚持教育立法和改革决策相衔接,做到重大改革于法有据,以法律规范引领和推动教育改革、促进和保障教育发展。坚持立、改、废、释并举,及时修订、完善教育法律法规和规章、规范性文件;恪守以人为本、立法为民理念,建立健全公开听证、公众参与、专家顾问咨询、委托第三方起草等制度,形成公开、民主、科学的立法程序和工作机制,着力提高教育法律法规和规章、规范性文件的制定质量。"并提出"到 2020 年,在国家层面,基本形成适应实践需要、内容完备的教育法律、行政法规"。

然而,如前所述,专门规范法学教育改革的依据的是中央决定、国务院及其下属机关的"意见"等规范性文件中,并不属于《立法法》上所指称的"法律、法规"。笔者建议按照党中央的要求,借鉴德国法学教育改革的经验,推进法学教育的法治化进程。将法学教育改革纳入法治化进程,一方面有助于推进我国法学教育改革的科学性。这是因为根据我国《立法法》第 6 条的规定,"立法应当从实际出发,适应经济社会发展和全面深化改革的要求,科学合理地规定公民、法人和其他组织的权利与义务、国家机关的权力与责任。法律规范应当明确、具体,具有针对性和可执行性"。根据这一规定,如果法学教育改革以立法的形式推进应当从我国法学教育实践出发,适应社会主义市场经济和社会发展和

① Thomas Lundmark,"Recent Reforms to German Legal Education",42 *Law Tchr.* 213 2008.

全面深化改革的需要,科学合理地规定法学教育改革中所涉及的学生、教师、法人和其他组织的权利与义务、国家机关的权力与责任。而且,法学教育改革的具体规范应当明确、具体,具有针对性和可执行性。这样,我国当前法学教育改革中出现的法学教育质量下滑、术语含义模糊、执行不力等诸多问题应当会有更有些的应对措施。另一方面有助于推进我国法学教育改革的民主性。根据我国《立法法》第5条的规定,"立法应当体现人民的意志,发扬社会主义民主,坚持立法公开,保障人民通过多种途径参与立法活动"。根据这一规定,法学教育改革应当在广泛征集教师、学生以及其他社会公众的意见基础上推进的,就像物权法、刑事诉讼法、看守所法等法律一样,首先在广泛调研、征求专家意见基础上形成一个法律草案,公开征求社会意见,公开对于社会意见的采纳情况。这样,有助于增进对我国当前法学教育改革中有关法学教育定位、改革目标等基础问题的共识,在一定程度上降低改革推进的难度。

最后应当说明的是,法律人众所周知,法律固然具有权威性、强制性、可预测性等优势,但由于受立法语言、技术等法律本身的问题以及立法者对法学教育客观实际的认知水平等制约,即使实现了法学教育改革的法治化,如果法治水平不理想,法学教育的全部问题的解决也难以一蹴而就,就像德国法学教育改革是依法推进的,但仍然存在诸多问题和争议。但就我国当前法学教育改革现状而言,首要的是实现法学教育的法治化,然后逐步完善有关立法,提升法治化水平。

2. 建设多元化、规范化的校外实践教学制度

校外实践是实践教学的重要组成部分,使学生真实地进入司法实践,有助于弥补学校实践教学的不足。鉴于当前我国校外实践教学实习部门单一、实习规范化要求不高、考核制度流于形式等问题,鉴于借鉴德国做法,实行多部门实习的规范化校外实践制度。具体做法如下:一是要求本科、硕士研究生在参加国家统一司法考试之前或之后从事法前必须有在法院(刑事审判庭和民事审判庭)、检察院、律师事务所、政府机关法务部门等四个单位轮流实习,在每个单位累积实习的时间至少为6个月,由各单位成立实践教学考核小组,由实务人员和教师组成,分别依据实习细目打分,然后计算总分。这样的安排一方面,借鉴了德国实习地点多元化的做法,有助于扩大学生们的实践接触面,拓宽实践视野,积累实践经验。另一方面,德国改革后的校外实习制度在时间安排上有所差异,实际上比德国更加灵活,德国的校外实践教学必须安排在第二次司法考试之前,这样使教学过于拖延,我们将实践教学的时间限制是在法律执业之前,而且本科、硕士阶段的实习可以累计计算,不会使将实习时间集中在司法考试之前过于紧张,也不会因此而延长学制,给学生、教师和学校增加负担。

3. 进一步增强法律职业资格考试对法学教育实践性的考查

法律职业所涉及的询问、辩论、分析、调解、斡旋等职业技能无一能够离开法律语言的运用。法学教授蒂尔斯玛(Pter M. Tiersma)在《法律语言》一书中发出这样的感慨:"没有多少职业像法律那样离不开语言",认为"法律就是言语的法律""道德和习俗也许

是包含在人的行为中的,但是法律却是通过语言产生的。”在法律语言中口语是情感沟通、信息传递最快捷的方式,口头语言表达能力,即口才是法律职业最基础的能力。然而,我国以往的律师资格考试、国家司法考试以及当前的法律职业资格考试中均不涉及口试。建议借鉴德国做法,在法律职业资格考试中增加口试内容,考查考生的口头分析、辩论等表达能力。口试考官由法官、检察官、律师、政府法务部门人员组成。

4. 增强对法律外语的教学和考核

法律外语作为一种专业外语,是在法律职业过程中进行国际化交流的重要工具,如果不懂法律外语,仅能用中文阅读、交流国际法律规范,不但不能全面、准确掌握国际法律知识,在与当事人、客户交流方面也存在障碍,显然距离法学教育的国际化要求是有差距的。然而如前所述,在我国,法律外语尚未被列为必修科目,法律职业资格考试中也不考察法律外语。据笔者所知,仅是中国政法大学、西南政法大学等国内有限的几所政法院校在博士入学考试中涉及法律外语,比例也仅占10%左右。笔者建议借鉴德国做法,将法律外语列为必修课,由民商法、民事诉讼法、刑法、刑事诉讼法等各专业老师分别任教,并在法律职业资格考试中增加法律外语的考试内容。

(二)中国对德国的启示

1. 法学本科教育的设置与创新

虽然按照博洛尼亚进程的要求,德国法学教育应当设置本科学位,但至今德国的多数高校未能成行。这使许多平均学习了9.7个学期(不包括考试期6个月)但只通过第一次司法考试而通不过第二次司法考试的学生(两次司法考试的补考机会都只有一次),拿不到任何学位,再也无缘从事法律职业,这个比例在德国20年来一直保持不变,即30%。[①] 这种状况给学生带来了巨大压力,导致了学校资源的浪费,甚至由于拿不到学位,也使学生无法在其他国家继续深造。

德国第一次司法考试前学生们学习的是基础理论知识,这与中国法学本科的设置要求大致相当,鉴于此,建议德国法学教育借鉴中国本科教育中普遍设立学士学位。在中国,“高等学校本科毕业生成绩优良,达到下述学术水平者,授予学士学位:(1)较好地掌握本门学科的基础理论、专门知识和基本技能;(2)具有从事科学研究工作或担负专门技术工作的初步能力”。[②] 虽然在中国,主张效法美国做法,有关法学本科教育存废的争论

---

① Ulrike Schultz, Legal Education in Germany-an Ever(Never?) Ending Story of Resistance to Change, Higher Legal Culture and Postgraduate Legal Education in Europa. Neapel, Rom: Edizioni Scientifiche Italiane, 2008, S. 125 - 149.

② 参见我国《学位条例》(2004年)第4条。

曾一度兴起,[①]但最终根据本科教育在通识教育、大众教育等方面独立于硕士教育的价值而得以保留、发展。在德国设置了学士学位之后,建议其对本科学生在基础知识教育的同时,也应当安排一定的实践教学。这样,一方面使本科生可以接触司法实践,另一方面也可以缓解本科后阶段实习时间过长的问题。通过第一次司法考试之后拿到学士学位但未通过第二次司法考试的学生,仍然可以从事低水平的法律服务工作或者继续到欧洲其他国家深造。

2. 硕士层次的分类培养

在德国,针对本土学生的德语法学教育的硕士学位项目并不像中国这样根据培养目标区分法学硕士(学术型硕士)学位和法律硕士(专业硕士)学位。如前所述,德国的法学硕士学位主要分为传统类型和L. L. M 学位,前者学制6年,还需要通过国家司法考试;后者也在我国也被译为"法律硕士",其面向外国的本科毕业的法学或非法学学生,学制一年,外国学生多选择这一项目。正是前一种类型目前正被进行"律师职业导向"的偏向实践性的改革,因此难以兼顾学术和理论教育。建议参照中国的硕士学位设置,分别设置学术型和专业型两种硕士类型,分别以理论导向和实践导向对学生进行培养,从而以此尝试解决法学教育中理论和实践冲突的难题。中国的法学硕士(Master of Laws)的培养目标是以教学、学术为指向,对法学学科门类下的各专业的研究更为精深。[②] 中国的法律硕士(Juris Master,JM)是我国自1996年试办法律硕士按照国务院学位委员会第十四次会议审议通过的《专业学位设置审批暂行办法》规定设置。法律硕士专业学位教育的培养目标,是为法律职业部门培养高层次的复合型、实务型法律人才。要求掌握法学基本原理,掌握从事法律职业所要求的法律知识、法律术语、思维习惯、法律方法和职业技术;能综合运用法律和其他专业知识,具有独立从事法律职业实务工作的能力,达到有关部门相应的任职要求;较熟练地掌握一门外语,能阅读专业外语资料。[③] 可见,两种硕士学位的区别在于,法学硕士的培养目标是以教学、学术、实务多方面为指向,而法律硕士则是以致用、实务为指向。当然,中国的硕士研究生的培养也处于改革中,也还存在问题。但在早在11年前,即从2006年开始,中国的法律硕士教育结束了长达14年试点,正式确立为法学教育的主流模式之一,已经被证明是职业教育的有效方法,所以中国这种双轨制的硕士研究生培养模式值得推广。

---

① 主张废除法学本科教育的学者,有厦门大学校长朱崇实教授、北京大学法学院贺卫方教授等。参见贺卫方:《本科宜废法硕当立——谈法律教育向JM教育转向的必要与可能》,载法律博客网:www. fyfz. cn,最后访问日期:2018年7月22日。反对取消法学本科的学者,有教育部法学学科教学指导委员会主任委员张文显教授、中国政法大学校长徐显明教授等。参见张文显:《相当长时期内法学本科教育不会取消》,载《法制日报》2007年8月7日。

② 梁慧星:《中国法学教育与人才培养》,载中国法学网:http://www. iolaw. org. cn/showarticle. asp? id = 2402.,最后访问日期:2018年6月21日。

③ 参见《法律硕士专业学位研究生指导性培养方案》(学位办〔2006〕39号附件一)。

3. 加强师资的实践性培养

在德国，传统上大学教师只能做兼职法官，而不能兼职从事检察官、律师等实务工作，这可能是为了保证大学教师拥有充足的教学科研时间。但做兼职法官的机会并不多，因而德国师资缺乏实践经验的现状阻碍了实践教学的效果。在中国，自20世纪以来，教师做兼职律师、到实务部门挂职等已经成为普遍现象，而且曾一度法学院也可以设律师事务所。而我国近年来更是设置了"双千计划"，选派1000名高校法学骨干教师到实务部门挂职1～2年，参与法律实务工作。这使中国有充足的具有实践经验的师资。由于"实践教学"在本质上还是教学，因而应当主要依靠具有实践经验的大学教师，而非没有教学经验的法官、检察官、律师，所以从长远来看，还是应当使大学教师具有实践经验。在我国，可以借鉴德国的做法，至少可以准许非教授的中青年教师从事一定的法律服务工作，以提升校内实践课程的质量。由于从事法律服务工作可以增加收入，缓解中青年教师的经济压力，这会是一项颇受欢迎的改革措施。

信 息 动 态

教育部高校法学类专业教学指导委员会、中国法学会法学教育研究会2017年年会暨"中国特色法学学科体系建设"论坛

2017年11月24日到26日，教育部高校法学类专业教学指导委员会、中国法学会法学教育研究会2017年年会暨"中国特色法学学科体系建设"论坛在广州顺利召开，共有500多名来自全国各法学院校的领导和专家参加了会议。此次会议由教育部高校法学类专业教学指导委员会、中国法学会法学教育研究会主办，暨南大学法学院、知识产权学院承办。年会和论坛就如何贯彻落实十九大精神，全面推进"双一流"法学学科建设，建设中国特色法学学科体系等议题展开了广泛和深入的研讨。

开幕式

论坛开幕式由中国法学会法学教育研究会常务副会长、中国人民大学法学院教授韩大元主持，暨南大学校长胡军，广东省法学会专职副会长兼秘书长姜滨，中国法学会党组成员、中国法学会法学教育研究会会长张文显分别在开幕式上作嘉宾致辞。

胡军校长在讲话中首先代表暨南大学法学院、知识产权学院全体师生对各位法学专家和领导齐聚暨南园表示欢迎和感谢，随后回顾了暨南大学和法学院的发展历程以及取得的辉煌成就，并对暨南法学未来的发展寄予期许，希望暨南法学能够深入贯彻习近平总书记在十九大的讲话精神，推动法学学科进一步繁荣发展。

姜滨副会长首先肯定了暨南法学的办学成果，并对暨南大学等各高校对法学会工作的支持表示感谢。接着姜滨副会长从"法治怎么讲政治""法治怎样现代化""如何实现法治"等三个方面谈了个人对法学教育的期待，希望在今后的法治建设发展中，能够把党的宗旨和重要政策、重要承诺法律化，践行以人民为中心的发展理念，将国际国内最前沿法律成果中国化、本地化，推动法治与社会生活方方面面相融合，构建法治国家、法治社会的美好蓝图。

张文显会长在致辞中汇报了法学教育研究会过去1年来的工作，围绕着党的十九大精神，认真研究并指导着法学教育发展，深入开展法学学术活动，积极推动中国特色世界一流法学学科建设的工作。随后张文显会长提出了法学会法学教育研究会未来1年的工作安排，重要举措是认真学习、研究、宣传、贯彻落实党的十九大精神，深入学习习近平总书记关于法学学科教育学科建设人才培养的一系列重要讲话，以习近平中国特色社会主义新时代思想为指导推进法学教育理论创新，进一步加强法学教育领域核心制度的建

设,提升中国法学教育的话语权、影响力和感召力。

主旨演讲:如何贯彻落实党的十九大习近平总书记的讲话精神并全面推进“双一流”法学学科建设

中国社会科学院大学常务副书记、副校长王新清教授、西北政法大学校长杨宗科教授、中国政法大学副校长李树忠教授、清华大学法学院院长申卫星教授、中国人民大学法学院院长王轶教授作主旨演讲。

王新清认为,目前我国社会主要矛盾的变化表现在人民群众的需求大大超出了社会物质文明的发展,而物质文明发展的不平衡及不充分,也体现在国家法治建设的方方面面。要正确推进我国法治建设,需要以“习近平新时代中国特色社会主义思想”为指导思想,找到制约当前法治发展的主要矛盾,明确新时代法学教育人才培养的目标,同时要坚持文化自信,解决法学理论和实践相脱节的问题,加大对中国法治实践的理论概括和总结。

杨宗科主要围绕党的十九大精神谈了自己对当前法治建设中法学教育发展不平衡、不充分问题的看法。他提出,法学教育不充分、不平衡是当今法治建设中的重大矛盾之一,特别是法学人才培养资源配置和区域布局不平衡问题更加突出。他呼吁,法学教育应该为满足西北地区人民对高层次法学人才的培养需求作出贡献。

李树忠首先介绍了教育部高校法学类专业教学指导委员会的工作情况,包括积极贯彻落实十九大精神,按照教育部部署,制作法学类专业教材教学标准,并以党的十八届四中全会精神为指导起草了法学类专业教学指导意见,同时指出,教学指导委员会也正着力于促进法学类专业核心课程改革,促使课程体系更加开放和包容,以实现当代法学教育的使命和任务。

申卫星认为,推进世界一流学科建设,不仅应该大力推进新颖的实践型法学教育方式,注重实证分析,而且应该加强中国特色社会主义法律体系的研究,重视法治精神和法治理念培养。同时也要打破传统法学和新兴学科的束缚,使其能够交叉融合。

王轶认为,教育的目标是提升受教育者的人生境界,不仅增长知识还能滋养人性。对于如何建设“双一流”法学学科,他认为核心是要打造一流的人才培养模式和课堂体系,要立足中国的实际,顺应时代潮流,以满足国家需要。

第一分论坛:法学学科体系的基本要素

该分论坛第一单元由西北政法大学副校长王健和中国政法大学证据科学研究院名誉院长张保生主持,中国政法大学法学教育研究与评估中心副主任刘坤轮、辽宁大学法学院院长杨松、天津大学法学院院长孙佑海、大连海事大学法学院院长初北平、西安财经学院法学院副院长崔艺红和西安理工大学人文学院王宇红教授先后发言。

主题发言:

刘坤轮认为,法学学科的要素包括学科带头人、学科的保证、可持续及可执行的发展规划、足够的资金保障、先进的设备以及高端法治人才的培养机制。要建立中国特色法律教育,应推进四项改革,即法学学制改革、法学专业核心课程改革、法学实践教学改革以及法学学位授予机制的改革。

杨松认为,创新法学学科体系要考虑其内涵、特征、结构形态,特别是要把握法学学科体系的规律。构建创新法学学科体系包括四个要素,分别是法学学科基本划分,如公法、私法的划分;系统化的分级,即法学的不同门类;法学学科中贯通一致的思想和理念,这也是最基础的要素;方法与技能,即法律规则。法学学科体系创新,应与时俱进,从学科的内在根本性出发考虑问题。

孙佑海指出,目前我国法学学科建设中主要存在两个问题:一是基本要素问题,有的过于看重社会实践,有的过于着重教材体系;二是学科设计的科学性问题,很多交叉学科、经验学科、实践性强的学科没有得到很好的发展。解决上述问题的指导思想,一是把目的与需求相结合,二是习近平总书记在中国政法大学的讲话和十九大精神。加强法学学科建设要大力推动新型学科和交叉学科的发展,着力推动传统学科的升级与改变,还要重视对党内法规的研究和在法律实践中的作用。

初北平指出,法学学科体系建设,仅仅靠发展单一的法学学科是不够的,需要法学类和其他学科的相互交叉。应加强对如何建设交叉学科,交叉学科的定义、标准、划分的依据等问题的研究。他还结合相关海洋法律学科的实例,发表了自己的看法。他认为现在已经是新型学科和交叉学科建设的最好时机。

崔艺红认为,应当从宏观、纵观及微观层面三个层面来考察法学学科体系的基本要素,法学学科体系建设要对课程体系完善问题,特别是新型学科、交叉学科如何与传统学科优势互补,以及师资队伍建设、教材体系建设、科学研究等问题进行思考,然后以新兴学科和交叉教科为突破口,从科学研究和人才培养等微观要素入手,以全面提升法律学科体系。

王宇红针对创新创业人才培养提出了两个问题,一是创新创业人才培养和教育体系构建中对知识产权通识教育的忽视,二是高校知识产权教育对创新创业人才培养目标的回应部分不到位。她对知识产权通识教育中存在的问题进行了分析,提出应构建知识产权通识课程和个性化课程相结合的课程体系,并采用多样化、现代化的教育方法和手段。

自由讨论:

自由讨论阶段,来自青海师范大学的王作全教授、甘肃政法学院的黄荣昌教授、华东交通大学梁成意老师以及广东外语外贸大学法学院的王荣珍老师、河北经贸大学的田宝会老师分别就以下问题发表了自己的观点:法学学科体系基本要素细化问题;法学教育的平衡与协调问题,尤其是西部法律教育问题;双语法律人才的培养问题;法学学科体系的中国特色问题;法学教育与职业化训练相结合问题;如何因材施教,提升学生独立思考能力等问题。

最后王健总结了本单元的讨论情况,认为应该对法律学科分类及课程设置问题进行更深入的思考和讨论。之后,张保生宣布第一分论坛第一单元结束。

第一分论坛第二单元由安徽大学副校长程雁雷和郑州大学法学院院长曲连营主持，武汉大学法学院院长冯果、浙江大学光华法学院常务副院长周江洪、安徽师范大学法学院院长彭凤莲、河南大学法学院党委书记娄丙录和内蒙古大学法学院院长丁文英等先后发言。

主题发言：

冯果认为，法学学科体系的划分是人才培养和学术研究的基础，法学学科体系最重要的要素是其体系化，没有体系化就不能称为体系。法学学科体系的体系化应当是将其逻辑性、规律性及动态性结合在一起。

周江洪提出，对于学科体系的构建，首先需要了解其基本要素是什么，一个学科体系应该能够构成一个相对独立的体系，但不能是完全封闭的体系，涉及与其他学科沟通和融合问题。法学学科必须是有方法论支撑的学科。学科体系的建设，要求人才培养的提升。学科的体系构建不能一步到位，需要逐步探索。

彭凤莲首先指出法学教育中存在重视部门法教学，忽视马克思主义思想的倾向，继而提出要加强马克思主义思想法学的教育。她还阐述了习近平总书记“德法兼修”思想；主张法学学科体系建设中要打破高校与实习单位、社会之间的体制壁垒。

娄丙录提出目前法学人才培养专业过于单一、范围过于狭窄，存在着刑法专业学生不懂民法的情况，法科学生除要学法律以外，还要加强人文素养，应该重视人类学等其他社会科学和人文学科的学习。他还强调应该加强法律道德教育。

丁文英认为有两点可以支撑法学学科体系：一是平台，二是人才培养。西部少数民族地区法学人才培养需要国家特别是中国法学会法学教育研究会给予更多的支持。对于案例分析课程，她认为可以打破实体法和程序法的边界，在课程体系中应该被重视。她还表达了法律职业伦理教育不能过分倚重学校教育的观点。

自由讨论：

天津师范大学法学院的郝磊教授提出，建设一个新的法学学科体系，不能打破原有的基本体系构造。在培养学生的过程中必须要注重学科的交叉性和融合性，而融合既包括知识的融合、方法的融合、制度的融合，以及思维的综合性。

常州大学史良法学院党委书记王永利教授提出，学科体系的构建要建立一个平台，没有平台的支撑是无法实现的。学科的体系建设要结合地方的发展需求以及本校的发展优势，缓慢发展。

第一分论坛第三单元由华东政法大学副校长唐波主持，重庆大学法学院院长黄锡生、贵州大学法学院院长冷传莉、辽宁大学法学院副院长闫海、暨南大学法学院/知识产权学院副院长徐瑄、青海民族大学法学院教授才让塔、广州大学法学院院长张泽涛先后发言。

主题发言：

黄锡生认为，中国法学教育不是太多了，而是太少了，县乡法律人才奇缺，法治教育、规则意识应该从小学甚至从幼儿园开始培养，大学道德教育应该结合法律教育。应重视法学院师资基本标配设置，博士点需要多少老师，硕士点应该多少老师，开一个本科多少老师。否则十几个人开一个硕士点基本运转不过来，不能支撑学科发展。

冷传莉认为，目前针对学科体系构成的标准及要素缺乏一个清晰而统一的认识，学科体系不是学术体系，也不是学科建设，学科是学科体系的基本构成要素。她对中国法学体系的建设，提出了三点看法：第一，中国法学体系建设应该更加关注中国问题和中国元素；第二，应该针对我国现有法学创新不足、课程体系不完善等问题进行相应的变革；第三，法学学科体系的建设要从学术创新、课程完善以及教材完善等方面寻找突破点。

闫海认为，学科体系实际上是某一个时点基于人的主观意识而构建的知识体系，因此具有主观性。允许多样化学科存在进行资源整合。在宏观模式上，应该采取多样化学科体系，打破学科之间的壁垒关系，允许多样化学科的资源整合；在微观模式上，各高校的法学院应根据实际需要考虑在二级学科建设中单设一个法学新型交叉学科的可能性，给予其自我成长、自我淘汰的发展环境。

徐瑄提到，法学学科是实践哲学下的一个分支，学科的设计中需要体现实践智慧、经验、积累。科学的要素、技术的要素以及人文科学的知识积累都可以作为法学学科构建的要素。法学教育应该培养具有最优化、单个个体知识系统的人，一定有个人偏好，有人偏好想，有人偏好做。在法学知识门类里面，如果我们把这些相应背景知识系统建构纳入学科体系中，就可以鼓励每一个学生在他进入法学领域时能有意识地建构个性化知识系统。

才让塔赞成法学人才培养应该多元化、多层次，法学院教育要关注国家相关法律政策。他还通过藏区的实际情况，提出民族地区法律人才培养对于地区的稳定发展、国家的安全与稳定发展具有很高的重要性。

张泽涛主要就人才培养的多元化、法学学科体系建设与政治的一致性，以及学术研究和人才培养的跨学科结合等问题发表了看法。

自由讨论：

江南大学的曾祥华老师提出了法学大类招生的问题，入学时学生不具体分专业，第二年才开始选择专业，引起现场老师们的热烈讨论。

华东政法大学的汪靠斌老师就该校推行书院制的情况作了介绍，提出通识课程和法学类课程的分配和跨校修读学分的问题。

清华大学的邓海峰老师介绍了清华在大法学招生平台构建时，为贯彻通识教育导向，调整了学制，压缩了总学分，让学生有更多自由学习时间，还调整了课程考核比例：课内教师讲授课程只占最后考核2/3，另外1/3交给学生；课外教学实践可以用来解决另一部分学分的问题。

第二分论坛：法学建设与人才培养

第一单元由清华大学法学院教授王晨光主持，暨南大学法学院/知识产权学院朱义坤院长、吉林大学法学院院长蔡立东、广东财经大学法学院院长邓世豹、四川大学法学院副院长李平、长沙学院法学院教授张辉、南京航空航天大学人文社科学院副院长李栗燕先后发言。

王晨光首先引出了本次会议议题“法学教材建设与人才培养”的讨论方向:教材到底应该怎样去建设?人才怎样去培养?我们应该怎样去改革?

主题发言:

朱义坤根据自己编写教材和参加教学评估的经验,认为在当下的法学教学实践中,无论是教材还是课堂,都没有很好地贯彻以学生为中心的教育宗旨。法学人才培养应该以学生为中心,实行问题导向,引导学生思考问题和解决问题。体现在教材编写方面,也应该适应新时代,在新条件下编写以学生为中心的教材,实现教材的更新换代;他还提出应该因应人工智能等新技术的发展,像智慧法院一样,以后可以不再使用纸质教材,而真正实现学生与教材之间的立体化交流。

蔡立东提出作为教材背景的法学人才培养面临三个挑战:第一个挑战是诸如司考培训机构给法学教育培养带来的挑战;第二个挑战是信息技术的挑战,如线上课程、搜索引擎都对法学教育带来了挑战,学生很多不懂就找百度;第三个挑战来自终身教育时代的到来,知识更新的速度急速加快,在这样的时代下,老师向学生学的东西并不比学生向老师学的东西少。面对这些挑战,教材应该培养学生“以不变应万变”的能力,一本好的教材要从问题、思想、路径、整体环境及意识五个角度向学生展示法律的问题,一定要展示法律知识的过程和知识生产的过程。

邓世豹认为法学教育中比较欠缺对立法人才的培养,立法人才有不同于一般法律人才的特征,不仅要有缜密的思维,还要具备很强的调研能力和协调能力,立法是技术性的活动,需要专门的立法人才。另外,立法需要缜密的思维,较强的调研能力和科研能力,应当加强立法人才的培养。

李平认为,法学本科教材编写要与人才培养的定位相联系,教材的规划从整体上要有一个设计,每一门课的教材应该要有一个教材大纲来进行统筹;教材编写要注意多元化和统一性的问题,不同的教材应该有自己的特点,但传统知识、基本原理、基本概念等对思维培养有益的东西应当保留。

张辉从教材类型、内容和性质三个角度分析了如何将法律解释学、法制史学和法哲学有机融合在一起的看法,展示了高等教育基本教材编写和思考的过程。

李栗燕根据所在学校的教学实践需求,谈了对双语教材编写过程中的中国法本位以及双语教材的国际化两者之间的结合问题、理论性和实践性的运用、英语专业性和法律术语的专业性孰重孰轻三个问题的体会和看法。

自由讨论:

来自中国人民大学出版社的人士介绍了该出版社在教材在立体开发方面所做的系列工作。

暨南大学硕士生提问:立法人才在现有的培养体系当中的切入点是什么,通过什么样的途径来培养立法人才？

邓世豹认为针对现有法律人才的培养，应该以法律为中心，法案为切入点。

第二单元由厦门大学法学院院长宋方青主持，宁波大学法学院院长张炳生、西北大学法学院院长刘丹冰、哈尔滨商业大学法学院院长石晶玉先后发言。

主题发言：

张炳生认为，中国法学人才培养的出口具多样性，无法设定统一标准。教材编写上不能仅仅立足于培养律师、法官、检察官，而应面向和符合更多可能的出口。另外，他还强调教材的前沿性，一成不变的教材是不可接受的。

刘丹冰认为教材编写时应该体现"高校培养的是中国特色社会主义的建设者与接班人，而不是旁观者和反动派"这一思想；教材编者一定要控制自己说话的欲望，个人对于学术问题的探讨不适于在教材中大量出现，简明教材往往更受读者喜爱。

石晶玉认为，并非每个学校都要编写自己的教材，应该选用公认的优质教材。老师在人才培养中应发挥主导作用，教材不能代替老师传播基本知识，不要把希望完全寄托在教材上，而应根据实践经验对教材进行补位，讲义就是一种很好的对教材的补充。但教学评估中，教材编写是一个指标，这会造成困惑。

自由讨论：

青海师范大学王作全教授主要结合自己的实践经验提出了几点意见：第一，教材首先要注意它的准确性、全面性和系统性；第二，教材的编写要注重把解释学的原则融合进去；第三，要注重教材使用的方便性。

西安财经学院崔艺红主张教材编写一定要关注中国法治实践和中国法律职业的客观需求，实务性较强的教材一定要吸纳法律实务人才的意见，理论性较强的教材一定要在法律职业者中征求他们的意见。

第三单元由西安交通大学法学院院长单文华主持，西北大学法学院院长助理代水平、中南财经政法大学徐汉明主任、南开大学法学院教授左海聪、南京大学法学院教授李友根、哈尔滨工业大学法学院院长赵宏瑞、南昌大学法学院院长杨峰先后发言。

主题发言：

代水平主要围绕"习近平法学教育观理论内涵和指导意义"作了发言，他提到习近平总书记倡导的法学教育的根本目标是"立德树人，德法兼修"，而实现这一目标就要明确社会、学校、教师、学生的角色定位，做好学科、教材、教师、教学、就业等五项工作。

徐汉明认为，法学教材应该具有法治文化的凝练作用、法学学科体系的支撑作用、法治人才的滋养作用的价值功能和法治话语的主流表达作用。他从法学教材体系建设的定位及其发展机遇、法学教材建设与人才培养面临的诸多挑战、法学教材建设与人才培养的基本思路几个方面阐述了法律教材建设、法律人才培养方面面临的问题，并提出了应该把法学作为国学发展的理念和贯彻法学优先发展理念的建议。

左海聪发言分享了他在国际经济法教材编写过程中的经验和思考，他认为好的教材首先应该对基本原理和基本知识进行很好的概括,其次要清晰阐述基本的法律规范,最后还要反映最新的学术研究的成果。同时,判例的应用也是完善国际法教材的重要一环。

李友根反思了当前模拟法庭教学的缺陷,他提出今后可以增加学生模拟上诉法庭审案的情况,也可以模拟国外法庭庭审程序,可以请真正的法官、律师参加模拟法庭过程,使学生感受到真正法庭的气氛。他还提出,开办模拟法庭的目标,并不是为了培养所有毕业生将来都是当法官或者律师,而是他具有了这种能力,以至于各个法律岗位都能够适应。

赵宏瑞提到中国法学教育存在以下不足:课程体系不够完善,未全面体现中国的240部法律;法学部门法教育存在重形式轻实效的不足,公路法、电力法等高价值法律不教。他还建议各高校可自主选择法学教材,不必局限于红皮书。

杨峰则以该院互联网数字化教材实践为例,就在新时期"互联网+教学"普遍运用背景下法学教育如何发展、是否应创设以及如何创设数字化和智能化教材发表了看法。数字化教材最初和最大的特点是直观性,具有良好的情景展示功能,赋予新的教学的直观能力。这种互动性促使学生根据学习内容反复与同学和教师进行交流,加深并拓展知识。

自由讨论:

与会者就李友根教授关于模拟法庭的发言,对模拟法庭的作用、设置、法律文书写作等问题进行了进一步探讨。

第三分论坛:行业需求、职业资格和法学教育

第一单元由西南政法大学教授孙长永、汕头大学法学院院长怀效峰主持,司法部司法考试司副巡视员王红、湖南科技大学法学与公共管理学院院长徐德刚、广东财经大学法学院老师戴激涛、苏州大学王健法学院院长胡玉鸿、中央财经大学法学院院长尹飞、中国政法大学研究生院副院长袁钢、湖南商学院法学院党总支书记刘期湘先后发言。

主题发言:

王红发言的题目是"行业需求、职业资格和法学教育",首先介绍了从教育部了解到的相关情况和法律职业、行业目前的队伍建设状况;然后通过分析近年来法学教育和司法考试的相关统计数据,表达了对法学专业扩招的忧虑;最后提出职业资格考试目前没有定论的内容,引出法律职业考试同司法考试衔接的问题。

徐德刚提出了一些地方普通高校所面临的共同困境:一是队伍建设难,二是平台搭建难,三是条件保障难,四是质量参差不齐,五是学生就业难。并提出通过产业调整、政策调整及学科整合来解决困境。

戴激涛基于500多份法律工作者的问卷分析,主张法学教育应当多元化,在保障社会责任的前提下,应当保障不同地域、不同类型的院校培养法制人才,精英法学院有自己的方式,地方法学院也要找到自己的方式。

胡玉鸿提出了三点困惑:一是如何认识和界定法科学生人文素质的标准;二是如何认定法学教育应有的范围;三是如何认识现代科技在法学教育中的作用。他认为不能在科技的发展中迷失法学教育的方向。

尹飞认为行业需求不必过度悲观,法律职业需求可以用法律手段解决,从最狭义的角度去思考法律职业,我们可以通过制度的改革,将法务人员纳入体制内,法学专业人才将有很大的用武之地。

袁钢认为应该允许高年级本科生、法律硕士可以参加法律职业考试,应改革法律职业资格考试内容,重点考察考试结合实践水平,多考综合题,并推动法律职业资格考试内容与法律硕士的知识体系的衔接。

刘期湘认为,法学不仅要培养法律专业人才,也应培养学生从内心尊重并能够信仰法律,必须建立廉政法学教育体系,注重应用型人才培养。

自由讨论:

宁波大学教授董茂云从历史发展角度论述了统一司法考试的合理性,并对参加法律职业考试的资格表达了看法。

江西财经大学法学院院长杨德敏认为现在的学生的案例分析能力比较弱,对理论和法条的学习比较多,在分析案件过程中把握案件事实能力还有所欠缺。

第二单元由山东政法学院副校长刘炳君、复旦大学法学院教授孙笑侠主持。山东大学法学院院长沈伟、福州大学法学院院长黄辉、西南政法大学研究生院院长李燕、河北大学政法学院院长孟庆瑜、延安大学政法学院副院长刘向林先后发言。

主题发言:

沈伟认为当今法学院的发展和法学生的就业有司法考试导向、科研方向导向、市场方向导向及国际化导向。

黄辉围绕法学需求与行业教育的问题,反映不管是案例教学还是诊所教学,最大的问题是不能给学生完整的框架体系。

李燕以新时代背景下法学教育与法律职业资格衔接思考为主题,分析了现今教育背景下要解决当前就业困难问题,实现人才培养与人才需求相适应的蓝图,核心是构建统一的法律职业人员职前培训制度。

孟庆瑜认为,法学专业就业形势不必过于悲观,各个国家治理层面对于法律人才的需求都是客观存在的,必须以法律职业为导向,与职业资格考试有紧密联系,国家应当设计和引导实务部门参与。

刘向林提出了自己的见解:一是我们的法学教育还不能真正满足行业需求;二是我们的法学教育不能满足国家治理体系现代化要求,法学教育应当在学位体系上进行改革;三是确立我们法学教育的培养目标,注重学生信仰与法律思维的培养。

自由讨论:

哈尔滨师范大学法学院毕业生苏航就应解决知识产权人才缺口这一问题向在场法

学教育领导和教授提出了自己的疑虑。

哈尔滨师范大学法学院副院长隋晶秋在现在进入法检要考公务员和司法考试,而且员额制也有所限制的基础上,希望法科学学生能转换思路到别的地方实习,拓宽就业途径。

西南政法大学法学院教授孙长永认为,就国家治理需要来说,对策大部分是技术性的,宏观的思考还不够,而且本、硕、博三个阶段的教育存在很大问题。

中央司法警官学院教授贡太雷认为法学教育的重点在于培养一种意识,不应把法学教育工具化。

第三单元由中国地方志指导小组秘书长、办公室党组书记冀祥德主持,中山大学法学院院长黄瑶、中国政法大学法学院副院长许身健、中央司法警官学院教授翟中东、海南省人民检察院研究室主任刘建、暨南大学法学院/知识产权学院副院长郭宗杰先后发言。

主题发言:

黄瑶首先通过对法学人才培养规模增长过快以及培养过程中同质化现象进行论证,指出法律服务存在供给结构性过剩的问题。其次,法律人才培养的供给侧改革应当适度控制供给规模,设定市场准入的标准,适当调整供给方向,有效提高供给质量。她还介绍了中山大学诊所教育的经验。

许身健通过对法学人才培养的反思,指出当前法学教育中存在教学目标不清晰、课程设置不合理、法学教育和职业教育衔接不顺畅等突出问题。他认为不仅应当重视理论教育,更要通过模拟课程、诊所教育增强学生的实务能力,加强法学人才的职业伦理教育,接近国际化培养目标。

翟中东提出监狱警察的培养应着重于法学教育和工作经验两方面,但近年来却陷入知识生产和更新速度缓慢、课程内容被实务左右等经验主义的困境。法学教育和实务需求不匹配的主要原因在于普通高等教育含金量不足,是由培养体制"一步走"所造成的,解决的方式在于建立法学、社会学、心理学等有机统一的交叉学科基础,重视加强职业技能的教育。

冀祥德指出法学教育的根本问题在于供给和法律实务需求之间的矛盾。他认为,诊所法律教育和卓越法律人才培养的计划和目标也具有契合性,在法学教育改革中,全面推行中国特色诊所法律教育的时机和条件已经成熟,法学教育改革的顶层设计应当把诊所法律教育纳入改革的核心体系。

刘建梳理了金融刑法学过去近40年在中国的发展历程,他肯定了金融刑法学的学术价值,认为它应该是一门独立的法学交叉学科,但也面临一些发展困境。

郭宗杰通过介绍暨南大学在20世纪三四十年代的课程体系设置,反思了当下法律课程设置中不合理的地方,提出了法学教育的内容与定位问题。在当时的暨大法科,40%的课程是英文授课,而且法科学生要学习心理学、社会学,甚至生物学课程,值得借鉴。他提出,应当寻求法学教育的应用性与理论教学之间的平衡;定位上,应允许不同的学校在教育体系、教学体制上存在差距。随着法学教育从普及化到职业化再到精英化的发展，法律行业的门槛也在不断提高，给法律教育带来了更多的挑战与思考。

自由讨论：

青海师范大学马旭东主要围绕民族语言法律人才的培养和教育这一主题，结合课程设置、实践课程的安排、民族语言的教育等方面发表了自己的看法。

安徽大学法学院副院长李胜利等与会其他学者还就卓越法律人才的培养标准、实践教学的资源及可行性问题，以及行业需求是否应该影响本科法学教育的培养目标等问题发表了看法。

第四分论坛：诊所法律教育与实践教学体系的完善

第一阶段由诊所法律教育专业委员会许身健副主任主持，张文显会长在致辞中指出，法学是一门实践性很强的学科，要使法学教育贴近实践，就要通过诊所法律教育培养学生的实践意识与能力。他强调下一步应把法律诊所上升到实践科学的高度，使诊所法律教育在理论上、方法上有新作为。

诊所法律教育专业委员会龙翼飞主任作诊所教育专业委员会的工作年度报告。其内容主要包括：第一，本届专业委员会在任职期间内定的发展目标——“入主流、高标准、国际性、有特色”已经实现。第二，目前的诊所教育培育了很有特色的项目——公益法律志愿者服务项目。第三，诊所教育还在探索新的方向，积极开展同教育机构、基层法律援助机构、社会组织、非政府组织之间的合作。第四，诊所法律教育业委员会编辑并出版了相关的科研刊物，给开设诊所法律的院校提供了丰富的文献智库资源。第五，诊所教育网站维护和建设得到了一定的提高，在网络时代诊所教育通过网络的方式向院校传播，和海外的教育机构进行交流。第六，诊所法律教育专业委员会按照计划每年进行教师技能培训，总结经验，分享创新性的教学成果。第七，在每个年度针对工作需要，召开常务年会会议，调整工作计划，同时大力寻求社会资源支持相关工作。第八，法律教育专业委员会的工作中存在一些问题：一是相当多的学校根本没有开展诊所法律教育，这些学校对诊所法律教育缺乏应有的认知；二是从事法律教育的师资队伍的能力还有待加强，反映了教育资源的匮乏。

中国法学会法学教育研究会常务副会长韩大元教授指出，未来法学教育改革的关键在于诊所教育如何适应全球化、信息化的环境，从而承担引领、探索未来法学教育的使命。它应当展现特色与价值，为新时代法学教育提供更新鲜的经验和理念。

龙翼飞主任宣读专业委员会新的议事规则和换届方法，提倡设立常务委员会作为日常工作管理机构，并且在其下设秘书处具体处理相关活动，并借此推动各院系搭建平台整合资源，实现理论与实践的无缝对接。

论坛第二阶段由诊所法律教育专业委员会常委杨晓雷主持，西南民族大学的侯斌老师以新时代中国特色社会主义建设对法治人才培养提出新要求为背景，提出“法律应用全过程”实践教学体系探索与建构的观点，围绕法律实践能力综合培养，从目标、课程、资源、管理和评价等方面,搭建科学性的实践教学系统,推进法学实践教学升级提质。暨南大学杨春华教授提出,法律知识授课模式为主的现实教育环境中,必须开设法学理论教学与实践结合的法学实验性教学课程,形成一个从理论到实践的闭合式知识体系,以实现知识传授与技能练习的和谐统一。中国政法大学刘瑛教授从法律诊所教学基本问题研究入手,对知识产权法律诊所的创新意义、运行特点、课程教育和基地实践等进行深入探讨,对知识产权法律诊所的管理和评价体系提出了可行性建议。江苏警官学院的刘莉老师则在遵循主客观相结合、规范性、可行性和先进性四项原则的基础上,提出从法学实践教学基地、评价主体、评价方法和监督机制等方面重新构建法学实践教学评价机制,弥补传统实践教学评价机制中的不足之处,契合信息时代的发展需求。最后由诊所法律教育专业委员会常委高跃先一一点评。

自由交流阶段,在诊所法律教育专业委员会常委黄新华主持下,来自各个高校的法学教师们进行了广泛、深入的交流,分享了诊所法律教育专业教育过程中取得的成就,共商问题解决之道。首都经济贸易大学李长城老师通过视频的方式当场向大家展示了师生共同研发的一套支撑法律诊所的 OA 系统,得到广泛好评。会议最后,黄新华常委呼吁大家将与诊所法律教育专业相关的信息、活动、学术著作等内容发布在法律诊所的网站上,方便师生学习交流。

院长对话:法学教育的新时代、新征程

由复旦大学法学院孙笑侠教授主持,中国人民大学龙翼飞教授、武汉大学法学院院长冯果、中山大学法学院院长黄瑶、山东大学法学院院长沈伟就“围绕法学教育的新时代、新征程”进行了广泛而深入的对话和交流。

黄瑶从教育部“双一流”大学建设谈起,认为法学教育的“双一流”建设应该是以人才培养为中心,应该避免将“双一流”建设简单化为一流学科建设,再把一流学科建设简单化为追求一流的科研成果,否则就是本末倒置,不利于法学人才的培养,不利于法学教育的长期发展。同时也提出,各高校的“双一流”建设应该是错位发展,避免追求大而全,避免培养目标的同质化现象,进而加剧就业竞争,并以美国佛蒙特法学院环境法领域的卓越成就进行了说明,认为可以借鉴参考美国法学教育的经验。

冯果在发言中提出,中国法学教育的 40 年,从初步恢复建设,到全面改革,再到目前这样一个新的发展阶段,确实存在诸如教材、课程等还不太完备,新型学科、交叉学科供给不足,教学手段比较陈旧等问题。并以武大法学院作为研究性大学,正在积极进行教学内容和方式的改革为例进行了说明。武汉大学法学院一直比较注重理论研究,重视学生的知识体系建构,同时也特别重视学生健全法律人格的养成。

龙翼飞着重围绕诊所法律教育进行了发言,指出诊所法律教育从西方国家引到中国以后,已经蓬勃开展起来,经过十几年的努力,诊所法律教育已经成为我国卓越法律人才培养的重要方法。但我国的诊所法律教育也存在不平衡的问题,全国 600 多所正规的法律院校,只有 1/3 真正意义上开设了诊所法律教育课程,因此,诊所法律教育事业发展空间很大。同时,他也对我国诊所法律教育的水平、特色、问题等进行了分析。

沈伟在发言中从法学教育的司法考试导向、教学评估导向、科研导向、市场导向、国际化导向等谈到法学教育的精英化与大众化、一体化与本地化、普遍化与特色化、国际化与本土化、专业化与政策化等五大矛盾,以及法学教育面对这些不同导向与矛盾时存在的实际困难与问题。沈伟认为,法学院应当把培养优秀的职业法律人才作为第一目标,同时也要有相对稳定的培养体系。

论坛闭幕式由中国法学会法学教育研究会秘书长、中国人民大学法学院党委副书记兼副院长杜焕芳主持,本届年会的承办方暨南大学法学院/知识产权学院院长朱义坤与下届年会的承办方吉林大学法学院院长蔡立东进行了会旗交接并先后发言。朱义坤院长对与会嘉宾长期以来对暨南大学法学学科的关心和支持以及对暨南法学 90 周年华诞的美好祝愿表示了感谢,蔡立东院长则向与会嘉宾发出了热情洋溢的邀请,期待来年长春年会的到来。

会议最后,由中国法学会党组成员、副会长、学术委员会主任,中国法学会法学教育研究会会长张文显教授讲话。张会长在讲话中指出,中国法学学科建设和课程设置仍然停留在法律体系之中,对新型学科和交叉学科重视不够,法学学科体系的中国特色并不是意识形态问题,中国特色也应当直面世界问题。张会长的讲话引起了与会嘉宾的广泛共鸣。

中国法学会法学教育研究会诊所法律教育专业委员会 2017 年年会

2017 年 11 月 25～26 日,中国法学会法学教育研究会诊所法律教育专业委员会 2017 年年会在广州白云国际会议中心召开,本次会议由中国法学会法学教育研究会诊所法律教育专业委员会主办,暨南大学法学院/知识产权学院承办。中国法学会党组成员、副会长、学术委员会主任,中国法学会法学教育研究会会长张文显教授与诊所法律教育专业委员会主任龙翼飞教授在开幕式先后致辞,来自全国各法学院校的近 100 名专家学者出席了本次会议,与会嘉宾围绕"诊所法律教育与实践教学体系的完善"的研讨主题进行了广泛的讨论和交流。

张文显会长认为法学是一门实践性很强的学科,要使法学教育贴近实践,就要通过诊所法律教育培养学生的实践意识与能力。他强调下一步应把法律诊所上升到实践科学的高度,使诊所法律教育在理论上、方法上有新作为。龙翼飞主任作诊所教育专业委员会的工作年度报告,肯定了本届专业委员会任期内工作的成绩,包括培育了公益法律志愿者服务项目这样很有特色的项目,积极开展同教育机构、基层法律援助机构、社会组织、非政府组织之间的合作,编辑并出版了相关的科研刊物,给开设诊所法律的院校提供丰富的文献智库资源等。但目前诊所法律教育中也存在一些问题,如相当多的学校根本没有开展诊所法律教育,从事法律教育的师资队伍的能力还有待加强等。中国法学会法学教育研究会常务副会长韩大元教授指出,未来法学教育改革的关键在于诊所教育如何适应全球化、信息化的环境,从而承担引领、探索未来法学教育的使命。它应当展现特色与价值,为新时代法学教育提供更新鲜的经验和理念。与会人士还就诊所教育实践中的一些具体问题,如如何将诊所教育和理论讲授有机结合等,展开了深入广泛的研讨。

据悉,本次诊所法律年会宣布了新的议事规则和换届方法,设立常务委员会作为日常工作管理机构,并设秘书处具体处理相关活动,推动各院系搭建平台整合资源,实现理论与实践的无缝对接。

11 月 26 日上午,诊所法律教育专业委员会开展了今年度的诊所教师培训,培训分《怎样利用互联网工具加强法律诊所教学素材库建设》和《新时代背景下主题法律诊所的建构与优化》两个主题,培训现场参会的诊所老师们热烈交流,互相学习,提升了诊所老师的诊所教育实践技能,取得了良好的反响。

中国法学会法学教育研究会模拟法庭教学专业委员会案例研讨会

为进一步推动模拟法庭教学的开展，实现教学的正规化和常规化，2017 年 6 月 16 日，由中国法学会法学教育研究会模拟法庭教学专业委员会、“理律杯”全国高校模拟法庭竞赛组委会主办的模拟法庭案例研讨会在清华大学法学院举行。

此次研讨会邀请到了包括北京大学、武汉大学、西南政法大学、中国社会科学院法学研究所、中国政法大学等在内的全国 28 所法学高校，近 40 位专家学者参加，共同探讨法学教育理论与实践结合中模拟法庭教学案例编写等实际问题。研讨会共收集相关案例 30 个，分刑事组和民事、行诉组同步进行，讨论了模拟法庭案例编写的体例、标准；案例类型需求的多元化、普遍化、时代化特征；案例教学目的、步骤方法；法学基础知识教育与实践教学体系的关系；法学生专业知识、执业能力，法律思维的培养等内容。清华大学法学院教授王晨光，中国政法大学法学院教授许身健分别主持了会议。

会上，台湾理律文教基金会执行长李永芬介绍了理律杯模拟法庭竞赛的历程，并结合自身的实务经验提出，模拟法庭教学需打破诉讼和非诉讼的界限，打破学科界限，作为法律人必须重视纠纷预防。

清华大学法学院院长申卫星教授对模拟法庭事业表示肯定与支持。他指出，我国目前法律学科发展趋势从规范法学转向实证法学，基础法学转向临床法学，以学科为主导转变为以问题为主导，从学科分类到学科交叉，都体现了培养综合型法律人的教学目标。从这个发展趋势来看，模拟法庭教学是一项非常重要的手段和方法。

原商务部条法司司长、世界贸易组织（World Trade Organization，WTO）上诉机构法官张月娇向委员会提出了更高要求。她强调，国际上使用模拟法庭的教学形式越来越多，培养人才最关键在于解决问题能力的提高，法律人才培养过程中极其重视思维能力和辩论能力。模拟法庭培养的是综合素质，尤其是抗辩能力。希望联合将模拟法庭做好，研究模拟法庭措施，利用模拟法庭检验教学、推动教学，利用事务部门参与教学参与评价，给学生以动力，为培养国际化的高端的国际投资争议解决的人才做贡献，创造教学的新天地。

目前，模拟法庭教学在国内已普遍开展，全国性和区域性比赛趋于常态化。习近平总书记视察中国政法大学时强调了法学专业的实践性，恰恰说明了模拟法庭教学教材撰写的迫切性与必要性。模拟法庭教学专业委员会将于近期统一案例编写体例，为下阶段案例修改及教材编写提供更实质、更明确的标准与导向。

中国法学会法学教育研究会法学特色专业建设委员会(财经类院校)第九届“全国财经高校法学教育论坛”

在党的十九大胜利召开之际,为进一步贯彻落实党的十八届五中全会提出的五大发展理念,深入贯彻落实习近平总书记在中国政法大学考察时重要讲话精神,繁荣中国财经法学教育和理论研究,创新财经法治人才培养机制,对外经济贸易大学法学院于2017年10月21日在对外经济贸易大学宁远楼举办了“第九届全国财经高校法学教育论坛”。

“全国财经高校法学教育论坛”由法学特色专业建设委员会(财经类院校)主办,是我国财经及相关专业类高等院校的法学院系围绕法学教育等问题进行研讨的重要平台,也是促进我国法治人才培养、加强法治建设的重要阵地。这是继第一届之后,该院第二次承办该论坛。来自中国人民大学法学院、中央财经大学法学院、上海财经大学法学院、中南财经政法大学法学院、西南财经大学法学院、北京外国语大学法学院、江西财经大学法学院、东北财经大学法学院、首都经济贸易大学法学院、上海对外经贸大学法学院、广东财经大学法学院、北京工商大学法学院、山西财经大学法学院、河南财经政法大学、广东外语外贸大学法学院、浙江工商大学法学院、浙江财经大学法学院、天津商业大学法学院、吉林财经大学法学院、山东财经大学法学院、广东金融学院法学院、南京审计大学法学院、南京财经大学法学院、重庆工商大学法学院、上海商学院文法学院、山东工商学院法学院、北京物资学院法学院、兰州财经大学法学院、广西财经学院法学院、贵州财经大学文法学院、内蒙古财经大学法学院和对外经济贸易大学法学院等32家财经类、外语类及综合类大学的法学院师生代表共计100余人参与了本次盛会,是历届年会中规模最大和参会单位及人数最多的一届。

本次论坛以“财经法治人才培养的新模式与新挑战”为主题,就财经高校应用型复合型法律人才和涉外型法律人才培养模式改革、财经高校本科教学和研究生教学改革等重要的议题展开了交流和讨论。会议期间还举行了“通商杯”全国财经高校法律职业技能大赛。

上午9点,会议开幕式在对外经济贸易大学宁远楼模拟法庭隆重举行。开幕式由对外经济贸易大学法学院副院长冯辉副教授主持。对外经济贸易大学副校长赵忠秀教授、法学特色专业建设委员会(财经类院校)副主任、最高人民法院研究室副主任、中央财经大学法学院郭锋教授、法学特色专业建设委员会(财经类院校)副主任、山西财经大学法学院马跃进教授、对外经济贸易大学法学院院长石静霞教授作开幕式致辞。

赵忠秀副校长在致辞中肯定了财经类高校在法律人才培养中的地位。他指出:“国际和社会对法学教育的专业化、精品化、国际化需求日益突出,财经高校的法学院系理应在新挑战的背景下勇敢担当,奋发勇为。本次论坛围绕财经法律人才培养的新模式、新挑战的主题,具有重要意义。”郭峰教授在致辞中重点强调了财经高校应当“入主流,办特色”。他首先肯定了此次论坛的存在价值和引领作用,之后提出“财经高校法学教育要做大做强,六个字——入主流,办特色——整个法学教育的评价体系是主流大学法学院制定的,实践证明其评价标准代表了中国法学的水平和现状,片面强调财经特色,不按主流的评价标准,那就没有优势可言,对学生也不利”。马跃进教授在致辞中强调了“高等教育内涵式发展”。他结合十九大习总书记对高等教育作出的要求,提出我们应当实现高等教育内涵式发展。鼓励我们贯彻落实十九大精神和习近平总书记视察中国政法大学的讲话精神,实现内涵式发展的转型,以高质量法律人才的培养为核心,办出财经高校法学院的特色。石静霞院长代表对外经济贸易大学法学院对本届年会的所有参会单位和个人表示热烈欢迎和衷心感谢,并指出在财经类外语外贸类高校的法学教育方面,既要打好学生的法律基础,更要办出自己的特色,在目前的评估机制下如何平衡二者之间的关系,是财经类和外语外贸类高校的法学院和法学教育应当特别思考的问题。

开幕式之后举行了大会主题发言,由对外经济贸易大学法学院沈四宝教授主持。对外经济贸易大学法学院副院长龚红柳副教授、西南财经大学法学院院长高晋康教授、中央财经大学法学院院长尹飞教授作主题发言。

龚红柳副院长在发言中以“涉外法律人才需要的能力”为切入点进行了阐述。她介绍了对外经济贸易大学法学院在培养国际化法律人才上作出的努力和成绩,并提出“从涉外法律人才培养来说,我们现在是最好的一个时期,党的战略定位就是向国际组织培养、推送我国法律人才”。高晋康院长围绕“大数据人工智能时代法律人才的培养模式”作了发言,为培养模式划分了五大标准,即学校标准、同行标准、教育部标准、社会标准、国际化标准。尹飞院长主要强调了财经高校的法学教育在新的大环境下面临前所未有的机遇和挑战。其次谈到了学科建设和人才培养的关系。最后指出人才培养的定位也是各大高校需要准确剖析的问题。主持人沈四宝教授对三位发言人的主题报告进行了总结,他指出:“我们的特色是建立在主流的基础上。国际化发展到今天应有新的内涵,不是单纯的美国化、欧美化。首先是胸怀和视野;其次是尊重国际惯例,吸取国际先进的东西;最后,应当以实现我国民族复兴为目标。”

主题发言结束后,与会嘉宾在对外经济贸易大学宁远楼前进行合影留念。

上午10:30至12:10,论坛进入主题研讨环节。分会场一的主题为财经高校应用型复合型法律人才培养模式改革,由法学特色专业建设委员会(财经类院校)副主任,最高人民法院研究室副主任、中央财经大学法学院郭锋教授与江西财经大学法学院院长杨德敏教授主持,与会代表们就财经高校应用型复合型法律人才培养模式改革进行了发言和讨论。

北京工商大学法学院院长谢安平教授介绍了北京工商大学的定位、特色及人才培养模式。他围绕生源分工、第一志愿报考率、学科特色和优势、区域发展定位展开了讨论,并指出高校面临的主要问题是如何掌握法学的精髓、灵魂和思维。江西财经大学法学院党委书记贺三宝教授为大家分享了地方多科性院校财经法律人才培养的探索和经验,并把解决方案概括为“四引三联”,他介绍了江西财经大学主要通过“促三观”的教育来鼓励学生做研究,该校司法大数据中心的成立、立法评估等项目都让学生参与。上海财经大学法学院胡凌副院长指出:财经类高校法学院,核心问题首先是生存,获取资源。怎样获得好学生,再输出,第一志愿率非常重要,第二是区域性的竞争。浙江工商大学法学院苏新建副院长发表了三点看法:一是应用复合型不是打着一个旗号而是培养方案要真正做到这点。二是特色,科研与讲课实际上是有机的,涉及学科群、课程群、必修课增减问题。三是自己所在的学校在人才培养上的特点。

广西财经学院法学院兰艳副院长首先客观地指出了广西地处西部、相对落后、人才流失严重等现象。对于就业问题,她指出:“其实法治人才的需求很大,我们应反思是培养过剩,还是培养质量不够高或是需求不对口?”吉林财经大学法学院张秋华教授指出:“地方性院校经过发展也有一些共同特点,比如硬件设施比较好,办学规模、发展定位目标都在稳固推进,不断完善。要看到地方院校也取得了一定成绩。地方性财经院校怎么迎接新形势,走出自己的特色,除了入主流、办特色,最重要的一定要找好定位。”兰州财经大学法学院韩东老师对各位发言人的发言进行了肯定,并介绍了自己从事务部门进入高校从事教学的经验。主持人杨德敏教授表示:“在现在的形势下,教师和学生的积极性都难以调动,要将法律实践教学和提高教学质量有机结合才行。”主持人郭锋教授最后作了此次讨论的小结:“区域各有优势也有不足,师资流失确实是严峻的问题,共通的都是专业融合,可以互相借鉴。人才、生源不可复制和推广,只能自己结合各方力量加以解决。”

分会场二的主题为“财经高校涉外型法律人才培养模式改革”,由东北财经大学法学院院长王彦教授和广东外语外贸大学研究生院袁泉院长主持,与会代表们就财经高校涉外型法律人才培养模式改革进行了发言和讨论。山东财经大学法学院宋焱院长发言的主题是如何借鉴法学教育的标杆——美国模式来教育学生。她介绍了山东财经大学设立的书院模式,认为其对于跨学科的熏陶很有帮助。东北财经大学法学院石鲁夫副院长谈到了卓越性法律人才和涉外人才的关系。他指出:“如习主席所说,我们赢来了新时代。涉外就等于国际化,老师应当采取多种方式,去传递灌输国际化的视野,采取成系列、成体系的举措来培育学生。”贵州财经大学文法学院陈玉梅副院长表示:“法律人才这一块我们也在探索。最大的困难是地处西部,学生英语水平相对较差。生源90%来自贵州,经济条件也有制约。”最后她提出她们学校的探索是如何既入主流,又办特色的。

南京审计大学法学院孙展望教授提出:法律市场其实是一种食物链。食物链的高端是诉讼和非诉市场,大部分被外所垄断。国内少量精品所占据一定份额。饼很大,但是吃不到。只有占据高端,才可能参与国际化的标准制定。南京审计大学要突破,就是在复合上做文章,培养涉外经济法律人才。广东金融学院法学院张雅萍教授提出:"中国涉外法律人才的现状是,跟外国还是不能很'relax'的交流。在国外我们还是小梯队、小团体。涉外法律人才的培养,除了要精通法律,英语能力很重要。虽有外聘老师来法学院教授课程,但这样的学生拿出去直接用,能力还是欠缺的。能不能从高中阶段就培养直接输送模式的学生,是值得探讨的。"天津商业大学法学院张春普教授发言的关键词为外语、财经、法律的跨界培养,他指出:"课时、师资的匹配如何去配,这是财经类高校面临的问题。"中南财经政法大学法学院郭倍倍老师指出:"中南财经政法大学虽然入选了双一流的法学学科。但是学校体量太大,很难做出特色。学校最大的短板就是国际化的短板。"主持人王彦教授对各个发言人的发言进行了总结。

下午1:30到3:20,主题研讨会继续进行。在广东财经大学法学院院长房文翠教授和山西财经大学法学院院长闫立宏教授的主持下,分会场一的参会老师们围绕"财经高校本科教学改革"进行了发言和交流。北京物资学院法学院尚珂院长表示:"我校法学院规模比较小,小规模的优势是精细化的培养手段。我院实行本科生导师制,从进校到毕业,都由专业老师负责。近距离接触可以为学生接触困惑,打破行政体制的隔离,解决信息不对称,做到了全方位育人。"首都经济贸易大学法学院副院长张世君教授着重介绍了本科生的分类培养模式。他指出:"首经贸按学生对自己未来的规划分为三个班——涉外班(出国)、学术班(考研)、卓越班(就业),培养方案到后期各自不同,效果很好。"

广东财经大学法学院副院长谢雄伟教授指出:"广财的社会影响力很大,招生规模在广州最大,但质量和培养仍与中山大学有差距。人才培养目标以应用型为主。实践培养上开展企业校内仿真实习,使多种教学方法并重。"山西财经大学法学院杨郁副院长结合山西财经大学刚刚结束的教学评估实践提到了教育改革的内容。他提出山西财经大学的专业特色是经济法方向,因此他们的特色是结合就业趋向主要培养企业法律人才。重庆工商大学法学院马迅老师介绍道:"重庆工商大学在大二、大三开展财经法选修课程、辅修课程增多。实践基地的开展不错,特别是与金融性质的企业合作加深,学生反映良好。"

对外经济贸易大学法学院董冰莹助理教授分享了自己从事本科全英文教学的一些经验,她结合海商法提出了全英语课程的开设条件是课程本身的适应性以及案例教学的适当性。在自由讨论环节,与会老师就一些疑惑和细节展开了充分的交流。

在中国人民大学法学院副院长杨东教授和河南财经政法大学法学院院长尹西明教授的主持下,分会场二的参会老师们就"财经高校研究生教学改革"展开了发言和讨论。北京外国语大学法学院党委书记丛立先教授指出了北京外国语大学"法学+外语"的特色。具体表现为教师都有海外背景、常聘三个英美法外教等。北京外国语大学研究生教育还形成了英美法的模块,学生普遍获益极大。

对外经济贸易大学法学院副院长陈卫东教授表示:“研究生教育,贸大是有突出特色的,第一就是国际化,突出外语+专业。很多人会参加全英文的模拟法庭的比赛。第二就是实务。利用校友资源,把校友请回来讲课以增强课程实践性。”内蒙古财经大学法学院王乐宇院长提出了对研究生教学改革的几点看法:“第一,避免同质交流。第二,加强过程管理。第三,德智体美的全面发展。德行和学习有时候往往相悖。学习好的孩子有时候会缺乏感恩之心。这是值得我们反思的。”河南财经政法大学民商经济法学院陈晓景院长表示:“河南财经政法大学注重理论与实践相结合,运用案例分析。聘请实务人员、专家,如财政部门、法院检察院担任实务导师。”她还就学术型硕士和专业型硕士的培养目标如何定位的问题谈了自己的看法。

浙江财经大学法学院李伟副院长提出了研究生生源问题,介绍了为了确保研究生培养质量,毕业论文浙江财经大学要求盲审,分数不能低于70分,用规定倒逼学生的做法。上海商学院文法学院刘建民教授分享了一些办学经验,比如推行一周一书。这样算下来一年50多本书,4年就是200本书,可以提高学生的综合能力。上海对外经贸大学法学院的唐琼琼老师介绍了相关经验:“上外贸的国际法律文本的翻译中心会承接任务,请研究生介入以锻炼他们的各方面能力。国际投资法、国际货物买卖等课程多,国际化程度较高。还与比较知名的律所达成了合作。”主持人杨东教授表示:“综合性法学院做跨学科的探索,可能还不如特色类的大学,很难再细分。”

下午3:40,本次论坛的闭幕式在对外经济贸易大学模拟法庭举行。闭幕式由中国法学会法学教育研究会秘书长、中国人民大学法学院党委副书记兼副院长杜焕芳教授和对外经济贸易大学法学院副院长冯辉副教授主持。

闭幕式首先由中国法学会法学教育研究会副会长、清华大学法学院王晨光教授致辞。王教授在致辞中充分肯定了本届年会的精神和意义,接着谈到了法学教育的现状以及专业院校的法律院系该怎么做,最后谈到部门法的实践性是很强的。他建议财经类的法律院系一定要去教授具体的专业知识,这样学生才会有更好的就业。

随后,由各分组代表对各个分会场的主题讨论进行总结。北京工商大学法学院谢安平院长代表“财经高校应用型复合型法律人才培养模式改革”讨论组作总结。他在总结中提及,教育要明确区域地位,法学培养的问题主要是地方院校人才流失严重以及生源问题,还强调了实践教学和理论教学的关系要处理好。山东财经大学法学院宋焱院长代表“财经高校涉外型法律人才培养模式改革”讨论组作总结。她在总结中提道:“涉外人才是具有新时代、国际化视野的人才,需要师资、书本的配套和建设。涉外法律事务处于‘食物链’顶端,尤其是国际贸易规则制定。这都是财经类院校应当重视的地方。”北京物资学院法学院尚珂院长代表“财经高校本科教学改革”讨论组作总结。他总结了各个参会单位在本科教学改革中的特色,比如首都经贸大学的分类培养,广东财经大学的模拟法庭、经典阅读课堂,山西财经大学的以评估促教学改革等措施。内蒙古财经大学法学院王乐宇院长代表“财经高校研究生教学改革”讨论组进行了总结,他对各个发言人所在学校的研究生教学特色进行了概括，如河南财经财法大学的法学与经济融合发展的道路、对外经贸大学法学加金融以及讨论式教学等。

冯辉副院长介绍了本次“通商杯”全国财经高校法律职业技能大赛参赛作品评审情况。本次法律职业技能大赛采取撰写法律文书评审的方式，共收到各参会单位提交的学生参赛作品220篇。初评工作由对外经济贸易大学法学院完成。终评与下午的研讨会同时进行。终评由北京工商大学法学院李仁玉教授、北京市通商律师事务所合伙人王家路律师、中南财经政法大学法学院院长助理郭倍倍、上海财经大学法学院副院长胡凌、南京财经大学法学院副院长胡宜奎、浙江财经大学法学院教授刘勇、浙江工商大学法学院副院长苏新建、山东财经大学法学院院长宋焱、东北财经大学法学院院长王彦、江西财经大学法学院教授喻玲、山东工商学院法学院院长张献勇等11名老师作为评委。经过匿名评审，共评选出设一等奖10名，二等奖20名，三等奖30名。北京市通商律师事务所合伙人王家路作为颁奖嘉宾致辞并宣读了获奖学生名单。

闭幕式最后，山东工商学院法学院院长张献勇教授代表第十届论坛主办方发言。张教授感谢了法学特色专业建设委员会(财经类院校)的信任，介绍了山东工商学院和法学院的历史与现状、招生、师资力量与人才培养等情况，热烈邀请与会人员参加下次论坛。至此，为期一天的第九届“全国财经高校法学教育论坛”圆满结束。

本次会议加强了对外经济贸易大学法学院在财经类和外语外贸类法学教育领域的领先地位和鲜明特色，精心的会务组织和高效的会议讨论及总结更起到了相互交流、共同进步的目的，有助于促进财经类和外语外贸类法学教育进一步提高人才培养质量，将专业基础和特色教育进行有机的结合。

北京市法学会教育法学研究会举办 2017 年年会暨“民办教育分类管理的法律保障”研讨会

2017 年 11 月 18 日，由北京市法学会教育法学研究会主办，首都师范大学承办的北京市法学会教育法学研究会 2017 年年会暨“民办教育分类管理的法律保障”研讨会在北京金龙潭大酒店召开。来自全国各高校、科研院所和实务部门以及教育法学研究会会员等几十名专家学者共济一堂，就我国民办教育机构分类管理法律保障中的理论与实践问题进行了讨论。

在开幕式上，首都师范大学政法学院院长陈鹏教授致辞，他首先对首都师范大学政法学院以及首都教育政策和法律研究院的概况作了详细的介绍，肯定了首都师范大学法学学科在承担社会公共服务、发挥智库作用，以及对首都经济社会建设等方面所做出的贡献。陈院长还指出，教育强国是中华民族伟大复兴的基础工程，本次会议聚焦民办教育分类管理的法制保障问题恰逢其时。

开幕式结束后，浙江大学民办教育研究中心主任吴华教授，首都师范大学首席专家、北京法学会教育法学研究会会长劳凯声教授，以及中国民办教育研究院浙江分院田光成教授分别就“补偿奖励条款研究”“国家寓教于乐关系中的民办教育问题研究”“我国民办中小学义务教育属性的法律存疑”等问题作主旨发言。

首场专题讨论由教育部政策法规司原副司长张文主持。讨论中，海淀区教育环境综合治理中心宋瑞勇主任、师范大学赵小芹教授、北京市人民政府法制办法制二处潘嘉处长、教育部综合改革司体改处潘玉锋副处长、首都师范大学教育学院陈正华教授、深圳市教科院蔡金花教授、首都师范大学教育学院田汉族教授和清华大学公共管理学院贾西津副教授等专家学者分别发言。宋瑞勇主任结合数据，就教育行政部门在对民办教育管理的过程中，对办学主体及办学行为的不越权、不添乱的依法管理问题进行了详细论述；赵小芹教授对民法总则背景下民办学校法律属性结合新修订的民办教育促进法进行条分缕析，对相关问题进行了讲解；潘嘉处长分析了教科文卫体民政审查和相关的法制工作在实践中遇到的相关法律问题；潘玉锋副处长就民办教育发展改革方面的情况，主要是民办教育发展的主要困难和改革的举措进行了详细介绍；陈正华教授就培训合同的必要性和性质以及由此产生的问题做了详细阐述；蔡金花教授以“深圳市民办中小学分类管理探索”为题，介绍了深圳市关于民办学校分类管理的现实情况以及其中存在的困惑，最后给出了现阶段问题研究的目的与思路；田汉族教授则把视角放在了民办教育和公办教育的统一治理,结合“超级中学”现象的存在,对教育治理水平如何提高阐明了自己的看法;贾西津副教授从民办教育举办的动机和政府权责的角度对民办教育的分类作出了详细阐释。

第二场专题讨论由首都师范大学政法学院郑贤君教授主持。本专题讨论主要围绕四个方面进行:一是涉及培训机构的定位、行政许可、市场监管,以及合同签署的必要性问题;二是讨论义务民办教育应该是营利性抑或非营利性;三是民办教育公共性问题;四是民办学校撤销终止以后赔偿财产是否涉及宪法上征收征用问题。中央民族大学张步峰教授、中国社会科学院法学研究所曲相霏研究员、天津市教育科学研究院方芳副教授、北京市人民政府法制办法制二处郭文姝副处长、北京中医药大学文法学院霍增辉副教授、中国社会科学院法学所柳建龙副教授和首都师范大学教育学院助理教授何颖、蔡海龙以及首都师范大学政法学院助理教授安丽娜在本场专题讨论中分别进行了发言。张步峰教授对民办教育中民办非学历教育培训机构的监管提出了详细且精准的描述,并提出了自己针对此问题的相关看法;曲相霏研究员以《民办教育促进法》第19条“不得设立实施义务教育的营利性民办学校”的规定为抓手,提出了自己的想法和见解;方芳副教授对天津市在具体实施民办教育分类管理过程中遇到的一些难点及困惑和嘉宾进行了探讨;郭文姝副处长概括介绍了新的民办教育促进法修改以后的营利性民办培训机构法律监管以及法律适用的问题;柳建龙副教授从吴华教授提出的“补偿奖励条款”切入,阐述了新民办教育促进法实施之后可能出现的问题和面临的困境;何颖老师以民办培训机构入学协议的现状为主题,对海淀区民办培训机构入学协议现状及规范化问题进行了详细梳理;霍增辉副教授从线上——互联网教育的角度出发,对新民办教育促进法中民办教育机构的分类管理是否涵盖网校和网课的问题进行了详尽阐述;蔡海龙老师以“重建民办教育公共性的社会认同”为主题,结合社会变迁和公共领域结构转型,描述了通过法律规范民办教育的可能性;安丽娜老师则以“民办教育促进法实施背景下民办教育地方立法完善的思考”为主题,概括介绍了民办教育立法的现状和重点关注的问题。

第三场专题讨论由首都经济贸易大学法学院焦志勇教授主持。北方工业大学文法学院董慧凝教授、北京外国语大学法学院姚金菊教授、首都师范大学政法学院刘召成副教授、首都师范大学教育学院荣利颖副教授、中国财政科学研究院博士后吴园林、首都师范大学政法学院助理教授崔俊杰和中国政法大学博士研究生杨敬之分别发言。董慧凝教授从对民办教育监管的标准和监管的内容出发,主张以体系化的立法方式渗透进民办教育的管理;姚金菊教授以“民办教育的法律规制”为主题,对民办教育的需求以及民办教育的阶段问题作了详细介绍;刘召成副教授对民办学校定位、《民办教育促进法》第19条义务教育阶段不得设立营利法人的规定,以及营利、非营利民办学校中组织机构如何区分进行了较为深刻的剖析;荣利颖副教授以“教育基金会参与中小学教育改革”为主题,结合具体案例介绍了我国教育基金会的发展阶段和功能;吴园林老师以“民办教育立法可能的和现行审查路径”为主题,结合经济和法律两个层面对《民办教育促进法》第19

条进行了分析论述;崔俊杰老师以"公益与商业交融背景下的民办教育研究关注"为主题,从行政组织法的角度出发,强调了民办学校营利与非营利管理问题以及教育信托问题;杨敬之老师对民办教育法律规范中不确定的法律概念,结合司法实践中的具体案例提出自己独特的见解。

首都师范大学政法学院杜强强副教授主持闭幕式。首都师范大学政法学院副院长吴高臣教授致闭幕辞,就民办教育分类管理的法律保障问题提出了自己的看法,吴教授认为对于民办教育问题的观察应该冲破学科的壁垒,进而从法律、政治等多学科、全方位对问题进行研究。另外,他还认为教育领域的体系化立法势在必行。

第五届环渤海法学教育论坛暨山东省法学会法学教育研究会2017年年会

2017年11月4日，第五届环渤海法学教育论坛暨山东省法学会法学教育研究会2017年年会在青岛举办，山东省法学会专职副会长兼秘书长任伟出席会议并致辞。本次会议由山东省法学会法学教育研究会主办，山东科技大学承办，来自山东省、辽宁省、天津市、河北省、内蒙古自治区法学教育界的30家院校，约80余名代表参加会议。

此次会议以"法学实践教学体系与教学法"为主题，旨在深入推进法学教育改革和法学教育研究，提高法学教育质量，促进我国法学学科教育的进一步建设和改革，促进环渤海各法学院校的法学教育合作。会上，烟台大学法学院教授房绍坤作了"法学教育改革与实践"的专题报告，与会专家学者围绕法学教育理念与师资队伍建设、法学实践教学与人才培养模式改革、法学实践教学体系的构成、法律教育目标与特色培养以及教学实践课程的教学方法等五个议题展开研讨。通过一天的精彩发言、点评和热烈互动，取得了广泛共识。

会议的成功举办，有利于加强环渤海区域法学教育的交流与合作，进一步推动法学教育教学改革，提高复合型、应用型法律人才培养水平。

浙江省法学会法学教育研究会2017年年会

2017年12月16~17日,浙江省法学会法学教育研究会2017年年会暨"双一流"背景下的浙江法学教育改革研讨会在浙江工商大学国际会议中心召开。年会由省法学会法学教育研究会主办,由浙江工商大学法学院、知识产权学院承办。省政府法律顾问、省法学会学术委员会主任牛太升同志、省法学会调研员胡铮同志出席会议,来自全省近30家高校的法学院院长、副院长、系主任及骨干教师等共计80余人参加会议。

牛太升同志代表省法学会致辞。他在致辞中指出,习近平总书记在2007年五四青年节前夕考察中国政法大学时,突出强调了法治人才培养与法学教育在全面推进依法治国进程中的重要意义。我们要深入学习、贯彻落实习总书记重要讲话精神。省法学会法学教育研究会在全省法学会系统所有研究会中具有鲜明特色,研究会成员均为全省高校法学院系主要负责人及骨干教师,研究会的工作内容是研讨法治人才培养,这是事关法治浙江、法治中国未来的重大课题。近年来,我省法学教育事业取得了显著成绩,与法学教育研究会的研究探索及全省法学教师的辛勤实践密不可分。进入新的发展阶段,研究会全体理事应当积极思考、勇于进取、敢于担当,为我省法治人才培养、法学教育发展作新的更大的贡献。

年会期间,研究会召开了第三届理事大会进行换届,会议选举产生了第四届理事会,中国法学会法学教育研究会副会长、浙江工商大学特聘教授徐祥民教授当选为新一届理事会会长。

在随后召开的第四届理事大会上,浙江工商大学法学院副院长、研究会秘书长苏新建教授代表第三届理事会向全体理事作了工作报告,系统总结了第三届理事会开展的工作情况及取得的成效。新当选的徐祥民会长代表第四届理事会作了工作展望,新一届理事会决定在研究会信息化建设、支持省大学生法律职业能力竞赛、协办省内各法学学术活动、做好法学教育研究成果的统计、编辑、评奖工作以及举办法学教育学术研讨活动等方面加强工作,力争取得更大成绩。

年会暨研讨会分为三个单元。第一单元为主题演讲,由国家法官学院浙江分院副院长吴道富教授主持。徐祥民会长发表了题为"关于习近平法治思想进课堂的几点想法"的主旨演讲。徐祥民教授结合自己学习习近平总书记关于法治建设的系列重要论断、讲话以及总书记从地方到中央的法治实践,梳理了习近平法治思想的由来及发展,阐释了习近平法治思想的精神实质以及对法治中国建设的重大意义。徐祥民教授认为习近平法治思想应当被当作“深根工程”“丰枝工程”“繁叶工程”，让习近平法治思想在中央这棵主干上枝繁叶茂。徐祥民教授指出，青年学生是国家的未来，法学青年学生是法治中国的未来，习近平法治思想进课堂的创新思想及成功实践，有利于提升学生对国家民族未来命运的关注，有利于提升学生法治思维和法治理念的境界。同时徐祥民教授认为，习近平法治思想进课堂的良好成效，需要授课教师深入学习习近平法治思想、科学安排教学方案、合理设置课程内容，让这门创新课程最大限度发挥其应有的价值。

在与谈环节，中国计量大学法学院副院长王斐弘教授、温州大学法政学院院长王宗正教授、浙江财经大学法学院副院长李伟教授、浙江大学城市学院法学院副院长邵亚萍副教授、杭州电子科技大学人文与法学院副院长方建中副教授等相继结合自身学习十九大报告中关于依法治国与法治中国建设的心得体会，结合徐祥民会长的报告，谈了对习近平法治思想的认识及思考。与谈专家们一致认为，习近平法治思想与我们的工作密切相关，学习贯彻落实这一思想将成为今后较长一段时间的重要工作内容。部分专家围绕习近平法治思想进课堂这一创新课程，结合各高校正在开展的专业导论课、通识课、思政课等课程谈了初步的改革设想。

第二单元主题为“法治人才培养路径与对策”，由宁波大学法学院院长张炳生教授主持。浙江大学城市学院法学院袁继红教授、浙江农林大学法政学院马永双教授、浙江师范大学法政学院龚振军副教授等结合自己所在单位开展人才培养的特色及经验，围绕大数据时代法治人才培养对策、应用复合型卓越法律人才培养路径等问题发表了主题报告。嘉兴学院文法学院院长欧阳仁根教授、温州大学法政学院法学系主任何平副教授、杭州电子科技大学人文与法学院法学系主任陈伟华教授在与谈环节中分别就如何准确定位法学教育、有效转变培养方式、提升法学人才培养质量等提出了富有见地的观点。

第三单元主题为“法学课程设置与改革”，由浙江大学城市学院副院长邵亚萍副教授主持。宁波大学法学院副院长石慧教授结合法律英语课程教学改革、嘉兴学院文法学院李勇军副教授结合应用型大学法学专业本科课程设置作了主题发言。中国计量大学法学院副院长朱一飞副教授、浙江万里学院法学院副院长丁寰翔副教授、浙江警官职业学院应用法律系党委书记唐长国教授、温州医科大学法律系主任董雷教授等先后结合知识产权专业课程设置、司法考试与课程设置、政法院校、医科院校法学专业及课程设置作了与谈发言。

会议期间，研究会评选了浙江省法学会法学教育研究会2017年度法学教育优秀科研成果奖。牛太升主任、徐祥民会长为获奖者颁发了荣誉证书。

年会闭幕式由嘉兴学院文法学院院长欧阳仁根教授主持。徐祥民会长作了总结讲话，对各单元主题发言作了简要总结，认为年会研讨单元设置合理，研讨深入，气氛热烈，取得了良好效果。徐会长指出，研究会新一届理事会要继续总结经验、发扬优势、坚持特色、团结向前，为发展浙江法学教育事业、打造浙江法学教育品牌不懈努力！

江苏省法学会法学教育研究会2017年年会

2017年12月23日,江苏省法学会法学教育研究会2017年年会在淮安举行。江苏省法学会副会长、江苏省法学会法学教育研究会会长、江苏省社会科学院党组书记、院长夏锦文代表省法学会讲话,淮阴师范学院校长朱林生、淮安市法学会常务副会长朱锦分别致辞。淮阴师范学院法政学院院长季秀平主持开幕式。来自江苏省内各大高校的法学教育研究专家、学者和各研究会秘书长80余人参加会议。

夏锦文在讲话中指出,法学教育是一个国家法治建设的基础性工程,也是先导性工程。在十九大胜利闭幕的背景下,在习近平新时代中国特色社会主义思想的指引下,健全法治人才培养机制,深化法学教育改革,使法学教育能够真正培养出高素质的法治人才,是当今法学教育的时代使命。

年会以"高素质法治人才培养与法学教育改革"为主题,围绕"高素质法治人才培养的若干基本问题""高素质法治人才培养的模式、途径与方法"和"知识教学与实践教学的贯通问题"等三个具体议题,就高素质法治人才的困境、高素质法治人才的培养模式、法律实践教学中的困难、知识与实践教学的贯通、创新型教学等方面进行了深入探讨。

本次会议年会由江苏省法学会法学教育研究会主办,淮安市法学会和淮阴师范学院法政学院联合承办。

京津冀协同发展与区域法治创新论坛暨河北省法学会法学教育研究会、行政法学研究会、知识产权法研究会2017年年会

为深入贯彻落实党的十九大精神，加强区域法治研究，创新法治理论研究，为京津冀协同发展提供法治保障，2017年12月9日，京津冀协同发展与区域法治创新论坛暨河北省法学会法学教育研究会、行政法学研究会、知识产权法研究会2017年年会在河北大学成功举行。会议由河北大学政法学院和河北大学国家治理法治化研究中心承办，省政府法制办副巡视员孟相维、河北大学副校长李金善、省法学会联络部主任韩利等领导出席并致辞。来自中国政法大学、北京航空航天大学、对外经济贸易大学、北京化工大学、天津师范大学、天津市社会科学院、华中师范大学及省内部分高等院校、省人大法工委、省政府法制办等单位的专家学者和法律实务工作者近200人参加了会议。

韩利对三个研究会的工作进行了充分肯定，就下一步工作提出要求。她指出，要以党的十九大精神为指引，做中国特色社会主义法治道路坚定的践行者、守卫者、弘扬者。通过专题研讨、主题辅导、理论阐释等多种形式，团结、引领法学法律工作者，把法学法律工作者的思想和行动统一到党的十九大精神上来。要以服务党和国家大局为职责，做中国特色社会主义法治理论的阐释者、宣传者、践行者。研究会要把握时代主题，紧紧围绕党委政府工作大局，以研究和解决现实问题为着力点，积极回应全面推进依法治国伟大实践中的重点、难点、热点问题。要围绕增强研究会活力，不断创新工作机制。完善同立法、司法部门及社会各界合作研究的机制。充分利用研究会自身与实务部门联系紧密的优势，进一步加强同立法、司法等部门的联系和合作，形成繁荣法学研究的强大合力。

中国行政法学研究会副会长、国家行政学院法学教研部副主任、教授、博士生导师杨小军作了题为《习近平新时代中国特色社会主义法治思想》的专题报告。杨小军教授从目标、道路、保障、特点等几个方面，对习近平新时代中国特色社会主义法治思想进行了系统阐述。

下午，三个研究会分别组织了分会场发言讨论。法学教育研究会围绕“京津冀协同发展与法学课程体系创新”的主题，就法律职业伦理课程设计、我国法学类专业本科课程体系改革等问题展开了深入研讨。行政法学研究会围绕“京津冀协同发展与行政法治保障”的主题，就京津冀协同发展中区域行政法治面临的挑战与回应、雄安新城的设计目标与内容等问题进行了深入研讨。知识产权法研究会围绕“京津冀协同发展与知识产权制

度创新”的主题,就知识产权法律、产业与政策以及著作权客体制度等问题展开了深入研讨。

此次研讨会参会专家多,水平层次高,不少热点学术话题的提出引发与会者的强烈反响,为与会人员带来了一场精彩的学术盛宴,在河北省法学法律界产生了广泛的影响。三个学科研究会分别对提交的论文进行了评奖,并颁发了荣誉证书。

广东省法学会法学教育研究会2017学术年会暨“全面依法治国与法治人才培养”专题研讨会

2017年11月29日，在党的十九大报告提出全面推进依法治国、加快建设社会主义法治国家的大背景下，为在广东省高校法学教育实践中积极贯彻落实十九大报告精神，探索创新中国法学人才培养机制，以适应新时代中国法治建设的时代需求，广东省法学会法学教育研究会、广东省高校法学类专业教学指导委员会联合召开省法学会法学教育研究会、广东省高校法学类专业教学指导委员会、广东省高校法学院院长（系主任）联席会议暨2017学术年会。会议由广东工业大学政法学院院长邵俊武教授主持，广东省法学会专职副会长兼秘书长姜滨、研究部主任郑桂琼出席了会议。

广东工业大学党委副书记陈良友代表学校致辞，认为近年来广东省高校的法学学科建设取得了长足进步，但是与党的十九大报告提出的全面依法治国、建设社会主义法治国家的要求还不相适应。在新形势下，深化高校法学类专业教学改革，优化高校法学人才培养模式，提升法学人才专业素质和政治品格，推动高校法学教育上新水平，满足全社会对高素质法律人才的需求，具有非常重要的意义。他还介绍了广东工业大学政法学院法学学科建设的总体情况，在法学专业课程的设置上结合学校自身的优势资源和发展战略，重点打造以工业法为特色的法学专业课程，走出培养特色法学法律人才的新路。

姜滨同志在讲话中就如何在新时代发挥好法学教育研究会的作用谈了三点看法。一要在高校法学教学中要注重发挥政治引领作用。高校法学教育要大力倡导法治也要讲政治的理念，坚持党的领导、人民当家作主和依法治国的有机统一，高举习近平新时代中国特色社会主义思想旗帜。二要推动以服务学生为中心的法学教育创新发展。高校法学课程设置要围绕满足学生未来职业发展需要进行，要把国内国际前沿法学研究成果和最新法治实践教授给学生，要让学生掌握未来信息社会人工智能大力发展下服务国家法治建设的本领。三要根据十九大报告提出的全面依法治国战略布局推动高校法学教学体系改革，推动法学学科与其他学科融合，把一些非法学专业课程纳入法学教学安排，为实现未来全社会的“法治＋服务”。

会上，广东省法学会法学教育研究会会长、广东省高校法学类专业教学指导委员会主任委员、广东省高校法学院院长（系主任）联席会议主席、广东外语外贸大学党委副书记石佑启教授传达了教育部高校法学类专业教学指导委员会和中国法学会法学教育研究会2017年会的主要精神，指出要深入思考在高校法学类专业教学中如何实现错位发展、差异化竞争,实现打造“一校一品牌、一校一特色”的培养目标。

本次年会以“全面依法治国和法治人才培养”为主题,设两个单元。第一单元由广东开放大学副校长孙平教授主持。广东财经大学法学院戴激涛副教授、广东外语外贸大学杨桦教授、广东工业大学政法学院副院长房亚明副教授、广东技术师范学院法学与知识产权学院副院长于定勇副教授、广东外语外贸大学法学院杜晓君副教授分别围绕“全面依法治国与行业法治人才的培养”“法治人才培养与市场需求”“大数据时代法治人才培养的若干思考”“论应用型法学专业人才的培养与课堂教学改革之深化”和“论我国高校法律职业伦理教育”作了主题发言。广州大学法学院院长张泽涛教授、韶关学院法学院院长韩登池教授作了精彩点评。

第二单元由广东技术师范学院法学与知识产权学院黄俊辉教授主持。省高校法学类专业教学指导委员会副主任委员、广东外语外贸大学法学院院长胡充寒教授,广东海洋大学法政学院张显伟教授,广东工业大学政法学院院长邵俊武教授,东莞理工学院法律与社会工作学院龚红兵副教授分别围绕“涉外法律人才培养机制探索”“海洋法律人才专业素质的构成”“引入陪审团形式完善高校内部学生权益救济机制的理论构想”和“应用型理工科大学知识产权人才培养路径研究”等作了主题发言,广东警官学院法律系主任沈晓敏教授、嘉应学院政法学院院长蔡国芹教授进行了精彩点评。

本次年会深入探讨了新时代中国法治建设与法治人才培养的体制、机制和路径等问题,既有对法学教育理论的深入阐述,也有对广东省高校法学教育现状的实证分析,取得了较为丰硕的研究成果。本次年会共收到论文 58 篇,择优评选出 11 篇优秀论文,其中一等奖 2 篇,二等奖 3 篇,三等奖 6 篇。

湖南省法学会法学教育研究会 2017 年年会

2017 年 12 月 9 日，由湖南省法学会法学教育研究会主办、湖南文理学院承办的湖南省法学会法学教育研究会 2017 年学术年会在湖南文理学院召开。湖南省法学会法学教育研究会会长刘定华教授、常务副会长、湖南大学法学院院长屈茂辉教授等研究会领导，承办方湖南文理学院校长龙献忠教授、副校长李红革教授、湖南文理学院法学院院长刘潇潇教授等负责同志出席会议，共有来自全省 16 所高校法学院系的代表参加了本次学术会议。

本次年会以"法治人才培养机制创新理论与实践"为主题，与会代表分别就"双一流建设框架下法学教育创新路径研究""法律专业人才实践培养模式与课程体系创新""法学本科教育中法治信仰教育与实务能力培养""卓越法律人才培养目标下的专业师资队伍建设"四个分论题展开了积极深入的探讨。

经专家评审，会长会议审定，郭哲等 16 名教师撰写的 13 篇论文分别获 2017 年湖南省法学会法学教育研究会年会论文一、二、三等奖。在大会闭幕式上，湖南省法学会法学教育研究会会长刘定华教授作了研究会 2017 年工作报告及 2018 年研究会工作设想。

会议对新时期法治人才培养机制和法学专业课程体系创新等论题取得了共识，准备明年年初在湖南大学法学院召开湖南法学教育研究会会长会议，共同推动湖南法学教育专业建设的发展。

安徽省法学会法学教育研究会2017年年会

2017年12月7日,由安徽省法学会法学教育研究会主办,安徽大学法学院承办的安徽省法学会法学教育研究会2017年年会暨换届会议在合肥市成功举行。来自安徽省法学会、安徽省高级人民法院、安徽大学、安徽师范大学、安徽财经大学等从事法学教育的高校及实务部门专家共30余人参加了此次会议。会议对上一届研究会工作进行了总结,选举并通过了第七届安徽省法学会教育研究会理事及会长、副会长、秘书长人选。

会议由皖西学院政法学院院长刘鑫教授主持。安徽大学副校长、第六届安徽省法学会法学教育研究会会长程雁雷教授对上届研究会作出了系统、全面的总结。程校长把第六届安徽省法学会法学教育研究会的工作成果总结为四个方面:充分发挥研究会桥梁纽带作用,较早地把国家法学教育改革动向和举措通过会议、讲座等多元化的方式传递给各兄弟单位,起到了引领、带头的作用;通过法学会法学教育研究会这条纽带,顺利开展了一系列省内赛事的论证和研讨;积极培育并推荐省内和国家教育成果申报,给各兄弟院校提供力所能及的支持;协助省法学会做了一系列具体的工作。

之后分别由安庆师范大学法学院院长焦少林教授、安徽省法学会余永东秘书长宣读了新一届研究会理事、副会长、秘书长、会长建议人选,并得到了大会通过。安徽大学法学院郭志远院长当选为会长,李胜利副院长当选为副会长兼秘书长。

选举结果确定后,当选会长郭志远教授进行了简短的讲话,郭院长对研究会未来的发展提出了自己的展望:研究会未来的使命与责任依然重大;各院校应当合作共赢、共享资源;研究会应当形成一个长效、稳定的工作机制;拟在2018年做一份关于安徽法学发展状况的调研报告,集思广益,为安徽的法学教育事业做出贡献。

贵州省法学会法学教育研究会2017年年会

2017年12月8日，贵州省法学会法学教育研究会2017年年会在贵州民族大学花溪校区召开。会议由贵州民族大学主办，贵州民族大学法学院承办。贵州省法学会专职副会长徐文山、贵州师范大学副校长徐晓光、贵州民族大学党委副书记张鹏程、贵州民族大学法学院院长宋强和来自省内高校的专家、学者及学生代表120多人参加了会议。会议开幕式由贵州民族大学法学研究院院长谭振亭教授主持。

张鹏程在大会致辞中简要介绍了贵州民族大学建设的基本情况和贵州民族大学法学专业的特色，并希望加强多方交流，深化改革法学教育，优化人才培养模式，不断提升法学人才质量，共同促进贵州省的法学教育事业不断蓬勃发展。

徐文山宣读开会批文，并代表贵州省法学会致辞，对大会的召开表示热烈祝贺。他说，法学会法学教育研究会是贵州省法学会所属研究会中基础较好、工作较活跃、成果较丰富的研究会之一。希望研究会进一步加强组织建设，使学术活动更加常态化，充分发挥学会的平台和纽带作用。

会上，贵州省法学会法学教育研究会增补了常务理事和理事，并作了法学教育研究会2017年度工作报告。会议交流环节中，围绕"'互联网+'背景下贵州法学教育改革的机遇与挑战"这一年会主题，来自政法实务部门、高校师生代表分别作了专题发言。

随后，与会者各抒己见，深入探讨并广泛交流，分享教学成功经验和教育理论研究成果。这些成果既有对法学教育理论的深入阐述，也有对贵州省法学教育情况的实证分析，充分反映了贵州省在法学教育实践中积极贯彻落实全面依法治国的时代要求，不断改革创新法学人才培养机制的良好局面。

河南省法学会教育法学研究会 2017 年年会

2017 年 12 月 1 日下午,河南省法学会教育法学研究会 2017 年年会暨教育系统依法行政报告会在郑州举行。河南省法学会党组成员、副会长贾世民,河南省教育厅党组成员、副厅长、河南省法学会教育法学研究会会长尹洪斌出席会议。河南省教育厅机关干部、厅直属单位主要负责同志和河南省法学会教育法学研究会理事代表共 80 余人参加会议。

贾世民对教育法学研究会一年来的工作给予充分肯定。他指出,2017 年教育法学研究会在河南省教育厅的大力支持下,做了很多富有成效的工作,呈现了良好的发展态势。对今后教育法学研究会的工作,他强调,一要加强政治建设,用党的十九大精神统领研究会各项工作;二要丰富学术活动,认真设计谋划活动,举办高质量的研讨工作;三要加大人才培养,围绕建设"学习型、协同型、智库型"研究会的目标,为教育法学方面研究的可持续发展做好人才储备;四要加强规范化管理,按照《河南省法学会研究会管理办法》等文件要求,健全和规范研究会各项活动,把研究会各项工作制度化、规范化。

尹洪斌在讲话中指出,教育法学研究会成立一年来,在省法学会和省教育厅的正确领导下,紧密围绕教育工作大局,充分发挥智囊团作用,服务我省教育事业科学发展,在发挥智库作用、服务工作实践、开展青少年学生法治教育和加强自身建设等方面取得了较好成绩。此外,教育法学研究会还成立了党支部,强化政治思想引领;举办了青少年学生"学宪法讲宪法"活动,探索普法宣传新思路;组织了教育法治培训,加强法治队伍建设。他强调,教育法学研究会要进一步强化正确的政治方向,认真学习贯彻党的十九大精神,突出思想政治引领,坚持中国特色社会主义法治道路;要通过政策研究、举办论坛、法律服务、政策咨询等多种形式,拓展研究载体,拓宽服务广度和深度;要继续开展教育法学研究,创新活动载体,提高服务意识,扎实开展好研究会工作。他要求,与会人员要进一步提升法治思维,尊法学法守法用法,不断提高依法办事能力和水平。

会上,河南省政府法制办依法行政调解处处长梁增杰以《法治政府基本定位、重点任务与落实机制》为主题,结合实践作了一场依法行政专题报告。

研究资料

法学教育研究著作目录

1.《法学研究与教育方法论》,张卫平,法律出版社 2017 年版。
2.《实践性法学教育论丛》(第 5 卷),许身健、袁钢,知识产权出版社 2017 年版。
3.《首都法学教育研究》,米新丽,对外经济贸易大学出版社 2017 年版。
4.《全面法治时代的法学教育》,冷传莉,法律出版社 2017 年版。
5.《阿 Q 之死的标本意义》,张建伟,法律出版社 2017 年版。
6.《中国法学教育研究》,黄进,中国政法大学出版社 2017 年版。
7.《北理法学》,张艳丽、徐昕,法律出版社 2017 年版。
8.《法学教育评论》,夏锦文,法律出版社 2017 年版。
9.《东南法学》,刘艳红,东南大学出版社 2017 年版。
10.《法学教育研究》(第 17 卷),王瀚,法律出版社 2017 年版。

法学教育研究论文目录

1.《试论法学教育中教师应当教授的基本内容》,蒋志如,《河北法学》,2017/01。

2.《从法律文化视角审视法学教育模式的定位》,陈军,《温州大学学报》,2017/01。

3.《京师同文馆与近代法学教育》,程骞,《法人》,2017/01。

4.《新型工业化时代的法学教育——以北航法学教育改革为个案》,龙卫球、初殿清,《中国大学教学》,2017/01。

5.《实践教学与学术沙龙的良性互动——新时期开放大学法学教育改革探索》,牙韩选,《广西广播电视大学学报》,2017/01。

6.《应用型法学教育视域下法学考试体系的创新》,李文杰,《黑龙江高教研究》,2017/01。

7.《高校法学教育与法律职业脱节的困境及其突破》,朱全宝,《宁波大学学报》(教育科学版),2017/01。

8.《法律援助——诊所法学教育教学探研》,黄共兴,《辽宁师专学报》,2017/02。

9.《我国法学教育发展方向与实现途径研究——评〈完善法学教育:发展方向与实现途径〉》,张佳华,《教育发展研究》,2017/03。

10.《论法学教育中的伦理之维》,胡之芳,《高等教育研究学报》,2017/03。

11.《法学教育中参与式教学的实践困境及反思》,黑静洁,《大学教育》,2017/03。

12.《法学教育中环境保护意识的培养》,彭本利,《科教文汇》,2017/03。

13.《浅谈中国法学教育存在的问题与改革措施》,赵淑君,《法制与社会》,2017/03。

14.《"一带一路"视阈下少数民族地区法学教育问题研究》,吐火加、陈宝贵,《国家教育行政学院学报》,2017/04。

15.《论法学教育的导向》,李毅,《贵州师范学院学报》,2017/04。

16.《法学教育多元化走向之探讨》,蒋德翠,《广西教育学院学报》,2017/04。

17.《基于法学教育模式的法学教育目标思考》,杨莹,《经贸实践》,2017/04。

18.《论全面依法治国思想在法学教育中的实现——基于法制史教学的分析》,秦涛、张旭东,《成都行政学院学报》,2017/04。

19.《日本司法考试与法学教育的耦合关系及启示》,蒋遐雏、胡光辉,《湖南师范大学教育科学学报》,2017/05。

20.《法学教育要德法兼修》,徐隽,《智库时代》,2017/05。

21.《论批判性创新思维对法学教育的启发》,魏斌、乐志红,《教育教学论坛》,2017/06。

22.《从“言说”到“行动”——法学教育模式变迁的知识论考察》,贾媛媛,《学术论坛》,2017/06。

23.《完善法学教育:路径与方法》,许身健,《中国法律评论》,2017/06。

24.《高校法律职业人才培养模式探究——以政法类高校法学教育为切入点》,杨庆庆,《山东科技大学学报》,2017/06。

25.《创新案例教学法在法学教育中的运用》,魏斌、乐志红,《教育教学论坛》,2017/06。

26.《法学教育中创造性思维能力的培养》,鞠晔、王平,《经济师》,2017/06。

27.《法学教育的历史批判——张伟仁教授〈磨镜——法学教育论文集〉读后》,翟志勇,《中国法律评论》,2017/06。

28.《法治人才法治化培养的德国经验》,田士永,《中国政法大学学报》,2017/07。

29.《美国法学教育模式的反思》,孟涛,《中国政法大学学报》,2017/07。

30.《日本的法学教育改革与人才培养模式》,陈景善,《中国政法大学学报》,2017/07。

31.《中国法学教育的供给侧改革》,廖永安、段明,《湖南社会科学》,2017/07。

32.《论西方法律思想史在高等院校法学教育中的潜在价值》,田景仲、黄微,《黑龙江高教研究》,2017/07。

33.《法学教育中的法律职业道德教育探讨(上)——评〈通往法治的道路:社会的多元化与权威体系〉》,李楠,《中国教育学刊》,2017/07。

34.《法学教育中的法律职业道德教育探讨(下)——评〈通往法治的道路:社会的多元化与权威体系〉》,李楠,《中国教育学刊》,2017/07。

35.《论当代中国法学教育中“法外教育”的重要性》,董静姝,《复旦教育论坛》,2017/07。

36.《李双元先生法学教育理念初探》,谷冲、张建,《学理论》,2017/07。

37.《我国高职院校法学教育探析》,覃永红,《法制博览》,2017/07。

38.《走向实践智慧——法学教育改革的基本原则》,武建敏,《河北法学》,2017/08。

39.《案例教学法在少数民族大学生法学教育中的探索与实践》,欧阳山,《昌吉学院学报》,2017/08。

40.《法学教育中社会性别主流化的实现途径》,曹贤信、李苏艽,《赣南师范大学学报》,2017/09。

41.《中国法学教育的挑战及机遇分析》,穆云红,《法制博览》,2017/09。

42.《实践性法律教学与法学教育目标反思》,赵丽艳,《中国培训》,2017/09。

43.《法学教育改革背景下图书资料信息建设的意义及路径探究》,杨思怡,《杨凌职业技术学院学报》,2017/09。

44.《访谈式教学法在警察法学教育中的应用——以〈刑法学〉课程为例》,刘凌,《云南警官学院学报》,2017/09。

45.《探析法学教育改革之我见》,魏宁,《佳木斯职业学院学报》,2017/10。

46.《成人法学教育中法律思维的培养》,吕翎,《中国成人教育》,2017/10。

47.《法学教育转型应用型方向前景浅议》,韩玉,《法制与社会》,2017/10。

48.《法学教育中的法学实践教学原则探究》,蒋国宏,《法制博览》,2017/10。

49.《英国大学法学教育国际化的起源及其流变》,何勤华、齐凯悦,《法制与社会发展》,2017/11。

50.《试论实践性法律教学与法学教育改革》,王晓萌,《宏观经济管理》,2017/11。

51.《中国法学教育评估探究——基于主客观指标视角》,冯玉军、盖冰冰,《中国高校社会科学》,2017/11。

52.《"互联网+"时代高校法学教育的应对》,吕波,《黑龙江高教研究》,2017/11。

53.《法学教育改革应注重培养批判性思维》,李翠平、张祥伟,《鲁东大学学报》,2017/11。

54.《浅析法律方法在法学教育中的意义》,李子,《纳税》,2017/12。

图书在版编目(CIP)数据

中国法学教育年刊. 2017. 第五卷 / 张文显主编
. -- 北京 : 法律出版社, 2018
ISBN 978 - 7 - 5197 - 2634 - 8

Ⅰ. ①中… Ⅱ. ①张… Ⅲ. ①法学教育 - 中国 -
2017 - 年刊 Ⅳ. ①D92 - 4

中国版本图书馆 CIP 数据核字(2018)第 203140 号

中国法学教育年刊(2017 · 第五卷)
ZHONGGUO FAXUE JIAOYU NIANKAN(2017 · DI 5 JUAN)

张文显 主编

策划编辑 沈小英
责任编辑 陈 妮
装帧设计 汪奇峰

出版 法律出版社
总发行 中国法律图书有限公司
经销 新华书店
印刷 北京虎彩文化传播有限公司
责任校对 晁明慧
责任印制 吕亚莉

编辑统筹 财经法治出版分社
开本 720 毫米 × 960 毫米 1/16
印张 28.25
字数 600 千
版本 2018 年 9 月第 1 版
印次 2018 年 9 月第 1 次印刷

法律出版社/北京市丰台区莲花池西里 7 号(100073)
网址/www. lawpress. com. cn
投稿邮箱/info@ lawpress. com. cn
举报维权邮箱/jbwq@ lawpress. com. cn

销售热线/010 - 63939792
咨询电话/010 - 63939796

中国法律图书有限公司/北京市丰台区莲花池西里 7 号(100073)
全国各地中法图分、子公司销售电话:
统一销售客服/400 - 660 - 6393
第一法律书店/010 - 63939781/9782
西安分公司/029 - 85330678
重庆分公司/023 - 67453036
上海分公司/021 - 62071639/1636
深圳分公司/0755 - 83072995

书号:ISBN 978 - 7 - 5197 - 2634 - 8
定价:98.00 元

(如有缺页或倒装,中国法律图书有限公司负责退换)